清华科技大讲堂

商务智能（第四版）

赵卫东　编著

清华大学出版社
北　京

内 容 简 介

商务智能是近年来企业信息化的热点,有着广阔的应用前景。本书首先系统地介绍了商务智能的基本概念、商务智能系统的架构以及数据仓库、OLAP 和数据挖掘等核心技术。在此基础上,讨论了商务智能在电子商务、移动商务、知识管理、Web 挖掘、企业绩效管理、流程管理、RFID 数据管理和大数据管理等领域的最新应用。此外,通过 IBM、SAP 等业界领先的商务智能工具进行实验,增强读者的应用能力。

本书内容新颖、全面,案例丰富,适合作为计算机应用、软件工程、信息管理、电子商务和管理科学等相关专业本科生和研究生的教材,也可作为从事商务智能的信息化人员的参考资料。

图书在版编目(CIP)数据

商务智能/赵卫东编著. —4 版. —北京:清华大学出版社,2016(2021.1重印)
(清华科技大讲堂)
ISBN 978-7-302-45068-9

Ⅰ. ①商… Ⅱ. ①赵… Ⅲ. ①电子商务—高等学校—教材 Ⅳ. ①F713.36

中国版本图书馆 CIP 数据核字(2016)第 218581 号

责任编辑:闫红梅
封面设计:刘 键
责任校对:时翠兰
责任印制:吴佳雯

出版发行:清华大学出版社
    网 址:http://www.tup.com.cn,http://www.wqbook.com
    地 址:北京清华大学学研大厦 A 座 邮 编:100084
    社 总 机:010-62770175 邮 购:010-83470235
    投稿与读者服务:010-62776969,c-service@tup.tsinghua.edu.cn
    质量反馈:010-62772015,zhiliang@tup.tsinghua.edu.cn
    课件下载:http://www.tup.com.cn,010-83470236
印 装 者:三河市铭诚印务有限公司
经 销:全国新华书店
开 本:185mm×260mm 印 张:24 字 数:569 千字
版 次:2009 年 3 月第 1 版 2016 年 11 月第 4 版 印 次:2021 年 1 月第 9 次印刷
印 数:15001~17000
定 价:49.00 元

产品编号:069810-01

序

在日益激烈的竞争环境下,商务智能无疑成为众多企业提高竞争力的重要手段。简单地讲,商务智能是利用先进的数据库存储、数据集成、数据分析技术,把海量的业务数据转化成有价值的信息和知识,辅助管理者进行决策。因此,商务智能在市场营销、客户关系管理、风险管理、绩效管理等重要的商业应用领域中发挥着越来越大的作用,已被银行、电信、保险、证券、零售、制造、社保等企业和政府部门广泛采用。

商务智能技术与应用在我国起步较晚,但发展迅速。1999 年 4 月第三届亚太地区知识发现与数据挖掘国际会议(PAKDD)在北京召开,在我国学术界迅速掀起了商务智能与数据挖掘的研究与应用热潮。国家 863 计划和自然科学基金多次为商务智能与数据挖掘立项,具有自主知识产权的商务智能技术和软件产品不断出现。商务智能的应用在近年也有了很大进展,企业界已经逐步认识到商务智能对提高企业竞争力的重要性,特别是电信、银行、保险、税务等信息化水平较高的行业,在完成数据集中整合后,把商务智能作为新的应用重点,带动了商务智能技术和服务水平的提高。

目前,我国的商务智能技术和应用市场正在快速扩展。商务智能的应用正向制造业、电子商务、物流和政府机构等领域扩展,各行各业对商务智能技术和人才的需求也在不断增加。很多大学的计算机学院、软件学院和商学院等都开设了商务智能的相关课程,培养各类商务智能的技术和应用人才,以满足商务智能人才市场的需求。

商务智能涉及的内容很多,既包括很多技术,如 ETL、OLAP、数据仓库和数据挖掘,又包括很多行业应用,如市场营销、客户关系管理、风险管理、绩效管理等。目前有关数据仓库、OLAP 和数据挖掘的专业书籍很多,但多数来自国外,国内缺少全面系统地介绍商务智能技术和应用的教材。

赵卫东博士编写的《商务智能》教材,从商务智能的基本概念和应用开篇,全面介绍了商务智能的核心技术,包括商务智能系统架构、数据仓库、OLAP 和数据挖掘;然后阐述了商务智能在移动商务、知识管理、Web 挖掘、绩效管理、电子商务、业务流程优化等领域的应用;最后展望了商务智能在未来一段时间内的国际发展趋势。

这是一本技术与应用相辅相成、内容广泛、案例丰富、深入浅出的书籍,既可作为研究生和本科生的教材,也可作为商务智能技术开发和应用的企业人员的参考书。

黄哲学

2008 年 6 月　香港大学

第四版前言

目前社会已经由信息时代转向数据时代,数据成为人工智能的基础,也成为应用软件智能的基础。单凭经验的管理已经无法满足当前企业的发展需求,基于数据的决策已经得到了企业的广泛关注。借助认知计算,领先的企业不会面对海量数据束手无策,而是从中挖掘价值。未来有竞争力的公司,必然是数据驱动型的公司。

把数据变成产品或服务是未来企业的基本功。数据正成为企业重要的资源,引发企业管理的变革。越来越多的领域开始应用商务智能技术,企业应用软件也出现了智能化的趋势。

大数据是商务智能外延的扩展,在架构、模型和分析方法等方面都做了新的工作。大数据技术的发展,也拓展了商务智能的应用范围,在一定程度上助推了商务智能的发展。无论是大数据分析,还是常规的数据分析,都是实现数据资产的价值必不可少的工具。在这种背景下,企业界对数据分析人才的需求增长旺盛,为此国内越来越多的高校开设了商务智能课程。

作为数据科学的重要应用领域,商务智能技术和应用变化很快。如何适应产业界对商务智能应用的需求,并结合商务智能课程的新要求,对原有的教学内容进行完善,就成为《商务智能(第四版)》的改版动机。《商务智能(第三版)》经过多次印刷,承蒙多所兄弟院校的师生使用,作者收集了一些反馈信息,在此基础上进行修正。

《商务智能(第四版)》在保留第三版总体结构的基础上,主要做了如下的修订工作:

(1) 删除了一些过时、冗余的内容,包括少数案例、实验指导等,使教材与时俱进,与业界的发展步调更一致。

(2) 补充、修正了一些新内容,包括数据挖掘算法、参考文献、案例、习题以及实验指导书等。其中结合大数据的发展,介绍了目前业界流行的 Hadoop 分布式架构的核心组成,并增加了业界主流的 IBM InforSphere BigInsight 大数据分析的实验。此外,还在实验部分补充了 IBM SPSS Modeler、电商文本评论挖掘的实际应用等内容,提高学生的动手能力。

《商务智能(第四版)》的出版得到了 IBM 大学合作项目的支持。在写作过程中,研究生蒋丹妮、董亮等帮忙收集了一些资料,特表示感谢。由于作者水平有限,请读者多提出批评指正:wdzhao@fudan.edu.cn。可以联系作者获取实验用到的数据和课件。

编　者

在 2012 年新一代信息技术产业发展高峰论坛上,工业和信息化部副部长杨学山指出:信息技术已经给经济社会发展以及个人生活带来了重大影响,但这只是刚刚开始。信息技术体系正走向智能化阶段。商务智能是 ERP 之后企业信息化的热点领域,最近几年在国内外发展迅速,已成为信息主管关注的主题。即使在经济危机时代,很多公司在商务智能的投入仍然热情不减,商务智能的销售额逐年增加,市场前景非常诱人。Gartner 公司 2013 年对全球范围三百九十多名 CEO 的调查显示,52% 的受访者表示他们已经有一个数字化战略,2014 年之前首席数字化执行官会出现。数据科学家会成为一种吸引人的职业。

由于市场竞争加剧,企业对商务智能技术的要求提高,因此商务智能技术也出现了一些新的内容,例如大数据、移动应用、云计算、社会化网络分析等为业界和学术界所关注。在这种情况下,产业界对商务智能人才的缺乏会越发突出。

国内越来越多的高校开设了商务智能相关课程,培养业务需要的人才,出现了几十本商务智能教材和译著,但大部分书籍多停留在概念和基本理论的介绍,或过于介绍商务智能技术,或偏重管理理念,应用介绍不足,案例粗浅,内容新颖性也有待与时俱进。此外,商务智能是应用性很强的课程,大部分的教材缺少实验内容,或者是实验使用的数据、平台与企业实际不符合。

作者在国内较早开展商务智能课程,与 IBM、SAP 等主流的商务智能企业多年来有深入、持续的合作。经过多年建设,商务智能课程先后被评为复旦大学精品课程、上海市教委重点课程和教育部-IBM 精品课程,也是教育部软件工程和信息化特色专业课程之一,2012年入选上海市精品课程,并获得复旦大学研究生重点课程教材建设立项资助。这些成绩都为教材的再次修订提供了动力。

2011 年出版的《商务智能(第二版)》已被国内多所兄弟院校使用,这本书在京东、Amazon 中国等主流零售网站销售量比较好,目前为止《商务智能》和《商务智能(第二版)》已经销售近万册。配套课程网站也日益完善,案例和实验经过了多次更新,在国内兄弟院校有一定的影响。在这种情况下,作者听取了一些兄弟院校读者的反馈意见后,在《商务智能(第二版)》基础上补充了一些新案例,方便读者理解。并删除过时的案例,补充第二版较粗略的内容。尤其是强化实验部分的内容,介绍 IBM、SAP 等业界领先的商务智能工具,意在培养读者的动手能力,增强商务智能的应用能力。此外,对一些章节的习题也做了增删。

《商务智能(第三版)》还补充了大数据管理和社会化网络分析等领域的最新应用,并对商务智能的一些发展动态进行了更新,使教材能尽量与时俱进,跟上时代的发展。配套课程网站的课件、习题等同步更新,每学期都有一定的变化。为了增强商务智能技术的应用性,作者还开发了流程智能课程,详细介绍了商务智能技术在业务流程分析与优化中的应用。为避免内容重复,有关商务智能在流程管理和客户关系管理中的应用、实验,读者还可以参阅作者在清华大学出版社2012年和2013年分别出版的教材《流程智能》和《客户智能》,其中的数据和案例多来自实际企业的项目。

在写作过程中,研究生刘文广、杨柳、刘海涛、赵旭东和张挺等同学做了一些文献收集工作,特表示感谢。鉴于作者水平有限,欢迎读者提供宝贵意见。

赵卫东

2013年8月 复旦大学

第二版前言

本教材意在短短的几十个学时中,让学生了解商务智能最基本的内容,并指明商务智能技术的发展方向,启发学生自学,不刻意追求艰深的商务智能技术(算法、产品),而是对商务智能的基本问题、核心技术、实际应用和最新动态等进行系统的讨论,并通过 IBM、SAP 等公司主流商务智能工具(报表、多维分析、数据仓库以及数据挖掘等)的实验,为读者对商务智能的全面理解以及将来深入学习和参加商务智能项目打下坚实的基础。

教材《商务智能》自 2009 年 3 月出版后很受欢迎,2010 年 2 月第一次印刷售罄。教材的第一版具有比较好的基础,对应课程"商务智能"被评为教育部-IBM 精品课程以及复旦大学精品课程,这为第二版的出版提供了良好的契机。经过一年多的试用,听取了多所兄弟院校教师使用后的反馈意见,作者对教材进行了大幅度的改写,尤其是实验部分,主要增加了 IBM Cognos Express、IBM DB2 Data Warehousing Design Studio、SAP Xcelsius Engage 2008 的使用以及 RFID 数据分析等比较新的内容。

我们在 2006 年就加入了 SAP 公司的大学合作联盟(University Alliances Coalition, UAC),作者于 2009 年 9 月受 SAP UAC 邀请,参加了亚太地区的商务智能培训,并被 SAP 公司邀请作为中国 UAC 的 Master trainer,负责培训国内 SAP UAC 高校教师。此外,作者还参加了 IBM 为中国高校举办的商务智能培训。这些活动为教材不断吸收业界商务智能的最新进展提供了很多素材。目前,这本教材被复旦大学、山东财政学院、南京财经大学、武汉理工大学、南京晓庄学院、黑龙江科技学院、上海金融学院等十多所高校的计算机、软件工程、电子商务等相关专业选作教材。在教材第一版出版后,作者一直结合教学研究、培训、兄弟院校的反馈意见、科研项目成果的积累,不断对教材内容进行更新。

教材第二版更强调联系实践,实验平台采用 IBM、SAP 等主流商务智能公司的试用版。SAP BO Crystal Reports 2008、Xcelsius Engage 2008 等系统已经引入课程实验。目前我们在实验中也使用了 IBM DB2 9.7、IBM Cognos Express 等工具。使用本教材的教师和学生可根据具体情况选择使用。

本教材的出版得到了 SAP 公司以及 IBM 大学合作项目的资助。研究生孙一鸣、周尚晨和刘曦等同学在资料收集、实验设计等方面做了一些工作,特表示感谢。此外,在 IBM 公司的支持下,结合教育部-IBM 商务智能精品课程建设,教材第二版的配套电子课件、参考教材、教学录像、实验指导书、习题(包括研讨题论文)等材料已基本上网,以后这些材料还会不断更新。读者可访问课程网站,欢迎提出意见,以便不断改进。

赵卫东

2010 年 12 月　复旦大学

20 世纪 80 年代以来,企业进入了信息时代,市场全球化,顾客需求多样化、个性化,变化频率加快,竞争范围和激烈程度逐渐加大和加剧。在这种快鱼吃慢鱼的商业环境中,企业为了生存,就必须迅速反应,实施管理信息化和决策智能化。Internet、各种管理应用系统的广泛使用,为企业打通了数字神经,减少了企业运营成本,提高了企业的效率。另一方面,企业在提高效率的同时,也要考虑其本身的效益,这就要求企业决策者及时掌握运营过程中的各种信息、知识,而不是拍脑袋解决问题。信息、知识已成为企业最基本、最重要的生产要素,而这些信息、知识是各种管理应用系统难以提供的。在信息化提高企业竞争力的同时,各种管理应用系统也积累大量的数据。这些数据是企业的重要资产,其中蕴涵了许多有价值的信息、知识。事实上,日益积累的数据利用率还相当低,如何从中充分挖掘有价值的信息和知识,提高管理人员的决策水平,满足不同层次、不同部门和行业应用的需求,已成为业界和学术界关注的问题。

新经济时代的赢家是那些把顾客、供应商等相关的运营数据整合、分析和共享,转化为信息,并进一步分析得到知识,提高企业智能从而保持盈利的企业。面对激烈的竞争,传统的决策支持系统(Decision Support System,DSS)已难以支撑,而作为 ERP 应用之后的企业信息化亮点,商务智能(也称为商业智能)为企业提供了这样的一种利器。2002 年 IDC 的研究表明,一些商务智能项目在一年多的时间就会获得 430% 的回报。商务智能具有传统DSS、主管信息系统(Executive Information System,EIS)等不具备的强大数据管理、数据分析和知识发现的能力,已成为企业差异化的重要因素,它对改善商务决策水平,采取有效的商务行动,提升企业绩效是非常有效的,因此在竞争比较激烈、信息化基础比较扎实的一些行业,例如银行、电信、零售、保险和制造等行业受到了重视,已成为信息化领域继 ERP、CRM 和 SCM 等应用软件之后的新热点。近几年来,随着竞争的进一步加剧,越来越多的企业青睐商务智能,希望获得先机以抢占市场有利位置。欧美的国家在商务智能方面的投资逐年上涨,商务智能已形成一个产业。据 IDC 预测,商务智能软件在中国内地的年销售额平均增长率至少为 65.6%。商务智能需求的增长,也促进了商务智能厂商不断进行技术创新,以抢占尚不成熟、处于高速发展阶段的商务智能市场。最近 Oracle、SAP 和 IBM 等公司的并购案例,充分说明了未来商务智能市场的光明前途。

商务智能的成功需要人们对商务智能有一定的理解,目前熟悉商务智能的人才还很缺乏。从内容上来讲,商务智能包括数据仓库、在线分析处理、数据挖掘及其应用。目前国内在商务智能的教学才刚起步,尤其是教材基本还集中在数据挖掘方面,而难度适中、综合介绍商务智能的教材极少。针对这种情况,作者参阅了大量国内外最新的商务智能资料,编写了一本较全面反映商务智能的教材,并在复旦大学软件工程专业的研究生、本科生中多次使用。本书不是一本深入探讨商务智能技术的学术性书籍,而是对商务智能的基本问题进行系统的介绍,为读者对商务智能的深入学习打下基础。为增强读者的感性认识,本书配有很多实例,每章最后还附有主要的参考文献以供读者更深入地学习。

全书共 13 章,分为 5 个部分。第一部分是引言,讨论商务智能基础,主要介绍了商务智能的发展、概念、价值以及目前在一些领域的应用情况,使读者对商务智能有一个概要的认识。第二部分介绍商务智能的核心技术,由第 2～5 章组成,涉及商务智能系统架构、数据仓库、在线分析处理和数据挖掘等核心技术,这些内容是商务智能的理论基础,此部分内容不刻意介绍复杂的、扩展的数据分析算法,而是强调基本内容的应用。对于有一定基础的读者,可以在学习这些内容后选择专门介绍数据仓库和数据挖掘的书籍深入学习。第三部分由第 6～11 章组成,涉及商务智能最新的一些前沿问题,总结了商务智能在移动商务、商务智能与知识管理、Web 挖掘、企业绩效管理、电子商务和流程挖掘等领域的最新应用。此部分内容是提高性的,供有一定基础的读者阅读。第 12 章针对目前商务智能的进展,对国内外商务智能的前景进行了展望。最后,第 13 章介绍了香港大学电子商务科技研究所(ETI)开发的数据挖掘系统 AlphaMiner,可供学生实验时使用。

本书在编写过程中得到了香港大学黄哲学教授和 Business Objects(SAP)公司鲁百年博士的指导,研究生范力、王安华、林涵溪、周佶平、曹烨和吴海峰等同学在案例分析等方面做了许多工作,特表示感谢。由于作者理论水平和实践经验有限,书中难免有不当和疏漏之处,望广大读者指正。

赵卫东

2008 年 12 月　于复旦大学

目 录

第一部分　商务智能基础

第二部分　商务智能核心技术

第三部分　商务智能应用

第一部分

商务智能基础

第 1 章

商务智能概论

随着信息化时代的来临和全球经济化的发展,数据存储成本的不断下降,企业数据的总量正在以惊人的速度增长。这些数据是企业的重要资源,但目前大多数的企业并未对其做进一步的利用。统计表明,目前国内企业数据有效利用率不足 7%,许多决策是在没有充分信息支持的情况下做出的。为应对日益激烈的竞争,企业需要有灵敏的感觉和快速反应的能力,以便提高反应的速度和决策的准确性。美国市场调查公司 IDC 的调查表明,37% 的业务决策仍然主要依赖于"直觉"或"本能"[1]。如何充分利用这些隐藏着巨大商业价值的数据资产,提炼出有价值的信息、知识,对提高企业的智能至关重要,依赖直觉制定决策使企业管理水平远远落后于投资商务智能的领先企业,商务智能已成为领先企业与传统企业产生差异的重要因素,而且商务智能开始扩展到业务运营将使这种差异更加明显。正如前 GE 首席执行官 Jack Welch 所说:"一个组织获取知识以及把知识快速转化为行动的能力决定其最终的竞争优势。"在这种背景下,商务智能(Business Intelligence,BI)逐渐得到了学术界和企业界的重视,它被认为是继 ERP 之后企业信息化的又一个热潮。商务智能帮助企业整合数据,并把数据转换成有用的信息,从信息中获取知识,提高企业管理决策的能力。"亿万富翁商务成功的秘密是知道一些其他人不知道的东西"。商务智能的最终目的是帮助管理者实现更有效的企业管理,做出更明智的决策,获得更大的收益。

本章首先从商务智能的产生背景、发展历程开始,讨论了商务智能的定义、作用等基础知识,然后对商务智能的功能和应用领域进行了讨论,通过案例来阐述商务智能的价值。

1.1 商业决策需要商务智能

在信息化时代,企业的智能已成为其生存之本。智能企业的发展会经历以下几个阶段:数据和应用集成、把数据转化为信息、信息转化成知识以及知识转化为行动。

1.1.1 数据、信息与知识

数据是记录、描述和识别事物的符号,通过有意义的组合来表达现实世界中某种实体的特征。数据多表现为简单的事实,例如超市 POS 终端输入的一条商品销售记录。数据也称为记录、案例、样本等。数据用属性描述,属性也称为变量、特征、字段或维等。

数据经过解释后可以转换为有用的信息。信息是经过某种提炼、加工和集成后的数据。信息是可以被人们理解和解释的,对不同的人可能价值不同。公司员工把销售报表交给企业高层查看,这个报表文件可以被双方解读,传递的就是信息。

数据和信息虽然不等同,却也是密不可分的。概括地讲,数据是信息的载体,而信息是对数据的解释。举个通俗的例子,一张字条上面写着"1982 年 11 月 18 日","1982 年 11 月 18 日"是数据,可是对于某些人来说,这可能正是某个好朋友的生日,这个日期对他来说就是信息。

目前企业缺少的不是数据,而是如何获得正确信息以辅助决策。著名市场分析机构 Aberdeen 调查表明,53%的中小企业认为缩短最终用户获取信息的时间是采用新的商务智能应用的主要动力。信息可以是完整的,也可以是片断的;可以是关于过去的,或者关于现在的,也可以是涉及未来的。目前天气很热,气温高达 35℃,这条信息描述的是现在的天气状况。参考过去连续三年的气温记录,每年这一天的历史温度都高于 37℃,这是关于过去的信息。如果根据这两条信息预测明天的气温至少为 37℃,那么这是涉及未来的信息。尽管明天高温天气是可能的,甚至是必然的,但这种预测未来的信息多多少少带有不确定性。为了减少不确定性,提高置信度,必须对信息进行提炼、加工和集成。

知识就是对信息内容进行的提炼、比较、挖掘、分析、概括、判断和推论。知识作为一种资源,其重要性越来越受到重视。知识分为事实性知识和经验知识。事实性知识是人类对于客观事物和现象的认识结果。经验知识多是一种隐性知识,是存储在人们大脑中的经历、经验、技巧、体会和感悟等尚未公开的知识。例如,医生给病人看病,首先会给病人做病体检查了解病情,然后对病人的家族史和病史进行分析,再结合自身的临床经验进行诊断。病人主诉、病体检查、家族病史是事实性知识,而医生的临床经验则属于经验知识。超市经理对 POS 中的数据进行统计分析,发现几种商品被同时购买的比例很高,分析影响销售的关键因素并建立回归模型对下一阶段的销量进行预测,这些有助于业务决策的分析结果都是知识。

数据是宝贵的财富,只有充分利用这种财富,识别信息,获取知识,辅助商务决策,才能从中获得价值。图 1.1 展示了数据、信息、知识和决策之间的关系。

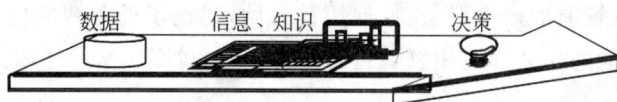

图 1.1　数据、信息、知识和决策之间的关系

1.1.2　管理就是决策

管理学家西蒙指出:管理就是决策。决策是企业管理的核心,贯穿管理的全过程。根据决策活动特点,企业管理可分为战略层、中间管理层和运营层三个层次。企业的各个层次都需要做决策。

(1) 战略层是企业决策中的最高层,负责管理、控制和协调整个企业的正常运行。厂址选择、资金分配计划、管理体制确定等都是战略层的决策范围。

(2) 中间管理层处于企业决策的中间层,主要包括销售、财务、生产、人力资源等部门,是实施战略层计划、管理控制运营层业务的关键所在,例如作业计划、作业调度、广告部署等。又如,某大型企业的区域销售主管把工作重心放在正确推断业务的发展方向上,用以确定该地区未来的业务重点。

（3）运营层也称为业务操作层。随着科技的发展,员工素质的提高和组织的日趋扁平化,决策权逐渐下放。超市货品怎样摆放能增加销售量,银行向哪一类顾客推广业务能得到最大响应率,电子商务网站如何布局使浏览者变为购买者,这些都取决于业务操作层的决策。好的决策不但可以提高运营层的绩效,而且有助于中高层管理者获得有价值的信息和知识,实现企业资源的优化配置。

1.1.3 决策需要信息和知识

决策不是简单的事情,直觉式的决策并不一定可靠。根据 Microsoft 公司统计,超过74％的商业决策落后于预定计划或以失败告终,每年损失 740 多亿美元。因决策失误造成企业重大损失的案例很多。2005 年世界第二大零售商 Carrefour(家乐福)败走日本就是决策失误的结果,日本消费者的消费习惯和欧美的明显不同。欧美国家的许多家庭在周末会驱车到郊区的大型超市采购价格便宜的食品和用品存放在家中。但日本人的饮食十分讲究新鲜,所以日本的超市一般都设在交通流量大的车站附近或者居民比较集中的住宅区。而 Carrefour 照搬在欧美国家的经验,在日本开设的超市位于城市的远郊区,没有根据日本不同的商业文化和消费习惯来调整经营策略,导致 Carrefour 在日本"水土不服"。

企业各层级决策人员都必须有足够的信息,越往高层,决策需要的信息粒度越大,而信息对决策的影响也越大。决策是在充分的信息和知识基础上的判断,决策也是有风险的：决策＝信息＋知识(经验)＋冒险,而充分的有价值的信息、知识以及经验可以降低决策风险。

1.1.4 智能型企业

企业有智能吗? 智能是生物体获取知识、利用知识的能力。从仿生学的角度而言,企业在激烈竞争的商业生态环境中生存和发展,也必须学会获得有关商业环境、供应商和顾客的知识。在这个"快吃慢"的电子商务时代,不管企业的规模大小,都需要对瞬息万变的市场做出及时、高效的反应,而这些反应是建立在全面、准确和及时的信息以及决策所需的充分知识的基础上的。智能型企业,也称为随需应变(on demand)的企业,是指智能资产成为关键因素的企业,表现为反应迅速、适应顾客需要的变化和采取正确的顾客解决方案。这就需要信息随需应变的战略,从信息投资中获得真正的价值。

1.1.5 商务智能支持商业决策

经过多年信息化的发展,企业资源规划(ERP)、顾客关系管理(CRM)和供应链管理(SCM)等提高企业以及供应链管理效率的平台都积累了大量的业务数据,但这些数据的价值还是没有被充分利用起来。商务智能可以使企业全面了解业务运营中的关键环节,准确获悉"过去发生了什么事情","为什么发生这种事情","正在发生什么事情"以及"未来将如何发展"等信息。怎样把积累下来的数据转变为企业经营者最需要的信息和知识,从而辅助决策,是商务智能关心的主要问题。

商务智能的技术基础是数据仓库(Data Warehousing,DW)、在线分析处理(On-Line

Analytical Processing,OLAP)、数据挖掘(Data Mining,DM)等。其中数据仓库用以存储和管理数据,数据仓库的数据从运营层而来。在线分析处理用于把这些数据转化成信息,支持各级决策人员复杂查询和在线分析处理,并以直观易懂的图表把结果展现出来。而数据挖掘可以从海量的数据中提取出隐含在数据中有用的知识,以便做出更有效的决策,提高企业智能,如图1.2所示。民生银行实施商务智能后,使用 Hyperion*(Oracle)旗下的产品Hyperion Intelligence 帮助民生银行的各级人员实现数据查询、报表展示和决策分析等。业务人员在基于 Web 的客户端进行数据查询、分析,直接生成灵活多样的图表报告。管理人员通过使用 Hyperion Intelligence 对业务机遇和趋势进行交互式分析,跟踪业务发展动态,及时解决经营过程中出现的问题。

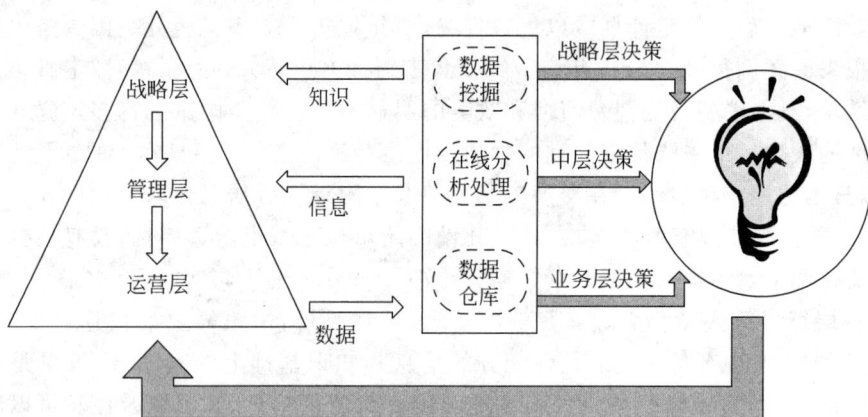

图1.2　商务智能运行示意图

　　一个好的商务智能解决方案可以帮助企业从大量的数据中获取有价值的信息和知识,并提供分析和统计预测的工具。

1.1.6　新一代的决策支持系统

　　决策支持系统(DSS)的起源可以追溯到信息系统发展的初期。20 世纪 80 年代,出现了早期的决策支持系统,基于数据库和模型库两库结构,由对话、数据管理、模型管理等部件组成。不久又增加了方法库,决策支持系统由两库结构演化为三库结构。随后的十几年中,决策支持系统得到了快速的发展,不断产生一系列新的概念、观点和结构。随着决策支持系统向非结构化领域拓展,知识处理模块(知识库)成为决策支持系统的部件之一(四库结构),构成了智能决策支持系统(IDSS),并得到了初步应用。20 世纪 90 年代出现了面向高层决策的支持系统,如战略决策支持系统、决策支持中心和执行信息系统(EIS)等,满足了高层管理的需求。

　　传统的决策支持系统一般是面向联机事务处理(OLTP)应用的,不适应较大规模的数据分析处理。企业决策需要对大量分散的数据进行快速整合分析,从中获取与决策相关的信息,传统的决策支持系统难以对这些细节的业务数据进行不同程度的综合,缺乏有效的分

---

　　* Hyperion 已被 Oracle 收购,故用 Hyperion (Oracle)表示。

析工具。此外,鉴于知识获取的瓶颈,早期决策支持系统对辅助决策的作用也难以达到很实用的程度,已不能满足有效支持决策的需求,更为实用的、能分析大量历史数据的决策支持系统得到了人们的关注。

20 世纪 90 年代数据库技术得到了充分的发展,特别是数据仓库技术使企业能更有效地管理、综合和分析海量数据,使之转化为管理决策信息,数据仓库已成为新一代决策支持系统的一种有效、可行的解决方案。同时,在线分析处理(OLAP)的出现也为决策支持系统提供了技术基础,决策人员不再花费大量时间去收集和分析数据。此外,机器学习也得到了快速发展,其中的一些方法被用于从数据库中获取有用的知识,有效地解决了知识获取这一难题,奠定了数据挖掘的基础。

现代决策问题越来越复杂,对信息和知识的要求都很高。数据仓库、在线分析处理、数据挖掘等技术构成了新一代的决策支持系统的主体。在图 1.3 中,事务处理系统搜集大量的业务数据,这些数据可以通过在线分析处理从多个维度进行分析,以便获得决策需要的信息和知识。也可采用统计方法以及其他数据挖掘方法获取对决策有用的模式,以提高决策的质量。

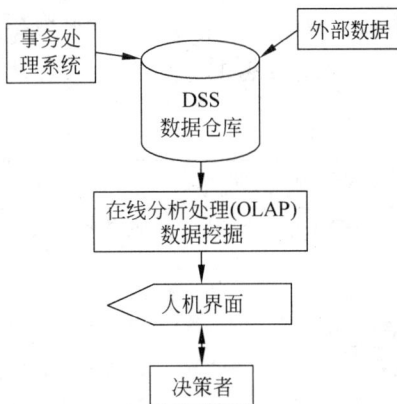

图 1.3　新一代决策支持系统

1.2　商务智能简介

经济全球化,竞争日益激化,要求企业能够在瞬息万变的环境下快速做出反应。为了迎接市场的挑战,企业必须对市场有准确的把握,分析顾客的消费趋势,找出企业经营中出现的问题,加强与供应链合作伙伴的关系,挖掘新的商业机会,并能对未来进行预测。随着企业信息化的发展,各种应用系统产生的数据量平均 18 个月就翻一番。如何充分利用这些数据资产,挖掘出决策者需要的信息,做出高质量的决策是企业管理者需要考虑的主要问题。近年来,大容量数据存储、并行处理、数据集成以及数据分析等技术不断成熟,成本不断下降,企业各种应用软件积累了大量的数据。这些因素促进了商务智能的发展。商务智能把各种数据及时地转换为支持决策的信息和知识,帮助企业管理者了解顾客的需求、消费习惯,预测市场的变化趋势以及行业的整体发展方向,进行有效的决策,从而在竞争中占据有利地位。

商务智能从 20 世纪 90 年代开始,已经在众多企业中引起了广泛关注,成为业界关注的热点。商务智能之父——前 Business Objects* 总裁 Bernard Liautaud 认为商务智能把企业的运营数据转化为信息或知识,并且在恰当的时间通过恰当的方式把恰当的信息传递给恰当的人[2]。在 21 世纪,智能型的商务战略将是竞争中获胜的关键,改变了过去经营决策依赖"拍脑袋"的管理模式,能够把握此机会的企业将成为明天市场的领先者。

---

* Business Objects(博奥杰)已被 SAP 公司收购,下文用 Business Objects(SAP)表示。

1.2.1　商务智能概念

最早提出商务智能概念的是市场研究公司 Gartner 公司的分析师 Howard Dresner，1996 年，他提出的商务智能描述了一系列的概念和方法，应用基于数据的分析系统辅助商业决策的制定。商务智能技术为企业提供了迅速收集、分析数据的技术和方法，把这些数据转化为有用的信息，提高企业决策的质量[3]。

商务智能从产生以来一直发展较快，但目前还不成熟，企业界对商务智能存在或多或少不同的理解，如表 1.1 所示[4]。

表 1.1　企业界对商务智能的定义

企 业 界	商务智能的定义
Business Objects(SAP)	商务智能是一种基于大量数据的信息提炼的过程，这个过程与知识共享和知识创造密切结合，完成了从信息到知识的转变，最终为商家创造更多的利润
IBM	商务智能是一系列技术支持的简化信息收集、分析的策略集合
Microsoft	商务智能是任何尝试获取、分析企业数据以便更清楚地了解市场和顾客，改进企业流程，更有效地参与竞争的过程
IDC	商务智能是下列软件工具的集合：终端用户查询和报告工具、在线分析处理工具、数据挖掘软件、数据集市、数据仓库产品和主管信息系统
Oracle	商务智能是一种商务战略，能够持续不断地对企业经营理念、组织结构和业务流程进行重组，实现以顾客为中心的自动化管理
SAP	商务智能是收集、存储、分析和访问数据以帮助企业更好决策的技术
Data Warehouse Institute	商务智能是把数据转换成知识并把知识应用到商业运营的一个过程
王苗	商务智能是企业利用现代信息技术收集、管理和分析结构化和非结构化的商务数据和信息，创造*和累积商务知识和见解，改善商务决策水平，采取有效的商务行动，完善各种商务流程，提升各方面商务绩效，增强综合竞争力的智慧和能力[5]

从表 1.1 中可以看到企业界对商务智能的定义倾向于从技术、应用的角度，更多地从商务智能的过程去描述并理解商务智能。有些软件厂商基于自身利益，对商务智能给出了片面的解释。例如，有的软件商认为商务智能是数据报表等前端展现工具，也有的软件商认为商务智能是数据仓库、数据挖掘的应用，甚至认为是一个系统平台的整合。在商务智能发展的早期，Gartner 公司认为商务智能是数据仓库、数据集市、查询报表、数据分析、数据挖掘以及数据备份与恢复等辅助企业决策的技术及其应用。而在 2007 年的商务智能峰会上，人们对商务智能进行了新的定义，有学者认为商务智能可视为一个伞状的概念，其内容包括分析应用、基础架构、平台以及实践。这意味着人们对商务智能的认识跳出了技术的范畴，商务智能不仅仅是技术工具的集合。

总结上述观点，商务智能是融合了先进信息技术与创新管理理念的结合体，集成了企业内外的数据，进行加工并从中提取能够创造商业价值的信息，面向企业战略并服务于管理

---

* 这里的创造改为发现比较恰当。

层、业务层,指导企业经营决策,提升企业竞争力,涉及企业战略、管理思想、业务整合和技术体系等层面,促进信息到知识再到利润的转变,从而实现更好的绩效。事实上,商务智能应用的核心不在其功能,而在于对业务的优化,IBM公司更强调数据集成和数据分析基础上的业务分析和优化(Business Analytics and Optimization,BAO)。目前,商务智能的应用已延伸到了非商业领域,政府和教育部门等也成为商务智能的应用领域。

商务智能具有以下主要特点,了解这些特点有助于更好地理解商务智能的内涵。

1. 商务智能服务企业战略

商务智能对企业的内外部数据进行分析,支持企业战略管理。哈佛商学院的迈克尔·波特博士在 Harvard Business Review 的一篇文章中把战略分为三个方面:定位、取舍和配称(各项运营活动之间如何关联),而商务智能可以通过数据分析帮助企业对这些方面进行规划。

2. 商务智能提升企业绩效

商务智能有时被认为是一个纯技术项目,然而商务智能更多的是解决管理问题。通过商务智能能从企业多年运营的数据中,挖掘有效的模式辅助管理决策。随着商务智能应用的发展,商务智能离业务越来越近。商务智能在企业绩效管理中扮演着重要的角色,而商务智能相关的产品在管理角色和方法、管理职能和过程等方面烙印渐深,并且融合了越来越多的企业管理的理念。例如,Business Objects(SAP)在2007年"商业智能 点亮明天"商务智能解决方案研讨会展示的绩效管理套件中包含了管理仪表盘、计分卡等工具。这些工具不再是色彩和图形的结合,而是包含了大量的业务逻辑关系和线性规划的运算模型。

3. 商务智能的层次

商务智能可看作"数据炼油厂",如图1.4所示。根据业务需要收集数据,并进行提炼和加工,最终产生对企业有价值的知识,提高企业的绩效。商务智能需要整合企业的业务系统数据,从而保证足够的"原料补给"。商务智能对 ERP、CRM 和 SCM 等业务系统中生成的运营数据进行分析,并给出报告,帮助管理者认识企业和市场的现状,预测发展趋势,做出正确的决策。

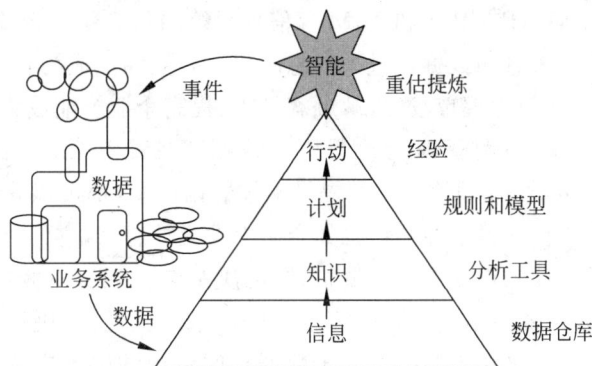

图 1.4　数据炼油厂*

---

* www.dw-institute.com。

4. 商务智能是多项技术的综合应用

随着信息化的发展,商务智能已成为企业充分利用数据资产的重要方法[6]。它从不同的数据源中提取有用的数据,通过数据仓库、在线分析处理和数据挖掘等技术实现企业的决策、考核、分析有机结合和量化以达到为企业提供经营管理、决策支持的目的。最新的商务智能还涉及其他一些新技术,例如内存中的分析处理、面向服务的软件架构(Service Oriented Architecture,SOA)、文本挖掘和元数据存储等。商务智能在这些技术的支持下,发现数据背后隐藏的商机或威胁,获得洞察力,了解企业和市场的现状,把握趋势,识别异常情况,理解企业业务的推动力量,认清正在对企业的业务产生影响的行为及影响程度。

5. 商务智能用户的多样性

商务智能服务于各类企业决策者。传统应用中,商务智能主要支持中、高层管理人员决策。目前,商务智能平台的用户包括一线的业务人员、各级管理者,甚至外部的顾客和商业伙伴。这是因为业务经营决策的范围发生了扩展,包括操作层、战术层和战略层的决策。

1.2.2　商务智能的发展

商务智能作为企业信息化的高端产品,其发展既依赖相关技术的进步,也依赖竞争日趋激烈环境下企业对商务智能深入的认识。

从事务处理系统(Transaction Processing System,TPS)、管理信息系统(Management Information System,MIS)、主管信息系统(EIS)发展到决策支持系统(DSS),企业信息系统表现出面向决策的特性[7]。尤其是20世纪80年代中期,人们把DSS与知识系统相结合,出现了基于知识的智能决策支持系统(IDSS),使智能化的概念有了长足的发展。智能决策系统能够为企业提供各种决策需要的信息以及许多业务问题的解决方案,从而减轻了管理者进行低层次信息处理和分析的负担,使得他们专注于需要决策智慧和经验的工作,因此提高了决策的质量和效率。有人把决策支持系统称作商务智能,并作为商务智能系统的雏形。但限于知识获取的瓶颈,决策支持系统的发展暂时受阻。

随着信息化的发展,ERP、CRM和SCM等信息系统均得到了广泛应用,提高了运营效率,也为商业分析提供了大量的数据。进入信息时代,信息、知识成为企业重要的资源,对企业的竞争力影响很大。如何把握市场,理解顾客需求,提高企业智能成为企业关注的热点。

数据仓库帮助企业存储和管理庞大的历史数据。在此基础上,利用在线分析处理(OLAP)与用户进行交互、快速地响应以及提供多维数据视图,都可以获得企业经营状况的一些信息[8]。此外,隐藏在数据中的知识犹如金矿中发光的金子,它们对决策起着至关重要的作用,数据挖掘提供一种知识提取的挖掘机,帮助决策者找到历史数据之间的潜在联系,利用已有的数据对未知的商业活动进行预测。这些技术的出现,为决策支持系统提供了新的基础,也为商务智能奠定了技术基础。基于数据仓库系统的决策支持系统成为决策支持领域新的发展方向。管理者已经注意到数据蕴涵的价值,信息化基础较好的一些行业开始对数据进行分析,尽管成功率还比较低,但商务智能对企业竞争能力的提高已为人们所接受,越来越多的行业和企业会实施商务智能。一般来说,只要有合适的数据,就有商务智能的用武之地。

据记载,美国 P&G 公司在 1985 年开始利用类似商务智能的初级应用。1996 年 Gartner 公司的分析师 Howard Dresner 提出商务智能概念时,各种商务智能分析及其前端展示工具已经有了一定的发展,各种相关的技术如数据仓库、在线分析处理和数据挖掘也已初具规模。由于应用的局限性,商务智能最初被理解为一些技术工具的集合,即在数据仓库之上的查询、报表和在线分析处理。

目前,企业竞争力的来源就是“知本”。谁能更好地创造知识、共享知识和应用知识,谁就能领先于业界。由于商务智能在支持决策中体现的价值,最近几年受到了企业界的重视。根据 Gartner 公司对亚太地区 500 家企业的 CIO 调查,企业对商务智能的关注度在 2006 年上升为管理应用系统首位,而此指标在 2003 年仅排在第 13 位,2004 年是第 10 位,2007 年商务智能依然稳占鳌头,而且具有强劲的发展势头。面对发展势头良好的市场,商务智能也得到了 Oracle、IBM、HP、Microsoft 和 SAP 等国内外软件厂商的青睐。在企业应用领域,商务智能成为继 ERP 之后的高端应用,广阔的市场前景促使管理软件提供商看好这块领域,最近几年相关企业的并购现象相继发生。据估计,商务智能市场规模逐年增加很快,前景美好[6]。图 1.5 是商务智能 2011 年前历年的市场份额。根据 Gartner 公司统计,2012 年商务智能全球的市场份额为 133 亿美元,2013 年上升到 143 亿美元,并且在 2018 年前会以 8.7%的年增长率发展。

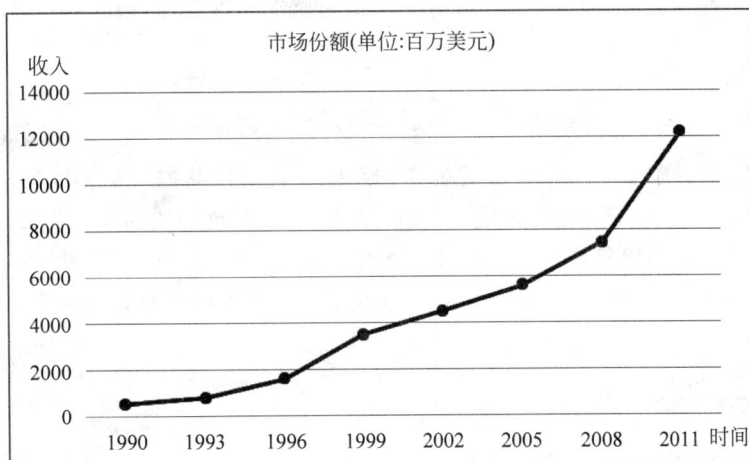

图 1.5　商务智能的市场份额

1.2.3　商务智能的价值

随着企业信息化的推进,企业开始回顾信息技术投资的回报率,思考信息技术投资的战略价值,思考如何充分利用数据资产。这种注重实效的做法是企业在经历多年的信息化热潮后走向理智的表现。

商务智能在挖掘业务数据的潜在价值、支持企业管理决策方面体现了其他管理应用软件无法比拟的价值。以前,决策者因信息孤岛、信息数量的几何级数增长以及业务的实时性要求等原因往往把大部分的时间用于搜寻各种相关信息上。商务智能可以帮助管理者减少收集、处理信息的时间,把更多的精力用于决策上。Gartner 公司调查发现,企业竞争优势的大小,一定程度上与其收集与分析相关业务信息,从而做出高效决策的能力密切相关。如果企业有效应用了商务智能,就可以大量地减少收集与分析业务信息所用的时间,把主要的精力放在决策的制定和执行上。与没有采用商务智能的企业相比,决策效果可能会差别很大。商务智能的价值具体体现在以下几个方面。

1．制定合适的市场营销策略

利用商务智能技术构建商业模型,确定合适的营销策略。美国的知名零售企业 Sears 公司在 20 世纪 90 年代曾经面临倒闭的危险,后来该企业引入了商务智能系统,把业务系统的数据整合到数据仓库后挖掘得到不同家庭的消费习惯,从而精确地投放具有针对性的广告策略和促销计划(精准营销),在竞争中击败对手获得了成功,目前 Sears 公司已是全美第二大零售企业。麦当劳风靡全球,然而顾客众多使得经营策略的制定出现了困难。在麦当劳的顾客中,不同的顾客有不同的选择,商务智能系统能分析顾客的偏爱,把不同顾客选择产品的数据进行收集和分析,发现相当多的顾客在购买汉堡包的时候都会点上一杯可乐,而且一定比例的顾客在购买薯条的同时会配上一份鸡翅。根据这些顾客的消费习惯,麦当劳推出了相应的套餐,并给这些套餐特价的优惠。事实证明,套餐举措是成功的尝试,既吸引了顾客的注意力,又节省了交易成本。电信企业利用商务智能也可以进行用户发展分析、优惠策略预测、套餐分析、促销分析等,对市场营销的成本和收益进行评估。

2．改善顾客管理

顾客智能是商务智能在顾客关系管理(CRM)中的应用。企业正在逐渐由以产品为中心转化为"以顾客为中心",应用商务智能中的在线分析处理和数据挖掘等技术,处理大量的交易记录和相关顾客资料,对顾客进行分类,然后针对不同类型的顾客制定相应的服务策略。例如,电信企业利用分析型 CRM 进行顾客分类、顾客信用度评估、大客户管理、通话分析、欠费与欺诈分析、顾客流失分析、网络性能分析、未接通呼叫分析和顾客投诉分析等,提高顾客的满意度和忠诚度,最大化顾客价值。

3．经营成本与收入分析

应用商务智能企业的绩效管理功能,可以简便、快捷地制定各种成本收益报表,对不同的业务活动进行成本核算,深入分析偏差和改进方法,从而降低成本,提高收入。例如,汽车零件中一个小小的螺帽,其价格微不足道,年产 100 万辆汽车,那么每个螺帽 0.1 美元的价格偏差就将导致至少几十万美元的成本支出。生产汽车的菲亚特公司在引入商务智能解决方案后,立刻意识到了这个问题,并及时地与螺帽供应商洽谈,从而降低了生产成本,增加了利润[2]。

4．提高风险管理能力

在银行、保险和电信等领域,商务智能可以识别潜在的危险,给出存在欺诈行为的用户特征。例如,银行的贷款业务,应用数据挖掘技术可以对顾客进行信用分析,发现其中的欺诈行为特征,作为有效的预警机制,为企业减少损失。电信企业也可以对重大事件、重点业务动态进行跟踪和监控,及时发现业务收入下降的原因,避免造成更大的损失。

5. 改善业务洞察力

商务智能减少管理者收集数据、获取信息所花费的时间,加速决策过程,使正确的信息在正确的时间流向决策者。通过仪表盘监控关键绩效指标(Key Performance Indicator,KPI),掌控业务执行的状况,以便及时调整策略[7]。例如,电信企业通过业务分析支撑系统(Business Analysis Support System,BASS)把数据整合后进行分析,辅助企业高层进行企业关键业绩指标分析、竞争对手分析、新业务可行性分析和投资收益分析等。

6. 提高市场响应能力

借助商务智能还可以预测市场变化,精简流程,确定需要改进的环节,以适应外部环境的变动。根据著名咨询公司 Accenture 对高绩效企业的调查,不少领先企业已经大量投资构建强大的商务智能系统。这些系统将成为企业提高市场响应能力,制定成功战略的重要工具。

【例 1.1】 商务预测[9]

2004 年 3 月,三个赌徒在伦敦里兹俱乐部的轮盘赌中赢得了 130 万英镑。许多人认为这是偶然,然而事实是这三人利用手机拍下了轮盘开始转动时的图像,接着把信息输入计算机计算出球的运行轨迹,预测球停止的位置,从而把每一转的获胜几率由 37:1 提高至6:1。通过给所有 6 个可能的数字下注,他们赢了一次又一次。这个故事展示了预测的力量。在商业运作中,这种预测能力也具有重要的作用。

通过商务智能手段,一些行业的领导者在探索如何提高预测能力,以便抓住市场机遇。例如 Wal-Mart 利用预测能力事先备好了库存,为严重的暴风雨的到来做好准备,不仅满足了顾客的需求,也带来了巨大的利润。2004 年 8 月末,当飓风"弗朗西斯"靠近美国海岸时,Wal-Mart 从几周前飓风"查理"袭击时搜集的数据中查找有用的信息以应对即将到来的灾害。通过查阅数万亿字节的存储数据,分析人员发现,手电筒、啤酒、草莓、果酱和馅饼的销售量与平时相比有大幅度的提升,因此 Wal-Mart 在飓风到来之前快速把这些存货运到商店。

1.3 商务智能系统的功能

商务智能系统作为一种辅助决策的工具,为决策者提供信息、知识支持,辅助决策者改善决策水平。商务智能系统的主要功能如下[10]。

1. 数据集成

数据是决策分析的基础。在很多情况下,决策需要的数据零散分布在几个业务系统中,为了做出正确的经营决策,就需要把这些零散的数据收集起来,形成一个系统的整体。因此从多个异构数据源,包括内部的业务系统和外部的数据源中提取源数据,再经过一定的变换后装载到数据仓库,实现数据的集成是必要的。

2. 信息呈现

信息呈现是指把收集的数据以报表的形式呈现出来,让用户了解到企业、市场的现状,这是商务智能的初步功能。例如,Business Objects(SAP)的水晶报表(Crystal Reports)允许从各种数据源收集数据,使报表分析人员可以随心所欲、快速便捷地设计报表。在信息呈现的方式上,除了报表、图等形式以外,还可以用其他更为直观的方式。此外,利用在线分析处理(OLAP),也可以从多个维度观察数据。

3. 运营分析

运营分析包括运营指标分析、运营业绩分析和财务分析等。运营指标分析是指对企业不同的业务流程和业务环节的指标进行分析,运营业绩分析是指对各部门的营业额、销售量等进行统计,在此基础上进行同期比较分析、应收分析、盈亏分析和各种商品的风险分析等。财务分析是指对利润、费用支出、资金占用以及其他经济指标进行分析,及时掌握企业在资金使用方面的实际情况,调整和降低企业成本。运营分析包括多方面的内容,如表1.2所示。

表1.2 运营分析

分析功能	应用举例
销售分析	产品定价、销售品类、渠道与定向销售、代理商或加盟店销售以及销售变化情况分析等
顾客分析	顾客特征、顾客信用度与忠诚度分析、大顾客发现以及顾客发展情况分析,包括顾客总量、新增顾客和顾客流失原因分析等
供应链分析	业务资源情况、供应商货源与缺货、商品流动、库存与需求预测以及供应商绩效分析等
绩效分析	人力资源分配的绩效、代理商与加盟店的绩效分析等
财务分析	运营成本与收入、财务状况与效益分析等
业务预测与评估	通过分析得到的各种数据模型,进行业务仿真、预测和评估等

4. 战略决策支持

战略决策支持是指根据公司各战略业务单元(Strategic Business Unit,SBU)的经营业绩和定位,选择一种合理的投资组合战略。由于商务智能系统集成了外部数据,如外部环境和行业信息,各战略业务单元可据此制定自身的竞争战略。此外,企业还可以利用业务运营的数据,提供营销、生产、财务和人力资源等决策支持。

【例1.2】 Gartner公司定义的商务智能平台功能[11]

Gartner公司认为商务智能可以提供以下三大类功能:信息交付、整合和分析。目前商务智能项目关注的重点是信息交付,但增长性需求在于数据整合和分析。

1) 信息交付

(1) 报告:创建规范化和交互式报表,并带有高度可升级分发和安排功能,包括运用宽列的报表。

(2) 仪表盘:报表包含刻度盘标量尺和交通灯等形式,这些显示效果表明绩效指标状态和目标值对比。此外,仪表盘也被用于实时数据展示。

(3) 即席查询:使用户不依赖IT部门创建报表。这类工具具有简单的语法层,可以为用户导航可用的数据源。这些工具还提供了查询管理和审核功能,以确保查询能够很好地执行。

(4) 整合Microsoft Office:商务智能厂商提供与Microsoft Office的整合是必要的,包括支持文档格式、公式、数据刷新和透视表等。

（2）整合

（1）商务智能的基础架构：商务智能平台的工具应提供同样的安全机制、元数据、管理、门户整合、对象模型和查询引擎等。

（2）元数据管理：所有商务智能工具都使用同样的元数据，而且提供积极的方式搜索、捕获、存储、重用和发布元数据对象，如维度、层次、度量值、绩效指标和报告布局对象。

（3）开发：商务智能平台应提供一组编程开发工具，在此基础上应用软件开发包创建商务智能的应用程序，并把开发的商务智能应用程序整合到业务流程或嵌入其他应用程序中。商务智能平台还应提供开发者非代码化的开发方式，通过使用向导式的组件提供图形化集成过程。此外，开发环境在安排、分发、执行和管理上还应支持 Web 服务。

（4）工作流和协作：商务智能用户能通过公共文件夹共享思路，而且商务智能可以基于预定义的商业规则对事件或分派给特定用户的任务进行安排和跟踪。通常，这个功能通过整合独立的门户或工作流工具实现。

3）分析

（1）在线分析处理：使终端用户分析数据时获得快速的查询和计算性能，且能使用一种"切片（slice）"和"切块（dice）"的分析形式，跨越多种存储结构，如关系、多维、内存数据库。

（2）高级可视化：使用交互式图表显示多方面数据，通过可视化的界面让用户更好地理解工作流。

（3）预测模型和数据挖掘：使企业能对离散变量进行分类和估计连续变量。

（4）计分卡：利用仪表盘显示的指标，把计分卡用于根据战略目标排列关键绩效指标。

1.4　商务智能的应用

商务智能作为一种提高企业智能的手段，能够增强企业的竞争力，为企业带来价值，所以正吸引着越来越多的企业。商务智能目前应用的行业主要包括银行、保险、证券、通信、制造、零售、医疗、电子政务、能源和烟草等，尤其是金融、通信和制造业等信息化比较成熟的行业，如图 1.6 所示[12]。

商务智能是企业应对激烈竞争的必要选择，它契合行业特殊需求，贴近企业业务流程，并满足企业发展的需要。商务智能的应用领域越来越广泛，除了在企业的顾客关系管理、财务分析和人力资源管理等领域得到了较多的应用以外，近年来在生命科学、制药和电子商务等领域也得到了初步应用。下面简要介绍几个行业的商务智能应用情况。

1. 商务智能在金融行业的应用

金融是较早引入商务智能的行业之一。即使是信息化起步较晚的我国，很多金融企业也拥有较完整的业务处理系统，并实现了业务数据的大集中，为实施商务智能项目提供了基础。实施商务智能可以给金融企业带来如下价值。

（1）规范整合金融企业资源，进行成本控制、获利分析和绩效评估。

（2）评估、模拟、分析与控制市场风险、信用风险以及运营风险。

（3）开发、保留和利用金融顾客关系，发展增值服务和个性化服务。

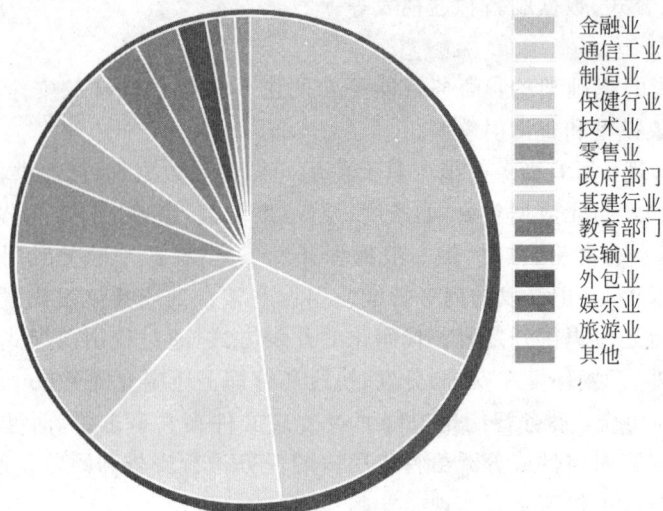

图 1.6　商务智能的行业应用

【例 1.3】 Business Objects(SAP)银行智能解决方案[13]

Business Objects(SAP)银行智能解决方案是专为银行量身订制的,专注于银行关键业务的智能化解决方案。该方案通过成熟的数据模型,形成一个集成的、开放的、可扩展的银行智能决策支持架构,利用分析型模型和多维模型满足不同业务的需求,确保顾客关系、市场营销和公司战略达到最佳成效。此智能解决方案采用了战略性智能架构,主要从风险智能、顾客智能、运营智能和财务智能等方面入手,采用不同智能组件的整合方案,帮助企业实现战略业务决策智能化、提高企业利润、降低企业风险,真正使企业盈利最大化、风险最小化。

对于银行来说,需要着重强调风险管理,这是和银行所面对的行业环境分不开的,Business Objects(SAP)公司提供的风险分析工具运用风险模型把有关风险信息通过直观的仪表盘和报表等形式呈现给用户。管理风险的专业人员可以一目了然地看到信贷、运营和市场方面的风险数据,并在此基础上钻取详细的信息。同时,信贷风险报表和分析使企业的高级管理人员具备制作报表的能力。在规避信贷风险的问题上,Business Objects Dashboard Manager 9I 解决方案在关键风险限制出现违规时会报警,管理者可以轻松地看到风险的级别,有效地预测和降低风险。此外,Business Objects Data Integrator 9I 解决方案能对不同数据源的亏损数据进行对比,提供整个企业综合、准确的运营风险信息。

【例 1.4】 民生银行商务智能实施案例[14]

民生银行为迅速增加资产规模和扩大业务范围,保证在高速增长期内实现高利润率和股东价值最大化,从 2002 年开始实施商务智能项目。经过调研,民生银行选择 NCR Teradata 作为实施企业级数据仓库系统的合作伙伴。整个项目分为三期,第一期从 2003 年 4 月开始,到 2003 年年底顺利结束。在此期间,NCR Teradata 为民生银行设计了企业级数据仓库逻辑模型,完成了民生银行核心业务系统和其他 13 个外围系统的数据整合,构建了民生银行统一的基础数据平台。项目第二期历时一年,至 2004 年底结束,主要工作包括数据仓库系统扩展和客户关系管理系统实施,其中数据仓库系统扩展包括新的数据源加载、数据质量的改进、备份与恢复系统建设以及数据接口实现等工作。而客户关系管理使用TCRM 5.0系统,实现了顾客服务渠道的整合、顾客行为分析、产品关联分析、顾客细分以及示范性营销的设计与实施等功能。项目第三期是不断完善数据仓库系统。实施数据仓库系统,民生银行实现了全行账户、顾客和交易数据等历史数据的集中统一存储与管理,实施以顾客为中心的市场化营销,提高了营销活动的效率,明显降低了营销活动的成本,并稳步提升了顾客的反馈率。

【例1.5】　Cognos(IBM)*银行智能解决方案

Cognos(IBM)软件为银行业绩效管理提供集成的最佳业务实践解决方案。该软件集成并利用银行的关键数据,提供记分卡、报表、分析和规划工具来管理并优化银行的绩效。通过Cognos(IBM)集成的规划、分析和评估工具,可大幅度地增强决策者对银行运营现状的了解,同时改善银行在销售、营销、风险管理、客户服务以及财务等方面的决策能力。

截至2009年12月31日,中国工商银行的市值已达到了2689.82亿美元,稳居全球银行业之首。作为该行统一的通用统计报表平台,综合统计系统(F—CS2002)在2002年底投入生产运行以来发挥了日益重要的作用。在此基础上,为了更好地满足业务部门的需求,解决资源紧缺、报表灵活性差等问题,总行科技部提出建立报表定制平台。经过调研,中国工商银行选择IBM Cognos ReportNet。Cognos ReportNet由开发人员负责数据持久层,业务人员负责业务逻辑层,让技术开发与业务逻辑划分清晰,采取减少固定报表、实现业务部门自定义报表的策略展现功能,实现灵活多样的各类分析统计报表需求。这样不但可以提高报表开发的灵活性,同时也能提高系统的扩展性和可维护性[15]。

上海工商银行通过使用IBM的数据仓库技术建立了以客户为主题的数据仓库,充分利用各种不同格式的数据,并进行风险管理、商户管理、信息服务、业务统计分析等,其中信息服务和业务统计分析可以从各种角度分析业务。可以实现对客户信用的科学评估,灵活、安全地确定其信用级别和信用额。还可以发现能够带来高利润的客户,以便为这些客户提供更好的服务。

2. 商务智能在电信行业的应用

电信行业竞争日益激烈,电信运营商面临的问题也与日俱增,既要减少服务成本,又要不断升级服务、技术创新与风险防范,从而增加运营收入,快速应对市场的动态变化。在这种情况下,商务智能是必然的选择。目前,中国电信、中国网通、中国移动和中国联通等国内主要电信运营商相继建设大规模的业务分析支持系统,以便从运营数据中获得反映市场状况的有效信息,适时推出新业务,争夺有限的客户资源,减少客户流失率。例如,广东移动推出了"动感地带"——20元可发300条短信,但并没得到很多年轻人的青睐,原因是他们每月发不完那么多短信。通过分析,广东移动更改了套餐,使用户数大为增加,尽管从单个用户得到的收入下降了,但整体收益提高了。

【例1.6】　Business Objects(SAP)的通信行业解决方案[16]

Business Objects(SAP)与世界各地的电信企业密切协作,分析市场驱动因素、当前发展趋势以及如何更快取得成功,提供专注于通信业的企业绩效管理(Enterprise Performance

---

*　Cognos公司已被IBM公司收购,下文用Cognos(IBM)表示。

Management,EPM)解决方案,促进了电信运营商业务增长,提高绩效。

企业绩效管理解决方案有以下基本组成部分。

(1) 关键绩效指标。基于 Web 的个性化仪表盘显示关键绩效指标的最新信息,以便决策者迅速做出调整,灵活应对变化。

(2) 跟踪与管理信息。使决策者通过报警随时掌握最新动态,通过钻取数据,检查各种业务问题及其根源。

(3) 方法论。它是跟踪、度量和改进业务绩效的一种系统的、可持续使用的工具,能在整个企业中自上而下地广泛应用。

企业绩效管理是一个连接战略和业务运营的工具,使企业的运营能按照战略或年度计划执行。此外,关键绩效指标能跟踪工作进度,保证可追溯性、一致性和绩效改进。企业绩效管理不断跟踪和监视绩效指标,每位管理人员都有个性化仪表盘,了解其职责范围内关键绩效指标的状况。如果实际绩效偏离了预定目标,仪表盘就会自动向管理人员报警。管理人员可了解相关问题,诊断问题根源,以便及时采取行动。采用 Business Objects EPM 解决方案,管理人员在正确的时间获得了需要的信息,从而保证了公司按预定的目标发展。例如,销售代表能够了解销售数据,据此制定季度绩效目标。企业运营主管(COO)能够掌握整个公司的运营状况,了解收入、费用,由此确定公司与预定目标的差距。Business Objects EPM 解决方案能使运营商利用现有的 IT 基础设施,其中包括企业资源规划(ERP)、财务系统、订单处理系统、服务开通系统和计费系统等,了解当前业务现状以及进展情况,并采取相应的措施。

在通信业解决方案中,Business Objects(SAP)强调了顾客管理,对顾客的信息进行深层挖掘,了解顾客的消费习惯,开发不同的产品,来增加利润。

(1) 管理数据资料。通过 Set Analysis XI 帮助企业根据账单、顾客关怀、网络运营等多种属性,对顾客进行细分,从而更好地了解顾客的购买习惯。有了这些信息,就能针对各类顾客设计不同的产品。通过 Business Objects (SAP)数据质量管理,可以对顾客数据进行清洗,合并重复的记录。通过 Business Objects(SAP)的数据整合解决方案,把顾客数据集成为一个集中、可靠的数据仓库。在此基础上,进行市场分析,或者把网络的使用与产品关联起来,根据初步接受情况预测服务项目的受欢迎程度,并与行业合作伙伴通过安全的外部网共享这些数据。利用 Business Objects Predictive Analysis XI 还可以挖掘使用某服务的顾客是否会使用其他的服务。

(2) 降低顾客流失率。利用 Business Objects(SAP)的数据分析工具,对顾客进行分类,然后找出哪些顾客可能会流失,以便及时采取促销手段降低流失率。Business Objects Campaign Analytics XI 解决方案可以找到对促销活动敏感且会做出积极反应的市场群体,便于企业调整战略,争取最大限度地获取投资回报(Return on Investment,ROI)。这个工具也可以对盈利能力进行分析,并可以与合作伙伴、经销商共享信息。

(3) 提升顾客关怀。许多网络运营商,例如,Virgin 和 Tesco 公司都把通信定义为服务行业,通过与顾客接触的渠道提供快捷和高效的服务,实现差异化。Business Objects (SAP)的顾客智能可以整合相关顾客的互动信息,使企业对顾客有全面的了解。

【例 1.7】 营销精细决策简易 天津联通智能管理

目前电信行业的竞争越来越激烈,迫使电信企业从粗放式的营销模式转向精细化营销管理,及时掌握和调整市场方向。天津联通为实现精细化的营销决策,选择了在电信行业兼具国际化背景和本地化经验的 SAS 公司,帮助其实施客户挽留、顾客细分以及交叉销售(cross-selling)和提升销售(up-selling)等项目。

(1) 预测哪些顾客具有流失的倾向以及影响顾客流失的关键因素,识别风险顾客,在顾客流失之前采取相应的措施。

(2) 根据顾客可能的行为和潜在的盈利性对顾客进行分类,制定更准确的产品组合和产品捆绑服务。

(3) 从现有顾客中识别交叉销售和提升销售的可能接受者,根据顾客过去的购买行为预测他们将来可能会购买什么。

通过实施上述项目,天津联通制定了更为精细的营销策略,开发了有针对性的新业务,留住了高利润的顾客,并且提高了每用户平均收入(Average Revenue Per User,ARPU),增强了盈利能力。

【例 1.8】 IBM 的通信行业解决方案

在电信市场竞争越来越激烈的背景下,国内主要的三大电信运营商已经从以业务为中心向以服务为中心转变,原来赖以竞争的手段,如价格战、行业垄断优势、促销策略等已无法适应新形势的需要。针对与日俱增的电信欺诈,通过对历史数据挖掘、对客户行为分析与预测,进行欺诈行为的侦测与防范。电信运营商可以获得欺诈行为模式,在欺诈发生前予以防范。此外,通过客户细分,建立客户分类模型和客户价值模型,提供个性化区分服务,优化客户服务体验。为了保住客户资源,运营商需要一套业务分析支持系统,从自身市场数据中获得真正反映企业运营状况的有效信息,从而为经营决策提供支持。

中国电信总局计费中心的经营分析系统采用 IBM DB2 数据仓库解决方案。采用 DB2 UDB 存储国际结算、智能网结算等业务数据,采用 DB2 OLAP Server 实现多维分析。采用 DB2 Intelligent Miner for Data 实现智能数据挖掘,前端展示采用 Cognos(IBM)。目前该系统已在工业和信息化部的一系列资费政策制定中产生了积极的作用。

3. 零售业

面对比较低的利润率和激烈的市场竞争,零售企业能否对品牌、产品、市场和运营效率做出快速、有效的决策就显得非常重要。通过对运营数据进行分析,开展数据库营销,零售企业就可以把握顾客的购买习惯,辅助品牌标识、产品分类和营销计划的优化,赢得顾客的忠诚。

数据库营销的理念已为业界所熟悉,但精准的、大量的顾客数据却很难收集,还涉及个人隐私,目前只有极少数的企业拥有整合的顾客数据库,大量的顾客数据分布在企业不同的业务单元中。国内数据库营销仍处于初步发展阶段,很多企业限于买名录、发短信的阶段,并没有真正把握顾客的需求。因此,如何对来源于网络营销、电子邮件、传真和电话等不同渠道的顾客数据进行整合和加工,深入分析顾客价值,寻找新顾客、交叉销售和提升销售机会,开展关系营销和直复式营销是非常重要的。此外,还可以进行商品分析、供应商分析和人员分析等。

【例 1.9】 Business Objects(SAP)的零售业解决方案

零售业的竞争基础是用物美价廉的商品和良好的购物体验去吸引顾客群,了解顾客一直是零售业面临的主要挑战。随着零售业竞争的加剧,新的销售渠道不断涌现,把握顾客的购买习惯就变得越来越困难。Business Objects(SAP)零售解决方案致力于帮助企业分析顾客的基本特征,如年龄、性别、所在区域和收入,通过多种销售渠道获得价格接受程度、价值水平、品牌忠诚度和对促销的关注等更全面的数据。这些数据将与企业推广管理相配合,对推广活动进行跟踪,评估活动的成效,针对每个目标顾客群采取正确的营销手段。Customer Profiling & Campaign Management Analytics 以及 Business Objects Store Assortment Optimization Analytics 为企业提供有关顾客消费行为和推广活动成效的信息,帮助企业按照顾客的总体需求调整产品组合,综合把握与每个顾客的互动情况,从而采取有针对性的市场计划和以顾客为中心的策略,争取新顾客,保留忠诚的旧顾客,建立长久的品牌优势。

此外,Business Objects(SAP)针对特定的零售业需求,专门开发了企业绩效管理(EPM)工具来改善企业的绩效,如表 1.3 所示。

表 1.3　Business Objects(SAP)的零售业企业绩效管理

功　能	具　体　内　容
向导分析	对来自企业资源计划(ERP)、财务和人力资源系统的数据进行整理
关键绩效指标	有助于管理者获取相关的绩效指标
仪表盘	持续性地展示根据顾客需求而定制的实时基本指标,自动告警,以便管理者始终及时了解潜在的问题,及时采取纠正措施
最佳实践	把运营与分析结合起来,为持续流程改进工作提供参考模型。提供的最佳实践是从世界领先的零售企业挑选出来的。与计划结合起来优化市场促销活动,跟踪财务指标

为了能够保持在零售业中的领先地位,企业必须具有自身的品牌,便于顾客识别。Business Objects(SAP)零售业解决方案从商店的细分、净利与毛利、销售与收入指标、顾客具体特征和偏好等多维进行产品分析,针对全球不同地区顾客的喜好和习惯提供不同的产品。此外,还对不同厂商的产品进行评估,确定产品质量和供应商的表现。根据不同的市场推广对产品进行评估,评估市场推广活动的作用,针对不同的市场领域,调整产品供应,实现利润最大化。

【例 1.10】　Cognos(IBM)零售业解决方案[17]

Cognos(IBM)商务智能和财务绩效管理软件为零售业的绩效管理提供了一个集成平台。此平台提供了商业智能记分卡、报表、分析和规划工具,能够收集关键数据,并通过分析这些关键数据来帮助零售企业优化绩效。Cognos(IBM)能够帮助零售企业在商店运营、市场营销和财务等多个领域更快地做出更有效的决策,从而帮助零售企业管理运营成本、提高业绩、驱动利润增长,如表 1.4 所示。

表 1.4　Cognos(IBM)在零售行业中的应用

功　能	Cognos(IBM)在零售行业中的应用
管理运营成本	通过跨商店、渠道、地区和部门比较业绩,降低成本。最大程度地减少脱销现象,管理存货成本
提高业绩	识别和分析趋势,以满足顾客的购买需求。深入洞察销售、劳动力、库存和促销等关键指标,监控营业额和员工效率

续表

功　　能	Cognos(IBM)在零售行业中的应用
驱动利润增长	根据既定的收益和利润目标快速地调整商店运营、规划和资源分配,以驱动利润的增长

目前,IBM携手业务合作伙伴,已经为零售业提供了开箱即用的商务智能解决方案——汉端APROS零售数据分析解决方案。汉端APROS零售数据分析解决方案基于Cognos(IBM) BI的理念,具有上线快、周期短、收效快的特点,两个月就能看到收益,并拥有一连串出色的数据表现:销售数据利用率提高100%、数据整合效率提高60%、商品库存周转提高20%。如表1.5所示,这个解决方案主要包括商品分析、门店分析、顾客分析等功能模块,能够提供业务运营规划的完整视图,帮助企业全面了解当前业务经营状况,以便正确、快速地做出营销与运营策略。

表 1.5　汉端 APROS 零售数据分析解决方案

功能模块	具 体 内 容
商品分析	基于商品属性进行多角度分析,为采购等部门提供全方位的数据分析
门店分析	监控营业、退货、库存、客流和成长率等指标,为运营人员提供决策支持
顾客分析	基于虚拟分类分析购买力波动、消费规律和敏感商品等关键指标

Cognos(IBM)零售业分析系统已经帮助国内某知名体育品牌和可口可乐等重点客户成功地搭建了零售业商务智能管理平台,并且已初显成效。

4. 医疗保健与制药业

医疗保健行业的生存发展面临着巨大的压力,一方面人口持续、快速老龄化的状况仍然存在;另一方面政策立法也在逐年加强,各项成本的攀升也使得企业很难在保健行业立足。如何在最大程度降低成本的同时提供高质量的顾客服务是医疗保健行业需要解决的问题。许多领先的医疗保健企业选择商务智能技术管理它们的关键绩效指标,帮助企业提供有效的服务。

商务智能也通过集成和分析企业研发、顾客管理等相关数据,降低研发成本,改善制药业的运营。

【例 1.11】　SAS 制药业解决方案[18,19]

SAS提出了制药行业解决方案,面向生物科学和医疗设备等医务保健业的众多企业,有助于优化重要的运营数据在公司内的流动,从而帮助它们迅速把治疗方案推向市场并增加盈利。

如图1.7所示,SAS解决方案提供了制药行业药品生命周期各阶段需要的技术,允许制药和生物医学企业迅速把生物医学数据转换成临床洞察力,分析运营数据以管理风险,把分析结果转换成有效的药品治疗方案,优化药品组合,最大限度地从开发、许可、销售和营销业务中创造盈利。

5. 其他行业

制造业在销售、营销方面采取了更主动的活动来吸引顾客,也可以通过扫描数据预测需

		连续审核		
发现	开发	生产管理	营销和销售	
SAS科研解决方案、研究数据管理	SAS新药研发	质量智能流程智能	制药行业顾客关系管理	
		协作流程		
	SAS战略管理、供应商关系管理、人力资源管理、IT管理、财务管理和风险管理等			

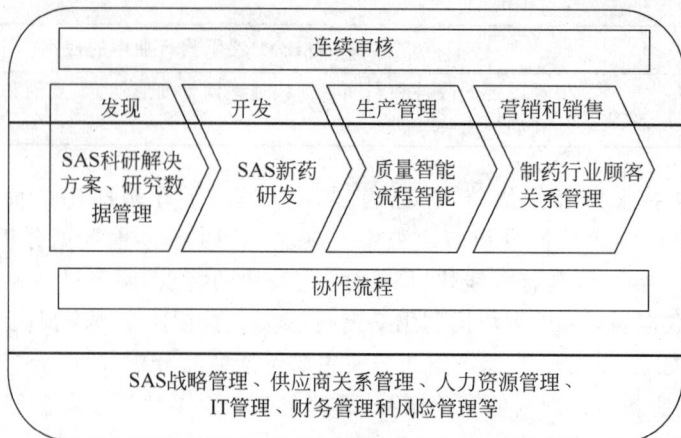

图 1.7　SAS 制药行业解决方案

求,进行及时的补货,实时了解供应商之间的成本差异和代理商的情况,并优化调度、配送和运输过程,保持低库存。

【例 1.12】　Business Objects(SAP)制造业商务智能解决方案

Business Objects(SAP)的商务智能解决方案可通过多种方式为制造企业提供帮助,使它们能够通过严密跟踪采购,预测与快速响应不断变化的需求,改善顾客管理;通过集成、分析和跟踪分散数据源的数据,快速响应瞬息万变的市场;通过综合工程设计、生产和市场部门的决策流程,缩短新产品的上市时间;通过分析预测订单、订货时间、使用吞吐量、订单履行率,快速识别商机和威胁,从而改善规划和调度流程;通过分析产品历史制定和保持质量保证体系,不断更新和提高质量目标,与市场保持更加密切的关系;根据订单履行时间、质量和准确性等关键度量,分析和跟踪供应商绩效,从而改善采购。

【例 1.13】　Cognos (IBM)的制造业解决方案

制造业运营分析系统(MOAS)是 IBM 为制造业量身打造的商务智能解决方案。MOAS 为决策者提供了一个掌控企业真实全貌的信息化平台,帮助制造型企业通过制定智慧的决策来驱动卓越的业务绩效。MOAS 是基于 Cognos(IBM)BI 平台建立的,提供了KPI 仪表盘、营销分析、库存分析、采购分析和人力资源分析等功能。

2001 年前后,服装市场开始由卖方市场转变为买方市场,不但利润趋薄,消费者也越来越挑剔。服装制造企业原有的订货安排生产计划模式不能及时满足市场需求,造成生产能力过剩、库存积压等问题,库存和物流成本压力凸显。

为解决上述问题,雅戈尔应用 Cognos(IBM)对整条供应链系统中的重要数据进行抽取和多维分析,通过报表展现出来,帮助决策者找到问题:Cognos OLAP Server 能将最关键的数据创建为 PowerCubes 的多维数据立方体,雅戈尔的决策层可以辨明趋势、跟踪业务运作、创建高效的统计汇总报表。在此基础上,借助 Cognos Analysis 工具,雅戈尔还能够进行多维联机分析处理(MLOAP)和关系联机分析处理(ROLAP)。Cognos Reporting 则通过丰富的报表展示分析结果,帮助决策者从宏观到微观的分析,迅速地发现问题、确定趋势、找到问题的原因。系统上线后,雅戈尔公司对订单的反应时间和生产周期缩短了 50%,库存周转率提高了 1 倍以上,缺货损失减少了 30% 以上,准时交货率在 99% 以上[20]。

【例 1.14】　　箭牌中国:精准预测尝"甜"头[21]

拥有 200 万个销售网点的箭牌糖类有限公司是中国最大的糖果公司和口香糖制造商。2008 年箭牌完成与玛氏公司的合并,创造新机遇的同时,也面临销售预测周期长达 15 天、预测结果不准确等问题。

箭牌最终使用 IBM Cognos 解决方案。IBM 深入箭牌中国,对其业务需求进行调研和分析。首先,梳理了销售预测流程。箭牌中国销售预测审批流程需要经过多个层级。IBM 结合快速消费品行业的丰富经验,帮助箭牌中国清理了层级关系和大区的管理职责,并与箭牌中国项目组共同制定了符合实际情况的销售预测流程。其次,重建销售预测模型。IBM 作为箭牌中国销售预测系统的实施商,在认真调研和理解箭牌中国的业务流程后,为箭牌中国设计了以 IBM Cognos TM1 为预测平台的解决方案,并开发了多套定制化的销售预测算法和报表,并与项目组一起进行演练,调整参数。这些算法加入了业务参数,经过验证与历史数据有较好的吻合,提高了预测算法准确度。IBM 设计开发的模型接口灵活,箭牌中国的 IT 人员可依据市场的变化进行定制化操作。此外,IBM 专家给箭牌中国提供了全方位的培训,从而满足箭牌中国将来灵活多变的定制化业务管理需求。当预测模型发生变化时,箭牌中国可以依靠自身的力量,修改和开发新的报表。

决策是一个多方面因素综合作用的过程。商务智能对决策主体起到了辅助的作用,但不可能代替其决策。商务智能不是万能的,就目前的技术水平,商务智能还难以提供决策所需要的所有要素,尤其面对未知的、不确定的和无法量化的决策因素时,需要人机协同。

本章参考文献

[1] IDC 发布最新报告呼吁企业积极运用商业智能[EB/OL]. http://tech. sina. com. cn/it/2007-12-19/16181923742. shtml,2007.

[2] 伯纳德·利奥托德. 商务智能:信息→知识→利润[M]. 北京:电子工业出版社,2002.

[3] What is OLAP? [EB/OL]. http://www. olapreport. com/fasmi. htm,2004.

[4] 您认同商业智能的哪一种定义? [EB/OL]. http://www. chinabi. net/Article/binews/200712/890. html,2007.

[5] 王茁,顾洁. 三位一体的商务智能[M]. 北京:电子工业出版社,2004.

[6] What is driving business intelligence and analytics in 2015? http://www. gartner. com/newsroom/id/2992017,2015.

[7] Veronika Stefanov,Beate List,Josef Schiefer. Bridging the gap between data warehouses and business processes:a business intelligence perspective for event-driven process chains[C]. Proceedings of the Ninth IEEE International EDOC Enterprise Computing Conference,Enschede,Holland,2005:4-16.

[8] Golfarelli M,Rizzi S,Cella I. Beyond data warehousing:what's next in business intelligence? [C]. Proceedings of the 7th ACM International Workshop on Data Warehousing and OLAP,Washington,USA,2004:1-6.

[9] (美)圣杰·马瑟,伯桔·萨. "4 步法"搭建洞察力系统　商务智能帮助企业先知先觉[J]. IT 时代周刊,2007,2:76-77.

[10] Rajiv Sabherwal, Irma Becerra-Fernandez. Business Intelligence[M]. Wiley Press, 2010.

[11] Kurt Schlegel, Bill Hostmann, Andreas Bitterer. Magic quadrant for business intelligence platforms [R]. Gartner RAS Core Research Note G00145507, 2007.

[12] Sixto Ortiz Jr. Is business intelligence a smart move[J]. Computer,2002,35(7):11-14.

[13] Insightto Banking[EB/OL]. http://www. china. businessobjects. com/solutions/default. asp,2007.

[14] 民生银行商业智能实施案例[EB/OL]. http://www. doc88. com/p-993235008099. html.

[15] Analytics for banking [EB/OL]. http://www-01. ibm. com/software/data/cognos/solutions/banking.

[16] 营销精细决策简易 天津联通智能管理案例[EB/OL]. http://www. vsharing. com/k/BI/2007-9/606016. html.

[17] Analytics for retail[EB/OL]. http://www-01. ibm. com/software/analytics/retail/.

[18] Alexander Berler,Sotiris Pavlopoulos. Using key performance indicators as knowledge management tools[J]. IEEE Transactions on Information Technology,2005,9(2):184-192.

[19] SAS 制药行业解决方案[EB/OL]. http://solution. chinabyte. com/251/7693751. shtml,2007.

[20] IBM Cognos 辅助雅戈尔进行生产决策[EB/OL]. http://www. ibm. com/news/cn/zh/2009/09/11/m210064u56962u77. html.

[21] 箭牌中国:精准预测尝"甜"头[EB/OL]. http://www-935. ibm. com/services/cn/bcs/solutions/bao/case. html.

思考题

1. 商务智能产生的原因是什么?

2. 如何理解商务智能?

3. 商务智能对企业有什么价值?

4. 举例说明商务智能在保险、证券、银行、电信、制造、零售和物流等行业的应用。

5. 讨论商务智能与 ERP、CRM 和 SCM 等业务管理系统的关系。

6. 举例说明商务智能如何解决下面的问题:哪条产品线的利润空间更大? 哪种商业模式更有价值? 以后企业的业务要向什么方向发展? 根据竞争对手的情况企业制定哪种价格和竞争策略?

7. 讨论商务智能、业务分析与优化有什么不同。

8. 商务智能系统与传统决策支持系统有什么关系?

9. 分析 A 公司商务智能项目失败的原因,并给出解决方法。

A 公司是一家规模较大的工业企业,经过多年的发展,其生产的几十种产品不仅覆盖全国,而且远销国外,经济效益可观。为了提高企业管理水平,满足集团管理的要求,A 公司于 2003 年底正式启动了 ERP 项目,并于 2004 年成功上线,半年后实现单轨运行,并一直保持平稳运行的状态。但 A 公司信息中心人员发现,由于 ERP 系统主要是对日常运营基础数据的管理,公司领导很少用这个系统,很多领导需要的报表还是需要在系统外进行编制和流转。基于这个原因,他们决定在 ERP 系统上拓展一个新项目——BI 系统,意在抽取 ERP 中的数据,并形成供管理人员查看的报表系统。A 公司在 ERP 系统单轨运行后很快就进行了 BI 软件选型,并组织相应实施人员进场开始工作。可未曾料到的是,原本预定于 4 个月就能结束的项目,过了 7 个月还是一拖再拖。原因是领导提出的需求不确切,还是其他的因素在阻碍项目的进展? 原来,经过几个月的项目实施,无论是信息中心的 IT 人员还是软件公司的实施人员都发现,系统无论从内容还是形式,或者是操作上,都与最初项目启动时的设想出现了较大的偏差,完全无法匹配领导的要求。

10. 结合某一行业的具体企业,举例分析商务智能在顾客管理、市场营销等管理决策中的应用。

11. 思考题:近来,张凡听自己部门的人反映说,这一个月来收到业务部门不少信息化方面的需求。他决定召集 IT 部门的人集中整理讨论一下。张凡所在的公司,主营业务是饮料加工和销售,作为公司的 CIO,他不仅要规划信息化系统,了解公司业务,手头上更多的事儿是实现业务部门提出的新需求并通过系统来实现,虽然他不用亲自动手写程序,但如何实现,能否实现,大方向还要他来把握。9 点钟会议正式开始,张凡让 IT 部门的每个人将近来收到的信息化需求总结汇报一下。"目前我们虽然有 ERP 系统,但是还有部门提意见说报表满足不了他们日常工作需要,主要体现在生产部门和销售部门。"随后小李拿出了厚厚的两本报表继续说到:"这两本都是他们平时用到的报表,但是系统不直接生成,都需要经过人为的二次加工才能搞定。"小胡紧接着说:"是的,我负责的 CRM 系统,销售部同事也反映说,很多数据一部分要从 CRM 系统里导出,另外一部分还要从 ERP 系统里导出,折腾半天做完一份报表,经理再换点需求又得重来一遍。销售部助理刘娜那边强烈要求我们把两套系统打通,让他们一步到位地获取到报表。"张凡点了点头,看了看旁边的小越说:"你那边有什么反馈吗?"小赵叹了口气说:"企管部的刘经理反映现在找销售部、财务部和生产部要数据太麻烦了,能不能给他们上一套系统,让他们随时能够看到各部门乃至整个公司的各种生产经营状况,不要总是跑去找各部门要,一来麻烦,二是周期太长,影响工作效率。"张凡听完,知道虽然每个人反映的是不同部门的需求,但实质上业务部门的信息化需求都不约而同地指向了数据整合,将各业务系统打通,统一取数,而且统一取数之后,也可以对数据进行分析。这个问题如何解决?

12. 阅读下面图书,了解商务智能最新发展的情况:Steve Williams. Business intelligence strategy and big data analytics:a general management perspective. Burlington:Morgan Kaufman Publishers,2016.

第二部分

商务智能核心技术

第2章

商务智能系统架构

　　成功地实施商务智能需要大量的高质量业务数据,这些数据一般分布在许多业务系统中,难免存在噪声。如何提取、净化和整合这些数据是数据分析的基础。此外,还需要能把数据转换为信息、知识的分析方法和工具。本章将讨论商务智能系统的体系架构。

2.1　商务智能系统的组成

　　如图 2.1 所示,商务智能系统主要包括以下几个部分。

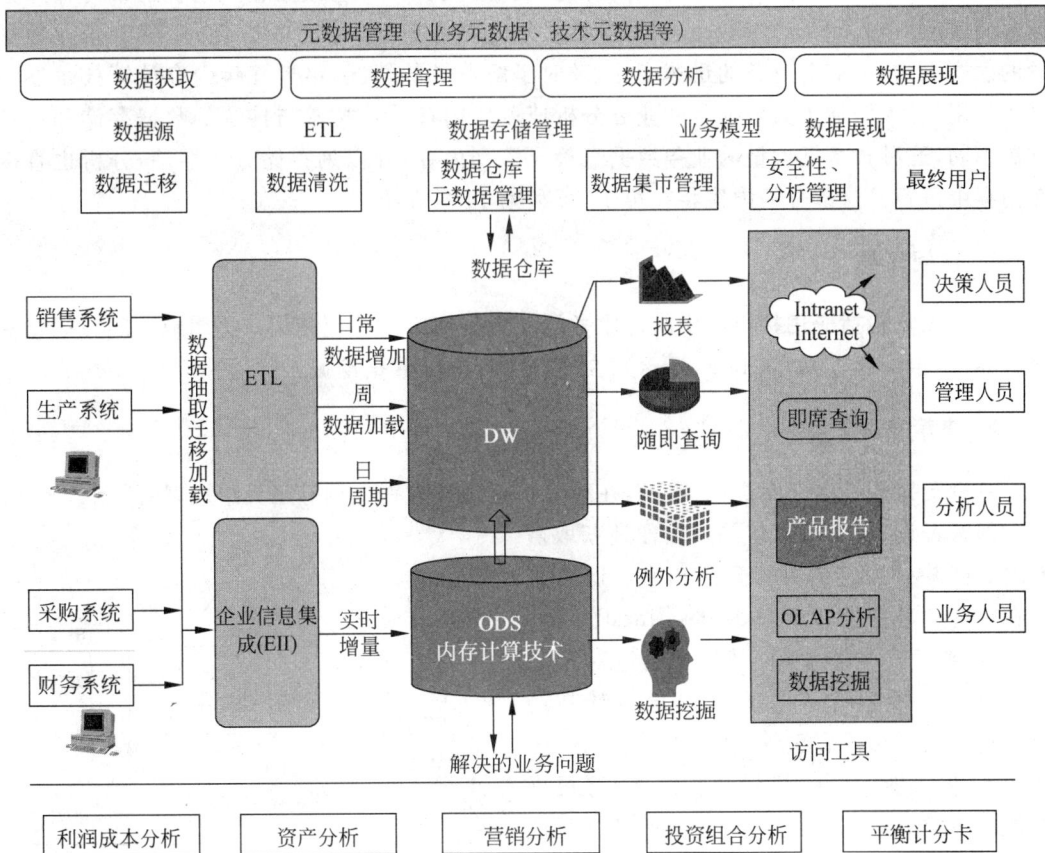

图 2.1　商务智能系统的架构

1. 数据源与数据提取

数据是商务智能系统的基础,通常包括企业内部数据和外部数据(来自市场研究公司或 Internet 等):内部数据包括企业各种应用系统、办公自动化系统等产生的业务数据、文档等;外部数据包括有关市场、竞争对手的数据以及各类外部统计数据等[1]。这些数据可能是结构化的,如关系表和 spreadsheet 等,也可能是非结构化的,如平面文件、图像等多媒体数据,需要借助企业信息集成(Enterprise Information Integration,EII)的技术整合才能用于业务的全面分析。业务数据需要经过数据评价、数据筛选以及数据抽取(extraction)、转换(transformation)和装载(load),即经过 ETL 后才可存储在数据仓库中,为数据的分析奠定了基础。

2. 数据仓库

数据仓库的数据包括元数据和经过 ETL 的业务数据。元数据是关于数据的数据,主要包括数据源的描述、数据的抽取规则、数据的转换规则、数据加载频率、数据仓库模型等[2]。数据源中的数据按照元数据库的规则,经过抽取、清理、转换、集成,按照决策主题重新组织、存储。也可以面向部门建立数据集市(data mart),数据集市是数据仓库的一个子集,但含有特定的主题,一般只在某个部门或局部范围内使用[3]。一些数据仓库系统还带有操作数据存储(Operational Data Store,ODS),此部分内容将在下一章介绍。此外,随着企业数据量的急剧增加,为应对业务的迅速变化,及时了解业务的情况,最近几年内存计算技术逐渐投入使用,极大增加了大数据量的业务分析速度。内存计算技术与传统的数据存储和处理方法不同,这种技术把大量的业务数据直接导入到内存,并以列存储方式存储,分析也直接在内存中进行。这部分的内容将在第 13 章和第 14 章介绍。

3. 访问工具

访问工具包括应用接口和中间件服务器。数据库中间件允许用户透明地访问数据仓库服务器,用于即席查询(ad-hoc query)、在线分析处理和数据挖掘。

4. 决策支持工具

决策支持工具由即席查询、报表,在线分析处理和数据挖掘等工具组成,如图 2.2 所示。

即席查询、报表可以使用户方便地获取需要的数据并按一定的方式显示出来。即席查询在一些业务智能单元(business intelligence unit)得到了较多的应用。例如,通过对产品销售数据和顾客偏好的分析,指导设计新产品。报表是通过报表工具,利用表格、二维、三维图形(仪表盘、柱状、饼状和折线等)等报表对象动态形象地展现数据,对企业业务进行汇总、分析,真实地反映公司业务的状况,也是建立一个商务智能系统的基础。报表工具一般

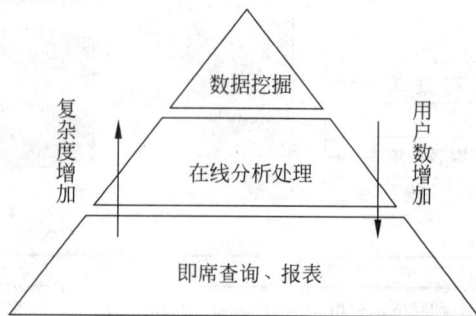

图 2.2　数据分析

提供封装各种数据集的功能,支持在报表绘制过程中灵活定义 SQL 检索、存储过程、复杂 SQL、Text 文件、XML 文件以及自定义等不同类型的数据集。成熟的报表具有先进的前端展现功能,可无缝输出至 PDF、Excel 等常用文件中。在线分析处理支持用户多角度、多层次的分析,以获得业务的趋势信息。数据挖掘是从大量业务数据中提取隐藏的、有用的、正确的知识并用于商业决策的过程[4]。从图 2.2 中可以看出,上述几种分析对数据加工的深度是不同的,即席查询、报表和在线分析处理等方法主要从数据中获取信息,而数据挖掘则是对数据的深层次加工,处理的数据量是比较大的,挖掘出来的知识相对比较少,但对决策却是比较重要的。

【例 2.1】 常见的报表软件

除了 Excel 等常用的报表工具外,目前市场上比较流行的国外报表软件还有 Business Objects(SAP)的水晶报表(Crystal Reports)以及 Cognos(IBM)等。

1) 水晶报表

水晶报表是原加拿大 Crystal Decisions 公司制作的报表分析与生成软件,2003 年被 Business Objects(SAP)收购,比较适合具有高端商务智能需求的用户。水晶报表历史悠久,曾先后被 Microsoft Visual Basic 5、Microsoft Visual Studio .NET 2002、Microsoft Visual Studio .NET 2003、Microsoft Visual Studio .NET 2005、Microsoft Visual Studio .NET 2008 作为内嵌的报表工具,从而具有广大的使用基础。水晶报表可以帮助用户在企业应用系统中方便地设计、管理和发布报表。水晶报表使用方便,功能强大,实现了与大多数流行开发工具的集成。

2) 水晶易表

水晶易表(Xcelsius)是 Business Objects(SAP)推出的另一款报表工具,与水晶报表的设计理念有所不同,水晶易表主要用于展示数据。在展示数据时,用户很容易被一大堆的数据所困惑,使公司的运营者不能方便地获取有用的信息。水晶易表把静态的数据动态地展示而形成动态的表格、图像等,并且可以与用户进行可视化的交互。用户可以用水晶易表对未来进行预测。此外,水晶易表的各种分析结果都可以轻松地转化为 PowerPoint、PDF 以及网页等常用输出形式。目前,水晶易表已经升级到 Lumira 软件,在功能、界面、可用性以及共享性等方面都有比较大的改观。SAP Lumira 可以以自助服务的方式,整合自不同源和业务范围的数据到单一视图中,无须编写代码就可以访问、获取和可视化数据,帮助业务人员快速地做出决策。读者可参阅 15.2 实验指导进行练习。

3) Cognos(IBM)

Cognos(IBM)的平台具有成熟的 OLAP 分析功能,支持多种类型报表,并提供多种访问模式。Cognos(IBM)采用统一的元数据模型,用户通过这个模型,可以得到完整一致的视图,并且可以从多个角度对数据进行分析。Cognos(IBM)拥有独特的穿透钻取、切片、切块和旋转等功能,格式灵活,用户可以对数据进行更深入的分析。目前,全球有 2.3 万家公司选择使用 Cognos(IBM),中国人民银行总行、平安保险等大型企业都采用了这种报表软件。

4) Microsoft 的数据透视表

数据透视表是一个数据排序、统计和汇总的可视化工具,一些电子表格和专用的商务智能工具,例如,Microsoft Excel、Google Docs 等提供了基本的数据透视表功能。其中 Excel 还有一个新的增强功能 PowerPivot,作为一种使用商务智能系统数据的胖客户端产品。数据透视表是一种有用的商务智能工具,提供互动的分析能力,允许用户通过销售图表,按区域或产品查询销售数据,也可以继续单击看到越来越多的详细数据,探索数据之间的关系,钻取问题的根源。使用 Excel 的数据透视表功能还是很费时的,其他形式的可视化工具也是必要的,如 Microsoft SharePoint Server 和 SQL Server 报表服务。

常用的国外报表工具还包括纯 Java 电子报表解决方案 Style Report 以及基于 J2EE 构建的 CharismaA 等平台。

国内的报表提供商出现得比较晚,但发展速度比较快。国内流行的报表软件有帆软、润乾等,凭借对国内市场的了解,这些报表工具在一定程度上能够解决中国式报表复杂的问题。

5. 商务智能应用

商务智能应用,如利润成本分析、资产分析、营销分析、投资组合分析以及人力资源管理、顾客关系管理、供应链管理等各种业务的分析都是根据各级决策者的需求,从数据仓库中提取相关的数据,然后确定数据分析的方法,并把分析结果通过前端展示工具提供给决策者[5]。

6. 系统管理

系统管理包括系统安全管理(用户身份验证和权限管理)、元数据的管理与更新、数据仓库的日常维护与监控、数据使用审计和容量规划等。

7. 元数据管理

元数据管理包括对开发、管理数据仓库时所用的技术元数据和支持业务人员的业务元数据进行管理,它对数据仓库的设计和维护起着重要作用。

2.2 数据集成

在信息化过程中,企业的子公司、各部门往往各自负责局部的信息系统选型、建设和维护,导致大量的信息孤岛。同时,数据来源广泛,数据格式更加多样,企业数据主要集中在文件系统、数据库和消息队列。此外,博客和微博等社交媒体、移动计算、邮件和手机短信等非结构化工具也成为企业数据的载体。如何把具有不同业务语义、不同格式的数据集成起来是一项具有挑战性的工作。对许多企业而言,由于不同用户提供的数据可能来自不同的数据源,数据内容、数据格式和质量千差万别,数据的准确性、真实性和完整性都不同,实施数据共享和数据分析就需要对数据进行整理,有效的数据集成十分重要。

数据集成也经历了一个发展的过程。在早期数据分析阶段,多库系统存在以下问题:可用性差(源数据库或通信网络故障导致系统瘫痪)、响应速度慢(全局查询延迟和低层效率影响响应速度)、系统性能低(总体性能取决于数据源中性能最差的系统)和系统开销大(因每次查询要启动多个系统,通信和运行开销大)等问题。数据集成是在逻辑上或物理上把不同来源、格式、特点的数据有机地整合,从而为企业提供全面的数据共享。数据集成的目的是要运用一定的技术手段把分布在异构系统中的数据按一定的规则组织成一个整体,使用户能有效地对其进行共享、分析,因此数据集成是构建数据仓库的基础。数据集成的过程是比较复杂的,占整个商务智能项目相当大的工作量,最近几年数据集成得到了广泛的重视。

在企业数据集成领域,已经有了很多成熟的方法可以使用。目前通常采用数据联邦、基于中间件模型、数据仓库和主数据管理(Master Data Management,MDM)等方法来构造集成的系统,这些技术为解决数据共享问题提供了不同的方式。数据联邦(federation)是数据集成的方法之一,其优点是数据依然保留在原来的存储位置,而不必构建一个集中式数据仓库。但数据联邦查询反应慢,不适合频繁查询,而且容易出现锁争用和资源冲突等问题。中间件通过统一的全局数据模型来访问异构的数据库、遗留系统和 Web 资源等。中间件位于异构数据源系统(数据层)和应用程序(应用层)之间,向下协调各数据源系统,向上为访问集成数据的应用提供统一数据模式和数据访问的通用接口。各数据源的应用仍然完成各自的任务,中间件主要集中为异构数据源提供一种检索服务。数据仓库的数据集成依赖提取、转换和装载(ETL)过程。

此外,由于主数据管理能较好地解决数据仓库中数据不准确的问题,因此越来越多的企业会重视主数据管理项目。这里主数据包括顾客、合作伙伴、员工和产品等业务主题及其关系的数据,存在于多个异构的应用系统中,可以被各个业务部门重复使用。不同行业所使用的主数据类型一般都是不同的,例如,对于电信行业,其产品主数据包括电信运营商提供的各种服务,而航空业的主数据包括航线、航班等。同一企业的不同业务部门所关心的主数据也不同。主数据管理是通过 ETL、EII 等技术,从企业的多个业务系统中整合需要共享的主数据,集中进行数据的清洗,维护主数据的完整性、一致性和准确性的一整套规范、技术和方案,以便为业务应用系统和分析型应用提供可靠的数据源。下面简要介绍主数据管理与数据仓库、ODS 之间的关系[6]。

如图 2.3 所示,主数据管理与数据仓库是相辅相成的。它们都是减少数据冗余和不一致性的跨部门集中式系统,都依赖 ETL、元数据管理等技术保证数据质量。数据仓库系统的分析结果可以输入到主数据管理系统中,例如,航空公司的主数据模型除了包括顾客的基本信息、偏好信息外,还包括顾客的年度飞行里程、提前预订倾向、转签航班倾向、取消航班倾向等衍生信息。另一方面,两者也有区别,主数据管理是为呼叫中心、电子商务和 CRM 等业务系统提供联机交易服务,数据仓库是面向分析型的应用。此外,主数据管理涉及的数据量相对比较小,在运行中对主数据的集成实时性要求比数据仓库高。主数据管理对实时性的要求似乎与 ODS 有共同之处,但主数据管理系统不存储 ODS 系统的交易数据。例如,一个顾客在一个电子商务网站购买了一张机票,后来又通过呼叫中心(call center)改签,两个系统需要共享顾客的信息和订单。然而这个顾客的交易数据不能进入电子商务网站的主数据管理系统中,而顾客信息的共享是通过主数据管理系统来实现的。

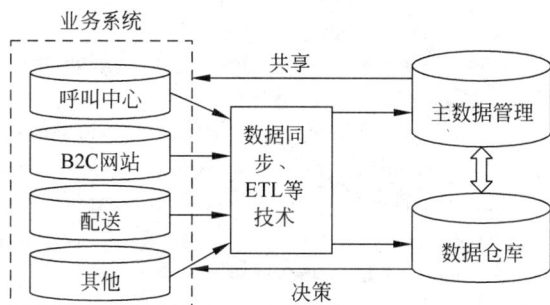

图 2.3 主数据管理与数据仓库的关系

目前 Informatica、SAS 和 IBM 等企业都推出了高效的数据集成平台,为数据共享和数据集成奠定了基础。其中 Informatica 公司是数据集成平台领域的佼佼者,也是集数据集成和数据质量平台于一体的少数几个供应商之一。该公司所提供的统一数据集成平台具备广泛的连接性,可以集成大型机数据、关系型数据、文件数据、应用程序数据、消息队列、可扩展标识语言(XML)和非结构化数据等多种类型的数据。2010 年最新发布的 Informatica Cloud 2010 版本通过云计算集成来自合作伙伴、供应商以及交易网络的多种格式的数据。

【例 2.2】　IBM 的数据集成

IBM WebSphere Datastage 为实时数据集成(RTI)提供了一套解决方案,在应用上可以将 RTI 发布为 Web 服务,用户使用 Java 客户端调用。IBM WebSphere Datastage 具有如下功能。

(1) 对内部和外部的数据源统一访问。

(2) 实时地重用来自 IBM WebSphere Datastage 作业的逻辑。

(3) 通过提供统一的服务更快地部署应用程序。

DB2 Universal Database 产品系列包括数据库服务器和一系列与商务智能、信息集成和内容管理等方面相关的产品。用于数据集成的产品有 DB2 WebSphere Information Integrator、DB2 Replication、DB2 Connect 和 Omnifind。DB2 Universal Database 提供了强大的工具用以访问不同数据源的数据,采用基于 IBM DB2 DataJoiner 的数据联邦技术,并具备很多特有的功能。建立一个数据联邦系统,基于 DB2 Universal Database 的 WebSphere Information Integrator 是一个主要的工具,通过设计联邦系统、配置联邦系统以及服务器注册等步骤实现。

【例 2.3】　李宁公司的商务智能建设[7]

李宁公司是一家国际领先的运动品牌公司,产品包括运动服装、运动鞋、运动配件等,其分销网络已拓展到了 20 多个国家和地区。在二十多年的发展过程中,李宁公司十分重视信息化的建设,20 世纪 90 年代就使用了 ERP 系统,2005 年开始实施报表项目。随着业务的发展,为了克服原有数据中心和报表系统的不足,采用了 IBM 公司的商务智能解决方案:利用业务 POS 系统收集业务数据,由 ETL 加载到数据仓库(数据中心),然后再通过 IBM Cosnos Framework Manager、Cognos Transformer、Cognos Report Studio、Query Studio 等工具进行报表展现,进行门店分析、产品分析和顾客分析,并通过门户为公司的产品、销售和市场等部门提供及时、准确的个性化决策信息。

本章参考文献

[1]　Olga Brazhnik, John F Jones. Anatomy of data integration[J]. Journal of Biomedical Informatics, 2007,40(3): 252-269.

[2]　Weir Jason. A Web/business intelligence solution[J]. Information Systems Management, 2000,17(1): 1-6.

[3]　W H Inmon. Building the data warehouse[M]. New York: John Wiley & Sons,2005.

[4]　Jiawei Han, Micheline Kamber. Data mining: concepts and techniques. 2nd ed [M]. Morgan Kaufmann,2006.

[5]　Karl Van den Bergh, Timo Elliott. Why standardizing business intelligence is critical[R]. Business Objects Whitepaper,2003.

[6]　主数据管理和实施[EB/OL]. http://www. ibm. com/developerworks/cn/data/library/techarticles/

dm-0904loulj.

［7］ IBM Cognos 商业智能助力李宁报表展现［EB/OL］. http://portal. vsharing. com/k/BI/2010-8/635888. html.

思考题

1. 商务智能系统包括哪些部分？分别有什么功能？

2. 结合具体的商务智能项目，说明商务智能系统的组成。

3. 讨论数据集成对商务智能项目的重要性。

4. 案例分析*：阅读下面的案例，分析产生问题的原因并给出对策。

一位新上任的大型国企老总曾经表达过这样的困惑。当他向下属提出，希望查看近十年企业的生产和运营数据时，他手边得到了各种各样不同的数据报表。这些数据报表大致可以分成两种类型：一种是两年前的，即 ERP 上线之前的，这是一些简单、杂乱而又枯燥的数据；另一种是有了 ERP 以后的，数据变得清楚而有条理，但仍然有来自 ERP、CRM、SCM 以及计费业务等不同应用的数据和各种分析报告。在仔细查看这些报表之后，这位国企老总惊讶地发现，不同的系统可以得出截然相反的两种结论。例如某一产品，它的动态成本反映在 ERP 系统中和反映在 CRM、SCM 系统中相差很大，如果引用 ERP 和 CRM 里面的数据，它就是一款很成功、销量很好的产品，但在 SCM 中，它的采购和物流成本过高，导致这款看起来很成功的产品实际上是一笔赔钱的买卖。更让他难以理解的是，正是由于这些来自不同系统的数据不够准确或不一致，让企业的前任领导提交了相当多顾此失彼的分析报告，导致了许多市场决策上的混乱和失误。在花费大量时间和精力之后，这位国企老总困惑了：究竟哪些数据才是真实的？为什么对同一件事，不同的系统会得到截然不同的结果？

5. 如图 2.4 所示，分析数据集成在生产分析、绩效管理和顾客管理等决策中的作用。

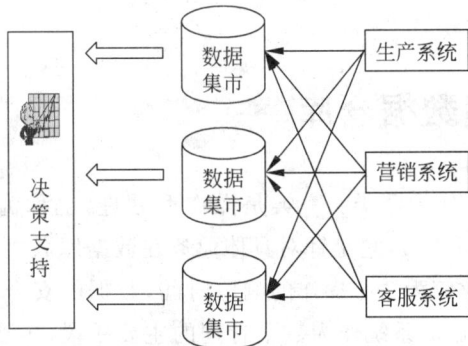

图 2.4 数据集成与决策分析

6. 讨论某公司为改善决策能力，如何对分布、异构的相关业务数据进行集成？

7. 如何理解商务智能项目实施过程中数据质量是至关重要的？

8. 结合实例，讨论商务智能项目实施的过程。

---

* 商业智能：为管理者"解惑"［EB/OL］. http://www. amteam. org/print. aspx? id＝464330.

第3章

数据仓库

自从 1991 年数据仓库之父 Bill Inmon 提出数据仓库的概念以来，数据仓库已从早期的探索阶段走向实用阶段，也进入了一个快速发展的阶段。在此期间，全球经济急速发展，激烈的竞争、企业间频繁的兼并重组，使企业对信息的需求大大加剧，这是数据仓库发展的根本原因。当越来越多的企业开始重视数据资产的价值时，数据仓库就成为必然的选择。

目前，企业面对经济增长减缓和市场竞争日益激烈的双重压力，为继续保持经济的高速稳定增长，大量的企业面临着减员增效、股份制改造等各种变革，准确、全面的信息是企业变革制胜的法宝。随着经营策略从以产品为中心转变为以顾客为中心，数据的潜在价值正在得到越来越多的关注，企业已经认识到充分地利用信息是应对挑战的关键，数据仓库正在成为 IT 领域中被关注的热点技术。

信息技术的广泛应用使企业的运营更加高效、灵活，但同时也带来了"数据爆炸"的问题，许多遗留下来的历史数据被束之高阁，人们面对浩如烟海的数据显得手足无措，如何有效地组织和存储数据，把其内部隐藏的信息转化为商业价值，为企业效益提供服务成为决策者们迫切关心的问题。数据仓库作为高效集成、管理数据的技术，为各级决策者洞察企业的经营管理状况，及时发现问题，提高决策水平提供了基础。目前数据仓库逐渐被越来越多的企业应用。

3.1 从数据库到数据仓库

企业的数据处理大致分为两类：一类是操作型处理，也称为联机事务处理（On-Line Transaction Processing，OLTP），它是针对具体业务在数据库联机的日常操作，通常对少数记录进行查询、修改。用户较为关心操作的响应时间、数据的安全性、完整性和并发支持的用户数等问题。传统的数据库系统作为数据管理的主要手段，主要用于操作型处理。另一类是分析型处理，一般针对某些主题的历史数据进行分析，支持管理决策。

企业经过数年的信息化建设，数据库中都会积累大量的日常业务数据，传统的决策支持系统（DSS）直接建立在这种事务处理环境上。然而传统的数据库对分析处理的支持一直都不能令人满意，这是因为操作型处理和分析型处理具有不同的特征，主要体现在以下几个方面。

（1）处理性能。日常业务涉及频繁、简单的数据存取，因此对操作型处理的性能要求较高，需要数据库能够在很短时间内做出响应。与操作型处理不同，分析型处理对系统响应的要求并不那么苛刻。有的分析甚至可能需要几个小时,耗费了大量的系统资源。

（2）数据集成。企业的操作型处理通常较为分散,传统数据库面向应用的特性使数据集成困难。数据分散,缺乏一致性,外部数据和非结构化数据的存在使得企业很难得到全面、准确的数据。而分析型处理是面向主题的,经过加工和集成后的数据全面、准确,可以有效支持分析。

（3）数据更新。操作型处理主要由原子事务组成,数据更新频繁,需要并行控制和恢复机制。但分析型处理包含复杂的查询,大部分是只读操作。过时的数据往往会导致错误的决策,因此对分析型处理数据需要定期刷新。

（4）数据时限。操作型处理主要服务于日常的业务操作,因此只关注当前的数据。而对于决策分析而言,对历史数据的分析处理则是必要的,这样才能准确把握企业的发展趋势,从而制定出正确的决策。

（5）数据综合。操作型处理系统通常只具有简单的统计功能。操作型处理积累了大量的细节数据,对这些数据进行不同程度的汇总和聚集有助于以后的分析处理。

总的来说,操作型处理与分析型处理系统中数据的结构、内容和处理都不相同。Bill Inmon 归纳了操作型处理与分析型处理的区别,如表 3.1 所示[1]。

表 3.1　操作型处理与分析型处理的比较

操作型处理	分析型处理
细节的	综合的或提炼的
实体-关系(E-R)模型	星形或雪花模型
存取瞬间数据	存储历史数据,不包含最近的数据
可更新的	只读,只追加
一次操作一个单元	一次操作一个集合
性能要求高,响应时间短	性能要求宽松
面向事务	面向分析
一次操作数据量小	一次操作数据量大
支持日常操作	支持决策需求
数据量小	数据量大
客户订单、库存水平和银行账户查询等	客户收益分析、市场细分等

从上面的分析可见,操作型数据库面向企业日常的数据处理,其用户是企业的业务人员,难以支持复杂的数据分析。而分析型处理是面向分析,支持决策的,用户多是企业的各级管理人员,通过对企业运营的历史数据进行分析,得到信息、知识以辅助决策。

3.2　数据仓库的概念

从本质上讲,设计数据仓库的初衷是为操作型系统过渡到决策支持系统提供一种工具或整个企业范围内的数据集成环境,并尝试解决数据流相关的各种问题。这些问题包括如何从传统的操作型处理系统中提取与决策主题相关的数据,如何经过转换把分散的、不一致的业务数据转换成集成的、低噪声的数据等。

Bill Inmon 认为数据仓库就是面向主题的(subject-oriented)、集成的(integrated)、非易

失的(non-volatile)和时变的(time-variant)的数据集合,用以支持管理决策[1]。数据仓库不是可以买到的产品,而是一种面向分析的数据存储方案。对于数据仓库的概念,可以从两个层次进行理解:首先,数据仓库用于支持决策,面向分析型数据处理,不同于提高业务效率的操作型数据库;其次,数据仓库对分布在企业中的多个异构数据源集成,按照决策主题选择数据并以新的数据模型存储。此外,存储在数据仓库中的数据一般不能修改。数据仓库主要有以下特征。

1. 面向主题

在操作型数据库中,各个业务系统可能是相互分离的。而数据仓库是面向主题的。逻辑意义上,每一个商业主题都对应于企业决策包含的分析对象。如图 3.1 所示,一家保险公司的数据仓库的主题可能有顾客、政策、保险金和索赔等。

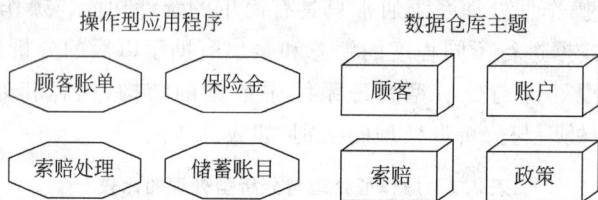

图 3.1　数据仓库的主题

操作型数据库对数据的划分并不适用于决策分析。而基于主题组织的数据则不同,它们被划分为各自独立的领域,每个领域有各自的逻辑内涵但互不交叉,在抽象层次上对数据进行完整、一致和准确的描述[2]。一些主题相关的数据通常分布在多个操作型系统中。

2. 集成性

不同操作型系统之间的数据一般是相互独立、异构的。而数据仓库中的数据是对分散的数据进行抽取、清理、转换和汇总后得到的,这样就保证了数据仓库内的数据关于整个企业的一致性。图 3.2 说明了一个保险公司综合数据的简单处理过程,其中数据仓库中与“保险”主题有关的数据来自多个不同的操作型系统。这些系统内部数据的命名可能不同,数据格式也可能不同,把不同来源的数据存储到数据仓库之前,需要去除这些不一致。

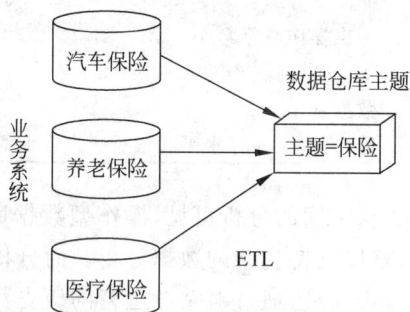

图 3.2　数据仓库的数据集成

3. 数据的非易失性

操作型数据库主要服务于日常的业务操作,使得数据库需要不断地对数据进行实时更新,以便迅速获得当前的最新数据,不致影响正常的业务运作。在数据仓库中只需要保存过去的业务数据,不需要每一笔业务都实时更新数据仓库,而是根据商业需要每隔一段时间把一批较新的数据导入数据仓库。事实上,在一个典型的数据仓库中,通常不同类型数据的更新发生的频率是不同的。例如,产品属性的变化通常每个星期更新一次,地理位置上的变化通常每个月更新一次,销售数据则每天更新一次。

数据的非易失性主要是针对应用而言的。数据仓库的用户对数据的操作大多是数据查询或比较复杂的挖掘,一旦数据进入数据仓库以后,一般情况下都被较长时间地保留。数据仓库中一般有大量的查询操作,但修改和删除操作很少。因此,数据经加工和集成进入数据仓库后是极少更新的,通常只需要定期加载和更新。

4. 数据的时变性

数据仓库包含各种粒度的历史数据。数据仓库中的数据可能与某个特定日期、星期、月份、季度或者年份有关。数据仓库的目的是通过分析企业过去一段时间内业务的经营状况,挖掘其中隐藏的模式。虽然数据仓库的用户不能修改数据,但并不是说数据仓库的数据是永远不变的。分析的结果只能反映过去的情况,当业务发生变化后,挖掘出的模式就会失去时效性。因此数据仓库的数据需要更新,以适应决策的需要。从这个角度来讲,数据仓库建设是一个过程[3]。数据仓库的数据随时间的变化表现在以下几个方面。

(1)数据仓库的数据时限一般要远远长于操作型数据的数据时限。

(2)操作型系统存储的是当前数据,而数据仓库中的数据是历史数据。

(3)数据仓库中的数据是按照时间顺序追加的,它们都带有时间属性。

数据仓库主要包括数据的提取、转换与装载(ETL)、元数据、数据集市和操作数据存储等部分,常用的数据仓库结构如图 3.3 所示[4]。

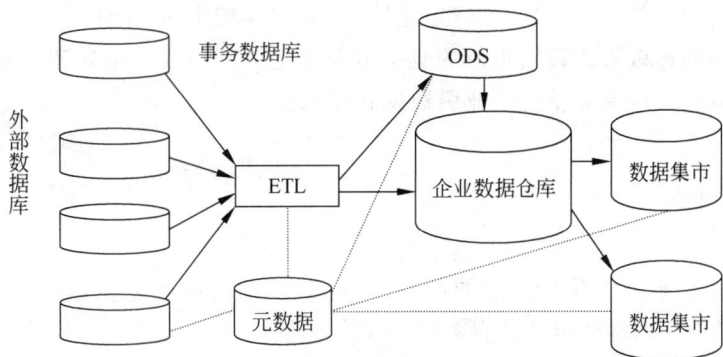

图 3.3 数据仓库的结构

3.3 数据集市

人们在早期开发企业级数据仓库时,一般是先建立一个全局的数据仓库,然后在此基础上建立各种应用,即采用"自顶向下"的方法。但在开发的过程中会出现以下问题。

(1)如果按"自顶向下"的方法建立企业级数据仓库,建设规模往往较大,建设周期长,投资大。

(2)在数据仓库建好后,随着使用数据仓库的部门增多,对数据仓库资源的竞争将成为企业面临的一个难题。

(3)各个部门都希望能定制数据仓库中的数据,但数据仓库是面向企业的。

为解决上述问题,人们提出了数据集市的概念,如图 3.4 所示。数据集市支持某一业务单元或部门特定的商业需求,其中的数据可以来自数据仓库。数据集市可以在数据仓库的基础上进行设计,如图 3.4(a)所示,也可类似数据仓库直接设计,如图 3.4(b)所示。数据集市中的数据具有数据仓库中数据的特点,只不过数据集市是专为某一部门或某个特定的商业需求定制的,而不是根据数据容量命名的。

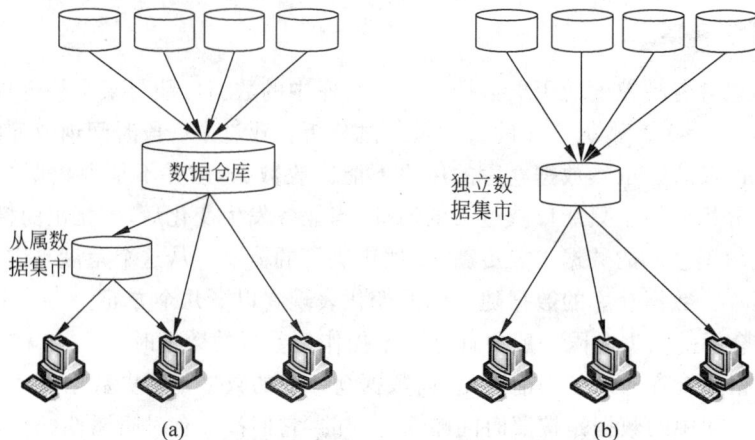

图 3.4　两种类型的数据集市

数据集市面向部门、业务单元或特定应用,因而规模较小,便于快速实现,且成本低廉,短期内即可获得明显效果。数据集市的应用不仅满足了部门的数据处理需求,而且作为数据仓库的子集有助于构建完整的企业级数据仓库。

3.4　元数据

当需要了解某地企业及其提供的服务时,电话黄页的重要性就体现出来了。元数据(metadata)就类似于这样的电话黄页。

1. 元数据的定义

数据仓库中的元数据是关于数据仓库中数据的数据。它的作用类似数据库管理系统的数据字典,用于保存逻辑数据结构、文件、地址和索引等信息。从广义上讲,在数据仓库中,元数据是描述数据仓库内数据的结构和建立方法的数据。

元数据是数据仓库管理系统的重要组成部分,元数据管理器是企业级数据仓库中的关键组件,贯穿于数据仓库构建的整个过程,直接影响着数据仓库的构建、使用和维护。

(1) 构建数据仓库的主要步骤之一是 ETL。这时元数据发挥了重要的作用,它定义了源数据到数据仓库的映射、数据转换的规则、数据仓库的逻辑结构、数据更新的规则、数据导入的历史记录以及装载周期等相关内容。数据抽取和转换的专家以及数据仓库管理员正是通过元数据高效地构建数据仓库的。

(2) 用户在使用数据仓库时,通过元数据访问数据,明确数据项的含义以及定制报表。

（3）数据仓库的规模及其复杂性离不开正确的元数据管理，包括增加或移除外部数据源，改变数据清洗方法，控制出错的查询以及安排备份等。

元数据可分为技术元数据和业务元数据。技术元数据为开发和管理数据仓库的 IT 人员使用，它描述了与数据仓库开发、管理和维护相关的数据，包括数据源信息、数据转换描述、数据仓库模型、数据清洗与更新规则、数据映射和访问权限等。而业务元数据为管理层和业务分析人员服务，从业务角度描述数据，包括商务术语、数据仓库中有什么数据、数据的位置和数据的可用性等，使业务人员更好地理解数据仓库中哪些数据是可用的以及如何使用它们。

上述表明，元数据不仅定义了数据仓库中数据的模式、来源、抽取和转换规则等，而且整个数据仓库系统的运行都是基于元数据的，元数据把数据仓库系统中各个松散的组件联系起来，组成了一个有机的整体，如图 3.5 所示[5]。

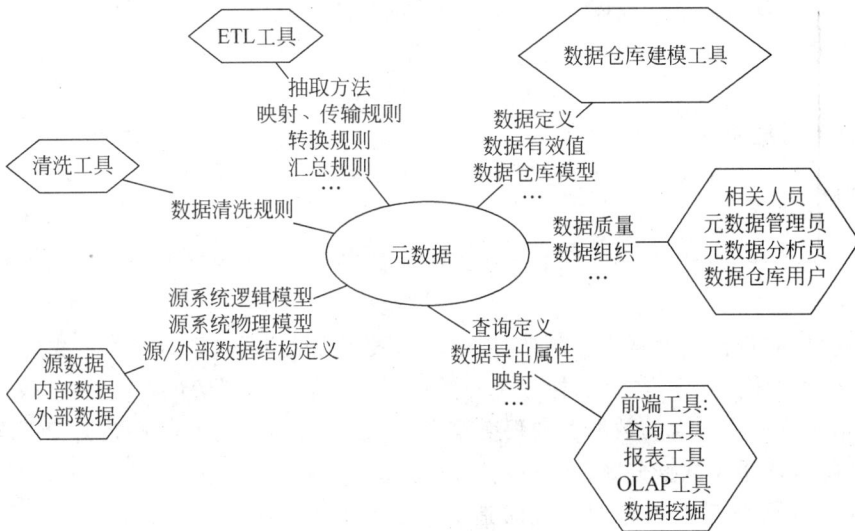

图 3.5　元数据

2. 元数据的存储方式

元数据有两种常见的存储方式：一种是以数据集为基础，每一个数据集都有对应的元数据文件，每一个元数据文件包含对应数据集的元数据内容；另一种存储方式是以数据库为基础的，即元数据库。其中元数据文件由若干项组成，每一项表示元数据的一个要素，每条记录为数据集的元数据内容。上述存储方式各有优缺点，第一种存储方式的优点是调用数据时相应的元数据也作为一个独立的文件被传输，相对数据库有较强的独立性，在对元数据进行检索时可以利用数据库的功能来实现，也可以把元数据文件调到其他数据库系统中进行操作。不足是如果每一个数据集都对应一个元数据文档，在规模巨大的数据库中则会有大量的元数据文件，管理起来不方便。第二种存储方式元数据库中只有一个元数据文件，管理比较方便，添加或删除数据集时只要在该文件中添加或删除相应的记录项就可以了。在获取某数据集的元数据时，因为实际得到的只是关系表格数据的一条记录，所以要求用户系统可以接受这种特定形式的数据。因此，推荐使用元数据库的方式。

元数据库用于存储元数据,因此元数据库最好选用主流的关系数据库管理系统。元数据库还包含用于操作和查询元数据的机制。建立元数据库的主要好处是提供统一的数据结构和业务规则,易于把企业内部的多个数据集市有机地集成起来。目前,一些企业倾向于建立多个数据集市,而不是一个集中的数据仓库,这时可以考虑在建立数据仓库(或数据集市)之前,先建立一个用于描述数据、服务应用集成的元数据库,做好数据仓库实施的初期支持工作,对后续开发和维护有很大的帮助。元数据库保证了数据仓库数据的一致性和准确性,为企业进行数据质量管理奠定了基础。

3．元数据的作用

在数据仓库中,元数据的主要作用如下。
(1)描述哪些数据在数据仓库中,帮助决策分析者对数据仓库中的数据定位。
(2)定义数据进入数据仓库的方式,作为数据汇总、映射和清洗等的指南。
(3)记录业务事件的发生和随之进行的数据抽取工作的时间安排。
(4)记录并检测系统数据一致性的要求和执行情况。
(5)评估数据质量。

4．粒度

粒度反映了数据仓库按照不同的层次组织数据,根据不同的查询需要存储不同细节的数据。在数据仓库中,粒度越小,数据越细,查询范围就越广泛。相反,粒度级别越高,表示细节程度越低,查询范围就越小。例如,当信用卡发行商查询数据仓库时,首先要了解某个地区信用卡的总体使用情况,然后检查不同类别用户的信用卡消费记录,这就涉及不同细节的数据。数据仓库中包含的数据冗余程度较高,批量载入和查询会影响数据管理和查询效率,因此数据仓库采用数据分区存储技术以改善数据仓库的可维护性,提升查询速度和加载性能,解决从数据仓库中删除旧数据时造成的数据修剪等问题,把数据划分成多个小的单元。

根据粒度的不同,可以把数据划分为早期细节级、当前细节级、轻度综合级和高度综合级等[6]。ETL后的源数据首先进入当前细节级,并根据需要进一步进入轻度综合级乃至高度综合级。一旦数据过期,当前数据粒度的具体划分会直接影响到数据仓库中的数据量以及查询质量。图3.6显示了典型数据仓库的粒度结构。

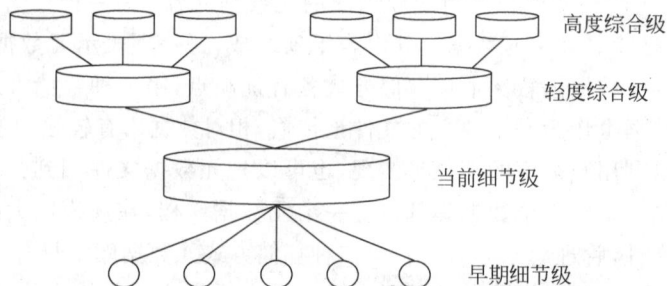

图 3.6　典型数据仓库的粒度

5. 通用数据仓库元模型

数据仓库中数据的多粒度化为用户使用数据提供了一定的灵活性,例如,家用电器销售数据可以同时满足市场、财务和销售等部门的需要,财务部门若要了解某地区的销售收入,则只需改变相关数据的粒度即可。

目前,大部分商务智能产品都有不同的元数据模型,这就可能给集成不同产品带来麻烦。针对这个问题,元数据模型的标准化管理是有必要的,通用数据仓库元模型(Common Warehouse Meta-model,CWM)就是不同元数据的存储和管理标准,这种标准是 OMG 为解决元数据交换而采用的一个标准,得到了 IBM、Oracle、NCR、Sun 和 HP 等公司的支持。这个标准提供了基于 XML 的元数据交换模型,可能大量应用于新一代的数据仓库系统。

通用数据仓库元模型通过不断完善的模型标准管理元数据,其中 Package 通过 OMG 提供的标准交互式数据语言(Interactive Data Language,IDL)转换为关系数据库管理系统中的 SQL 或存储过程实现。这里的 Package 利用统一的接口方便应用存储元数据。这样,元数据就可以在不同商务智能系统之间交换和共享,从而减少商务智能构建的费用。

3.5 ETL

数据仓库并非只是数据的简单累积,而是要经过一系列的抽取、转换和装载的过程,即 ETL。ETL 是构建数据仓库的重要环节,也是企业数据管理的核心,对数据仓库的后续环节影响比较大。目前市场上主流的 ETL 工具主要有 Informatica 的 PowerCenter、IBM 的 DataStage、Oracle 的 Warehouse Builder 以及 Microsoft 的 SQL Server IS 等。下面简要介绍 ETL 的主要功能。

1. 数据抽取

数据仓库是面向主题的,并非源数据库的所有数据都是有用的,所以在把源数据库中的相关数据导入到数据仓库之前,需要先确定该数据库中哪些数据是与决策相关的,数据抽取的过程大致如下。

(1)确认数据源的数据及其含义。

(2)抽取。确定访问源数据库中的哪些文件或表,需要提取其中哪些字段。

(3)抽取频率。需要定期更新数据仓库的数据,因此对于不同的数据源需要确定数据抽取的频率,如每天、每星期、每月或每季度等。

(4)输出。数据输出的目的地和输出的格式。

(5)异常处理。当需要的数据无法抽取时如何处理。

2. 数据转换

数据仓库的数据来自多种数据源。不同的数据源可能由不同的平台开发,使用不同的数据库管理系统,因此数据格式也可能不同。源数据在被装载到数据仓库之前,需要进行一定的数据转换。数据转换的主要任务是对数据粒度以及不一致的数据进行转换。

(1) 不一致数据的转换。数据不一致包括数据源内部的不一致和多个数据源之间的数据不一致等,例如,在一个应用系统中 BJ 表示北京、SH 表示上海、GZ 表示广州。而在另一个应用系统中,对应的代码分别为 1、2、3。此外,不同业务系统的数量单位、编码、值域或语义等都需要统一,例如,某供应商在结算系统的编码是 990001,而在 CRM 中编码是 YY0001,这时就需要抽取后统一转换编码。

(2) 数据粒度的转换。业务系统一般存储细粒度的事务型数据,而数据仓库中的数据是用于查询、分析,因此需要多种不同粒度的数据。这些不同粒度的数据可以通过对细粒度的事务型数据进行聚合(aggregation)而产生。

3. 数据清洗

数据源中数据的质量是非常重要的,低劣的"脏"数据容易导致低质量的决策甚至是错误的决策。此外,这些"脏"数据或不可用数据也可能造成报表的不一致等问题。因此有必要全面校验数据源的数据质量,尽量减少差错,此过程就是数据清洗(data cleaning)。目前一些商务智能企业提供数据质量防火墙,如 Business Objects(SAP)的 Firstlogic,它能够自动减少数据的噪声。清洗后的数据经过业务主管确认并修正后再进行抽取。数据清洗能处理数据源的各种噪音数据,主要的数据质量问题有以下几种。

(1) 缺失(missing)数据,即数据值的缺失,这在顾客相关的数据中经常出现,例如,顾客输入个人信息时遗漏了所在区域。

(2) 错误数据。常见的错误数据包括字段的虚假值、异常取值等。例如,在教学选课系统中,选修某门课程的人数不能超过该课程所在教室的座位数。这些错误数据产生的主要原因是由于业务系统在数据输入后不能进行正确性判断而被录入数据库。错误数据需要被及时找出并限期修正。

(3) 数据重复。数据重复是反复录入同样的数据记录,这类数据会增加数据分析的开销。

(4) 数据冲突。源数据中一些相关字段的值必须是兼容的。例如,一个顾客记录中省份字段使用 SH(上海),而此顾客的邮政编码字段使用 100000(北京地区的邮政编码)。数据冲突包括同一数据源内部的数据冲突和多个数据源之间的数据冲突。冲突的数据也需要及时地修正。

4. 数据装载

数据转换、清洗结束后需要把数据装载到数据仓库中,通常分为以下几种方式。

(1) 初始装载。一次对整个数据仓库进行装载。

(2) 增量装载。在数据仓库中,增量装载可以保证数据仓库与源数据变化的同期性。

(3) 完全刷新。周期性地重写整个数据仓库,有时也可能只对一些特定的数据进行刷新。

在初始装载完成后,为维护和保持数据的有效性,可以采用更新和刷新的方式:更新是对数据源的变化进行记录,而刷新则是指对特定周期数据进行重新装载。

3.6　操作数据存储

数据仓库实现了操作型数据与分析型数据的分离,从而为企业建立了数据库-数据仓库(DB-DW)两层体系结构。然而 DB-DW 并不能完全满足企业所有的数据处理需求。在实际应用中,有时会遇到企业日常管理和战术决策的问题,尤其是最近发展起来的操作型商务智能,需要对面临的问题和机遇做出快速反应。这类问题不是简单的日常事务处理,对此类问题的解决需要企业全局一致的、细粒度的、当前或接近当前(current)的数据,这些数据又是面向主题的、集成的和时变的,具有数据仓库的特征。这里的当前数据可根据业务分析确定。为处理上述问题,需要在 DB-DW 之间增加一个新的层次——操作数据存储*,它属于操作型处理和分析型处理之间的一个中间层次,这样就形成了数据仓库的 DB-ODS-DW 结构,满足实时或近实时的查询要求和报表需求。例如,电信公司渠道支撑分析人员需要及时地了解顾客消费行为的变化,尽快为顾客提供主动的服务,从而挽留高价值顾客,提高收入,这就需要对近实时的数据进行分析。

与数据仓库相似,操作数据存储中的数据组织方式也是面向主题的、集成的,因此数据在进入操作数据存储前也需要进行集成处理。然而操作数据存储又有类似操作型数据库的特点:操作型数据库是联机可变的,它会根据需要对这些数据执行增删和更新等操作。操作数据存储只存放当前或接近当前的数据,存取的数据是最近一段时间产生的,而不是历史数据。操作数据存储的数据可作为数据仓库的数据源成批导入。表 3.2 对操作数据存储、数据仓库和操作型数据库进行了比较。

表 3.2　操作型数据库、操作数据存储和数据仓库之间的比较

比较项目	操作型数据库	操作数据存储	数据仓库
数据内容	当前值	当前和最近的值	存档、归纳数据和经计算得出的数据
数据组织	面向应用程序	有主题域,数据集成	面向主题
数据性质	动态(经常变化)	动态(经常变化)	静态(刷新除外)
数据结构	适于操作型计算	较复杂	适于决策分析
访问频率	高	高到中	中到低
数据更新	按字段更新	联机可变,数据更新频率比较高	一般不修改,更新时间长
数据访问	少量记录/事务	少量记录/事务	大量记录/事务
用途	高度结构化、重复处理和事务处理	高度结构化、重复处理和事务处理	分析处理
对响应时间的要求	通常少于 5s	通常少于 5s	几秒钟到几分钟,有时几小时
对性能的要求	高	高到中	中

---

* 也有人把操作数据存储称为实时数据仓库。

3.7　数据仓库模型

模型是对现实世界进行抽象的工具。在信息管理的过程中需要把现实世界的事物及其相关特征转换为信息世界的数据后才能进行处理,这就需要数据模型作为转换的桥梁。

数据仓库的模型类似于仓储中的货架,模型设计也是数据仓库设计的主要内容。这些模型包括概念模型、逻辑模型和物理模型等。元数据模型自始至终伴随着数据仓库的设计、实施和使用。数据粒度和聚合模型也在数据仓库的设计中发挥着重要的作用,影响数据仓库的具体实现[7]。

1. 概念模型

信息世界是现实世界在人们头脑中的反映,概念模型用来表达信息世界中的信息结构,通常人们利用概念模型定义实际的数据需求。确定概念模型需要和用户一起完成。关系数据库一般采用实体-关系(E-R)图作为概念模型的表示方法。这是由于 E-R 图简单、易于理解,有良好的可操作性,对现实世界的描述能力也较强。目前的数据仓库实际上是通过主题分析表示概念模型的,每个主题用若干维(dimension)和度量(measure)表示。维度是人们观察世界的特定角度。例如,销售经理需要了解每个月、某个特定地区、不同销售部门销售新产品创造的利润,可以按照时间、地区、分销机构和产品型号等维度进行评价,这就是业务问题的分析维度。度量是确定与维度分析有关的数值信息,如销售量等。在银行卡业务分析中,银行卡业务的收入主要包括用户年费、透支的利息、向特约商户收取的刷卡消费手续费和其他收入。以顾客为中心,获取有价值的顾客是银行卡业务关注的重点,因此顾客、商户和卡业务是银行卡业务分析的主题。概念模型通过用信息包图表示,包括主题的多维特性、每个维度的层次以及分析指标(度量)。图 3.7 是销售分析的信息包图。

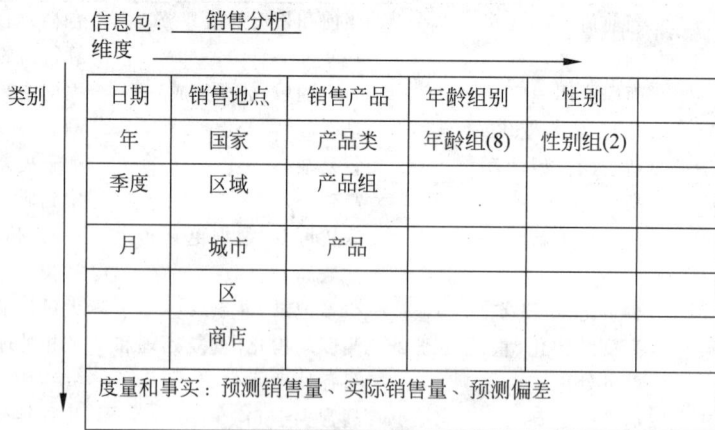

信息包:　　销售分析
维度

类别	日期	销售地点	销售产品	年龄组别	性别	
	年	国家	产品类	年龄组(8)	性别组(2)	
	季度	区域	产品组			
	月	城市	产品			
		区				
		商店				

度量和事实:预测销售量、实际销售量、预测偏差

图 3.7　销售分析的信息包图

2. 逻辑模型

在概念模型中确定了主题,定义了分析维度和度量后,就可以设计数据仓库的逻辑模型了。

数据仓库可采用多维数组实现,具有查询方便、快速的优点。但随着关系数据库的成熟,数据仓库也可以建立在关系数据库的基础上,在进行维度分析时利用原有的关系模型构建事实表和维表,事实表包括分析的主题相关维度 ID 和度量,维表包括维度的具体内容。例如,上面提到的银行卡业务分析中用户主题可以用用户基本信息、时间、渠道、产品、人口统计和用户细分信息等对银行卡用户进行多角度透视,全方位把握用户信息。目前主要的数据库厂商都扩充了数据仓库管理功能。数据仓库通常有以下两种基本的逻辑模型:星型模型和雪花模型。

1) 星型模型

星型模型的核心是事实表,事实表把各种不同的维表连接起来[8]。图 3.8 所示为某公司销售数据仓库的星型模型,其中销售记录表是事实表,而日期表、商店表、产品表和顾客表都是维表。

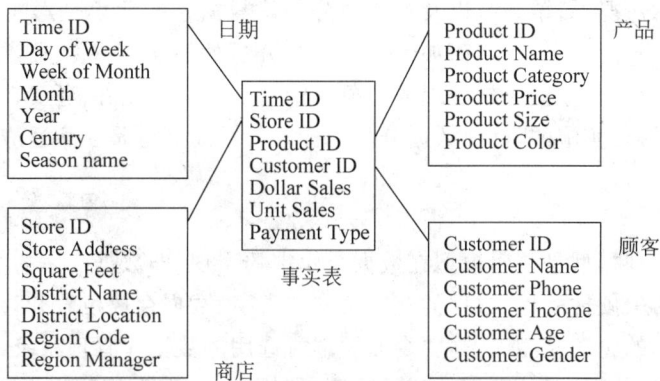

图 3.8　某公司销售数据仓库的星型模型

2) 雪花模型

雪花模型是星型模型的扩展,某些维表中的数据可以进一步分解到附加的表中,以便减少冗余,节省存储空间。雪花模型对星型模型中的维表进行进一步标准化、规范化处理。图 3.9 所示为一个雪花模型,在星型模型的基础上做了进一步的扩展,在商店维表的基础上增加了店铺所在地区的细节维表。

图 3.9　某公司销售数据仓库的雪花模型

除星型模型和雪花模型外,还有衍生模型,例如,星系模型描述了数据仓库中多个事实表共享一个或多个维表的情况。

总而言之,逻辑模型设计包括确定数据仓库中数据粒度、数据分割策略、关系模式以及记录系统定义等工作。逻辑模型对每个当前要装载主题的逻辑实现进行定义,并把相关内容记录在数据仓库的元数据中,包括适当的粒度划分、合理的数据分割策略、适当的表结构划分以及数据源等。

数据仓库逻辑模型设计中要解决的一个重要问题是决定数据仓库的粒度划分,粒度划分适当与否直接影响数据仓库中的数据量和所适合的查询类型。在划分数据仓库的粒度时,可以通过估算数据行数和所需的直接存储设备(Direct Access Storage Device,DASD)数,确定采用单一粒度还是多重粒度[9]。

在确定数据分割策略,选择适当的数据分割标准时,一般要考虑以下因素:数据量、数据分析处理的实际情况、简单易行以及粒度划分等。数据量的大小是影响是否进行数据分割以及如何进行分割的主要因素,而如何进行数据分析处理是选择数据分割标准的一个主要依据,因为数据分割与数据分析处理的对象是紧密联系的。此外,还要考虑选择的数据分割标准是自然的、易于实施的,确保数据分割的标准与粒度划分是互相适应的。

3. 物理模型

数据仓库的物理模型是逻辑模型在数据仓库中的实现,即数据仓库的物理分布模型,主要包含数据仓库的软硬件配置、数据的存储结构与索引、数据存放位置和存储分配等。

设计数据仓库的物理模型时,需要全面了解所选用的数据库管理系统,特别是存储结构和存取方法,并了解数据环境、数据的使用频度、使用方式、数据规模以及响应速度等,这些因素是平衡时间和空间效率的重要依据。此外,还应了解外部存储设备的特性,如分块原则、块大小和设备的I/O特性等。物理模型是在逻辑模型的基础上实现的,设计时应该权衡以下因素:存取时间、存储空间利用率和维护代价。当数据仓库的数据量很大时,需要对数据的存取路径进行仔细的设计,也可以建立索引以提高数据存取的效率。

同一个主题的数据并不一定要存储在相同的介质上。在物理设计时,常常按数据的重要程度、使用频率以及对响应速度的要求进行分类,并把不同类的数据分别存储在不同的存储设备上。重要程度高、经常存取并对响应时间要求高的数据存放在高速存储设备上,如硬盘或内存。而存取频率低或对存取响应时间要求低的数据则放在低速存储设备上,如磁盘或磁带。

确定数据存储位置时还要考虑一些其他方法,以设计相应的元数据,例如,是否对一些常见应用建立数据序列,是否对常用的、不常修改的表或属性冗余存储。有些数据库管理系统提供了存储分配的参数供设计者做物理优化处理,例如,块的大小、缓冲区的大小和个数等,这些参数都要在进行物理设计时确定。

设计数据仓库的物理模型需要考虑以下几个问题。

1) 确定项目资源

需要IT人员深入了解底层数据和业务需求。根据预算和业务需求,并参考以往的数据仓库项目经验,对该项目的成本、周期和资源进行估算。关于项目周期的估算,主要基于ETL功能点以及加权后的复杂度进行估算,因为ETL占据了整个数据仓库项目周期的70%。ETL不同的功能点具有不同的复杂度,通过以往的项目经验和专家评估,然后再根据软件生命周期的估计,可以有效地获知项目的周期。关于人员费用的估算,不仅要考虑人员的工作经验、素养以及对新技术的掌握能力,而且还要兼顾人员流动等因素。当项目资源遇到瓶颈的时候,就可以考虑协作。

2)确定软硬件配置

数据仓库项目与其他应用系统的开发不同,尤其需要对数据容量进行估算,这是由数据仓库的特性所决定的。如果项目初期不加以考虑,就会造成灾难性的后果。

数据仓库的容量估算是可预见的,首先确定核心明细数据的存储年限、相关表的平均字段长度值、每年的记录数和每年预计的增长,然后再加上 20% 的冗余,就可以得到数据仓库的预计容量。

数据仓库的处理能力与容量密切相关,也与具体的关系数据库性能相关。因此,如何在 Oracle、Microsoft SQL Server、DB2、Sybase 以及 MySQL 之间寻找平衡,就需要考虑实际的预算和业务需求。

关于硬件的配置,既需要发挥软件的功能,满足实际的处理要求,又要为将来的系统扩展预留出一定的空间。

3)数据仓库存储设计

数据仓库一般采用分层设计,即 ODS 层、数据仓库层、数据仓库聚合层和数据集市等。数据仓库的分层是灵活的,没有固定的模式,一般视实际情况而定。

4)数据仓库 ETL 策略

(1)数据抽取策略

数据抽取不仅需要满足业务处理和决策分析的要求,而且不能影响业务系统的性能。

(2)数据转换策略

数据转换是根据决策分析主题的要求,对业务系统中抽取的源数据进行转换、清洗等处理,保证来自不同数据源的数据的一致性和完整性。

(3)数据加载策略

数据加载是指从业务系统中抽取转换后的数据装载到数据仓库中。

3.8 数据挖掘查询语言

下面介绍如何用数据挖掘语言描述数据仓库。数据挖掘原语可以用来定义数据挖掘任务。数据挖掘语言是由数据挖掘原语定义的,如数据挖掘查询语言(Data Mining Query Language,DMQL)。DMQL 是一种基于 SQL 的数据挖掘查询语言,包括定义数据仓库与数据集市、挖掘概念/类描述、关联和分类等数据挖掘原语。数据挖掘语言提供了交互式数据挖掘工具,具有类似 SQL 的语法,易于与 SQL 集成。

数据仓库和数据集市可以使用两种数据挖掘原语定义:一种是立方体定义;另一种是维定义。立方体定义和维定义的语法如下。

```
define cube <cube_name>[<dimension_list>]: <measure_list>
define dimension <dimension_name> as (<attribute_or_subdimesion_list>)
```

【例 3.1】 定义雪花模型

图 3.10 所示为销售主题的雪花模型[10]。

```
define cube sales [product, time, branch, location]:
    dollars_sold = sum (sales_in_dollars), units_sold = count( * )
define dimension product as (product_key, product_name, brand, type, supplier(supplier_key,
supplier_name))
define dimension time as (time_key, day, day_of_week, month, quarter, year)
define dimension branch as (branch_key, branch_name, branch_type)
define dimension location as (location_key, street, city(city_key, city_name, province_or_
state, country))
```

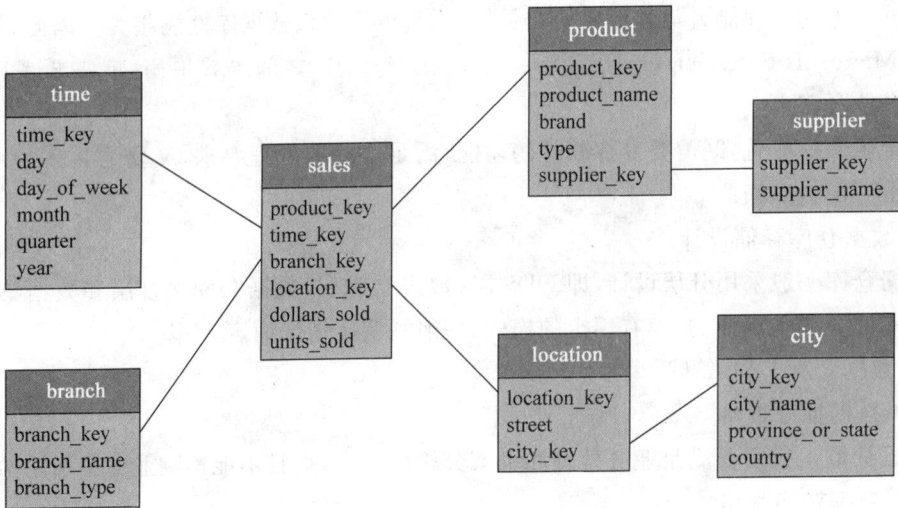

图 3.10　销售主题的雪花模型

【例 3.2】 定义星系模型

事实表共享维表的模式可以看作星型模型集,也称为星系模型或事实星座。数据仓库通常要对多个相关的主题建模,因此要经常使用事实星座。如图 3.11 所示,销售主题数据立方体与货运主题数据立方体共享时间维、产品维和区域维[10]。

```
define cube sales [product, time, branch, location]:
    dollars_sold = sum(sales_in_dollars), units_sold = count( * )
define dimension product as
    (product_key, product_name, brand, type, supplier_type)
define dimension time as (time_key, day, day_of_week, month, quarter, year)
define dimension branch as (branch_key, branch_name, branch_type)
define dimension location as
    (location_key, street, city, province_or_state, country)
define cube shipping [time, product, shipper, from_location, to_location]:
    dollars_cost = sum(cost_in_dollars), units_shipped = count( * )
define dimension time as time in cube sales
define dimension product as product in cube sales
define dimension shipper as (shipper_key, shipper_name, location as location in cube sales,
shipper_type)
```

```
define dimension from_location as location in cube sales
define dimension to_location as location in cube sales
```

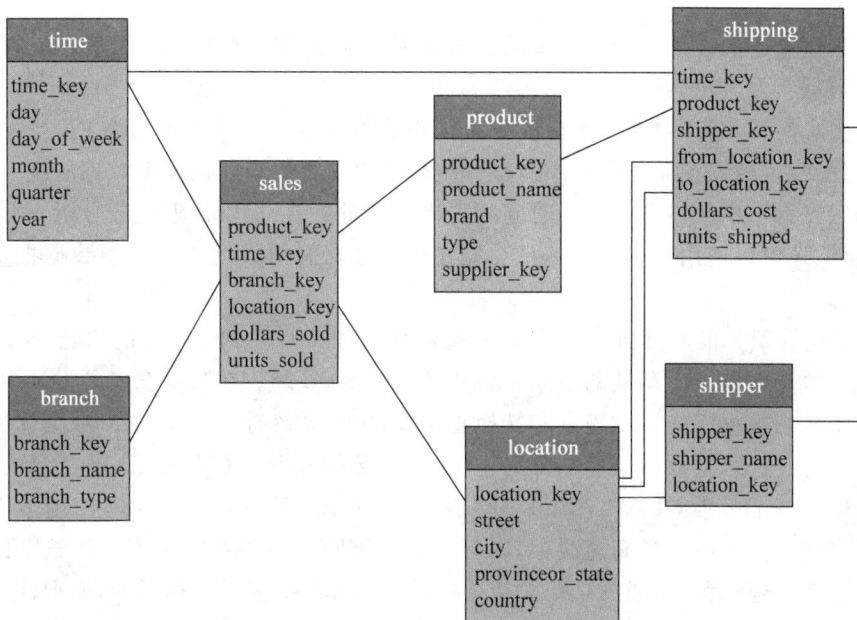

图 3.11　包含公共维的星系模型

数据立方体度量是一个数值函数,该函数可以对数据立方体求值。度量包括分布的和代数的:分布度量可以用分布聚集函数 count()、sum()、min() 和 max() 等计算,代数度量可以用代数聚集函数 average() 和 standard_deviation() 来进行计算。

3.9　医保数据仓库设计

下面以某市医疗保险(简称医保)数据仓库的设计为例,简要说明数据仓库的设计过程[11]。

1. 医保的业务分析

由于某市比较重视医保的发展,某市医保体系的信息化建设已涵盖了实时交易、个人账户管理、医保事务管理、医保服务点管理、统计查询、监督管理、审核结算管理、保障卡交换和顾客服务系统等多项业务。但建设的初期缺乏严格的整体规划,而且每个子系统都有局部的业务数据,形成数据孤岛,数据缺乏标准化和完整性。导致数据杂乱、冗余和数据交换繁杂,造成了数据的综合分析、利用能力不足,影响了医保管理的时效性,使决策者难以及时获得医疗状况的宏观情况。此外,从业务子系统中采集的各种基础数据量约有 500GB,并且随着医保数据采集力度加大,数据量按每月 50GB 左右的速度急速增长。按此预测,未来数据中心存储的数据量将达到 TB 级或 PB 级,医保信息系统将负载庞大的数据。

某市医保管理部门决定采用数据仓库建立集成的数据平台,以整合各分布系统源的数据,提高医保管理的综合分析能力,及时、有效地反映医保基金的运作情况。

2. 医保数据仓库系统架构

医保数据仓库的设计采用了典型的数据仓库三层架构。从数据源到最终呈现给用户,中间经过数据获取、数据管理和信息传递等过程。

(1) 数据获取。采用 ETL 工具从分布异构的数据源抽取相关的源数据,经过转化、清洗,装载到操作型数据存储(ODS)中。操作型数据存储提供当前操作型数据的统一视图,其中的数据以日为单位或以自定义的时间间隔进行定时更新,提供短期业务分析,例如日常报表等。此外,还可以使用 ETL 工具,把存储在外部数据源的数据或操作型数据批量加载到数据仓库。

(2) 数据管理。根据目前 500GB 的基础数据量和每月大约 50GB 的增长速度,可以预测未来某市医保数据仓库存储的数据量将达到 TB 或 PB 级。在数据仓库的设计中,考虑现有业务系统核心数据库的加载速度和转换复杂度,医保系统选用了 Oracle 数据仓库管理系统,利用其分区技术,把数据仓库划分为主仓库、元数据库和数据集市。Oracle 数据仓库管理系统提供了一个多维 OLAP (MOLAP)服务器 Oracle Express Server,使用多维模型存储和管理多维数据库或多维高速缓存,同时也能够访问多种关系数据库。在整个医保数据仓库解决方案实施过程中,通常把汇总数据存储在 Express 多维数据库中,而把详细数据存储在 Oracle 关系数据库中。

(3) 信息传递。某市医保数据仓库系统在信息传递设计中利用 Hyperion Essbase 套件设计了 OLAP 模型,先由业务人员制定需求,然后根据业务需求明确 OLAP 主题,并建立相应的映射数据。此外,根据业务人员习惯用 Microsoft Office 查看报表的特点,在展现层保留了原有 Word、Excel 等报表模式,利用 Hyperion Essbase 的 Office Addin 模块进行基于 Microsoft Office 的报表分析。

3. 医保数据 ETL

在医保数据仓库设计时 ETL 采用中间文件的间接加载和不含中间文件的直接加载等模式实现。

根据业务特征,医保数据仓库 ETL 过程大致如下。

(1) 预处理。预处理主要是为 ETL 做准备,包括清空工作区,定义数据源,检查目标数据仓库,定义 ETL 规则和数据映像等。

(2) 数据的批处理。数据的批处理主要包含数据的批处理加载。

(3) 维表的加载。维表的加载特别要注意维的对应和比较。

(4) 事实表加载。参照维表,查找相关主键进行事实表加载。

(5) 日志检测。日志检测可以监控数据加载的过程。

4. 建立数据集市

为了满足某些特定业务需求,提高分析的性能,在某市医保数据仓库系统中还设计了日常分析、监督审核和顾客关系等数据集市。这些数据集市在设计时采用了"自顶向下"的模式。此外,数据仓库的设计还采用了反馈模式:提出新需求后移交数据集市,数据集市的需求也不断汇总到数据仓库。

5．元数据的管理

为了避免元数据的分散管理，在医保数据仓库设计时，采用了 Sybase 数据仓库构建工具，从而建立统一的元数据库来实现元数据的集中管理。在医保数据仓库系统中，元数据有以下功能。

(1) 描述哪些医保数据在数据仓库中。

(2) 定义进入数据仓库的数据以及数据仓库中产生的数据。

(3) 业务发生而随之进行的数据抽取时间安排。

(4) 记录、检测系统数据一致性和执行情况。

(5) 评价数据质量。

医保数据仓库系统的建立，基本解决了医保信息化过程中的"信息孤岛"问题，为医保统计分析、查询、诊疗、检查等项目的费用预警和审核筛选提供技术支撑平台，强化了医保系统中的数据分析和数据挖掘功能，为业务部门的政策制定提供相应的数据信息和测算结果。此外，该系统对医保基金的支出、供需双方医疗行为的变化进行预测，并对参保职工个人和医药机构的违规行为进行分析，建立模型，探索违规和欺诈行为的规律，重点监控有此类倾向的人员和医药机构。

【例 3.3】　使用 IBM DB2 Data Warehousing Design Studio 创建数据仓库模型

IBM DB2 Data Warehouse Edition 简称 DB2 DWE，它结合了 DB2 数据库的优点和 IBM 公司强大的商务智能基础设施。DB2 DWE 集成了数据转换、OLAP 分析以及数据挖掘的核心组件，使用 DB2 DWE 的 Cubing Services 可以方便地创建数据仓库模型。这里以 DB2 DWE 附带的数据库 GSDB 为例，创建一个雪花型的数据仓库模型，具体的步骤如下。

1) 准备数据

首先解压附带的样本数据库文件 GSDB。在安装路径中打开文件夹…\IBM\ISWarehouse\samples\GSDB，解压文件 GSDB.zip 到当前目录。然后创建 GSDB 数据库："开始"→"所有程序"→IBM DB2→DB2COPY1 (Default)→Command Line Tools→Command Window，进入路径…\IBM\ISWarehouse\samples\GSDB\win，运行脚本程序 setupGSDB-createDB-noprompt。脚本程序执行以后，用户可以通过 Control Center 检查 GSDB 是否正确地创建了，如图 3.12 所示。

2) 使用 Design Studio 创建数据仓库模型

打开 Design Studio 客户端程序："开始"→"所有程序"→IBM InfoSphere Warehouse→ISWCOPY01→Design Studio。在 Data Source Explorer 窗口连接数据库 GSDB。若没有显示 Data Source Explorer，则可以通过 Window→Show View→Data Source Explorer 打开。在 Database Connection 找到数据库 GSDB 并右击选择"连接"，输入正确的用户名和密码即可创建连接，如图 3.13 所示。

然后创建 OLAP 数据设计工程。在 Design Studio 中，通过 File→New→Data Design Project (OLAP)创建一个新的 OLAP 数据设计工程，这里取名为 Cubing_Tutorial。在此基础上添加一个物理数据模型。

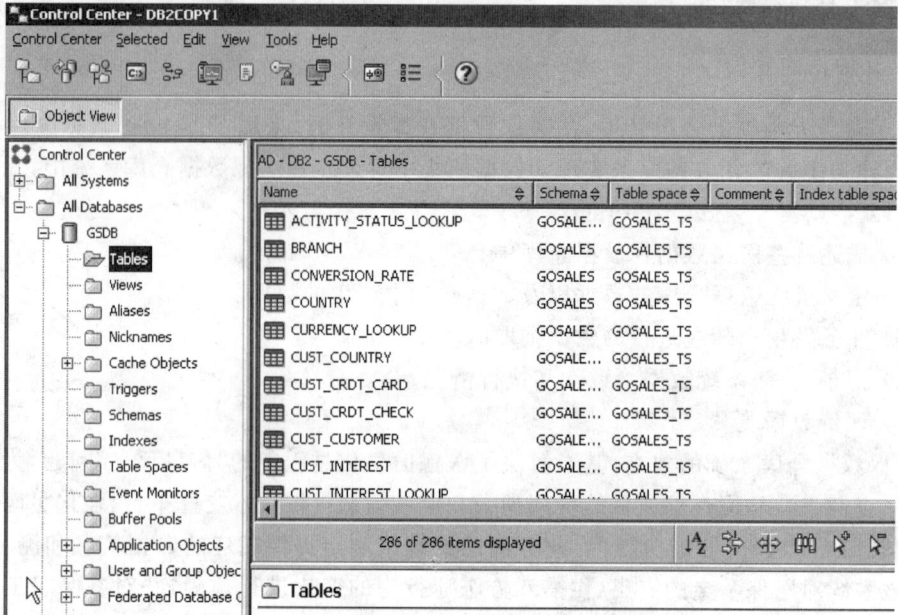

图 3.12　通过 Control Center 查看数据库 GSDB

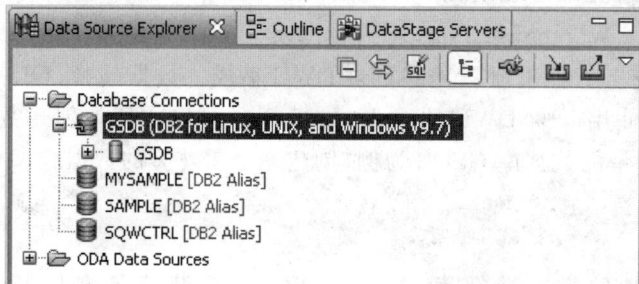

图 3.13　在 Design Studio 中连接数据源

（1）在工程 Cubing_Tutorial 下，选中 Data Model，右击选择新建一个物理模型，并取名为 Database Model Tutorial，版本号则选择 V9.7，创建方式选择"反向工程"，单击"下一步"按钮。

（2）选择反向工程的数据源类型为"数据库"，单击"下一步"按钮。

（3）选择数据连接 GSDB，连接数据库 GSDB，单击"下一步"按钮。

（4）选择 Schema 为 GOSALESDW，单击"下一步"按钮。

（5）数据元素选择表和视图。

然后直接单击"完成"按钮，名为 Database Model Tutorial 的数据模型就创建完毕了，如图 3.14 所示。

接下来添加数据立方体模型。在上面创建的数据模型下选择 OLAP 对象并右击，选择添加数据立方体模型。选择 Schema GOSALESDW 下的数据库表 SLS_SALES_FACT 作为事实表。这张表里保存了大量的销售记录，它与多个数据库表有外键关联，如产品表 SLS

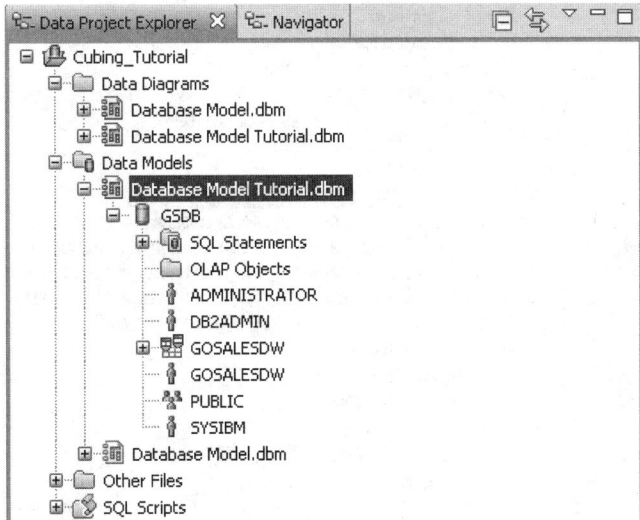

图 3.14　创建数据模型

_PRODUCT_DIM、时间表 GO_TIME_DIM 和雇员表 EMP_EMPLOYEE_DIM 等。这些关联表会被 Cubing Services 识别为数据立方体模型中的维表。而对于事实表 SLS_SALES_FACT 中的这些外键,Cubing Services 会自动把它们创建成维,除了主键和外键之外的其他字段则会被创建为度量,如 UNIT_COST、UNIT_PRICE 和 QUANTITY 等字段。然后单击"下一步"按钮,在这里用户可以修改度量和维的名字,最后单击"完成"按钮,数据立方体模型就创建完成了,立方体模型包括度量、维、维级别和维层次等要素。同时,Cubing Services 还创建了一个默认的数据立方体,这个默认的数据立方体包括数据立方体模型中的所有度量和默认的维层次,如图 3.15 所示。

　　可以看出,Cubing Services 根据事实表的外键关联自动创建了维和度量。如果这些维表中还存在外键与其他数据库表关联,Cubing

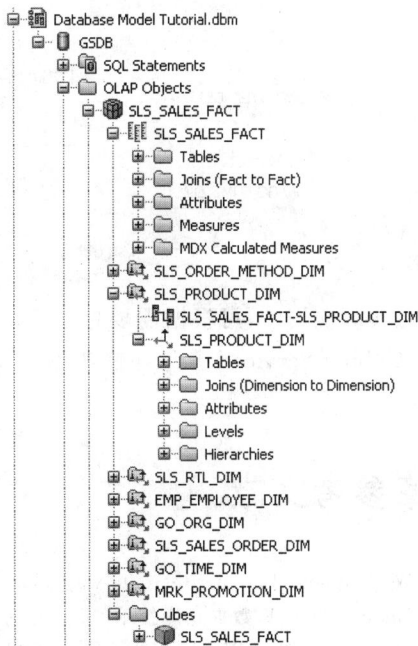

图 3.15　创建数据立方体

Services 会把这些表连接起来并创建雪花模型。这里产品维度表还与商标表 SLS_PRODUCT_BRAND_LOOKUP、颜色表 SLS_PRODUCT_COLOR_LOOKUP 和尺寸表 SLS_PRODUCT_SIZE_LOOKUP 等有外键关联关系,Cubing Services 则会把它们与产品维表相连接,创建雪花型数据模型,如图 3.16 所示。

　　若选择产品维表与商标表连接,并忽略其他维表的二级关联关系,则相应的雪花型数据模型如图 3.17 所示。

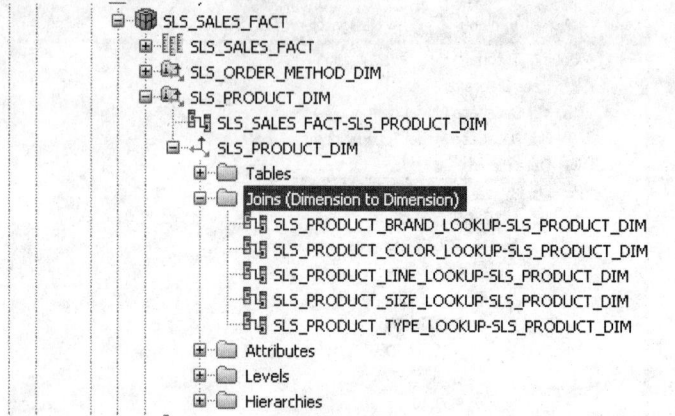

图 3.16   雪花型数据模型(一)

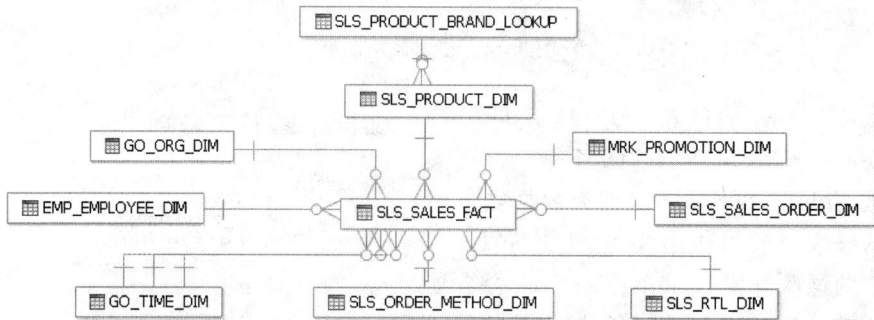

图 3.17   雪花型数据模型(二)

在实际应用中,可根据需要把一个数据立方体模型实例化成多个不同的数据立方体。此外,Cubing Services 还允许修改数据立方体模型及其实例,并对数据立方体模型进行验证。

本章参考文献

[1]   W H Inmon. Building the data warehouse[M]. New York:John Wiley & Sons,2005.

[2]   Hammergren T. 数据仓库技术[M]. 北京:中国水利水电出版社,1998.

[3]   W H Inmon,J D Weleh,K L Glassey. Managing the data warehouse[M]. New York:John Wiley & Sons,1997.

[4]   池太蔚. 数据仓库结构设计与实施——建造信息系统的金字塔[M]. 北京:电子工业出版社,2005.

[5]   Claudia Imhoff, Nicholas Galemmo,Jonathan G Geiger. Mastering data warehouse design:relational and dimensional techniques[M]. New York:John Wiley,2003.

[6]   Joachim Hammer. The Stanford data warehousing project[R]. IEEE Data Engineering Bulletin,1995.

[7]   Pool J 著. 公共仓库元模型开发指南[M]. 彭蓉,刘进译. 北京:机械工业出版社,2004.

[8]   [美]Ralph Kimball,Margy Ross 著. 数据仓库工具箱:维度建模的完全指南[M]. 谭明金,译. 北京:电子工业出版社,2003.

[9]   Jiawei Han, Sonny H S Chee, Jenny Y Chiang. Issues for on-line analytical mining of data warehouse

[C]. Proceedings of SIGMOD'98 Workshop on Research Issues on Data Mining and Knowledge Discovery,Seattle,Washington,1998:1-5.

[10] Jiawei Han,Micheline Kamber. Data mining:concepts and techniques(Third Edition)[M]. Elsevier Inc. ,2012.

[11] 陈琦. 上海医保数据仓库的设计[D]. 上海:复旦大学硕士论文,2006.

思考题

1. 讨论数据仓库与操作型数据库、数据集市的区别。

2. 如何认识数据仓库的几个特点？这些特点与企业管理决策有什么关系？

3. 什么是元数据？元数据有哪些用途？

4. 讨论 ETL 的过程，其中数据质量对这个过程有什么影响？

5. 什么是操作数据存储(ODS)？为什么要使用 ODS？

6. 数据仓库有哪些模型？举例说明。

7. 举例说明数据挖掘查询语言(DMQL)的应用。

8. 以图 3.9 销售主题为例，给出数据仓库的概念模型和逻辑模型，并用 IBM DB2 Data Warehousing Design Studio 或 Microsoft SQL Server 2000 Analysis Services(或以上版本)实现。

9. 研讨题：阅读下面论文，讨论中药临床数据仓库系统的组成，分析数据仓库的相关主题。

Xuezhong Zhou,Shibo Chen, Baoyan Liu, et al. Development of traditional Chinese medicine clinical data warehouse for medical knowledge discovery and decision support[J]. Artificial Intelligence in Medicine,2010,48(2-3):139-152.

10. 画出本章 3.9 节医保数据仓库的模型，并讨论在此基础上的决策分析。

11. 举例说明数据仓库的主题选择以及概念模型、逻辑模型的设计。

12. 如何理解数据仓库的实时性？

13. 某保险公司为了分析客户的风险和保价策略，计划做数据仓库项目，讨论数据仓库的主题，并画出逻辑模型。

第4章

在线分析处理

　　1970年,关系数据库之父 E. F. Codd 提出了关系模型,促进了在线事务处理(On-Line Transaction Processing,OLTP)的发展。在线事务处理通常是一个或一组记录的查询和修改,用于处理短暂的交易事务,如银行账目更新、实时库存变化、顾客的订单与发货情况的更新以及病人健康状况的更新等。此外,传统的系统对数据的分析和展现基本是基于二维信息的,当针对不同需求编写相应的二维报表时,会导致报表堆砌和大量的数据冗余。然而在日常决策中,决策者不能仅仅局限于粗略的数据查阅,更要注重精细的数据分析。他们往往需要从多个角度分析问题,以便发现多个变量之间的关系,例如,某体育用品销售公司1月份在哪个国家的什么地区头盔销售处于领先地位? 这与销售的多个方面,如产品、销售、数量、地区和时间等有关。这些观察数据的角度称为维,相应地,在多维数据上的分析称为在线分析处理(OLAP),也称为多维分析。在线分析处理进行每一次查询都要数千次甚至数万次地对数据进行扫描。传统的 OLTP 很难满足这样复杂的查询。

　　1993年,E. F. Codd 与其同事在 Arbor 软件公司发表的白皮书 *Providing OLAP to User-Analysts: an IT Mandate* 中提出了多维数据库和在线分析处理(OLAP)的概念。通常,报表反映了业务状况,告诉管理者发生了什么事情。而要明白"为什么发生"就需要借助OLAP,例如公司营销业绩让人不满意,什么地方的营销不好? 哪些产品的营销出现了问题? 类似的问题都可以用 OLAP 解决,因此 OLAP 也称为例外分析。

　　OLAP 用于支持复杂的多维分析操作,并最终以一种直观易懂的方式把查询结果返回给分析人员,OLAP 侧重于对中高层管理人员的决策支持[1,2]。本章主要介绍 OLAP 相关概念、OLAP 与 OLTP 的比较、多维数据操作、OLAP 操作语言、OLAP 工具介绍以及综合实例等方面的内容。

4.1　OLAP 简介

　　首先介绍在线分析处理的基本概念。

1. 基本概念

1) 变量

　　变量是数据度量的指标,是数据的实际意义,即描述数据"是什么"。图 4.1 中的数据"560"本身并没有意义,但如果说 2007 年第一季度大中华区 LCD 的销售量是 560 万台,则数据"560"就有了实际意义,代表了产品销售量的度量。年、季度和月份是描述时间的三个层次,10 万是变量"销售额"的值。通常也把变量称为度量。

2)维

维是描述与业务主题相关的一组属性,单个属性或属性集合可以构成一个维[3]。例如计算机配件销售随着时间推移而产生的变化,这是从时间的角度对产品的销售进行观察。如果把一个主题的多种属性定义为多个维,那么用户就能够从多个角度组合分析销售情况。如图 4.1 所示,可以从时间维、产品维(CPU、主板、LCD、硬盘、显卡和内存)和地区维(大中华区、北美区、拉丁美洲)分析销售量。

图 4.1 时间、地区和产品维

3)维的层次

一个维往往可以具有多个层次,例如时间维分为年、季度、月和日等层次,地区维可以分为国家、地区、省、市等层次。这里的层次表示数据细化程度,对应概念分层。后面将要介绍的上钻操作就是由低层概念映射到较高层概念。概念分层除了根据概念的全序和偏序关系确定外,还可以通过对数据进行离散化或分组来实现。

4)维的成员

若维是多层次的,不同层次的取值构成一个维成员。部分维层次同样可以构成维成员,例如,"某年某季度"、"某季度某月"等都可以是时间维的成员。

5)多维数组

多维数组用维和度量的组合表示。一个多维数组可以表示为(维 1,维 2,……,维 n,变量),例如,(月份,地区,产品,销售额)组成一个多维数组。

6)数据单元(单元格)

多维数组的取值。当多维数组中每个维都有确定的取值时,就唯一确定一个变量的值。数据单元可以表示为(维 1 成员,维 2 成员,……,维 n 成员,变量的值),例如,(2007 年第一季度,大中华区,LCD,560 万台)表示一个数据单元,表示 2007 年第一季度大中华区 LCD 产品销售 560 万台。

7)事实

事实是不同维度在某一取值下的度量,例如,上述 2007 年第一季度 LCD 在大中华区的销售额是 560 万台就表示在时间、产品和地区三个维度上企业销售事实的度量,同时在销售事实中包含时间维度的两个层次:年和季度。如果考虑销售事实关的所有维度,就形成了有关销售的多维分析视图,如图 4.1 所示。

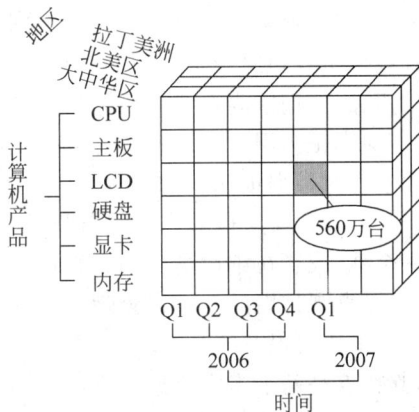

2. OLAP 的定义

OLAP 是由 E. F. Codd 提出的,他同时提出了在线分析处理的准则。目前已出现了很多在线分析处理的定义:在线分析处理是一种共享多维信息的快速分析的技术;在线分析处理利用多维数据库技术使用户可以从不同角度观察数据;在线分析处理用于支持复杂的分析操作,侧重对管理人员的决策支持,可以满足分析人员快速、灵活地进行大数据量的复杂查询的要求,并且以一种直观易懂的形式呈现查询结果,辅助决策;在线分析处理是针对特定问题的在线数据访问和分析;在线分析处理是通过对信息的多种可能的观察形式进行快速、稳定一致和交互性的存取,允许管理人员对数据进行深入观察。上面定义从各个角度对在线分析处理给予了不同的解释,OLAP委员会(OLAP Council)则给出了较为正式和严格的定义,他们认为在线分析处理是使管理人员能够从多种角度对从原始数据中转化出来的、能够真正为用户所理解的并真实反映业务维特性的信息进行快速、一致和交互的存取,从而获得对数据更深入的理解。

从上述定义可以看出在线分析处理根据用户选择的分析角度,快速地从一个维转变到另一个维,或者在维成员之间进行比较,使用户可以在短时间内从不同角度审视业务的经营状况,以直观易懂的方式为管理人员提供决策支持。

这里值得提及的是OLAP虽然直译为"在线分析处理",但只是当前在线分析的主要手段,其特点是基于多维数据模型(数据立方体)。在线说法缘于业务分析人员对多维数据分析后的中间结果进行分析,这与传统基于关系数据库的查询处理方式不同。

3. OLAP 的特点

Thomsen曾经把电子数据表与OLAP进行比较,指出了电子数据表不具备OLAP的多维性、层次、维度计算以及结构与视图的分离等特点[4]。Nigel Pendse在1995年提出了FASMI(Fast Analysis of Shared Multidimensional Information),简洁、清晰地把OLAP的特点概括为快速、可分析、共享和多维等[1]。

1) 快速

终端用户对系统的快速响应有很高的要求。调查表明,如果用户无法在30s内得到回应就会变得不耐烦,影响分析质量。通常系统应能在5s内对用户做出回应,但对于大量的数据分析要达到此速度并不容易。因此在线分析处理平台采用了多种技术提高响应速度,例如专门的数据存储格式、大量的预处理和特殊的硬件设计等,通过减小在线分析处理的动态计算,事先存储在线分析处理查询所需粒度的数据等主要手段获得在线分析处理响应速度的提高。尽管如此,查询反应缓慢仍然是在线分析处理产品经常被提及的技术问题。

2) 可分析

用户可以应用在线分析处理平台分析数据,也可以使用其他外部分析工具,如电子数据表。这些分析工具基本都以直观的方式为用户提供了分析功能。

3) 共享

由于人们认为在线分析处理是只读的,仅需要简单的安全管理,导致目前许多在线分析处理产品在安全共享方面还存在很多问题。因此当多个用户访问在线分析处理服务器时,系统应在适当的粒度上加锁。此外,随着越来越多的应用要求用户写回数据,系统的安全性将会得到更多的重视。

4) 多维

维是在线分析处理的核心概念,多维性是在线分析处理的关键属性。这与数据仓库的多维数据组织正好相互补充。为了使用户能够从多个维度、多个数据粒度查看数据,了解数据蕴涵的信息,系统需要提供对数据的多维分析功能,包括切片、旋转和钻取等多种操作。

4.2　OLTP 与 OLAP 的区别

在线事务处理是事件驱动、面向应用的,其主要特点是对性能要求高,用户数量大。在线分析处理则支持复杂的分析,侧重于为管理人员提供决策支持,并以直观的形式呈现结果。在线事务处理与在线分析处理的主要区别如表 4.1 所示[5]。

表 4.1 OLTP 系统与 OLAP 系统的比较

项目	OLTP	OLAP
用户	业务人员、DBA、数据库专业人员	经理、主管、数据分析员
特征	面向事务、操作处理	面向分析、信息处理
功能	日常操作处理	长期信息需求、决策支持
DB 设计	基于 E-R、面向应用	星型或雪花、多维结构、面向主题
数据	当前的、最新的、细节的、二维的、孤立的	历史的、聚合的、多维的、集成的、统一的
视图	详细	聚合的、多维的
存取规模	读/写 数十(甚至数百)条记录、可更新	大多为读 上百万(甚至上亿)条记录,不可更新,周期性刷新
操作单位	简短的事务	复杂的查询
访问记录	主关键字上索引、数十次	大量扫描、数百万次
用户数	数百个~数千、数万个	数个~数百个
DB 大小	100MB~100GB	100GB~100TB
优先	高性能、高可用性	高灵活性、用户可定制、高性能
衡量标准	事务吞吐量	查询吞吐量、响应时间

4.3 OLAP 操作

在线分析处理比较常用的操作包括对多维数据的切片(slice)与切块(dice)、上钻(drill-up)与下钻(drill-down)以及旋转(rotate)等。此外,在线分析处理还能对多维数据进行深加工。在线分析处理的这些操作使用户能从多个视角观察数据,并以图形、报表等多种形式表示,从而获取隐藏在数据中的信息。下面以表 4.2 为例介绍几种在线分析处理操作。图 4.2 是对应的立方体(为了表达的简洁,以下几个图中的度量省略了%)。

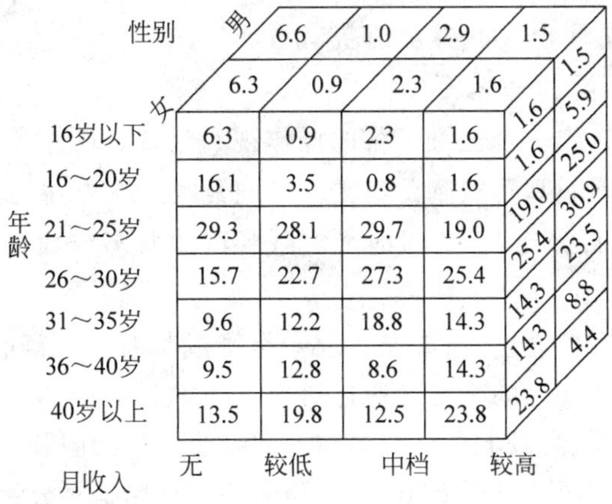

图 4.2 三维数据立方体

表 4.2　服装消费者个人资料情况表

性别	年龄	月收入			
		无	较低	中档	较高
女	16 岁以下	6.3%	0.9%	2.3%	1.6%
	16~20 岁	16.1%	3.5%	0.8%	1.6%
	21~25 岁	29.3%	28.1%	29.7%	19.0%
	26~30 岁	15.7%	22.7%	27.3%	25.4%
	31~35 岁	9.6%	12.2%	18.8%	14.3%
	36~40 岁	9.5%	12.8%	8.6%	14.3%
	40 岁以上	13.5%	19.8%	12.5%	23.8%
男	16 岁以下	6.6%	1.0%	2.9%	1.5%
	16~20 岁	29.0%	5.5%	5.8%	5.9%
	21~25 岁	34.8%	36.1%	32.0%	25.0%
	26~30 岁	15.0%	29.0%	27.2%	30.9%
	31~35 岁	6.6%	12.6%	15.5%	23.5%
	36~40 岁	2.9%	5.7%	4.9%	8.8%
	40 岁以上	5.1%	10.1%	11.7%	4.4%

1. 切片和切块

选定多维数组的一个维成员做数据分割的操作称为该维上的一个切片。通常把多维数组中选定一个二维子集的操作视为切片,假设选定维 i 上的某个维成员 V_i,则此多维数组子集可以表示为(维 V_1,……,维 V_i,……,维 V_n,变量)。

在服装消费者分析中,对"性别、年龄、月收入"三维立方体选取年龄段进行切片,可得到 26~30 岁年龄段不同月收入下男女消费者的购买信息,如图 4.3 所示。

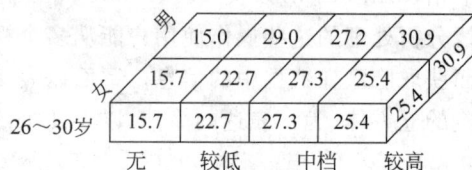

图 4.3　多维立方体的切片

通常把多维数组中选定一个三维子集的操作视为切块。图 4.4 所示为多维数组(a)选取年龄段 21~30 岁进行切块,可得到此年龄段不同月收入下男女消费者的购买情况(性别,21~30 岁,月收入,购买百分比)。类似地,多维数组(b)和多维数组(c)均对应图 4.2 的多维立方体的切块。

从图 4.3 和图 4.4 可以看出,当某维只取一个维成员时,便得到一个切片,而切块则是某一维取值范围下的多个切片的叠合。通过对立方体的切片或切块分割,可以从不同视角得到各种数据,包括各个年龄段下女性顾客在不同月收入下的服装购买情况,或者是中档收入下不同年龄段的购买情况。可以看出,切片与切块的作用是对分析的数据进行过滤,使用户专注于局部信息。

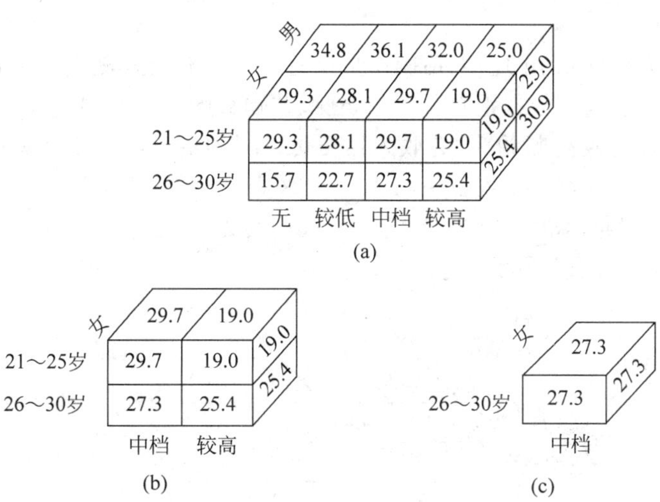

图 4.4　图 4.2 的多维数据立方体的切块

2. 钻取

钻取包括上钻、下钻等操作。钻取能够帮助用户获得更多的细节性数据。例如,管理者要了解计划完成情况,可以打开相关的报表查看利润数据。通过与计划值比较,正常的数据显示为绿色,否则显示为红色。红色的数值意味着企业的运营出现了问题,可以进一步查看这些数据的细节,逐层分析问题的所在和原因。图 4.5 是 IBM Cognos 10 的钻取功能界面。

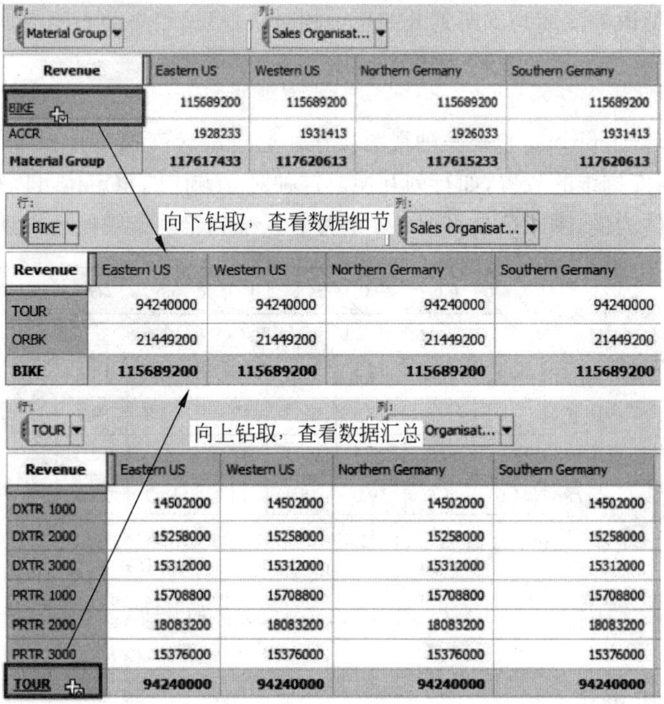

图 4.5　Cognos 10 的钻取功能界面

1) 上钻

上钻又称为上卷(roll-up)。上钻操作是指通过一个维的概念分层向上攀升或者通过维归约在数据立方体上进行数据汇总。例如,在服装购买顾客调查中,可以按月收入分段汇总数据,把较低、中档与较高归约为"有收入",便可以得到沿月收入维上钻的数据汇总;也可以按年龄分段汇总数据,把 16 岁以下与 16~20 岁归约为"青少年",21~25 岁、26~30 岁与 31~35 岁归约为"青年",36~40 岁与 40 岁以上归约为"中老年",从而得到沿年龄段维上钻的数据汇总视图,如图 4.6 所示。

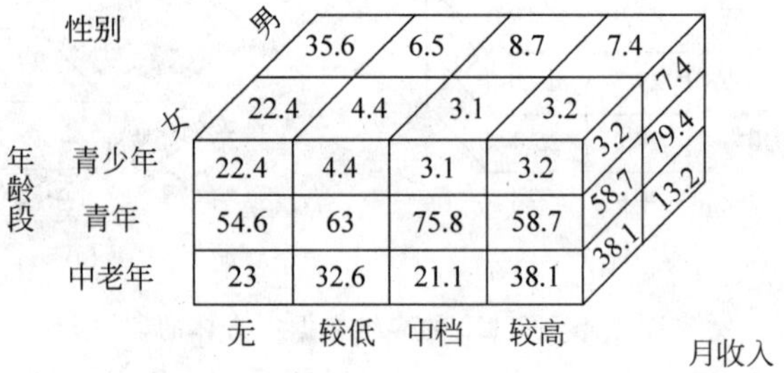

图 4.6　图 4.2 的多维立方体的上钻

2) 下钻

下钻是上钻的逆操作,通过对某一汇总数据进行维层次的细分(沿维的概念分层向下)分析数据。对图 4.6 所示的年龄段数据进行下钻就可以得到图 4.2。下钻使用户对数据能够获得更深入的了解,更容易发现问题的本质,从而做出正确的决策。钻取使用户不会再被海量的数据搞得晕头转向:上钻使用户可以站在更高层次观察数据,下钻则可以细化到用户所关心的详细数据。钻取的深度与维所划分的层次相对应,根据用户关心的数据粒度来合理划分。

3. 旋转

旋转又称为转轴(pivot),它是一种视图操作。通过旋转变换一个报告或页面显示的维方向,在表格中重新安排维的放置,如行列互换。这种对立方体的重定位可以得到不同视角的信息。以三维立方体为例,图 4.7 是将图 4.2 的月收入维和年龄维对换后得到的数据视图。

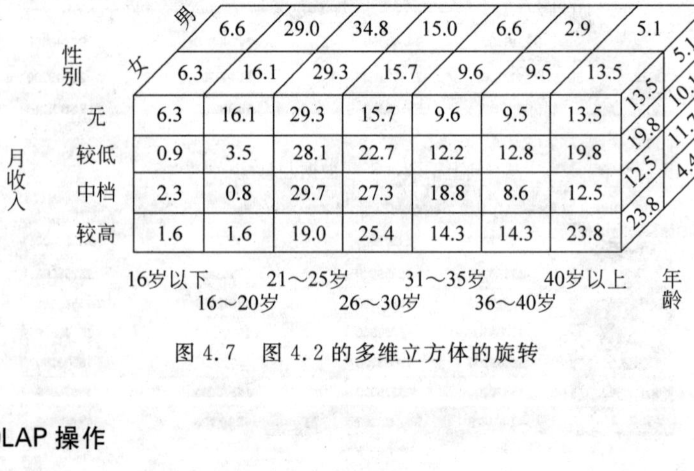

图 4.7　图 4.2 的多维立方体的旋转

4. 其他 OLAP 操作

除以上常用的多维操作外,还有其他多维操作。

1) 钻过(drill-across)

钻过操作涉及多个事实表的查询并把结果合并为单个数据集。一个典型的例子就是预测数据与当前数据的结合。通常预测数据与当前数据存在于不同的表中,当用户比较预测销售与当前销售时,需要跨多个事实表查询。

2) 钻透(drill-through)

钻透使用 SQL,查询到数据立方体的底层,一直到后端的关系表。

【例 4.1】 Web 文档的 OLAP 分析

读者一般从多个方面查询 Web 文档:文档的作者、主题、标题、日期、大小、作者单位和出版社等,对应 Web 文档立方的维。可以对文档立方进行各种多维分析,如切片、切块、旋转以及钻取等操作,从多个角度分析文档。例如,从中可以得到中国哪所大学在过去几年的视频会议领域发表了最多的论文。图 4.8 是 Web 文档的切块,包括文档的主题、日期和作者单位维,也可以进一步进行切片和下钻分析(图 4.8 中表格中的数字表示在某 Web 网站上南京大学计算机科学系在 1990—1998 年之间发表的各类文档数量)[6]。

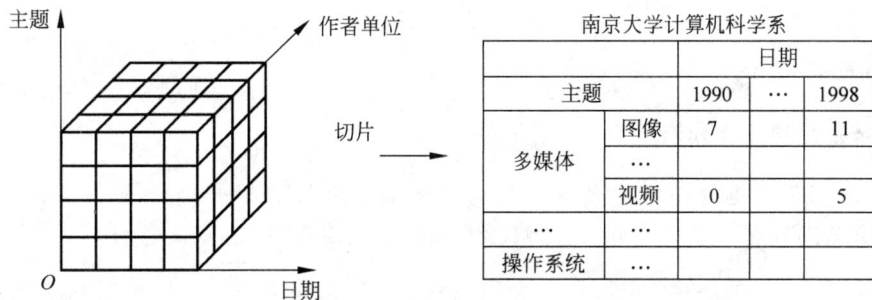

图 4.8 Web 文档立方体多维分析

【例 4.2】 基于 OLAP 的产品缺陷管理[7]

为了在当今激烈的服装行业竞争环境中生存,服装企业的产品不仅需要低价,而且同时需要有较高的品质。因此,企业把加工厂建立在土地和劳动力较低廉的国家。然而,在提升产品的品质方面,由于缺乏集成的系统存储有用的、与产品质量相关的数据,难以有效利用与产品质量有关的数据,使企业不能及时发现服装缺陷的所在,难以找到造成缺陷的根本原因,从而造成缺陷重复发生。

为了从产品重复发生的缺陷中发现有用信息,一个总部位于中国香港的服装制造企业 X 利用多维分析(OLAP)找到导致缺陷的问题。

首先对企业各部门的数据进行整合,从辅布(Fabric Spreading)、裁剪(Fabric Cutting)、缝纫(Sewing)、完成(Finishing)和质量检测(Quality Checking)等部门收集的数据经过 ETL 过程存储在集中的数据仓库中,这里的数据仓库采用雪花模型,然后把重要的数据导入到 OLAP 工具中。用户可以有效地使用从不同数据源整合的数据,企业可以获得实时的、不同视角的数据报表,将数据转化为有用信息。

图 4.9 是一个数据立方体,以产品(Product)、日期(Date)和缺陷(Defect)为维度,缺陷权重(Defect Weighting)和返工成本(Rework Cost)为度量。

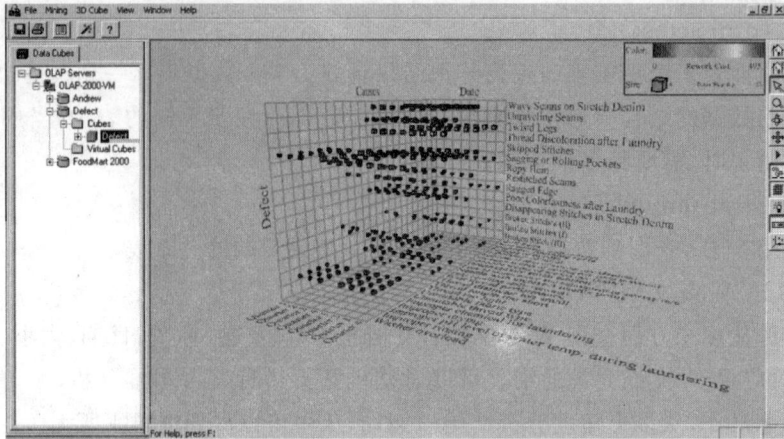

图 4.9   OLAP 数据立方体

4.4   OLAP 的分类

下面简要介绍不同种类的 OLAP。

1. 按照处理方式分类

OLAP 按照数据处理的地点可以分为服务器端在线分析处理(Server-side OLAP 或 Server OLAP)和客户端在线分析处理(Client-side OLAP 或 Client OLAP)。

1) Server OLAP

绝大多数 OLAP 系统都属于此类,Server OLAP 在服务器端的数据库上建立多维数据立方体,由服务器端提供多维分析,并把最终结果呈现给客户端。

2) Client OLAP

与服务器端在线分析处理相反,Client OLAP 把相关立方体数据下载到本地,由本地为用户提供多维分析,从而保证在出现网络故障时仍然能正常工作。这类 OLAP 产品往往轻便、简洁。例如,Cognos(IBM)的 Powerplay 产品提供了简洁部署且具有交互性的 PowerPlay Web Explorer 界面,其他代表产品还有 Brio Designer 等。

2. 按照存储方式分类

OLAP 按照存储器的多维数据存储方式可以分为关系在线分析处理(Relational OLAP,ROLAP)、多维在线分析处理(Multi-dimensional OLAP, MOLAP)、桌面在线分析处理(Desktop OLAP,DOLAP)和混合在线分析处理(Hybrid OLAP,HOLAP)等。

1) ROLAP

ROLAP 使用关系数据库管理系统(RDBMS)或扩充关系数据库管理系统(XRDBMS)存储和管理数据仓库,以关系表存储多维数据,有较强的可伸缩性。其中维数据存储在维表,而事实数据和维 ID 则存储在事实表,维表和事实表通过主键和外键关联[8,9]。此外,ROLAP 通过一些软件工具实现,物理层仍用关系数据库的存储结构,因此称为虚拟 OLAP (virtual OLAP)。

2) MOLAP

MOLAP 支持数据的多维视图,采用多维数组存储数据,它把维映射到多维数组的下标或下标的范围,而事实数据则存储在数组单元中,从而实现了多维视图到数组的映射,形成了立方体(cube)结构。但随着维数的增加,大容量的数据可能使立方体稀疏化,此时需要借助稀疏矩阵压缩技术来处理。由于 MOLAP 是从物理层实现,采用了多维数组的存储结构,故又称为物理 OLAP(physical OLAP)。

3) DOLAP

DOLAP 属于单层架构,它是基于桌面的客户端在线分析处理,其主要特点是由服务器生成请求数据相关的立方体并下载到本地,由本地提供数据结构与报表格式重组,为用户提供多维分析,此时无须任何网络连接,灵活的存储方式方便了移动用户的需要,但支持的数据量比较有限,影响了使用的频率和范围。

4) HOLAP

HOLAP 有机结合了 ROLAP 和 MOLAP 技术。许多商务智能提供商,如 Speedware 和 Microsoft 等公司在其产品中都应用了 HOLAP。在 MOLAP 立方体中存储高级别的聚集,在 ROLAP 中存储低级别的聚集,使得 HOLAP 同时具有 ROLAP 的可伸缩性和 MOLAP 的快速计算等优点,能够满足用户复杂的分析,性能介于 ROLAP 和 MOLAP 之间。

除以上常见的 OLAP 外,基于可扩展标识语言(Extensible Markup Language,XML)格式的 OLAP 实现方式(Extensible OLAP,XOLAP)也开始流行。目前,OLAP 面临的主要问题是生成的数据立方体体积庞大,特别是当维较多、元组也较多时这个问题显得尤为严重。而 XML 作为数据交换的标准格式,有着明显的层次结构,由此提出的 XOLAP 用 XML 本身的层次结构体现数据立方体中元组之间的聚集关系,能有效地减小数据立方体的体积,从而提高多维分析的性能及其灵活性。

4.5 OLAP 操作语言

为便于在线分析处理,可以通过扩展数据库的操作语言 SQL,得到 MSQL(Multiple SQL)。

1. MSQL

在 SQL 中,常见的函数平均值(avg)、最小值(min)、最大值(max)、和(sum)以及计数(count)等用于多样化查询分析。此外,很多系统还提供了其他聚合函数,如方差(variance)、标准偏差(stddev)等。有些系统甚至允许使用者增加聚合函数。即便如此,SQL 仍然不足以支持 OLAP 操作。一些数据库产品,如 Oracle,开始提供 rollup 和 cube 等操作,把 SQL 扩充为 MSQL,以支持复杂的在线分析处理。

在数据仓库和在线分析系统中,为了提高查询的响应速度,精确高效地汇总数据是必不可少的[10]。汇总性的概念是在研究统计对象与 OLAP 维中的聚合导航时提出来的[11],rollup、cube 操作正是在此概念的基础上形成的。

1) rollup

类似于 group by 子句并且提供了汇总的功能。格式如下(不同数据库产品语言稍有差别)。

```
select < columns > from < tablename >
where < condition > group by (column1,column2, … )
with rollup order by (column1,column2, … )
```

表 4.3 所示为某年各种服装在各个地区的消费额数据,存放在数据库中的关系表 salelist(地区代码、服装类别和消费额)中。

表 4.3　salelist 数据

地 区 代 码	服 装 类 别	消　费　额
华东	休闲服	16 333 490
华东	其他服装	10 223 845
华北	休闲服	15 846 977
华北	其他服装	9 753 788
华中	休闲服	15 667 752
华中	其他服装	9 620 718

用下面的 MSQL 语句查询每个地区的服装消费总额,结果如表 4.4 所示。

```
select 地区代码,服装类别,sum(消费额) as 消费总额
from salelist group by 地区代码,服装类别
with rollup order by 地区代码,服装类别
```

表 4.4　rollup 操作结果集

地 区 代 码	服 装 类 别	消 费 总 额
ALL	ALL	77 446 570
华东	ALL	26 557 335
华东	休闲服	16 333 490
华东	其他服装	10 223 845
华北	ALL	25 600 765
华北	休闲服	15 846 977
华北	其他服装	9 753 788
华中	ALL	25 288 470
华中	休闲服	15 667 752
华中	其他服装	9 620 718

从表 4.4 中可以看出,rollup 函数汇总后的结果集包含所有地区、所有服装类别的消费总额,第 1 行表示华东、华北和华中等地区休闲服与其他服装的消费总额,第 2、第 5、第 8 行分别表示华东、华北和华中等地区所有服装的消费总额。

2) cube

cube 操作类似于 rollup,但它的汇总数据基于 group by 子句创建组的所有组合。格式如下:

```
select < columns > from < tablename >
where < condition > group by (column1,column2, … )
with cube order by(column1,column2, … )
```

仍然以服装消费额关系表中的数据为例,cube 函数增加了不同服装类别在所有地区的消费总额的汇总。

```
select 地区代码,服装类别,sum(消费额) as 消费总额
from salelist group by 地区代码,服装类别
with cube order by 地区代码,服装类别
```

结果如表 4.5 所示。

表 4.5 cube 操作结果集

地 区 代 码	服 装 类 别	消 费 总 额
ALL	ALL	77 446 570
ALL	休闲服	47 848 219
ALL	其他服装	29 598 351
华东	ALL	26 557 335
华东	休闲服	16 333 490
华东	其他服装	10 223 845
华北	ALL	25 600 765
华北	休闲服	15 846 977
华北	其他服装	9 753 788
华中	ALL	25 288 470
华中	休闲服	15 667 752
华中	其他服装	9 620 718

从表 4.5 中可以看出,cube 函数汇总后的结果集与 rollup 的结果集大体相似,但额外增加了不同服装类别在所有地区的消费总额。

这里需要强调的是,在某些情况下,如果不经过判断就对度量值沿着某些维进行汇总,可能会得出不准确的结果,从而制定出错误的决策。因此,判断维度汇总是至关重要的,但也是容易被忽略的问题[12]。

2. 多维表达式

多维表达式(Multi-Dimensional Expressions,MDX)是专为多维数据检索设计的结构化查询语言,能够使多维数据的访问更加简便、直观。与 SQL 查询类似,每个 MDX 查询都有一个 select 句型的数据请求,用来选择返回的维度和成员,select 句型可以通过 where 子句设置分析条件,把返回的数据限定在特定的维度。MDX 的关键字都支持维度的概念,从而帮助用户简便、直观地从多维数据集中提取数据的所需部分。MDX 也提供了创建、删除多维数据集、维度和度量值等 MDX 命令。select 语句是 MDX 多维查询的基础,它的基本语法格式如下:

```
select < axis_specification > [< axis_specification > … ]
from < cube_specification >
where < slicer_specification >
```

其中,axis_specification 说明坐标轴的表示维度及其成员,cube_specification 指定查询

的多维数据集名称,slicer_specification 指出相关的数据子集。例如,下面的 MDX 查询语句是从多维数据集 SaleCube 中得到 2000 年各省市地区休闲服的消费金额,结果以地区代码为行,消费金额为列显示。

```
select [消费记录].[消费金额] on columns,[地区代码].members on rows
from SaleCube where([年度].[2000]) and ([服装类别].[休闲服])
```

在查询结果方面,SQL 查询的结果是一个行与列组成的二维表格。相比之下,MDX 的查询结果并不直观。这是因为多维结果可以有三个以上的维度,把该结构形象化比较困难,许多 OLAP 工具都不能显性表示两个以上维度的结果。

【例 4.3】 基于 IBM Analysis Studio 的 OLAP 分析

IBM Analysis Studio 是 IBM Cognos 8 的组件,可用于大型数据源的 OLAP 分析。在 Analysis Studio 中使用交互式拖放环境分析数据,以查找业务问题。

这里以 IBM Analysis Studio 附带的销售和营销数据为例,使用 OLAP 分析一家销售运动装备的公司(Great Outdoors 公司)在不同地区、不同产品销售收入的趋势。图 4.10 所示为销售和营销多维数据集的维度和度量等,其中维度包括年份(Years)、产品(Products)、雇员(Staff)、销售区域(Sales Territory)、零售商(Retailer)、订购方法(Order Method),其中产品、雇员和订购方法等可以细分,如产品维分为露营装备、高尔夫球装备、登山装备、户外防护用品和个人附件等层次。度量值包括收入(Revenue)、销售数量(Quantity sold)、总利润(Gross profit)等。

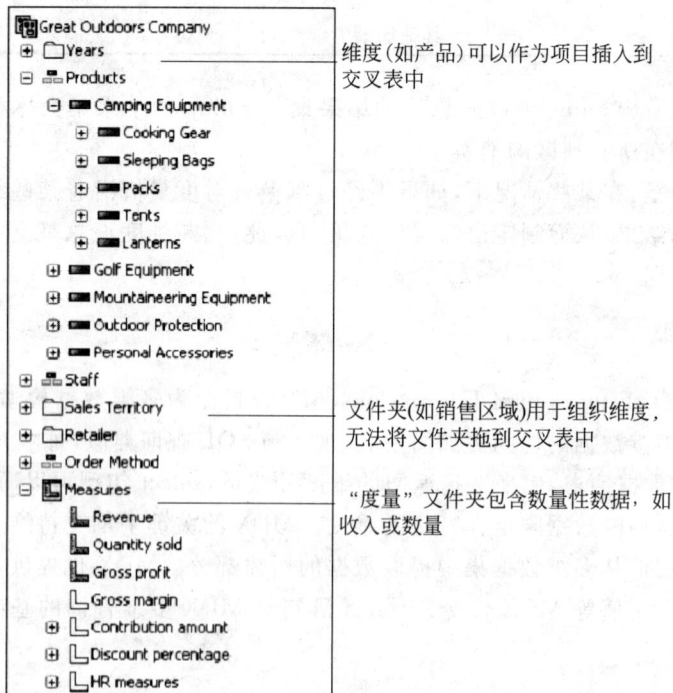

图 4.10 销售和营销多维数据

图 4.11 的上半部分显示了不同年份、不同订购方法对应的利润率和毛利润信息,中间部分显示了不同年份、不同销售区域对应的收入值,下半部分显示了不同年份、不同产品对应的收入值。用户将鼠标停留在标签文本或度量值上,单击"＋"或"－"就可以实现上钻或下钻操作。例如,可以查看单个产品的收入,然后上钻查看整个产品系列的收入以进行比较。

收入		2004	2005	2006	合计
邮寄	利润率	9168.259	7499.253	7940.549	8 334.811
	毛利润	9 369 960.54	6 314 370.62	2 985 646.33	18 669 977.49
电子邮件	利润率	5884.938	5377.618	6780.901	5 850.126
	毛利润	38 887 670.43	18 031 154.03	9 866 210.86	66 785 035.32
合计	利润率	6 324.722	5803.462	7019.037	6 257.690
	毛利润	48 257 630.97	24 345 524.65	12 851 857.19	85 455 012.81
美洲		292 401 703.35	353 489 093.90	458 164 908.61	1 104 055 705.86
亚太		227 714 548.00	290 076 956.87	380 703 219.69	898 494 724.56
合计		520 116 251.35	643 566 050.77	838 868 128.30	2 002 550 430.42
露营装备		332 986 338.06	402 757 573.17	500 382 422.83	1 236 126 334.06
个人附件		391 647 093.61	456 323 355.90	594 009 408.42	1 441 979 857.93
户外防护用品		36 165 521.07	25 008 574.08	10 349 175.84	71 523 270.99
高尔夫球装备		153 553 850.98	168 006 427.07	230 110 270.55	551 670 548.60
登山装备			107 099 659.94	161 039 823.26	268 139 483.20
产品		914 352 803.72	1 159 195 590.16	1 495 891 100.90	3 569 439 494.78

图 4.11　销售和营销多维数据

此外,用户也可以使用过滤器、创建自定义集、排除项目、排序等实现切片、切块、旋转等操作。例如,通过对各个体育用品进行销售区域的切片可以得到图 4.12,展示了远东、欧洲和美洲等销售区域在不同时间段、不同体育产品方面的销售情况。

收入	2004	2005	2006	时间(All) 远东
露营装备	$20 471 328.88	$31 373 606.46	$37 869 055.58	$89 713 990.92
个人附件	$7 144 797.52	$10 955 708.04	$13 793 960.30	$31 894 465.86
户外防护用品	$1 536 456.24	$938 230.64	$646 428.04	$3 171 114.92
高尔夫球装备	$5 597 980.86	$9 598 268.88	$10 709 215.84	$25 905 465.58
登山装备		$9 642 674.54	$11 248 676.06	$20 891 350.60
产品(All)	$34 750 563.50	$62 558 488.56	$74 267 335.82	$171 576 387.88

图 4.12　不同销售区域的切片

Cognos(IBM)的 Report Studio 工具可以查看、打印、计划或进一步增强分析,分析结果有多种图形化形式(饼状图、柱状图、条形图、折线图和散点图等),并以 PDF、Excel、CSV、XML 或者在 IBM Cognos Viewer 中以 HTML 等多种格式输出。图 4.13 为 Cognos Viewer 中不同年份、不同产品收入的柱状图。

网格线

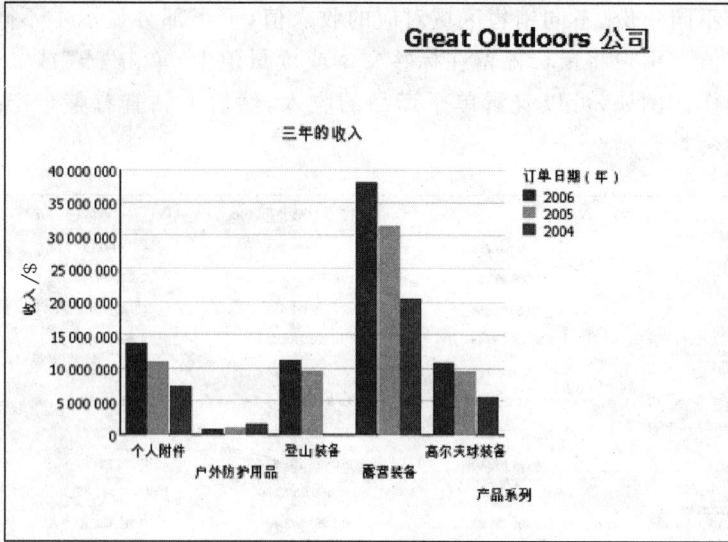

图 4.13   Report Studio 分析结果

总的来说,Cognos(IBM)的 OLAP 工具简便易用,具有支持海量数据处理的特点,目前有着较高的市场占有率,受到越来越多的公司和厂商的青睐。

本章参考文献

[1]   Pendse N. What is OLAP? [EB/OL]. http://www.olapreport.com/fasmi.htm,2005.

[2]   Codd E F,Salley C T. Providing OLAP to user-analysts:an IT mandate[R]. White Paper, Arbor Software Corporation,1993.

[3]   Alejandro A Vaisman, Alberto O Mendelzon. Supporting dimension updates in an OLAP server[J]. Information Systems,2004,29(2):165-185.

[4]   Thomsen E. OLAP solutions:building multi-dimensional information systems[M]. New York:John Wiley,2002.

[5]   Jiawei Han, Micheline Kamber. Data mining:concepts and techniques [M]. 2nd ed. Morgan Kaufmann,2005.

[6]   Wang Jicheng, Huang Yuan, Wu Gangshan, et al. Web mining:knowledge discovery on the Web [C]. Proceedings of IEEE Systems, Man, and Cybernetics, 1999:137-141.

[7]   C. K. H. Lee, K. L. Choy, G. T. S. Ho, et al. A hybrid OLAP-association rule mining based quality management system for extracting defect patterns in the garment industry[J]. Expert Systems with Applications ,2013,40(7):2435-2446.

[8]   Ralph Kimball,Margy Ross. The data warehouse toolkit:the complete guide to dimensional modeling [M]. New York:John Wiley & Sons,2003.

[9]   Chaudhuri S,Dayal U. An overview of data warehousing and OLAP technology[J]. ACM SIGMOD Record,1997, 26(1):65-74.

[10]   John Horner,Yeol Song,Peter P Chen. An analysis of additivity in OLAP systems[C]. Proceedings of the 7th ACM International Workshop on Data Warehousing and OLAP. Washington,USA,2004:

83-91.

[11] Lenz H J,Shoshani A. Summarizability in OLAP and statistical databases[C]. Proceedings of the 9th SSDBM Conference. Washington,USA,1997：132-143.

[12] Shoshani A. OLAP and statistical databases：similarities and differences. Proceedings of the Sixteenth ACM SIGMOD Symposium on Principles of Database Systems[C]. Tucson,Arizona,1997：185-196.

思考题

1. 什么是 OLAP？OLAP 有哪些特点？

2. OLAP 和 OLTP 有什么区别？怎么理解 OLAP 是假设驱动型的分析方法？

3. OLAP 有哪些操作？请结合实例讨论。

4. OLAP 有哪几种类型？它们有什么区别？

5. 结合例 4.1 讨论 OLAP 操作语言的应用。

6. 研讨题：阅读下面论文并讨论。

（1）讨论 OLAP 如何支持医疗计划管理。

Monica Chiarini Tremblay, Robert Fuller, Donald Berndt, et al. Doing more with more information：Changing healthcare planning with OLAP tools[J]. Decision Support Systems，2007,43(4)：1305-1320.

（2）讨论在农业决策支持系统中,如何利用 OLAP 分析棉花害虫,请注意数据的预处理以及多维数据模型。

Ahsan Abdullah. Analysis of mealybug incidence on the cotton crop using ADSS-OLAP(Online Analytical Processing) tool[J]. Computers and Electronics in Agriculture，2009,69(1)：59-72.

7. 讨论如何采用多维分析发现业务存在的问题。

8. 讨论 OLAP 如何与数据挖掘结合,以对数据进行全面和深入的分析。

9. 举例说明在线分析处理几种操作的应用。

第5章

数据挖掘

随着信息化的发展,企业积累了越来越多的数据,人们对数据的应用需求也日益强烈。许多对决策起重要作用的知识往往隐含在海量的数据中,为了充分利用这些数据资产,需要利用一定的方法把这些知识挖掘出来。数据挖掘(DM)就是从数据中获取知识的手段,例如,零售商可以利用数据挖掘分析顾客的购物行为和偏好,预测顾客消费的趋势。

数据挖掘又称为数据库中的知识发现(Knowledge Discovery in Database,KDD),它是一个利用人工智能、机器学习和统计学等多学科理论分析大量的数据,进行归纳性推理,从事务数据库、文本数据库、空间数据库、多媒体数据库、数据仓库以及其他数据文件中提取正确的、新颖的、有效的以及人们感兴趣的知识的高级处理过程*[1]。数据挖掘的任务是从大量的数据中发现对决策有用的知识,发现数据特性以及数据之间的关系,这些知识表现为概念、规则、模式和规律等多种形式。

5.1 数据挖掘的基础

企业经常需要从大量运营数据中获取信息和知识以辅助决策,但现有的管理信息系统难以满足这样的需求。常见的查询、统计和报表都是对指定的数据进行简单的统计处理,而不能对这些数据所蕴含的模式进行有效的分析。此外,数据挖掘与信息检索也不同:信息检索是针对数据的特征来寻找信息。例如,使用 Google 等搜索引擎寻找含有某关键词的网页。如何从大量数据中提取出隐藏的知识,就成为数据挖掘发展的动力。本章首先介绍了数据挖掘的概念,然后讨论数据挖掘的发展、分类、步骤以及其他的一些相关主题。

5.1.1 数据挖掘的概念

与第 4 章提到的 OLAP 不同,数据挖掘不是验证某个假设的正确性,而是在数据中寻找未知模式,本质上是一个归纳学习的过程。数据挖掘是一门涉及面很广的交叉学科,融合了模式识别、数据库、统计学、机器学习、粗糙集、模糊数学和神经网络等多个领域的理论[2]。数据挖掘有一些替代词,如数据库中的知识发现(KDD)、知识提炼、模式识别、数据考古、数据捕捞和信息获取等。由于"数据挖掘"能表现"挖掘"的本质,因此在学术界和业界被广泛应用。

---

* 也有学者认为 KDD 是把数据转换成有用信息的整个过程,而 DM 是 KDD 的一个步骤。

到目前为止,数据挖掘还没有一个公认的精确定义,在不同的文献或应用领域也有不同的说法。例如,有学者认为数据挖掘是一个从大型数据库中提取以前未知的、可理解的、可用的知识,并把这些知识用于关键的商业决策过程。也有学者把数据挖掘定义为在知识发现过程中,辨识存在于数据中的未知关系和模式的一些方法。Roiger 等则认为数据挖掘是为那些未知的信息模式而分析大型数据集的一个决策支持过程[3]。数据挖掘的过程比较复杂,其结果的评价也不是一件轻松的事情:数据挖掘是否完成了预定的目标? 数据挖掘是否能给企业带来价值? 投资回报率(ROI)如何? 在实际应用中,数据挖掘的结果最终还要看挖掘出的知识转化为行动的效果。

概括而言,数据挖掘是从大量的、不完全的、有噪声的、模糊的、随机的数据中提取正确的、有用的、未知的、综合的以及用户感兴趣的知识并用于决策支持的过程。其中"正确"意味着提取的信息、知识应该是正确的,保证在挖掘结果中正确信息的比例。数据挖掘的结果往往很多,"有用"意味着挖掘出的模式能够指导实践。要让用户接受一个挖掘出的业务模型,仅靠正确的结果是不够的,还需要考虑模型的可用性和可解释性,即模型有什么业务价值。数据挖掘毕竟不是为了建立一个完美的数学模型,而是要切实解决实际业务中出现的问题。"未知"强调挖掘的模式具有预测功能,不仅是对过去业务的总结,也可以预测业务的未来发展。"综合"说明数据挖掘的过程应当运用多种方法,从多个角度得出结论,挖掘结果不应该是片面的。此外,数据挖掘的结果是用户感兴趣的。同一组数据用不同的数据挖掘方法也可能得到不同的模式。在数据挖掘产生的大量模式中,通常只有一小部分是用户感兴趣的,这就需要过滤掉用户不感兴趣的模式,通过设定兴趣度度量评价。每一种兴趣度度量都可以由用户设定阈值,低于阈值的规则被认为是不感兴趣的。兴趣度度量包括客观兴趣度度量和主观兴趣度度量,前者使用从数据推导出来的统计量来确定模式是否有趣,而后者需要领域专家的先验知识,可能需要领域专家解释和检验被发现的模式。下面简要介绍这些兴趣度度量,其中模式的简洁性、确定性、实用性和提升度属于客观兴趣度度量,而新颖性是主观兴趣度度量。

(1) 简洁性:模式兴趣度的一个重要因素是简洁,符合最小描述长度(Minimum Description Length,MDL)的要求,便于理解和应用。模式简洁的客观度量可以看作模式结构的函数,用模式的二进位位数、属性数或模式中出现的操作符数进行度量。一个规则的条件越复杂,它就越难解释,用户对它的兴趣度可能就比较低。

(2) 确定性:每个发现的模式都有一个表示其有效性或值得信赖的确定性度量,如分类规则的置信度、关联规则的置信度等。

(3) 实用性:挖掘的模式或规则能带来一定的经济效益,如关联规则的支持度必须大于一定的阈值才可能有商业价值。对于分类或预测型任务,模型的实用性可以通过测试集的预测错误率来判断。而对于连续变量的估计,可以考虑估算值和实际值之间的差别。

(4) 提升度:比较模型的好坏还可以用提升度(lift)的概念。以顾客响应分析为例,假设从潜在的顾客群中抽取一定数量的样本进行市场推广,发现有 30% 的响应者,而利用分类模型挑选同样数量的潜在顾客进行推广,有 65% 的响应者,那么此分类模型的提升度 lift=65/30=2.17。

(5) 新颖性:新颖的模式是指那些提供新知识的模式,能够解释意料不到的信息,经常使用户感到意外。一个例外的规则可以认为是新颖的,它不同于根据统计模型和用户的信念所期望的模式。

5.1.2　数据挖掘的发展

数据挖掘是一门不断发展的学科,尽管作为一门独立的学科只有十多年的时间,但数据挖掘的起源可追溯到早期的模式识别、机器学习等人工智能技术以及统计学的抽样、估计和假设检验等。这些技术虽然没有被冠以数据挖掘之名,但至今仍然是数据挖掘的技术基础。随着数据库技术的发展,尤其是近年来计算机的性价比按摩尔定律增长,数据库技术被应用于越来越多的领域。企业存储的数据量越来越大,数据越来越复杂,高级数据库、并行处理和分布式技术也先后应用于数据挖掘领域。Oracle,Microsoft 和 IBM 等主流的数据库厂商聚焦商务智能,已在其产品中增加了数据仓库、在线分析处理和数据挖掘等功能。

在电子商务时代,各行业业务流程的自动化和各类信息系统不断深入的应用在企业内产生了大量的数据,这些数据最初不是为了分析的目的而收集的,而是在企业的日常运营中产生的。根据有关调查,每两三年左右,企业的数据量就会翻一番,而 93%～95%的数据进入数据库后并没有得到有效利用。换句话说,海量的、未被充分利用的数据并没有成为企业的财富,反而因占用企业的资源而成了负担。因此企业面临着两个问题:一方面全球化竞争的加剧要求企业比任何时候都需要更快、更好地做出决策。另一方面,许多企业在面对逐年增长的业务数据时,不知道真正有价值的模式在哪里,难以发现数据中存在的关系以及根据现有的数据预测未来的发展趋势。数据挖掘正是在这个背景下应运而生的。

数据挖掘是一类深层次的数据分析方法,能够揭示隐藏的、未知的业务规律,以达到增加收入降低成本的目的,使企业处于更有利的竞争位置。表 5.1 所示为数据挖掘的大致演变过程。

表 5.1　数据挖掘的大致演变过程

时间	挖掘对象	解决的问题
1960s	文件系统	过去 5 年中公司总收入是多少,利润是多少
1980s 早期	关系数据模型 关系数据库管理系统(RDBMS)	某分公司在去年 3 月份的销售额是多少
1980s 晚期	各种高级数据库系统(扩展的关系数据库、面向对象的数据库等)和面向应用的数据库系统(时序数据库、多媒体数据库等)	购买产品 A 的顾客过一段时间是否会购买产品 B
1990s	数据仓库、多媒体数据库和网络数据库	某分公司去年各个月份的销售额是多少?
2000s	流数据管理和挖掘 Web 挖掘 XML 数据库和分布异构数据分析 非结构化复杂数据挖掘 大数据分析 文本分析、情感分析和基于流数据的分析等	顾客智能、电子推荐、流程智能化管理等

数据挖掘软件的进展体现了数据挖掘技术的发展,其发展大致经历了以下阶段。

（1）第一代数据挖掘软件是一个独立的，可以支持少数几种数据挖掘算法，典型的代表是 Salford System 公司的 CART 系统。其缺点是在数据量较大或者数据变化频繁时效率不高。

（2）第二代数据挖掘软件和数据库系统进行了集成，能够处理大规模的数据，但缺少对业务的预测能力。

（3）第三代数据挖掘软件有显著的进步，不仅增加了预测功能，而且还能在分布式系统中运行，挖掘网络环境下的数据，但不能支持移动应用，此问题在第四代数据挖掘软件中得到了解决。

（4）第四代数据挖掘软件支持移动计算和各种嵌入式系统，扩展了数据挖掘的应用领域。

新一代的数据挖掘方法面对的大数据环境更加复杂，不仅数据量猛增，而且非结构化程度增加，数据呈现分布和异构的特点，这些问题都对数据挖掘提出了挑战。

5.1.3 数据挖掘的过程

数据挖掘的过程由以下步骤组成：定义业务问题，提取与预处理数据，选择挖掘方法分析，解释挖掘结果，探查新模式以及运用发现的知识，各步骤所占的工作量如图 5.1 所示[1]。整个过程需要数据库管理员、业务分析师、数据挖掘专家（数据科学家、数据分析师、数据工程师等）、数据质量分析人员、系统开发人员等共同合作才能顺利完成。其中业务人员提出业务需求，协助熟悉数据挖掘算法和相关数据挖掘软件的数据分析员把业务问题转化为数据挖掘问题，并评价数据挖掘结果，最终把数据挖掘模型转化为企业的行动，创造价值。数据挖掘是一个非平凡的过程，一些步骤很难自动完成，后续步骤的结果不令人满意可能会回溯，这个过程需要循环多次才能达到目标。

1. 确定业务问题

数据挖掘不是简单地把数据输入算法就可以解决问题，业务决策大多数情况下是比较复杂的。因此无论是处理大数据，还是常规数据，在做数据挖掘时都需要熟悉业务，与业务专家紧密协同，准确把握业务分析问题。在此基础上设计或选择合适的算法，并对挖掘结果进行严密的验证。这不是一个简单的过程。

数据挖掘第一步不是分析数据，而是理解业务需求，清晰定义业务问题，从而避免迷失在大量数据中。评价一个数据挖掘项目的成败，主要看挖掘的结果是否解决了业务问题。对于同一个数据集，不同的业务问题会需要不同的分析过程。这里所说的业务问题并不限于纯商业领域的问题，而是使用数据挖掘技术能够解决的问题。在定义业务问题时，只有了解相关领域的背景知识，才能确定挖掘什么内容。例如，在市场营销领域，用户感兴趣的可能是顾客的购买行为和购买方式，而在天文学领域，相关的知识是天体运动的规律以及某些天体在同一个地方同时出现的概率等。在此阶段与业务人员的充分交流是有必要的。

在定义业务问题时，首先，需要考虑是否有充足的与业务问题有关的数据。识别数据挖掘分析的数据是否包含需要的模式是很重要的，这甚至决定了一个数据挖掘项目的成败。其次，需要仔细考虑如何应用已发现的知识，思考如何把数据挖掘的结果应用到业务中有助于洞察业务存在的实际问题。例如，在分析顾客的购买模式时，数据挖掘的最终目的是通过

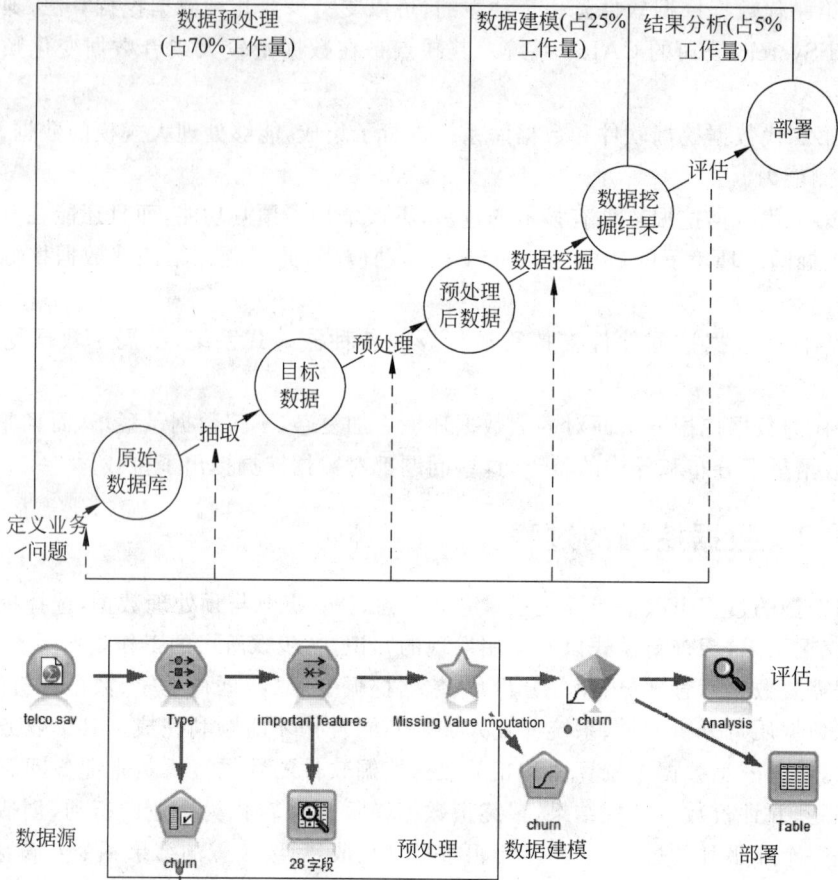

图 5.1 数据挖掘过程

了解顾客的购买模式,确定哪些潜在顾客会对公司的新产品感兴趣,从而针对这些目标顾客制定出相应的市场策略,以实现利润最大化。

2. 数据抽取与探测

高质量的数据可简化数据挖掘的过程,这需要从数据源头控制。数据挖掘在确定业务问题后就要抽取相关的数据,这些数据一般用简单文件、文本或数据库表的数据结构表示,不同的数据需要用到不同的工具和语言。分析什么数据? 需要多少数据? 如何进行各种数据的平衡? 又需要什么转换才能进行有效地挖掘? 解决这些问题是比较耗时的。数据挖掘往往需要使用大量的数据,但只有包含业务模式的数据才是真正需要的。例如对某公司的顾客购买模式进行分析,很明显需要顾客购物记录和人口统计等方面的数据,这些数据分布在电子商务交易网站或者连锁店的数据库中,很多情况下数据的质量难以保证,因此充分的数据探测(exploration)是必要的。

数据抽取后不能马上进行数据建模。在数据挖掘之前,通过绘制各种图表,对数据的分布、变化趋势和相关关系等数据特征进行描述性的统计分析,理解数据的分布与统计信息,有助于全面了解数据特点并建立合适的数据挖掘模型。

3. 数据预处理

数据预处理有助于为数据挖掘提供高质量、易于处理的数据。良好的数据源是数据挖掘成功的重要保证,但现实的数据源中存在不完整的、异常(outlier)的和不一致的数据。在数据挖掘中,由于某种原因,例如,在该输入的时候操作人员没有输入,或者由于硬件的故障,或者有些数据被删除或修改等,造成了某些数据的空值(missing value),而这些数据可能包含了重要的信息。此外,有些变量也可能是相关的。这些有问题的数据在数据挖掘早期必须被有效地处理,否则就会影响数据挖掘的质量。因此在数据挖掘前,需要通过可视化、统计学理论等手段对数据进行评价和预处理,有关数据预处理的内容将在5.3节详细讨论。事实证明,只要从数据源开始时控制数据质量,不断纠正各种数据质量问题,就可以推动数据质量的不断改善。

4. 数据建模

选择一个合适的数据挖掘算法还是多种挖掘算法的组合主要由解决的业务问题而决定,其中参数的选择是一个比较棘手的问题(需要理解数据挖掘算法及其参数的作用)[3]。一旦业务问题明确后,就可以从分类、聚类、关联、预测或者序列分析等方法中选择相应的数据挖掘方法。这些方法可以分为发现型(discovery)数据挖掘和预测型分析(predictive analysis),前者不需要一些业务相关的先验知识(prior knowledge),包括聚类、关联和序列分析,后者包括分类、回归分析等。然后在此基础上确定合适的挖掘算法。按照学习方式的不同,数据挖掘算法分为监督学习和无监督学习。在监督学习中,输入数据(训练样本)有明确的类别或标识,在训练过程中不断调整预测模型,使得预测结果与数据的实际结果尽量接近。监督学习算法包括常见的分类算法、回归分析方法等。在无监督式学习中,输入数据没有类别或标识,通过训练得到数据中的内在规律。常见的无监督学习有关联挖掘、聚类等。

每种数据挖掘算法都有适用的范围(处理的业务问题类型、数据量、数据类型等)和局限性,需要的数据预处理方法也是不同的,数据建模算法也不是越复杂越好。通常每一类问题有多种算法解决,每个算法可能生成不同的结果,具体选择哪种(些)算法没有固定的思路,有时需要综合多种方法才能挖掘出较满意的结果。此外,数据挖掘的结果只是辅助决策,最终的决策还要结合决策人员的业务经验。

面对日益复杂的应用场景,使用单一的数据挖掘算法可能难以满足应用的需要。混合数据挖掘(hybrid data mining)综合运用多种数据挖掘模型或算法,以解决更复杂的问题。例如,在银行客户分析时,可以先使用聚类算法,对客户进行细分,掌握各类客户的群体描述。在此基础上,再使用决策树算法对各类客户的特征进行识别,便于对新客户的类别进行预测,辅助企业的精准营销、产品推荐、客户价值分析以及风险评估等业务决策。

5. 评估数据挖掘结果

为了判断模型的有效性和可靠性,需要评估数据挖掘结果。评估模型的好坏可用准确率、召回率、均方根误差、速度、鲁棒性、可解释性等指标。数据挖掘算法会输出许多模式,但并不是所有的模式都是用户感兴趣的,因此需要对这些模式进行评估,这个阶段与业务人员的充分沟通是必要的。可视化的工具把数据挖掘结果以一种直观的形式呈现,有助于解释数据挖掘的结果。

6. 部署

数据挖掘的价值体现在把挖掘结果应用到商务决策,更好地辅助管理人员和业务人员的决策,产生经济效益。这里需要注意,挖掘得到的模式应该回到数据产生的业务背景。此外,这些模式有一定的时效性,需要补充新的数据增量挖掘、更新。

下面以电商客户评论的情感分析为例,说明数据挖掘的过程。随着电子商务的发展,竞争逐渐激化,如何改善客户的体验尤其重要。通过对电商平台客户评论文本的分析,挖掘客户对商品的情感倾向以及客户对这些商品满意或不满意的原因就变得尤其重要。

在确定客户情感分析的主题后,就可以利用数据抓取软件(例如八爪鱼软件 http://www.bazhuayu.com/download)或编程,从相应的商品页面抓取客户的评论数据。这是业务理解和数据准备阶段。然后进行数据理解以及预处理。这个步骤主要是利用分词软件,通过字符串匹配、句法分析、关联分析或者基于机器学习的方法,提取重要的关键词,并删除一些停用词、语气词、连词、介词等无用的数据。这里关键词的重要性可以用文献检索的TF-IDF 等方法计算。为了提高分析的效果,可以使用 LDA 等方法提取评论文本中隐含的主题,而不是简单地根据词频多少,提取关键词,从而可以进行评论的语义分析。在此基础上,可以对用户的情感进行统计分析,找出客户对商品持有的各种情感的分布,并利用标签云等可视化的方法,展示反映客户正面和负面情感的主题。上述分析不仅为改善客户的体验提供了有用的信息,也为网商改善经营,制造商完善产品设计都提供了指导。

5.1.4　数据挖掘原语与语言

数据挖掘原语用于定义数据挖掘任务。例如,一种原语是用来说明待挖掘的数据来源。通常,用户感兴趣的只是数据库的一个子集。一般情况下发现的许多模式与用户的兴趣无关。此外,说明挖掘什么类型的知识是非常重要的,可以使用元模式或概念分层来实现。知识类型包括概念分层、关联、分类、预测和聚类等。概念分层是一种有用的背景知识,它使原始数据可以在较高的、一般化的抽象层次上进行处理。数据的泛化或上卷可以通过用较高层概念替换较低层的概念实现,以方便用户在较高的抽象层观察数据。泛化的另一个用处是压缩数据,与未压缩的数据相比,效率更高。

数据挖掘面临着一些问题,例如,目前的数据挖掘系统基于不同的技术和方法,仅提供孤立的知识发现功能,很难嵌入大型应用。数据挖掘引擎与数据库系统是松散耦合的,没有提供独立于应用的操作原语等。在这种背景下,人们设计了数据挖掘语言。数据挖掘语言由多种数据挖掘原语组成,完成一项数据挖掘任务,常见的数据挖掘语言有数据挖掘查询语言、数据挖掘建模语言和通用数据挖掘语言等[1]。

1. 数据挖掘查询语言

在数据挖掘查询语言(DMQL)中,DBMiner 系统采用的 DMQL 语言具有一定的代表性。通过 DMQL 原语,可以在多个抽象层上挖掘多种类型知识。DMQL 中的原语主要包括以下内容。

1）任务相关的数据原语

任务相关的数据原语说明挖掘涉及的相关数据所在的数据库或数据仓库。通常,挖掘的对象不是整个数据库或数据仓库,而是与具体业务问题相关的数据集。任务相关数据原语包括使用的数据库或数据仓库、数据过滤条件、相关属性以及数据分组标准等。

2）知识类型原语

知识类型原语说明数据挖掘的知识类型,在 DMQL 中把挖掘的知识分为特征化、区分/比较、关联规则、分类模型和聚类等,其中特征化用于描述所挖掘的数据所具有的特性,区分把给定目标类对象与其他一个或多个对比类对象进行比较,关联规则用于表示数据集中不同项目之间的关联,分类模型用于从样本集的属性中找出分类特征,而聚类则是对样本集中数据的分组,从而确定每个样本的类别。

3）背景知识原语

背景知识是关于挖掘领域的知识。这些知识对于指导知识发现过程和评估发现模式都是非常有用的。在 DMQL 中有一种简单但功能强大的背景知识原语,即前面提到的概念分层。通过使用概念分层,用户可以在多个抽象层次上对数据进行挖掘。概念分层结构通常采用树的形式表示,但也可以表示成偏序或格。利用概念分层,用户可以有效地对数据集进行上钻和下钻,采用不同的抽象层视图观察数据,挖掘隐藏的数据之间的联系。

4）兴趣度度量原语

通过使用任务相关数据,挖掘知识类型和背景知识原语,可以缩减所要处理的数据集规模,从而减少数据挖掘产生的模式数量。但数据挖掘过程中仍然会产生大量的模式,其中大多数可能是用户不感兴趣的,需要进一步缩减这些模式的数量。通过对用户兴趣度设定阈值,可以排除用户不感兴趣的模式。

5）知识的可视化和表示原语

一个有效的数据挖掘系统能够使用多种容易理解的方式表示数据挖掘产生的知识,如规则、表、交叉表、报表、图形、决策树(decision tree)和立方体等。采用多种可视化的方式表示挖掘结果有利于用户理解挖掘的模式,方便用户与系统交互并指导挖掘过程。下面以银行信用卡用户信用等级的分类挖掘为例,给出 DMQL 的一个应用示例。

```
use database Bank_db
use hierarchy age_hierarchy for C.age
mine classification as classifyingCustomerCreditRating analyze
    Card.credit_info
in relevance to C.age, C.income, C.occupation
from Customer C, Credit_Card Card, Credit_Charge_Log Log
where C.id = Card.user_id and Card.id = Log.card_id and Log.charge > 50
with noise threshold = 0.05
display as table
```

2. 数据挖掘建模语言

数据挖掘建模语言是对数据挖掘模型进行描述的语言。这种语言为数据挖掘系统提供了模型定义和描述等方面的标准,而且数据挖掘系统之间可以共享模型。数据挖掘建模语言还可以在其他应用系统中嵌入数据挖掘模型,增强这些应用系统的分析能力。

预言模型标识语言(Predictive Model Markup Language,PMML)是由 Data Mining Group 于 1998 年开发的数据挖掘标准*。它是一种基于 XML 的语言,用于描述数据挖掘以及数据建模前需要的数据清理和变换等操作。PMML 包括定义属性的数据字典、挖掘模式、数据变换(标准化、离散和值聚集等)字典和模型参数描述等[2]。这种语言为不同的应用程序共享模型提供了一种快速、简单的方式。PMML 使用标准的 XML 解析器解释数据挖掘模型,有助于应用程序判断模型输入和输出的数据类型、模型的格式并且按照标准的数据挖掘术语解释模型。此外,使用 PMML 在不同的应用程序之间共享预言模型简单方便,例如,可以把数据挖掘模型通过 PMML 导入操作型 CRM,以便对目标顾客进行预测或者交叉推荐。

IBM 和 SPSS(IBM)公司**是使用 PMML 的业界领先者。IBM 在数据库产品 DB2 中使用基于 PMML 的 intelligent mining scoring(IMS)作为 DB2 通用数据库的一个组件。IMS 服务使企业可以依据既定的标准对顾客进行归类。SPSS(IBM)也推出了基于 PMML 规范的 AnswerTree 和 SmartScore,其中 AnswerTree 用于建立决策树模型,而 SmartScore 可以对 SPSS 10.0 建立的(多元)回归模型进行评分。

下面给出 PMML 的一个简单应用实例。对某数据集训练一棵决策树,分类属性是"是否有车(car)",条件属性包括性别(sex)、收入是否大于 8000(income)、是否结婚(married)和是否有小孩(haveChild)。训练后得到一个典型规则:If sex = male, income = yes and haveChild = no then car = yes。描述该规则的 PMML 文件如下。

```
<?xml version = "1.0"?>
< PMML version = "1.1" >
< Header copyright = "DB2 Magazine"
         description = "Predict car. "/>
< DataDictionary numberOfFields = "5">
< DataField name = "sex" optype = "categorical"/>
    < Value value = "male"/>< Value value = "female"/>
</DataField >
< DataField name = "income" optype = "categorical"/>
    < Value value = "yes"/>< Value value = "no"/>
</DataField >
< DataField name = "married" optype = "categorical"/>
    < Value value = "yes"/>< Value value = "no"/>
</DataField >
< DataField name = "haveChild" optype = "categorical"/>
    < Value value = "yes"/>< Value value = "no"/>
</DataField >
< DataField name = " car" optype = "categorical"/>
    < Value value = " yes"/>< Value value = " no"/>
</DataField >
</DataDictionary >
< TreeModel modelName = "haveCar">
< MiningSchema >
< MiningField name = " sex"/>
< MiningField name = " income"/>
< MiningField name = " haveChild"/>
```

---

*　http://www.dmg.org。

**　SPSS 公司已被 IBM 收购,下文用 SPSS(IBM)表示。

```
< MiningField name = "car" usageType = "predicted"/>
</MiningSchema >
</TreeModel >
</PMML >
```

3．通用数据挖掘语言

通用数据挖掘语言既具有定义模型的功能，又可以作为查询语言与数据挖掘系统通信。2000 年 Microsoft 推出了一种与 DMG 发布的 PMML 标准结合的数据挖掘语言 OLE DB for Data Mining，为 Microsoft 应用程序与数据挖掘的集成提供了应用编程接口（API）。OLE DB for Data Mining 的规范包括创建原语以及许多重要数据挖掘模型的定义和使用。2000 年 OLE DB for Data Mining 被融入 Microsoft 数据分析工具 Microsoft Analysis Services，为 Microsoft SQL Server 2000 提供了 API，用于数据变换、在线分析处理和数据挖掘[2]。

5.1.5　基于组件的数据挖掘

组件（component）的概念已经广泛地应用于各类软件中。由于组件具有灵活性、可复用和安全等特点，因此数据挖掘系统也逐渐开始采用基于组件的架构。Berzal 等人提出了一种基于组件的数据挖掘系统框架，如图 5.2 所示[4]，此系统通过统一的数据访问接口从多个异构数据源收集数据，经过预处理后利用数据挖掘算法产生知识模型，这些模型都存放在模式库中。此外，这些模型还可作为其他数据挖掘算法的输入。

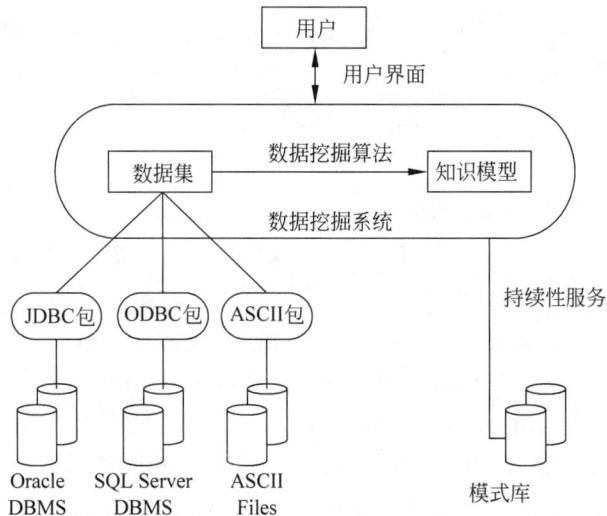

图 5.2　基于组件的数据挖掘系统框架

相对于传统的数据挖掘系统构建方式，基于组件的构建方式更加灵活方便。在相似的数据挖掘情境下，只要对已有的数据挖掘系统调整某些组件就可以适应新的需求，使用组件方便了数据挖掘系统的开发，灵活适应市场环境的变化。目前，为了提高系统的易用性，很多数据挖掘系统都采用了组件方式组合完成整个数据挖掘过程。数据源的选择、数据的探测、数据的预处理、数据建模和评估等步骤都可由不同组件完成。目前主流的数据挖掘工具

SAS、IBM SPSS Modeler、SAP KXEN 等数据挖掘软件以及开源工具 Weka 等都是基于组件，且符合数据挖掘标准 CRISP-DM(Cross Industry Standard Process for Data Mining)。例如，Tanagra 就是一个典型的基于组件的数据挖掘系统(http://eric. univ-lyon2. fr/~ricco/tanagra/en/tanagra. html)，如图 5.3 所示。使用组件的数据挖掘系统优势在于，如果数据挖掘的条件和对象发生变化，只需替换相关的组件或重新设置组件的参数即可。

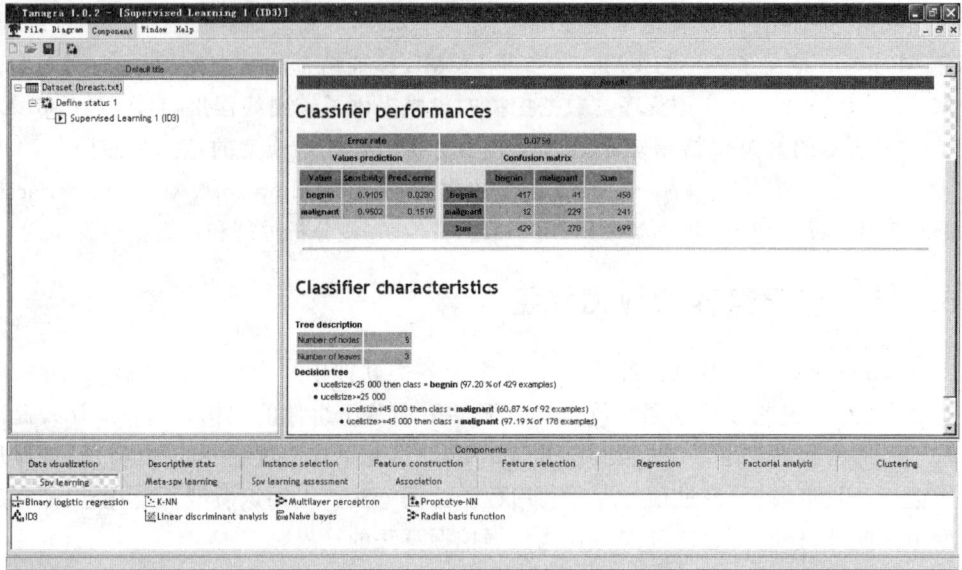

图 5.3　Tanagra 数据挖掘软件

5.1.6　可视化技术

可视化技术源于非 IT 人员理解、应用 IT 的需求，它也是一种基本的数据挖掘方法，即可视化数据挖掘。可视化是用图形、图像、动画或表格把隐藏在大量数据中的信息和趋势以相对直观、易于理解的方式表现出来，从而提高决策人员的业务洞察力[5]。可视化使分析人员在视觉上容易理解多维数据中的复杂模式，直观、迅速地揭示数据特征或趋势，因此可视化经常作为数据分析的预处理步骤。例如，散点图可用于检查变量分布情况，确定两个数值变量之间的关系，观察样本数据的类分布、异常点，或把预测值与实际值放到一张图表中比较，发现一些趋势。第 4 章介绍的在线分析处理提供可视化数据和汇总统计的功能，可以在不同的数据子集和概念层次上进行数据探测分析，因此在线分析处理可以与多种数据挖掘方法集成，在多维数据库中进行探测式数据挖掘，这种基于在线分析处理的探测式数据分析也叫联机分析挖掘(OLAM 或 OLAP 挖掘)。

传统的可视化方法包括各种统计图表(直方图、饼图、散布图、盒状图、茎叶图和曲面图等)、报表等，多用于低维数据。新兴的可视化技术包括基于几何投影的可视化方法、基于图像的可视化方法和分层技术的可视化方法等，它们的共同特点是可视化表现形式更加丰富，可以应用于高维数据，更加直观并且能够更好地帮助分析人员洞察业务。

目前可视化技术在数据挖掘中也作为展示工具，用作初步的数据探测分析(Data

Exploratory Analysis),例如,选择感兴趣的数据子集,考察变量之间的相关性或关联关系等。有些学者把 EDA 作为描述性数据挖掘方法。此外,大多数的数据挖掘结果都可以进行可视化表示。图 5.4 是 IBM 公司的数据挖掘软件 IBM SPSS Modeler 14.2 二步聚类结果,其中不同的类属性分布有不同的特点。

目前,大多数的数据挖掘软件都提供了可视化的操作界面。图 5.5 是 IBM SPSS Statistics 20 的可视化界面。

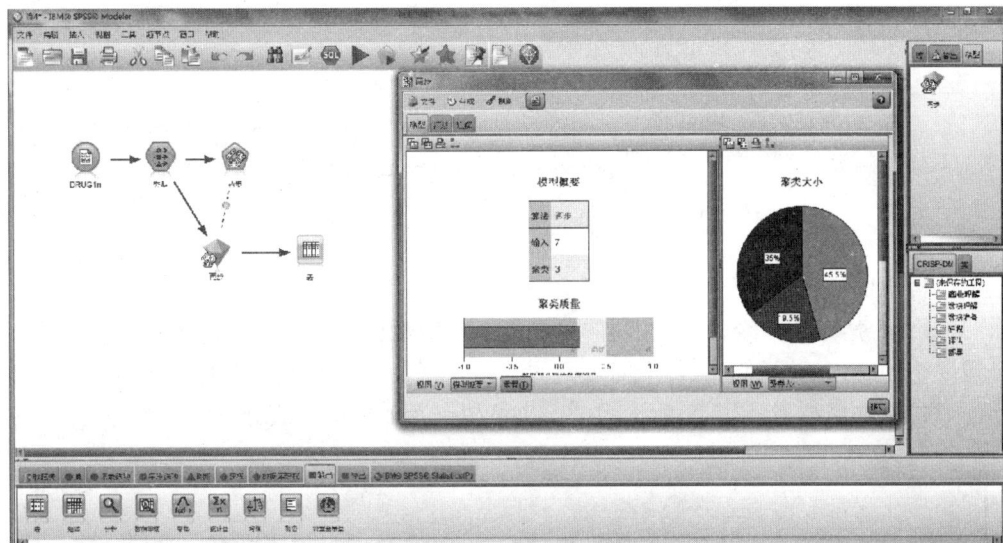

图 5.4　IBM SPSS Modeler 14.2 的聚类结果

图 5.5　IBM SPSS Statistics 20 的可视化界面

图 5.6 是使用 IBM SPSS Text Analytics for Surveys 分析用户评论的结果,显示评论中提到的概念(用节点表示)之间的关系。可以看出,节点越大,表示相关评论条数越多;节点之间的线条越粗,说明与这两个概念相关的评论越多。

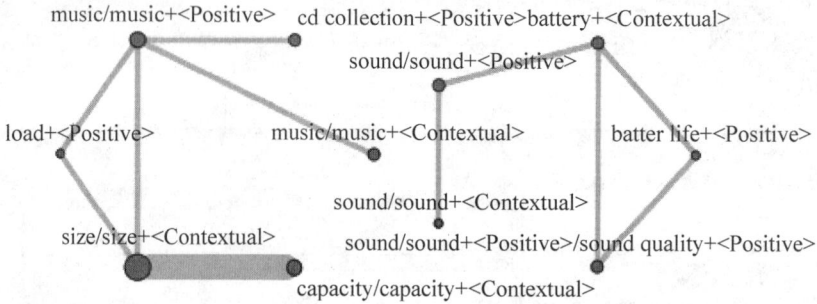

图 5.6　IBM SPSS Text Analytics for Surveys 关联分析

下面再举例说明可视化技术在数据挖掘中的应用。某网络公司为了方便用户了解公司提供的网络服务,采用一个方便、直观的用户界面表示数据挖掘的结果。这样用户就可以看到公司网络的总体情况,例如,每个局域网的性能情况。而选择某个具体的性能后,可以得到不同形式的挖掘结果,图 5.7 所示为一个决策树表示的网络延迟分类实例[6]。

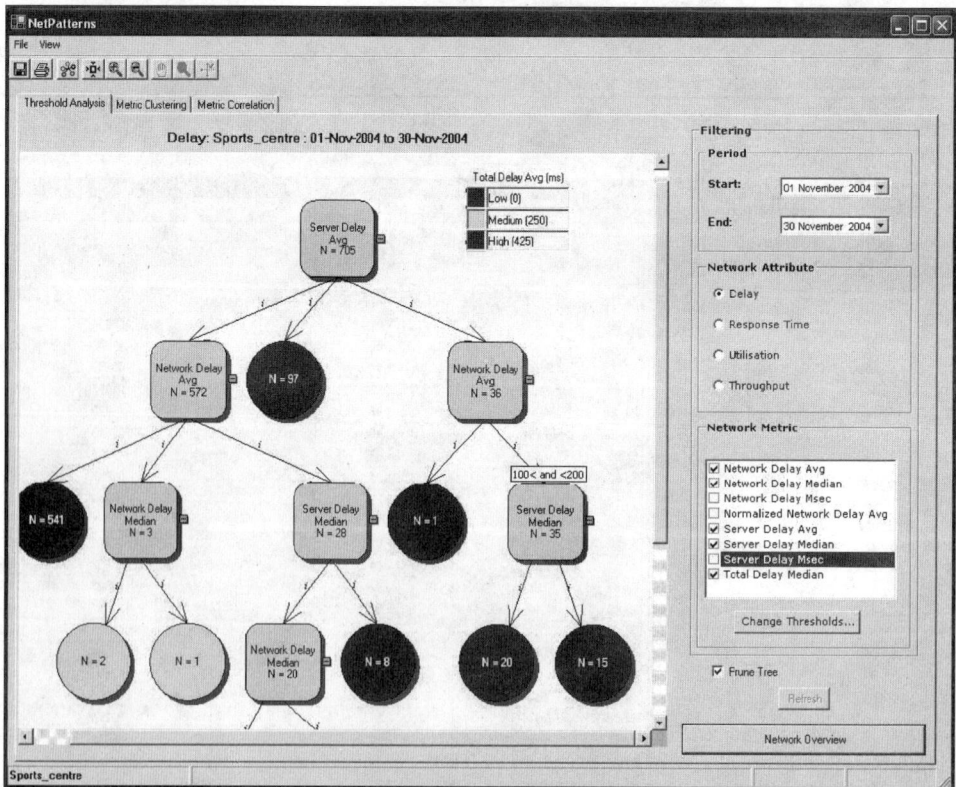

图 5.7　决策树表示的网络延迟分类

数据挖掘工具能否实现数据探测可视化、挖掘模型可视化、挖掘过程可视化、交互灵活性以及可视化的程度会影响数据挖掘系统是否使用方便以及解释能力。数据挖掘工具的可视化在一定程度上会改善数据挖掘系统的效果。因此,可视化技术得到了主流数据挖掘厂商的重视,当前主流的数据挖掘工具,如 SAS Enterprise Miner、IBM SPSS Statistics、IBM SPSS Modeler、Teradata Warehouse Miner 等应用了可视化技术。

可视化工具还能够动态显示随时间变化的动画,从而揭示事物发展变化的过程。例如可以在地图上显示人群随着时间的迁移过程,流感等疾病在人群的传播过程,也可以交互式地展示一个企业的成长过程。

可视化技术不仅可以用于数据挖掘过程的展示,而且也是一种重要的数据挖掘方法。例如,在分类过程中,可以通过可视化的方法显示属性取值分布,帮助用户确定哪些属性可以用于分类,或者选择连续属性最佳的分割点。又如在 k-means 聚类算法中,对聚类结果的可视化分析可以帮助用户选择更合理的 k 值或者发现离群点。在关联规则挖掘中,用户通过可视化方法也可以对挖掘过程进行一定的干预,从而进行有约束的关联规则挖掘。

GeoMiner 是由加拿大 Simon Fraser 大学计算机学院数据库研究实验室开发的空间数据挖掘软件,其用户界面建立在 Map Info 的基础上,用户可以动态地操作和观察数据挖掘的结果,并把一种查询语言 GMQL(Geo Mining Query Language)作为空间数据挖掘查询语言。GeoMiner 包括多个子模块,可以对空间数据进行提取特征、分类、聚类、发现关联规则和预测等多种空间数据挖掘。该系统提供了基本的图形化界面和一定的交互手段,包括高亮度显示特征数据、动态干预挖掘过程以及自动辨认缺失数据等,该原型系统具有高度交互的可视化能力,为用户提供了富有潜力的解释和引导数据挖掘过程的可视化工具[7]。

文本分析中的标签云通过不同的字体颜色、大小和位置表示词汇在文档或用户评论中出现的频率,如图 5.8 所示。

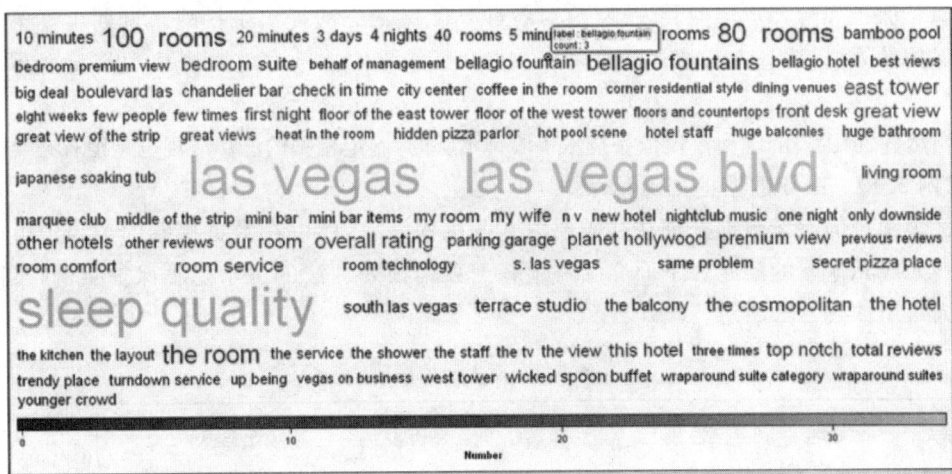

图 5.8 标签云

5.1.7 数据挖掘的隐私保护

数据挖掘是从数据中挖掘出隐藏的、有价值的知识,在实际应用中,大量的数据中可能包含用户的个人隐私信息,如银行信用卡数据、用户注册数据、消费记录和手机通话过程等,对这些数据的挖掘可能会侵犯用户的隐私。调查显示,绝大多数的网站用户都不愿提供真实信息,担心网站会对这些信息滥用或侵害个人隐私。对很多公司而言,挖掘什么数据在数据收集时也是不确定的,用户很难知道公司如何利用包含个人隐私的数据。因此,如何确保数据挖掘过程中不泄露或尽量少地泄露隐私信息,已成为数据挖掘的一个重要研究方向。W3C 提出的 P3P(Platform for Privacy Preferences)标准允许网民控制个人资料在网络上的开放程度。事实上,为了保护用户的隐私,有学者早在 2000 年就提出了隐私保护数据挖掘的新算法。

常用的隐私保护方法主要包括数据预处理法、基于关联规则的方法和基于分类的方法等多种。数据预处理法是人们使用比较早的方法,其主要思想是在数据预处理阶段删除数据中最敏感的某些字段,如姓名和证件号码等,或者在数据集中随机添加、修改和转换某些字段的数据,这些数据能起到干扰作用,从而避免隐私泄露。上述方法比较简单,但也可能影响挖掘结果。基于关联规则的方法首先在数据集中挖掘关联规则,然后通过预先设定的学习方法或人工方法区分敏感规则和非敏感规则,根据敏感规则可以删除其中的部分敏感项或者给予较低的权重。基于分类的方法是建立一个没有隐私泄露的分类规则,用于区分包含隐私的信息和不包含隐私的信息。对于每条数据,该方法尝试都使用一些字段代替敏感字段,再进一步计算这种替换对于数据集本身的影响,从而找出一种尽量少地泄露隐私,又不破坏数据集完整性的方案。上述几种方法都可以起到保护隐私的作用,但后面两种方法的扩展性更强、实际效果更好,是比较实用的算法。

此外,还有其他的隐私保护方法。例如,根据不同的安全级别对数据进行分类和限制,仅允许用户访问授权的安全级别或使用加密技术对数据编码。还有一种方法,称为匿名法,它通过泛化数据标识符来防止隐私数据泄露。

隐私保护和隐私攻击竞相发展,这对各种隐私保护方法提出了挑战。近期出现了差分隐私保护的方法,这种方法通过向查询和数据分析结果中掺杂适量的噪声,达到隐私保护的目的。

当然,保护用户的隐私仅仅依靠技术手段是不够的,制定相关的法律法规也是很有必要的。

【例 5.1】 医疗数据挖掘隐私保护

医学领域的大量数据处理往往需要由专业机构完成,所以在数据挖掘的过程中可能会出现病人隐私泄露的问题。下面介绍一个基于数据预处理法的医学隐私保护实例,某医院的病人病历如表 5.2 所示。

表 5.2　病人原始病历

编号	姓名	性别	年龄	是否发热	呼吸困难	淋巴细胞数 $(10^9/L)$
1	张三	男	40	是	是	1.2
2	李四	男	25	否	是	0.6
3	王五	女	29	是	是	0.8
…	…	…	…	…	…	…

表 5.2 中的病人姓名对于数据挖掘是不重要的,在数据挖掘前可以删除。对于其他字

段,该医院采用了数据转换的方法进行隐私保护。定义一个转换函数 F,该函数采用 Hash 算法把任意长度的字符串转换为 10 位数字。表 5.2 中的数据经过转换后得到表 5.3 所示的病历信息。

表 5.3　转换后的病历信息

0086504692	0212459792	0071164880	0153471795	0248929060	0016528691
0000000012	0267625744	0000000168	0150185280	0150185280	0002500126
0000000016	0267625744	0000000108	0325654575	0150185280	0002500102
0000000020	0032745200	0000000124	0150185280	0150185280	0002500112
...	...	...	...	...	...

经过转换后的数据发送给专业机构进行数据挖掘是比较安全的,且不会影响数据挖掘的质量,挖掘结果可通过转换函数 F 的逆过程进行解码得到,例如,0071164880 > 0000000168 and 0153471795 = 0150185280 → 0016528691 > 0002500126,支持度为 80%。经过解码后可以得出一条有意义的关联规则:有 80% 的年龄大于 40 岁且发热的病人中淋巴细胞数大于 $1.2 \times 10^9 / L$。

5.2　数据挖掘的典型应用领域

数据挖掘的应用领域相当广泛。数据挖掘不仅在一些传统行业中得到了应用,而且在电子商务等新兴的科技领域也引起了人们的注意。在过去的十几年中,大型商业数据库(特别是数据仓库)的使用和人们需要了解数据之间的内在规律的需求迅速增长,导致数据挖掘广泛地应用于多样化的商业领域。下面简单介绍数据挖掘在一些典型行业的应用。

1. 银行

通过数据挖掘,一方面可以对顾客的信用卡使用模式进行分类,检测信用卡欺诈行为,并按顾客等级和类型建立信贷发放模型,避免顾客出现信贷危机,减少信贷损失;另一方面,根据信用卡的使用模式,可以识别为银行带来较高利润的顾客,进行收益分析。

2. 证券

数据挖掘在金融业的应用还包括从股票交易的历史数据中得到股票交易的规则或规律,或者探测金融政策与金融业行情的相互影响等。

3. 保险

在保险业领域,可以通过历史数据预测何种顾客将会购买什么样的保险,从而推出具有针对性的保险产品,根据顾客的消费特征制定营销计划;可以分析如何对不同行业、不同年龄段、不同层次的顾客确定保险金数额;数据挖掘也可以进行险种关联分析,分析购买了某种保险的顾客是否会同时购买另一种保险,进而促进保险公司的业务。此外,利用数据挖掘还可以分析承保新险种和新顾客的风险,发现高风险市场区域,减少赔偿。

4. 零售

在零售业中，数据挖掘的主要应用之一是分析顾客的购买行为和习惯。例如，"某地区的男性顾客在购买尿布的同时购买啤酒"、"顾客一般购买了睡袋和背包后，过了一定的时间也会购买野营帐篷"等，这些模式促使零售企业改进营销手段。数据挖掘也可以分析企业销售商品的构成，例如，把商品按照利润的多少分成多个类别，然后分析属于同一类别商品的共同特征。这些知识有助于商品的市场定位、商品的定价等决策。数据挖掘工具还可以用于商品销售预测、商品价格分析和零售点的选择等，例如，聚类可用于顾客细分，把顾客分成不同的群组进行有针对性的营销。

5. 电信行业

数据挖掘在电信行业主要用于分析顾客的消费记录，确定高收益的产品和顾客分布。通过分析历史记录、竞争和交流渠道数据，对个人呼叫行为特点进行全面分析，设计面向特定顾客群的服务和营销策略，并预测顾客将来的产品需求和服务需求。

6. 科学研究

数据挖掘在科学研究领域也受到了重视。例如，在气象学中，可以对不同的海流情况进行聚类，根据以往的经验判断海流对未来气象的影响。在生物信息领域，数据挖掘还用于基因分析。在疾病治疗中，数据挖掘可以从健康组织、病变组织中分离出基因序列，结合疾病和药物的情况发现一些疾病的致病机理和治疗措施，例如，运用聚类算法分析遗传数据和基因数据，从而发现具有类似功能或特征的遗传基因组。

5.3 数据预处理

数据的提取和预处理是数据挖掘过程中最耗时、最费力的工作。数据提取包括理解业务问题、搜集并分析数据源、确定数据的相关性以及使用工具提取数据等。数据挖掘的数据来源包括内部数据源和外部数据源，数据有不同的格式。数据挖掘与其他的分析工具一样，通常要求数据存放在表格或者文件中。如果数据分布在多个数据源中，那么数据整合是有必要的。如果数据存储在关系型数据库中，那么创建一个新表或者新的视图是可行的，在构建这些表或者视图的时候，可能会执行复杂的聚合计算把数据整合成数据挖掘方法所需要的形式。经验表明，数据预处理除了需要一些统计学、数据分布等知识外，对数据的数理特征的理解也是有必要的。

数据预处理是数据挖掘过程的基础工作，一般占整个数据挖掘过程 70% 的工作量。数据预处理技术用于数据清理、数据集成、数据变换和数据归约等。数据清理是指删除噪声和不一致的数据。数据集成是把多个数据源的数据合并存储，如数据仓库。数据变换通过规范化的方法改善数据挖掘算法的精度和有效性。数据归约通过删除冗余属性，使用聚集或聚类方法压缩数据。有效地使用这些数据预处理技术能够在不同程度上改善数据挖掘的质量，但也可能损失一些对数据挖掘有用的信息。

1．数据清理

在现实世界里，很多情况下数据中都存在不一致、不完整和噪声。通常，从低质量的数据中很难挖掘出有价值的知识，因此这些数据往往不能直接用于数据挖掘。这就需要通过数据清理来修补空缺的值，识别出数据中的孤立点，去除噪声，消除数据中的不一致[1]。为了有效地清理数据，可以利用清理工具维护、控制数据源的质量，避免无用的、过期的、残缺不全的和重复的数据进入系统。下面介绍几种常用的数据清理方法。

1）聚类

通过聚类可以检测孤立点，图5.9中落在聚类集合外的点被视为孤立点。

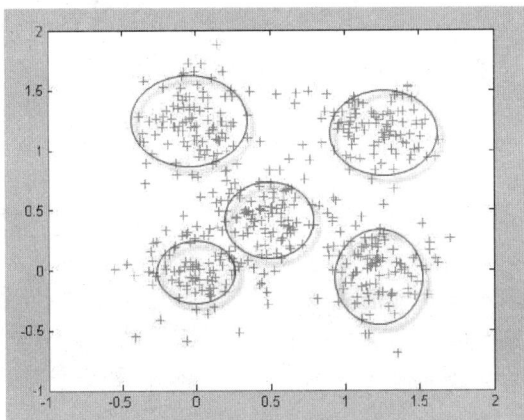

图5.9　聚类分析检测孤立点

此外，消除噪声的方法还有人工检测和回归分析两种。人工检测是指由专业人员识别孤立点。通过人与计算机的结合，相比单纯手动检查整个数据库，人工检测可以提高效率。回归分析是通过回归函数平滑数据，也可以利用一个变量预测另一个变量。当涉及多个变量时，可以使用多元回归。使用回归分析可以找出合适的数学模型，帮助消除噪声。

2）空值处理

在数据预处理中，空值也是常见的，有些记录的属性值可能存在空缺。有时可以用人工方法填写遗漏的空值，但这种方法费时费力，并不常被采用。也可以忽略某些类标号缺失的记录，但这种方法可能会遗漏某些重要信息，当空值的百分比很高时，数据挖掘的性能可能就比较差。常见的处理空值的方法包括以下几种。

（1）忽略包含空值的记录或属性。这种方法简单，但当空值比例较高或含空值的属性比较重要时，数据挖掘性能可能较差。

（2）使用一个常量填充遗漏值，把遗漏的属性值用一个常数替换。但空值都用同一个值替换，也会影响挖掘结果的准确性。

（3）使用数值型属性的平均值或与给定记录属同一类（近邻）的所有样本的平均值填充空值也是一种有效的方法，但这种方法在挖掘一些特殊规则时并不适用。

（4）把空值属性看作决策属性，使用已知属性的值预测未知属性，即用数据挖掘（分类）的方法预测空值。

(5) 使用最可能的值填充空值,可以用统计分析、贝叶斯方法、相关分析或决策树等方法确定空值最可能的取值(数据挖掘也是数据清理的一种工具)。这种方法的结果最接近原值,但相对比较复杂。例如,借助相关性分析数据相关程度、数据分布规律等特征,由所获得的信息对空值进行修补。这里两个属性 a、b 之间的相关系数定义为:

$$r_{ab} = \frac{\sum_{i=1}^{n}(a_i - \overline{a})(b_i - \overline{b})}{(n-1)\sigma_a\sigma_b}$$

式中,n 是数据集的样本个数,$\overline{a}$ 和 $\overline{b}$ 分别是属性 a 和 b 的平均值,σ_a 和 σ_b 分别是 a 和 b 的标准差:

$$\sigma_a = \sqrt{\frac{\sum_{i=1}^{n}(a_i - \overline{a})^2}{n-1}}$$

$$\sigma_b = \sqrt{\frac{\sum_{i=1}^{n}(b_i - \overline{b})^2}{n-1}}$$

r_{ab} 的绝对值越大,表明属性 a、b 相关性越强;$r_{ab} > 0$ 表示 a、b 正相关,即 a 的值随 b 增加而增加。否则 $r_{ab} < 0$ 表示 a、b 负相关,a 的值随 b 增加而减少。$r_{ab} = 0$ 表示 a、b 是独立的且不存在相关关系。去掉空值 x 所在的列或行,对剩下的数据分别进行列或行相关分析,找到空值所在的列或行与其他列或行的相关系数。然后再考虑含空值 x 的列或行的相关系数,求解关于 x 的方程,可以得到空值的可能修补值。

3) 冗余和重复

冗余和重复也是在数据集成过程中非常值得注意的问题。数据属性命名或者维命名的不一致都可能导致数据集中的冗余。冗余可以通过上述相关分析来检测。重复是指相同的数据在数据库中存储了多次,这种重复的数据会使数据挖掘的结果产生倾斜,所以需要进行检测。

2. 数据集成

数据集成把来自多个数据库或者平面文件等不同数据源的数据整合成一致的数据存储。数据集成时,需要考虑实体识别问题。例如,在一个数据库中用学号(student_No)作为学生的标识,而在另一个数据库中学号可能被命名为(S_ID)。通常使用元数据来避免数据集成中出现的错误。

在实际应用时,来自不同数据源的数据对于同一实体的描述也可能各不相同。这可能是因为编码、单位或者比例的不同造成的。例如,相同商品价格在不同国家以不同的货币单位记录,相同大小和质量的商品在不同的数据库中用不同的度量单位表示。这些问题对数据集成来说都是挑战。为了提高数据挖掘的精度和减少数据挖掘使用的时间,对多个数据源的数据进行集成,减少数据集中的冗余和不一致是十分有必要的。

3. 数据变换

数据变换把数据转化成适于挖掘的形式。通过对某些属性按比例进行缩放,使属性取值落在较小的区间,例如,数值型属性可以规范化到[0,1]区间,这种变换对聚类、神经网络等算法都是必要的。连续属性离散化也是决策树等分类分析常用的预处理。

属性规范化会减少挖掘过程所用的时间,而且规范化可以有效地避免较大取值的属性对数据挖掘的过度影响。数据变换的常见方法如下。

(1)平滑。平滑可以有效地去掉噪声,常用的方法有分箱(binning)、聚类和回归分析。这里简要介绍一下分箱,聚类和回归分析将在本章后面介绍。分箱是通过分析邻近的值平滑存储数据的值,可处理连续型和分类型变量,以得到更少的变量取值种类,以便于分析。数据被分布到箱中,分箱的方法是进行局部的平滑,也可以作为一种离散化技术使用。在图5.10中,学生的数学成绩被划分并存入等深的深度为3的箱中,然后采用下面的方法之一进行平滑。

① 按箱平均值平滑:箱中每一个值都按箱中的平均值替换,例如,箱1中的值61、65、69的平均值是65,该箱中的每一个值都被箱中的平均值65替换。

学生数学成绩数据: 61,65,69,71,74,79,80,86,89

用箱体的平均值平滑:

箱1: 65,65,65
箱2: 75,75,75
箱3: 85,85,85

划分为等深的箱:

箱1: 61, 65, 69
箱2: 71, 74, 79
箱3: 80, 86, 89

用箱体边界平滑:

箱1: 61,61,69
箱2: 71,71,79
箱3: 80,89,89

图5.10 分箱操作

② 按箱中值平滑:箱中的每一个值,都按箱中的中值替换。

③ 按箱边界平滑:箱中的最大和最小值被视为箱边界。箱中的每一个值都被最近的边界替换。

(2)聚集。对数据进行汇总,例如,对某些产品的每周销售额感兴趣,而现有的数据是这些产品每天的销售量,此时就需要把数据汇总。聚集产生较小的数据集,使得分析的数据更稳定,但也应注意可能会丢失有趣的细节。

(3)数据泛化。把任务相关的数据集从较低的概念层抽象到较高的概念层,例如,在分析顾客属性的年龄分布时,可以把顾客划分为年轻人、中年人和老年人等。

(4)标准化(standardization)或规范化(normalization)。如果描述样本或记录的变量单位不统一,数值差别比较大,那么就需要通过把数据归一化、指数化或标准化,把不同的属性进行比例缩放,使它们的值落在大致相同的范围。这在聚类分析、神经网络等数据挖掘算法的数据预处理中经常用到。

① 假定 $\min_a$ 和 $\max_a$ 分别为属性 a 的最小值和最大值,可通过变换 $a' = \dfrac{a - \min_a}{\max_a - \min_a}$ 把 a 转换为区间[0,1]的值 a',或者把 a 转化为区间[lower, upper]之间的值:$a' = \dfrac{a - \min_a}{\max_a - \min_a}(\text{upper} - \text{lower}) + \text{lower}$。

② 通过变换 $\dfrac{a - \bar{a}}{\sigma_a}$ 把 a 的值 z-score 标准化,即转为平均值为0,标准差为1的正态分布变量,其中 $\bar{a}$ 是 a 的平均值,而 σ_a 是 a 的标准差。

③ 把属性值除以该属性所有取值的均值,称为变量指数化。

4. 数据归约

数据挖掘时一般需要对数据集进行归约处理。对归约的数据集进行数据挖掘与原数据应该有相同或差不多的效果,但效率更高。常见的数据归约技术包括以下几种。

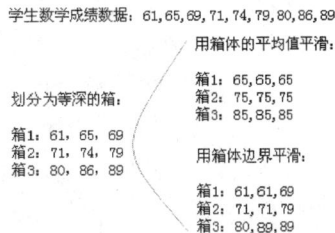

1) 数据立方体聚集

数据立方体聚集的基础是概念的分层,用于处理数据立方体中的数据,例如,收集的数据是某公司过去几年中每个季度的数据,而感兴趣的数据是年销售数据,可以通过对数据聚集汇总得到年总销售额。数据立方体聚集为在线分析处理的上钻等操作提供了可以快速访问的汇总数据,如图 4.5 所示。

2) 维归约

维归约可以剔除相关性较弱或者冗余的属性,例如,有些属性可能是由其他属性导出。在实际应用中,数据挖掘只关心部分相关的属性,例如,进行购物篮分析,顾客的生日和电话号码等并不需要考虑,多余的数据会增加影响数据挖掘的效率,但遗漏了相关的属性或者选择了错误的属性都会对挖掘结果产生影响。维归约就是从决策分析相关的属性集中选择重要的属性(特征)子集,这需要启发式的算法解决,常用的方法有决策树、粗糙集(rough set)和遗传算法(genetic algorithm)等。其中决策树通过 ID3 等算法确定,出现在树根与树叶之间的属性形成属性子集,这部分的内容将在 5.5 节中详细讨论。粗糙集也是一种分析不精确、不确定性知识的数学工具,其最大特点是无须提供问题所需处理的数据集合之外的任何先验信息,利用定义在数据集上的等价关系对数据集进行划分,用不同的属性及其组合把数据划分成不同的基本类,在这些类的基础上进一步求得最小约简数据集。

维归约还有主成分分析、正交变换、因子分析以及 LDA(Latent Dirichlet Allocation)等。

为了减少变量相关带来的影响,可以采用主成分分析(Principal Component Analysis, PCA),基本思想是通过正交变换得到一个较小的变量集。假设待压缩的数据由 n 个 p 维向量组成,主成分分析搜索 c 维正交向量,这里 $c \leqslant p$,把原来的高维向量投影到一个较小的空间,实现数据压缩。这种方法把描述某一事物的多个变量压缩成较少的综合变量,用少数的综合变量代替原始变量,具有信息损失小等特点。

在统计分析中,简化数据集是一个重要的过程。主成分分析(PCA)就是一种降维方法。降维能够减少统计分析的工作量,有效地减少分析的维数,减少后续处理的时间。

在实际应用中,需要对众多的影响因素进行分析,但这些因素之间可能并不是独立的,存在较强的相关性。主成分分析通过原有 p 个变量的线性组合,把数据从原坐标系统转换至新的正交坐标系统中,把原来的维度转换成新的相互独立的维度,每个新的维度能够独立地代表问题的不同方面的性质。主成分分析能够降低数据的维度,并且能够保证数据源对方差贡献最大。这种保留主成分,消除不重要成分的方法能够既保证统计分析的完整性,又减少了计算工作量。

主成分分析在多个领域都有重要的应用。在视觉领域中,主成分分析在图像处理、动作分析和人脸识别方面有较重要的应用。主成分分析除了在以上相关领域有着重要应用外,在教育、通信和网络等领域也有重要的应用。

与主成分分析不同,因子分析(又称因素分析)是建立在大量观测数据基础上的降维处理方法,这种方法分析数据的相关关系,然后根据相关性把变量进行分组,同组内的变量相关性比较高,对应不可直接测量的共同因子。可见因子分析不是变量的线性组合,而是变量的分组,从而用少数的几个有业务含义的、相对独立以及可解释的因子(公共因子)代替难以解释的变量(特殊因子),找出其中的规律。

主题模型是文本挖掘领域重要的分析内容,能够挖掘文本背后隐含的信息,其中 PLSA

(Probabilistic Latent Semantic Analysis)和 LDA 是很有影响的识别大规模文档集或语料库(corpus)中潜藏主题的统计方法。LDA 作为常用的非监督文档主题生成方法,用来识别大规模文档集或语料库(corpus)中潜藏的主题信息。一篇文档通常包含多个主题,每个主题在文档中的重要性也不一样。LDA 可以估计给定文档集合的主题分布和每个主题上的词语概率分布,把一篇文档视为一个词频向量,通常文档到主题服从 Dirichlet 分布,主题到词服从多项式分布。LDA 实际上将词项空间描述的文档变换到主题空间,由于主题的数量可能少于关键词的数量,因此 LDA 也是获取文档特征的降维方法。

3) 数据压缩

数据压缩应用数据编码或变换,得到源数据的归约或者压缩表示。数据压缩根据压缩后信息是否丢失可以分有损压缩(数据压缩后信息有丢失)和无损压缩。例如,小波变换(wavelet transformation)是目前比较有效的有损压缩方法。作为一种信号处理技术,小波变换可以在保留数据主要特征的同时过滤数据中的噪声,从而提高了数据处理的效率。

4) 数值归约

数值归约通过选择替代的、较小的数据表示形式减少数据量,它分为有参数和无参数两种方法。有参数的方法使用一个数学模型拟合数据,而无参数方法包括直方图、聚类和样本抽样等。其中,直方图是一种常用的数值归约形式,它考察数值数据不同分段(等宽或等深)的频率以及数据的大致分布规律。通常,被挖掘的数据有几十万、几百万个记录,对所有数据进行处理,代价很大也没有必要,因此需要对数据进行抽样。有效的抽样要求样本有代表性,使用样本的效果与使用整个数据集的效果差不多。不同的抽样方法对挖掘结果的影响不同。

5) 离散化和概念分层

原始数据可以用区间或者高层的概念替换。离散化是连续值属性归约的常用方法,它可以减少属性的取值个数,决策树等算法是必不可少的步骤,划分区间是连续属性离散的常用方法(具体内容请参考 5.5 节)。此外,连续属性离散化也用于概念分层,允许对多个抽象层上的数据进行挖掘。除决策树外,多层关联分析也可以在不同的概念分层上挖掘关联规则。

5.4　聚类分析

在自然科学和社会科学中,存在着大量的聚类(clustering)问题。通俗地说,类是指相似对象的集合。聚类分析是数据挖掘中的一种重要方法,在银行、零售和保险等领域都有着广泛的应用。聚类分析既可以作为一个独立的方法透视数据分布,也可以作为其他分析方法的预处理步骤。

5.4.1　聚类的概念

聚类是把对象或样本的集合分组成为多个簇(类)的过程,使同一个组中的对象具有较高的相似度,而不同类的对象差别较大。相异度是根据描述对象的属性值进行计算的,距离经常采用相异度度量方式。在许多应用场合,可以把一个簇中的对象作为一个整体对待。与分类、回归分析等不同,聚类的每个样本都没有类标号,因此一般是无监督(unsupervised)方法。

在数据挖掘领域,聚类分析已经被广泛应用,其应用领域包括模式识别、图像处理和市场研究(市场细分、客户群细分)等。通过聚类,人们能够识别密集的和稀疏的区域,进而发现全局的分布模式。

目前已出现多种聚类方法:基于划分的方法、基于层次的方法、基于密度的方法、基于网格的方法、基于模型的方法以及模糊聚类等。聚类方法的选择取决于数据的类型、聚类目的和应用场合。一个好的聚类方法可以产生高质量的聚类结果,这些类有高的类内相似性和低的类间相似性。一般地,聚类分析需要有良好的可伸缩性,能够处理不同类型的属性,发现任意形状的类。此外,聚类分析应该有效地处理噪声数据、异常数据和高维数据,产生满足用户指定约束的聚类结果,并且聚类结果是可解释、可理解和可用的。

5.4.2　聚类分析的统计量

聚类分析可表示为给定 n 个待聚类的对象(也称为样本)组成的集合 $S=\{t_1,t_2,\cdots,t_n\}$ 和整数值 k,聚类问题就是定义一个映射 $f: S\rightarrow\{1,\cdots,k\}$,其中第 i 个对象 t_i 被映射到第 j 个簇中去。第 j 个簇 K_j 由所有被映射到该簇中的对象组成,即 $K_j=\{t_i\,|\,f(t_i)=j,1\leqslant i\leqslant n,1\leqslant j\leqslant k,t_i\in S\}$。

通过引进一些表示样本间相似程度的度量标准把性质相似的对象归为一类,这些度量标准称为聚类统计量。最常用的聚类统计量可分为距离和相似系数等,这些统计量处理数值型数据比较有效。

1. 距离

距离的定义有多种,对于连续值数据,可以采用欧几里德距离、曼哈坦距离、明考斯基距离和切比雪夫距离等几何距离。其中最常用的是欧几里德距离和曼哈坦距离。

假定每个样本包含有 p 项指标,如果有 n 个对象的观测数据,则:

$$\boldsymbol{X}_1=\begin{bmatrix}x_{11}\\x_{21}\\\vdots\\x_{p1}\end{bmatrix},\quad \boldsymbol{X}_2=\begin{bmatrix}x_{12}\\x_{22}\\\vdots\\x_{p2}\end{bmatrix},\quad \cdots,\quad \boldsymbol{X}_n=\begin{bmatrix}x_{1n}\\x_{2n}\\\vdots\\x_{pn}\end{bmatrix}$$

每个样本可看作 p 维空间的一个点,并把 p 维空间距离相近的对象划为一类,把二维平面中两个点的距离推广到 p 维空间中去,p 维空间中两个点 $\boldsymbol{X}_i$ 与 $\boldsymbol{X}_j$ 之间的欧几里德距离 d_{ij} 表示为:

$$d_{ij}=\sqrt{\sum_{k=1}^{p}(x_{ki}-x_{kj})^2}$$

式中,x_{ki} 是第 i 个对象 $\boldsymbol{X}_i$ 的第 k 个维(属性)的值,x_{kj} 是第 j 个对象 $\boldsymbol{X}_j$ 的第 k 个维的值,其中 $i,j=1,2,\cdots,n$;$k=1,2,\cdots,p$。与欧几里德距离不同,曼哈坦距离可减少某一维产生大的差异而支配总的距离:

$$d_{ij}=\sum_{k=1}^{p}|x_{ki}-x_{kj}|$$

如 $X_1 = (2,1)$ 和 $X_2 = (5,3)$ 表示二维空间的两个对象,它们的欧几里德距离是 3.61,曼哈坦距离为 5,如图 5.11 所示。

如果对象包含其他数据类型的属性聚类,如可分类变量、二元变量、标称变量(nominal variables)、序数型变量和文本等,需要设计相应的距离公式,对象之间总的距离可由不同类型属性的距离加权和求得。

对于可分类变量,常见的对象之间距离可用 Jaccard 系数或 Dice 系数计算,其中 Jaccard 系数是两个对象共有的可分类属性的个数与两个对象属性个数和(属性集并集的元素个数)的比值。而 Dice 系数是两个对象共有可分类属性的个数与两个对象属性个数的平均值的比值。

图 5.11　二维空间中的欧几里德距离和曼哈坦距离

二元变量只有两种状态 1 或 0,例如某病人的属性发烧与否。根据这两种状态的权重是否相同,二元变量分为对称的二元变量和非对称的二元变量,前者表示二元变量的两个状态优先权相同,例如性别有男女两种取值。而非对称的二元变量的两个状态出现的概率不同、重要程度不同(通常比较重要的状态用 1 表示),因此在距离计算上有别于对称的二元变量。例如病人的属性咳嗽比较重要,用状态 1 表示(不咳嗽用 0 表示)。为便于计算两个对象 X_1 和 X_2 的距离,构造下面的可能性矩阵。

$$
\begin{array}{c|cc}
X_1 \backslash X_2 & 1 & 0 \\
\hline
1 & a & b \\
0 & c & d
\end{array}
$$

其中,a 表示对象 X_1 和 X_2 值都为 1 的属性的个数,b 是在对象 X_1 中值为 1,在对象 X_2 中值为 0 的属性个数,c 是在对象 X_1 中值为 0,在对象 X_2 中值为 1 的属性个数,d 是在对象 X_1 和 X_2 中值都为 0 的属性个数。如果对象 X_1 和 X_2 的属性都为对称的二元变量,它们之间的距离可用下面的简单匹配系数计算。

$$d(X_1, X_2) = \frac{b+c}{a+b+c+d}$$

对于属性为非对称的二元变量的两个对象 X_1 和 X_2,采用 Jaccard 系数度量之间的距离。

$$d(X_1, X_2) = \frac{b+c}{a+b+c}$$

【例 5.2】　比较表 5.4 中三个包含非对称的二元变量对象的距离[1]

表 5.4　病人的数据

对象	a_1	a_2	a_3	a_4	a_5	a_6
Jack	1	0	1	0	0	0
Mary	1	0	1	0	1	0
Tim	1	1	0	0	0	0

表 5.4 中的 $a_1 \sim a_6$ 是对象 Jack、Mary 和 Tim 的属性,都为非对称的二元变量。它们之间的距离用 Jaccard 系数计算分别为 $d(\text{Jack}, \text{Mary}) = \dfrac{0+1}{2+0+1} = \dfrac{1}{3}$; $d(\text{Jack}, \text{Tim}) = \dfrac{2}{3}$;

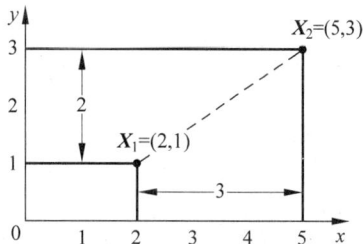

$T(Mary, Tim) = \dfrac{3}{4}$。可见 Jack 和 Mary 的距离最小,而 Mary 和 Tim 的距离最大。

此外,由于簇之间的距离有多种解释,对于给定的两个簇,有如下常用计算方法。

(1) 单一链接(single link)。簇之间的距离由不同簇中两个最接近的样本(成员)的距离确定。

(2) 完全链接(complete link)。簇之间的距离由不同簇中两个最远样本之间的距离确定。

(3) 质心。计算代表簇的质心,质心距离是指两个簇质心之间的距离。

2. 相似系数

对于连续型数据,常用的相似系数 C_{ij} 有夹角余弦和相关系数等。而包含分类型等变量的对象之间的相似性可用匹配(取值是否相等)变量与总变量数的比率表示。

1) 夹角余弦

如果把 n 个具有 p 项指标的观察数据看成 p 维空间中的 n 个向量,则有:

$$\boldsymbol{X_1} = \begin{bmatrix} x_{11} \\ x_{21} \\ \vdots \\ x_{p1} \end{bmatrix}, \quad \boldsymbol{X_2} = \begin{bmatrix} x_{12} \\ x_{22} \\ \vdots \\ x_{p2} \end{bmatrix}, \quad \cdots, \quad \boldsymbol{X_n} = \begin{bmatrix} x_{1n} \\ x_{2n} \\ \vdots \\ x_{pn} \end{bmatrix}$$

此时,任意两个向量 $\boldsymbol{X_i}$ 和 $\boldsymbol{X_j}$ 之间的夹角 θ_{ij} 余弦表示它们之间的亲疏程度:$C_{ij} = \cos\theta_{ij} = \dfrac{\boldsymbol{X_i} \cdot \boldsymbol{X_j}}{|\boldsymbol{X_i}||\boldsymbol{X_j}|}$,式中 $\boldsymbol{X_i} \cdot \boldsymbol{X_j}$ 表示向量 $\boldsymbol{X_i}$ 和 $\boldsymbol{X_j}$ 的内积,$|\boldsymbol{X_i}|$ 和 $|\boldsymbol{X_j}|$ 分别表示向量 $\boldsymbol{X_i}$ 和 $\boldsymbol{X_j}$ 的长度。例如,有两个变量 $\boldsymbol{X_1} = (0,0,1,1)$ 和 $\boldsymbol{X_2} = (1,0,1,1)$,则 $\boldsymbol{X_1}$ 和 $\boldsymbol{X_2}$ 之间的相似度为 $C_{12} = \dfrac{(0+0+1+1)}{\sqrt{2} \times \sqrt{3}} = 0.816$。在文本聚类中,文档用此向量表示,其中每个分量的值是关键词在文档出现的次数。利用夹角余弦可以计算文档的相似程度,从而能对文档进行聚类。

2) 相关系数

$\boldsymbol{X_i}$ 与 $\boldsymbol{X_j}$ 之间的相关系数 C_{ij} 为:

$$C_{ij} = \frac{\sum\limits_{k=1}^{p}(x_{ki} - \bar{x}_i)(x_{kj} - \bar{x}_j)}{\sqrt{\sum\limits_{k=1}^{p}(x_{ki} - \bar{x}_i)^2 \sum\limits_{k=1}^{p}(x_{kj} - \bar{x}_j)^2}}$$

式中,$\bar{x}_i$、$\bar{x}_j$ 分别表示第 i、第 j 个分量的平均值。相关系数越大,表示 $\boldsymbol{X_i}$ 与 $\boldsymbol{X_j}$ 越相关。

在聚类时,描述样本用到了不同的属性,这些数据单位不同,数量级也不同,因此为了获得更好的聚类效果,在聚类前需要对这些属性进行标准化处理。

通常,并不是每个样本的属性对聚类过程都有贡献,多余的属性不仅会增加计算量,而且会影响聚类的结果。因此在聚类前也需要进行归约,常用的方法是单因素方差分析或均值描述,判断聚类结果中各类样本属性在这些指标上的差异是否显著,没有显著差异的属性会被剔除。图 5.12 是利用 IBM SPSS Statistics 对大众点评网的餐馆进行单因素方差分析的结果,可见餐馆点评条数对餐馆聚类没多大影响,在聚类时可以不考虑。

ANOVA

		Sum of Squares	df	Mean Square	F	Sig.
口味	Between Groups	21.520	2	10.760	125.172	.000
	Within Groups	5.330	62	.086		
	Total	26.850	64			
环境	Between Groups	33.471	2	16.736	106.459	.000
	Within Groups	9.746	62	.157		
	Total	43.218	64			
服务	Between Groups	30.026	2	15.013	126.944	.000
	Within Groups	7.332	62	.118		
	Total	37.358	64			
点评条数	Between Groups	57926345.88	2	28963172.94	1.805	.173
	Within Groups	9.947E8	62	16043612.70		
	Total	1.053E9	64			

图 5.12　属性选择的方差分析

5.4.3　常用聚类算法

最基本的聚类算法是 k-means 算法。k-means 算法比较简单,对凸型分布数据的聚类效率比较高,但这种聚类算法不能有效处理非数值型数据。然而实际应用中的非数值数据经常出现,因此有些学者对 k-means 算法进行了扩展,如 k-modes 算法和 k-prototypes 算法,以处理包含分类型属性和混合型的数据[8,9]。k-modes 算法用一种简单的相异度测量处理可分类型数据,聚类的过程和 k-means 算法是相似的。而 k-prototypes 算法结合了 k-means 算法和 k-modes 算法的相异度测量方法处理数值型和分类型的混合数据聚类。这两种扩展的算法对大规模的数据集聚类也比较有效。下面简要介绍这几种算法。

1. k-means 算法

k-means 算法是常见的基于划分的聚类方法,其中相异度基于对象与类中心(簇中心)的距离计算,与簇中心距离最近的对象可以划为一个簇。此算法目标是每个对象与簇中心距离的平方和最小。

$$\text{SSE} = \sum_{i=1}^{k} \sum_{t \in K_i} d(t, m_i)^2$$

式中,d 表示对象 t 与簇中心 m_i 的欧几里德距离。由 $\dfrac{\partial \text{SSE}}{\partial m_i} = 0$ 可以证明这里的簇中心为质心(centroid),即一组点的均值。

k-means 算法过程比较简单。首先,用户指定聚类的类别数 k,随机选择 k 个对象作为 k 个初始聚类中心。对剩余的每个对象,分别计算与初始聚类中心的距离,根据距离划到不同的簇。然后重新计算每个簇的平均值,求出新的聚类中心,再重新聚类。这个过程不断重复,直到收敛(相邻两次计算的聚类中心相同)为止或迭代次数小于设定的值。k-means 算法以 k 为参数,把 n 个对象分为 k 个簇,簇内对象具有较高相似度,簇间的对象相似度较低。k-means 算法的时间复杂度是 $O(knt)$,其中 n 是所有对象数目,t 是迭代次数。通常 k 远远小于 n,且 t 也远远小于 n,k-means 算法经常以局部最优结束,效率比较高,其缺点是对数值型的且簇呈球状分布的数据比较有效,对离群点和噪声数据非常敏感。而且这种算法不能处理非凸形(非球形)的簇和不同大小的簇。此外,初始聚类中心的选择对聚类结果影响比较大,随机选择的初始聚类中心可能会导致出现不同的迭代次数和聚类结果,通常可以用不同的初始值多次运行再确定合适的聚类结果。注意这些初始的聚类中心应相互远离。

k-means 算法的大致过程如下。

(1) 给定 k,从 n 个对象中任意选择 k 个对象作为初始聚类中心;

(2) repeat

(3) 计算每个对象与聚类中心的距离,把它们划到不同的簇;

(4) 重新计算每个簇的聚类中心;

(5) until 聚类中心不再发生变化。

图 5.13 是 k-means 算法的过程示意图($k=2$,△号表示质心)。

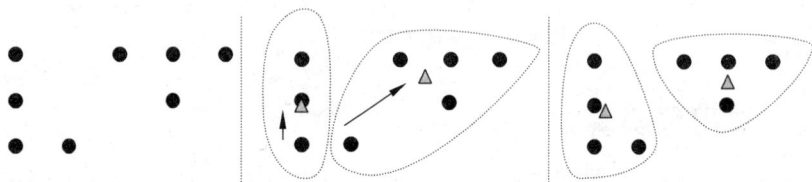

图 5.13　k-means 算法聚类过程

k-means 聚类算法比较适合处理凸形分布的连续数值型数据的聚类。

k-means 聚类算法对异常点也比较敏感,因此少数异常点会极大影响聚类中心的计算,因此在预处理前去异常样本是必要的。聚类后一些样本较少的组可以合并到其他样本较多的邻近组。

每个样本维也可根据需要赋予不同的权重。k 值的选择也需要视应用而定,而不是简单地看聚类效果,例如使 SSE 最小。通常可以使用不同的 k 值进行聚类,然后利用合适的准则选择合适的 k 值。例如可以不断增加聚类数,直到满足一定的停止条件。

聚类经常与其他数据挖掘方法结合使用,例如,聚类可以作为决策树、神经网络等方法的基础,聚类的结果也可以结合可视化技术分析各簇的特点,如图 5.5 所示。此外,下面讨论的离群点对聚类的影响很大,在聚类前可以识别离群点并删除,这里离群点的检测作为预处理的一部分。

【例 5.3】　k-means 算法在安全检测中的应用[10]

入侵检测用于识别非授权使用计算机系统的用户(如黑客)和虽有合法授权但滥用其权限的用户(如内部攻击),通过从计算机网络或计算机系统的关键点收集信息并进行分析,从中发现网络中是否有违反安全策略的行为和被攻击的迹象。现有的入侵检测系统大都采用专家系统或基于统计的方法,需要使用者有较多的经验。而数据挖掘方法从大量数据中提取人们感兴趣的、事先未知的知识,而不过于依赖经验。应用 k-means 聚类算法,分析入侵检测模型数据库,自动地分析原有数据,从中挖掘出潜在的模式,预测用户的行为。更重要的是聚类分析能优化原有的模型。

入侵检测在很大程度上依赖于收集数据的可靠性和正确性,选择哪些数据表现用户行为是首要问题。黑客们经常在网络日志中留下踪迹,通常日志文件记录了各种行为类型,每种类型又包含不同的信息,例如,记录"用户活动"类型的日志,就包含登录、用户 ID 改变、用户对文件的访问、授权和认证信息等内容,可以充分利用这些日志数据检测入侵。因此,选择的特征应充分反映用户行为特征,数据提取难度不可太大,还要考虑学习过程的时间、用户行为的时效性等。表 5.5 以目标端口与当前连接相同次数和目标主机不同连接所占百分比作为特征,列出了 20 条网络访问记录。聚类前初始数据如图 5.14 所示,其中坐标轴横轴 x_1 为目标端口与当前连接相同的连接次数,纵轴 x_2 为目标主机不同连接所占百分比。

表 5.5 网络访问记录

序号	目标端口与当前连接相同的连接次数 x_1	目标主机不同连接所占百分比 x_2	聚类结果
1	5	0.6	正常
2	4	0.5	正常
3	25	0	攻击
4	9	0	异常
5	13	0.3	异常
6	10	0	异常
7	2	0	正常
8	2	0	正常
9	3	0.33	正常
10	5	0.55	正常
11	6	0.5	正常
12	10	0.15	异常
13	9	0	异常
14	5	0.45	正常
15	4	0.65	正常
16	4	0	正常
17	5	0.1	正常
18	6	0.2	正常
19	13	0.2	异常
20	11	0	异常

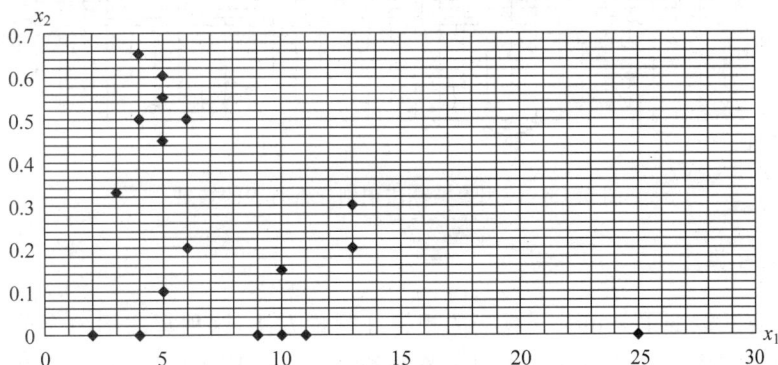

图 5.14 聚类前初始数据

程序经过 8 次迭代识别出攻击、异常和安全三种类型的样本。把该算法用于不同大小的数据集。实验表明,迭代次数总是一个小于数据集的整数,并与之保持近似线性关系。应用 k-means 聚类后,样本 3 是唯一具有攻击倾向的,而样本 4、5、6、12、13、19、20 是具有异常行为的样本,需要进一步观察。剩下的样本 1、2、7、8、9、10、11、14、15、16、17、18 是安全的。k-means 算法按特征参数的性质,把该网络行为数据集归为三类。图 5.15 是聚类的初步结果。然后对其中的异常行为进一步分析,再次应用 k-means 算法进行识别,经过 4 次迭代,聚成两类,分别由样本 4、6、12、13、20 和样本 5、19 组成。

　　图 5.16 所示为继续应用聚类算法识别异常行为的结果。对样本数据进行合理性分析，可以得出样本 4、6、12、13、20 的用户行为不具备攻击特性，可提高其安全等级。而由网络访问数据得知样本 5、19 出现 SYN 错误达 60%，同一主机连接中出现 SYN 错误超过 90% 时，应予以重点监控。在这里，SYN 错误是由 SYN 攻击引起的。SYN 攻击属于 DOS 攻击的一种，它利用 TCP 协议缺陷，通过发送大量的半连接请求，耗费服务器的 CPU 和内存资源。SYN 攻击除了影响服务主机外，还会危害路由器、防火墙等网络设备。

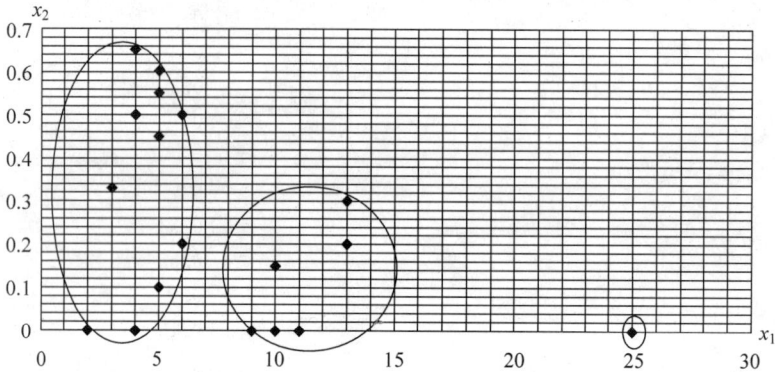

图 5.15　初步聚类的结果

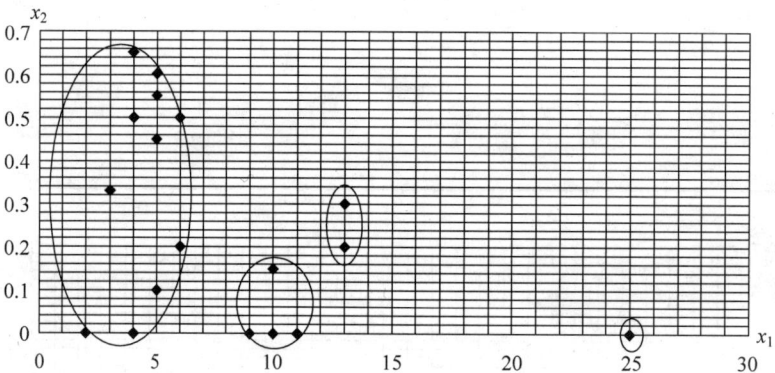

图 5.16　应用聚类算法识别异常行为的结果

2. k-modes 算法

　　k-modes 算法改变了 k-means 算法的相异度测量方法，这种算法用一个简单的匹配相异度测量对数据进行聚类处理。k-modes 算法把 k-means 算法扩展到可分类数据，定义了新的度量可分类数据相异度的距离公式，并给出了相应的更新聚类中心的方式，能够迅速处理可分类型数据[8]。

　　k-modes 算法根据可分类属性值出现的频率更新聚类中心，聚类中出现频率最高的属性值被选为聚类中心，即 modes（类模式）。但这种基于频率的 modes 更新方式也有一些问题，例如，出现频率同样高的两个属性值时就很难决定选择哪个属性值作为 modes。此外，如果作为 modes 的属性值不占绝对多数，那么用其表示聚类中心可能不太准确。

　　k-modes 算法改变了 k-means 算法的相异度测量方法，用一个简单的相异度测量对数据进行聚类。假设 X、Y 是数据集中的两个对象，它们用 m 维属性描述，则这两个对象之间的相异度为：

$$d(X,Y)=\sum_{j=1}^{m}\delta(x_j,y_j)$$

当 $x_j=y_j$ 时，$\delta(x_j,y_j)=0$；当 $x_j\neq y_j$ 时，$\delta(x_j,y_j)=1$。

k-modes 算法不断更新 modes，使得所有对象与其最近 modes 的相异度总和最小：首先计算每一簇在某一属性值的对象所占百分数。然后，取每个簇中频率最大的一个属性值作为类模式 Q。分别对每个属性进行上述计算，最后得到类模式 Q，即初始聚类中心。k-modes 算法与 k-means 算法的步骤类似[8]。

(1) 预先定义好 k 类，确定各个类的初始类模式 Q。

(2) 根据类模式 Q 把每个对象赋给最近邻的类，然后更新类模式 Q。

(3) 不断重复步骤(2)，直到不再发生变化为止。

3. k-prototypes 算法

在实际应用中，数据可能是数值型的，也可能是可分类型的。k-prototypes 算法综合了 k-means 和 k-modes 算法，采用新的距离度量方法，能够快速处理混合类型数据集的聚类问题。

k-prototypes 算法的聚类中心由数值型数据的聚类中心和可分类数据的聚类中心两部分组成，其中，数值型属性的聚类中心和 k-means 算法类似，都可通过计算数值型属性的平均值得到。而可分类型属性的中心采用类似 k-modes 算法聚类中心的更新方式，通过计算可分类属性值出现的频率确定[9]。

在本节的最后简要介绍使用 IBM SPSS Modeler 14.2 对客户数据进行聚类。

mailshot.txt 文件记录了某个销售商的客户基本数据，包括 300 条记录，12 个字段，如图 5.17 所示。

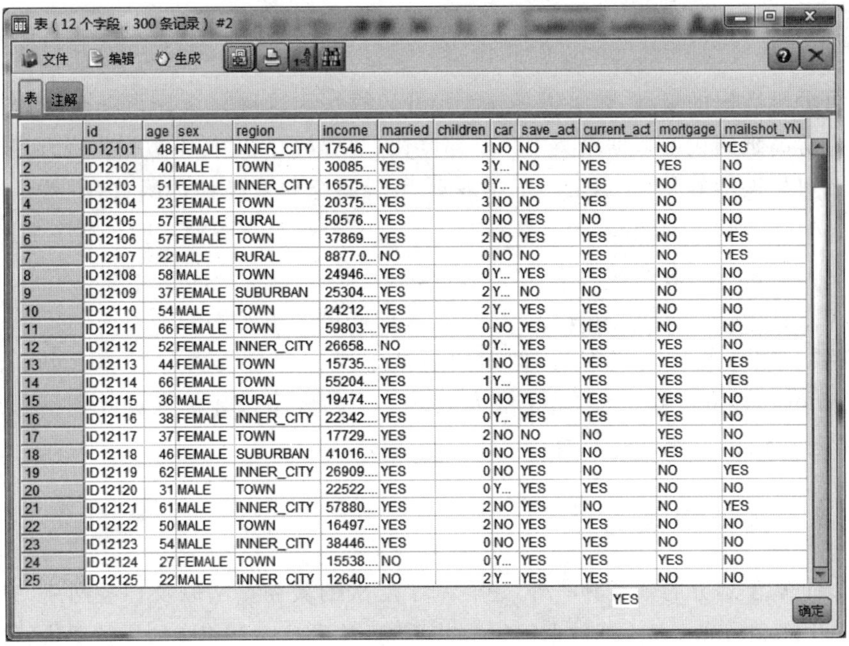

	id	age	sex	region	income	married	children	car	save_act	current_act	mortgage	mailshot_YN
1	ID12101	48	FEMALE	INNER_CITY	17546....	NO	1	NO	NO	NO	NO	YES
2	ID12102	40	MALE	TOWN	30085....	YES	3	Y...	NO	YES	YES	NO
3	ID12103	51	FEMALE	INNER_CITY	16575....	YES	0	Y...	YES	YES	NO	NO
4	ID12104	23	FEMALE	TOWN	20375....	YES	3	NO	NO	YES	NO	NO
5	ID12105	57	FEMALE	RURAL	50576....	YES	0	NO	YES	NO	NO	NO
6	ID12106	57	FEMALE	TOWN	37869....	YES	2	NO	YES	YES	NO	YES
7	ID12107	22	MALE	RURAL	8877.0...	NO	0	NO	NO	YES	NO	YES
8	ID12108	58	MALE	TOWN	24946....	YES	0	Y...	YES	YES	NO	NO
9	ID12109	37	FEMALE	SUBURBAN	25304....	YES	2	Y...	NO	NO	NO	NO
10	ID12110	54	MALE	TOWN	24212....	YES	2	Y...	YES	YES	NO	NO
11	ID12111	66	FEMALE	TOWN	59803....	YES	0	NO	YES	YES	NO	NO
12	ID12112	52	FEMALE	INNER_CITY	26658....	NO	0	Y...	YES	YES	YES	NO
13	ID12113	44	FEMALE	TOWN	15735....	YES	1	NO	YES	YES	YES	YES
14	ID12114	66	FEMALE	TOWN	55204....	YES	1	Y...	YES	YES	YES	YES
15	ID12115	36	MALE	RURAL	19474....	YES	0	NO	YES	YES	YES	NO
16	ID12116	38	FEMALE	INNER_CITY	22342....	YES	0	Y...	YES	YES	YES	NO
17	ID12117	37	FEMALE	TOWN	17729....	YES	2	NO	NO	NO	YES	NO
18	ID12118	46	FEMALE	SUBURBAN	41016....	YES	0	NO	YES	NO	YES	NO
19	ID12119	62	FEMALE	INNER_CITY	26909....	YES	0	NO	YES	NO	NO	YES
20	ID12120	31	MALE	TOWN	22522....	YES	0	Y...	YES	YES	NO	NO
21	ID12121	61	MALE	INNER_CITY	57880....	YES	2	NO	YES	NO	NO	YES
22	ID12122	50	MALE	TOWN	16497....	YES	2	NO	YES	YES	NO	NO
23	ID12123	54	MALE	INNER_CITY	38446....	YES	0	NO	YES	YES	NO	NO
24	ID12124	27	FEMALE	TOWN	15538....	NO	0	Y...	YES	YES	YES	NO
25	ID12125	22	MALE	INNER_CITY	12640....	NO	2	Y...	YES	YES	NO	NO

图 5.17　客户数据

对客户进行聚类,销售商可以根据每类别客户的特征进行促销活动。聚类时选择客户的 age、sex、region、income、married、children、car、save _ act、current _ act、mortgage 和 mailshot_YN 作为聚类的输入,聚类算法选择 k-means。聚类结果如图 5.18 所示。

聚类

输入(预测变量)重要性
■1.0 ■0.8 ■0.6 ■0.4 □0.2 □0.0

聚类	聚类-5	聚类-4	聚类-1	聚类-2	聚类-3
标签					
说明					
大小	24.3% (73)	21.7% (65)	19.7% (59)	17.3% (52)	17.0% (51)
输入	married YES (100.0%)	married YES (100.0%)	married NO (100.0%)	married YES (88.5%)·	married NO (66.7%)
	mailshot_YN YES (100.0%)	mailshot_YN NO (100.0%)	mailshot_YN YES (81.4%)	mailshot_YN NO (82.7%)	mailshot_YN NO (90.2%)
	mortgage NO (67.1%)	mortgage NO (100.0%)	mortgage NO (94.9%)	mortgage YES (53.8%)	mortgage YES (82.4%)
	car NO (61.6%)	car NO (69.2%)	car YES (61.0%)	car YES (100.0%)	car NO (86.3%)
	sex MALE (56.2%)	sex FEMALE (69.2%)	sex MALE (52.5%)	sex MALE (84.6%)	sex FEMALE (62.7%)
	income 31,660	income 22,794	income 29,468	income 25,674	income 25,660

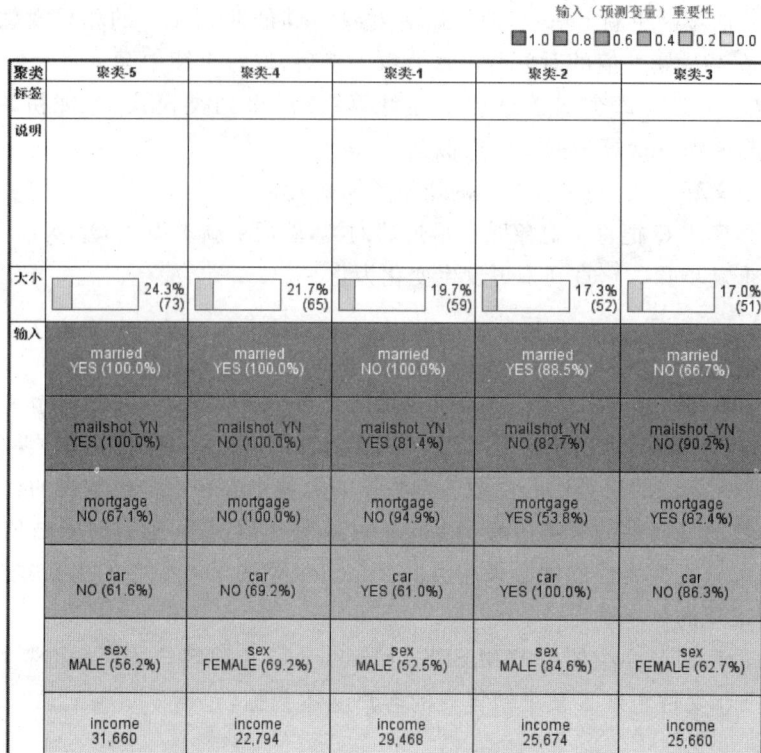

图 5.18　k-means 聚类结果

对于可分类数据的聚类,还可以使用 CLOPE 算法。这种算法在市场交易数据和网络服务器日志等高维的大型数据聚类中具有速度快、节省内存、对样本数据出现顺序不敏感且具有较好的可拓展性等特点。CLOPE 算法采用新的全局聚类评估函数,不需要耗费大量时间计算每对样本数据的距离,通过选择较大的聚类分组直方图的高度与宽度之比,控制样本数据分组的紧密性。有兴趣的读者可以查阅相关资料。

在聚类过程中,确定聚类数目是一个很重要的问题。由于事先不容易确定最佳的聚类数,因此需要利用一些启发式方法,例如使用基于熵的拟合优度测度 Aakaike 信息准则 (Aakaike information criterion)、基于最大似然估计的模型选择标准贝叶斯信息准则 BIC (Bayesian information criterion)或者用经验公式$(n/2)^{1/2}$等方法。

5.4.4　其他聚类方法

除了以上基于划分的聚类算法外,还有基于层次的聚类算法以及神经网络。层次聚类 (hierarchical clustering)方法把数据组织成若干簇,并形成一个相应的树状图进行聚类。它可以分为两类:自底向上的聚合聚类和自顶向下的分裂聚类。聚合层次聚类采用自底向上的策略,首先把每个对象单独作为一类,然后根据一定的规则,例如,把簇间距离最小的相似簇合并成为越来越大的簇,直到所有样本凝聚成一个大的簇,针对给定应用选择最好结果的聚类层次。与聚合型方法相反,分裂聚类采用自顶向下的方法,先把所有的对象都看成一个簇,然后不断分解直至满足一定的条件。可以看出,层次聚类的一个重要问题是如何评价两个簇的相似性。大多数层次聚类方法都属于聚合型方法,它们对噪声、异常数据比较敏感。层次聚类常用的方法有 BIRCH 和 CURE 等。

两步(two step)聚类算法也是常用的聚类方法,在 IBM SPSS Modeler 数据挖掘工具中就有两步聚类建模组件。顾名思义,两步聚类算法有两个阶段组成:第一步是预聚类,把具有较少样本的子聚类视为离群值,生成若干子聚类。第二步利用分层聚类方法对上述子聚类进行合并,形成大的聚类。与 k-means 算法不同,两步聚类可以确定最佳聚类数:首先基于贝叶斯信息准则(BIC)选择聚类数的上限,然后从聚类数更少的所有聚类模型中找出聚类间最小距离的差异,最终选择距离最大差异的聚类模型。需要注意的是聚类结果与训练数据的顺序有关。

基于划分的聚类和基于层次的聚类还有其他实现方法,如基于密度的聚类、基于网格的聚类、基于模型的聚类以及模糊聚类等,每种方法都有各自的优缺点,适用范围也有限。选择哪种聚类方法,需要综合考虑实际的应用需求、簇的类型与特征、数据的特性、数据质量、数据集的规模(样本个数、样本属性个数)等因素。

1. 基于密度的聚类

簇是对象的稠密区域。基于密度的聚类方法与 k-means 算法使用簇的中心不同,它使用密度的概念。这种聚类方法根据样本点周围的密度不断增长聚类,克服了基于距离的算法只能发现凸形分布数据聚类的缺点。基于密度的聚类方法首先计算一个区域中点的密度,如果大于某个阈值,就把它添加到相近的聚类中,主要算法包括 DBSCAN 算法和 OPTICS 算法(DBSCAN 的扩展算法)等。

DBSCAN 算法是一种常见的基于密度的聚类方法,大致过程如下。首先把所有的样本标记为核心点、边界点或噪声点。其中一个样本是核心点,满足在该样本的邻域(由距离函数和用户指定的参数 R 确定)内的样本的个数大于给定的阈值 min。边界点是位于某核心样本邻域的非核心样本,而噪声点指既不是核心样本又不是边界样本的样本。然后对每个样本,做如下处理:删除噪声点,而足够靠近的核心点(它们的距离小于 R)聚集在同一簇中,与核心点足够靠近(它们的距离小于 R)的边界点也聚集在与核心点相同的簇中。DBSCAN 算法可以有效地发现数据库中任意形状的簇,自动确定聚类的簇个数,但也存在一定的局限性,例如,参数 R 和 min 仍然需要用户依靠经验来设置。

2. 基于网格的聚类

基于网格的聚类方法大多数是基于密度的。这种方法的基本思想是首先把样本的属性值域分成许多区间(如通过离散化处理),这样,数据空间被划分为许多网格单元。然后计算落入每个单元的对象数目。在删除密度(单位体积的样本数)小于阈值的单元后,由邻接的高密度单元组成簇。基于网格的聚类方法处理速度比较快,但密度阈值较难确定,对高维数据的聚类效果也不理想。

在一些应用中,样本集在少数属性的子空间存在有趣的簇。CLIQUE 算法就是一种发现子空间簇的有效方法,这种算法也是基于网格的。CLIQUE 算法的基础是如果样本集在 k 维属性空间是一个满足密度阈值的簇,那么此样本集在任何小于 k 维的属性子空间中都是满足密度阈值的簇。利用这个性质,可以由高密度的低维单元逐渐生成高维的候选高密度单元,最后再把邻接的高密度单元组成簇。

3. 基于统计模型的聚类

基于统计模型的聚类假定样本集是由某种统计过程产生的,因此找出最佳拟合数据的统计模型及其参数就可以描述数据。特殊的,每个簇都对应一个统计分布,这种统计模型是混合模型,它可以发现不同大小和椭球形状的簇。期望最大化等是常见的使用最大似然估计(maximum likelihood estimation)混合模型参数的算法,它迭代改进模型参数。

4. 模糊聚类

模糊(fuzzy)聚类并不是把每个样本硬性地划分到一个簇中,尤其是对靠近两个簇边界的对象,而是把簇看成模糊集,样本对于每个簇都有不同的隶属度值。实际应用时,一般把样本指派给具有最高隶属度的簇。模糊 c-means 是典型的模糊聚类方法。

5. EM 算法

EM 算法(expectation maximization),也称为最大期望算法,是数据挖掘常用的十大算法之一,常用于计算机视觉等领域的数据聚类,可以从非完整数据集中对参数进行极大似然估计。

EM 算法大致步骤如下:首先进行初始化。在缺少先验知识的情况下,通常从均匀分布开始,也可以选随机概率作为起点。在 E 步骤中计算期望,用最可能的值填补数据中的缺陷,并计算其最大似然估计值。在 M 步骤中找出 E 步骤得到的最大似然值的极大值,并计算参数的值。数据集在给定变量估计值后得到了扩充。可以简化为只考虑最优估计,但更精确的方法是根据概率的不同对所有可能的估计进行加权。M 步骤上找到的参数估计值被用于下一次 E 步骤计算中,上述过程不断交替,直至收敛。

神经网络也有一些算法可用于聚类,例如 Kohonen 神经网络,又称为自组织映射网络(SOM)等。Kohonen 神经网络是一种前馈型无监督学习网络,能够根据样本的特征自动聚类。如图 5.19 所示,Kohonen 神经网络的拓扑结构由输入层和输出层组成,其中输入层的每个节点与输出层的所有节点相连,每个连接对应一个权值(组成权向量),输出层的每个神经元与同层临近的若干神经元相连。输入层的主要功能是计算样本输入向量与权向量之间的距离,输出层的功能则是计算这两个向量之间的距离,确定样本与输出神经元的匹配程度,距离最小的输出层神经元获胜。

在 Kohonen 神经网络的运行过程中,匹配竞争胜出的神经元及其邻近的神经元与相应输入层神经元之间的权向量朝着样本输入(特征)向量方向更新,如此经过多次迭代,这些权向量就可以对样本进行自动聚类,完成自组织学习(映射)过程。

Kohonen 神经网络算法的大致过程如下:

(1) 网络初始化。对输入层到输出层所有神经元的连接权值 w_{ij} 赋予随机的小数。

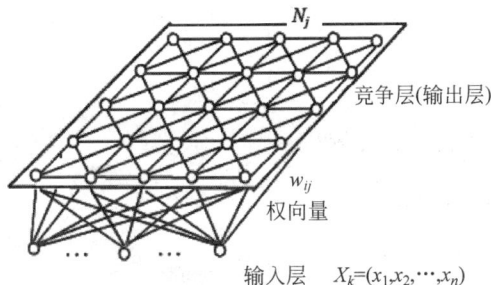

图 5.19 Kohonen 神经网络结构

（2）对网络的输入样本 $X_k = (x_1^k, x_2^k, \cdots, x_n^k)$，计算 X_k 与所有输出神经网络节点连接向量的距离：$d_j = \sum_{i=1}^{n} (x_i^k - w_{ij})^2, i \in \{1,2,\cdots,n\}, j \in \{1,2,\cdots,m\}$。

（3）找出上述距离最小的输出节点 $j^*: d_{j^*} = \min_{j \in \{1,2,\cdots,m\}} \{d_j\}$。

（4）调整输出节点 j^* 连接的权值以及领域 NE_{j^*} 内输出节点的连接权值：$\Delta w_{ij} = \eta(x_i^k - w_{ij}), j \in NE_{j^*}$，其中 η 是学习因子，随着学习的进行利用它逐渐减少权值调整的幅度。

（5）对其他的样本，重复上述过程。

【例 5.4】 层次型聚类在网络社区发现中的应用

社会化网络作为一种复杂网络，具有显著的社区结构：相似节点聚集在同一社区，社区内部节点之间连接稠密，社区之间连接相对稀疏。目前在社会化网络分析领域，社区发现已成为一个重要的热点问题，这里以 Zachary 的 karate club 数据集为例，分析层次聚类算法在社会化网络社区发现中的应用。

Zachary 耗时两年研究了 karate club 中的 34 名成员，发现经过俱乐部管理者和教员的分析，这 34 个成员可以分成两个社区。若俱乐部成员以网络节点表示，节点之间的关系以无权重的连接边表示，karate club 网络关系如图 5.20 所示（图中数字表示成员编号）。

图 5.20 中 ● 节点表示支持教员的成员，■ 节点表示支持管理者的成员。文献 11 利用改进的层次聚类算法解决了这两个网络社区发现的问题，聚类结果如图 5.21 所示。不难发现，聚类得到的层次树状结构与 Zachary 的观察结果一致。

5.4.5 离群点检测

离群点（outlier）也称为异常，是指数据集中显著与众不同的对象，表现为至少在某个或者某些属性是异常的。这些对象不是随机的偏差引起的，而是来源于不同的类，让人怀疑它们产生于不同的机制。离群点与数据测量、数据收集误差导致的噪声不同，它们通常是有趣的。相应地，离群点检测的目的在于找出隐含在海量数据中相对稀疏而孤立的异常数据模式。在数据挖掘的早期，对数据集进行预处理时，通常把离群点当作噪声处理，以减少它们对数据挖掘质量的影响。然而离群点检测有时比正常数据的挖掘更有价值，离群点可能意味着十分有用的模式。在一些应用领域中，例如，网络入侵检测、顾客流失分析、银行的信用卡欺诈、移动话费拖欠以及医学中特殊病情的征兆分析等，离群点检测具有一定的商业价值。美国 Opera 公司提供的医保解决方案可以对医疗保险交易中的异常进行检测，

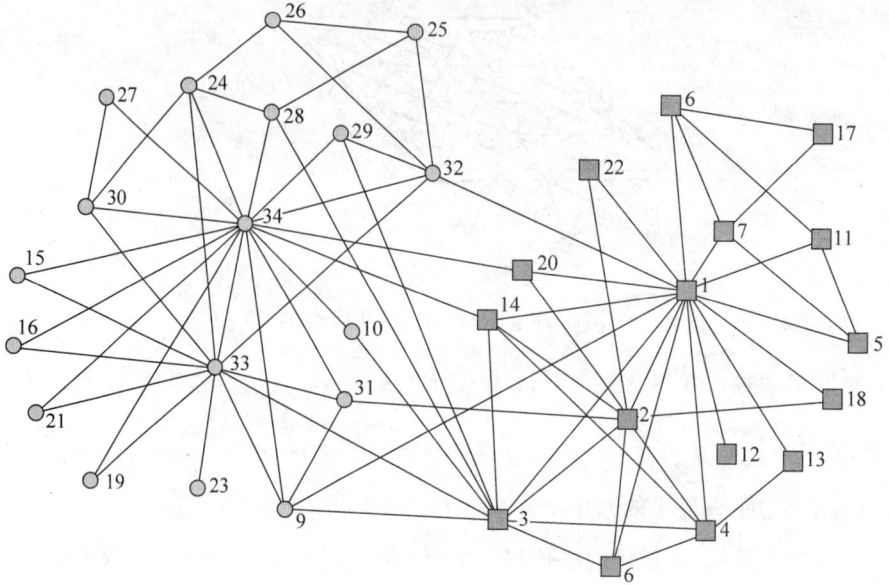

图 5.20 karate club 关系网络图

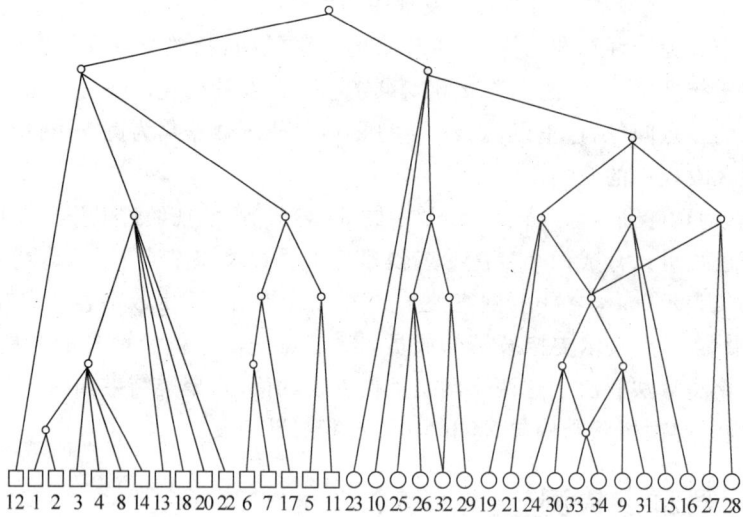

图 5.21 网络社区层次聚类结果

找出可疑的模式,防止保险交易中的诈骗以及医疗过程中的异常收费。

常见的离群点检测算法包括以下几种。

1. 基于统计的离群点检测

统计方法是较早的离群点检测方法。这种方法为数据集构建一个概率统计模型,如常见的正态、泊松、二项式分布或者非标准分布,其中的参数由数据求得。然后根据对象拟合该模型的情况评价它是否异常。一般而言,基于对小概率事件实现对象异常的鉴别,通过不一致检验把那些严重偏离分布曲线的对象视为离群点。例如,对于一元正态分布 $N(0,1)$,

落在离分布中心±3标准差以外的样本概率很小,可以视为离群点。

2.基于距离的离群点检测

基于距离的离群点检测,也称为基于近邻的离群点检测,其基本概念是把对象视为多维空间的点,离群点是那些数据集中与大多数对象之间的距离大于某个阈值的点,即远离大部分对象的点[12]。基于距离的离群点检测方法与基于统计的离群点检测方法相比,不需要用户拥有任何领域的专业知识。但这种方法计算复杂度比较高,不适合处理大型数据集。

3.基于密度的离群点检测

基于密度的离群点检测方法的主要思想是低密度区域中的对象是离群点。这种离群点检测方法需要计算对象近邻的距离,一个对象近邻的密度则可以定义为该对象某邻域内点的个数或者对象 k 个近邻的平均距离的倒数。在某种意义上可以说,基于密度的方法是基于距离的方法的特例[13]。这种离群点检测方法能够发现基于距离的离群点方法所不能识别的一类异常,即局部异常。如果离群点位于不同密度的区域,那么就需要对密度定义进行调整。基于密度的离群点检测方法的复杂度也比较高。

此外,还可以使用分类和聚类检测离群点。把正常对象和异常对象看作不同的类,如果有充分的训练数据集,就可以挖掘异常对象的分类模型。对于不属于任何簇的对象,也可以应用聚类检测异常。

5.5 分类分析

分类也是数据挖掘的主要方法。如图 5.22 所示,分类要解决的问题是利用训练样本集获得分类函数或分类模型(分类器)。分类模型能很好地拟合训练样本集中属性集与类别之间的关系,也可以预测一个新样本属于哪一类。分类和回归都属于预测建模:分类用于预测可分类属性或变量,而回归用于预测连续的属性取值(有些书籍认为对分类型属性进行预测,对连续型属性进行估计,这里不加严格区分)。

下面简要介绍贝叶斯分类器、决策树、支持向量机和神经网络等分类算法,这些算法都是常用的有监督分类方法。

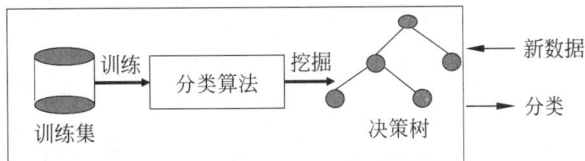

图 5.22 分类

5.5.1 贝叶斯分类器

在实际应用中,样本的属性集与类别的关系一般是不确定的,但可能存在一种概率关系。贝叶斯分类器是一种基于统计概率的分类器,通过比较样本属于不同类别的概率大小对其进行分类。这里介绍一种样本的属性集与类别的概率关系建模方法——贝叶斯(Bayes)定理及其常用的实现方法:朴素贝叶斯分类器。贝叶斯定理是由英国数学家 Tomas Bayes 提出的,它是一种把先验知识与样本中得到的新信息相结合的统计方法,在分类中得到了比较广泛的应用。

1. 贝叶斯定理

假设 X 和 Y 在分类中可以分别表示样本的属性集和类别。$p(X,Y)$ 表示它们的联合概率,$p(X|Y)$ 和 $p(Y|X)$ 表示条件概率,其中 $p(Y|X)$ 是后验概率,而 $p(Y)$ 称为 Y 的先验概率。X 和 Y 的联合概率和条件概率满足下列关系:

$$p(X,Y) = p(Y \mid X)p(X) = p(X \mid Y)p(Y)$$

变换后得到:

$$p(Y \mid X) = \frac{p(X \mid Y)p(Y)}{p(X)}$$

上面公式称为贝叶斯定理,它提供了从先验概率 $P(Y)$ 计算后验概率 $P(Y|X)$ 的方法。在分类时,给定测试样本的属性集 X。利用训练样本数据可以计算不同类别 Y 值的后验概率,后验概率 $p(Y|X)$ 最大的类别 Y 可以作为样本的分类。

2. 朴素贝叶斯分类器

在应用贝叶斯定理时,$p(X|Y)$ 的计算比较麻烦。但对于属性集 $X=\{X_1, X_2, \cdots, X_n\}$,如果 $X_1, X_2, \cdots, X_n$ 之间相互独立,即 $p(X \mid Y) = \prod_{i=1}^{n} p(X_i \mid Y)$,这个问题就可以由朴素贝叶斯分类器来解决:

$$p(Y \mid X) = \frac{p(Y) \prod_{i=1}^{n} p(X_i \mid Y)}{p(X)}$$

其中,$p(X)$ 是常数,先验概率 $p(Y)$ 可以通过训练集中每类样本所占的比例进行估计。给定 $Y=y$,如果要估计测试样本 X 的分类,由朴素贝叶斯分类器得到 y 类的后验概率为:

$$p(Y = y \mid X) = \frac{p(Y = y) \prod_{i=1}^{n} p(X_i \mid Y = y)}{p(X)}$$

只要找出使 $p(Y = y) \prod_{i=1}^{n} p(X_i \mid Y = y)$ 最大的类别 y 即可。

$p(X_i|Y)$ 的计算视属性的性质有所不同。

(1) 对于分类属性 X_i,可以用类 Y 中属性值等于 X_i 的样本比例来进行估计。

(2) 对于连续型属性 X_i,通常先把 X_i 离散化,然后计算属于类 Y 的训练样本落在 X_i 对应离散区间的比例估计 $p(X_i|Y)$。离散化的方法将在 5.5.2 节讨论。也可以假设 $p(X_i|Y)$ 的概率分布,如正态分布,然后用训练样本估计其中的参数。

朴素贝叶斯分类器简单高效,经常被用于入侵检测和文本分类等领域。这种分类模型能较好地处理训练样本的噪声和无关属性,减少对数据的过度拟合。但朴素贝叶斯分类器要求严格的条件独立性假设,但属性之间一般都存在着一定的相关性。因此对于实际应用中某些属性有一定相关性的分类问题,效果往往并不理想。这个问题可以用拓展的朴素贝叶斯模型——贝叶斯网络(Bayesian network),也称为贝叶斯信任网络来解决。

贝叶斯网络 1988 年由 Judea Pearl 提出,已在智能系统、决策支持、故障诊断等领域得到关注。贝叶斯网络是一种描述变量之间依赖关系的图形化概率模型,基于多个变量的联合概率进行不确定性推理,常用于分类。例如,对于集装箱运输公司而言,当客户订舱后,在集装箱出运前,多种因素会导致客户中止,订舱的最终状态也就带有一定的不确定。可以利用集装箱订舱管理系统积累的大量历史数据,通过贝叶斯网络计算订舱被中止的概率,以便预测订舱的风险。

贝叶斯网络由一个有向无环图和一个条件概率表组成,其中一个节点(属性)需要与其父节点的所有非后代节点是相互独立的。在有向无环图中,每一个节点都对应一个条件概率表,表中的数据表示在父节点出现的条件下子节点的条件概率。如图 5.23 所示,使用 IBM SPSS Modeler 中的贝叶斯网络模型分析银行客户贷款的风险。银行贷款客户是否违约(previously defaulted)受债务水平(debt to income ratio)、工作年限(years with current employer)、家庭收入(household income in thousands)、居住年限(years at current address)等因素影响,其中箭头方向表示节点之间的概率依赖关系。从图 5.23 中可以看出,这几个影响因素的重要性递减。

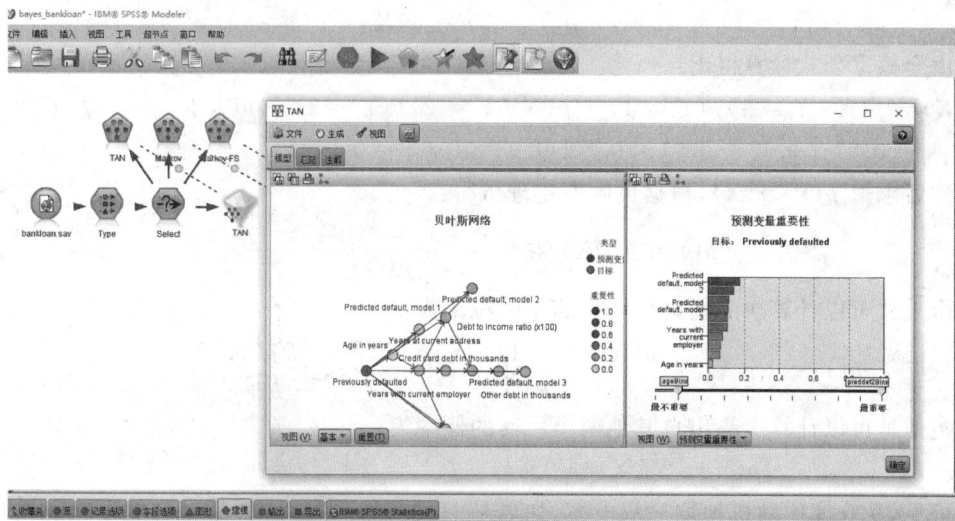

图 5.23　银行贷款客户风险预测

与决策树、神经网络等分类算法相比,贝叶斯网络可以围绕分类变量,帮助分析多个变量之间的依赖关系,包括预测变量(条件属性)之间的关系,而不限于描述条件属性(变量)与分类属性之间的关系。但这种方法可能运算量比较大。贝叶斯网络的具体介绍读者可查阅相关资料。

【例 5.5】　贝叶斯分类器在供电电容生产中的应用

供电电容是计算机主板生产商必备的工业组件,质量好的供电电容可以提高主板的供电效率,所以供电电容的质量也就直接决定了主板的使用寿命。假设某段时期内某计算机主板制造商所用的供电电容是由三家电容生产商提供的。对制造商在这段时期内的业务数据进行抽样,得到表 5.6。

表 5.6　电容次品率及所占份额

电容生产商标识	次品率	提供电容的份额
1	2%	15%
2	1%	80%
3	3%	5%

因为三家电容工厂的供电电容在电脑主板生产商的仓库中是均匀混合的,并无明显的区别标志。现在电脑主板生产商想通过对数据进行分析,解决下面两个问题。

(1) 随机地从仓库中取一只供电电容是次品的概率。

(2) 从仓库中随机地取一只供电电容,若已知取到的是一只次品,想分析此次品来自哪家工厂的可能性最大。

假设 X 表示"取到的是一只次品",$Y=i,(i=1,2,3)$ 表示"取到的产品是由第 i 家工厂提供的",则问题转化为求解 $p(X)$ 与 $p(Y=i|X)$。由表 5.6 得到后验概率为:

$$p(X \mid Y=1)=2\%, \quad p(X \mid Y=2)=1\%, \quad p(X \mid Y=3)=3\%$$

先验概率为:

$$p(Y=1)=15\%, \quad p(Y=2)=80\%, \quad p(Y=3)=5\%$$

由全概率公式计算得出:

$$p(X)=p(X \mid Y=1)p(Y=1)+p(X \mid Y=2)p(Y=2)+p(X \mid Y=3)p(Y=3)$$
$$=0.02\times0.15+0.01\times0.8+0.03\times0.05=0.0125$$

然后求解 $p(Y=i|X)$,根据贝叶斯定理可得:

$$p(Y=i \mid X)=\frac{p(X \mid Y=i)p(Y=i)}{p(X)}$$

由上式可以计算次品出自生产厂商 1 的概率为:

$$p(Y=1 \mid X)=\frac{p(X \mid Y=1)p(Y=1)}{p(X)}=\frac{0.02\times0.15}{0.0125}=0.24$$

类似地可以计算次品出自其他两个厂商的概率为:

$$p(Y=2 \mid X)=0.64, \quad p(Y=3 \mid X)=0.12$$

可见,从仓库中随机地取一只电容,如果是一只次品,那么此次品来自工厂 2 的可能性最大。

【例 5.6】　贝叶斯分类器在垃圾邮件处理中的应用

在网络时代,垃圾邮件每天都在增加,且发送方式变得更加狡猾,反垃圾邮件面临着挑战,采用传统的反垃圾邮件技术的防范效果并不令人满意。贝叶斯过滤可以根据已经发生的事件预测未来事件发生的可能性,可用于垃圾邮件的检测。

传统的垃圾邮件过滤方法是关键词过滤,如果垃圾邮件不包含常见的关键词,那么可能就会被忽略。与传统方法相比,贝叶斯过滤是对邮件的内容进行分析,综合考虑了两方面因素:不仅包括关键词在垃圾邮件中出现的概率,而且包括关键词在正常邮件中的概率。当一封新的邮件到达时,这封邮件的内容将被分解成字串。依据数据库中这些词的概率通过公式进行计算,用贝叶斯定理计算出的垃圾邮件可能性高于某个阈值时就判定这封邮件是垃圾邮件。同时贝叶斯过滤防范有一定的智能性,通过一定的学习方法可以对数据库词的概率进行更新,就可以适应垃圾邮件的变化情况。

贝叶斯过滤的另一个显著特点是学习并理解用户对邮件的偏好,例如,抵押(mortgage)一词对软件公司而言意味着垃圾,但对金融类公司则意味着正常邮件。贝叶斯过滤能根据用户的这种偏好进行处理。贝叶斯过滤也支持多语种。此外,贝叶斯过滤器还可以处理一些欺骗手段。垃圾邮件发送高手通常通过减少垃圾词汇或者在邮件中掺杂一些正常词汇,绕过一般的邮件内容检查,但要想成功地绕过贝叶斯过滤,就不得不对每个收件人的偏好进行分析,这是垃圾邮件发送者很难做到的,因此,贝叶斯分类器就起到了反垃圾邮件的作用。

5.5.2 决策树

决策树是由决策节点、分支和叶子组成的。其中每个内部节点都表示在一个属性上的测试,每个分支代表一个测试输出,而每个叶节点代表类,树的最顶层节点是根节点。沿决策树从上到下遍历的过程中,在每个节点都会遇到一个测试,每个节点上的测试输出导致不同的分支,最后到达一个叶子节点,这个过程就是利用决策树进行分类的过程。决策树可转化为一些分类规则,具有较好的解释性,从树根到树叶的每条路径都对应一个规则,例如,图 5.24 最左边的路径对应的规则为:如果年龄<30 岁而且家庭经济情况一般,那么这种顾客不购买跑步机。因为决策树等算法属于归纳学习,所以从训练集得到的决策树并不能完全拟合所有训练样本,最终得到的分类规则置信度一般小于 1。这里的置信度表示决策树的分类正确率。

为了便于分析,决策树算法的输入一般整理成决策表(decision table)的形式。决策表的每行是一个样本(实例),每个样本用若干个属性(变量)描述。这些属性分为条件属性和决策属性,其中条件属性用于描述实例,重要的条件属性可能成为决策树的分支属性,而决策属性标明每个样本的类别(可通过聚类确定)。决策树可用于与决策属性相关的重要属性分析。

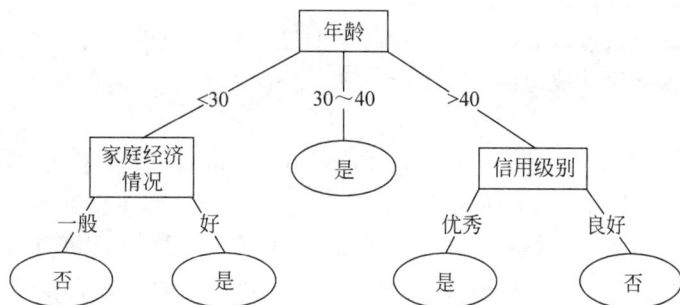

图 5.24 跑步机购买决策树

1. 决策树的属性选择

给定一个决策表,可以构造很多决策树。搜索最优的决策树一般是不现实的,可以采用启发式的方式来构造次优决策树。属性选择依赖分支准则,一般不需要领域知识。属性选取是决策树算法中重要的步骤,一般需要最大程度地增加样本集的纯度,而且不要产生样本数量太少的分支。常见的属性选择标准包括信息增益(information gain)、gini 指数(gini index)和 χ^2 检验等。

1) 信息增益

信息增益是决策树常用的分支准则:在树的每个节点上选择具有最高信息增益的属性作为当前节点的分支属性。这种分支的方法只关心目前分支的优化,因此属于贪婪的搜索方法。设 S 是 n 个样本的集合。假定分类属性具有 m 个不同值,定义 m 个不同类 $C_i(i=1,2,\cdots,m)$,s_i 是类 C_i 中的样本数。对给定的样本分类的期望信息:

$$I(s_1,s_2,\cdots,s_m) = -\sum_{i=1}^{m} p_i \log_2(p_i)$$

式中 p_i 表示样本属于类别 i 的概率,可用 s_i/s 估计,因此 S 中的样本要有一定的数量和代表性。设属性 A 具有 v 个不同值 $\{a_1,\cdots,a_v\}$。可以用属性 A 把 S 划分为 v 个子集 $\{S_1,\cdots,S_v\}$,其中 S_j 包含 S 中在属性 A 上取值 a_j 的样本。如果 A 选作测试属性,那么 A 的 v 个不同值对应各个分支。设 s_{ij} 是样本子集 S_j 中类 C_i 的样本数。由 A 划分样本子集的熵确定为:

$$E(A) = \sum_{j=1}^{v} \frac{s_{1j}+\cdots+s_{mj}}{n} I(s_{1j},\cdots,s_{mj})$$

式中,$\frac{s_{1j}+\cdots+s_{mj}}{n}$ 表示子集中的样本个数除以 S 中的样本总数,即第 j 个子集的权。如果熵值越小,样本子集划分的纯度就越高。给定样本子集 S_j 的期望信息:

$$I(s_{1j},s_{2j},\cdots,s_{mj}) = -\sum_{i=1}^{m} p_{ij} \log_2(p_{ij})$$

式中,$p_{ij}=s_{ij}/|S_j|$ 是 S_j 中的样本属于 C_i 的概率,$|S_j|$ 表示集合 S_j 中的样本数量。A 作为分支属性的信息增益:

$$\text{gain}(A) = I(s_1,s_2,\cdots,s_m) - E(A)$$

计算每个属性的信息增益,具有最高信息增益的属性选作给定集合 S 的分支属性。创建一个结点,对该属性的每个值创建分支。

决策树的生成过程可以看成将空间用超平面进行划分,每次用某个属性分割的时候,都把当前的空间分为该属性取值的种数部分。

2) gini 指数

gini 指数是一种不纯度函数(impurity function),已用于分类回归树 CART (classification and regression trees)等分类算法,适合可分类型和数值型数据的分类。不纯度函数用来度量数据集中的数据关于类的"纯度"或同质性的,度量每个属性的二元划分:对于可分类型属性,取产生最小 gini 指数的子集作为该属性的分支子集;对于连续型属性,选择产生最小 gini 指数的分割点作为该属性的分支点。如果数据均匀地分布于各个类中,则数据集的不纯度就大。反之,数据集的不纯度就小。当根据属性的不同取值拆分数据集时,会导致数据集不纯度的减小。gini 指数首先计算各个属性的纯度增量,然后选取纯度增量最大的属性拆分数据集。

集合 S 包含 m 个类别的样本集,那么其 gini 指数定义为:

$$\text{gini}(S) = 1 - \sum_{j=1}^{m} p_j^2$$

式中，p_j 表示 S 中样本属于类别 j 的概率。如果某属性有两种取值，根据此属性的取值把集合 S 分成两部分 S_1 和 S_2，那么这个属性的 gini 指数定义为：

$$\text{gini}_{\text{split}}(S) = \frac{s_1}{n}\text{gini}(S_1) + \frac{s_2}{n}\text{gini}(S_2)$$

得到最小 $\text{gini}_{\text{split}}$ 的属性就被选择作为分支的依据（也可用于连续属性离散化）。

3）χ^2 检验

1900 年，Karl Pearson 提出了 χ^2（卡方）作为度量统计学显著性的方法。1975 年，John A. Hartigan 把 χ^2 用于 CHAID（Chi-squared Automatic Interaction Detector）算法，作为决策树的分支标准。较高的 χ^2 值表示用某属性拆分决策树时，可以把样本集拆分为有显著分布差异的分组。

CHAID 算法使用卡方自动交互检测，由 KASS 在 1980 年提出，是一种为了达到目标最优，通过目标选择、变量筛选和聚类等手段对序次等级数据和分类数据进行分析的方法。CHAID 算法的核心思想是根据结果变量与解释变量对样本进行最优分割，按照卡方检验的结果进行多元列联表的自动判断分组。

CHAID 算法是在决策树算法中常用的算法之一。与 C&D、QUEST 等决策树算法比较，CHAID 算法可以生成非二叉树，每个树节点可以有两个以上的分支。CHAID 算法自动把数据拆分为无遗漏的、互斥的组群，最终输出一个直观的决策树。CHAID 算法细分的样本由多个属性变量共同描述，因此该方法属于多变量分析方法。此外，CHAID 算法适用于可分类数据的分析，例如地理位置的种类、工作种类等数据。

CHAID 算法的具体步骤如下[14]。

（1）计算决定合并类别的统计量 P 值。P 值计算的方法根据目标变量的类型确定。如果目标变量是连续型数据，则采用 F 检验方法。如果目标变量是分类数据，则建立一个交叉分类表，其中属性变量的类别作为行，目标变量的类别作为列，采用卡方检验的方法，此时 P 值为卡方值 χ^2。

（2）找到 P 值最小的两个属性类别，并把该 P 值与预先设定的合并临界点 α_{merge} 比较。如果 P 值小于 α_{merge}，则把两个类别合并形成一个新的类别，重复该步骤。

（3）对于那些新合并的包含了三个或三个以上原始类别的类别，通过 P 值判断是否需要再拆分成两组。把该 P 值与预先设定的分裂临界点 α_{split} 比较，如果 P 值大于 α_{split}，则把该类别拆分成两个类别，返回步骤（2）。

（4）执行步骤（2）和步骤（3），直到满足停止条件，得到决策树。停止条件包含以下几种情况：如果决策树的层数已经达到指定深度，则停止生长；对于父节点，如果节点的样本量已低于最少样本量限制，则不再分组；对于子节点，如果分组后生成的子节点中的样本量低于最小样本，则不必进行分组；当输入变量与输出变量的相关性小于一个指定值，则不必进行分组。

CHAID 算法能够较好地处理缺失值、非线性的数据，同时容易解释结果、易于掌握，所以常用作市场分析，也可用于生物学研究、居民卫生服务和人力资源分析等领域。

QUEST（quick unbiased efficient statistical tree）是一种二叉树算法，既能处理连续型的属性，又能用于分析离散型的属性。QUEST 算法将属性的选择和分割点的确定采用不同的策略,克服了一些决策树算法在属性选择上的偏向性,在运算速度和分类准确度上优于一些决策树算法。QUEST 算法的大致步骤如下:

(1) 与 CHAID 算法类似,QUEST 算法利用卡方检验或 F 检验,计算分类型和数值型的条件属性和分类属性之间的关联强度或方差 P 值。

(2) 把 P 值与设定的显著性水平值 α 比较:如果 $P<\alpha$,则选择 P 值最小的一个作为分支变量;如果 $P>\alpha$,则采用 Levene 方差齐性检验 P 值,并在小于显著性水平 α 时选择最小 P 值作为分支属性;若方差齐性检验的 P 值仍然大于 α,则选择步骤(1)中 P 值最小的一个作为分支属性。

(3) 若选出的分支属性为无序分类变量,则计算最大判别取值,使得不同条件属性取值时决策属性的差异最大化。如果决策属性为多分类,则用聚类算法将这些类别合并为两个超类,简化为二类判别。

(4) 使用二类判别确定分割点的位置。

请读者查阅资料,讨论其他分支属性选择方法。

2. 连续属性的离散化方法

决策树一般不适合处理连续型的属性,这类变量在决策树分析前需要进行离散化。在离散化时,需要注意离散化后的属性取值对应一定的业务含义,防止信息丢失。

离散化是把连续型属性按一定标准划分为几个离散(分类型)值的过程:首先确定需要多少个离散值,再考虑如何把连续属性映射到这些离散值。因此连续属性离散化实际上是选择分割点的个数和确定分割点位置的问题。

离散化可以把连续属性分为若干区间,用不同符号映射每个区间的数值,减少连续属性的取值个数,便于后续分析。一般来说,离散化越细,得出的决策树就越复杂,预测的正确率可能越高,但会造成决策树分支过多以及计算量的增加。

如果不使用样本的类别信息,则离散化比较简单。例如,等宽法把连续属性的值域划分为相同宽度的区间,等深法则使每个区间包含相同数量的样本。前面讨论的 k-means 等聚类方法也可以用于离散化。上述这些离散化方法没有考虑样本的类别,因此离散后的区间常包含不同类的样本。为了进一步提高区间的样本纯度,可以考虑样本的类别信息,最常用的离散化方法之一是基于信息熵的方法。

在决策树的生成过程中,对于连续属性的离散化,通常是把连续属性的值域分割为两段,即二元离散化。设存在一个由 n 个样本组成的集合 S,对于某连续值属性 A,离散化的大致过程如下。

(1) 排序。按连续型属性值的增序排列,得到属性值序列 $v_1, v_2, \cdots, v_n$。

(2) 生成候选分割点。任何位于 v_i 和 v_{i+1} 之间的分割点都能把 S 中的样本划分为两类,这样有 $n-1$ 种可能的分割点。通常生成候选分割点的方法是选择上述序列中相邻每对值的中点,第 i 个候选分割点为 $(v_i+v_{i+1})/2$。当然,也有其他的候选分割点生成方法,例如,第 i 个分割点选择不超过上述中点的最大取值。

(3) 候选分割点的评价。对步骤(2)产生的候选分割点进行评价,从中选择一个最好的分割点:候选分割点把属性取值分成两个区间,每一区间都有一些不同类别的样本。参考前面信息熵的公式,计算每一个候选分割点划分产生的信息熵,选择产生最小信息熵的点作为分割点。

（4）取信息熵较大的区间，重复分割过程，直到区间（对应离散值）的个数达到用户指定的要求为止。

3. ID3 决策树算法

ID3、C4.5 和 CART 等都是常用的决策树算法，它们以自顶向下递归的方式构造决策树，这里主要介绍 ID3 算法。对于训练样本集，ID3 算法通过上述方法计算信息增益选择各分支属性，以信息增益最大为分支标准。再对各分支的训练样本递归建立决策树，最后得到一棵多层的决策树。这里需要注意的是，分支停止的几种条件：除算法规定的条件外，某一分支样本的数量少于设定的值，或者树的深度达到某一预设的值时，也可停止分支。

【例 5.7】 银行特约商户分析中交易金额的离散化[15]

近年来，中国银行卡产业规模继续高速增长，但仍存在一定的发展瓶颈，主要体现在商家对银行卡的认同度较低，特约商户的数量少。银行既要增加特约商户的数量，也要保证特约商户的质量，发展高消费的特约商户。因此需要对特约商户的交易情况进行分析，建立数据挖掘模型，分析特约商户的信用卡交易记录，进行特约商户分类，积极发展效益高的商户。

特约商户的分类采用决策树进行，首先进行数据预处理，对连续型属性离散化。这里仅仅讨论应用 gini 指数对连续属性进行离散化。

一条典型的信用卡交易记录包括发卡行、收单行、交易时间、交易金额、商户名称、商户行业和是否为特约商户等属性，在所有属性中，发卡行和行业是分类型属性，交易金额和交易时间需要进行概念分层，可以通过求取分割点来确定，例如，确定"顾客是否在特约商户消费"时，若选择交易金额 2000 元作为分割点，会把交易记录分成低于 2000 元和高于 2000 元两组。理想的情况是顾客低于 2000 元的消费均不是由特约商户完成，高于 2000 元的消费均是特约商户所为。但事实上，即使是最佳的分割点也很难实现这种理想情况。因此在这种情况下，属性取值会呈现一定的分布，最佳的分割点应使每组内的取值差异最小，不同组属性取值差异越大越好。

测定属性差异程度的指标通常称为差异系数，差异系数越小，说明属性的取值越集中，分割点越理想。差异系数可以采用 gini 指数。它的数学定义为 $1-(p_1^2+p_2^2)$，其中，p_1 是从样本集中随机抽取一个数据，属性 A 取某一离散值的概率，p_2 是取另一类值的概率，满足 $p_1+p_2=1$。p_1^2 是从训练集中随机抽取第二个数据，属性 A 仍为某类值的概率，以此类推，p_2^2 是按照同样的方法取另一类值的概率。因此确定交易金额最佳分割点的步骤如下。

（1）计算训练集的 gini 指数。在 13 822 条交易记录中有 9205 条是与特约商户有关的，4617 条与特约商户无关，则 gini 指数 $=1-\left[\left(\frac{9205}{13822}\right)^2+\left(\frac{4617}{13822}\right)^2\right]=0.4449$。

（2）指定某属性的某个取值为分割点，对样本数据进行分组后分别计算各组的 gini 指数，并计算各 gini 指数的加权平均值。指定交易金额分割点为 1800 元，它把顾客消费分为两组：大于交易金额 1800 元和小于 1800 元的顾客消费，计算两组的 gini 指数分别为 0.4828 和 0.4438。加权平均值 $=(302\times0.4828+13520\times0.4438)/13822=0.4447$。

（3）计算该层的加权平均值与根节点 gini 指数之间的差值：$0.4449-0.4447=$

0.0002。

（4）返回步骤（2），取分割阈值为 500 元，1000 元，1500 元，分别计算它们与总 gini 指数的差值为 0.0015、0.0016 和 0.0004。

（5）选差值最大的分割点为最佳分割点。从以上计算得出最佳分割阈值为 1000 元，因此选 1000 元作为交易金额的最佳分割点。由于交易金额小于 1000 元的交易数量众多，因此再对小于 1000 元的交易进行类似的离散化，如图 5.25 所示。

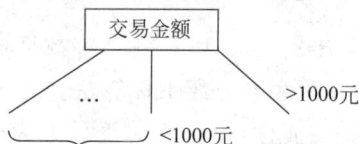

图 5.25　交易金额的离散化

ID3 算法也存在一些问题，例如，计算信息增益时可能偏向取值种类较多的属性，一些属性在决策树构建过程中被检验多次等。C4.5 算法继承了 ID3 算法的优点，算法的基本过程与 ID3 算法相似，但在选择决策树的分支属性时用信息增益率选择属性，弥补了选择属性时信息增益偏向选择取值种类较多的属性的不足。

属性 A 信息增益率 gain_ratio(A) 的定义为：

$$\text{gain\_ratio}(A) = \frac{\text{gain}(A)}{-\sum_{i=1}^{v} p(a_i)\log_2 p(a_i)}$$

式中，v 为属性 A 的不同取值 a_i 的个数，从中可以看出，当 v 比较大时，就会降低增益率，从而在一定程度上解决了 ID3 算法的上述问题。

与 ID3 算法相比，C4.5 算法在效率上有了很大的提高，生成的决策树分支也较少。但 C4.5 算法在选择分支属性时仍然依据信息熵，因此生成的决策树仍然是多叉树，而不是结构较为简单的二叉树。此外，C4.5 算法没有考虑属性之间的联系。

为了简化决策树的生成，提高生成决策树的效率，可以使用其他的决策树算法，典型的有 CART 算法、SLIQ 算法和 SPRINT 算法等。CART 算法采用一种二分递归分割的方法，每次都把当前样本集分割为两个子样本集，使生成的决策树的非叶节点都有两个分支，因此 CART 算法生成的决策树是结构简单的二叉树。这种算法选择分支属性 A 的判别函数如下：

$$\Phi(A) = 2p_L p_R \sum_{i=1}^{m} \mid p(i_L) - p(i_R) \mid$$

式中，p_L 和 p_R 分别是属性 A 左右分支的样本数占总体的比例，$p(i_L)$ 和 $p(i_R)$ 分别表示属性 A 的左右分支中样本子集属于类别 i 的比例，m 为分类类别数。使 $\Phi(A)$ 最大的属性 A 作为分支的属性，因为需要满足下面的条件。

（1）左右分支样本的数量差不多。

（2）左右分支的样本集尽量不要属于同一类。

此外，CART 算法也使用后剪支。在决策树生成过程中，考虑到多展开一层就会有更多的信息被发现，CART 算法运行到不能再长出分支为止，从而得到一棵最大的决策树。然后 CART 对生成的决策树进行剪支。剪支算法使用独立于训练样本集的测试样本集对子树的分类错误进行计算，找出分类错误最小的子树作为最终的分类模型。

大多数的决策树算法在分支时考虑一个属性，但最佳的分支标准可能是某些属性组合。有些决策树算法对此问题进行了探讨，但这种方式可能会带来算法的复杂性问题。

4. 决策树算法的可伸缩性

ID3、C4.5 等算法对规模较小,可以一次放入内存的训练样本集很有效,但实际上数以百万计样本的超大型训练集是常见的,大多数情况下无法把训练样本集全部放入内存,导致算法的有效性降低。因此需要增加可伸缩的方法以节省空间。IBM 的研究人员运用一些特殊数据结构,如属性表和类表,在 1996 年提出了一种快速的、可伸缩的 SLIQ 算法,可以处理离散属性和连续属性。SLIQ 算法首先把训练样本集划分成若干子集,使每一个子样本集都能放入内存中,然后对每个子样本集都分别构造一棵决策树,再把这些决策树综合,得到最终决策树。SLIQ 算法可以处理大规模的训练样本集,具有较好的伸缩性。与传统决策树算法相比,缩短了运行时间。SLIQ 算法在执行过程中需要随时修改类表,类表常驻内存,而类表的大小会随着训练样本集的增大而增大,因此,SLIQ 算法对内存容量有一定的要求。

5. 决策树的过拟合和修剪

每种算法都有一定的局限性,过拟合(overfitting)问题是决策树的一个难题。在决策树中,有时挖掘训练样本集构造决策树无法达到较好的泛化性能,特别是当训练样本集中有异常或噪声时,或训练样本集的数量太少以至于不能产生有代表性的采样时,都可能会导致过拟合。此外,这些噪声可能导致样本冲突,例如,有两个样本具有相同的属性描述,但它们的分类却不同。当属性的描述不完备,或属性值不足以判别分类时,也会导致样本冲突。样本冲突必然会导致挖掘得到的决策树对训练样本拟合不足,即不能完全拟合数据。事实上,当训练样本集没有噪声干扰时,过拟合也有可能发生,特别是在样本集中包含的某类样本数量比较少的情况下。在决策树中,为这类样本提取的规则(对应决策树路径较长的分支)涉及很多属性,很难简化为覆盖率高的规则。此外,在决策树递归分支的过程中,一些分支样本的数量可能太少,使得进一步划分失去统计意义。可以事先给定一个阈值,当某分支的样本数少于该阈值就停止划分。很多数据挖掘软件都允许用户设置这样的阈值。例如 IBM SPSS Modeler 允许用户设置"预期噪声"参数控制噪声数据对决策树质量的影响。

决策树的修剪是针对过拟合问题提出来的,修剪通常利用统计方法删除最不可靠的分支,以满足最小描述长度(MDL)的要求,提高分类识别的鲁棒性,其实质是消除训练集中的噪声。通常采用两种方法进行决策树的修剪,即事前修剪和事后修剪。事前修剪是判断当前节点是否继续分支,而事后修剪则是在构建决策树结束后再进行修剪,但计算的工作量比较大。事前修剪需要设置阈值确定某个节点是否需要继续分支,这个阈值难以确定,通常事后修剪相对事前修剪更常用。此外,也可以交叉使用事前修剪和事后修剪两种方法,均衡决策树的复杂程度和计算量。

决策树的过拟合与修剪示意如图 5.26 所示。在"此处修剪"时可以保证测试样本集的错误率降至最低,而在右侧修剪时,随着产生的决策树深度的增加,可能会导致过拟合。反之,在左侧修剪时则会出现拟合不足。修剪后的分支因包含不同类的样本导致一定的分类误差。

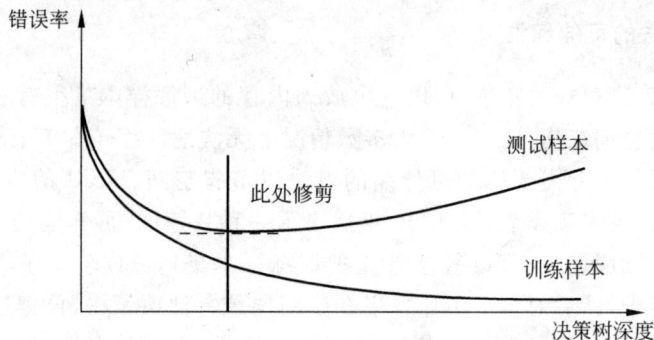

图 5.26 决策树的过拟合过程与修剪

6. 分类模型的评估

决策树等分类模型的性能需要进行评估,分类结果与样本的真实分类不一致归因于分类模型的错误率,这些错误的结果可能会造成比较大的损失。一般情况下,样本集分为训练集和检验集:训练集用于归纳分类模型,检验集用于评估模型的性能。评估的结果可以用混淆(confusion)矩阵或列联表来表示,其中列表示样本真实分类,行表示分类模型的预测分类,矩阵的元素表示真实分类与预测分类不一致的样本个数,从中可以计算各种错误的比例。混淆矩阵是真实值与预测值之间的一个交叉表格,既能识别误差的性质,也能计算错误识别率,使用户可以根据错误分类的比例评价模型。下面是三分类问题的混淆矩阵,其中 c_{ij} 表示实际样本类别是 C_i 而被预测为 C_j 的记录数,例如,c_{12} 表示属于 C_1 但被误分类为 C_2 的样本数。

$$
\begin{array}{c|ccc}
\text{真} & c_1 & c_2 & c_3 \\
\hline
\text{实} & & & \\
c_1 & c_{11} & c_{12} & c_{13} \\
\text{分} \quad c_2 & c_{21} & c_{22} & c_{23} \\
\text{类} \quad c_3 & c_{31} & c_{32} & c_{33} \\
\end{array} \quad \text{预测}
$$

对于不存在某类样本过少的样本集(平衡样本集),可以由混淆矩阵计算分类模型正确预测的比例:

$$
\text{正确率} = \sum_{i=1}^{3} c_{ii} \Big/ \sum_{i,j=1}^{3} c_{ij}
$$

如果 c_{ij} 的重要性不同,例如,稀有类的正确分类比一般多数类的正确分类更有价值,那么还可以采用加权正确率评估分类器的性能:

$$
\text{加权正确率} = \sum_{i=1}^{3} w_{ii} c_{ii} \Big/ \sum_{i,j=1}^{3} w_{ij} c_{ij}
$$

对于两分类问题,样本可分为正例(positive)和反例(negative)两类。利用分类模型,在对样本进行分类时,可能出现 4 种情况:正例样本被分类成正例,称为真正类(true positive,TP);样本是反例但被分类成正例,称为假正类(false positive,FP);样本是反例被分类成反例,称为真负类(true negative,TN);样本是正例但被分类成反例,称为假反类(false negative,FN)。由此得到常用的分类模型准确性指标:

（1）精度

精度为正确分类的样本数目与正确分类的正例样本数目和错误分类的正例数目之和的比值：TP/（TP＋FP）。

（2）查全率

查全率为正确分类的正例样本数目与正确分类的正例样本数目和错误分类的反例数目之和的比值。

（3）准确率

准确率用正确分类的样本数目（正例和反例）与样本总数的比值表示。

除了分类精确率（正确率）外，还可以使用 ROC 曲线等方法度量分类的质量。

ROC（receiver operating characteristic curve）曲线也是一种分类模型准确性的评估方法，分别用真正类率 TPR＝TP/（TP＋FN）和假正类率 FPR＝ FP/（FP＋TN）作为平面坐标系的水平轴和垂直轴。这种图反映了分类敏感性和特异性的相互关系，图中曲线下面积 AUC 越大，分类模型的预测准确性越高。因此，ROC 曲线可以作为不同分类模型准确度比较的方法。图 5.27 从上到下依次是 Logistic 回归模型、Discriminant 模型和 CRT 决策树模型的 ROC 曲线，从中看出 Logistic 回归模型、Discriminant 模型的预测准确度明显高于 CRT 决策树模型。

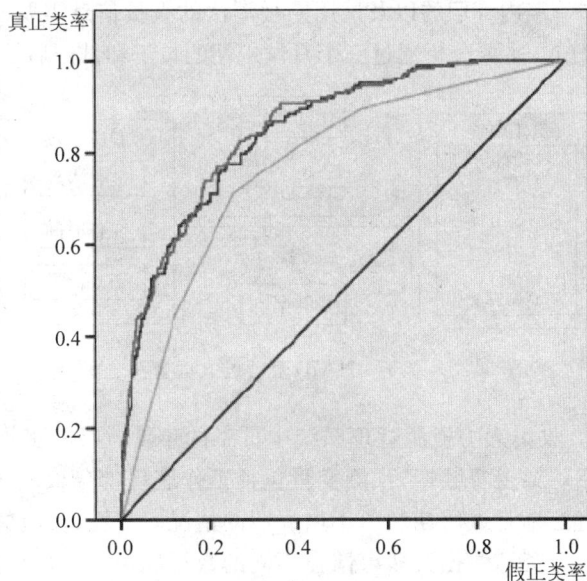

图 5.27　几种分类算法的 ROC 曲线

此外，k-折交叉校验（k-fold cross validation）也是一种常用的分类器性能评价方法：把样本集分成 k 个互不相交、大小相等的子集 $S_1, S_2, \cdots, S_k$。训练和测试进行 k 次：第 i 次训练时 S_i 用作测试集，其余的子集都用于训练。分类模型的准确率为 k 个测试集的准确率的平均值。这种方法的优点是每个样本都用于检验一次，有效地覆盖了整个数据集，但计算花费的时间比较多。

决策树的评价指标除了正确率以外，还有算法的速度、鲁棒性、可伸缩性、可解释性、计算复杂性、模型的简洁和易用性等指标。

决策树有广泛的应用,常用的场合包括在探测数据集时挑选主要的影响变量(例如作为神经网络等算法的预处理)、预测变量的未来取值等。下面举例说明决策树在人力选择中的应用。

【例 5.8】 应用 CHAID 算法提高人才的选拔质量[16]

人力资源是高科技行业的主要竞争力之一。人员招聘与选拔对企业员工整体素质水平有重要的影响。尤其对于半导体制造业等知识型企业,高技术、高素质人员在设计高效的半导体产品上必不可少。然而,半导体公司经常出现较高的人员流失率,也面临不易招到合适员工的困难。为了能吸引优秀的应聘者,有些半导体公司会提供吸引人的报酬和福利。但在判定应聘者能力的标准以及应聘者可能在公司工作的时间等问题上无法给出准确的判断。因此,选择优秀且能较长时间留在公司工作的工程师非常重要。

这里以台湾新竹科技园区的半导体制造商为例,利用 CHAID 算法,发现员工属性与工作行为之间的关联,指导人员的选拔和评价,主要的步骤如下。

(1) 问题定义。如图 5.28 所示,通过分析公司以往的人力资源管理数据预测应聘者的工作表现和保留时间。对于员工工作表现的分析,主要集中在表现"出色"员工(前 10%)和"需要改进"员工(后 5%)。根据人力资源专家的经验,如果员工没有通过三个月的试用期,这次招聘就视为失败,同时在培训上的投资也浪费了。如果员工在一年内辞职,则被视为管理问题。因此,在工作一年内辞职的以及试用期被淘汰的人员信息需要特别分析。对于应聘者在企业工作时间的分析,主要分析通过三个月试用期的员工和试用后一年内辞职的员工。

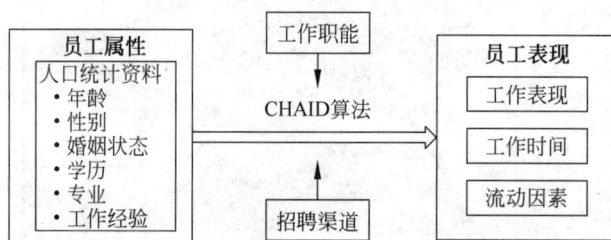

图 5.28　基于 CHAID 算法的人力资源分析

(2) 数据预处理。收集人力资源管理系统中员工的年龄、性别、工作经验、教育程度、所学专业、学校等级和招聘渠道等数据,预测变量包括工作表现(突出、成功和需要努力)、是否留在企业(考虑未通过三个月试用期和一年内辞职的情况)以及人员流失的原因。

为了保护隐私,人力资源数据大多存储在不同的数据库中。在数据挖掘之前,相关数据需要进行整合。由于数据中存在冗余和缺失的情况,需要数据格式化、冗余的数据删除、缺失的填补等预处理来提升数据的质量。

(3) 分类规则的获取。选择决策树获取人员的分类规则。由于大部分员工数据都是可分类型变量,且需要对结果进行解释,这里选择决策树作为数据挖掘的方式。由于大部分人员数据都是虚拟变量,这里选择 CHAID 算法发掘员工特征变量和预测变量之间的关系。为了便于使用,可以把获得的决策树转化为规则,下面是部分生成的有关工作表现和人员流动的规则(括号内的数字为置信度):

IF 招聘渠道=外部 THEN 该员工的工作表现可能为需要改进(84%);

IF 经验＝0 THEN 该员工的工作表现可能为需要改进(83%)；

IF 学校等级＝三等 THEN 该员工的工作表现可能为需要改进(86%)；

IF 学历＝硕士 AND 招聘途径＝内部 AND 学校等级＝一等 THEN 该员工的工作表现为很好(63%)。

(4) 结果评估与应用：由上述步骤获得的规则经过一组人力资源专家筛选后，获得最终可用的规则。例如从招聘渠道来看，从内部招聘的员工比从外部招聘的员工表现好；内部招聘的员工相对于外部招聘的员工，更不易流失；那些从较好的学校毕业的员工和学历较高的员工表现会更好，但他们的流失率很高；具有较多工作经验的员工，工作表现更好，但他们的流失率也很高。

由于业务会发生变化，上述分析得到的规则需要定期收集新数据，递增挖掘更新规则库，以保证决策的有效性。

在本节的最后，使用 IBM SPSS Modeler 14.2 分析选择邮购的客户特征。选择图 5.17 邮购客户的 mailshot.txt 文件，通过决策树分析可以让销售商了解哪些特征的客户是选择邮购的，便于销售商根据选择邮购用户的特征开展相应的促销活动。这里把客户的 age、sex、region、income、married、children、car、save_act、current_act 和 mortgage 作为输入，把客户是否选择邮购 mailshot_YN 作为目标。选择 C5.0 决策树算法对数据进行分析，得到的决策树如图 5.29 所示。

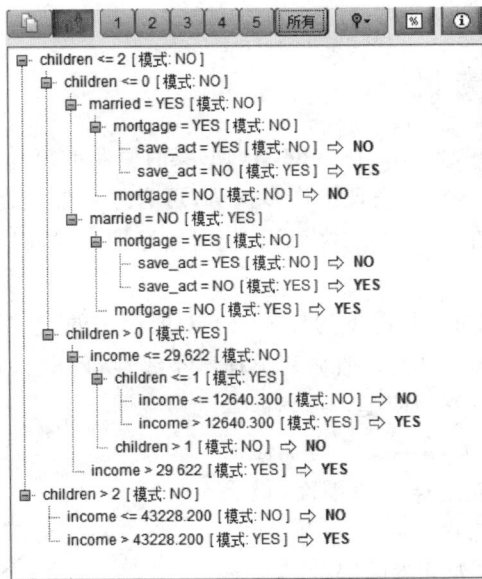

图 5.29　C5.0 决策树

从图 5.29 决策树中可以看出，客户的小孩数量和客户收入水平对客户选择购买方式有主要的影响。可以看出，具有以下特征的客户一般会选择邮购：客户的小孩大于 2 且收入大于 43 228.20 美元的客户；有一个或两个小孩，且收入大于 29 622.00 美元的客户；没有小孩的，有抵押且没存款的客户；对于未婚的也没有抵押的客户；对于未婚有抵押，但无存款的客户；有一个小孩且收入在 12 640.00 美元和 29 622.00 美元之间的客户。

类似地，采用 CHAID 决策树算法对上述数据进行分析，得到的决策树如图 5.30 所示。

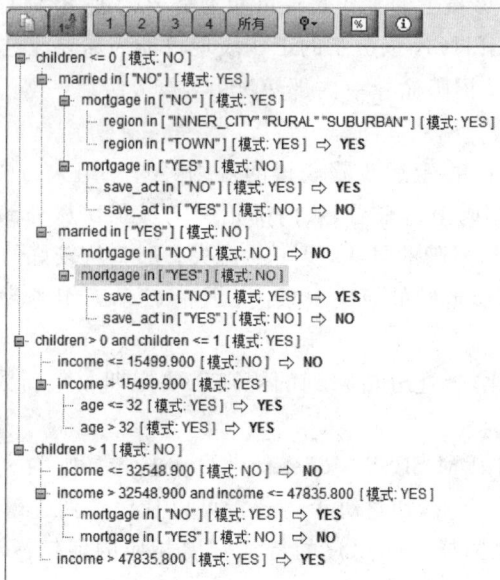

图 5.30　CHAID 决策树

从 CHAID 决策树模型可以得到,客户的孩子数量、客户的收入、年龄和居住地区等对 CHAID 建模有较大的影响。

5.5.3　支持向量机

支持向量机(Support Vector Machine,SVM)具有坚实的统计学理论基础,它在解决非线性、高维模式识别问题等领域表现出许多优势,可有效处理线性和非线性可分的分类问题。目前,支持向量机已在人脸识别、文字识别、图像处理和时间序列预测等领域获得了比较广泛的应用。

支持向量机是从线性可分情况下的最优分类发展而来的,其基本思想可用两类线性可分问题来说明[17]。如图 5.31 所示,假如两类样本是线性可分的,则可以找到一个超平面,该超平面可以把训练样本分为两类:一类样本位于超平面的上方,另一类样本位于超平面的下方。可能存在无穷多个这样的超平面,最优超平面不仅能把两类训练样本正确分开,而且使分类间隔最大。具有最大分类间隔的超平面在对测试样本进行分类时比具有较小分类间隔的超平面具有更好的泛化能力。所谓分类间隔是离最优超平面最近的样本且平行于最优超平面的两个超平面(最大边缘超平面,图 5.31 中的虚线)H_1 和 H_2 之间的距离 d。

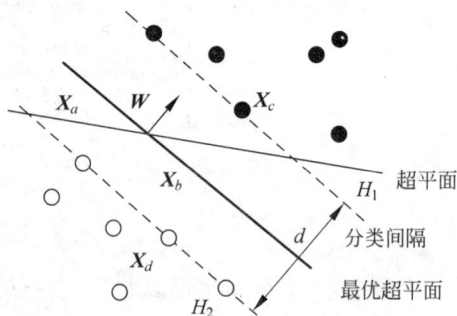

图 5.31　线性可分情况下的超平面

给定 n 个线性可分的训练样本。样本表示为 $(X_i, y_i)(i=1,2,\cdots,n)$,其中样本的 m 个属性表示为列向量 $X_i = (x_{i1}, x_{i2}, \cdots, x_{im})$,$y_i$ 是样本的类标号。这里考虑简单的二分类问题，$y_i \in \{-1,1\}$。图 5.31 所示的线性分类的最优超平面表示为：

$$\boldsymbol{W} \cdot \boldsymbol{X} + b = 0$$

式中，$\boldsymbol{W}$ 和 b 是超平面的参数，$\boldsymbol{W} \cdot \boldsymbol{X}$ 表示向量 $\boldsymbol{W}$ 和 $\boldsymbol{X}$ 的内积。

对于最优超平面的两个点 $\boldsymbol{X}_a$ 和 $\boldsymbol{X}_b$，满足：

$$\boldsymbol{W} \cdot \boldsymbol{X}_a + b = 0$$
$$\boldsymbol{W} \cdot \boldsymbol{X}_b + b = 0$$

由上面两个方程可得到：

$$\boldsymbol{W} \cdot (\boldsymbol{X}_a - \boldsymbol{X}_b) = 0$$

从上式可以看出，系数向量 $\boldsymbol{W}$ 的方向与最优超平面垂直。

可以证明，最优超平面上的点 $\boldsymbol{X}_t$ 类标号定义为 $y_t = 1$，满足：

$$\boldsymbol{W} \cdot \boldsymbol{X}_t + b = \mu > 0$$

而最优超平面下的点 $\boldsymbol{X}_u$ 类标号定义为 $y_b = -1$，满足：

$$\boldsymbol{W} \cdot \boldsymbol{X}_u + b = \Psi < 0$$

调整 $\boldsymbol{W}$ 和 b，两个最大边缘超平面分别表示为：

$$H_1: \boldsymbol{W} \cdot \boldsymbol{X} + b = 1$$
$$H_2: \boldsymbol{W} \cdot \boldsymbol{X} + b = -1$$

设 $\boldsymbol{X}_c$ 和 $\boldsymbol{X}_d$ 分别是超平面 H_1 和 H_2 上的点，得到：

$$\boldsymbol{W}(\boldsymbol{X}_c - \boldsymbol{X}_d) = 2$$
$$\|\boldsymbol{W}\| \times d = 2$$
$$d = \frac{2}{\|\boldsymbol{W}\|}$$

式中，$\|\boldsymbol{W}\|$ 表示向量 $\boldsymbol{W}$ 的长度。

支持向量机的训练是为了从 n 个训练数据中估计参数 $\boldsymbol{W}$ 和 b，它们满足：

$$y_i = 1, \quad \boldsymbol{W} \cdot \boldsymbol{X}_i + b \geqslant 1$$
$$y_i = -1, \quad \boldsymbol{W} \cdot \boldsymbol{X}_i + b \leqslant -1$$

即 $y_i(\boldsymbol{W} \cdot \boldsymbol{X}_i + b) \geqslant 1, i = 1, 2, \cdots, n$。

这样支持向量机的训练就转化为下面的最优化问题：

$$\min f(\boldsymbol{W}) = \frac{\|\boldsymbol{W}\|^2}{2}$$
$$s.t. \quad y_i(\boldsymbol{W} \cdot \boldsymbol{X}_i + b) \geqslant 1, \quad i = 1, 2, \cdots, n$$

根据拉格朗日方程为：

$$L(\boldsymbol{W}, b, \lambda_i) = \frac{1}{2}\|\boldsymbol{W}\|^2 - \sum_{i=1}^{n} \lambda_i [y_i(\boldsymbol{W} \cdot \boldsymbol{X}_i + b) - 1]$$

式中，$\lambda_i \geqslant 0$ 为拉格朗日乘子，分别对 L 求 $\boldsymbol{W}$ 和 b 的偏导数并令它们等于 0，得到：

$$\boldsymbol{W} = \sum_{i=1}^{n} \lambda_i y_i \boldsymbol{X}_i, \quad \sum_{i=1}^{n} \lambda_i y_i = 0$$

利用以上两式和目标函数的 n 个不等式约束条件，难以求得 $\boldsymbol{W}$、b 和 λ_i。因此需要把拉格朗日方程转化为对偶问题，得到对偶公式：

$$L_D(\lambda_i) = \sum_{i=1}^{n} \lambda_i - \frac{1}{2} \sum_{i,j} \lambda_i \lambda_j y_i y_j \boldsymbol{X}_i \cdot \boldsymbol{X}_j$$

对偶公式仅包含拉格朗日乘子 λ_i,这是一元函数的优化问题,相对比较简单。求得 λ_i 后代入公式 $W = \sum_{i=1}^{n} \lambda_i y_i X_i$ 即可求出 W。计算 b 需要一定的技巧,这里不做过多的阐述。

求得支持向量机的参数 W 和 b 后,检验样本 X_T 可以按下面的公式进行分类。

$$f(X_T) = \text{sign}\left(\sum_{i=1}^{n} \lambda_i y_i X_i \cdot X_T + b \right)$$

式中,sign( )表示符号函数,代表样本的类别。

以上讨论的是线性可分类的支持向量机。对于非线性可分类问题,很难找到区分两类样本的线性超平面,可以用非线性支持向量机来解决。非线性支持向量机的基本思想是把样本数据通过一个非线性变换,使样本数据由原来的特征空间映射到一个新的特征空间,从而把非线性可分类问题转化为线性可分类问题,因此可以用上面讨论的线性支持向量机划分样本。

【例 5.9】 支持向量机在青光眼检测中的应用[18]

青光眼是一种眼内压增高、视神经和视功能损害的眼病。持续的高眼压可能给眼球各部分组织和视功能带来损害,如不及时治疗,视力可能会全部丧失以致失明。早期诊断是治疗青光眼的关键,多数眼科医生都能正确诊断晚期青光眼,但如何确定早期青光眼患者是一个难题。除急性发作外,相当一部分早期青光眼患者都没有明显症状,这给眼科医生早期诊断青光眼提出了更高的要求。如何利用已搜集的原发性开角型青光眼病人资料,通过分析危险因素在原发性开角型青光眼诊断中所占的权重,对未来医生就诊具有一定的指导意义。房角检测是检查早期青光眼的主要手段,原发性开角型青光眼患者的房角为开角还是闭角的检测,在医学诊断中主要取决于双眼眼压差、房角和前房深度等几个因素。

这里随机抽取近三年新疆空军医院眼科青光眼门诊病例 88 人,利用样本 88 例数据,建立支持向量机训练学习模型。88 例病例(原发性开、闭角型青光眼)的双眼眼压差、房角、前房深度三个变量的三维图,如图 5.32 所示。图中"＋"表示开角型青光眼样本点,"○"表示闭角型青光眼样本点。从图 5.32 中可以看出,样本数据相互交叉较多,不易进行线性可分。

对 88 例数据利用支持向量机算法建立分类函数,得到最优平面方程,由于方程较复杂,这里不再讨论,有兴趣的读者可查阅参考文献 18。选择使房角判别分类正确率最大的组

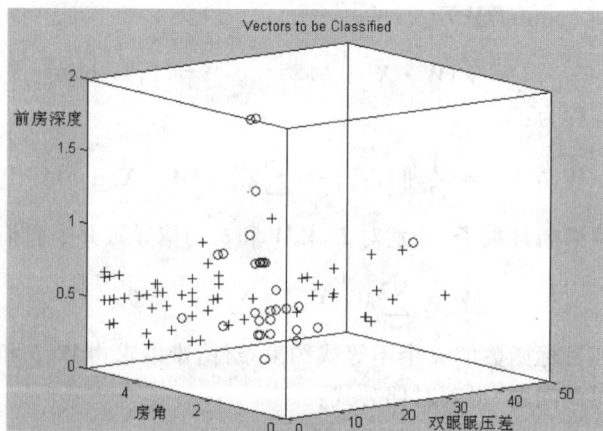

图 5.32 青光眼病例三维图

合,分类结果如表 5.7 所示,检测结果正确率为 98.86%。

表 5.7　分类结果

序号	Y	Result	序号	Y	Result	序号	Y	Result	序号	Y	Result
1	1	5.3025	23	1	1.4229	45	1	2.27	67	−1	−5.3398
2	1	1	24	1	1.2037	46	1	1.1481	68	−1	−1
3	1	1.0887	25	1	−0.6995	47	1	2.991	69	−1	−2.2929
4	1	1.0963	26	1	7.3851	48	1	1.0713	70	−1	−1.2666
5	1	1	27	1	8.4982	49	1	1.1894	71	−1	−3.7496
6	1	1	28	1	1.1156	50	1	3.1297	72	−1	−4.2329
7	1	1	29	1	1.2579	51	1	1	73	−1	−3.5738
8	1	7.3374	30	1	5.3573	52	1	1	74	−1	−1.3298
9	1	5.3318	31	1	3.0704	53	1	3.0705	75	−1	−0.7429
10	1	4.0522	32	1	4.0671	54	1	1.1018	76	−1	−3.0232
11	1	7.4321	33	1	4.0644	55	1	1	77	−1	−5.7684
12	1	1	34	1	3.0705	56	1	1.0004	78	−1	−2.3637
13	1	4.045	35	1	2.3337	57	1	5.3573	79	−1	−2.0486
14	1	8.0019	36	1	1.4229	58	1	3.0003	80	−1	−1.4389
15	1	2.2736	37	1	1	59	−1	−3.77	81	−1	−4.8653
16	1	5.6996	38	1	1	60	−1	−3.6162	82	−1	−1
17	1	6.2962	39	1	5.7072	61	−1	−6.309	83	−1	−1
18	1	2.6828	40	1	1.1016	62	−1	−5.1213	84	−1	−3.0938
19	1	5.8982	41	1	1	63	−1	−1	85	−1	−3.0938
20	1	1.2575	42	1	1.0713	64	−1	−1.0605	86	−1	−1
21	1	1.3245	43	1	1.6394	65	−1	−1	87	−1	−2.1881
22	1	3.1297	44	1	1	66	−1	−1.9405	88	−1	−5.2856

表 5.7 中 Y 为确诊后的临床诊断结果,$Y=1$ 为原发性开角型青光眼,$Y=-1$ 为原发性闭角型青光眼。Result 为模型数据回代结果。Result>0 代表房角为开角,否则为闭角。得到结果后,可以把 26 个新数据用支持向量机模型检测,结果如表 5.8 所示。

表 5.8　测试结果

序号	Y	双眼眼压差 a	房角 b	前房深度 c	Test	序号	Y	双眼眼压差 a	房角 b	前房深度 c	Test
1	1	4	4	0.66	1.5403	14	1	6	4	0.7	7.3175
2	1	15	5	0.66	1.8277	15	1	35	2	0.66	0.3472
3	1	36	4	0.33	1.2016	16	1	1	4	1	1.6438
4	1	16	4	0.33	0.9513	17	1	22	5	0.5	1.2037
5	1	1	4	0.33	1.4229	18	−1	4	1	1	−1.4554
6	1	0	3	0.5	−2.8798	19	−1	12	1	1	−2.2692
7	1	4	3	1	5.3568	20	−1	6	1	0.5	−1.0596
8	1	10	3	0.33	1.0142	21	−1	5	1	1	−1.1438
9	1	20	4	1	0.9939	22	−1	5	1	0.5	−0.9292
10	1	20	4	0.33	1	23	−1	3	1	1	−2.3637
11	1	9	4	0.33	3.3436	24	−1	4	1	1	−1.4554
12	1	22	5	0.3	1.2041	25	−1	1	1	0.5	−5.3485
13	1	9	4	0.25	3.3432	26	−1	28	1	1.5	−0.1068

表 5.8 中 Y 为确诊后的临床诊断结果，$Y=1$ 为原发性开角型青光眼，$Y=-1$ 为原发性闭角型青光眼。Test 为房角判别模型检测结果。如果以 Y 为衡量标准，那么 Test 检测结果与临床确诊吻合率达到 96.15%。

5.5.4　BP 神经网络

神经网络最初来自通过计算机模型来模仿人类智能的实践。1943 年，神经生理学家 McCulloch 和逻辑学家 Pitts 设计了神经活动的逻辑运算模型，以解释生物神经元的工作机理，为人工神经网络的研究奠定了理论基础。在 20 世纪 50 年代，计算机科学家在 McCulloch 和 Pitts 工作的基础上，提出了感知器（perceptron）的模型，可解决手推车上的扫帚平衡等简单问题。1969 年 Minsky 等学者指出感知器仅能解决线性划分，而对于非线性问题会遇到很大困难。为解决感知器非线性可分类问题，1986 年美国的一个并行计算研究小组提出了著名的反向传播（Back Propagation，BP）算法，引发了神经网络的研究热点。此后有关神经网络的研究逐渐从实验室转向商用。目前，神经网络经常用于分类和聚类，作为一种重要的数据挖掘方法它已在医学诊断、信用卡欺诈识别、手写体数字识别以及发动机的故障诊断等领域得到了广泛的应用。

神经网络是由许多人工神经元通过一定的互联方式组成的。这些神经元的结构比较简单，但它们复杂的连接（拓扑结构）会形成功能很强的网络。如图 5.33 所示，神经元一般有多个输入 $x_1,\cdots,x_n$，这些输入通过组合函数加权求和，然后再利用神经元的激活函数 f 产生输出 y。神经元之间的连接强度用权值 w 来表示。神经元的输入和输出之间的关系用函数表示为 $y=f\left(\sum w_i x_i+\theta\right)$，其中 θ 是神经元的偏置，在网络初始化时赋予小的随机数。激活函数（activation function）常用 Sigmoid 函数 $y=\dfrac{1}{1+e^{-x}}$（还有线性函数和双曲正切函数等）。

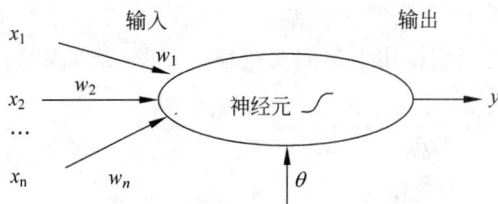

图 5.33　神经元

神经网络有多种拓扑结构，在分类中比较常用的是多层、前馈（feed-forward）和全连接的 BP 神经网络。这种网络包括输入层、隐层和输出层，其中输入层的神经元数量取决于影响分类的属性个数和类型。隐层及其神经元的数量没有通用的规则确定，需要借助经验并通过实验比较才能设置合适的值。在很多情况下，取一层隐层即可满足要求。尽管较多的隐层神经元可以增强网络获取分类模式的能力，但也会带来过拟合问题。输出层可以有一个或多个神经元，取决于具体的分类任务。典型的多层前馈神经网络的结构如图 5.34 所示。从图 5.34 中可以看出，每个神经元都与下一层的所有神经元连接，但同层的神经元之间没有连接。不同层次神经元之间的连接强度用相应的权 w_{ij}、w_{jk} 表示，这些权在网络初始化时被赋予很小的随机数，例如 $-0.5\sim0.5$ 或 $-1.0\sim1.0$ 之间的值。整个信息的处理是单向的，网络没有环形结构。输入 x_i 直接提供给输入层的神经元，对于输入层的神经元 i，它

的输出 O_i 等于输入 I_i：$O_i = I_i$。这些神经元的加权和同时提供隐层的神经元,隐层神经元的输出构成输出层神经元的输入,输出层的神经元给定样本的分类或预测。

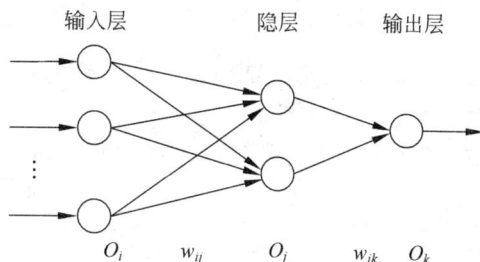

图 5.34　典型的多层前馈神经网络

隐层神经元 j 的输入是其输入的线性组合:

$$I_j = \sum_i w_{ij} O_i + \theta_j$$

用激活函数 Sigmoid 函数作用于隐层的神经元 j,j 的输出 O_j 可表示为:

$$O_j = \frac{1}{1 + \mathrm{e}^{-I_j}}$$

输出层神经元的输入和输出与隐层神经元的情况类似。隐层和输出层的非线性激活关系使神经网络可以近似任何函数。

BP 神经网络用于分类或预测前需要一个费时的训练过程,通过不断调整网络权值(甚至网络结构),使网络能获取训练样本的模式。这个过程的主要步骤如下。

(1) 分析业务问题,确定网络的输入和输出。BP 神经网络比较适合输入和输出都是数值型的分类问题,也可处理输入或输出为可分类型的数据。每一个数值型输入对应一个输入神经元,而对于分类型变量,如果有 m 种取值,则需要用 $m-1$ 输入神经元。至于输出神经元,如果是 2-分类问题,则需要一个输出神经元。如果是 4-分类问题需要两个输出节点,8-分类问题需要三个输出神经元,以此类推,这样可以减少神经网络输出层的神经元数目。

输入的选择是十分重要的,太多的输入会增加网络的复杂性,使网络训练的时间过长,同时也增加了过拟合的危险。解决的方法是利用决策树等方法分析对输出有重要影响的属性作为网络输入,也可以利用神经网络的灵敏度进行分析,保留对输出有较大影响的输入。

(2) 选择训练样本集,对其输入值和输出值进行预处理。神经网络比较适合处理连续型属性,为方便训练,可以用前面提到的标准化方法使其落在 0～1 之间。在网络训练后用于预测的时候,网络的输出要转换回原来范围的值。而对于可分类或其他类型的数据,预处理比较麻烦。此外,训练样本集也要足够大,足以覆盖每个输入的有效范围。

(3) 依靠经验确定网络的拓扑结构,并对神经元的权值和偏置进行初始化。网络拓扑结构设计没有明确的指导规则,通常用不同的网络拓扑或使用不同的初始权值,重复训练过程(这种方法也能够减少网络训练陷入局部极小的机会),比较才能确定。

(4) 利用反向传播等算法训练网络,不断调整网络权值减少预测误差,获得网络的最佳权。

(5) 用测试集检验网络的分类或预测质量。

(6) 预测未知样本的分类。

BP 神经网络是一种监督学习方法,使用反向传播的学习算法:通过迭代处理一组训练样本,把每个样本的网络输出值 T_k 与实际值 O_k 进行比较,然后按照一定的方式调整网络权和神经元的偏置,使得实际值和网络输出值之间的误差平方和最小:

$$ERR = \sum_{sample} \sum_k (O_k - T_k)^2$$

式中,sample 为样本集。这种网络权的调整是"后向"进行的,即由输出层,经由隐层,多次重复训练,直到满足误差要求为止。

为使 ERR 最小,可以利用最优化理论的梯度下降法更新网络权值。通常有两种方法更新权和偏置:一种是每训练一个样本就更新权和偏置,另一种是在处理训练集中的所有样本之后再更新权和偏置。这实际上是以 w_{ij} 和 w_{jk} 为变量的多元函数 ERR 的最小化问题。利用梯度下降法,权的更新方式如下:

$$w_{ij} \leftarrow w_{ij} - \eta \frac{\partial ERR}{\partial w_{ij}}$$

$$w_{jk} \leftarrow w_{jk} - \eta \frac{\partial ERR}{\partial w_{jk}}$$

式中,η 是学习率,$0 < \eta < 1$,这个参数可避免陷入局部最小。学习率太小,会使网络学习速度变慢,而太大的学习率可能会使学习过程振荡。通常在网络训练的初期学习率设置大一些,随着训练误差的减少,学习率可逐渐变小。

网络训练的停止标准是训练次数达到设定的次数或者训练误差小于某阈值。值得注意的问题是,梯度下降法是一种贪心算法,网络在训练时可能陷入局部极小,影响神经网络的应用效果。常用的解决方法是控制学习率或者在权的更新中增加冲量项 α,使网络的学习可能跳出局部最小。与学习率类似,α 也需要多次实验,才能确定合理的取值。由上可见,需要设置的经验参数太多也是神经网络的不足之处。

下面举个简单的例子来说明 BP 神经网络在分类中的应用。例如,VISA 公司曾用神经网络探测顾客的信用卡欺诈行为,如图 5.35 所示。此网络的输入是影响顾客信誉的几个属性:收入、负债、年龄和付款记录等,输出用于预测顾客的信用。

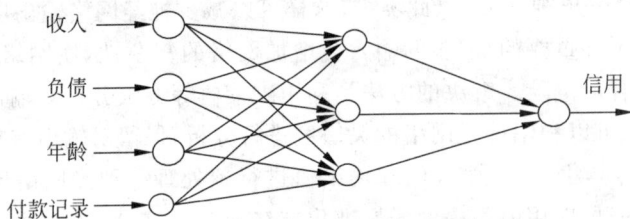

图 5.35　信用卡欺诈检测

神经网络具有并行性、分布存储、容错性和学习能力等优点,但其从训练样本中挖掘出的模式却表现在网络的权和偏置上,这种知识很难被人理解,因此有学者研究用网络提取规则的方法来提高神经网络的可解释性。

【例 5.10】　神经网络在外出就餐预测中的应用[19]

外出就餐已成为有些人生活的习惯,什么因素导致人们外出就餐也引起了一些学者的注意。研究表明,人们外出就餐的习惯与其性别、社会阶层、激励因素以及餐厅的特色有关系。例如,缺少时间、方便、环境的改变、多样的食物等是新加坡人外出就餐的主要原因。那么什么因素影响了台湾消费者外出就餐呢?

这里通过问卷调查收集了来自台湾不同地区的 800 个问卷,使用神经网络把经常出去和那些不经常出去就餐的人区分开来。受访消费者中大部分人是快餐食品的消费者,年龄在 15 岁至 64 岁之间,他们有不同的收入水平,来自不同的地区。此外,受访者的个人特征,包括社会人口统计、选择餐馆时考虑的因素、受访者的生活方式等数据也被记录下来。为了提高神经网络模型的简约性,把调查中得到的多个单个指标进行了归纳,得到了综合的变量。

把样本数据分成两个集合:随机选择的 534 个样本作为训练样本,剩下的样本作为测试样本。如果受访者外出就餐的频率平均每月不少于 25 次,则标记为类 1;否则标记为类 2。训练样本集中有 125 个类 1 的样本和 409 个类 2 的样品。在测试样本中,相应的数字分别为 63 和 203。

使用的神经网络包含 55 个输入节点,一个隐藏节点和一个输出节点。神经网络的训练使用 BFGS 方法,这种方法比标准的反向传播方法收敛更快。一旦神经网络被训练好,可以对低权值的网络连接进行修剪,同时保证被修剪后的网络在训练样本集和测试样本集的准确率都能得到保证。

从修剪后的神经网络抽取得到把那些经常外出就餐的消费者和不经常外出就餐的消费者区别开来,并在测试样本集上检验神经网络预测的准确率。

结果发现,那些不太内向并且更自信的受访者可能外出就餐。收入比较低且经常使用计算机的学生在选择就餐时更看重优越的地理位置。相比之下,那些不使用互联网的可能是年龄比较大的市民,他们往往对味道更看重。对于那些外出就餐的人群可以分成不同的消费阶层,不同的因素对于预测外出就餐的频率发挥着作用。因此,了解市场的异质性的营销人员针对细分市场的不同消费群体,可以采取不同的营销策略。

5.5.5　其他分类方法

除了贝叶斯分类器、决策树、支持向量机和神经网络等分类方法外,k 最近邻(k-nearest neighbor)分类器、基于案例的推理、组合分类器、模糊集(fuzzy set)、遗传算法和粗糙集理论等方法也常用于分类。

1. k 最近邻分类器

k 最近邻分类器是一种比较简单的、基于实例的分类学习方法,不需要通过复杂的训练过程建立分类模型,既可以用于可分类属性,也可用于连续属性的分类。它已在欺诈检测、顾客响应预测和协同过滤(collaborative filtering)等领域得到应用。

k 最近邻分类器的基本思想是给定一个未确定类别的样本 x,在样本空间搜索,找出与未确定类别样本距离最近的 k 个样本 $x_i (i=1,2,\cdots,k)$,待分类的样本属于哪一类由 k 个近邻中的样本大多数所属的类别确定。从中可以看出,k 最近邻分类主要的问题是确定合适的样本集、距离函数、组合函数和 k 值。对于多种类型的属性,距离函数可参照聚类分析中样本相似性的度量公式,而组合函数可以用简单无加权投票(voting)或加权投票的方法。在简单无加权投票中,每个近邻 x_i 对 x 分类的影响都被认为是相同的。通过对 k 个近邻 x_i 所属的类别计数,把 x 归为计数最多的类。

$$\max_{C_j} \sum_{i=1}^{k} \eta(x_i \in C_j)$$

式中,η 表示计数函数,如果 $x_i \in C_j$,则 $\eta(x_i \in C_j) = 1$,否则 $\eta(x_i \in C_j) = 0$。

当所属分类计数相同时,为 x 随机选取一个类别。加权投票对每个计数加权。

$$\max_{C_j} \sum_{i=1}^{k} w_i \eta(x_i \in C_j)$$

式中,权值一般定义为 $w_i = 1/d(x, x_i)^2$,$d(x, x_i)$ 表示样本 x 与近邻 x_i 的距离。

k 最近邻分类器基于局部的数据进行预测,对噪声比较敏感。k 值的选择与数据有关。过大的 k 值可以减小噪声的影响,但使未确定类别样本点的近邻样本数量很大,可能导致错误分类。而过小的 k 值可能导致投票失效或者受噪声影响。一个较好的 k 值可通过各种启发式技术来获取。

找出某样本的最近邻可能计算所有样本对之间的距离。为有效地发现最近邻,可以利用聚类对训练样本集进行聚类,如果两个簇的中心相距比较远,则对应簇中的样本一般不可能成为近邻。只要计算相邻簇的样本之间的距离即可寻找某样本的近邻。

2. 基于案例的推理

基于案例的推理(case-based reasoning)通过调整已解决的相似案例(源案例)的解作为新问题(目标案例)的解。基于案例的推理模仿人类的思维过程,以案例库作为知识的表示形式,搜索与新问题相似的案例,然后调整相似案例的解决方法得到新问题的解。作为一种典型的 k 最近邻分类器,基于案例的推理也需要确定合适的距离函数和组合函数来度量目标案例与源案例的相似性。目前,基于案例的推理已在医疗诊断、法律和房地产评估等领域得到了成功应用。

案例可以表示为特征向量的形式,由案例的特征及其解(solution)组成。例如,一部数码相机的价格由其品牌、像素、光学变焦倍数等因素决定,那么这些因素可以组成特征向量。对于一个新问题,首先表示成案例的形式,然后按照一定的相似度搜索方法在案例库中搜索与目标案例相似度高的案例。基于案例的推理方法的重要步骤是相似度的评价,一般采用距离比较目标案例与源案例的相似程度。最后把最相似的案例集的解决方案进行一定的调整、组合作为目标案例的解,这里的调整可根据具体的应用情景设置调整规则。新问题及其解也会被加入案例库。案例库的案例数量对以后的推理效果影响很大。基于案例的推理过程如图 5.36 所示。

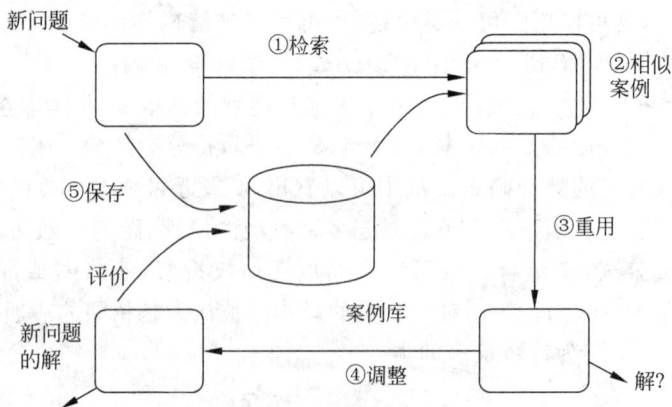

图 5.36　案例推理过程

3. 遗传算法

遗传算法最初是由美国密歇根大学的 J. Holland 教授提出的,借鉴了生物进化中的遗传、基因变异、杂交和自然选择的思想。这种算法一般用于解决全局优化问题,已被广泛地用于组合优化、机器学习、信号处理、自适应控制和人工生命等领域。

遗传算法具有很多优越的性能。首先它是一个高效并行并且有全局搜索能力的算法,可以大大减少计算时间。遗传算法操作的对象是一组可行解(种群),而不是单个解(个体),有良好的并行性和全局搜索能力,不易陷入局部最优解。遗传算法按概率搜索,在有噪声的情况下仍然能够有很大的概率找到最优解。此外,因为遗传算法以适应度作为唯一的搜索信息,所以很适合解决高复杂度的非线性优化问题。

遗传算法是从可能潜在解集的一个种群开始的,种群由经过基因编码的一定数目的个体组成。在遗传算法中,基因是杂交、变异操作的最基本的单位。遗传算法的搜索策略是通过个体基因的交换来实现的。

首先通过基因编码将初始种群表示成计算机能够处理的二进制字符串。初始化种群有两种策略:一种是根据已有的知识,有选择性地构造一些解;也可以随机生成一定数目的个体。例如,长度为 8 的编码方式可能为 00010010,每个编码都是问题的可行解。如果要求解函数 $y=(x-25)^2+1$ 的最小值,二进制编码 00010010 等价于 $x=18$。初始种群通常不是最优解。适应度函数用于评价个体的适应程度,如果不满足优化准则,则产生新一代。按照适应度选择父代中的个体,通过杂交产生后代,然后按一定概率变异。后代适应度被重新计算,子代替换父代构成新的种群。上述过程循环执行,直至满足优化准则为止。

下面简要介绍选择、杂交和变异等操作。

(1) 选择是为了从当前群体中选出优良的个体,常用的方法是轮盘选择方法。其中个体被选中的概率与它们的适应度成比例,适应度越高的个体,被选中的概率也越大。优秀个体有更多的机会繁殖后代,但适应度低的染色体则容易被淘汰,以产生局部最优解。

(2) 杂交是两个个体的基因部分交换产生后代的过程。通过这种方式,后代继承了父代基因中的优秀部分,使子女个体的适应度提高。杂交概率通常取 0.7。下面介绍几种常见的杂交算子。

① 单点杂交算子:等概率随机确定一个基因的位置作为杂交点,取第一个染色体的杂交点前半部分,取第二个染色体的杂交点后半部分,生成一对新的染色体。举个单点杂交算法的例子:

$$
\begin{array}{lcl}
00000010 & \xrightarrow{\text{随机选择一个杂交点,如第 5 个基因}} & 00000111 \\
00001111 & & 00001010
\end{array}
$$

② 单点随机杂交算子:等概率随机确定一个基因的位置作为杂交点,以一定概率交换两个个体的后半部分,取第一个个体作为杂交结果。

③ 均匀随机杂交算子:独立地以一定的概率把父代个体的相应分量交换为另一父代个体的相应分量。

(3) 变异将个体的某些基因变化后形成新的个体,例如,个体 00000010 的第二个基因发生变异,形成新的个体 01000010。变异使群体有多样性,有助于突破局部最优解。

杂交概率一般较大,在 0.65~0.9 之间。变异概率较小,一般在 0.001~0.01 之间。

除了典型的遗传算法外,很多学者还进行了优化研究,目前已经衍生出多种不同的新版本,其中许多方法对个体的编码方式、适用度函数、遗传算子、控制参数以及执行策略等进行了改进。有关遗传算法的详细介绍,读者可参考陈国良、王煦法、庄镇泉等编写的《遗传算法及其应用》(人民邮电出版社,2001 年)。

【例 5.11】 应用遗传算法解决旅行商问题

下面以旅行商问题(Traveling Salesman Problem,TSP)为例来介绍遗传算法的运算过程。TSP 是一种常见的优化问题。假设有一个旅行商人要拜访 n 个城市,他需要选择路径长度最小的路径。路径的限制是每个城市只能拜访一次,最后还要回到原来出发的城市。这里假设 $n=9$,已知 9 个城市(编号为 $0,1,\cdots,8$)的横纵坐标,可以计算出一条路线的长度,一条可能的路线如图 5.37 所示。

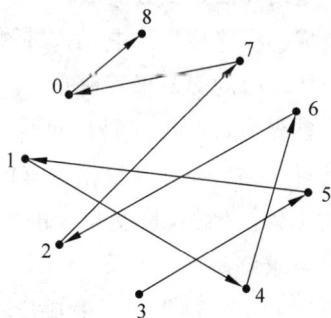

图 5.37　一条跨越 9 个城市的路线

遗传算法应用于 TSP 问题的主要步骤如下。

(1) 个体编码。经典遗传算法的运算对象是表示个体的字符串。为了方便起见,这里采用城市的编号成串进行编码(符号编码),一个个体例子为 351462708。

(2) 初始群体。初始群体用随机方法产生。

(3) 适应度计算。遗传算法用个体的适应度来评价其优劣程度。这里用每代个体路线长度的倒数计算适应度,个体路线长度的倒数越大,说明路线越短,其适应度越高。

(4) 选择。把当前群体中适应度较高的个体通过一定的概率遗传到下一代群体中,这里用轮盘赌选择法。

(5) 交叉。由于传统的单点随机交叉可能会带来城市的重复访问,因此这里采用了部分映射交叉(部分映射交叉首先对个体编码串双点交叉,然后根据交叉区域内基因值之间的映射关系来修改未交叉区域的各个基因值)。例如,假设两个可能的父代路径 Parent1 与 Parent2 分别为 245103678 与 031276854,选取第 4~第 6 个基因后进行部分映射交叉后得到两个新个体。

Child1:145276308

Child2:762103854

(6) 变异。变异函数随机选择两个基因进行逆序变异,例如,对于个体 532174806,则变异后的新个体为 512374806。

对群体 $P(t)$ 进行一轮选择、交叉、变异运算之后可得到新一代的群体 $P(t+1)$,通常新一代的群体的适应度最值和均值都能得到改进,如此不断迭代后,就可以得到一个最佳的路线。

4. 组合方法

组合方法(ensemble)或集成方法是多种基分类算法的组合,结论是由所有基算法进行投票(用于分类问题)或者求加权平均(用于回归分析)。这些基分类算法往往是弱学习算法,即分类正确率仅比随机猜测略高的学习算法。它们组合后的效果可能优于强学习算法(识别准确率很高并能在多项式时间内完成的学习算法),因此受到了人们的关注。组合方法的主要问题是选择哪些独立的较弱学习模型以及如何把它们的学习结果整合起来。

不同分类方法的分类结果以某种方式(如多数表决或加权投票)组合起来。实验表明,组合方法得到的结果通常比单个分类方法得到的结果更加准确。常用的组合方法是对同一训练样本集用多种分类方法归纳不同的分类模型。此外,也可以对样本集按一定方式多次抽样得到多个训练样本集,在此基础上选择某分类方法归纳多个分类模型。这类方法包括装袋法(bagging)和提升法(boosting)等。

(1) 装袋法。假设 S 为 n 个样本的集合,装袋法的过程大致如下:首先从样本集 S 中采用多次放回抽样训练集 S_i,在每一个训练集 S_i 上选择特定的学习算法,都可以建立一个分类模型。对于一个未知类别的测试样本,每个分类模型都会返回一个预测结果(投票),根据多数表决就可以确定测试样本可能的类。从上面过程可见,装袋法可以改善分类模型的泛化能力,对于噪声数据也不会过拟合。

(2) 提升法。提升法的基本思想是给每一个训练样本都分配一个权重,来确定它们在训练集的抽样分布,开始时所有样本的权重相同。然后,选择一个分类方法训练,归纳出一个分类模型。利用这个分类模型对样本集的所有样本进行分类,按下面方法更新训练样本的权重:增大错误分类的样本权重,减少正确分类的样本权重,使分类方法在随后的迭代中关注错误分类的样本。根据更新后的样本权重提升选择训练样本集,进入下一轮训练。如此迭代,得到一系列分类模型。对于测试样本,把每轮训练得到的分类模型的预测结果加权平均,即可完成组合预测。

下面简要介绍 GBDT(gradient boosting decision tree)、AdaBoost 和随机森林(random forest)等几种常用的组合分类方法。

① GBDT

GBDT 是一种迭代的回归树算法,该算法由多棵决策树组成,每一棵决策树是从训练前面所有决策树的残差中来学习,所有决策树的输出结果综合得到最终结果。为了防止过拟合,GBDT 支持提升 boosting 方法。

② AdaBoost 算法

AdaBoost 算法是 Yoav Freund 和 Robert Schapire 在 1989 年提出的数据挖掘公认的十大算法之一,它把多个不同的决策树模型用一种非随机的方式组合起来,结果准确率可以与支持向量机(SVM)媲美,而且避免了决策树的过拟合问题,训练速度还比较快。与早先的 boostrapping 和 bagging 方法简单地把分类器组合不同,AdaBoost 算法首先随机抽取样本集,使用弱分类器算法训练。在下一次训练抽取样本集时,参考每次训练样本集的分类正确性以及上次训练的样本分类准确率,把错误分类样本加进来,并增加其权值(这样当样本再次训练分类错误时,对应的分类器在整个组合分类器中的作用会降低),从而动态调整每次训练的样本集。如此多次迭代训练,最后把每次训练得到的分类器组合起来,作为最终的强分类器。

　　③ 随机森林

随机森林是 Leo Breiman 在 2001 年提出的一种集成学习方法,扩展了传统决策树方法,提高了学习的泛化能力和精度。这种方法采用随机的方式抽样,然后利用决策树算法得到多个决策树(森林),预测时由这些树的预测结果组合确定。随机森林常利用分类回归树(CART)作为基学习器。

随机森林首先对输入的数据进行行、列的随机采样,其中行采样采用有放回的方式,这样每棵树都进行独立的随机抽样,不容易出现过拟合现象。而列采样是从众多条件属性中,随机选择适当数量的部分属性,通常这个数量取属性总个数的平方根或者 $\log_2$(属性数)＋1。在随机森林中,还可以使用一个随机性,在决策树分支时,在最好的几个属性中随机选择一个进行分支,这样就可以保证基算法之间的独立性。

随机采样后使用完全分裂的方式建立决策树。当给定一个新样本时,用森林中的每一棵决策树分别对这个样本进行分类,森林中多个决策树给出类别最多的分类是样本的可能类别。有学者曾比较了 179 种不同的分类学习算法在著名的机器学习数据库 UCI 中 121个数据集的表现,发现随机森林的准确度最高。

由于随机森林多棵树之间是独立构建的,因此在大数据环境下可以并行处理。

除以上分类方法外,模糊集和粗糙集等方法也常用于分类问题,但它们都比较复杂,有兴趣的读者可参考相关资料。

5.6　关联分析

关联分析是数据挖掘的一个重要方法,最近几年已被业界广泛关注。关联是指在两个或者多个变量之间存在某种规律性,但关联并不一定意味着因果关系。关联规则是寻找在同一事件中出现的不同项目的相关性,关联分析是挖掘关联规则的过程。早期关联分析用于分析零售企业顾客的购物行为模式,所以关联分析又被称为购物篮分析[20]。关联规则也可用于商品货架布置、销售配货、存货安排、购物路线设计、商品陈列设计、交叉销售以及根据购买模式对用户进行分类等方面。比较经典的关联规则是啤酒和尿布的故事,Wal-Mart超市通过关联分析发现,一定比例的顾客在购买尿布的同时也购买啤酒的行为特点,把尿布和啤酒摆在一起出售,使两者的销量都增加了。

关联规则也广泛应用于其他各个领域,例如,信用卡公司、银行和股票交易所可以通过关联规则识别欺诈行为,通信行业可以通过关联规则确定顾客的主要来源。此外,关联规则在医学领域也有应用。

5.6.1　关联规则

关联规则是由 Agrawal 等人在 1993 年提出的。关联规则的一个最简单的应用是购物篮分析,例如,购买山地车的顾客可能会同时购买其他商品:头盔还是手套? 顾客在购买bread 的同时也会购买 dairy 的购物模式,可以用关联规则来描述:bread→dairy[support＝3％,confidence＝60％]。通过关联分析也可以找出顾客群的特征。例如,年龄小于 24 岁且没有住房的顾客,倾向于同时购买鱼和水果蔬菜。

下面先介绍关联规则的几个基本定义。

1. 项目

集合 $I=\{i_1,i_2,\cdots,i_m\}$ 称为项集合,其中 m 为正整数,$i_k(k=1,2,\cdots,m)$ 称为项目。项目是从具体问题中抽象出来的一个概念。在超市的关联规则挖掘中,项目表示顾客购买的各种商品,如牛奶、面包和旅游鞋等。

2. 事务

在购物篮分析中,一般不关心顾客购买的商品数量和价格等因素,因此顾客的一次购物可以用该顾客购买的商品表示,称为事务,所有事务的集合构成关联规则挖掘的数据集,称为事务数据库。关联规则挖掘的事务数据库记为 D,其中的每个元组称为事务。事务 T 是项目的集合,每一个事务都有唯一的标识,如表 5.9 所示。

表 5.9　事务数据集

事务	购买商品(项集)	事务	购买商品(项集)
10	i_1,i_2,i_3	30	i_1,i_4
20	i_1,i_3	40	i_2,i_5,i_6

在进行关联规则挖掘时,若把超市所有销售的商品作为一个集合,每个商品均用一个布尔值描述是否被购买,则每个顾客购物清单就可以用一个布尔向量来表示,分析相应布尔向量就可得到哪些商品在一起被购买的购物模式。

除上面的表示方法外,事务数据集也可表示成矩阵的形式 $\boldsymbol{D}=(d_{ij})_{n\times m}$,此矩阵的行表示事务,列表示项目,$d_{ij}=1$ 或 0,表示某事务包含或不包含某项目。这种方式比较容易计算项目或项集的支持度,但会导致稀疏性矩阵。表 5.10 是表 5.9 事务数据集对应的矩阵表示形式。

表 5.10　事务数据集的矩阵表示形式

项目 / 事务	i_1	i_2	i_3	i_4	i_5	i_6
10	1	1	1	0	0	0
20	1	0	1	0	0	0
30	1	0	0	1	0	0
40	0	1	0	0	1	1

3. 项集

项集是由 I 中项目构成的集合。若项集包含的项目数为 k,则称此项集为 k-项集。任意的项集 U 和事务 T 若满足 $T\supseteq U$,则称事务 T 包含项集 U。

4. 频繁项集

对任意的项集 U,数据库 D 中的事务包含项集 U 的比例为 ε,则项集的支持度为 $\varepsilon=$

support(U)，其中包含项集 U 的事务数称为项集 U 的支持数，记为 support_count(U)。在购物篮分析中，项集的支持度反映了其流行程度(prevalence)。若项集 U 的支持度大于或等于用户指定的最小支持度(minsupport)，则项集 U 称为频繁项集(或大项集)，否则项集 U 称为非频繁项集(或小项集)。这里的最小支持度较难确定，太大或太小都会影响关联分析的结果。如果频繁项集有 k 个项目，那么称此频繁项集为 k 频繁项集。数据库 D 中的事务数记为 $|D|$，频繁项集是至少被 $\varepsilon \times |D|$ 条事务包含的项集。

5. 支持度、置信度和提升度

关联规则是形如 $U \rightarrow V$ 的规则，其中 U、V 为项集，且 $U \cap V = \varnothing$。项集 U、V 不一定包含于同一个项集合 I，例如分析具有某些特征 U 的顾客有消费某些商品 V 的关联行为，这里的 U 是顾客的性别、职业、住址等属性集合，而 V 是商品集合。关联规则的支持度 $s(U \rightarrow V)$ 和置信度 $c(U \rightarrow V)$ 是度量项目关联的重要指标，它们分别描述了一个关联规则的有用性和确定性。支持度是用户兴趣的重要度量，支持度很低的关联规则表示随机现象。置信度反映了关联规则的正确程度(accuracy)，即购买了项集 U 中的商品的顾客同时也购买了 V 中商品的可能性(条件概率)有多大。

在事务数据库 D 中，关联规则 $U \rightarrow V$ 的支持度为：

$$s(U \rightarrow V) = \frac{\text{support\_count}(U \bigcup V)}{|D|}$$

关联规则 $U \rightarrow V$ 的置信度为：

$$c(U \rightarrow V) = \frac{\text{support\_count}(U \bigcup V)}{\text{support\_count}(U)}$$

式中，support_count($U \bigcup V$)是包含项集 $U \bigcup V$ 的事务数，support_count(U)是包含项集 U 的事务数。

关联规则 $U \rightarrow V$ 的提升度 lift 是一个关于该规则有效性的度量，表示为：

$$\text{lift}(U \rightarrow V) = \frac{c(U \rightarrow V)}{\text{support}(V)}$$

当提升度大于 1 时，与单纯依赖项集 V 在事务数据库的支持度相比，关联规则能更好地预测项目 V 是否会出现。例如，一般有 30％的顾客会购买打印机，而通过关联分析发现，购买台式计算机的顾客在一次购物中有 60％的顾客也会购买打印机。因此对于购买了台式计算机的顾客，他购买打印机的可能性会增加 60％/30％＝2 倍。

6. 强关联规则

若关联规则 $U \rightarrow V$ 的支持度和置信度分别大于或等于用户指定的最小支持度 minsupport 和最小置信度 minconfidence，则称关联规则 $U \rightarrow V$ 为强关联规则，否则称关联规则 $U \rightarrow V$ 为弱关联规则。关联规则挖掘的核心是找出事务数据库 D 中的所有强关联规则。这里的最小支持度是指项集在事务数据库中出现的次数占总事务数的最低比率，最小置信度是指两个项集 U 和 V，在所有出现的 U 项集中，同时出现的最小比例。

下面讨论关联规则分类。

(1) 根据处理的项目类别，关联规则可以分为布尔型和数值型。布尔型关联规则处理的项目都是离散的，它显示了这些变量之间的关系。例如，性别＝"女"→职业＝"秘书"，而数值型关联规则可以和多维关联或多层关联规则结合起来。对数值型属性进行处理,参考连续属性离散化方法或统计方法对其进行分割,确定划分的区间个数和区间宽度。数值型关联规则中也可以包含可分类型变量。例如,性别＝"女"→平均收入＞2300,这里的收入是数值类型,所以是一个数值型关联规则。

(2) 基于规则中项目的抽象层次,可以分为单层关联规则和多层关联规则。项目(概念)通常具有层次性,如图5.38所示。

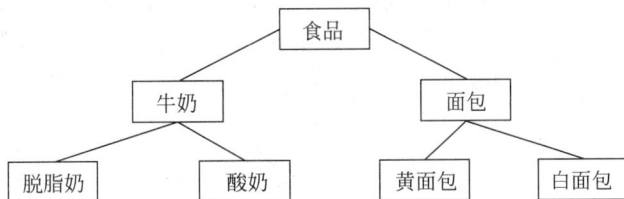

图 5.38　项目层次

位于项目层次较低层的项目通常支持度也较低,而泛化到高层概念可能获取一些有趣的模式,但也要注意,在概念分层的较高层发现的规则可能没有实用价值。例如,下面的多层关联规则:

① 牛奶→面包[20%,60%];

② 酸奶→黄面包[6%,50%]。

(3) 基于规则包含的项目维数,关联规则可以分为单维和多维两种。单维关联规则处理单个项目的关系,多维关联规则处理多个项目之间的某些关系。例如,下面的关联规则分别是单维和多维关联规则。

① buys(x,"diapers")→buys(x,"beers")[0.5%,60%];

② major(x,"CS")^takes(x,"DB")→grade(x,"A")[1%,75%]。

这里的关联规则不限于顾客购买的商品之间的关联,顾客的年龄、职业、信誉度、收入和地址等也可能作为项目。不同的项目可以在不同的概念层次,这种关联规则也称为交叉关联规则,从而能发现更一般的关联规则,但应避免由此带来的冗余关联规则问题。此外,有些谓词需要通过对连续属性离散化实现概念分层,如顾客的年龄、收入等变量:age(x,[30,39])^income(x,[42,48])→buys(x,"PC")[1%,75%]。这里的项目用谓词表示,其中 x 是变量,泛指顾客,^表示逻辑与。

(4) 分离关联规则(dissociation rule),也称为负相关模式。分离关联规则与一般的关联规则相似,只是在关联规则中出现项目的反转项,在购物篮分析中可发现不在一起购买的商品。例如,购买牛奶的顾客一般不购买汽水。这里请读者思考一下,如何发现分离关联规则?

5.6.2　Apriori 算法

Apriori 算法的基本思想是先找出所有的频繁项集,然后由频繁项集产生强关联规则,这些规则必须满足最小支持度和最小置信度。

搜索所有的频繁项集需要多次搜索事务数据库 D,这是影响关联算法性能的主要因素。Apriori 算法是用 $k-1$ 频繁项集生成候选的 k 频繁项集,但候选频繁项集通常是很大的,例如,在购物篮分析中,m 个项目组成的项集可能产生 2^m-1 个候选频繁项集以及 3^m-2^{m+1}

+1 个关联规则。但在一般情况下,这些规则大部分不满足强关联规则的条件,这个问题成为关联规则挖掘的瓶颈。因此,减少候选项集的大小,然后再扫描事务数据库,计算候选项集的支持度是必要的。如果最长的频繁项集是 n,那么需要 $n+1$ 次事务数据库扫描。因此,如何高效地找出频繁项集是关联规则挖掘的关键问题。

Apriori 算法利用"频繁项集的任何子集也一定是频繁的或者非频繁项集的超集一定是非频繁的"先验性质减少频繁项集的搜索空间。图 5.39 所示为 $\{i_1,i_2,i_3,i_4\}$ 的项集格 (lattice),这种结构能枚举所有可能的项集。假设 $\{i_2,i_3,i_4\}$ 是频繁项集,那么它的所有子集 $\{i_2\}$、$\{i_3\}$、$\{i_4\}$、$\{i_2,i_3\}$、$\{i_2,i_4\}$ 和 $\{i_3,i_4\}$ 都是频繁的。反之,如果 $\{i_1,i_2\}$ 是非频繁的,那它的所有超集 $\{i_1,i_2,i_3\}$、$\{i_1,i_2,i_4\}$ 和 $\{i_1,i_2,i_3,i_4\}$ 都是非频繁的。

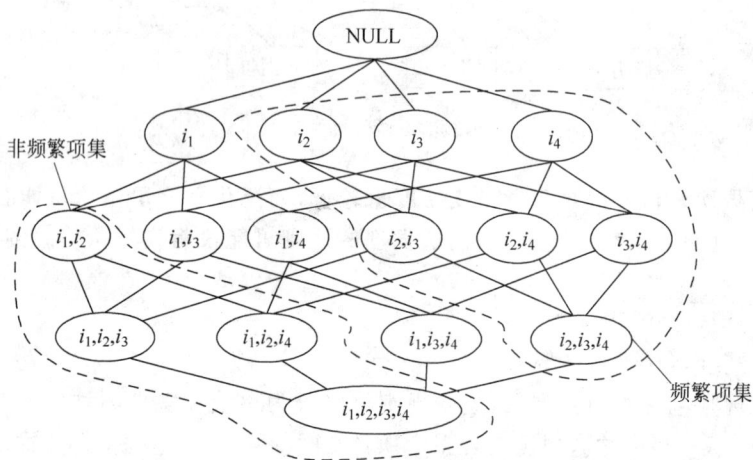

图 5.39 项集格

假定频繁项集 L_{k-1} 中的项目按英文字典顺序排列,由 $k-1$ 频繁项集生成候选的 k 频繁项集 apriori-gen(L_{k-1})需要进行下面操作:候选频繁项集的产生和修剪。这个步骤需要避免产生过多不必要的、重复的候选频繁项集,也不能遗漏候选频繁项集。下面是一种常用的候选频繁项集的产生和修剪方法。

由前 $k-2$ 项相同的一对 $k-1$ 频繁项集 L_{k-1} 连接生成候选 k 频繁项集 I_k。其中 $k=2,\cdots,$ $n+1$,这里假设由 Apriori 算法得到的频繁项集的长度最大值为 n。这种方法可保证候选频繁项集的完全性(不遗漏),又可避免重复地产生候选频繁项集。

```
Insert into I_k select u.item_1, u.item_2, ⋯, u.item_{k-1}, v.item_{k-1}
from L_{k-1} u, L_{k-1} v where u.item_1 = v.item_1, ⋯,u.item_{k-2} = v.item_{k-2}, u.item_{k-1}≠v.item_{k-1}
```

然后计算候选频繁项集 I_k 的支持度或利用上面先验性质进行修剪得到频繁项集。有关提高频繁项目集的挖掘效率,目前已经有多种改进算法。第 13 章还介绍了分布并行 Apriori 算法。读者可以查阅资料,讨论如何进一步提高 Apriori 算法的效率。

下面讨论由频繁项集 U 产生强关联规则的问题。对于 $V \subset U$ 且 $V \neq \varnothing$,如果 support(U)/support(V)$\geqslant$minconfidence,由定义知 $V \rightarrow (U-V)$ 为强关联规则。对 k 频繁项集,可能产生的强关联规则多达 2^k-2 个。

为减少强关联规则的搜索时间,Apriori 算法中关联规则的产生可应用下面定理:如果

关联规则 $V \to (U-V)$ 不满足最小置信度要求，那么 $V' \to (U-V')$ 也一定不满足最小置信度要求，其中 $V' \subset V$。例如，假设 $\{i_1, i_2, i_3, i_4\}$ 是频繁项集，关联规则 $\{i_1, i_2, i_3\} \to \{i_4\}$ 不满足最小置信度要求，那么 $\{i_1, i_2\} \to \{i_3, i_4\}$、$\{i_1, i_3\} \to \{i_2, i_4\}$、$\{i_2, i_3\} \to \{i_1, i_4\}$、$\{i_1\} \to \{i_2, i_3, i_4\}$、$\{i_2\} \to \{i_1, i_3, i_4\}$ 和 $\{i_3\} \to \{i_1, i_2, i_4\}$ 等都不是强关联规则。

需要注意的是，强关联规则只是用户兴趣度的客观度量，可以排除一些无趣的规则，但并一定反映用户主观的兴趣评价。有兴趣的读者可以查阅相关文献深入探讨。

这里利用 IBM SPSS Modeler 14.2 对上述 mailshot.txt 文件，选择 Apriori 算法进行关联分析，得到的部分关联规则如图 5.40 所示。

后项	前项	支持度 %	置信度 %
current_act	mailshot_YN car married	12.333	91.892
current_act	mortgage car		
current_act	mortgage region = INNER_CITY save_act	11.0	90.909
current_act	region = INNER_CITY car married save_act	10.333	90.323
current_act	mortgage car married	10.0	90.0
current_act	region = INNER_CITY car married	14.0	88.095
current_act	mortgage mailshot_YN	13.667	87.805
current_act	region = INNER_CITY married save_act	23.333	87.143
current_act	region = TOWN car save_act	10.333	87.097
current_act	car married save_act	23.0	86.957

mailshot_YN = YES 并且 car = YES 并且 married = YES

图 5.40 关联分析

【例 5.12】 基于关联分析的服装缺陷管理[21]

客户在寻求低价格产品的基础上，对产品的质量提出了更高的要求。制造商为了保证自己在市场中的竞争力，严格控制质量管理。不幸的是，缺陷产品的存在是不可避免的。就服装制造业这种受人为因素影响较大的行业而言，工人缝纫技能之间的差别直接导致产品质量的差别。为了生产高质量低成本的产品，质量管控工作显得尤为重要。在传统的服装缺陷检测过程中，检测人员对每一件商品认真检查，判断是否需要返工。但检测人员没有考虑到不同缺陷之间的联系和对缺陷的预测，增加了劳动强度，降低了检测的准确性。

服装制造通常采取流水线的方式生产，这是一个复杂的过程，其中牵涉多个部门。因而很难确定每个缺陷的责任部门，缺陷的根源无从查询。一件产品身上的缺陷可能多达上百处，这么大规模的缺陷信息缺少一套有效的机制管理和分析。低效率的缺陷识别导致服装行业的不良后果，例如客户满意度降低、返工成本高、生产周期长。这里利用关联分析挖掘服装缺陷关联规则，达到有效管理质量数据，确定重复发生缺陷的根源的目的。

　　把不同部门存储的有关制造流程和产品质量数据从不同的数据库中提取出来。因为不同部门使用的数据结构不一致,需要把这些数据预处理统一格式后存储到数据仓库中。然后对类似表 5.11 所示的多维数据利用 Apriori 算法进行关联分析,得到产品缺陷的关联规则,识别隐藏的产品缺陷模式。其中 i_1, i_2, i_3, i_4, i_5 和 i_6 分别表示 Broken stitches、Unraveling seams、Twisted leg、Poor colorfastness after being laundered、Sagging pockets 和 Restitched seams。支持度设置为 25%,置信度为 90%。产生的部分关联规则如表 5.12 所示。

表 5.11　缺陷记录

缺陷记录	产品编号	缺陷 i_1	缺陷 i_2	缺陷 i_3	缺陷 i_4	缺陷 i_5	缺陷 i_6
1	005	i_1				i_5	
2	028	i_1					i_6
3	032	i_1	i_2				i_6
4	058		i_2	i_3			i_5
5	098						
6	105		i_2	i_3		i_5	
7	110	i_1	i_2	i_3		i_5	i_6
8	153			i_3	i_4		i_6
9	170	i_1	i_2				i_6
10	190		i_2	i_3		i_5	
11	197	i_1			i_4		
12	199	i_1	i_2				i_6

表 5.12　产生的部分关联规则

条件项	结果项	支持度(%)	置信度(%)
$i_1 i_2$	i_6	41.70	100
$i_1 i_6$	i_2	41.70	100
$i_2 i_6$	i_1	41.70	100
i_1	$i_2 i_6$	41.70	71.53
i_2	$i_1 i_6$	41.70	62.52
i_6	$i_1 i_2$	41.70	83.4
$i_2 i_3$	i_5	33.30	100
$i_2 i_5$	i_3	33.30	100
$i_3 i_5$	i_2	33.30	100
i_2	$i_3 i_5$	33.30	49.93
i_3	$i_2 i_5$	33.30	79.86
i_5	$i_2 i_3$	33.30	79.86

　　利用上面关联分析得到的关联规则,制定一套有效的质量改善计划。

　　(1)利用服装缺陷的关联规则,可以看出一种服装缺陷存在,那么另一些缺陷也可能同时存在。利用这种关联模式,质量管理小组就可以在一种缺陷存在的情况下,有效预测潜在的其他缺陷。

　　(2)找出关联规则中缺陷同时存在的原因。可以看出,某些缺陷同时存在,这种缺陷之间的联系可能是由特定的原因导致。为了降低这种缺陷发生的概率,需要从根源解决问题。例如缺陷 $i_1 i_2$ 发生时,i_6 也可能会同时发生,经过追查,根本原因为缝纫工人做工差。

　　(3)在找出导致缺陷发生的根源后,质量管理人员应把更多的人力、设备等资源投入到解决这些问题的根源。例如针对缝纫工人做工差的问题,可以为缝纫工人提供更多的培训,从而降低缺陷发生的概率。

5.6.3 FP增长算法

尽管Apriori算法利用频繁项集的任何子集也是频繁的启发式,减少了候选频繁项集的大小,但仍然会产生大量的候选频繁项集,对事务数据库的重复扫描带来很大的开销。

与Apriori算法不同,频繁模式增长(Frequent Pattern Growth)算法,简称FP增长算法,使用一种称为FP树的数据结构,并且采用分而治之的策略,无须产生候选频繁项集就能得到全部的频繁项集。

1. 构造FP树

FP树是事务数据库的压缩表示,每个事务都映射到FP树中的一条路径。不同的事务可能包含若干相同的项目,因此这些路径会有所重叠,使得事务数据能得到一定程度的压缩。FP增长算法挖掘频繁项集的过程如下。

(1)首先搜索事务数据库D,找到1频繁项集及其支持数。继续考虑例5.10,假设最小支持数仍为2,按支持数递减排序,其结果记为$L=[i_2:8,i_1:7,i_3:7,i_4:2,i_5:2]$。

(2)构造FP树。创建FP树的根节点,用符号null标记。第二次搜索事务数据库D,按L中的次序排列每个事务的项集,并对每个事务创建由根节点null出发的路径。

例如,对表5.13事务数据库按L重新排序,第一个事务按L的次序为$\{i_2,i_1,i_4\}$。构造FP树的第一个分支$<(i_2:1),(i_1:1),(i_4:1)>$,其中的数字表示节点的计数。读取第二个事务时会产生第二个分支,然而该分支与第一个事务共享前缀分别为i_2和i_1,这时把共享前缀的节点计数加1。扫描所有事务后得到的FP树如图5.41所示。为了方便遍历,FP树还包含连接具有相同节点的指针列表,在图5.41中用虚线表示。

表5.13 某日超市的购物记录

交易时间	购买商品	交易时间	购买商品
14:25	i_1,i_2,i_4	18:55	i_2,i_3
15:07	i_1,i_2,i_3	19:26	i_1,i_2,i_5
16:33	i_2,i_3	19:52	i_2,i_4
17:05	i_1,i_3	20:03	i_1,i_2,i_3
18:40	i_1,i_2,i_3,i_5	20:16	i_1,i_3

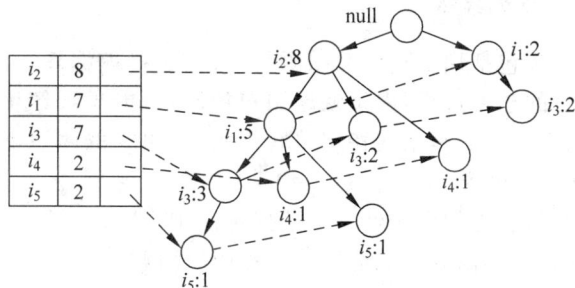

图5.41 构造FP树

2. 利用 FP 树产生频繁项集

FP 增长算法采用自底向上的方式搜索 FP 树,由 L 的倒序开始,对每个 1 频繁项集构造条件 FP 树,然后递归地对该条件 FP 树进行挖掘:首先考虑 i_5,i_5 出现在 FP 树的两个分支 $<(i_2 i_1 i_5 : 1)>$ 和 $<(i_2 i_1 i_3 i_5 : 1)>$ 中,如图 5.42 所示。此处 i_5 的前缀路径有两条: $<(i_2 i_1)>$ 和 $<(i_2 i_1 i_3 : 1)>$。由于 i_3 的支持数只有 1,因此生成的条件 FP 树只包含单个路径,即 $<(i_2 : 2, i_1 : 2)>$,因此该路径产生的频繁项集的所有组合为 $<(i_2, i_5 : 2)>$、 $<(i_1, i_5 : 2)>$、$<\{i_2, i_1, i_5 : 2\}>$。类似地,表 5.14 描述了挖掘 FP 树得到的条件 FP 树及其产生的频繁项集。

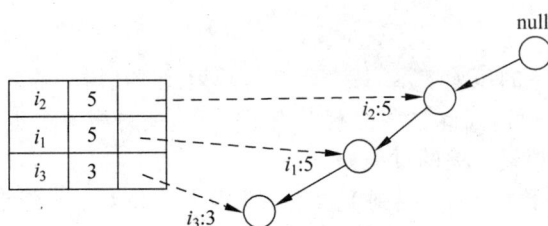

图 5.42　i_5 的条件 FP 树

表 5.14　挖掘条件 FP 树

项	前缀路径	条件 FP 树	产生的频繁项集
i_5	$\{(i_2, i_1, i_3 : 1), (i_2, i_1 : 1)\}$	$<i_2 : 2, i_1 : 2>$	$i_2 i_5 : 2$、$i_1 i_5 : 2$、$i_2 i_1 i_5 : 2$
i_4	$\{(i_2, i_1 : 1)(i_2 : 1)\}$	$<i_2 : 2>$	$i_2 i_4 : 2$
i_3	$\{(i_2, i_1 : 3), (i_2 : 2)(i_1 : 2)\}$	$<i_2 : 3, i_1 : 3><i_2 : 2>, <i_1 : 2>$	$i_2, i_1, i_3 : 3$、$i_2 i_3 : 5$、$i_1 i_3 : 5$
i_1	$\{i_2 : 5\}$	$<i_2 : 5>$	$i_2 i_1 : 5$

研究表明,FP 增长算法对不同长度的频繁模式有很好的适应性,同时在效率上比 Apriori 算法有较大的提高。如果 FP 树存储在内存中,那么就可以直接从内存中提取频繁项集,而不必重复扫描硬盘上的事务数据。

5.6.4　其他关联规则挖掘算法

除了常用的 Apriori 算法、FP 增长算法等以外,还有其他的关联分析算法。

1. 约束性关联规则挖掘算法

关联规则的挖掘过程包括用户指定数据源与阈值、选择挖掘算法以及返回关联规则等步骤。这是一种无监督的学习过程,由于缺乏用户控制,可能导致产生过多的规则,实际效果可能并不好,而且用户关心的是某些特定关联规则,用单一的阈值不能体现用户的需求,所以挖掘的结果往往不能令用户满意。约束性关联规则挖掘算法是一个有监督 (supervised)的学习过程,它把约束条件引入挖掘算法中,从大量的频繁项集中筛选出符合约束条件的有用规则,可以提高算法的运行效率和用户满意度。

2. 增量式关联规则挖掘算法

在实际应用中,很多数据集都是不断增长的,每当有新的数据加入后,重新挖掘是很费时的。因此,需要对已发现的关联规则进行更新。一些学者在研究关联规则的高效更新,提出了增量式关联规则挖掘算法。增量式的挖掘方法是当事务(交易)数据库变化后,在原有挖掘结果的基础上生成新的关联规则,删除过时关联规则的过程。目前已有多种增量关联规则更新算法,这些算法充分利用已有的挖掘结果高效地发现新的关联规则。

Carma 算法也是一种比较常用的关联分析算法,与 Apriori 算法相比,具有占用内存少、允许在算法执行过程中按需要重新设置支持度以及只需要对数据集少数几次扫描就可以得到关联规则集等优点。Carma 算法也包括寻找频繁项集、在频繁项集的基础上产生关联规则两个阶段。在寻找频繁项集阶段,动态调整最小支持度产生候选频繁项集,然后对候选频繁项集进行删减得到最终的频繁项集。在计算频繁项集的过程中,新数据的读入只对已有的数据做局部调整,而不是对整个数据库重新扫描,因此 Carma 算法的执行效率较高。

3. 多层关联规则挖掘

目前,大多数研究者对于单层关联规则挖掘算法研究相对较多。由于多维数据空间数据的稀疏性,因此在低层的数据项之间很难找出强关联规则。而在较高概念层发现的强关联规则可能有应用价值。

目前出现了几种多层关联规则挖掘算法[22]:一种多层关联挖掘算法采用了人工自定义不同层最小支持度的方式,并对经典的 Apriori 算法进行了改进。例如,在交易数据库中,可能某种食品的支持度不能达到要求,但在较高层的概念中,却可以达到更高的支持度以满足最小支持度。例如,"果汁,花生"的支持度小于"饮料,干果"的支持度,虽然前者不能形成一条强关联规则,但后者可能形成用户感兴趣的强关联规则。在这种情况下,可以为不同的层次定义不同的最小支持度阈值。另一种基于遗传算法的多层关联挖掘算法则利用不同层的先验知识,采用启发式的阈值自定义方法,解决了第一种算法层数较多,需要人工定义大量的阈值,随意性较大的问题。

5.7 序列模式挖掘

序列(sequence)模式挖掘也称为序列分析,由 Agrawal 在 1995 年提出。序列模式挖掘是从序列数据库中发现事件之间在时序上的规律。序列模式挖掘是关联规则挖掘的推广,挖掘序列数据库中项集间的时序关联。最初在带有交易时间属性的交易数据库中发现频繁项目序列,以发现一个时间段内顾客的购买行为规律,例如,购买氧气瓶的顾客一年内回来充气多少次?序列模式挖掘应用领域包括顾客购买行为模式预测、Web 访问模式预测、疾病诊断、自然灾害预测和 DNA 序列分析等。例如,Fingerhut 公司通过序列分析发现,那些改变住所的顾客在搬家后 12 周内购买力增加 3 倍,其中前 4 周尤为明显[23]。

5.7.1 基本概念

设 $I=\{i_1,i_2,\cdots,i_n\}$ 是一个项集,序列就是若干事件(元素)组成的有序列表。一个序列 Se 可表示为 $\langle s_1,s_2,\cdots,s_n\rangle$,其中 $s_j(j=1,2,\cdots,n)$ 为事件,也称为 Se 的元素。元素由不同的项组成。当元素只包含一项时,一般省去括号,例如,$\{i_2\}$ 一般表示为 i_2。元素之间是有顺序的,但元素内的项是无序的,一般定义为词典序。序列包含项的个数称为序列的长度,长

度为 L 的序列记为 L-序列。序列数据库就是元组 $<sid,Se>$ 的集合,即有序事件序列组成的数据库,其中 Se 是序列,sid 是该序列的序列号。

存在两个序列 $\alpha=<a_1,a_2,\cdots,a_n>$,$\beta=<b_1,b_2,\cdots,b_m>$,如果存在整数 $1\leqslant i_1<i_2<\cdots<i_n\leqslant m$ 且 $a_1\subseteq b_{i_1}$,$a_2\subseteq b_{i_2}$,$\cdots$,$a_n\subseteq b_{i_n}$,那么称序列 α 是 β 的子序列(subsequence),或者序列 β 包含 α,记作 $\alpha\subseteq\beta$。序列 α 在序列数据库 Se 中的支持度为序列数据库 Se 中包含序列 α 的序列个数除以总的序列数,记为 support(α)。给定支持度阈值 τ,如果序列 α 在序列数据库中的支持度不低于 τ,则称序列 α 为序列模式(频繁序列)。

事务数据库如表 5.15(表中数字是项目编号)所示,交易中不考虑顾客购买物品(项目)的数量,只考虑物品有没有被购买。整理后可得到顾客购物序列库,如表 5.16 所示。

表 5.15　事务数据库

事务发生的时间	顾客 ID	购买项集
2004.12.10	2	10,20
2004.12.12	5	90
2004.12.15	2	30
2004.12.20	2	40,60,70
2004.12.25	4	30
2004.12.25	3	30,50,70
2004.12.25	1	30
2004.12.30	1	90
2004.12.30	4	40,70
2004.12.31	4	90

表 5.16　顾客购物序列库

顾 客 标 识	顾客购物序列
1	$<30,90>$
2	$<\{10,20\},30,\{40,60,70\}>$
3	$<\{30,50,70\}>$
4	$<30,\{40,70\},90>$
5	$<90>$

设最小支持度为 25%,从表 5.16 可以看出,$<30,90>$ 是 $<30,\{40,70\},90>$ 的子序列。两个序列 $<30,90>$、$<30,\{40,70\}>$ 的支持度都为 40%,因此是序列模式。

5.7.2　类 Apriori 算法

序列模式挖掘是在给定序列数据库中找出满足最小支持度阈值的序列模式的过程。其中类 Apriori 算法是由 Apriori 算法引申而来的,其基本过程类似 Apriori 算法:首先扫描序列数据库,得到长度为 1 的序列模式 L_1。然后对长度为 i 的种子集 $L_i(i\geqslant1)$ 通过连接操作,例如,$<1,2,3>$ 与 $<2,3,4>$ 连接得到 $<1,2,3,4>$,生成长度为 $i+1$ 的候选序列模式 I_{i+1}。扫描序列数据库,计算每个候选序列模式的支持数,产生长度为 $i+1$ 的序列模式 L_{i+1}。重复上述步骤,直到没有新的候选序列模式产生为止。

$$L_1 \rightarrow I_2 \rightarrow L_2 \rightarrow I_3 \rightarrow L_3 \rightarrow \cdots?$$

在类 Apriori 算法中,两个长度小的序列模式连接需要满足一定条件:如果去掉序列模式 α 的第一个项目与去掉序列模式 β 的最后一个项目得到的序列相同,则可以把序列模式 α 和 β 连接,把 β 的最后一个项目放到 α 中。至于 β 的最后一个项目是作为一个项目合并到 α 的最后一个元素,还是作为一个不同的元素,取决于 β 的最后两个项目是否属于同一个元素。例如,表 5.17 中,由 L_3 连接生成候选序列集<1,2,3,4>。为提高搜索的性能,类 Apriori 算法也在每次连接操作后应用了启发式:如果某候选序列模式的某个子序列不是序列模式,那么此候选序列模式不可能是序列模式,可以把此候选序列模式删除。

下面以表 5.17 的原始序列为例来说明如何利用类 Apriori 产生序列模式集,大致过程如表 5.18 所示,其中假设最小支持度为 40%。这里需要注意的是,<1,2,3,4>与<1,2,4,3>是两个不同的序列模式,应区分对待。

表 5.17 产生候选序列模式

原 始 序 列	序 列 模 式	连 接 结 果
<1,2,3,4>	<1,2,3>	
<{1,5},2,3,4>	<1,2,4>	
<1,3,4,{3,5}>	<1,3,4>	<1,2,3,4>
<1,3,5>	<1,3,5>	
<4,5>	<2,3,4>	

表 5.18 类 Apriori 算法过程

序　　　列	支　持　度
<1>	0.8
<2>	0.4
<3>	0.8
<4>	0.8
<5>	0.8
大于 1 的序列模式	
<1,2>	0.4
<1,3>	0.8
<1,4>	0.6
<1,5>	0.4
<2,3>	0.4
<2,4>	0.4
<3,4>	0.6
<4,5>	0.4
大于 2 的序列模式	
<1,2,3>	0.4
<1,2,4>	0.4
<1,3,4>	0.6
<1,3,5>	0.4
<2,3,4>	0.4
大于 3 的序列模式	
<1,2,3,4>	0.4

　　上述分析对元素的时间间隔没有特殊的要求。如果对元素施加一定的时限约束,那么就需要对上述序列分析算法进行修改,才能得到符合要求的序列模式。

　　除类 Apriori 算法外,序列模式的挖掘算法还有 SPADE 等算法,它们都直接或间接地利用了 Apriori 算法的思想。这些算法普遍存在的缺陷是扫描序列数据库次数过多,可能会产生很大的候选序列集。针对此问题,一些序列模型挖掘算法采用基于投影的方法,充分利用投影数据库的原理和当前挖掘的频繁序列集把序列数据库递归地投影到一组更小的投影数据库上,以减少搜索空间。

5.8　回归分析

　　在数据挖掘中经常要分析变量之间的关系。回归分析(regression analysis)是一种基本的统计分析方法,它已被广泛地应用于数据挖掘领域。在现实应用中,变量之间存在着某种关系,这些变量之间的关系一般可以分为两类:一类是变量之间存在着完全确定的关系,即一个变量能被其他变量确定;另一类是变量之间存在某种程度的不确定关系,统计学把这种不确定关系称为相关关系。例如,制造企业产品质量与各个生产因素之间存在一定的关系,可以分析这些关系以做出预测或确定最佳的作业条件。确定性关系和相关关系之间没有严格的界限。一方面,由于测量误差等原因,确定性关系可以通过相关关系表现。另一方面,通过对事物内部发展规律的深刻认识,相关关系又可能转化为确定性关系。两个变量之间的相关关系是不确定的,但可以通过不断观察,得到它们之间的统计规律。分析一个变量与其他一个(或几个)变量之间的相关关系的统计方法就称为回归分析。常见的回归分析包括线性回归、多元回归、非线性回归、广义线性回归(对数回归、泊松回归)等。回归分析的主要内容包括确定连续值变量之间的相关关系,建立回归模型,检验变量之间的相关程度,应用回归模型对变量进行预测等[24]。

　　根据回归分析涉及的自变量个数,可把回归分析分为一元回归分析和多元回归分析。而按照自变量和因变量之间的关系类型,回归分析可分为线性回归分析和非线性回归分析。一般来说,回归分析的步骤如下。

　　(1)确定因变量和影响因素(自变量)。

　　(2)绘制散点图,观察变量的大致关系。

　　(3)求回归系数,并建立回归模型。这一步试图比较真实数据与回归模型输出之间的误差来探索变量之间的关系。

　　(4)检验回归模型。

　　(5)进行预测。

5.8.1　一元回归分析

　　一元线性回归是描述两个变量之间线性相关关系的最简单的回归模型,如图 5.43 所示。散点图中两个变量呈线性关系。一元线性回归模型表示为 $y=a+bx+\varepsilon$,其中 a 和 b 是系数,ε 是随机变量。在这个线性模型中,自变量 x 是非随机变量。随机变量 ε 要求服从正态

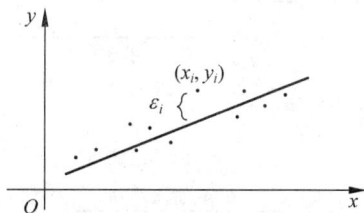

图 5.43　一元线性回归

分布,即 $\varepsilon \sim N(0,\sigma^2)$。

回归模型中的参数 a 与 b 在一般情况下都是未知数,必须根据样本数据 (x_i,y_i) 进行估计(ε_i 相互独立)。确定参数 a 与 b(分别记作 $\hat{a}$ 和 $\hat{b}$)值的原则是使样本的回归直线同观察值的拟合状态最好,即使偏差 $|\varepsilon_i|$ 较小。为此,可以采用最小二乘法计算。对应于每一个 x_i,根据回归方程都可以求出一个 $\hat{y}_i$,它就是 y_i 的一个估计值。有 n 个观察值就有相应的 n 个偏差。要使模型的拟合状态最好,即要使 n 个偏差的总和最小。为了计算方便,以误差的平方和最小为标准确定回归模型。

$$Q = \sum_{i=1}^{n}(y_i - \hat{y}_i)^2 = \sum_{i=1}^{n}(y_i - a - bx_i)^2$$

$$\frac{\partial Q}{\partial a} = 2\sum_{i=1}^{n}[y_i - (a + bx_i)] \cdot (-1) = 0$$

$$\frac{\partial Q}{\partial b} = 2\sum_{i=1}^{n}[y_i - (a + bx_i)] \cdot (-x_i) = 0$$

得到参数 a 和 b 的最小二乘估计:

$$\hat{b} = S_{xy}/S_{xx}, \hat{a} = \bar{y} - \hat{b}\bar{x}$$

式中,$\bar{x}$、$\bar{y}$ 分别是变量 x、y 的 n 个样本的平均值,$S_{xy} = \sum_{i=1}^{n}(x_i - \bar{x})(y_i - \bar{y})$,$S_{xx} = \sum_{i=1}^{n}(x_i - \bar{x})^2$。

求出参数 $\hat{a}$ 和 $\hat{b}$ 以后,就可以得到回归方程 $\hat{y} = \hat{a} + \hat{b}x$,因此只要给定了一个 x 值,就可以根据回归方程求得一个 $\hat{y}$ 作为实际值 y 的预测值。但是用 $\hat{y}_i$ 预测 y 的精度如何?统计学用估计平均误差的方法度量回归方程的可靠性。一个回归方程的估计平均误差可定义为

$$S_e = \sqrt{\frac{1}{n-2}\sum_{i=1}^{n}(y_i - \hat{y}_i)^2}$$

运用估计平均误差可以对回归方程的预测结果进行区间估计。若观察值围绕回归直线服从正态分布,且方差相等,则有 68.27% 的点落在 $\pm S_e$ 的范围内,有 95.45% 的点落在 $\pm 2S_e$ 的范围内,有 99.73% 的点落在 $\pm 3S_e$ 的范围内。

【例 5.13】 一元回归分析

表 5.19 给出了某种产品 2000 年在 8 个地区的销售数据,试建立该种产品的月平均销售收入 y 对月平均广告支出 x 的线性回归方程。

表 5.19 销售数据表

地区编号	1	2	3	4	5	6	7	8
月平均销售收入 y/万元	31	40	30	34	25	20	35	40
月平均广告支出 x/万元	5	10	5	7	4	3	7	9

图 5.44 是表 5.19 中 8 个样本点对应的散点图,从中可见月平均销售收入 y 与月平均广告支出 x 之间呈一定的线性关系。

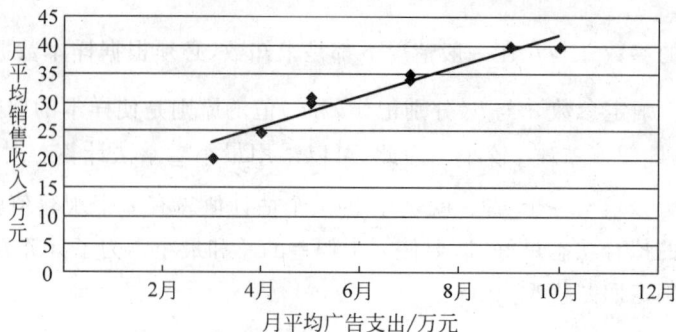

图 5.44　月平均广告支出与月平均销售收入

计算得到 $\sum\limits_{i=1}^{8} x_i = 50$，$\sum\limits_{i=1}^{8} x_i^2 = 354$，$\sum\limits_{i=1}^{8} y_i = 255$，$\sum\limits_{i=1}^{8} x_i y_i = 1708$。

代入上面参数$\hat{a}$和$\hat{b}$的计算公式得到：

$$\hat{b} = \frac{n\sum\limits_{i=1}^{n} x_i y_i - \left(\sum\limits_{i=1}^{n} x_i\right)\left(\sum\limits_{i=1}^{n} y_i\right)}{n\sum\limits_{i=1}^{n} x_i^2 - \left(\sum\limits_{i=1}^{n} x_i\right)^2} = 2.753$$

$$\hat{a} = \frac{\sum\limits_{i=1}^{n} y_i}{n} - \hat{b}\frac{\sum\limits_{i=1}^{n} x_i}{n} = 14.669$$

月平均销售收入 y 对月平均广告支出 x 的线性回归方程为：

$$\hat{y} = 14.669 + 2.753x$$

ε^2 的无偏估计为：

$$\hat{\varepsilon} = S_e^2 = \frac{1}{6}\sum\limits_{i=1}^{n}(y_i - \hat{y}_i)^2 = 4.076\,273$$

回归方程建立后还需要检验变量之间是否确实存在线性关系，因为对回归方程的求解过程事先并不知道两个变量是否存在线性相关关系。一元线性回归模型的统计检验可以用 F 检验法、t 检验法和 r 检验法等进行检验。

x 与 y 之间的线性相关估计模型$\hat{y} = \hat{a} + \hat{b}x$ 在估计 y 时所产生的误差，称为回归中的方差分析。若没有利用 x 与 y 之间的相关关系估计总体的均值，则会选择 y_i 的平均值$\bar{y}$作为总体的估计值。由此而产生的误差是 $\sum(y_i - \bar{y})^2$，数据总的变动称为总离差平方和，记为 $\mathrm{SS_T}$。若利用 x 与 y 之间的线性相关估计模型去估计总体均值，则所产生的误差是 $\sum(y_i - \hat{y}_i)^2$，称为残差平方和 $\mathrm{SS_E}$，它是未被回归方程解释的部分。被回归方程解释的部分，称为回归平方和 $\mathrm{SS_R}$。

$$\mathrm{SS_T} = \sum(y_i - \bar{y})^2, \quad \mathrm{SS_E} = \sum(y_i - \hat{y}_i)^2, \quad \mathrm{SS_R} = \sum\limits_{i=1}^{n}(\hat{y}_i - \bar{y})^2$$

它们的相互关系为：

$$\mathrm{SS_T} = \sum(y_i - \bar{y})^2$$

$$= \sum \left[(\hat{y}_i - \bar{y}) + (y_i - \hat{y}_i) \right]^2$$

$$= \sum (\hat{y}_i - \bar{y})^2 + \sum (y_i - \hat{y}_i)^2 + 2 \sum (\hat{y}_i - \bar{y})(y_i - \hat{y}_i)$$

$$= \sum (\hat{y}_i - \bar{y})^2 + \sum (y_i - \hat{y}_i)^2$$

则 $\mathrm{SS_T} = \mathrm{SS_R} + \mathrm{SS_E}$。

由回归平方和与残差平方和的意义可知,在总的离差平方和中,回归平方和所占比重越大,线性的回归效果就越好。相反,如果残差平方和所占比重越大,则线性回归效果越差。定义样本决定系数 R^2 和修正样本决定系数 $\bar{R}^2$ 分别如下。

$$R^2 = \frac{\mathrm{SS_R}}{\mathrm{SS_T}} = 1 - \frac{\mathrm{SS_E}}{\mathrm{SS_T}}$$

$$\bar{R}^2 = 1 - \frac{\mathrm{SS_E}/(n-k-1)}{\mathrm{SS_T}/(n-1)}$$

式中,k 表示自变量个数。R^2 可以作为回归值与实际观测值拟合程度的度量。R^2 越接近 1,说明两者的拟合程度越好。例 5.13 中 $R^2 = 0.928$,说明该产品的月平均销售收入与月平均广告支出的回归效果非常显著。

使用 IBM SPSS Statistics 对表 5.18 的数据进行线性回归分析,得到的结果如图 5.45 所示。R^2 取值、F 检验和 t 检验也说明了本次线性回归模型的合理性。

Model Summary

Model	R	R Square	Adjusted R Square	Std. Error of the Estimate
1	.963[a]	.928	.916	2.01426

a. Predictors: (Constant), 月平均广告支出

ANOVA[b]

Model		Sum of Squares	df	Mean Square	F	Sig.
1	Regression	314.532	1	314.532	77.524	.000[a]
	Residual	24.343	6	4.057		
	Total	338.875	7			

a. Predictors: (Constant), 月平均广告支出
b. Dependent Variable: 月平均销售收入

Coefficients[a]

Model		Unstandardized Coefficients		Standardized Coefficients	t	Sig.
		B	Std. Error	Beta		
1	(Constant)	14.669	2.080		7.053	.000
	月平均广告支出	2.753	.313	.963	8.805	.000

a. Dependent Variable: 月平均销售收入

图 5.45　一元线性回归分析结果

预测是回归模型最重要的应用,回归预测包括点预测和区间预测。回归点预测是指对于给定的变量值 x_0,用回归值 $\hat{y}_0 = \hat{a} x_0 + \hat{b}$ 作为变量 y 的预测值 y_0。然而在现实中,实际值与预测值总会产生偏移,因此还需要得到可能偏离的范围以提高预测的可靠程度,这称为区间预测,即以一定的概率来预测 y_0 附近的变动范围。

5.8.2　多元线性回归分析

多元线性回归分析是研究一个变量 y 与多个其他变量 $x_1,x_2,\cdots,x_k$ 之间关系的统计分析方法。假设因变量 y 与自变量 $x_1,x_2,\cdots,x_k$ 之间有线性关系 $y=\beta_0+\beta_1x_1+\beta_2x_2+\cdots+\beta_kx_k+u$,其中 $\beta_0,\beta_1,\beta_2,\cdots,\beta_k$ 是回归系数,u 为随机误差。上面的公式一般称为多元线性回归模型。由于 $\beta_0,\beta_1,\beta_2,\cdots,\beta_k$ 可以利用已知样本数据进行估计。设 $\hat{\beta}_0,\hat{\beta}_1,\hat{\beta}_2,\cdots,\hat{\beta}_k$ 是利用一组简单随机样本经计算得到的样本统计量,把它们作为未知参数 $\beta_0,\beta_1,\beta_2,\cdots,\beta_k$ 的估计值,得到估计的回归方程 $\hat{y}=\hat{\beta}_0+\hat{\beta}_1x_1+\hat{\beta}_2x_2+\cdots+\hat{\beta}_kx_k$,该方程称为样本回归方程或经验回归方程,$\hat{y}$ 称为 y 的样本估计值或样本回归值。

设 $(x_{1i},x_{2i},\cdots,x_{ki};y_i)$,其中 $i=1,2,\cdots,n$ 是对因变量 y 和自变量 $x_1,x_2,\cdots,x_k$ 的 n 次独立样本观测值,代入多元线性回归模型得到 $y_i=\beta_0+\beta_1x_{1i}+\beta_2x_{2i}+\cdots+\beta_kx_{ki}+u_i$,$i=1,2,\cdots,n$,它是由 n 个方程组成的一个线性方程组。

$$\begin{cases} y_1 = \beta_0 + \beta_1x_{11} + \beta_2x_{21} + \cdots + \beta_kx_{k1} + u_1 \\ y_2 = \beta_0 + \beta_1x_{12} + \beta_2x_{22} + \cdots + \beta_kx_{k2} + u_2 \\ \vdots \\ y_n = \beta_0 + \beta_1x_{1n} + \beta_2x_{2n} + \cdots + \beta_kx_{kn} + u_n \end{cases}$$

表示成矩阵形式为 $\boldsymbol{Y}=\boldsymbol{X\beta}+\boldsymbol{u}$,其中:

$$\boldsymbol{Y}=\begin{bmatrix} y_1 \\ y_2 \\ \vdots \\ y_n \end{bmatrix}_{n\times1}, \quad \boldsymbol{X}=\begin{bmatrix} 1 & x_{11} & x_{21} & \cdots & x_{k1} \\ 1 & x_{12} & x_{22} & \cdots & x_{k2} \\ \vdots & \vdots & \vdots & \vdots & \vdots \\ 1 & x_{1n} & x_{2n} & \cdots & x_{kn} \end{bmatrix}_{n\times(k+1)}$$

$$\boldsymbol{\beta}=\begin{bmatrix} \beta_0 \\ \beta_1 \\ \vdots \\ \beta_k \end{bmatrix}_{(k+1)\times1}, \quad \boldsymbol{u}=\begin{bmatrix} u_1 \\ u_2 \\ \vdots \\ u_n \end{bmatrix}_{n\times1}$$

这里 $\boldsymbol{Y}$ 是因变量样本观测值的 $n\times1$ 阶列向量,$\boldsymbol{X}$ 是自变量样本观测值的 $n\times(k+1)$ 阶矩阵,它的每个元素 x_{ij} 都有两个下标,第一个下标 i 表示相应的列(第 i 个变量),第二个下标 j 表示相应的行(第 j 个观测值)。$\boldsymbol{X}$ 的每一列表示一个自变量的 n 个观测值向量,$\boldsymbol{\beta}$ 为未知参数的 $(k+1)\times1$ 阶列向量,$\boldsymbol{u}$ 为随机误差项的 $n\times1$ 阶列向量。把样本数据代入 $\boldsymbol{Y}=\boldsymbol{X\beta}+\boldsymbol{u}$,得到 $\hat{\boldsymbol{\beta}}=(\boldsymbol{X}^{\mathrm{T}}\boldsymbol{X})^{-1}\boldsymbol{X}^{\mathrm{T}}\boldsymbol{Y}$,式中 $\boldsymbol{X}^{\mathrm{T}}$ 表示 $\boldsymbol{X}$ 的转置,而 $(\boldsymbol{X}^{\mathrm{T}}\boldsymbol{X})^{-1}$ 表示 $\boldsymbol{X}^{\mathrm{T}}\boldsymbol{X}$ 的逆操作。

样本回归方程的矩阵形式为 $\hat{\boldsymbol{Y}}=\boldsymbol{X}\hat{\boldsymbol{\beta}}$,其中:

$$\hat{\boldsymbol{Y}}=\begin{bmatrix} \hat{Y}_1 \\ \hat{Y}_2 \\ \vdots \\ \hat{Y}_n \end{bmatrix}_{n\times1}, \quad \hat{\boldsymbol{\beta}}=\begin{bmatrix} \hat{\beta}_0 \\ \hat{\beta}_1 \\ \vdots \\ \hat{\beta}_k \end{bmatrix}_{(k+1)\times1}$$

在这里,$\hat{\boldsymbol{Y}}$ 被解释为变量样本观测值 $\boldsymbol{Y}$ 的 $n\times1$ 阶估计值列向量,$\hat{\boldsymbol{\beta}}$ 是未知参数 $\boldsymbol{\beta}$ 的($k+$

1)×1 阶估计值列向量。多元回归分析中常见的方法包括最小二乘法、拟合优度检验等[22]。

回归模型也可以使用 F 检验,即方差齐性检验。从两个研究总体随机抽取样本,首先判断这两个总体的方差是否相等(方差齐性),可以用 F 检验。回归方程线性是否显著的分析过程如下:原假设 H_0 $\beta_1=\beta_2=\cdots=\beta_k=0$;备择假设 H_1 $\beta_1,\beta_2,\cdots,\beta_k$ 至少一个不为 0。$F=(SS_R/k)/[SS_E/(n-k-1)]$。如果 $F<F_\alpha$,那么自变量系数在 $1-\alpha$ 的置信度内服从原假设(α 为显著性水平)。如果 $F>F_\alpha$,那么放弃原假设 H_0,有 $1-\alpha$ 的置信度选择备择假设,回归系数至少一个不为 0,回归方程是线性的。

例 5.14 建立了多元回归线性模型并使用拟合优度检验和预测。

【例 5.14】 多元回归分析案例

表 5.20 所示为我国 1988—1998 年的城镇居民人均全年耐用消费品支出、人均全年可支配收入和耐用消费品价格指数的统计资料(取自《中国统计年鉴》)。试建立城镇居民人均全年耐用消费品支出 y 关于人均全年可支配收入 x_1 和耐用消费品价格指数 x_2 的回归模型。

表 5.20 1988—1998 年间城镇居民人均统计资料

年份	人均耐用消费品支出 y	人均全年可支配收入 x_1	耐用消费品价格指数 x_2
1988	137.16	1181.4	115.96
1989	124.56	1375.7	133.35
1990	107.91	1510.2	128.21
1991	102.96	1700.6	124.85
1992	125.24	2026.6	122.49
1993	162.45	2577.4	129.86
1994	217.43	3496.2	139.52
1995	253.42	4283.0	140.44
1996	251.07	4838.9	139.12
1997	285.85	5160.3	133.35
1998	327.26	5425.1	126.39

图 5.46 是表 5.20 中 11 个样本对应的散点图,从中可见城镇居民人均全年耐用消费品支出 y 与人均全年可支配收入 x_1 和耐用消费品价格指数 x_2 之间呈一定的线性关系。

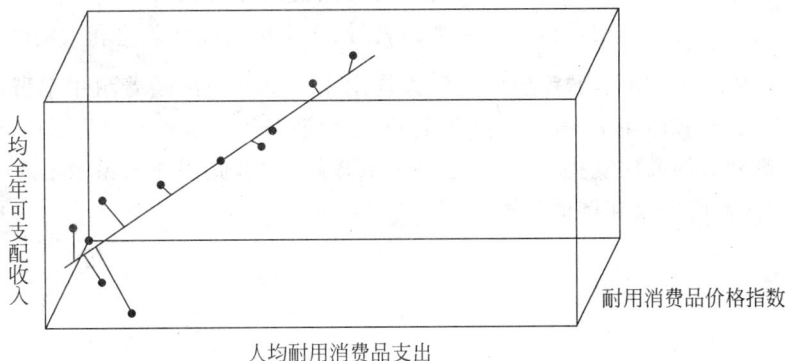

图 5.46 二元线性回归

根据经济理论和对实际情况的分析,城镇居民人均全年耐用消费品支出 y 依赖于可支配收入 x_1 和耐用消费品价格指数 x_2 的变化:$y = \beta_0 + \beta_1 x_1 + \beta_2 x_2 + u$。

1. 估计模型未知参数

由表 5.20 中的数据,计算如下:

$$\sum x_{1i} = 33\ 575.4,\quad \sum x_{2i} = 1433.54,\quad \sum y_i = 2095.31;$$

$$\bar{x}_1 = 3052.309091,\quad \bar{x}_2 = 130.3218,\quad \bar{y} = 190.4827;$$

$$\sum x_{1i}^2 = 129\ 253\ 961.9,\quad \sum x_{2i}^2 = 187\ 421.9434,\quad \sum x_{1i}x_{2i} = 4\ 445\ 613.295;$$

$$\sum y_i^2 = 461\ 991.4253,\quad \sum x_{1i}y_i = 7\ 654\ 936.718,\quad \sum x_{2i}y_i = 275\ 976.737。$$

将结果代入上面的公式,得到:

$$\hat{\boldsymbol{\beta}} = (\boldsymbol{X}^T\boldsymbol{X})^{-1}\boldsymbol{X}^T\boldsymbol{Y} = \begin{bmatrix} 11 & 33\ 575.4 & 1433.54 \\ 33\ 575.4 & 129\ 253\ 961.9 & 4\ 445\ 613.295 \\ 1433.54 & 4\ 445\ 613.295 & 187\ 421.9434 \end{bmatrix}^{-1} \begin{bmatrix} 2095.31 \\ 7\ 654\ 936.718 \\ 275\ 976.737 \end{bmatrix}$$

$$= \begin{bmatrix} 158.6251 \\ 0.0494 \\ -0.9133 \end{bmatrix}$$

$\hat{\beta}_0 = 158.6251, \hat{\beta}_1 = 0.0494, \hat{\beta}_2 = -0.9133$。

估计的回归方程 $\hat{y} = 158.6251 + 0.0494x_1 - 0.9133x_2$。

计算残差平方和为 $\mathrm{SS}_E = \sum e_i^2 = 3277.198$。

σ^2 的无偏估计量为 $\hat{\sigma}^2 = \dfrac{\sum e_i^2}{n-k-1} = \dfrac{3277.198}{11-2-1} = 409.6497$。

回归估计标准误差为 $\hat{\sigma} = \sqrt{409.6497} = 20.2398$。

2. 经济意义检验

$\hat{\beta}_1 = 0.0494$,表示城镇居民全年人均耐用消费品支出随着人均全年可支配收入的增长而增加,并且在 0～1 之间,因此该回归系数的符号、大小都与经济理论和人们的经验期望值相符合。$\hat{\beta}_2 = -0.9133$,表示城镇居民全年人均耐用消费品支出随着耐用消费品价格指数的降低而增加,虽然我国在 1988—1998 年期间,耐用消费品价格指数经历了由高到低,又由低到高,再由高到低的激烈变化,但总的走势呈下降趋势,因此该回归系数的符号和大小也与经济理论和人们的经验期望值一致。

3. 统计检验

1) 拟合优度检验

$$\mathrm{SS}_T = \sum (y_i - \bar{y})^2 = \sum y_i^2 - n\bar{y}^2 = \sum y_i^2 - \frac{1}{n}\left(\sum y_i\right)^2$$

$$= 461\ 991.4253 - \frac{1}{11} \times (2095.31)^2 = 62\ 871.0620$$

$$SS_E = \sum e_i^2 = 3277.198$$

$$SS_R = SS_T - SS_E = 59\,593.864$$

把上述结果分别代入样本决定系数公式和修正样本决定系数公式得到：

$$R^2 = \frac{SS_R}{SS_T} = 0.948$$

$$\bar{R}^2 = 1 - \frac{SS_E/(n-k-1)}{SS_T/(n-1)} = 0.929$$

结果表明估计的样本回归方程很好地拟合了样本观测值。

2）预测

如果在 2000 年，我国城镇居民家庭人均可支配收入达到 5800 元，耐用消费品价格指数为 135，下面对 2000 年我国城镇居民家庭人均耐用消费品的支出进行预测。

（1）点预测

把 $x_0 = (5800,135)$ 代入估计的样本回归方程 $\hat{y}_i = 158.6251 + 0.0494x_1 - 0.9133x_2$ 中，得到 2000 年我国城镇居民家庭人均耐用消费品支出的点估计值为 $\hat{y}_{2000} = 158.6251 + 0.0494 \times 5800 - 0.9133 \times 135 = 321.85$。

（2）区间预测

计算预测误差 e_0 方差的估计值 $S^2(e_0) = \hat{\sigma}^2[1 + X_0(X^T X)^{-1}X_0^T] = 4114.1$。

得到标准差的估计值 $S(e_0) = \sqrt{610.4232} = 64.14$。

对于给定的显著性水平 $\alpha = 0.05$，从 t 分布表中查出自由度为 8 的 t 分布双侧分位数 $t_{0.05/2,8} = 2.306$，得到 y_{2000} 的置信度为 95%，预测区间为 $(\hat{y}_{2000} - t_{\alpha/2}S(e_0), \hat{y}_{2000} + t_{\alpha/2}S(e_0)) = (321.85 - 2.306 \times 64.14, 321.85 + 2.306 \times 64.14)$。

图 5.47 是使用 IBM SPSS Statistics 对表 5.19 的数据进行二元线性回归的结果，R^2 和 F 检验的结果表明，上述线性回归模型是合理的。

5.8.3 其他回归分析

事实上，现实中的大多数问题都是非线性的，需要对变量进行变换，把非线性问题转换为线性问题来解决。在线性回归问题中，变量一般是独立的。但在很多情况下，高次多项式可以更好地反映变量之间的关系，这就需要引入非线性回归来预测未知变量。非线性回归的思想是通过对变量进行转换，把非线性模型转换为线性模型，然后按上述方法再求解线性模型求出其中参数后代入原非线性模型。例如，对多项式回归 $y = c_0 + c_1 x + c_2 x^2 + c_3 x^3 + c_4 x^4$，先把此方程转换成线性方程，需要定义如下几个新变量：$x_1 = x$、$x_2 = x^2$、$x_3 = x^3$、$x_4 = x^4$。代入原来的多项式方程中，得到 $y = c_0 + c_1 x_1 + c_2 x_2 + c_3 x_3 + c_4 x_4$，多项式回归问题就转化为一个多元线性回归问题了。

对于双曲线函数 $y = \frac{x}{ax+b}$，进行线性转换 $y_1 = 1/y, x_1 = 1/x$，则有 $y_1 = a + bx_1$。

对于指数函数等比较复杂的非线性函数，需要通过更复杂的转换。例如，对 $y = \alpha x^\beta$ 可以做如下变换：$\ln y = \ln\alpha + \beta\ln x$，定义 $y_1 = \ln y, x_1 = \ln x$，得到 $y_1 = \ln\alpha + \beta x_1$。

Logistic 回归建立了一个多项式对数回归模型，用于预测二值变量的值（0 或 1）。相对

Model Summary

Model	R	R Square	Adjusted R Square	Std. Error of the Estimate
1	.974[a]	.948	.935	20.23981

a. Predictors: (Constant),耐用消费品价格指数,人均全年可支配收入

ANOVA[b]

Model		Sum of Squares	df	Mean Square	F	Sig.
1	Regression	59593.864	2	29796.932	72.738	.000[a]
	Residual	3277.198	8	409.650		
	Total	62871.062	10			

a. Predictors: (Constant),耐用消费品价格指数,人均全年可支配收入
b. Dependent Variable: 人均耐用消费品支出

Coefficients[a]

Model		Unstandardized Coefficients		Standardized Coefficients	t	Sig.
		B	Std. Error	Beta		
1	(Constant)	158.625	121.947		1.301	.230
	人均全年可支配收入	.049	.005	1.020	10.535	.000
	耐用消费品价格指数	-.913	.991	-.089	-.922	.384

a. Dependent Variable: 人均耐用消费品支出

图 5.47 二元线性回归分析结果

于独立变量 $x_1, x_2, \cdots, x_n$,变量 y 等于 1 的概率定义如下。

$$p(y = 1 \mid x_1, x_2, \cdots, x_n) = \frac{e^{-(a_1 x_1 + a_2 x_2 + \cdots + a_n x_n + \mu)}}{1 + e^{-(a_1 x_1 + a_2 x_2 + \cdots + a_n x_n + \mu)}}$$

Logistic 回归在数据挖掘中很有用,特别是解决两类的数据概率打分问题,如顾客流失风险打分等。这个模型也可以转化为线性模型,下面举例说明。

【例 5.15】 应用 Logistic 回归模型预测银行顾客是否拖欠贷款

根据历史数据识别银行拖欠顾客的特征,预测潜在信贷顾客是否拖欠贷款。这里选取 700 个信贷顾客的历史记录,其中 21.5% 是拖欠顾客。选择顾客性别(sex)、收入(income)、年龄(age)、education(文化程度)、employ(现单位工作年数)、debtinc(负债率)和 creddebt(信用卡债务)等作为自变量,顾客是否拖欠贷款作为因变量:1 代表拖欠,0 代表正常。选择 70% 历史记录进行训练,剩下 30% 历史数据用于验证,建立一个预测因变量取 1 的概率的 Logistic 回归模型,以对新的潜在顾客是否拖欠贷款进行预测。

影响顾客拖欠的自变量比较多,这里采用 Forward/Backward 方式用于剔除不重要的自变量,例如,收入水平、文化程度和年龄等对顾客信用的影响不显著,拖欠概率的回归方程如下:

$$\ln \frac{p}{1-p} = -0.76 - 0.249 \text{employ} - 0.069 \text{address} + 0.08 \text{debtinc} + 0.594 \text{creddebt}$$

对模型进行显著性检验以及回归模型与样本数据的拟合程度以及模型预测精度进行评价,回归模型满足一定要求即可部署使用。从中可以发现拖欠贷款概率较大的客户的特征:工作不稳定、住址经常变动、债务比率高、信用卡债务多。

二元 Logistic 回归分析还可用于风险预测的其他场合。图 5.48 是对电信用户的输入数据自动筛选后,使用 Logistic 回归对这些用户的流失进行预测的结果。

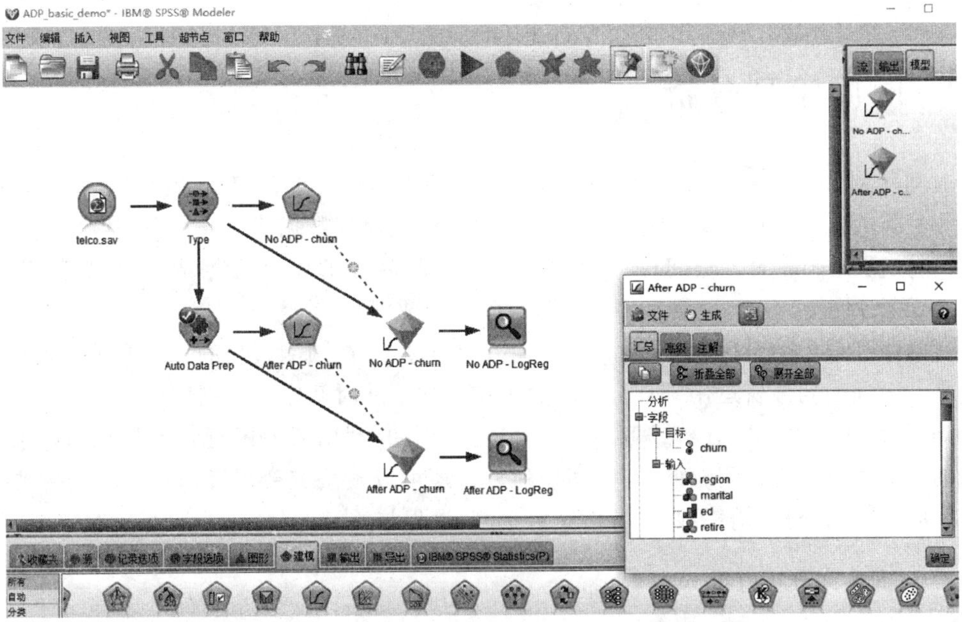

图 5.48 Logistic 回归在电信用户流失预测中的应用

【例 5.16】 基于移动通信社交网络分析的客户流失预警模型

随着市场份额趋于饱和以及竞争激化，移动运营商的用户数和收入增长十分缓慢，客户流失管理是移动运营商关注的主要问题之一。该移动运营商每个月面临着平均 1.5% 左右的客户流失率，传统客户关怀的做法是打电话给本月花费少或连续几个月延迟缴费的客户，这种方法成本高、准确度低，还可能会打扰到正常的客户。这里以南方某三线城市的某移动运营商的运营数据为基础，利用 Logistic 回归模型，设计了一个客户流失预警模型，能够快速、高效并且较低成本地识别高风险的流失客户。

在利用 Logistic 回归模型前，需要确定显著影响客户流失的因素，并做预处理，然后计算每个客户的流失概率，以便按照流失概率寻找可能的高风险流失客户进行针对营销。随机选取 5 万个左右平均每月 ARPPU(average revenue per paying user)值大于 80 元的客户的数据(从 2014 年 3 月到 8 月六个月)，包括客户的入网时间、当月花费、话费情况以及按月份统计的客户通话详单等数据，对上述数据的空值、异常值、重复记录等数据进行预处理。为了更有效地使用 Logistic 回归模型，从上述数据衍生出三个与用户通信网络有关的新变量：用户的度、联系的强度以及用户的信息熵，其中用户的度是与其有过通话记录(包括呼入与呼出)的不同用户的总数，联系的强度表示用户平均通话时长，用户的信息熵表示与其通话的所有客户的平均通话时长的分布。上述三个新变量越大，客户的流失可能性越小，因此这些变量更能体现用户的流失特征。

以入网时长、当月花费、个体的度、联系的强度、个体的信息熵、本月相比上月花费的变化、本月相比上月通话人数的变化等作为自变量，客户的流失与否作为因变量，构建 Logistic 回归模型，采取覆盖率-捕获率(覆盖率是客户抽样比例，捕获率类似召回率)评判模型的预测精度。实验证明，上述方法只需较少的覆盖率，就可以得到比较高的捕获率。

此外，前面讨论的 BP 等神经网络也可以解决任意非线性回归问题，只不过其获得的模型难以解释。

5.9　时间序列分析

时间序列(time series)是指由在不同时间上的观察值或事件组成的序列。时序数据库则是一种有时间标记的序列数据库。现实中这些时间序列数据都是通过数据收集工具自动获取的,数据量非常大。时间序列数据是包含时间属性的序列数据的一种特殊形式,与Web访问序列可能不同,股票涨停序列是时间序列数据。

时间序列分析的基础是惯性原则,即在一定条件下,被预测事物的过去变化趋势会延续到未来。时间序列分析运用统计分析和数据挖掘技术从时间序列数据库中找到系统的发展趋势等,有助于对系统的分析或者系统变化预测,例如,利用某地区近几年月平均降雨量对未来的月降雨量进行预测。此外,时间序列分析还可以发现突变以及离群点。其主要的应用包括股票市场分析、销售预测、自然灾害预测、过程与质量控制等。

1. 时间序列分析方法

时间序列分析方法包括确定型的时间序列分析方法和随机型的时间序列分析方法两种。确定型的时间序列可以用一个确定的时间函数 $Y=F(t)$ 来拟合,图 5.49 中的虚线为某公司季度净利润的趋势。

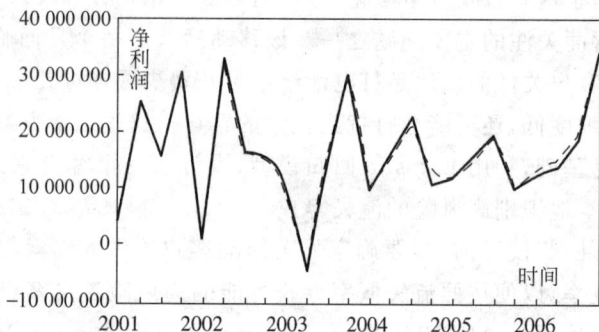

图 5.49　季度净利润的时间序列数据

一般地,时间序列分析主要包括两个方面:时间序列建模和时间序列预测。前者用于分析产生时间序列的机制,后者用于预测时间序列变量的未来值。时间序列数据的变化特征可以分为以下几类,时间序列通常是由以下几种基本运动合成的。

(1) 趋势。趋势是时间序列在较长时间内呈现出的某种上升或下降的大体方向。确定趋势的典型方法包括加权移动平均法和最小二乘法等。

(2) 周期运动。周期运动是时间序列呈现出的围绕长期趋势的一种“波浪形”周期性变动。

(3) 季节性变化。时间序列在一年内重复出现的周期运动称为季节性变化。这里的季节不限于一年中的四季,可以广义地表示周期性的变化。

(4) 不规则运动。由各种偶然、突发或不可预见的因素引起的时间序列变动,称为不规则运动,如自然灾害等。

目前主要的时间序列分析模型有:自回归(Auto-Regressive,AR)、移动平均(Moving Average,MA)以及自回归综合移动平均(Auto-Regressive Integrated Moving Average,ARIMA)等模型。ARIMA 模型是常用的时间序列算法,一般用于对动态数据的预测。移动平均模型用于消除时间序列数据中的波动,降低其变差,因此也称为时间序列的光滑,n 阶移动平均的计算公式如下。

$$\frac{x_1 + x_2 + \cdots + x_n}{n}, \quad \frac{x_2 + x_3 + \cdots + x_{n+1}}{n}, \quad \frac{x_3 + x_4 + \cdots + x_{n+2}}{n}, \quad \cdots$$

如果对 n 阶移动平均使用加权的算术平均,则可以得到 n 阶加权移动平均,通常加权权值的中心元素会取相对较大的值以抵消光滑带来的影响,例如,给定一个包含 7 个值的序列,并使用权值(1,4,1),对应的三阶移动平均与加权三阶移动平均如下。

原始序列: 7   9   2   1   6   8   4

三阶移动平均: 6   4   3   5   6

加权三阶移动平均: 7.5   3   2   5.5   7

对于三阶移动平均,第一个值为 $\frac{7+9+2}{3}=6$,对于加权三阶移动平均,第一个值为 $\frac{1\times7+4\times9+1\times2}{6}=7.5$。

移动平均模型也存在一些不足,例如,移动平均有时可能产生原始数据中没有出现的周期变动,而且可能因为异常值的存在而受到较大的影响。

p 阶自回归模型可表示为:

$$X_t = \varphi_1 X_{t-1} + \varphi_2 X_{t-2} + \cdots + \varphi_p X_{t-p} + u_t$$

其中 $\varphi_1,\varphi_2,\cdots,\varphi_p$ 是待估计参数,可以用已知历史数据估计,称为自回归系。u_t 为随机误差项,是由相互独立的白噪声序列组成,且服从均值为 0,方差为 σ^2 的正态分布。

q 阶移动平均模型可表示为:

$$X_t = u_t - \theta_1 u_{t-1} - \theta_2 u_{t-2} - \cdots - \theta_q u_{t-q}$$

其中 $\theta_1,\theta_2,\cdots,\theta_q$ 是待估计参数,可以用已知历史数据估计,称为移动平均系数。

对于随机误差项为白噪声的纯 p 阶自回归模型与随机误差项不是白噪声的 q 阶纯移动平均模型组合,得到一个自回归平均移动模型,简称 ARMA(p,q)模型。该模型可表示为:

$$X_t = \varphi_1 X_{t-1} + \varphi_2 X_{t-2} + \cdots + \varphi_p X_{t-p} + \varepsilon_t - \theta_1 \varepsilon_{t-1} - \theta_2 \varepsilon_{t-2} - \cdots - \theta_q \varepsilon_{t-q}$$

2. 相似性搜索

在时间序列数据库中,相似性搜索是指在允许微小差别的条件下,寻找与给定查询序列相似的数据序列。相似性搜索在诸如股票市场分析和心电图分析中相当有用。子序列匹配和全序列匹配是相似性搜索的两种类型。其中,子序列匹配在应用中更加常见。

在进行时间序列分析时,首先需要使用 5.3 节介绍的数据归约,尤其是维归约技术以缩小时间序列数据的存储空间,提高处理速度。这些技术主要包括离散傅里叶变换(DFT)、离散小波变换(DWT)和基于主成分分析的奇异值分解(SVD)等。时间序列数据经过数据归约和变换后,可以使用一些索引方法来提高相似性查询的速度。在进行相似性分析,尤其是子序列匹配时,需要考虑两个子序列数据集之间的距离。距离越小,则两个序列越相似。

匹配过程中需要对两个子序列进行调整,处理两者的间隙、偏移量和振幅等差别,然后就可能找到相似序列。

3. 应用时间序列分析需要注意的问题

时间序列分析也存在一些问题:首先,时间序列分析的前提是假定事物过去的变化规律会延续到未来。然而,并不是所有事物都是连续性发展变化的,有时它们的发展轨迹复杂多样。因此,在应用时间序列分析法时需要注意事物未来的发展变化规律,考虑随着时间的推移是否会出现一些新的特点。其次,时间序列分析突出了时间因素在预测中的作用,而忽略了外界因素的影响,因而存在预测误差。如果外界因素发生比较大的变化,预测可能有较大的偏差。因此时间序列分析对于中短期预测的效果一般比长期预测的效果好。

5.10 数据挖掘技术与应用的发展方向

有关数据挖掘技术与应用的发展,Jiawei Han 教授在 PAKDD 2007 主题发言中做了总结[25]。在大数据时代,这些主题仍有一定的研究价值。考虑数据朝向大规模、类型多样、分布异构以及产生速度快等方向发展,对数据挖掘算法的性能将有更高的要求。数据挖掘的应用领域也越来越广泛,成功的案例也越来越多。

1. 模式挖掘

模式挖掘(pattern mining)在最近的很多年里一直是数据挖掘的热点之一,它包含的内容很丰富,包括频繁模式挖掘、结构模式挖掘和关联规则挖掘等,目前已经出现了很多有效的算法。在现实应用中,总的发展趋势是需要挖掘的模式长度更长且更加复杂,如生物数据量大、维度高,传统的 Apriori 算法及其变种不能有效地处理这类数据。当前研究的主要方向是针对较长模式和复杂模式设计有效的算法,经常采用模式压缩、情景分析和语义分析等技术辅助模式挖掘,以提高模式挖掘的效率和准确性。

2. 信息网络分析

信息网络包括社会网络、生物网络和恐怖组织网络等,总的来说,信息网络的研究还是一个新领域。在信息网络挖掘中的一个方向是把信息网络看作一个图,用图挖掘的方法来研究信息网络。从图论的角度来看,基于图的很多聚类、分类和索引技术有助于对信息网络的分析。同时,信息网络存在大量的节点与链接,对信息网络的深入研究也是很有必要的。社会网络分析(Social Network Analysis)作为信息网络分析的一个重要分支,在最近几年得到广泛关注,它在社会舆情分析、自然灾害监测、股价预测等领域都有成功的应用。

3. 流数据挖掘

流数据是大量流入系统、不断变化的多维数据,这些数据很难存储于传统的数据库中。由于流数据的速度快、规模大等特点,必须使用单遍扫描,联机和多维方法对流数据进行挖掘,目前针对流数据的聚类、分类和异常分析等已经进行了很多工作。流数据的应用很多,如网络的异常监控、网络路由、传感网络、股票分析、社交网站的分析等,如何提高流数据分析的精度和实时性,扩大流数据挖掘的应用范围是未来研究的重点。

4. 针对移动数据和 RFID 数据的挖掘

随着传感器网络、手机、GPS、其他移动设备以及无线射频识别(Radio Frequency Idenfication,RFID)技术的广泛使用,每天产生大量的移动对象数据,移动数据往往是多维的,包括时间、速度和位置等信息。如何为这些移动数据构建数据仓库并进一步挖掘知识是数据挖掘的一个热点,例如,利用手机的位置信息进行商业推荐,根据城市交通流量数据进行智能调度,分析气象数据进行风力发电站智能选址,或者利用摄像头的录像信息检查非法入侵等。RFID 在产品生产、海关通关和商品零售等领域有着巨大的应用价值,用数据挖掘的方法监控整个生产、销售流程产生的 RFID 数据能够给企业带来可观的效益。

5. 时空和多媒体数据挖掘

现实生活中的很多数据都涉及时间、空间,例如,地图搜索服务或者天气预报服务,人们更习惯使用图片、视频等多媒体方式进行交流,针对多媒体数据的挖掘可以发现相当丰富的知识。时空数据和多媒体数据的挖掘已经成了一个研究热点。目前,对时空和多媒体数据的挖掘总体上还不能满足应用的需求,尤其是对于多维的、复杂的以及需要大量计算的数据,挖掘结果还不够准确。

6. 生物信息挖掘

生命科学领域会产生大量的数据,包括生物数据集成、基因序列、生物网络和生物图像等,生物信息挖掘已成为一个活跃的领域。目前,很多研究者都建立了生物信息数据库,来解决生物信息多而杂乱的问题,在生物信息数据库的基础上可以方便地进行更加复杂的数据分析。例如利用序列分析生物基因密码,使用聚类分析方法对住院患病人群进行分类,利用时序分析进行流感疫情预测,采用关联分析进行患者并发症分析等。

7. 文本挖掘和 Web 挖掘

自从 Web 出现以后,Web 替代了传统媒体,成为目前最流行、使用最广泛、信息量最大的信息平台,针对 Web 的内容挖掘、结构挖掘和使用挖掘已经有了相当大的进展。随着 Web 2.0 的发展,在 Web 挖掘中增加了动态内容挖掘和个性化信息挖掘的要求,促进了 Web 挖掘进一步的发展。文本挖掘是数据挖掘中研究比较早的一个领域,文本挖掘的方法也可以应用于半结构化和非结构化数据中,如数字图书馆或生物数据。Web 挖掘和文本挖掘是数据挖掘中发展很快的一个领域,基于语义分析或适应个性化需求的挖掘方法是未来研究的热点。

8. 软件工程和系统分析中的数据挖掘

在软件的构建和运行过程中,都会积累大量的数据,如何利用这些数据从而提高系统的运行效率是一个值得关注的问题。例如,在工作流系统中,可以通过工作流挖掘的方法找出系统中的瓶颈或异常,从而提高系统性能。这类数据挖掘工作按照是否实时收集分析数据可以分为动态挖掘和静态挖掘。目前这个领域仍存在很多不足。

9. 面向数据立方体的多维 OLAP 挖掘

基于数据仓库的数据立方体计算和 OLAP 分析可以提高对多维、大型数据集的分析能力。除了传统的数据立方体外,很多基于复杂的统计数据立方体,如回归立方体、预测立方体等都已被应用于多维分析中,促使 OLAP 和数据挖掘的结合,即 OLAP 挖掘。

此外,大数据时代产生的海量数据对传统数据挖掘算法提出了挑战,实时性需求迫在眉睫。而实时性对推荐系统、营销分析等应用是非常重要的。目前比较流行的方法是使用云计算等分布式计算平台,采用 Map/Reduce 技术把计算任务分解计算后汇总,同时利用并行计算提高数据挖掘算法的效率。实时性数据挖掘在社交网络分析、网络安全监测、社会网络情感分析等方面有广泛的应用前景。

本章参考文献

[1] Jiawei Han,Micheline Kamber. Data mining:concepts and techniques(Third Edition)[M]. Elsevier Inc. ,2012.

[2] Robert L Grossman, Mark F Hornick, Gregor Meyer. Data mining stardard iniatives [J]. Communcations of the ACM,2002,45(8):59-61.

[3] Richard Roiger,Michael Geatz. Data mining:a tutorial based primer[M]. Addison-Wesley,2002.

[4] Berzal F, Blanco I,Cubero J C,et al. Component-based data mining framework[J]. Communication of the ACM,2002,45(12):97-100.

[5] Tubao Ho, Trongdung Nguyen. Visualization support for user-centered model selection [J]. International Journal On Artificial Intelligence Tools,2001,10(4):691-713.

[6] Ronald Knoetze, Charmain Cilliers, Janet Wesson. Visual data mining of application services data[C]. Proceedings of the Tenth International Conference on Information Visualization, London, England, 2006:402-410.

[7] Jiawei Han, Stefanovic Nebojsa. Geominer:A system prototype for spatial data mining description of geominer system[J]. Communications of ACM, 1997, 4(9):553-554.

[8] Z Huang. A fast clustering algorithm to cluster very large categorical data sets in data mining[C]. Proceedings of the SIGMOD Workshop on Research Issues on Data Mining and Knowledge Discovery. Arizona,USA, 1997:1-8.

[9] Z. Huang. Extensions to the K-means algorithm for clustering large data sets with categorical values [J]. Data Mining and Knowledge Discovery,1998,2(3):283-304.

[10] 李洋. k-means 聚类算法在入侵检测中的应用[J]. 计算机工程,2007,33(14):154-156.

[11] Peixin Zhao,Cun quan Zhang. A new clustering method and its application in social networks[J]. Patter Recognition Letters, 2011,32(15):2109-2118.

[12] Knorr EM,Ng R T. Algorithms for mining distance based outliers in large Datasets[C]. Proceedings of International Conference on Very Large Databases,New York,1998:392-403.

[13] Markus M. Breunig, Hans-Peter Kriegel, Raymond T. Ng, et al. LOF:identifying density-based local outliers[J]. ACM SIGMOD Record, 2000, 29(2):93-104.

[14] G. V. Kass. An Exploratory Technique for Investigating Large Quantities of Categorical Data[J]. Applied Statistics,1980,29:119-127.

[15] 冯健文,林璇,陈启买. 决策树在银行特约商户分析中的应用研究[J]. 计算机工程与设计,2006, 27(24):4724-4728.

[16] Chen-Fu Chien, Li-Fei Chen. Data mining to improve personnel selection and enhance human capital: a case study in high-technology industry[J]. Expert Systems with Applications , 2008, 34(1): 280-290.

[17] Osuna E. , Freund R. and Girosi F. . An improved training algorithm for support vector machines [C]. Proceedings of IEEE Neural Networks for Signal Processing, Florida, USA, 1997: 276-285.

[18] 程丽俊. 基于 SVM 与统计方法对 POAG 的判别研究[D]. 新疆大学硕士论文, 2006.

[19] Yoichi Hayashi, Ming-Huei Hsieh , Rudy Setiono. Understanding consumer heterogeneity: a business intelligence application of neural networks[J]. Knowledge-based System, 2010, 23(8): 8-16.

[20] Fayyad U M, Piatetsky-Shapir, Smyth P. From data mining to knowledge discovery: an overview[C]. Proceedings of Advances in knowledge Discovery and DataMining, Cambridge: AAAI/MIT Press, 1996: 1-34.

[21] C. K. H. Lee, K. L. Choy, G. T. S. Ho, et al. A hybrid OLAP-association rule mining based quality management system for extracting defect patterns in the garment industry[J]. Expert Systems with Applications , 2013, 40(7): 2435-2446.

[22] Han J, Fu Y. Discovery of multiple-level association rules from large databases [J]. IEEE Transactions on Knowledge and Data Engineering, 1999, 11(5): 798-805.

[23] Dien D Phan, Douglas R Vogel. A model of customer relationship management and business intelligence systems for catalogue and online retailers[J]. Information & Management, 2010, 47: 69-77.

[24] T Hastie, R Tibshirani, J H Friedman. The elements of statistical learning: data mining, inference, and prediction[M]. Birlin: Springer, 2001.

[25] Jiawei Han. Research frontiers in advanced data mining technologies and applications [C]. Proceeding of the 11th Pacific-Asia Conference on Knowledge Discovery and Data Mining, Nanjing, China, 2007: 1-5.

思考题

1. 数据挖掘是怎样产生的?

2. 数据挖掘有哪些步骤? 以电信运营商的顾客细分为例, 分析每一步骤关键的问题。

3. 作为一种数据挖掘方法和展示工具, 举例说明可视化技术的应用。

4. 举例说明数据挖掘在银行、保险、电信、零售或政府管理中的应用。

5. 数据预处理在数据挖掘过程中有什么作用? 常见的预处理方法有哪些? 数据降维和特征获取常用有哪些方法? 请举例说明。

6. 聚类算法的实质是什么? 常用的几种聚类算法分别适用于什么场合? 请举例说明某种聚类算法的应用。

7. 分别取 $k=2$ 和 3, 利用 k-means 聚类算法对以下的点聚类: (2,1), (1,2), (2,2), (3,2), (2,3), (3,3), (2,4), (3,5), (4,4), (5,3), 并讨论 k 值以及初始聚类中心对聚类结果的影响。

8. 分类问题的实质是什么? 有哪些常用的方法? 分类算法的性能如何评价?

9. 表 5.21 是购买汽车的顾客分类训练样本集。假设顾客的属性集家庭经济状况、信用级别和月收入之间条件独立, 则对于某顾客(测试样本), 已知其属性集 $X=<$一般, 优秀, 12k>, 利用朴素贝叶斯分类器计算这位顾客购买汽车的概率。

表 5.21　购买汽车的顾客训练样本集

序　号	家庭经济状况	信用级别	月　收　入	购买汽车
1	一般	优秀	10k	是
2	好	优秀	12k	是
3	一般	优秀	6k	是
4	一般	良好	8.5k	否
5	一般	良好	9k	否
6	一般	优秀	7.5k	是
7	好	一般	22k	是
8	一般	一般	9.5k	否
9	一般	良好	7k	是
10	好	良好	12.5k	是

10. 决策树算法的实质是什么？以机器学习数据库中 splice 数据集为例，回答下面的问题。

（1）分别计算信息增益和 gini 指数，哪个属性选择为决策树根节点的分支属性？

（2）使用 ID3 算法构造决策树。

注：splice 数据集下载地址为 http://archive.ics.uci.edu/ml/datasets。

11. 连续属性如何离散化？请用 ID3 算法或 C4.5 算法举例说明。

12. 决策树算法的过拟合问题如何解决？

13. 对于图 5.16 的数据，应用 CART、C4.5 算法挖掘决策树，并与 ID3 算法的结果进行比较。

14. 支持向量机的基本思想是什么？请举例说明支持向量机的应用。

15. 讨论 BP 神经网络处理分类问题的原理，并举例说明此网络的应用。

16. 考虑表 5.22 中的一维数据集，分别根据 1 最近邻、3 最近邻、5 最近邻和 8 最近邻，使用多数表决投票对数据点 5.0 分类，讨论 k 最近邻分类中 k 的取值对分类结果的影响（表中"＋"和"－"表示类别）。

表 5.22　k 最近邻分类数据集

数据点	0.6	3.1	4.4	4.6	4.7	4.9	5.3	5.6	7.2	9.8
类别	－	－	＋	＋	＋	－	－	＋	－	－

17. 关联规则挖掘的基本思想是什么？

18. 对于表 5.23 所示的数据集，假设最小支持数和最小置信度分别为 2 和 65％，考虑下面问题。

表 5.23　购物篮事务

事务	购买商品	事务	购买商品
1	{牛奶,啤酒,尿布}	6	{牛奶,尿布,面包,黄油}
2	{面包,黄油,牛奶}	7	{面包,黄油,尿布}
3	{牛奶,尿布,饼干}	8	{啤酒,尿布}
4	{面包,黄油,饼干}	9	{牛奶,尿布,面包,黄油}
5	{啤酒,饼干,尿布}	10	{啤酒,饼干}

（1）画出该数据集的项集格，判断每个节点是否为频繁项集。

（2）分别用 Apriori 算法和 FP 增长算法挖掘表中数据集，提取所有的强关联规则（见表 5.23）。

19. 序列分析与关联规则挖掘有什么关系？请举例讨论。

20. 对于表 5.16 的序列数据库，假设最小支持度为 20%，利用类 Apriori 算法提取所有的序列模式。

21. 时间序列分析与序列分析有什么关系？

22. 表 5.24 是某商品多次价格变动与销售量的数据，请利用回归分析求出价格 x 与销售量 y 的关系（提示：x 与 y 的关系大致为抛物线，先变换为线性回归问题再求解）。

表 5.24　价格变动与销售量的数据

价格 x	1.2	1.8	3.1	4.9	5.7	7.1	8.6	9.8
销售量 y	4.5	5.9	7.0	7.8	7.2	6.8	4.5	2.7

23. 哪些数据挖掘算法之间可以组合使用？并举例说明。

24. 研讨题：阅读下面论文，分别讨论聚类、决策树、支持向量机、k 最近邻分类、关联分析等方法在教学质量改进、员工招聘与管理、知识管理、信用评价、隐私保护、论坛热点发现以及商品店内布置等领域中的应用。

（1）Mei-Hua Hsu. Proposing an ESL recommender teaching and learning system[J]. Expert Systems with Applications. 2008，34(3)：2102-2110.

（2）Chen-Fu Chien，Li-Fei Chen. Data mining to improve personnel selection and enhance human capital：a case study in high-technology industry[J]. Expert Systems with Application，2008，34(1)：280-290.

（3）Ting-Peng Liang，Yung-Fang Yang，Deng-Neng Chen，et al. A semantic-expansion approach to personalized knowledge recommendation [J]. Decision Support Systems，2008，45(3)：401-412.

（4）Cheng-Lung Huang，Mu-Chen Chen，Chieh-Jen Wang. Credit scoring with a data mining approach based on support vector machines[J]. Expert Systems with Applications，2007，33 (4)：847-856.

（5）Shibnath Mukherjee，Madhushri Banerjee，Zhiyuan Chen，et al. A privacy preserving technique for distance-based classification with worst case privacy guarantees [J]. Data & Knowledge Engineering，2008，66(2)：264-288.

（6）Nan Li，Desheng Dash Wu. Using text mining and sentiment analysis for online forums hotspot detection and forecast[J]. Decision Support Systems，2010，48(2)：354-368.

（7）Kwang-Il Ahn. Effective product assignment based on association rule mining in retail[J]. Expert Systems with Applications，2012，39(16)：12551-12556.

25. 查阅资料，讨论遗传算法或改进算法在智能组卷等领域的应用。

26. 查阅最新资料，讨论目前数据挖掘面临的一些挑战。

27. 讨论 2012 年奥巴马竞选团队如何利用数据挖掘，打破总统竞选的铁律，实现奥巴马总统竞选成功。

28. 组合分类方法的基本思想是什么？举例说明其应用。

29. 查阅资料，了解 10 大数据挖掘算法（参考 Xindong Wu, Vipin Kumar, J. Ross Quinlan,et al. Top 10 algorithms in data mining. Knowledge and Information Systems, 2008,14:1-37,DOI 10.1007/s10115-007-0114-2)的最新改进算法及其应用。

30. 讨论数据挖掘中的隐私保护方法。

31. 以某个企业的促销项目为例，讨论利用数据挖掘选择目标客户的过程。

32. 某产销一体化企业经过多年的信息化建设，已经建立了比较完善的 CRM、ERP、OA 等基础信息系统，并积累了大量的历史数据。但这些分散、独立存在的大量数据对于业务人员、管理人员来说，很难充分利用。如何知道什么客户对公司的价值最大，他们的特征是什么？如何了解哪些产品之间关联程度比较强，以便给出合理的定价策略？怎么分析一部分顾客购买了 A 商品过一段时间后还会购买其他某类商品，以便主动推荐？如何分析广告投入对未来的销售量影响？该公司最近几年还开展了电子商务，对零售网站的顾客访问日志、购物篮数据可以做哪些分析？举例说明。

33. 讨论下面的数据分析需要使用何种数据挖掘方法？并给出简单的分析思路。

（1）给出某电商平台前几个月一些客户的浏览和交易日志数据，预测未来的一个月客户可能的行为。

（2）某汽车制造商为了推广新的车型，计划请某社交平台有影响的人物试驾，并在该社交平台发布试驾报告。

（3）某个体户想开一个川菜馆，请利用大众点评网的餐馆介绍数据、点评等相关数据，分析菜馆的选址以及配套实施，给出理由。

（4）某银行在客户分析中，需要了解年龄和收入对客户价值的影响。

（5）某保险公司预推出面向农民的自然灾害险，需要预测今年的灾害发生情况。

34. 某银行推出了一种新的理财产品，如何借助商务智能技术做市场推广，请给出详细的分析过程。

35. 阅读下面论文，讨论如何利用时间序列模型，预测某时间段港务公司集装箱的数量：张致远.时间序列分析在人员调控系统中的应用.上海:复旦大学硕士论文,2014。

第三部分

商务智能应用

第6章
移动商务智能

随着移动网络的发展,智能手机、车载移动设备和掌上电脑等移动终端产品价格不断下降,性能不断提高。利用移动终端产品收发邮件、信息查询等应用为越来越多的商务人士所使用。移动商务(mobile commerce)越来越为人们所接受,SoLoMo 模式,即 Social(社交化)、Local(位置化)和 Mobile(移动化)已经成为现实。企业一方面需要开展移动业务,以满足顾客和移动员工的需求,另一方面也面临着对顾客消费习惯了解不足、决策能力有限等问题。商务智能是企业开展移动商务的有力手段,通过商务智能的实施,企业可以全方位地分析移动业务。建立应用于移动终端的商务智能系统是商务智能的发展方向,两者的结合也是电子商务的发展趋势。本章首先对移动商务进行了概述,然后讨论了商务智能在移动 CRM、移动支付、移动证券、基于位置的移动服务和移动学习等方面的应用。

6.1 移动商务

关于移动商务,许多研究机构和学者都给出了不同的定义,其中 Durlacher 认为移动商务是通过移动网络进行的交易[1]。Kalakota 和 Robinson 则认为移动商务是通过手机、PDA 等移动终端与因特网有机结合,进行在线商品买卖和服务交易的过程,可以提供给消费者个性化的服务[2]。还有学者从接受者的角度认为移动商务是信息技术发展过程中的新阶段,是现代信息技术对传统商务活动的一场革命[3]。

移动商务作为一种新的电子交易模式,其主要特点包括以下几个方面:首先是使用方便,移动终端随时在线,用户不受时间和地域的限制,尤其对于响应时间要求很高的移动应用(如股票或期货交易)来说特别重要;其次是安全性高,目前移动商务安全技术已经可以提供封闭式端对端的无线传输层安全协议(WTLS),该协议提供认证和加密服务,可以安装在移动设备内的 SIM 卡上,除了允许使用者随身携带、任意插入移动设备内使用外,还提供 PIN 码或密码身份验证机制;还有就是定位能力强,可以随时追踪和定位移动用户所在区域,提供用户可能需要的区域性服务信息,从而促成服务提供商与用户交易。此外,移动商务容易实现个性化服务。服务提供商可以根据用户的消费习惯、爱好、历史消费记录和所处位置,提供个性化服务。常见的移动商务模式包括移动信息服务、移动广告、移动销售和移动办公等[4]。

1. 移动信息服务

信息服务作为移动商务常见的模式,包括实时信息服务(新闻、天气预报、股市信息、外汇行情、铃声、图片和游戏等)、基于位置的信息服务以及紧急信息服务。移动用户通过快速、方便的信息服务,可以更快地做出决策,加速流程运行。例如,零售企业的销售经理能在出差途中通过智能手机、PDA 查询商店的库存、商品缺货等信息,来了解商店的运营情况。

2. 移动广告

由于移动终端比较容易定位,便于搜集用户的个人信息,因此在移动终端上发布的广告有更强的针对性。例如,在使用车载移动设备时,根据用户平时的生活习惯发送附近娱乐场所或者超市的优惠信息,以引起用户的兴趣。

3. 移动销售

移动销售可以使用户随时随地购买商品,打破了传统购物的限制,受到消费者的欢迎。

4. 移动办公

现代商务的发展使许多员工可以经常外出,在途中收发邮件、接收与发送文件、短信广播、会议管理以及访问或更新公司的数据库。移动办公提高了移动工作者的工作效率。

【例 6.1】 农夫山泉移动信息化

农夫山泉是国内知名的快速消费品公司,目前在全国范围内已拥有 150 万家门店、超过 1 万多名业务代表。农夫山泉的快速发展与企业不断进行信息化建设有着密不可分的联系。早在 2003 年,农夫山泉就和 SAP 合作,在企业内部实施部署了 ERP 系统。近几年来,农夫山泉要求业务代表能够及时掌握每家门店的地理位置、销售量、是否缺货、竞争对手效率等消息及时反馈给业务部门,帮助企业快速处理订单以及货品配送,指导企业生产。经过调研,2008 年,农夫山泉进行移动信息化系统建设,通过移动终端帮助销售人员随时随地从一线市场搜集并上传收集到的数据,在后台中实现了与业务系统无缝对接,从而实现了快速处理订单,推动了业务的增长。在收集订单数据的过程中,甚至还可以搜集竞争产品的信息,例如销售量、是否做促销活动等,以便企业快速做出响应。

移动信息化系统在农夫山泉主要应用在移动访问店铺、市场督导和销售行为管理等方面。在移动信息化系统上线初期,传输的数据以文字为主。随着 3G 网络的应用,农夫山泉在 2011 年推出了移动商务解决方案,实现了销售和市场人员在移动终端随时随地上传一线采集的各种数据。2013 年初,农夫山泉推出了基于 SAP HANA 的解决方案 NFSQ MOBILE V2.0,进入了移动营销 2.0 时代。

借助 NFSQ MOBILE V2.0 平台,业务代表利用移动终端按照一定的线路拜访门店客户,把订货数据输入到手机中,与照片一同上传至系统。搜集上来的数据进入客户关系管理系统(CRM),通过 SAP ETL 工具抽取到业务分析系统里,形成报表并展示给管理层。农夫山泉还积极和移动运营商联通合作,专门为每位业务代表提供包月的流量套餐和移动设备,如图 6.1 所示。

五年多来,农夫山泉通过移动营销系统把客户牢牢

图 6.1　农夫山泉移动商务系统

抓在自己手中。大到家乐福、沃尔玛等大型超市,小到城市路边的零售摊,国内所有门店五年内的分销数据、进货数据、库存数据都可以在农夫山泉的 CRM 系统中查到。

6.2 商务智能在移动商务中的应用

移动商务加强了企业和顾客的互动,但简单地把原来基于 Internet 的应用移植到移动平台上并不能给企业经营带来本质的变革。利用具备收发电子邮件、网络通信和计算能力的移动终端具有灵活方便、提供与位置相关服务等特点,为服务器端的商务智能系统提供了丰富的原始数据,经过商务智能系统分析后在移动终端提供个性化的服务是对移动商务有益的补充。图 6.2 所示为 Business Objects(SAP)公司的 Business Objects Mobile 移动智能解决方案。

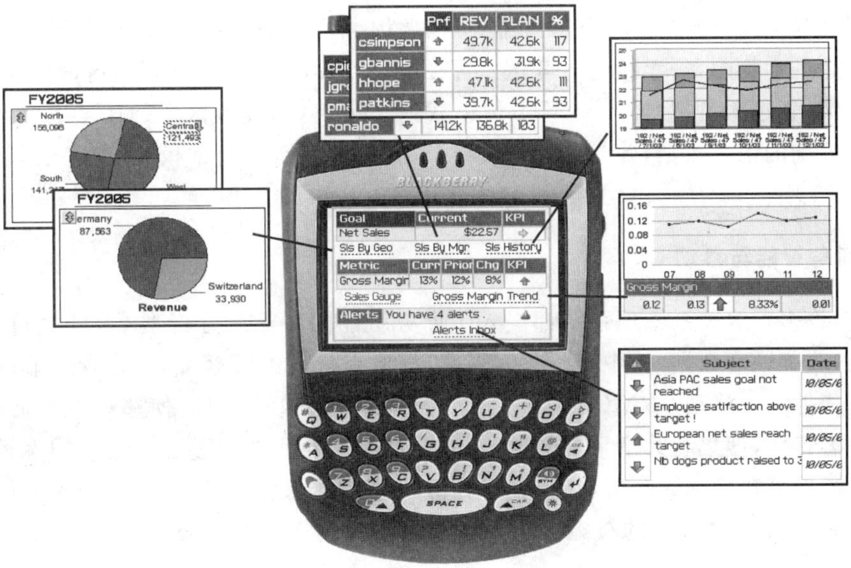

图 6.2 Business Objects Mobile 移动智能解决方案

下面先给出移动商务智能的定义,然后分析商务智能在若干移动商务领域的应用。

1. 移动商务智能的概念

简单地说,移动商务智能是商务智能在移动商务领域的应用,一般通过移动终端采集相关数据,经企业商务智能系统查询分析、在线分析处理或数据挖掘后把结果在移动终端显示,为顾客提供个性化的信息,辅助移动员工做出决策的过程。移动商务智能是未来企业应用的新趋势,使用户随时、随地在移动终端上提交数据,获得相应的分析报告,实现实时、动态的管理。

移动商务智能具有以下特点。

(1)智能性。移动商务智能通过商务智能系统的分析,帮助移动员工认识经营管理中的问题,寻找潜在顾客。

(2)移动性。移动商务智能与传统商务智能的区别在于其应用领域是移动商务,移动用户可以方便地通过移动终端来接收数据、分析结果。

（3）个性化。由于移动设备与个人信息联系紧密且位置敏感度高，因此移动商务智能可以给用户提供更多个性化的信息，使企业更有针对性地开展营销活动，也方便为用户定制服务。

（4）主动性。商务智能可主动地（推式）提供给移动用户一些信息，如事件提醒、更新的报告和关键绩效指标（KPI）。

移动商务智能通过移动终端的使用扩大了数据的来源，通过移动终端可以方便、及时和全面地了解顾客需求，进一步提高企业的运营效率和管理水平。

【例 6.2】 IBM Cognos Mobile 移动商务智能

IBM 正式推出 Cognos Business Intelligence 的移动终端应用 Cognos Mobile，Cognos Mobile 为那些经常进行移动办公的人群提供先进的业务分析技术，让他们可以随时离线或在线进行商业分析。例如，当销售人员在市场巡查时发现某款鞋子销量不错，可以实时组织相关部门在移动商务智能终端集思广益，寻找原因，解决供求问题。辛辛那提动物园是全美历史最悠久的动物园，每年接待游客达一百二十多万人，为了不断改进园区内商铺的位置和产品的类型，管理人员把 Cognos Mobile 下载到 ipad 终端，在园区内的任意地点调查访问，录入园内商铺的销售数据，并与游园人数结合，分析最活跃的营销模式，游客的园内消费因此提升了 25%。

2. 商务智能与移动 CRM

目前，许多顾客关系管理系统都嵌入了商务智能的功能。分析型 CRM 通过各种顾客交流渠道，收集顾客数据，从中分析顾客需求，提取有价值的顾客知识，指导企业的销售、营销和服务等业务。移动 CRM（mobile CRM）是 CRM 的自然延伸，使移动员工通过更多的渠道与顾客接触，搜集和共享重要的数据，针对企业业务和管理过程中产生的大量数据（如订单、库存、交易账目和顾客资料等）进行分析，并把结果发送到企业管理者的移动终端。同时给业务伙伴提供更广阔的接触渠道，企业在营销、销售和顾客服务等方面的工作也更加灵活。

移动 CRM 的使用方便了企业对顾客的管理，使服务人员能更有效地收集顾客需求，了解产品的缺陷。服务人员通过人工或自动触发服务请求到指定的顾客支持工程师，并把信息在商务智能系统中进行处理。商务智能在移动营销领域也有所应用，例如，基于位置的营销，商务智能系统从顾客历史购买记录预测并提供个性化的促销信息给顾客。例如，某位顾客在一家商店购物，当这位顾客进入商店时，他随身携带的移动终端可能会自动显示优惠信息或推荐购物篮关联的商品。

【例 6.3】 商务智能在大型超市电子推荐中的应用

在大型超市中，由于商品种类多，顾客购买量大，采用无线射频识别（RFID）技术进行商品扫描和结账是未来的重要发展趋势。当某顾客在超市购物时，通过 RFID 阅读器可以迅速地获得顾客购买商品的信息，针对这些信息结合顾客之前的购买记录，通过数据挖掘工具可以预测顾客的偏好，并使用移动设备对顾客可能感兴趣的商品主动营销。如图 6.3 所示，例如某顾客购买了巧克力，挖掘以往顾客购物的历史记录可以预测到该顾客很可能还要购买面包，这时就可以通过手机短信的形式提醒该顾客面包的位置、最新品种和特价信息等。

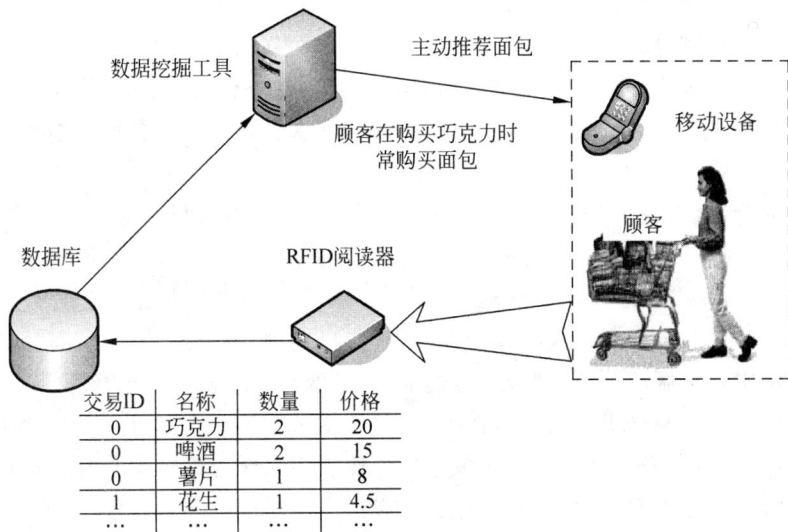

图 6.3　商务智能在超市移动 CRM 中的应用

3．商务智能与移动支付

移动支付是指支付方为了购买实物或非实物形式的商品,以手机、PDA 等移动终端作为工具,通过移动通信网络,实现资金由支付方转移到商品提供商或服务商的支付方式。

随着移动支付接受度的提高,移动支付的服务商面临着数据处理的巨大挑战,采用商务智能技术分析欺诈行为等成为移动商务领域的重要应用。商务智能在移动支付中的应用主要包括以下几个方面。

1）移动支付用户信用评估

用户的信用等级是一个动态变化的过程,根据用户消费行为的变化,信用等级也相应地发生变化。根据用户的特征数据与顾客的交易数据,采用数据挖掘构建动态的信用风险评估模型。让移动支付服务商了解用户当前信用等级,并预测将来用户的信用风险变化趋势。

2）移动支付用户利润分析

通过分析移动支付用户的利润分布,得到不同利润的用户特征。例如,把用户利润分为高、中、低等类型,以确定不同的营销策略,为高利润用户进行个性化的服务,降低手续费等。

3）移动支付用户类别分析

用户类别分析可以帮助银行寻找不同类用户的特征。例如,把移动支付用户分成交易频繁的顾客、偶然大量透支的顾客、稳定透支的顾客和从不透支的用户等类别,让服务商了解不同类别顾客的分布情况。

4）用户消费行为分析

通过分析不同消费群体的消费模式,提供更贴切的服务。大多数用户的消费行为都比较正常,而在移动支付中存在少数消费习惯反常的人,还会带来移动支付欺诈等隐患。异常检测能定位这类危险人群,起到一定的预警作用。

【例 6.4】　商务智能在某公司手机银行中的应用

相对于传统的金融产品,移动支付对用户数据有天然的依赖性,这是由移动支付自身的特点决定的。从与银行信用卡的绑定到日常的顾客服务以及透支追索等都离不开对顾客数据进行动态的分析和处理,顾客数据甚至还可以运用在移动支付的宣传方案、促销方案设计和新产品标准制定等方面。某公司认为商务智能在移动支付领域的应用需要依靠银行,因为银行不仅负责进行后台的交易操作,更重要的是拥有大量的顾客数据。因此,某公司十分重视商务智能在移动支付中的作用,并不断地加大在商务智能研究部门的投资,同时促进其在银行领域的合作伙伴提高商务智能水平。移动支付的数据分析不能局限于移动支付业务领域内的顾客数据,还要基于银行所有对个人开展的业务,包括信用卡、借记卡、储蓄存款和外汇储蓄等各类个人贷款等金融业务。通过建立统一完整的个人资料数据库,对顾客的新增、注销情况,顾客数的存量以及具体分布,从开户机构、账户类型、开户时间、顾客属性等角度进行不同层次和深度的分析,划分顾客类别,为顾客经理提供全面的顾客资料[5]。商务智能的应用不仅体现在与金融机构的合作上,某公司从战略高度上也十分重视和供应链上其他公司的合作,通过商务智能的应用积极拓展合作业务。作为信息中心的运营商,某公司在处理移动支付业务时拥有了大量的支付交易数据,通过对这些数据的挖掘,可以更深入地了解顾客的交易行为,并把分析结果反馈给他的合作伙伴,帮助他们改进服务,使产品更符合市场需求。

4. 商务智能与移动证券

从证券交易参与者的角度来看,股民通过券商营业部方能进行股票的买卖操作。股民与券商营业部的交互方式有场内和场外等类别。很多人工作繁忙,不能在场内实时观察股市行情,因此选择场外的股民越来越多。随着手机用户数的不断增长和通信费用的降低,更多的股民开始利用手机炒股。充分利用手机的短信息功能,为广大股民提供快捷、方便的相关服务,成为移动商务的组成部分。很多股民都拥有具有通信功能、提供交互性应用软件的PDA,移动证券业务的出现是证券行业发展的趋势。

当证券服务移动化已经成为证券行业的趋势时,商务智能为证券公司开展移动业务提供了动力。利用商务智能系统对大量移动证券数据进行挖掘,可以发现用户的行为模式、隐藏的信息以及可能对证券市场、公司或个人产生潜在影响的因素。这些数据不仅让证券公司了解了顾客的行为特点,而且还为营业部的经营提供了决策依据。商务智能系统还能帮助证券公司了解顾客,预测顾客的投资心理变化,减少风险和增加机会[6]。例如,顾客交易手续费收入一直是经纪业务为主的证券公司利润的重要来源,拥有大批优质顾客资源是营业部盈利的保障,但顾客流失不可避免,如何通过个性化服务留住顾客,是每个证券公司都将面临的严峻问题。

【例 6.5】 深圳国泰君安证券公司的移动证券服务

国泰君安证券公司是由两家公司于 1999 年通过合并、增资扩股组建成立的,是国内规模最大的证券公司之一。国泰君安证券公司于 2004 年与深圳移动进行合作开展移动证券服务,在深入了解了国泰君安证券公司的具体需求后,深圳移动把各项集团数据业务需求进行有效整合,打造出了一套切合证券行业个性化需求的解决方案。最初借助深圳移动公司为国泰君安证券公司接入的数据专线,国泰君安证券公司通过短信平台向顾客的手机提供了股票行情查询、股票交易、个股股评和大盘分析等服务。经过一段时间的运营,简单地把信息传递到移动终端已经不能满足股民的需求了。对于普通股民来讲,股市中越来越多的信息让他们难以应对,他们需要得到更加全面的分析和预测。同时,对于深圳国泰君安证券公司而言,常年积累的大量证券交易数据也需要进行深入的分析,以提高自身的服务质量。针对这些问题,该公司建立了商务智能系统,不仅可以用于公司内部的数据分析,而且可以为股民提供移动设备上的接入服务,通过移动设备访问商务智能系统,方便了股民的证券交易,提高了抵御风险的能力。

5. 商务智能与基于位置的移动服务

基于位置的移动服务(location-based mobile service)是由移动运营商提供的一种增值业务,通过定位技术获得移动终端的位置信息,实现各种与位置相关的业务。目前,电信行业竞争激烈,移动运营商在不断地寻找各种途径挖掘利润增长点,移动位置信息服务是一种有潜力的业务。

除了通过定位技术获取终端的位置之外,还需要通过地理信息系统(Geographic Information System,GIS)。决策支持、综合经营分析、具体业务层面的定位和线路的规划都离不开地理信息的支持。

【例 6.6】 社交地图导航应用 Waze

Waze 2008 年成立于以色列(https://www.waze.com),这家社会化的地图导航服务平台利用众包的方式提供社交地图和导航服务。与传统的高德地图、百度地图、Google 地图等 Web 1.0 地图服务公司不同,Waze 的用户参与提供信息,可以使用 Waze 服务分享实时交通信息以及交通拥堵、油价、意外事故、有无警察等突发事件,系统还会根据即时路况信息来制定最佳的行车路线,如图 6.4 所示。随着用户增长,共享的信息会越来越准确,成本和更新速度也比传统地图具有优势。

图 6.4 Waze 的交通导航

目前,Waze 提供了地图导航、查看好友驾车状态、合伙乘车、搭顺风车和路况交流等功能。利用社交关系是 Waze 的特色,也是 Waze 能在最近几年得到迅速发展的主要原因。Waze 的用户在 2012 年共分享了 9000 万份交通报告,在地图编辑方面也有 6 万多名来自110 个国家的用户做出了 170 万次改动。

地图是移动商务的入口,社交、搜索和电商都离不开地图。最近,Google 以 13 亿美元收购 Waze 公司,就是借助 Waze 平台的社交元素分享全球的地理数据以及交通的实时播报等,并遏制 Facebook、Apple 等竞争对手进入移动应用领域。社交地图与搜索引擎的结合为用户推荐相关信息,这才是 Waze 真正的价值所在。

Waze 平台每天收集大量的数据,分析数据可以提供一些有价值的应用,例如在事故高发地段投入更多资源避免潜在事故的发生:通过对 5000 多起事故报告和 30000 份出警报告的分析确定事故多发地段以及警察是否能及时出现。结果发现 75% 的事故多发于交叉路口,但有警察监控的路口事故比较少,警察收到信息要过一段时间才能到达现场。此外,对Waze 用户数据的分析可以自动学习其常到的地方、上下班时间以及偏好路线等。

6. 商务智能与移动学习

目前对移动学习还没有一个确切的定义,Clark Quinn 认为移动学习(m-Learning)是通过移动设备实现的数字化学习,这些移动设备包括 PDA、手机等[7]。还有学者认为移动学习是移动计算技术和 e-Learning 的结合,能够为学习者带来一种随时随地学习的体验。由此可见,移动学习首先是基于便携式移动设备进行的数字化学习。其次,移动学习依赖于移动通信技术实现教学内容的传输。此外,移动学习中教与学活动的交互性是通过移动计算技术实现的[8]。

从 2000 年起,欧洲一些国家对移动学习的方式表现出极大的兴趣,先后组织了三十多个移动学习项目,对移动学习的教学对象、教学方法和技术手段等进行探讨[9]。例如,英国在 2001 年开展的 m-Learning 项目主要是为了解决欧洲年轻人中的文盲、缺少继续教育以及缺少信息技术而导致的不公平等问题。该项目开发了基于移动学习的智能导师系统,经过两年的使用,在学生中受到了热烈的欢迎。斯坦福大学在美国的远程教育与数字化学习研究领域一直处于领先地位,Stanford Learning Lab 开发了一个移动学习的初始模式。他们选择外语学习作为移动教育的课程内容,在一个安全、可信、个性化的环境中帮助学习者进行听说练习。让用户练习生词、做小测验、查阅单词和短语的译文,并通过移动设备和教师进行实时交流。

商务智能在移动学习的应用有助于实现个性化学习,常见的算法包括基于决策树的个性化学习算法和基于神经网络的个性化学习算法。基于决策树的个性化学习算法的过程大致如下。首先学生经过注册后登录系统,此时学生的个人信息被存入学生个人信息数据库中。然后系统根据这些数据对学生学习能力进行分类,分类规则的产生借助于决策树算法。基于神经网络的个性化学习算法的过程是学生登录后,系统收集其历史学习信息,应用神经网络判断学生的学习状态,即对知识点的理解程度。神经网络的输入数据是与特定知识点相关的资源的学习程度,输出数据表示学生对知识点的理解程度。应用神经网络可以得出学生对知识点的掌握情况,还可以根据学生的综合表现以及课程的预定学习目标进行分析比较,向学生提供下一步学习的建议。

本章参考文献

[1]　Durlacher. Mobile commerce report[R]. Technical report of Durlacher Research Ltd，1999.

[2]　Ravi Kalakota，Marcia Robinson. m-Business：the race to mobility[M]. New York：McGraw-Hill，2002.

[3]　Ankur Tarnacha，Carleen F. Maitland. Entrepreneurship in mobile application development[C]. Proceedings of the 8th International Conference on Electronic Commerce，Fredericton，Canada，2006：589-593.

[4]　袁雨飞，王有为，胥正川，等. 移动商务原理与应用[M]. 北京：清华大学出版社，2006.

[5]　张弛. 银行卡领域商业智能的研究与应用[D]. 大连：东北财经大学硕士论文，2004.

[6]　徐翔. 商务智能及其在证券行业的应用研究[D]. 合肥：合肥工业大学硕士论文，2002.

[7]　Clark Quinn. m-Learning：mobile，wireless，in-your-pocket learning[EB/OL]. http:// www. linezine. com/2. 1/features/cqmmwiyp. htm.

[8]　Keegan D. The future of learning：from e-Learning to m-Learning[EB/OL]. http://learning. ericsson. net/mlearning2/project_one/book. html.

[9]　Anja Wessels，Stefan Fries，Holger Horz，et al. Interactive lectures：effective teaching and learning in lectures using wireless networks[J]. Computers in Human Behavior，2007，23(5)：2524-2537.

思考题

1. 什么是移动商务智能？移动商务智能在哪些领域得到了应用？

2. 举例说明商务智能在移动商务领域的应用。

3. 研讨题：阅读下面论文，讨论在移动环境中如何为顾客提供个性化的购物推荐。Wan-Shiou Yang，Hung-Chi Cheng，Jia-Ben Dia. A location-aware recommender system for mobile shopping environments[J]. Expert Systems with Applications，2008，34(1)：437-445.

4. 分析 Google 收购的地图公司 Waze 如何通过分析移动用户的数据为其推荐合适的信息。

5. 讨论农夫山泉的移动商务智能应用。

6. 讨论移动商务智能在医院管理中的应用。

7. 讨论移动商务智能在智慧城市中的应用。

8. 讨论移动商务智能在手机证券中的应用。

9. 参考移动商务的发展趋势，讨论移动商务智能未来的发展前景。

第 7 章

商务智能与知识管理

知识管理(Knowledge Management,KM)是近年来学术界和企业界关注的热点。在知识经济时代,"知本"已经成为企业最重要的战略资源,企业之间的竞争也越来越呈现出以知识为基础的竞争。企业管理者意识到管理知识可以带来高效的业绩,而商务智能和知识管理都与知识的获取(挖掘)有关,都是提高决策质量、提升组织绩效的有效工具。对企业而言,如何协调好两者的关系是非常重要的问题。

7.1 知识管理

知识是一个内涵丰富、外延广泛的概念,学术界对其有不同的定义。在知识管理的研究中,知识是指结构化的经验、价值、情景信息和专家认识的混合,提供了评估、整合新经验和信息的框架[1]。知识可以有效地提升组织运作的能力。知识可以被分为显性知识(explicit knowledge)和隐性知识(tacit knowledge),其中,显性知识是能用语言、符号、规则、公式或对象等表达,可以记录在一定物质载体上并可以共享的知识,例如书刊、报纸和技术文档等资料中的知识,而隐性知识则是存储在大脑中的经历、经验、技巧、诀窍、体会和感悟等很难表达的知识,例如钢琴师的演奏技巧、医生的临床经验等因长期从事某项业务而形成的判断力、洞察力和直觉。有些学者主张对知识的管理应该区分知识类型,认为信息管理注重对显性知识的管理,而知识管理则偏重对隐性知识的管理。

知识管理包括知识获取、知识交流、知识应用和知识创新等过程。知识获取是指对现有的知识进行收集、整理和分类的过程;知识交流是指通过知识门户、知识社区等途径促进知识共享的过程;知识应用是指利用获取而来的知识去解决业务问题的过程,也是显性知识内化为员工个人的隐性知识,提升员工决策能力的过程;而知识创新是指企业通过知识的共享和应用产生新概念、新思想和新体系的过程[2]。

知识管理识别并协调组织的知识从而帮助组织进行竞争,而且知识管理可以促进革新和共鸣,它是经验、知识和专家技术的形式化和获取,能够创造新能力,驱动较高的绩效,鼓励创新和提高消费者价值[3]。知识管理能整合企业流程、信息技术、知识库和个体行为[4]。知识管理建立在经验的基础上,并利用新的机制交换和创造知识[5]。

7.2 知识管理与商务智能的关系

知识管理是伴随知识经济出现的一种创新管理,知识管理综合运用战略、组织、流程、技术、变化等多种措施和管理工具,以富有效率的方式组织资源实现其管理目标[6]。商务智能则注重运用相关的技术来帮助企业管理层对运营数据进行分析,以提高企业决策水平。

商务智能与知识管理曾被作为相对独立的研究领域。然而,现在许多研究者和软件供应商都意识到,尽管商务智能与知识管理有不同的偏重和工作目标,但两者都与知识有着密切的联系,如图7.1所示。由图7.1可见,一方面,由业务系统积累的数据经过数据挖掘后得到的知识,是决策者重要的知识来源;另一方面,数据挖掘也离不开分析人员的领域知识和业务知识。这些知识与决策者的已有知识、经验组合起来,将会改善各类业务流程环节执行的效率和效果,提高流程整体的绩效。此外,这些知识通过知识管理系统和社区会在更大范围内实现共享,实现更大的价值。

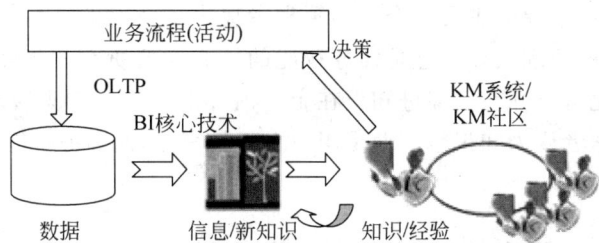

图7.1 商务智能与知识管理

7.2.1 商务智能与知识管理的区别

商务智能与知识管理是两个不同的概念,它们之间的区别如下。

1. 内涵不同

商务智能把企业的各种数据及时地转换为企业管理者感兴趣的信息、知识,并以可视化等方式展现出来,帮助企业管理者进行科学决策;而知识管理是为了促进经验等知识共享,增强企业的绩效而获取、传递和使用知识的过程。一般认为知识管理是指收集、选择、组织、提取和应用知识,帮助从员工经验中获取企业所需要的知识,特别是实施知识管理过程,可以使企业通过获取、存储和利用知识解决问题,进行动态学习、战略规划和决策支持[7]。

2. 知识的管理过程和技术不同

商务智能使用在线分析处理和数据挖掘工具把数据转化为信息,把信息转变成为辅助决策的知识,最后把知识呈现在用户面前;而知识管理的过程包括知识的收集、分析、梳理和交流等,比商务智能多样化。此外,两者有关的技术也有所不同[8]。

3. 关注的知识类型不同

商务智能利用数据挖掘等工具得到的知识通常可以用可视化的图表进行表达,以辅助用户决策。因此,商务智能所得到的知识基本上都是显性知识。而商务智能处理的是蕴涵在数据中的"隐藏(hidden)知识",这里的"隐藏知识"是指隐藏在数据中的知识,而并非难以表达,且难以共享的隐性(implicit)知识。当然,数据挖掘也是一种有效的隐性知识获取方法。

对于知识管理而言,隐性知识和显性知识都是管理的对象,而且相对而言,知识管理更注重对隐性知识的管理,因为知识管理是实现知识共享的智力管理,而智力更多来源于企业对隐性知识的共享。知识管理主要是促进从隐性到隐性的传播以及促进知识从隐性到显性的转化。

4. 面向的用户不同

尽管商务智能具有实时化、用户平民化的发展趋势,即支持决策的主体从高级管理层向业务层拓展。但目前商务智能主要为企业的管理者提供了及时的信息、知识,支持决策,面向的用户主体是中高层管理人员。这是商务智能的核心价值所在。与商务智能不同,知识管理比较趋向"平民化",目标在于促进知识在企业内部的共享。知识管理的用户是企业各级员工。此外,还有学者认为知识管理偏重用户之间的交流,而商务智能更注重人与应用之间的协同。

7.2.2　商务智能与知识管理的联系

商务智能和知识管理都与知识的处理、提高决策水平等有关,它们的实施都受企业文化、制度的影响,两者存在一定的联系,主要体现在以下几个方面。

1. 辅助决策

商务智能和知识管理在一定程度上都可以辅助决策者利用知识更好地进行决策。商务智能是对企业深层知识进行获取、沉淀的一种重要方法。这些知识通常隐藏在数据中,不易被发现,如消费者的购物习惯、偏好等知识,挖掘这些模式有效地辅助企业人员,尤其是辅助中、高层的管理人员进行决策,使企业的管理决策实现由主观经验型到科学型转变。此外,面对瞬息万变的市场,运用商务智能工具可以做出更快、更好的决策,而且是基于海量数据分析后的决策,避免人为经验可能导致的随意性和疏漏。知识是企业的无形资产,知识管理促进了知识的沉淀,有效地实现了知识在企业内的转移和共享,辅助企业中的员工进行决策[9]。商务智能和知识管理的目标都是把恰当的知识(信息)在恰当的时间传递给需要的人,以便使他们更好地做出决策。

2. 商务智能是知识获取的一种手段

如图 7.2 所示,商务智能可以从企业运营积累的数据中,挖掘出未知且有用的知识。数据挖掘是知识管理对知识获取的一种方法,这些知识通常来源于大量的运营数据分析,具有指导实践的意义。知识管理的知识获取更加全面,不仅包含商务智能挖掘的知识,还包含通过其他方式获取的知识。例如,知识社区收集的企业各种知识。图 7.2 中的 SECI (Socialization,Externalization,Combination and Internalization) 是 Nonaka 和 Takeuchi 提出的知识螺旋模型(knowledge spiral model),说明了显性知识和隐性知识相互转化的过程[10]。

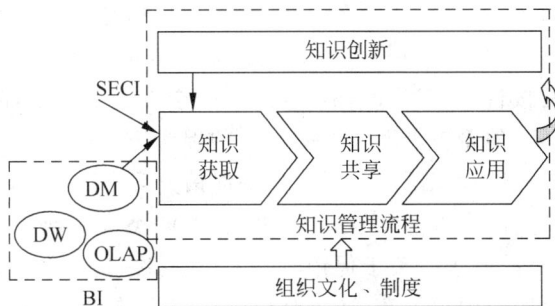

图 7.2　BI 支持知识获取

【例 7.1】　市场经理的一天

杰佛瑞是某大型电器零售企业市场部门的一名经理,主要负责公司促销方案的设计。杰佛瑞两年前跳槽来到这家企业,担任总部市场经理,这家企业在家电零售业界享有盛名,在全国拥有 300 多家连锁店,规模经营使得公司销售业绩连年提高,而企业的信息化工作也是业界所称道的,这些都让杰佛瑞觉得非常满意,工作也十分积极。

家电零售业竞争非常激烈,各大零售商正在通过各种途径全方位提升自身的竞争力。杰佛瑞供职的公司也不例外,不惜巨资投入信息化建设,实现了基于 ATM 专网的采购、仓储、销售、财务、物流、配送、售后服务、顾客关系一体化实时在线管理。尽管公司连锁店分布在全国各地,但公司的系统可以全面地收集各个连锁店的经营数据、管理数据以及供应商、顾客和外部竞争环境数据,建立完整的企业级数据仓库系统。在此基础上,公司采用国际上先进的零售业数据分析体系,在数据仓库系统和在线分析系统的基础上,建立了复杂的数学模型,以发现隐藏在海量数据中的未知模式,预测市场的变化趋势,通过多维分析模型、商品生命周期分析模型等分析手段,综合运用数据仓库、在线分析处理、数据挖掘、定量分析模型、企业信息门户等技术,提供针对家电零售业运营所必需的业务分析决策模型,挖掘数据的潜在价值。在品类管理、库存管理、供应商管理、促销管理等方面,形成了独特的优势。

作为市场部的一名职员,杰佛瑞并不十分了解信息事业部的工作,但是他很清楚数据部门发挥了非常重要的辅助作用。在刚来到公司的为期三个月的培训中,杰佛瑞学到的知识就是如何进入公司的知识管理系统平台,如何寻找需要的文件和信息。公司主张共享的文化让他觉得很有归属感。

杰佛瑞来到办公室,打开计算机,首先他接收到了上司里奇的邮件,里奇要求他尽快提出企业下个季度的促销方案。这是一项非常复杂的工作,杰佛瑞需要非常认真地对待,因为这关系到他的业绩考核以及可能的升迁机会。像往常一样,杰佛瑞搜索了公司系统的资料库,在这里他可以看到公司过去几年中的一些计划书以及反馈信息,这对他的工作非常有帮助。尤其是来自数据部门的反馈信息让他了解到促销计划的作用,有效地帮助提高促销计划质量。杰佛瑞很好奇数据部门的同事是如何做到这一点的,要知道公司可有几百家门店,每天来自 POS 机的销售数据堆积如山。他隐约记得,数据部门的同事曾在培训中提到过"商务智能"、"数据挖掘"这样的字眼,但是他更喜欢称之为魔法师的工作。

杰佛瑞突然想起了上个月里奇转发给他的一份数据统计报告。报告显示,数据部门发现的一个重大信息,即冰箱和榨汁机之间存在着关联关系。杰佛瑞多少有些吃惊,因为这两个电器并不能让他在意识上感觉到有什么关联,但是这个信息对他的工作却有着很大的影响,因为在这一季的促销计划,他想到一个好主意,那就是购买 BOSCH 冰箱可以送一台榨汁机,他希望数据部门的报告是科学可信的,因为下一季度就是秋季,冰箱的销售在往年的报告中会有一个大的下降,他希望借助"买一送一"的促销方式可以使冰箱的销售量免于降低,而且也可以缓解榨汁机库存积压的问题。如果促销方案可以通过,珍妮可是要对他感激涕零,因为珍妮是库存部门的主管,昨天在内部网上,她向杰佛瑞抱怨过采购部门在榨汁机的问题上给她带来了不小的麻烦。关于促销时间的长短,杰佛瑞需要和威尔谈一下,尽管威尔调离了市场部,但是他的经验很丰富,通过公司的系统,杰佛瑞给威尔发去了计划和问题,下午他得到了想要的答案。

杰佛瑞很快制定好了促销方案发给上司,这个方案在通过后很快上传到系统资料库中,并且分发给各个连锁店,而销售部门也会因为这个促销而忙活一阵子,因为他们需要负责把信息发送给相关的顾客。杰佛瑞听说,数据部门经过对整个公司数据库系统的分析,可以找出对促销活动最有可能做出反应的顾客群,甚至可以在促销季结束之前预测出销售量。这些是别人的工作,杰佛瑞虽然好奇但是不想费脑筋了。

杰佛瑞想到以前工作的公司,尽管待遇并不差,但每天的工作都是单打独斗,同样的错误会因为沟通不及时而时常发生。而现在不一样了,每一个员工都可以很方便地知道别人做过的事情,而且也可以及时得到别人的帮助。此外,数据部门的魔法师们也常常给他们提供有利的情报,让他们的工作变得轻松而有效。

本章参考文献

[1]　Thomas H Davenport, Laurence Prusak. Working knowledge[M]. New York: Harvard Business School Press,1997.

[2]　周谨. 商务智能与知识管理对比分析[J]. 情报杂志,2007,3: 80-84.

[3]　Chun Wei CHOO. Perspectives on managing knowledge in organizations [J]. Cataloging & Classification Quarterly,2003,37(1/2): 205-220.

[4]　Nada K Kakabadse, Andrew Kakabadse, Alexander Kouzmin. Reviewing the knowledge management literature: towards a taxonomy[J]. Journal of Knowledge management,2003,7(4): 75-91.

[5]　Simon L. Reinforcing your knowledge management strategy[J]. Knowledge Management Magazine, 2001,5: 28-35.

[6]　Cody W F, Kreulen J T, Krishna V. The integration of business intelligence and knowledge management[J]. IBM Systems Journal,2002,41(4): 697-699.

[7]　Amrit Tiwana. The essential guide to knowledge management: e-Business and CRM applications [M]. Indianapolis: Prentice Hall PTR,2001.

[8]　Jessica Keyes. Knowledge management, business intelligence and content management: the IT practitioner's guide[M]. Taylor & Francis,2006.

[9]　Luan Ou,Hong Peng. Knowledge and process based decision support in business intelligence system [C]. Proceedings of the First International Multi-Symposiums on Computer and Computational Sciences,Hangzhou, China,2006: 780-786.

[10]　Nonaka I,Takeuchi H. The Knowledge-Creating Company[M]. New York: Oxford University Press, 1995.

思考题

1. 商务智能和知识管理都与知识、决策有关，它们之间有什么关系？

2. 以例7.1为背景，说明哪些方面的问题可以分别用商务智能和知识管理来解决？

3. 研讨题：阅读下面文献，讨论知识推荐系统在知识管理系统的基础上如何辅助员工获得需要的知识。Lu Zhen，George Q Huang，Zuhua Jiang. An inner-enterprise knowledge recommender system[J]. Expert systems with applications，2001，37(2)：1703-1712.

4. 调研一家公司，讨论商务智能和知识管理的应用情况。

5. 讨论商务智能和知识管理如何结合。

6. 讨论移动商务智能在深圳蓝凌软件股份有限公司(http://www.landray.com.cn/index.html)知识管理系统中的应用。

7. 阅读下面论文，讨论电子推荐技术在流程知识推荐中的应用：W. Zhao，R. Wu，H. T. Liu. Paper recommendation based on the knowledge gap between a researcher's background knowledge and research target，Information Processing and Management (2016)，http://dx.doi.org/10.1016/j.ipm.2016.04.004.

第8章

Web 挖掘

随着 Internet 的逐渐普及，电子商务发展迅速，网络积累的数据越来越多。在这些大量、异质的 Web 资源中，蕴涵着大量有价值的知识，人们迫切需要能够从 Web 上快速、有效地发现知识。但从 Web 中获取知识，面临着许多困难。首先，Web 页面是一种基于标识的数据组织方式，数据量和复杂性远远超过了任何传统的结构化数据库。其次，Web 面对广泛的用户群体，用户对信息的需求各不相同，能够提供个性化的服务是企业取得竞争优势的关键。此外，每天新增加的 Web 页面数和日志量很大，人们需要使用 Web 挖掘从大量的数据中找到需要的信息、知识，辅助决策，提高企业的运营效率和顾客满意度。

利用文本挖掘进行网页聚类，利用结构挖掘改进搜索引擎，利用日志挖掘研究用户的使用模式等都是 Web 挖掘的典型应用。Web 挖掘作为数据挖掘的一个应用领域，已经引起了人们的关注，成为数据挖掘领域研究的前沿主题之一。本章首先介绍 Web 挖掘的概念、分类、基本步骤等基础内容，然后通过实例分析 Web 挖掘的具体应用。

8.1 Web 挖掘基础

Web 挖掘是利用数据挖掘技术，从 Web 文档以及服务中发现信息、知识的过程[1]。下面介绍 Web 挖掘的概念、分类和基本步骤。

1. Web 挖掘的概念

Web 挖掘是网络、数据挖掘、计算机语言学和信息学等多种技术的综合。不同研究者从不同的领域出发，对 Web 挖掘有多种不同的理解。例如，有些计算机语言学家认为，Web 文档为自然语言的理解提供了丰富的语料，可以从中学习词语的含义，以进行词义辨析或确定词语的概念。也有学者认为 Web 挖掘是从大量 Web 文档的集合 C 中发现隐含的、有用的模式 P 的过程：$C \rightarrow P$[1]。Web 挖掘的主要作用是通过收集、加工和处理涉及消费者消费行为的大量数据，确定特定用户群体或个体的兴趣、习惯、倾向和需求，进而推断相应用户群体或个体未来的使用行为，然后对所识别的用户群体进行特定内容的定向营销，从而为企业带来更多的利润，并提高企业的效率。Web 挖掘典型的作用包括优化 Web 网站的结构，根据用户的喜好设计个性化的网站，留住老顾客、吸引新顾客，并降低运营成本以及提高电子商务安全等。

Web 挖掘与传统的数据挖掘是不同的。传统数据挖掘处理的对象多是大型结构化的数据库,而 Web 挖掘处理的对象是文本、图形和图像等半结构、非结构化的数据,这些数据分布在 Web 文档、Web 服务器的日志、用户 cookies 等数据源中。因此有些数据挖掘技术并不直接适用于 Web 挖掘,需要对 Web 文档进行一定的预处理。此外,Web 在逻辑上是一个由文档节点和超链接构成的网络,因此 Web 挖掘所得到的模式可能是关于 Web 内容的,也可能是关于 Web 结构的[1]。

2. Web 挖掘的分类

目前对 Web 挖掘还没有统一的分类。通常把 Web 挖掘分为三类:Web 内容挖掘、Web 结构挖掘和 Web 日志挖掘,这也是一种广为接受的分类[2]。也有的学者认为 Web 挖掘可以分为 4 类,在传统的 Web 内容挖掘、Web 结构挖掘和 Web 日志挖掘之外,还提出了 Web 使用挖掘的概念。Web 使用挖掘的本质是根据 Web 用户的访问日志来提取用户的特征,所以在一些分类中也可以归入 Web 日志挖掘[3]。综合上述研究,Web 挖掘的分类如图 8.1 所示。

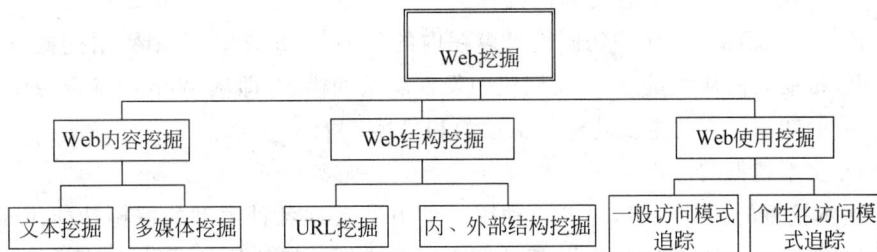

图 8.1 Web 挖掘的分类图

3. Web 挖掘的基本步骤

虽然 Web 挖掘的具体过程要根据 Web 的具体内容确定,但通常可以把 Web 数据挖掘的过程分为以下主要步骤:数据预处理、模式识别、模式分析和可视化等[4],如图 8.2 所示。

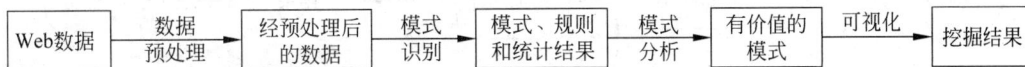

图 8.2 Web 挖掘的基本流程

在整个 Web 挖掘的过程中,第一步是数据预处理,包括数据清洗、用户识别、会话识别和事务识别等过程,对原始 Web 日志文件中的数据进行提取、分解和合并,转化为适合 Web 挖掘的数据格式。第二步是模式识别,模式识别对预处理之后的数据进行分析,从中挖掘出潜在的模式。第三步是模式分析,它的主要任务是从预处理的数据集中过滤掉用户不感兴趣的模式,发现有价值的知识。最后是采用可视化技术呈现 Web 挖掘的结果。

下面简要讨论三种 Web 挖掘方法。

8.2 Web 内容挖掘

Web 内容挖掘主要包括文本挖掘和多媒体挖掘两类，其挖掘对象包括文本、图像、音频、视频和其他各种类型的数据[5]。这里的内容既包括网页，也包括搜索引擎的结果。这些数据大多是非结构化的数据、半结构化的数据。对非结构化文本进行的 Web 挖掘，称为文本挖掘，是 Web 挖掘中比较重要的领域，目前 Web 内容挖掘的研究以 Web 文本挖掘为主。Web 多媒体数据挖掘可以从多媒体数据中提取隐藏的知识、多媒体数据关联或者是其他没有直接存储在多媒体数据库中的模式[5]，Web 多媒体挖掘首先进行多媒体文件的特征提取，然后再用传统的数据挖掘方法做进一步的分析。

1. Web 文本挖掘

以 Web 文本为分析对象的文本挖掘称为 Web 文本挖掘[5]。Web 文本挖掘针对包括 Web 页面内容、页面结构和用户访问信息等在内的各种 Web 数据，应用数据挖掘方法发现有用的知识，帮助人们从大量 Web 文档集中发现隐藏的模式，即从 Web 信息资源中提取潜在的、有价值的知识。它的主要功能包括预测和描述。

1）Web 文本挖掘的过程

Web 文本挖掘的种类很多，寻求一种统一的方法实现各种类型的挖掘功能困难很大。虽然 Web 文本挖掘的具体方法不同，但这些方法都遵循一般的处理过程，如图 8.3 所示[6]。首先从 Internet 上抓取 Web 文本，对其进行预处理和分词，然后把这些 Web 文本转化成二维的数据库表，其中每一列表示一个特征，每一行表示一个 Web 页面的特征集合，其中特征子集的选取是 Web 文本挖掘过程中必不可少的一个环节。在完成文档特征选择后，利用数据挖掘的方法提取面向特定应用的模式并进行评价。若评价的结果满足一定的要求，则存储起来；否则返回到前面的某个步骤进行新一轮的挖掘工作。

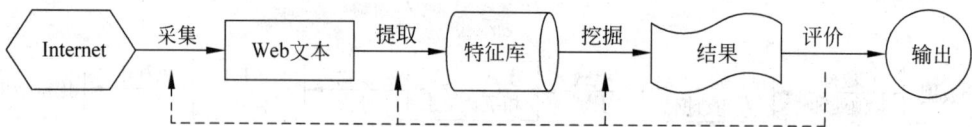

图 8.3　Web 文本挖掘的一般过程

2）Web 文本挖掘的方法

Web 文本挖掘的方法主要包括文本概括（summary）、文本分类和文本聚类等。

（1）文本概括

文本概括是指从文本（集）中抽取关键信息，用简洁的形式总结文本（集）的主题内容。这样用户不需要阅读全文就可以对文本（集）的内容有一个比较全面的认识，以决定是否深入阅读。文本概括在有些场合十分有用。例如，搜索引擎在向用户返回查询结果时，通常需要给出文本摘要，当前绝大部分搜索引擎采用的方法是简单地截取文本的前几行，这种方法显然存在一些缺陷。

（2）文本分类

文本分类是把一些被标记的文本作为训练集，找到文本属性和文本类别之间的关系模型，然后利用这种关系模型来判断新文本的类别。例如，可以使用分类算法抽取已知类别Web文档中典型的关键词，预测新文档的类别。一般用召回率和精度衡量文本分类的效果。召回率是正确分类的文档数与实际相关文档数之比，而精度是分类中正确分类的文档数与总文档数之比。一个好的文本分类系统应具有较高的召回率和精度。

情感分析（sentimental analysis）是文本分类的热点应用领域之一。情感分析也叫观点挖掘（opinion mining），可以从电商商品评论、论坛的帖子以及其他社交媒体用户发表的文本中自动提取他们的各种意见、情感和主观看法。无论是正面还是负面的情感都有助于深入了解用户对产品、服务或者公众对社会事件的看法，可用于电子推荐、市场竞争力分析、品牌管理、危机公关以及舆情监控等。对社交媒体的用户情感进行分析，甚至可以预测股票的波动，对电影的票房走势进行估计。

（3）文本聚类

文本聚类是指根据文本的不同特征划分为不同的类，目的是使属于同一类的文本之间的差别尽可能小，而不同类别的文本之间的差别尽可能大。文本聚类和文本分类的区别是分类学习的样本有类别标记，而聚类的样本没有确定的类别，需要采用聚类算法来确定。

下面简要介绍典型的文档（论文）聚类的过程：首先利用网络爬虫搜索相关学术网站，下载学术论文并利用工具把PDF或PostScript文件转化为文本数据，然后搜索其中的关键词"参考文献（bibliography）"，选择参考文献中论文标题中固定数量的关键词（数量也可动态确定）组成文档向量，利用聚类算法对这些文档进行聚类，对每一类文档也可以抽取其中的高频关键词。当用关键词查询时，就能够查询相关主题的一组文档。

此外，Web文本挖掘还包括从大量文档中发现一对词语出现模式的关联分析以及特定数据在未来的情况预测。利用Apriori算法挖掘相关检索词：在抽取关键词的基础上，把文档中出现的关键词集合作为一项事务，其中关键词对应关联规则的项目，项目集则是关键词的集合。此外，用户通过设定最小支持度和最小置信度，来寻找频繁项集，进而产生有效的关联规则。系统将根据关联规则挖掘结果找出与关键词U关联的其他关键词集合V，作为关键词U所对应文档的相关检索词。这种利用关联挖掘文本关键词的方法可以广泛地应用于信息检索领域中，特别是搜索引擎的优化，有助于实现检索的智能化，改善用户的搜索体验以及信息检索的准确率，同时避免输入多个关键词的麻烦，提高搜索效率和减少查询有效信息所花费的时间。

TF-IDF是文档特征项（关键词）权重计算的一种重要方法，用于计算每个词（项）对文档的描述能力，其基本思想是某个词（项）在文档中出现的频率越高，且在其他文档中很少出现，则该词（项）对该文档的描述能力越强。TF-IDF多用于信息检索、文本挖掘、文本分类等领域。一些搜索引擎利用TF-IDF的文档权重对文档进行排序。最近几年，不少的学者将TF-IDF应用到其他的领域。但是，对于微博等社会化媒体的短文本，TF-IDF提取重要词汇的方法效果可能不好。

TF-IDF由下面的公式计算：

$$w_{t,\text{doc},\text{Doc}} = tf_{t,\text{doc}} \times idf_{t,\text{Doc}}$$

其中$w_{t,\text{doc},\text{Doc}}$表示在文档集Doc中特征项$t$对于文档doc的权重，$tf_{t,\text{doc}}$表示特征项$t$在

文档 doc 中的词频，$idf_{t,\text{Doc}}$ 表示特征项 t 在文档集 Doc 中的反文档频率。

对于 $tf_{t,\text{doc}}$，常用的计算方法有以下三种。

(1) 如果特征项 t 出现在文档 doc 上，则 $tf_{t,\text{doc}}=1$；否则 $tf_{t,\text{doc}}=0$。

(2) $tf_{t,\text{doc}}^{n+1}=1+\log(tf_{t,\text{doc}}^{n})$，其中 n 为特征项 t 出现在文档 doc 的次数，且 $tf_{t,\text{doc}}^{0}=0$，$tf_{t,\text{doc}}^{1}=1$。

(3) 特征项 t 在文档 doc 中出现的频数 $f_{t,\text{doc}}$ 占特征项 t' 在文档 doc 中出现的频数最大值的比值：

$$tf_{t,f}=\frac{f_{t,\text{doc}}}{\max\{f_{t',\text{doc}}:t'\in\text{doc}\}}$$

IDF 可用文档集 Doc 中的文档总数除以包含特征项 t 的文档，然后对结果进行对数运算：

$$idf_{t,\text{Doc}}=\log\frac{|\text{Doc}|}{|\{\text{doc}\in\text{Doc}:t\in\text{doc}\}|}$$

TF-IDF 的计算方法简单，易于理解，在实际应用中，一些学者对 TF-IDF 算法进行了改进，以提高其应用效果。

最近几年博客得到了广泛的应用，博文的数量迅速增长。文献 6 在博文的推荐中使用了一种改进的 TF-IDF 计算用户使用记录中的关键词权重。这里关键词从用户使用记录的历史数据(用户自己发表的博文、用户阅读其他用户发表的博文以及用户对博文的评论)中提取。改进的 TF-IDF 计算关键词的权重方法如下：

$$w_{i,j}=f_{i,j}\times idf_i\times b_i$$

其中 $w_{i,j}$ 是博文 e_j 中第 i 个关键词的权重，idf_i 表示反文档频率，$f_{i,j}$ 为博文 e_j 中第 i 个关键词的频率：

$$f_{i,j}=\frac{\text{freq}_{i,j}}{\max_k(\text{freq}_{k,j})}\times w\times(1+r)$$

式中 $\text{freq}_{i,j}$ 表示博文 e_j 中第 i 个关键词的频数，$\max_k(\text{freq}_{k,j})$ 表示博文 e_j 中关键词的最大频数，w 表示关键词在不同位置的调整权重，例如在标题中 $w=1.5$，在博文中 $w=1.2$，而在评论中 $w=1.0$。r 表示在博文回复中关键词的加权。b_i 用于区分历史记录中博文的不同类型：发表的博文、阅读的博文和评论的博文，取值分别为 1.25、1.0 和 1.25。

3) Web 文本挖掘的应用

Web 文本挖掘有广泛的应用，比较典型的应用是在搜索引擎领域和自然语言理解领域[7]。

(1) 搜索引擎领域

Web 文本挖掘可以充分利用 WWW 资源，使用户更准确地找到需要的资料，节约检索时间，提高 Web 文档的利用价值。具体的作用首先表现为对搜索结果进行有效的聚类，如 Google 的"精化查询(refine your query)"。目前，搜索引擎的搜索结果并不尽如人意，用户输入关键词，一般都会得到很多检索结果，其中一部分页面可能与使用者的意图无关，搜索结果也不能保证和用户意图相关的页面排在最前面。利用聚类分析可以更合理地组织搜索结果：类似上述文档聚类的过程，按照页面摘要或页面之间的相似程度分为若干簇，把相似程度较高的页面分在同一个簇内,每个簇都形成一个中心,检索时通过把搜索内容和簇中心比较可以加速整个搜索的过程。此外,Web文本挖掘可以加快搜索速度,语言中词形和词义并不是对应的,有很多一词多义和多词一义的现象,这种现象导致仅依靠关键词不足以获得满意的检索结果。

（2）自然语言理解领域

从人工智能的角度来看,自然语言理解的任务是建立一种计算机模型,这种计算机模型能够给出类似人的理解、分析并回答用自然语言提出的问题。在Web中应用的自然语言理解系统面对着海量的自然语言数据,利用Web文本挖掘的方法可以更有效地处理这些数据。

【例8.1】 检测和预测热点论坛[8]

用户可以快速地从论坛热点(forum hotspots)发现有用的信息。这里利用情感分析和文本挖掘的方法检测与预测论坛的热点。首先,分析每个论坛帖子的情感倾向(emotional polarity)。然后利用k-means方法依据帖子情感倾向聚类,每个聚类中心对应一个论坛热点。下面以新浪体育社区为例进行分析。

1) 数据收集和预处理

新浪体育社区论坛呈现树形结构,包括根论坛、分枝论坛和49个叶子论坛。首先把49个叶子论坛存入表SINA_LEAFORUM_URLLIST,其中包含论坛名和每个论坛的链接。第二步找出所有叶子论坛中包含的帖子,存入表SINA_FORUM_URL。第三步是遍历SINA_FORUM_URL,找出主题帖子和评论帖子,分别存入不同的表SINA_FORUM_TOPIC_POST和SINA_FORUM_COMMENT_POST。在数据收集完成后,除去噪音数据和不相关的数据,例如删除那些帖子不足或者帖子与主题不相关的叶子论坛,剩下31个叶子论坛。

2) 帖子情感分析

把帖子中所有关键词的情感值相加得到总情感值,总情感值的绝对值表示情感程度,情感值的符号表示正面情感还是负面情感。利用自动分词软件把帖子分解出关键词集合 $\{KW_1, KW_2, \cdots, KW_n\}$。然后为每一个关键词赋予一个情感值 Sem_i,得到帖子 $p0$ 的情感值 $V_{p0} = \sum_{i=1}^{n} \mathrm{Sem}_i$。

每个关键词 KW_i 的情感值 Sem_i 由标有情感权重的中文字典确定。先从情感字典提取出8类词汇:正面词汇、负面词汇、否定前缀和5类修饰语。对于某关键词,如果是正面词汇则把其情感值设为1,负面词汇则把设为 -1。然后判断该关键词前几个字符中是否包含否定前缀,包含则其情感值乘以 -1。然后,判断该关键词前几个字符和后几个字符中是否存在修饰语,存在则把其情感值乘以相应的权重。最后得到该关键词的情感值。

3) 利用k-means方法检测热点论坛

向量 $V^i(j)$ 表示论坛 j 在时间点 t_i 的情感,论坛 F_i 的帖子总数 $\mathrm{NUM}^i(j)$、帖子的平均回复数 $\overline{\mathrm{RESPONSE}}^i(j)$、帖子的平均情感值 $\overline{\mathrm{SENTIMENT}}^i(j)$、正面帖子占的比例、$\mathrm{POS}_{\mathrm{PERC}}^i(j)$ 以及负面帖子的比例 $\mathrm{NEG\_PERC}^i(j)$。k-means 聚类的输入是 $\{V^i(1), V^i(2),$

$V^i(3), \cdots, V^i(31)\}$,即 31 个叶子论坛的情感向量,输出是不同时间段的论坛聚类结果,与中心点距离最小的论坛就是热点论坛。这里检测新浪体育社区在 2007 年的热点论坛情况,以周为单位,分成 52 个时间段,最终产生 52 个聚类结果,如图 8.4 所示。

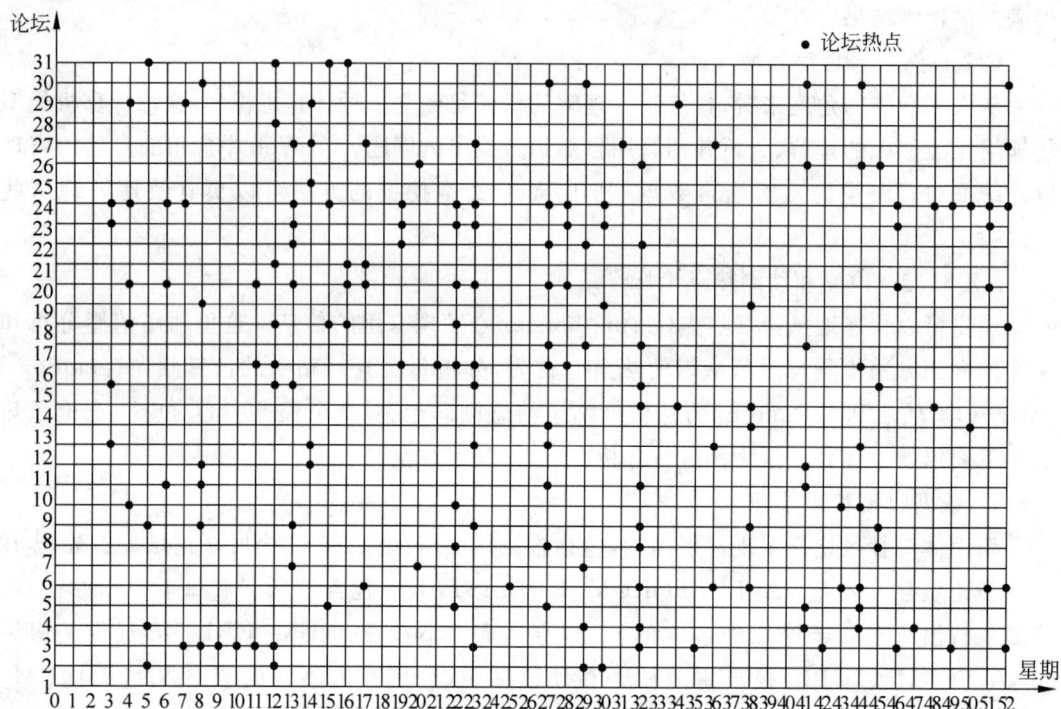

图 8.4 论坛热点随时间的分布

最后分别从时间视角和论坛视角观察聚类结果,时间视角注重观察每个时间段内的热点论坛,如表 8.1 所示。而论坛视角则关注每个论坛在全年的被关注程度,由全年当选热点论坛的个数决定。

表 8.1 通过 SVM 预测到 2007 年 10 个最受关注的论坛

论坛 ID	论坛名称	受关注程度
24	Basketball——Yao Ming	441
23	Basketball——NBA	363
20	Soccer Tycoons——Milan International	361
16	Soccer Tycoons——AC Milan	358
28	Sports shoes	323
29	Chinese Soccer——Shandong Luneng	302
12	Soccer Tycoons——Manchester United	298
4	Soccer Tycoons——Juventas	293
18	International Soccer——German Football League	287
22	Soccer Tycoons——Real Madrid	285

4) 利用 SVM 方法预测热点论坛

下面用支持向量机(SVM)预测热点论坛。SVM 的目的是在时间点 t_i 预测时间点 t_{i+1} 的热点论坛。首先把时间点为 t_{i-1} 的 31 个论坛的情感值矩阵 I 作为 SVM 的输入。

$$I = \begin{vmatrix} \text{NUM}^{i-1}(1) & \overline{\text{RESPONSE}}^{i-1}(1) & \overline{\text{SENTIMENT}}^{i-1}(1) & \text{POS}_{\text{PERC}}{}^{i-1}(1) & \text{NEG}_{\text{PERC}}{}^{i-1}(1) \\ \text{NUM}^{i-1}(2) & \overline{\text{RESPONSE}}^{i-1}(2) & \overline{\text{SENTIMENT}}^{i-1}(2) & \text{POS}_{\text{PERC}}{}^{i-1}(2) & \text{NEG}_{\text{PERC}}{}^{i-1}(2) \\ & & \cdots & & \\ \text{NUM}^{i-1}(j) & \overline{\text{RESPONSE}}^{i-1}(j) & \overline{\text{SENTIMENT}}^{i-1}(j) & \text{POS}_{\text{PERC}}{}^{i-1}(j) & \text{NEG}_{\text{PERC}}{}^{i-1}(j) \\ & & \cdots & & \\ \text{NUM}^{i-1}(31) & \overline{\text{RESPONSE}}^{i-1}(31) & \overline{\text{SENTIMENT}}^{i-1}(31) & \text{POS}_{\text{PERC}}{}^{i-1}(31) & \text{NEG}_{\text{PERC}}{}^{i-1}(31) \end{vmatrix}$$

用上述 k-means 方法产生t_i时间点的论坛热点作为输出,该输出由一个含有 31 个元素的向量表示,每一个元素代表一个论坛,如果是热点论坛,该元素设置为 1,否则为 0。训练好之后,把t_i时间点的情感矩阵输入 SVM 中,最终预测到时间点为t_{i+1}的论坛热点,由 31 个元素的向量表示。对于预测的结果,同样从时间视角和论坛视角观察,其中论坛视角如表 8.1 所示。

2. Web 多媒体挖掘

Web 多媒体挖掘是指从大量多媒体数据中通过综合分析视听特性和语义,发现隐含的、有价值的和可理解的模式,得出事件的趋向和关联,为用户提供决策支持。对于多媒体挖掘而言,主要是针对图像、音频、视频以及综合的多媒体数据进行分析,多媒体挖掘包括图像挖掘、视频挖掘和音频挖掘等类别[2]。

1) 多媒体挖掘的主要方法

基本的多媒体挖掘方法包括多媒体索引和检索、多媒体数据多维分析、多媒体数据的分类与预测以及多媒体数据关联挖掘等方法[2]。

(1) 多媒体索引和检索

多媒体索引和检索系统有两大类:一类是基于描述的检索系统,根据多媒体描述,例如,根据关键词、标题、大小和创建时间等建立索引,进行相应的检索操作;另一类是基于内容的检索系统,利用多媒体数据(如颜色、纹理、形状和对象等)进行检索。前者需要大量人力进行抽取,后者利用可视化特征进行多媒体索引,并根据特征相似性检索对象。

(2) 多媒体数据泛化和多维分析

为方便对大型多媒体数据库进行多维分析,需要设计多媒体数据立方,具体方法与从关系数据库中设计传统数据立方相似。不同之处在于多媒体数据立方可能包含有关多媒体信息的附加维和度量,如颜色、纹理和形状等。

(3) 多媒体数据的分类与预测

分类与预测已用于多媒体数据挖掘。例如,天空图像可由天文学家分类后作为训练样本,利用亮度、面积、密度、动量和方位等属性,构造识别星系、恒星和星体的模型,然后通过天文望远镜或太空观测站获得新的图像后,就可以通过该模型进行测试,以便识别出新的空间物体。

(4) 多媒体数据的关联分析

从图像和视频数据库中可以挖掘关联规则。鉴于关联规则涉及多媒体对象,至少可以把这类关联规则分为以下几类:图像内容与非图像内容特征之间的关联,没有空间关系的图像内容之间的关联以及有空间关系的图像内容之间的关联。

2) 多媒体挖掘系统的体系结构

多媒体挖掘是一个较新的研究领域,多媒体挖掘系统的典型体系结构如图 8.5 所示[9]。

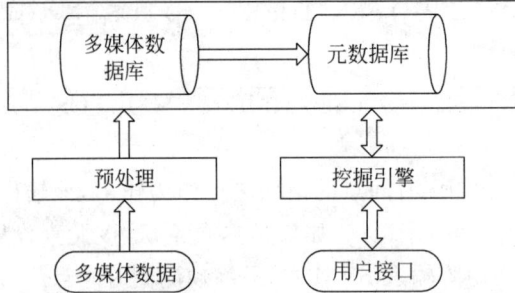

图 8.5　Web 多媒体挖掘系统的典型体系结构

图 8.5 中 Web 多媒体挖掘体系结构的组成部分如下。

(1) 预处理

预处理的主要作用是利用内容处理技术,在大量的多媒体数据中提取有效的元数据,获取多媒体数据的有效特征,以便于挖掘算法的处理。常用的多媒体数据结构化处理包括图像分割、视音频分割、视觉和听觉特征提取和运动特征提取等。

(2) 多媒体数据集和元数据库

大型多媒体数据集可能包含几十万幅图片、几千小时的视频或音频。它们的结构与元数据库中的描述关联,用于可视化表示和存取。

(3) 挖掘引擎

挖掘引擎内含一组挖掘算法,对元数据库和多媒体数据库进行挖掘,例如,进行图像集、音频集的分类,或者对图像集、音频集或视频单元进行聚类分析。由于多媒体数据在很多方面不同于常见的数据,因此除了通过预处理适应常规数据挖掘方法处理外,还需要适合多媒体挖掘的特有方法。

(4) 用户接口

用户接口为用户提供与多媒体挖掘系统的交互接口。由于多媒体的视听特性,因此从元数据库中挖掘出的模式以可视化方式呈现,而且挖掘的过程也可以用可视化的导航方式来引导用户发现有价值的知识。

3) 多媒体挖掘的典型应用

随着 Internet 的发展,Web 中大量的文字内容已经逐渐被多媒体所替代,多媒体文件信息量大的特点也使得多媒体挖掘成为 Web 挖掘应用的研究热点,下面分别介绍视频挖掘和图像挖掘的应用。

(1) 视频挖掘的应用

视频挖掘是指从电影、监控录像等视频数据中提取视频场景内容和其中运动对象的特征及其时空位置变化,并在此基础上利用统计、聚类、关联和序列等方法发现场景的内容特征、运动对象的行为模式和事件模式等。从挖掘目标来区分,视频挖掘技术主要包括视频结构挖掘和视频运动挖掘两种。目前,视频挖掘已经成功应用于多个领域。例如,在产品质量分析中通过生产过程的监控视频发现赝品并进行统计分析,从而有效辅助生产,提高产品质量。还可以在车站、商场等公共场所自动识别密集人群中的可疑分子或运动目标的异常行为。此外,对大规模视频数据库运用分类、聚类和关联等方法也可以改善视频库的分类和索引,挖掘视频叙述模式、风格,甚至还可以挖掘出从历年新闻视频中恐怖事件的有价值的行为模式和事件关联[10]。

(2) 图像挖掘的应用

在线诊疗系统是互联网与医学诊断相结合的产物,它能够为病人提供一种新型的、方便的就医方式。由于一些因素的限制,从大量的病例数据中提取出对病人进行诊断的知识和模式具有一定的难度,因为医学图像相对于传统的数据挖掘图像更为复杂。在线诊疗系统根据医学图像的特征,也可以对相似的图像进行聚类分析。在此基础上,还可以考虑各种医学图像的特征,并结合相应的诊断结果挖掘相应的决策树模型,这样就能够对新产生的医学图像进行分类,从而对病人进行诊断[11]。在线诊疗系统目前还无法完全代替医生的诊断,但它确实可以为医生提供一些诊断支持。

【例 8.2】 Web 文本挖掘在垃圾邮件过滤中的应用[12]

电子邮件给人们的生活带来了极大的方便,但垃圾邮件也给 Internet 用户带来了很多烦恼。据统计,全世界因为垃圾邮件每年损失上千万美元。邮件过滤是反垃圾邮件的一种重要方法,其中基于邮件内容的过滤是一种重要的过滤手段。电子邮件是一种半结构化的数据,且电子邮件中主要包括文本信息。因此把文本挖掘的分类技术和方法引入到邮件信息的处理领域,进行垃圾邮件的过滤是十分有效的。目前,一些垃圾邮件过滤工具常采用黑名单或者手工制定规则的方法。黑名单可以看成手工制定规则的特例。黑名单给出了发送垃圾邮件的邮件地址列表,凡是属于黑名单的邮件都被判定为垃圾邮件。手工建立规则的方法通过用户建立一系列规则判定垃圾邮件。显然,这些方法的主观性会造成大量合法邮件的误判和垃圾邮件的漏判。目前的垃圾邮件过滤工具逐渐倾向于采用基于内容的文本挖掘判别方法。

某公司设计的垃圾邮件过滤系统充分地利用了电子邮件的格式信息,采用文本挖掘较好地提高了过滤系统的性能。如图 8.6 所示,整个系统以采用基于内容的过滤方法为主,多种过滤方法组合的垃圾邮件过滤方法,包括初级过滤和二次内容过滤的方法。对于带有明显垃圾邮件特征的电子邮件,例如,带有被强制加上的广告邮件标识符或者是专门发送垃圾邮件的邮件服务器发送的电子邮件,可直接判断为垃圾邮件进行初级过滤。对于初级过滤不能确定的电子邮件,再进行基于邮件内容挖掘的二次过滤。

图 8.6 所示系统的核心模块包括以下几个方面。

1) 初级分类库

对于带有明显垃圾邮件特征的电子邮件,把其特征保存到初级分类库中,例如,被强制加上的广告邮件标识符或者专门发送垃圾邮件的邮件服务器地址等。系统提供人机交互界面对初级分类库进行人工维护。

2) 邮件训练模块和分类模块

用户首先随机抽取一定量的电子邮件进行人工训练,以便建立分类特征向量库。训练时,首先把训练用的电子邮件进行预处理,表示成规范的、易于被计算机所处理的数据。然后通过分词处理构造电子邮件文本的初始向量。

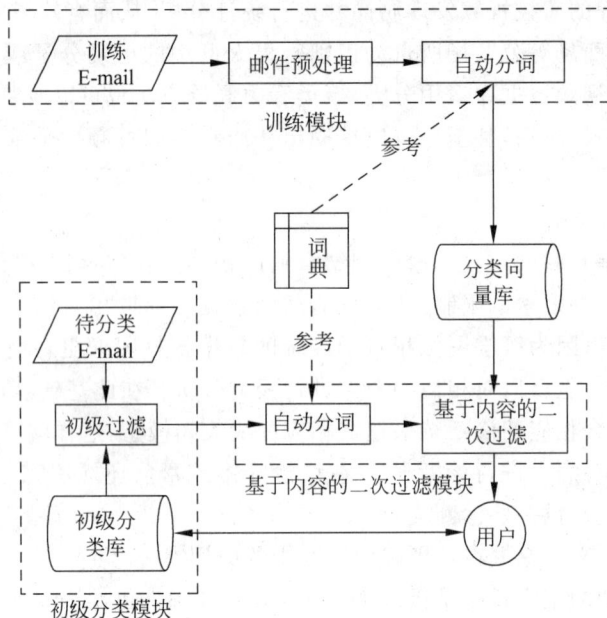

图 8.6   基于内容的垃圾邮件处理系统架构

分词是按照给定或特别设计的词库,对文本以单词为单位进行划分的过程。常见的中文分词方法有最大正向匹配法、逆向最大匹配法、双向最大匹配法。这些分词方法的基本原理都是将文本切分为单个词汇,然后与词库中的词汇进行比较。如果匹配成功,则分出一个词语;否则减少或增加一个单字,直到切分成功为止。双向最大匹配法是比较正向最大匹配法和逆向最大匹配法得到的分词结果,以确定正确的分词,提高分词的准确率。常见分词软件有很多,例如中科院的 NLPIR 分词系统。

这里采用最大正向匹配法:假设自动分词词典中最长词条所含汉字个数为 n,则取被处理材料当前字符串中的前 n 个字符作为匹配字段,查找分词词典。若词典中有这样的一个 n 字词,则匹配成功,匹配字段作为一个词被切分出来。如果词典中找不到,则匹配失败,然后匹配字段去掉最后一个汉字,剩下的字符作为新的匹配字段,进行新的匹配,如此进行下去,直至切分成功,完成一轮匹配,切分出一个词。重复上面的步骤,直到切分出所有的词为止[5]。例如,现有短语"移动商务智能",假设词典中最长词为 5 字词,于是先取"移动商务智"为匹配字段匹配词典,由于词典中没有该词,故匹配失败,然后取"移动商务"作为新的匹配字段匹配词典。由于词典中有"移动商务"一词,从而匹配成功切分出第一个词"移动商务"。用同样的方法可以切分出第二个词、第三个词……在此之后,使用特征向量抽取算法以获得电子邮件的特征向量,并把这些电子邮件的特征向量加入特征向量库中。在特征向量抽取算法中采用基于文档频率的特征选取算法,当文档频率小于某阈值时去掉。文档频度是在所有供训练学习的文档中,含有某词条的文档总数。在邮件训练过程中,统计样本文档中所有词条的文档频率值,若某词条在某类文档中的文档频率值越高,表明此词条在该类文档中的代表性越强,反之代表性越弱。文档频率法是最简单的特征维度消减算法。这种算法的效率很高,但阈值设置过高导致信息遗失,设置过低则达不到特征向量抽取的目的。选取合适的阈值需要根据具体情况,结合实验数据来确定。

3) 基于内容的二次过滤

对初次过滤的电子邮件进行基于内容的分类,分类器的分类处理实际上是对类别特征向量和待测试电子邮件特征向量进行匹配。该模型采用贝叶斯分类方法,将结果分成两类,即垃圾邮件和非垃圾邮件。

另一种分类方法是把邮件分为垃圾邮件、非垃圾邮件和不确定邮件三类,对不确定邮件再进行友好性验证,即验证电子邮件的发送人是否为友人,如果是友人发送的电子邮件,则把其加入到非垃圾邮件类中,否则不改变其类别。这样可以提高分类的准确性。

8.3　Web 结构挖掘

Web 结构挖掘是指挖掘 Web 链接结构模式,即通过分析页面链接的数量和对象,建立 Web 的链接结构模式[13]。与一般文本或者业务数据的分析不同,有用的知识不仅存在于 Web 页面间的链接结构和 Web 页面内部结构中,而且也存在于 URL 中的目录路径结构(页面之间的目录结构关系)中。因此可以把 Web 结构挖掘分为外部结构挖掘、内部结构挖掘以及 URL 挖掘。Web 结构挖掘的基本思想是把 Web 看作一个有向图或者无向图,把 Web 页面抽象为图的顶点,而页面间的超链接就是图的边,然后利用图论对 Web 的拓扑结构进行分析。

1. Web 结构挖掘的主要方法

Web 结构挖掘的对象是网站的超链接,即对 Web 文档的结构进行挖掘。对于给定的 Web 文档集合,能够通过算法发现它们之间的链接,从 WWW 的组织结构、Web 文档的结构及其链接关系中推导知识。Web 结构挖掘不仅可以揭示 Web 文档所包含的信息,而且可以揭示文档间的关联关系,反映了文档之间的联系,甚至体现了某个页面的重要程度。Web 结构挖掘的目的是发现 Web 的结构和页面的结构及其蕴涵在这些结构中的有用模式,对页面及其链接进行分类和聚类,找出权威页面。Web 结构挖掘的典型算法有 PageRank 算法和 HITS 算法[13]。

1) PageRank 算法

PageRank 算法的基本思想来自传统文献计量学中的文献引文分析,即一篇文献的质量和重要性可以通过其他文献对它引用的数量进行衡量。在此假设的基础上,一个网页的质量和重要性也可以通过其他网页对其链接的数量进行衡量。如果一个页面被多次链入,则该页面很可能是重要的。若一个页面未被多次引用但被一个重要页面引用,则该页面也可能是重要的。一般而言,比较重要的网页对其引用网页的影响比次重要的网页要大,引用网页少(即出度小)的网页要比引用网页比较多的网页对被引网页重要性的贡献大。而指向该页面的超链接数量越多,则说明该页面中的信息内容有一定的权威性。因此网页之间的超链接在一定程度上表明了 Web 文档的重要性。

PageRank 算法的典型应用是搜索引擎,由 Google 创始人 Lawrence Page 和 Sergey Brin 提出。某个网页的 PageRank 值决定了访问这个页面的概率。PageRank 值较大的网页在搜索结果中的排名可能会很靠前,从而获得优先的点击。目前许多搜索引擎优化(Search Engine Optimization,SEO)网站利用这种排名规则优化电子商务企业网站设计,提高企业网络营销效果。

尽管决定网站(页)排名的因素可能有上百种,但 PageRank 算法是 Google 对网站页面重要性进行评价的基础,在网站设计和后期维护时要充分利用 PageRank 作为 Google 评价网站质量的重要作用。2001 年 9 月,PageRank 算法被授予美国专利。在学术界,PageRank 算法已被很多大学引入到了信息检索(Information Retrieval)教程中。

PageRank 算法直观易懂,最初的算法如下:

$$PR_i = d \sum_j \frac{PR_j}{k_j} + (1-d)$$

式中,PR_i 指某网页 i 的 PageRank 值,PR_j 指链入网页 i 的网页 j 的 PageRank 值,k_j 是指链出页面(网页 j 指向包括 i 所有网页的超链接)的数量,d 是一个阻尼系数,$0 < d < 1$,表示用户不断点击链接的概率,d 的值越大,继续随机点击链接的概率就越大。

PageRank 的计算公式由两部分组成:第一部分表示基于随机冲浪的重要性传播扩散,从引用页 j 扩散至网页 i;第二部分是赋予网页的一个初始重要性均值,在计算开始时,所有网页都赋予这个初始值,对应式中的第二项。可见,某个页面的 PageRank 值可由指向它的其他页面的 PageRank 计算得到。随机给每个页面一个大于 0 的小数值,通过多次重复计算,页面的 PR 值就会趋于稳定。上述公式的含义是一个页面被访问的概率等于链入此页面的其他页面的链接被点击概率的和。由于用户常常因无聊而随机访问另一个页面,因此用阻尼系数 d 降低页面被访问的概率。Lawrence Page 等还发表了另一个版本的 PageRank 算法公式来描述用户的随机冲浪模型。

$$PR_i = d \sum_j \frac{PR_j}{k_j} + \frac{1-d}{n}$$

式中,n 表示网络中的所有网页数量。这个模型表示用户在点击许多链接后到达某页面 i 的概率。

在实际计算时,可以用迭代的方法计算网页的 PageRank 值:设定所有网页相同的 PageRank 初始值,代入上面公式算出各个网页的 PageRank 值。然后进行多次迭代计算,网页的 PageRank 值会逐渐收敛。可以证明,不论初始值如何选取,上述算法都能使网页的 PageRank 值收敛。

互联网上的资源涵盖了上百万,甚至更多的主题。在实际应用中,用户往往寻找具有特定主题的一些信息。早期的 PageRank 算法突出了链接的重要性,导致 SEO 社区为提高网页在搜索结果的排名,盲目交换甚至销售链接,容易忽视内容相关性。为了解决这个问题,Google 对 PageRank 算法进行了改进。例如,结合链接分析和文本内容的 PageRanking 改进算法从一定程度上解决了 PageRank 算法中主题漂移的问题,在不同网页间传递 PR 时考虑了页面主题的相关性,相关度大的链出页面传递的 PR 值相对较大。

针对 PageRank 算法歧视新网页的缺点,人们也提出了一些新的算法。例如,HillTop 算法认为来自相同主题的相关文档链接对于用户的价值会更大,通过反向链接的数量和质量来确定搜索结果的排序。实际上,Hilltop 算法是拒绝通过增加任意链接来迎合 Google 排名规则而得到较好排名的做法,在一定程度上避免了非相关主题的、高 PageRank 值站点的反向链接对排名造成的巨大影响,使排名更趋向于与搜索关键词的匹配。

PageRank 算法的思想可以推广应用到文本自动摘要、社会关系网络中用户的重要性评价、引文网络分析等领域。例如在文本摘要提取中可以使用 TextRank 算法,这种算法利用相邻句子之间投票以及相似性权重,确定一个句子的重要性。这里句子之间的相似性可以用 BM25 算法确定。所谓 BM25 算法,基本思想是把一个句子分解成若干语素,然后计算每个语素与另一个句子的相关性,最后把这些相关性得分进行加权求和,就可以得到两个句子的相关性评分。

2）HITS 算法

HITS 算法把页面分为两种类型:一种是表达某一主题的页面,称为权威页面;另一种页面指向很多的权威页面,它的主要功能是把这些权威页面链接在一起,称为 Hub 页面。Hub 页面是为克服 Web 链接结构存在的局限性而引入的一种重要页面,它提供了指向权威页面的链接集合。Hub 页面本身可能并不突出,或者没有被几个链接指向,但 Hub 页面提供了最为突出的网站链接,具有隐含说明权威页面的作用。Hub 页面与权威页面之间的链接,可用于权威页面的挖掘和高质量 Web 结构和资源的自动发现。HITS 算法利用了Hub 页面、权威页面的搜索算法,它输出一组具有较大 Hub 权重的页面和具有较大权威页面权重的页面。评价页面 i、j 权威性和 Hub 程度可用下面公式来计算。

$$\text{AuthorityScore}(i) = \sum_{\text{所有} i \text{指向的页面} j} \text{HubScore}(j)$$

$$\text{HubScore}(i) = \sum_{\text{所有} i \text{指向的页面} j} \text{AuthorityScore}(j)$$

虽然 PageRank 算法和 HITS 算法都是基于超链接的搜索引擎排序算法,但两者还是有区别的。首先,PageRank 完全忽略网页内容,仅根据网络超链接的拓扑结构计算得到网页的 PageRank 值,是一种独立查询的算法。而 HITS 的权威值是相对于某个检索主题的,是一种依赖查询的算法。其次,PageRank 基于对 Web 的整体分析,而 HITS 算法对传统搜索引擎查询结果进行分析,因此容易造成"主题漂移"现象。同时,虽然 PageRank 处理的数据比 HITS 多,但 HITS 首先需要从常用的搜索引擎搜索结果根集,并根据网页链接关系扩充为基本集。从客户端等待的时间上来看,PageRank 需要的时间比HITS 短。最后,从权重的传播上来看,PageRank 基于随机冲浪模型,可以认为网页的重要性从一个权威页面传到另一个权威页面。而在 HITS 的模型中,则是从 Hub 页传到权威页面。

HITS 算法和 PageRank 算法在实践中遇到了一些问题,例如,由于 HITS 算法在根集扩充为基本集的过程中出现了主题漂移等问题,PageRank 算法在计算时没有考虑到页面内容,会造成搜索结果的不准确等。一些研究在上述两种算法的基础上进行了改进。例如,在对 HITS 算法的改进中,有的学者通过对超链接引入相关权值的方法来修改 HITS 算法中权值的计算方法[14],如果超链接的相关权值小于一定的阈值,则认为该超链接对页面权值的影响可以忽略不计,该超链接将从子图中删除。有的学者提出了把大 Hub 页面分裂成较小单元的思想。一个页面往往包含很多的链接,这些链接很可能不是关于同一主题的。在这种情况下,把 Hub 页面分成子集进行处理可以收到更好的效果,这些子集称为pagelet。单个的 pagelet 比整个 Hub 页面更为集中地指向一个主题,因此为每个 pagelet 计算一个权重可以收到更好的检索结果。在 HITS 算法的应用实例 Clever 系统中,Chakrabarti 等人通过在链接的周围文字中匹配查询关键词并用统计词频的方法来计算链接的权值,用计算出的权值代替邻接矩阵中相应的值,从而达到引入语义信息的目的[15]。

对 PageRank 算法的优化大多是针对如何分配页面的 PageRank 值的策略而提出的，例如，Wenpu Xing 等提出的加权 PageRank 算法[16]。他们根据网页的超链接结构确定网页的流行程度，从而页面会把 PageRank 值分给更流行的页面。在有的学者提出的改进算法中，考虑一个页面与它所指向的所有页面之间的相似程度，按权重分配这个页面的 PageRank 值，并且考虑用户当前正在搜索的关键词。这样的改进算法不仅考虑了 Web 的结构，同时也考虑了 Web 的内容，即在 Web 结构挖掘的同时加入了 Web 内容挖掘，综合了超链接结构和页面内容的优势。

2．Web 结构挖掘的应用

Web 结构挖掘的典型应用包括信息检索、社区识别、网站优化和搜索引擎。

1）信息检索

传统的信息检索技术采用的是文本相似度，而在 Web 环境中，可以利用网页的链接结构，因为网页数量很大，不可能对全部的页面进行链接分析，所以可以先用基于关键词的搜索引擎得到一个集合。然后对这个集合包含的页面应用 PageRank 或 HITS 算法，得到最终的排序结果。在信息检索领域的应用还包括寻找个人主页和相似网页等，根据用户需要查找某个网页，找出与之相关的网页，Google 和 Netscape 提供这种服务。与基于词或短语的文本聚类算法不同，有的学者使用超链接分析对结果进行聚类。

2）社区识别

网络上存在大量不同主题的社区。虚拟社区是基于某个特定主题的、相互连接的 Web 页面集，且社区内页面的链接密度大。PageRank 算法本身是一个著名的页面排名算法，且与主题无关。Haveliwala 认为用户浏览的模型是基于主题的，通常选择任意一个与感兴趣的主题相关的页面，然后沿着链接到达与该主题相关的其他页面。根据上述思想，他把 PageRank 算法改造为与主题相关的算法[17]。该算法可以发现与主题相关的社区。

3）网站优化

网页之间链接的数量应与超文本的内容相匹配，数量过多容易使用户迷失方向。如果节点间链接的数量过少，则使用户难以迅速找到需要的信息。利用访问时间、访问次数和访问人数等信息可以计算出页面流行度和关注程度，进而调整 Web 页面的链接结构，把更受关注的页面放置到网站更容易被访问到的位置，以获得更好的访问效果。Web 结构挖掘还用于对 Web 页面或节点进行分类。传统方法是用人工进行分类、编辑，这种做法费时费力，而且很难做到准确、全面。通过对网站结构的挖掘，网站人员可以对网站内相似的页面进行统一修改，或者对相似的链接进行统一的重新定位，不仅能够节省用户的信息查找时间，而且便于网站的维护。

8.4　Web 日志挖掘

Web 日志挖掘是指从用户访问日志中获取有价值的信息，即通过分析 Web 日志数据，发现访问者存取 Web 页面的模式，识别访问者的兴趣、频率、满意度，从而发现潜在用户，增强网站的竞争力[18]。Web 内容挖掘、Web 结构挖掘的对象是网站的原始数据，而 Web 日志挖掘的对象则是用户和网站交互过程中的数据，这些数据包括网站服务器访问记录、代理服务器日志、注册信息、用户对话、交易数据、客户端 cookies 中的信息和用户查询等。

1. Web 日志挖掘的概念和分类

WWW 是一个复杂、异质、动态和庞大的信息源，Web 服务器保留了访问日志且有较规范的结构，记录了用户访问的数据。Web 日志挖掘是指从大量的 Web 访问日志中发现用户的访问模式，预测用户的浏览行为。通过对不同 Web 网站的访问日志进行分析可以获取用户的访问模式，帮助理解用户的意图和行为习惯，通过分析用户的存取模式，对搜索引擎的信息分类与索引方式进行重新组织，为用户提供个性化服务。也可以用于确定电子商务网站的潜在顾客群，合理制定网络广告策略等。此外，还可以分析网站的性能，改进网站的链接结构及其服务质量，改进 Web 系统设计等。根据应用的不同，Web 日志挖掘可分为两种：一种是一般的访问模式追踪。一般访问模式追踪通过分析 Web 日志了解用户群体的共同行为和兴趣，了解用户的访问模式和倾向。另一种是个性化的使用记录追踪，用于分析单个用户的偏好、习惯和个人倾向等，为每个用户定制个性化的 Web 网站。

Web 日志格式常见的有通用日志格式和扩展日志格式，具体的格式取决于服务器的定制信息。通用日志格式的各字段含义如表 8.2 所示[19]。下面是一段典型的日志记录。

```
204.249.225.59 -- [28/Aug/1995:00:00:34-0400] "GET /pub/intro.html HTTP/1.0" 200 3542
```

表 8.2　Web 日志格式的常见字段

字　　段	含　　义
远程主机	主机名或 IP 地址
远程身份	与连接顾客机相关的账号
用户身份验证	验证用户提供的账号
时间	与请求相关的日期/时间
请求	请求方法 Request-URL 和协议版本
相应码	三位数的 HTTP 相应码
内容长度	与响应相关的字节数

2. Web 日志挖掘的基本步骤

通常 Web 日志挖掘包括以下步骤：数据预处理、模式发现和模式评价等[2,19]。

1）数据预处理

Web 日志中的一部分数据对于挖掘是没有用处的，为了提高挖掘的精度和效率，在进行数据挖掘之前需要删除无用的数据项。Web 日志的数据预处理包括数据清理、用户标识、完整路径的确定和格式化不规则数据等。

（1）数据清理

由于 Web 日志中存在着对 Web 挖掘无用的数据项，因此挖掘前必须对数据项进行清理。用户下载某个页面时，附加在页面上的图形文件等也随之下载，但它们对分析用户行为可能没有用处，可以删除。

(2) 用户标识

分析哪些用户对哪些信息感兴趣,判别有多少用户在访问哪些信息,如通过代理服务器上网时用户共用一个 IP 地址,这时单从 IP 地址不能判别是多用户还是单用户访问,可根据系统类型不同,如采用不同的浏览器或操作系统进行识别。

(3) 用户行为标识

用户行为标识是指把一系列用户行为划分为一系列单独的个体行为,以便整体处理。为区别不同的用户行为,最简单的方法是设置一个时间阈值,当两个页面之间的请求超过设定的时间时,可视为新的用户行为。

(4) 完整路径的确定

对于单个用户而言,必须寻求用户的一系列完整的行为,通常一个完整路径反映了用户一次的访问过程,浏览路径是由一系列页面组成的,这些页面组成了一个页表的集合。

(5) 格式化不规则的数据

根据挖掘的任务,把相关的数据进行格式化以便符合分析的需要。

2) 模式发现

经过预处理的数据,形成一个用户行为文件,然后对该数据文件进行模式发现。模式发现的方法有多种,可采用统计学方法、数据挖掘、机器学习和模式识别等技术。不同的方法对 Web 日志中的模式发现有不同的作用,例如,路径分析可用于发现 Web 网站中经常被访问的路径(频繁路径),从而调整网站的结构。

3) 模式评价

模式发现的结果可能很多,其中大部分模式可能用处不大。模式评价可以采用合适的和较成熟的技术。

3. Web 日志挖掘的应用

Web 日志挖掘在网站个性化设计、商业决策、改善系统性能和网站网页结构优化等方面是很有用的。

1) 个性化服务

随着越来越多的人使用 Internet,针对某类用户提供个性化服务成为吸引用户访问网站的一种有效手段。通过对用户访问路径的分析,得到用户访问路径的若干类别,可以指导用户浏览。

2) 改进系统性能

网络性能是影响用户访问网络满意度的主要原因。Web 日志挖掘能有效地分析网络用户的行为,改进系统的性能。

3) 改善网站结构

网站、网页的内容和结构并非一成不变,为吸引用户访问、提高知名度,网站、网页的设计需要考虑用户的偏好。

4) 电子推荐

电子推荐系统在用户访问网站时,根据用户当前的访问情况,如内容、所处位置、访问路径等确定用户的兴趣,从而动态地为用户推荐相关内容。目前很多网站为吸引用户使用而采用静态推荐、查询等方式,静态推荐一般是设计者自行定义某网页与其他网页的关联关系,当用户访问至该网页时,同时显示相关网页的内容或链接。这种方式的缺陷在于推荐内容是设计者自定义的,而非智能捕捉顾客真正的行为特征。条件查询的缺陷则在于网站的被动性,同时还受到用户使用网络能力的限制。

5)减少用户在线等待

为减少用户在线等待的时间,最直接的办法就是预测用户的请求,并把该请求的响应预先发送至客户端。在这种情况下,当用户真正提出请求时,可以直接从本地缓存中读取,从而减少了等待时间。但预测不准确会造成网络流量增加,因此有必要采取相应的措施。

本章参考文献

[1] 王继成,潘金贵,张福炎. Web 文本挖掘技术研究[J]. 计算机研究与发展,2000,37(5):513-520.

[2] 刘兵,俞勇. Web 数据挖掘(第 2 版)[M]. 北京:清华大学出版社,2013.

[3] Magdalini Eirinaki, Michalis Vazirgiannis. Web mining for web personalization [J]. ACM Transactions on Internet Technology,2003,3(1):1-27.

[4] Qinbao Song,Martin Shepperd. Mining Web browsing patterns for e-Commerce[J]. Computers in Industry. 2006,57(7):622-630.

[5] Bing Liu, Kevin Chen-Chuan-Chang. Editorial:special issue on web content mining[J]. ACM SIGKDD Explorations Newsletter,2004,6(2):1-4.

[6] Tien-Chi Huang, Shu-Chen Cheng, Yueh-Min Huang. A blog article recommendation generating mechanism using an SBACPSO algorithm[J]. Expert Systems with Applications,2009,36(7):10388-10396.

[7] W. BruceCroft, Donald Metzler, Trevor Strohman. Search engines:information retrieval in practice [M]. Addison Wesley,2009.

[8] Nan Li, Desheng Dash Wu. Using text mining and sentiment analysis for online forums hotspot detectionand forecast[J]. Decision Support Systems,2010,48(2):354-368.

[9] 李国辉,张军,汤义. 挖掘技术直面多媒体——信息爆炸带来新挑战[R].计算机世界报,2012(27):B1-B3.

[10] 代科学,武德峰,付畅俭,等. 视频挖掘技术综述[J]. 中国图象图形学报,2006,11(4):451-457.

[11] 王大玲,鲁家乐,吴霜,等. 图像分类与聚类算法在医学图像挖掘中的应用[J]. 计算机工程,2007,33(2):168-170.

[12] 王新梅. 基于内容挖掘的垃圾邮件过滤技术[D]. 武汉:武汉理工大学硕士论文,2006.

[13] Amy N. Langville, Carl D. Meyer. Google's pagerank and beyond:the science of search engine rankings[M]. Princeton University Press,2012.

[14] Bharat K,Henzinger M R. Improved algorithms for topic distillation in a hyperlinked environment [C]. Proceedings of the ACM-SIGIR Conference on Research and Development in Information Retrieval,Melbourne, Australia,1998:25-31.

[15] Chakrabarti S, Dom B, Gibson D. Automatic resource list compilation by analyzing hyperlink structure and associated text[C]. Proceedings of the 7th International World Wide Web Conference, Brisbane, Australia, 1998:90-102.

[16] Wenpu Xing,Ali Ghorbani. Weighted pagerank algorithm[C]. Proceedings of the Second Annual Conference on Communication Networks and Services Research,Canada,2004:46-55.

[17] Taher H. Haveliwala. Topic-sensitive pageRank[C]. proceedings of WWW2002, Hawaii, USA, 2002:517-526.

［18］ Sandro Arayaa, Mariano Silvab, Richard Weberc. A methodology for Web usage mining and its application to target group identification[J]. Fuzzy Sets and Systems,2004,13(14)：139-152.

［19］ Yu-Hui Tao,Tzung-Pei Hong,Yu-Ming Su. Web usage mining with intentional browsing data[J]. Expert Systems with Applications,2007,12(5)：311-319.

思考题

1. 什么是 Web 挖掘？与一般数据挖掘相比,它有何特点？

2. Web 内容挖掘有哪些类别？举例说明各有哪些用途。

3. Web 结构挖掘有哪些类别？举例说明各有哪些用途。

4. Web 日志挖掘有哪些类别？举例说明各有哪些用途。

5. 讨论文献检索领域的 TF-IDF(Term Frequency-Inverse Document Frequency)公式在文本聚类和文本分类的应用。

6. 研讨题

(1) 下面论文使用聚类和协同过滤结合的方法,为 e-Learning 系统用户推荐合适的论文,请分析如何对它们的浏览顺序、论文评价等数据进行聚类。

Tang T,McCalla G. Smart Recommendation for an evolving e-Learning system：architecture and experiment［J］. International Journal on e-Learning, 2005, 4(1)：105-129.

(2) 阅读下面论文,讨论如何应用 Web 挖掘找到研究领域专家。

Quan Thanh Tho, Siu Cheung Hui,A C M Fong. A web mining approach for finding expertise in research areas［C］. Proceedings of the 2003 International Conference on Cyberworlds (CW'03), 2003：310-317.

(3) 阅读下面论文,分析如何对搜索的结果进行聚类。

Giansalvatore Mecca, Salvatore Raunich, Alessandro Pappalard. A new algorithm for clustering search results[J]. Data & Knowledge Engineering, 2007, 62(3)：504-522.

(4) 阅读下面论文,讨论基于 Web 使用挖掘的多种推荐方法的组合如何提高页面推荐的效果。

Murat Göksedef,Sule Gündüz-Ögˇüdücü. Combination of Web page recommender systems[J]. Expert Systems with Applications, 2010, 37(4)：2911-2922.

(5) 讨论下面论文如何使用文本挖掘为博客用户推荐相关的广告。

Teng-Kai Fan, Chia-Hui Chang. Blogger-centric contextual advertising［J］. Expert Systems with Applications, 2011, 38(3)：1777-1788.

(6) 阅读下面论文,讨论文本挖掘在消费者情感分析中的应用：Mohamed M. Mostafa. More than words：social networks'text mining for consumer brand sentiments. Expert Systems with Applications,2013,40(10)：4241-4251.

7. 如何从顾客的商品浏览日志中分析他们的偏好？

8. 如何分析顾客的购物评论,把握他们对商品或服务的偏好,以便提供个性化的推荐？

9. 查询文献,讨论 PageRank 算法的新应用。

10. 讨论如何对社会化网络中的文本进行有效地分词。

11. 讨论如何对微博的用户进行聚类分析？

12. 讨论如何提取论坛或微博的热点主题？

13. 参考最后一章的电商评论情感分析实验,选择几家电子商务企业,抓取某种畅销商品的评论,分析这种商品在各电商平台中用户情感的差异。或者从一家电商平台抓取几种同类产品的用户评论数据,比较这些产品的竞争力。

14. 查阅文献,讨论如何发现社会关系网络的代表性社区。

15. 查阅文献,讨论如何分析重要事件在社会关系网络的传播。

第9章

商务智能在企业绩效管理中的应用

对企业来说,仅仅有正确的战略远远不够。如何把战略转化成计划、监督实施以及对经营管理绩效的洞察则是使企业战略能够顺利实施的重要保证。绩效管理的作用就是使企业战略目标和年度计划成功落地。早在 20 世纪 80 年代前 Hyperion(Oracle)在全球范围内率先推出早期的企业绩效管理软件。此后,华尔街一系列财务丑闻以及美国 Sarbanes-Oxley、HIPAA 等法案的实施,要求企业在财政年度结束时精确地提供整体运营数据,反映企业的实际业绩,这是驱动企业绩效管理软件市场迅速成长的前期力量。2002 年,Gartner 公司提出了企业绩效管理(Business Performance Management,BPM)的概念*。

根据 IDC 的定义,企业绩效管理是把企业的战略转化为执行力的管理系统,帮助评价和优化企业运营,发现、建立新的商业机会,设计策略目标,衡量、管理绩效以实现业务目标的神器。企业绩效管理更关注企业战略、绩效,包括建立目标、商务建模、企业规划、实施监控、分析和报告等环节,全面绩效提升可以作为衡量商务智能成功的依据。从企业的整体战略目标,到某个部门的目标规划和实施,企业绩效管理都可以覆盖,确保企业、部门和员工的绩效与企业战略保持一致。企业绩效管理标准化组织认为,核心的企业绩效管理流程包括财务与运营计划、合并报表与报告、建立商务模型、分析与反映企业战略的关键绩效指标的监控。

正确地制定、执行战略,对企业来说至关重要。企业绩效管理把企业看作一个整体,把商务智能中的查询、报表和分析功能以及企业的业务流程和管理周期统一起来。类似于发动机与汽车之间的关系,商务智能作为"发动机"提供动力,而绩效管理软件则类似于汽车的方向盘、刹车和变速箱,通过整体的集成,把商务智能的动力作用发挥出来[1]。

企业绩效管理是随着用户对商务智能认识的加深,由商务智能技术衍生出来的一个特定应用模式。企业绩效管理是商务智能在业务领域的具体应用,商务智能技术是企业绩效管理的技术基础,对各种管理应用生成的企业数据进行分析,帮助管理者认识企业和市场的现状,从而辅助用户决策,深刻洞察企业当前的经营状况。

9.1 企业绩效管理的层次

企业绩效管理如何在企业部署? 企业绩效管理关注战略、关键绩效指标、预算、管理会计和流程管理等,突破了单纯的人力资源管理和财务管理范畴。Gartner 公司把以上步骤归纳为以下三个层次。

---

* 其他公司称为 Corporate Performance Management(CPM)、Enterprise Performance Management(EPM)等。

1. 战略层

企业绩效管理的用户主要是企业高层的决策人员,如 CEO、CFO 等,帮助企业制定合适的战略目标和关键绩效指标,跟踪战略目标的进展,及时找出经营问题的根源。战略层的企业绩效管理往往利用平衡计分卡(Balanced Score Card,BSC)、综合财务和非财务指标。

2. 管理层

在战略层制定了相应的战略目标后,由管理层分析这些目标实现的可行性、需要的资源和实现的方式等问题。然后为规划和预算达成共识,最后是任务分派和具体问题的例外分析、调整等。例如,当销售部门经理发现销售额下滑时,通过企业绩效管理具体分析,并追踪原因,按照产品维度或者地区维度展开分析,也可以参考关键绩效指标进行分析[2]。

3. 业务层

管理层的规划把目标细分落实到业务人员,他们负责具体的事务、日常监控以及报告处理等。

企业绩效管理把战略层、管理层和业务层等有机地结合起来,完成企业的目标。可以说,企业绩效管理是企业的目标分析与目标实现之间的桥梁,帮助企业有机协调各个组成部分。企业的绩效考核是把企业目标层层分解的过程:由总经理的考核指标分解为部门经理的考核指标,各个岗位的指标由部门经理的指标分解而来。

随着企业绩效管理产品的开发,管理层用户也日益广泛,各级管理者和业务人员都有对应的功能支持,如 IBI 的 0 Clicks、1 Clicks、2 Clicks、3 Clicks 和 4+ Clicks[3]。

9.2 商务智能贯穿企业绩效管理的闭环流程

通过即时、持续地计算各种企业绩效指标,监测企业实际运营与计划目标的偏差,可帮助主管分析原因或趋势。通过图 9.1 所示的闭环流程,企业绩效管理帮助管理人员有效地掌握企业经营管理信息,使企业的绩效与企业的战略目标保持一致,最终把战略转化为行动,实现企业战略与执行的统一[4]。

1. 战略制定

决策层根据企业的发展方向确立公司的战略目标,通过对市场、竞争对手的分析以及对企业现状、能力的评估,明确实现战略目标的基本要素,如顾客满意度、卓越的产品品质等,从而制定理想的、切实可行的目标,包括企业的长期规划和短期计划。

衡量这些目标的进展可以用关键绩效指标,它们在一定程度上反映了企业的现实状况。在制定了战略目标之后,需要根据企业和市场的实际情况,选择适当的商务模式实现目标。

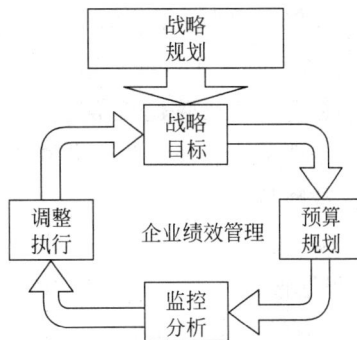

图 9.1 企业绩效管理的闭环流程

2. 预算规划

预算规划为实现战略目标而对企业人员和资金进行预分配,把企业的战略目标层层分解到各个部门并最终落实到每个员工身上。例如,企业要增加 10% 的利润,就可以把目标细化到各个部门的操作层面,使每个部门到个人都负责相应的目标,作为绩效考核的标准。预算规划是一个多方协作的过程。

3. 监控分析

事先制定的规划经常会受到市场环境变化的影响,所以需要提供监控机制以确保规划的适当调整。通过监控企业的运营绩效,发现规划和实际进展的差距。如果有差距,那么就需要及时采取相应的行动进行调整,因此监控是企业绩效管理闭环流程中尤为重要的环节。

商务智能可以作为监控的关键技术。通过数据仓库和数据集市,能够把不同业务系统的数据以及企业内、外部的数据整合起来,在此基础上对关键绩效指标进行有效的监控。此外,通过钻取、旋转等在线分析处理对销售业绩、顾客满意度等指标进行分析。在企业绩效管理中,主要的商务智能工具包括仪表盘(dashboard)和平衡计分卡(BSC),这些工具都具有可视化的图形界面,它们把关键绩效指标以图形的方式简单清晰地展示给管理层。

此外,企业绩效管理还应具备例外分析的功能,用户能够自定义一些关键绩效指标的临界阈值。一旦业务绩效出现任何问题,达到警戒阈值,系统就会自动分析比较,找出可能出现的原因并及时预警,通知负责人采取措施进行调整。例如,当销售业绩没有达标时,系统会给销售部、市场部以及财务部的管理人员发送警示信息。

4. 调整执行

调整执行实际上也是比较重要的环节。在前面预算规划、监控分析等环节中发现偏差时,就需要在这一步解决,确保企业目标的实现,使企业朝着正确的方向发展。而商务智能在这里也发挥着比较重要的作用,因为除了监测的结果和预警信息外,管理人员还需要大量的细节数据和信息以进行调整。

如图 9.2 所示,有人把企业绩效管理流程中的战略制定分成两部分:制定目标和商务建模,而监控分析分成实施监控、例外分析和结果报告等[1]。目前国内较为流行的企业绩效管理分为 6 个步骤,下面简要介绍。

企业绩效管理的几个步骤作为一个闭合回路,也称作集成式企业绩效管理环境。首先建立战略目标,然后根据战略目标和商务环境进行商务建模,建模完成后对企业进行规划预算,实施过程管理,做好内部监控,以便及时发现问题进行例外分析,得到企业内部和外部报告,根据报告再调整企业的战略目标。这个周而复始的过程形成计划——统计——审计的闭环。商务智能提供的信息共享,使管理人员能及时、准确地监管企业绩效,促使各个环节畅通高效地运转。

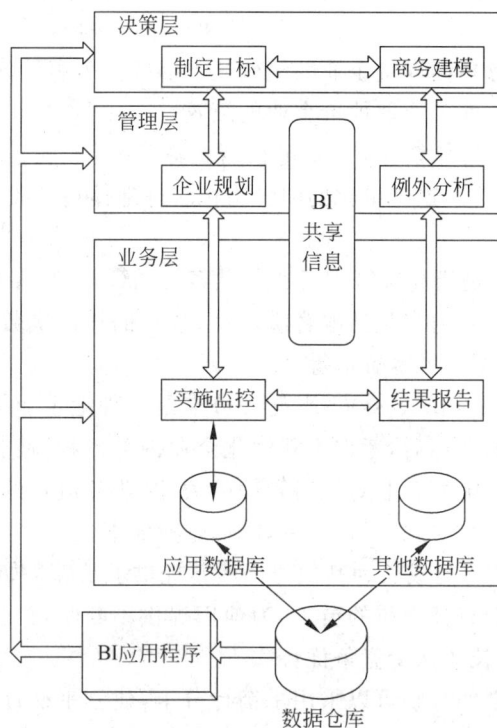

图 9.2　企业绩效管理环境

9.3　商务智能在企业绩效管理中的应用

目前,越来越多的企业引入了仪表盘、平衡计分卡和经济增加值(EVA)等 BPM 工具来管理企业绩效,改善企业的运营状况。

1. 平衡计分卡

平衡计分卡是一种绩效管理的工具,1992 年由哈佛商学院的 Robert Kaplan 和 David Norton 提出,它采用重要绩效指标多视角地展示企业目标的进展。平衡计分卡的立足点是企业的长期发展,从战略角度出发,把企业战略目标或年度计划逐层分解为各种具体的、多层次(企业、部门和个人)的绩效考核指标体系,并对这些指标的实现情况在不同时段进行考核。这种精细化的管理方式为企业战略目标的实施建立了可靠的基础。

平衡计分卡关注改善内部流程,关注企业学习与成长,获取顾客的满意度,最终改善财务方面的表现。目前平衡计分卡作为企业绩效管理的工具已得到了广泛的重视。据《信息周刊》2005 年的调查,中国商业科技 100 强企业与美国商业科技 500 强企业在应用平衡计分卡等企业绩效管理工具的比例上并没有很大差距。

在绩效考核中,财务指标关心成本、现金流量、资金回笼、销售收入和利润等,它们只反映企业过去的表现。传统的企业绩效管理容易局限在短期绩效表现上,对财务数据变化的根本原因未做深入的分析。另一方面,非财务性绩效指标,如改进产品和服务质量,改善顾客满意度,提高生产率和开发新产品等是实现长期策略的手段,不一定能很快产生短期的财务盈利。因此仅仅从财务角度度量企业的绩效是不够的。平衡计分卡是从财务、顾客、业务流程以及学习与成长等方面全面地评价企业的绩效。

(1) 财务。财务指标容易量化,主要包括营业额、净资产收益率、成本费用率、应收账款、周转率和资产负债率等。这些量化的财务指标较好地体现了股东利益,也容易被高层管理者所接受。

(2) 顾客。顾客绩效是指高层管理者通过顾客关系管理,改善时间、质量、性能、服务和成本。顾客方面衡量的主要内容包括顾客满意度、顾客的投诉次数、产品的市场占有率、老顾客挽留率、新顾客获得率和顾客价值等。

(3) 业务流程(business process)。平衡计分卡是一种把企业战略转化为行动的工具。在制定财务和顾客方面的指标后,考虑不断优化企业内部流程,使企业能够抓住与股东、顾客息息相关的核心流程。随着企业对战略管理的关注,业务流程的质量对企业的绩效影响越来越大,优秀的业务流程会提高工作效率,降低企业成本。

(4) 学习与成长。学习与成长为其他方面改善提供了基础。如何为实现企业目标保持企业变化的能力? 只有拥有高素质的员工,为他们提供不断学习、创新的条件和机制,构建学习型的组织,企业才能长久保持竞争优势。

战略目标或年度计划的分解可以采用平衡计分卡,建立平衡计分卡需要把企业的战略目标转化为具体的关键成功因素。在此基础上,每一个关键成功因素至少用一个关键绩效指标(KPI)描述。这里的关键绩效指标用于企业实际绩效与目标绩效的比较。

利用公认的计分卡方法和行业基准,帮助企业清楚地阐述战略目标并传达到整个公司的各个部门和员工,并对关键绩效指标进行实时监管,避免导致错误决策。图 9.3 所示为某公司利用 Cognos(IBM)软件制作的平衡计分卡。

准确地衡量企业绩效管理,建立在企业运营的数据基础上。这就要求企业的信息系统尽可能覆盖企业经营的各个环节,并且容易集成。

2. 仪表盘

仪表盘是管理报告工具,在单个显示屏上显示业务进展的数据,有时也包括计分卡数据。随着对操作型或者实时型商务智能的需求增加,仪表盘(驾驶舱)的应用也逐渐广泛。公司各级管理人员都利用这些仪表盘,实时掌握所管辖业务的经营状况。

跟踪和分析数据的仪表盘并非是简单花哨的图形界面,其内部蕴涵了大量的业务逻辑关系和线性规划最优解的运算模型,并且允许用户进行钻取等多维分析,及时地让业务人员获知分析结果,并且在超出阈值时发出预警。例如,销售人员调整仪表盘的价格滑块,可以立即看到相关的产量、成本、销量和利润等变动情况,根据利润最大化选择合适价格。

企业的精力和资源是有限的,绩效考评时只考虑最重要的方面,把它们设计为关键绩效指标。关键绩效指标可以用仪表盘的形式展示给相关人员,以便深入分析关键事件,图 9.4 所示为某公司利用 Cognos(IBM)制作的销售收入仪表盘。其中,企业仪表盘向高层决策人员展示关键绩效指标,用于控制和维护工作。

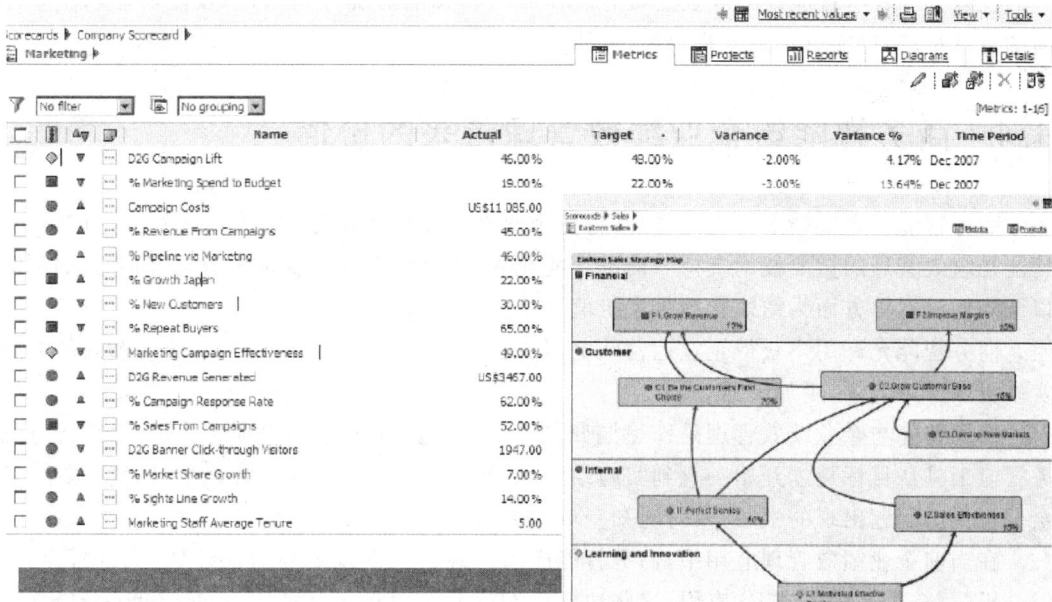

图 9.3　IBM Cognos 计分卡

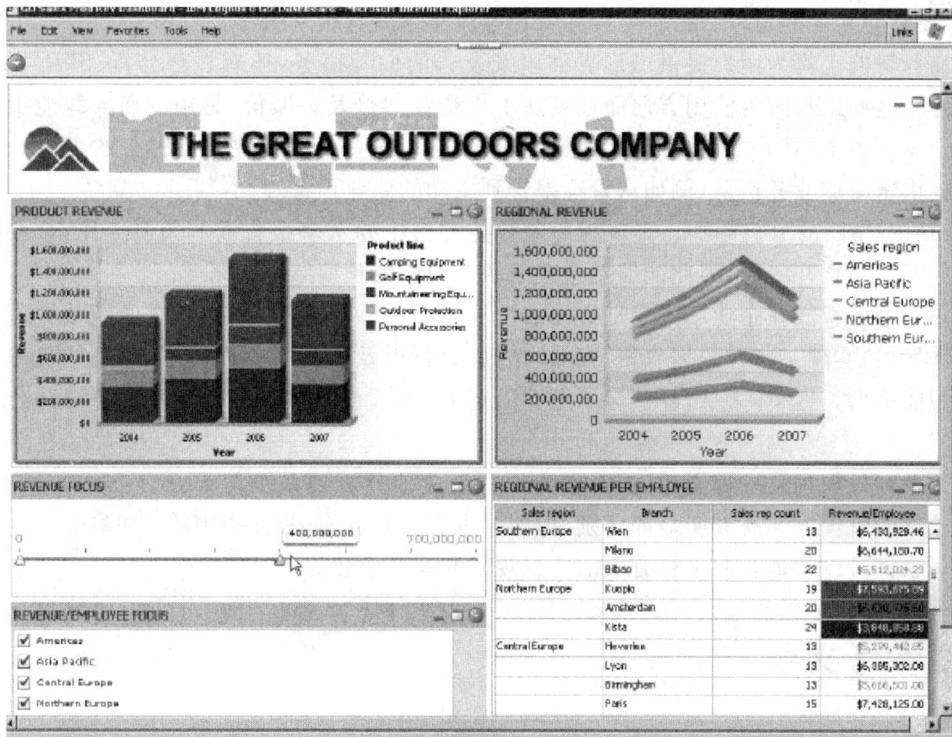

图 9.4　某公司的销售收入仪表盘

　　无论是仪表盘还是平衡计分卡都需要坚实的数据基础设施。如果采用质量不高的数据,那么仪表盘就会成为花架子,没有什么用处。如果数据准确,就会提供简单明了、标准统一的视图[6]。有些智能性的仪表盘带有线性回归和其他的统计模型,不仅能够显示企业当前的运营状态,也能够预测未来、异常监测和趋势分析,在风险到来前发出预警。

9.4　商务智能给企业绩效管理带来的价值

商务智能与企业绩效管理的整合,将使企业真正关注绩效管理。在这个意义上讲,商务智能是绩效管理的重要技术支持。商务智能在共享信息、有效控制企业增长、创造新的利润以及降低成本等方面为绩效管理带来价值。

商务智能允许用户获得企业运营状况,从而具备透彻的业务洞察力,对企业绩效的调整实施更加游刃有余,更加灵活。

商务智能与企业绩效管理是殊途同归的:一个企业可能有很多绩效目标,用户通过商务智能工具从目标建立开始一直到实施结束,始终进行全程的跟踪监控。一旦发生偏差,就会分析找出问题出现的根源,及时通知企业相关人员。

在当前企业绩效管理应用中,商务智能产品围绕着长期规划与短期计划、执行监控、问题分析、调整等过程实施 BI 应用,这些功能在 Hyperion(Oracle)和 Business Objects(SAP)等公司的产品中都有体现。商务智能工具可以帮助企业根据需求的范围成功部署平衡计分卡,例如,Business Objects(SAP)公司在中国第一汽车集团公司实施了企业管理驾驶舱项目,主要针对企业的财务、营销、生产和管理等建立绩效管理系统[5]。

商务智能工具为用户提供图形界面以及友善的向导服务,还有杜邦分析、SWOT 分析等功能。这些工具因为使用方便而逐渐在中小企业中普及。廉价、易用的商务智能工具可以让企业从各个不同的数据源搜集数据、清理整合。这些工具往往需要很少的 IT 经验,但可以提供重要的业务信息,例如从管理报告到主动的商业预警等。

Butler 集团的分析师 James 认为商务智能过去主要从事报告而非预测工作,企业绩效管理把两者结合在一起,因此能够把企业的活动与业绩预期结合起来[5]。

未来商务智能在企业绩效管理方面的发展趋势是后台数据的整合,企业绩效管理应用的纵深发展,实现了包含数据收集、存储、挖掘、分析以及预测等全面功能,已超越了传统的商务智能平台。这个平台已经整合了所有需要的功能,包括数据整合以及商务统计分析与预测[6]。

企业绩效管理是一种思想、体系和方法。企业绩效管理系统与 ERP、CRM、SCM 等流程型软件的管理方式有着明显的区别,但同时也有相互补充、相互作用的有机联系。企业绩效管理软件可以帮助企业进行有效的资源规划和运营监控。

本章参考文献

[1] 鲁百年. 全面企业绩效管理[M]. 北京:北京大学出版社,2006.

[2] JJC Jeng. HK Bhaskaran On architecting business performance management grid for adaptive enterprises Applications and the Internet[C]. Proceedings of the 2005 Symposium on Applications and the Internet,Trento, Italy,2005:110-116.

[3] 向业务靠近 商务智能让"管理味"越来越浓 [EB/OL]. http://cio. it168. com/t/2008-07-10/

200807102251743. shtml.

［4］ Curt Hall. Business process intelligence［R］. Business Process Trends，2004，2(6)：1-11.

［5］ James Murray Metastorm. Deal paves way for guided decision-making［R］. IT Week，2007.

［6］ John Krogstie，Andreas Lothe Opdahl，Sjaak Brinkkemper. Data integration：problems，approaches and perspectives［J］. Berlin：Springer，2007：39-58.

思考题

1. 实施企业绩效管理的企业需要具备什么条件？

2. 企业绩效管理包括哪些内容？

3. 商务智能在企业各个层次的绩效管理中有什么作用？

4. 举例分析仪表盘(驾驶舱)、平衡计分卡等工具在企业绩效管理中的应用。

5. 分析某公司的企业绩效管理系统具有的功能及其特点。

6. 讨论商务智能如何提升企业的绩效。

7. 调研一个企业的商务智能需求：通过商务智能系统在企业各级管理层面采用数据分析真实全面地反映管理状况和业务绩效，发现数据背后隐藏的业务信息，并以报告、企业平衡记分卡等形式提供给管理者和各级业务人员，对可能发生的风险进行预测和评估，提高企业决策的及时性和准确性，优化企业运作。

8. 参考第 11 章内容，讨论多维分析在流程绩效分析中的应用。

第10章
数据挖掘在电子商务中的应用

随着电子商务的不断发展,越来越多的企业和个人通过网络进行交易,享受到了电子商务提供的便利。同时,大量的电子商务活动导致了海量数据的累积,而这些数据本身的复杂度也使许多有用的知识被埋没。许多学者开始探索如何把海量数据转换成能被识别且能直接使用的有用知识,这也是目前电子商务的迫切需求。本章在第8章的基础上进行讨论。

10.1 电子商务需要数据挖掘

很多企业认为只要建立一个网站就实现了电子商务。实际上,网站只是一个面向用户的窗口,顾客通过网站来了解企业提供的服务,而企业也需要通过网站了解顾客的需求。顾客在浏览电子商务网站、参与交易的过程中会留下很多有用的数据。通过分析这些数据,电子商务企业可以了解用户的消费喜好和行为模式,网站的结构如何改进等信息,从而为顾客提供更有针对性的营销手段和服务,满足顾客的潜在需求。例如,亚马逊(中国)借鉴Amazon 积累的经验,根据顾客的下单习惯,把相关商品放在其物流中心邻近区域,以保证取货路线最优。随着电子商务的交易量不断增加,与顾客有关的数据不断增长。如何从大量的数据中挖掘有用的知识是非常重要的。

数据挖掘在电子商务中的具体应用可以表现为电子商务推荐系统、基于 Web 的个性化服务、电子商务 Web 网站优化和用户浏览行为模式分析等。在这些应用中,数据挖掘可以帮助电子商务企业更好地了解用户的潜在兴趣,提高用户个性化的服务水平,提升顾客价值。

一个典型的数据挖掘案例是 Yahoo! 数据官 Usama Fayyad 领导的小组应用数据挖掘的手段分析用户访问日志后发现,使用 Netscape 浏览器的用户比使用 IE 的用户更多地使用 Yahoo! 提供的搜索功能。通过进一步的分析,这个小组发现两个浏览器在视觉上的唯一区别是搜索框在 Netscape 浏览器中是居中放置的,而在 IE 中则是靠左放置。因此,Yahoo! 及时修改首页,把搜索框移到居中的位置,果然取得了良好的效果。经过简单的修改后,用户对搜索功能的使用次数明显增多。对于一个网页设计者来说,调整搜索框的位置只是一个简单的操作。如果不通过数据挖掘,Yahoo! 管理层可能发现不了这个细节,那么在无形中也就流失了许多用户[1,2]。

10.2　顾客管理

数据挖掘在顾客管理方面有着广泛的应用。与传统的销售方式不同,网上零售比较容易收集大量的交易过程数据,提供了顾客行为和偏好分析的基础。下面简要分析数据挖掘在电子交易中的应用。

1. 顾客分析

21 世纪,企业之间的竞争已经从产品之争转变为对顾客的竞争。企业通过顾客关系管理,在留住老顾客的同时,还要吸引新的潜在顾客。数据挖掘就是有效的顾客关系管理方法之一。一方面,利用数据挖掘,电子商务企业可以通过分析,挖掘出能给企业带来高收益的顾客群,并根据这些顾客群的消费习惯和行为特征,为顾客提供更优质、更具针对性的个性化服务,锁定用户群,从而获取更高的利润。另一方面,还可以了解顾客的行为模式和兴趣偏好,并通过这些顾客知识,预测顾客未来的消费模式,有针对性地为顾客潜在的需求提供服务,更好地辅助决策,实现企业和顾客的双赢。具体来说,利用聚类、分类等数据挖掘方法分析用户访问企业网站的日志、注册信息、IP 和用户的人口统计特征,包括性别、年龄和国籍等,从而总结出那些企业最需要把握的"大顾客"的特征。所谓的大顾客也就是访问企业网站频率较高,交易数额较大,为企业带来较多利润的顾客。这里值得注意的是第 5 章提到的个人隐私的保护问题,电子商务网站在收集顾客数据时要征得顾客的同意,并向顾客说明数据收集后的具体用途,以免引起侵犯顾客隐私的纠纷。

顾客分析主要有以下功能。

(1) 定位高回报顾客。利用自然属性、地理位置、收入贡献、交易额、价值等顾客指标,把顾客分成高回报顾客、一般回报顾客和非盈利顾客。因而,企业可以重点关注高回报顾客营销策略的制定。例如,某化妆品公司通过对顾客的历史数据分析,发现创造某产品大量利润的顾客是年龄在 30～45 岁之间,年收入在 30 000～100 000 元之间的已婚女性。该公司根据上述结论调整了营销策略,邀请一位已婚世界著名女明星做产品代言人,并把广告的播放时间调整在黄金时段,让更多的主妇能够及时了解该产品。该公司还把产品重心群体转移到主妇群体身上,针对她们的肤质特点开发新产品。通过以上策略,该公司的销售额得到了稳步提高。

(2) 市场划分。不同特征顾客群的心理活动和购买习惯都会有所差别。因而,企业需要对不同特征的顾客群实施不同的、有针对性的营销手段。例如,某购物网站通过分析顾客的历史购买记录,了解即将结婚的顾客的心理特征和购买习惯。该网站在结婚高峰期推出了新婚礼盒套餐服务,向新人推荐一系列价廉物美的家居用品、卫浴用品等套装,使他们在最短的时间内购买到所有需要的物品,并且让他们体验到了该网站的关心,提高了用户的满意度和忠诚度。

(3) 获取新的目标顾客。企业不仅要防止老顾客的流失,还需要不断吸引新顾客的关注。通过对已有顾客群体的分析,企业可以确定不同顾客群的特征,从而更有针对性地推销产品,吸引潜在顾客。例如,在数据库营销或目标营销(targeted marketing)中,确定可能响应的顾客是重要的,这样可以获得更多的利润抵销营销的成本(邮寄、打印、推广和广告等费用)[3]。

2. 交叉销售

Wal-Mart 的发展与其领先的 IT 技术和管理息息相关,Wal-Mart 拥有先进的数据仓库系统,是世界上首批把数据挖掘技术应用于业务分析的企业。为了能准确地定位顾客在各家分店的购物模式,Wal-Mart 针对顾客的购物篮进行分析,希望从历史交易数据中发现顾客经常在一次购物活动中同时购买的商品,以便推出高效的交叉销售。在利用 NCR Teradata 数据仓库系统分析超市的交易数据后,Wal-Mart 惊奇地发现,与尿布一起购买的最多的商品竟然是啤酒。因此,Wal-Mart 及时地调整了尿布和啤酒的货架布置。事实表明,两者的销售额都有了显著提升。

交叉销售需要应用关联规则。上面提到的购物篮分析就是数据关联规则的一种应用,而关联规则本身就是顾客的一种消费行为特征。商家可以在网页的最醒目位置上,动态地安排 Web 网站页面内容,提示购买此商品的顾客同时还购买过其他哪些商品,推荐顾客购买。帮助顾客避免繁复的检索,让他们能够更快地找到感兴趣的商品。Jupiter Research 在研究报告《智能化促销:用细分法定位促销》中指出:多达 76% 的在线零售商使用至少一种交叉销售的方法对购物者进行促销,而 9% 的购物者会考虑商家的推荐[4]。这种交叉销售的花费成本较低,命中率相对较高,对网上零售商很有价值。另一方面,交叉销售还可以提升顾客的忠诚度。对银行业的研究表明:顾客关系的持久性与其使用的服务数目、银行每个账户的利润率等存在着较强的相关性。随着银行提供更多使顾客满意的服务,顾客倾向于从银行购买更多的服务,银行与顾客相互适应将使顾客产生更大的转换成本,保留率提高[5]。

3. 顾客保留

顾客保留需要应用序列模式挖掘。序列模式挖掘是指从序列数据库中发现频繁出现的子序列,可用于电子商务的预测。例如,通过分析交易数据库、Web 访问日志等数据,某零售商发现购买了佳能数码照相机的消费者,在一个月后可能购买惠普彩色打印机。这是一种序列模式,充分利用这类知识,可以辅助零售商针对市场前景、促销和货架布置等方面的决策。随着序列模式研究的不断发展,其应用领域已经不再局限于分析交易数据库,还包括 Web 访问模式挖掘、网络入侵检测等,其中 Web 访问模式主要针对保留在 Web 服务器、代理服务器和用户机器 cookies 中的访问日志进行分析,从中可以发现用户访问 Web 网站的频繁访问路径,了解顾客行为的偏好模式,从而分离出不同顾客群的个性需求,帮助 Web 网站动态调整网站结构,投放个性化的广告,方便用户查询和浏览。例如,在/company/products1 上购买过商品的消费者中,有 70% 的顾客在接下去的一个月内也会在/company/products2 下订单,根据以上信息,商家可以在 products1 的页面上加入 products2 的页面链接,并在 products1 页面上向顾客提供针对 products2 的广告宣传,使两种商品的销售量都得到了提高。

【例 10.1】　Safeway 的顾客关系管理[6]

Safeway 是英国的第三大零售企业,不仅有网上零售平台,还允许用户直接到店铺消费,真正做到了网上、网下结合。为了更好地管理顾客,Safeway 采用数据挖掘技术实时了解顾客需求。首先，Safeway 利用分类和聚类把顾客细分为 150 类，获取了每一类顾客的具体特征。此外，Safeway 利用顾客的交易数据，通过序列模式挖掘，获得购买产品之间的关联，从而调整相关商品在页面上的链接以及在店铺中的陈列位置，使关联度较高的商品出现在醒目的位置，提高商品的搭售率。例如，Safeway 发现 75% 购买了烤肉碳的顾客会在随后的一个月内购买打火机燃料，Safeway 就在烤肉碳页面的醒目位置添加了打火机燃料的链接，并在店铺内使两者的货架相邻，使顾客能够方便地获取，结果烤肉碳和打火机燃料销售量都有所提高。

众所周知，食物具有季节性的特点，每一季流行的食物都有所不同。利用数据挖掘，Safeway 采取了季节性的销售策略。在 Safeway 销售的 28 种不同品牌的橙汁中，有 8 种具有明显的季节特征，深受顾客的欢迎。Safeway 重新调整了橙汁的推荐页面，根据不同的季节推出不同品牌的橙汁，使销售额不断增长。不仅如此，Safeway 还重视营销的个性化，根据每个家庭在不同季节的购买倾向，用个性化的推荐邮件引导顾客消费。

【例 10.2】 识别社交化网络的意见领袖

在社会化网络中，人们接受、产生并传输大量的数据，其中有些人的影响力比较大，称为意见（评论）领袖。虽然传统的大众媒体提供了很多信息，但人们有时对大众媒体持怀疑的态度，意见领袖对大众的影响甚至比大众媒体还要大。例如，很多人使用 Yahoo! Answers 提问，从其他人寻找答案，人们更愿意相信那些有影响力的用户。因此识别意见领袖是必要的。

寻找意见领袖常用的有以下方法：分析社交关系，例如在社交网站 Twitter 上基于社交关系的方法，可以发现拥有大量粉丝的用户特性与大量转发的用户不同。也有学者分析基于视频内容和用户行为的社交网络，使用搜索引擎的 PageRank 算法计算社交网络中用户的名声，根据他们上传和订阅的信息判断用户的名声。

在社会化网络中，意见领袖能够在真实的社会中影响用户。可以用下面的公式识别意见领袖[7]：

$$U_\mu = \frac{\sum_i |R_U(i) - R_\mu(i)|}{|Con|}$$

其中 Con 是内容（例如音乐、电影等）集合，U 是用户集合，$|Con|$ 是 Con 的数量，$R_U(i)$ 是 U 中的用户对于内容 i 的平均评价值，$R_\mu(i)$ 是用户 μ 对 i 的评价值。上式说明每个用户评价和平均评价的近似程度，选择与平均评价最不近似的用户作为意见领袖。通过对 Yahoo! 音乐数据库（包括音乐、用户和评论等数据）和 GroupLens 电影数据库（包括电影、用户和评论等数据）的实验，通过交叉验证和 z 测试，表明这个公式可以很好地识别出意见领袖。

意见领袖有很多价值，其中一个应用是网络营销。意见领袖的博客很容易引导人们关注，因此可以在意见领袖的博客或微博上投放广告。

4. 个性化推荐

随着互联网应用的快速发展，用户面临着信息过载的挑战，从海量的互联网信息中找到感兴趣的商品或内容逐渐变得复杂化。同时，企业用户的接触点也日益碎片化，消费选择越来越多样化。

电子推荐是一种信息过滤技术。在信息过载的电子商务时代，电子推荐系统

（recommender system）可以预测顾客的偏好和兴趣，帮助顾客找到需要的信息、商品等，提升商品的销售额。利用千人千面的个性化商品推荐，也可以帮助商家有效提升用户的转化率和生命周期价值。

电子推荐系统能够帮助用户快速发现有用的信息，用户不必给出明确的需求。系统根据用户的注册、浏览、交易和评论等历史行为数据对其兴趣进行建模，从而给用户推荐感兴趣的个性化信息。目前常用的电子推荐算法包括基于协同过滤的推荐、基于内容的推荐、基于知识的推荐、基于关联规则的推荐、基于效用的推荐以及混合推荐等。

基于协同过滤（collaborative filter，CF）的推荐算法是根据用户的注册信息、好友信息、购买记录等行为数据，预测其可能需要的商品或信息。这种算法可分为两类：一类是基于用户的协同过滤算法（user-based CF），另一类是基于物品的协同过滤算法（item-based CF）。基于用户的协同过滤算法通过计算用户之间的相似度，找出与目标用户相似的用户集合，利用相似用户的偏好预测目标客户的偏好。基于物品的协同推荐通过计算物品之间的相似性，为用户推荐已购买或浏览物品的相似物品。

基于内容的推荐是通过分析物品的内容介绍，例如论坛用户帖子内容、网页的商品描述、文档或者新闻等，提取反映用户偏好或兴趣的特征，然后基于这些特征，匹配内容相似的物品推荐给用户。

基于知识的推荐利用领域本体、规则等关于项目如何满足特定用户的知识，进行推理，从而为用户推荐。

基于关联规则的推荐是从用户的交易数据中挖掘关联规则，利用规则的前项（用户已购商品）预测可能需要的后项商品，在零售行业应用广泛。

基于效用的推荐是为用户设计一个效用函数，度量用户使用项目（商品）的效用，在此基础上推荐效用最大的商品。这种推荐方法可以综合考虑产品属性以外的各种因素。

混合推荐是以加权、串联、并联等方式组合上述推荐方法，这种方法能综合各种推荐算法的优点，从而获得更优的推荐效果。

一个典型的电子推荐系统由三部分构成：用户兴趣数据采集、推荐引擎和推荐结果输出。个性化推荐系统的首要任务是提取出反应用户兴趣爱好的相关数据，然后根据提取出的这些数据对用户的兴趣等进行建模，生成用户的兴趣模型，再利用上述推荐算法生成推荐列表，经验证后推荐给用户。

反映用户兴趣的相关数据分为显示和隐式数据。其中显式的用户数据包括用户对于物品的评分、投票、转发、收藏等。还有一些用户数据隐式反映了其偏好，这样的数据包括用户的点击流、页面停留时间以及购买行为等数据。

电子推荐系统主要应用在搜索引擎、电子商务网站及社交网站中。在社交网站中，例如豆瓣、Flickr 等都使用了电子推荐技术。根据不同顾客群的兴趣，电子商务企业可以为顾客提供个性化推荐的服务，恰当的个性化推荐可以使用户从单纯的网站浏览者转变成为企业创造利润的消费者。因此电子推荐也是一种很重要的营销手段。

个性化推荐的输入信息包括顾客在注册时填写的个人兴趣和偏好选择、顾客点击流（click stream）、顾客以往购买记录以及其他顾客对商品的评价等。根据社会心理学（social psychology）理论，加入社会网络后个人的态度和行为会受到影响，他们表现出来的兴趣未必反映个人的偏好，而是社会网络的影响。因此社会网络（social network）也是一种获得顾客特征(customer profiles)的信息源[8]。通过对这些信息进行分析,电子商务企业可以向用户提供各种形式的个性化推荐。比较常见的推荐方法有 Top-N 排行榜(统计分析)、E-mail 营销、协同过滤、顾客对商品的评分和顾客对商品的评论等[9,10]。Amazon 公司在个性化推荐方面一直处于业界前列。Amazon 通过会员注册时的个人信息,了解顾客的基本情况、个人兴趣,并利用顾客的浏览信息、商品购买记录等,分析顾客的消费模式,从而推荐符合顾客个性的商品。在互联网时代,顾客之间的信任要大于 B2C 网站的直接宣传,因此这些网站的目的是通过销售尽量多的产品获得利润。因此顾客还可以通过给商品打分和填写评论的方式表达对该商品的喜好。Amazon 在商品介绍页面的显著位置,提供了浏览过该商品的顾客还浏览过哪些其他商品,购买过该商品的顾客还购买过哪些其他商品。国内当当等购物网站也有类似做法。而顾客一旦浏览和评论后,相应的个性化页面也会发生变化。如果能找到与当前顾客的购物篮具有较多同样商品或对某些商品有相似评价的其他顾客,就可以把这些顾客购买的其他商品推荐给当前顾客。这种推荐方式就是常用的协同过滤。在 E-mail 营销方面,Amazon 采用了以下方式: eyes notification service 和 editors notification service,其中 eyes notification service 指顾客输入搜索请求之后,如果暂时没有找到满意的商品,Amazon 会通过 E-mail 通知顾客;editors notification service 是由编辑选择读者可能感兴趣的新书进行推荐。

【例 10.3】 mailu 推荐引擎[11]

mailu 推荐引擎是一种基于用户浏览行为的个性化推荐引擎。通过跟踪并汇总分析用户在各个主题页面(如视频、新闻、博客等)上的浏览行为,利用数据挖掘技术,mailu 推荐引擎建立了针对顾客的网站推荐模型,真实地反映了用户在 mailu 网站上的浏览行为。当新的用户浏览某个主题时,mailu 能够给出具有针对性的个性化推荐。mailu 推荐引擎提供的个性化推荐内容能够准确地命中用户的喜好,使得用户在短时间内浏览更多的相关内容,显著提高网站内容的浏览量,并增强用户的黏性。由于 mailu 推荐引擎在个性化推荐方面的优势,且兼具包括安全、专业、简单和广告等在内的核心优势,多达 20 家的电子商务网站和媒体网站通过内嵌 mailu 推荐引擎提升了网站的浏览量,且推荐内容的用户点击率高达 10%~20%。例如,国内的著名视频网站 Mofile,就是最早使用 mailu 推荐引擎的新兴媒体网站之一。在使用 mailu 之后,由于用户可以更快、更便捷地找到相关的视频,使 Mofile 观看视频的用户体验显著提升,提高了网站的总体流量。另一方面,mailu 搜索引擎的点击率也超过了 18%。其他成功应用 mailu 推荐引擎的企业还包括第五街等。

【例 10.4】 基于决策树的零售商品推荐[12]

目标营销方法因能节省传统营销造成的成本浪费已经被越来越多的公司采纳。推荐系统可以帮助预测客户的潜在偏好,提高营销效果。下面介绍一种基于决策树的零售商品推荐方法,具体的步骤如下。

(1)确定目标客户,找出需要推荐商品的用户。这里应用 RFM 模型,选择最具价值的目标客户。RFM 模型的基本思想是依据客户对企业收入的贡献对客户排名,RFM 的含义分别是客户最近一次购买商品的时间(recency)、客户在一段时间内的购买频率(frequency)以及客户在一段时间内的消费金额(monetary)。计算客户的 R、F、M 值,然后把客户 R、F、M 的打分值相加,得到该客户的 RFM 值,并按降序排序,删除小于 RFM 值阈值的客户,剩余的客户就是目标客户。

（2）分析客户偏好。依据 NRS(Normalized Relative Spending)方法确定客户的偏好值。具体步骤如下。

① 获得客户总花费。计算客户 i 在商品 j 上的总花费 $C_{i,j}$，$i=1,\cdots,m$；$j=1,\cdots,n$。

② 获得总花费比率。$C_{i,j}$ 除以客户在所有商品上的总花费，得到花费比率 $\widetilde{C_{i,j}}$。

③ 确定 NRS 值。$\widetilde{C_{i,j}}$ 除以所有客户对商品 j 的总花费比率的均值，得到 NRS 值 $\widetilde{\widetilde{C_{i,j}}}$。

$$\widetilde{\widetilde{C_{i,j}}} = \frac{\widetilde{C_{i,j}}}{\dfrac{1}{m}\displaystyle\sum_{i'=1,\cdots,m}\widetilde{C_{i,j}}}$$

④ 发现客户的偏好。如果 $\widetilde{\widetilde{C_{i,j}}}>1$，则客户 i 对商品 j 的偏好值 $\widetilde{\widetilde{C_{i,j}}}$ 取值为 1，否则为 0。所有客户对所有商品的偏好值构成客户偏好矩阵 $\boldsymbol{P}$（n 行 m 列，行代表商品，列代表客户）。

（3）商品关联分析。以偏好值对客户进行分类，利用决策树方法发现他们可能会购买的商品。具体步骤如下。

① 客户分类。在客户偏好矩阵 $\boldsymbol{P}$，挑选第 j 行所有 $\widetilde{\widetilde{C_{i,j}}}$ 取值为 1 的客户归为一类，每个客户可以同时归属不同的类别。

② 处理交易记录。查询每个聚类中所有客户的交易数据，然后将这些交易数据转换成一个客户交易矩阵 P_{xj}，$x=1,\cdots,k$。如果交易记录 x 购买商品 j，则将 P_{xj} 设置为 1，否则为 0。

③ 建立决策树。挖掘商品关联是从不同类别客户的交易记录中挖掘客户经常一起购买的商品，为类内的客户推荐商品。

为了获得合适的商品推荐规则，把商品作为决策树的条件属性和分类属性，利用 C4.5 算法得到决策树。

（4）推荐规则的产生。遍历从根节点到每个商品取值为 1 的叶子节点的路径，每个叶子节点的路径形成一个向量，向量中取值为 1 的项，就是有关联的商品（剔除可信度低的规则），推荐给相应的目标客户。

有关数据挖掘在顾客关系管理中的应用，读者还可参阅参考文献 13 和 14。

10.3　网站结构优化

如第 8 章所述，Web 挖掘的内容非常丰富。通过 Web 挖掘，分析顾客访问的特征、兴趣，利用不同顾客群的访问习惯等信息，可以有针对性地指导改进 Web 网站的结构和布局，提高 Web 网站的访问效率。

【例 10.5】　Roundpeg 的顾客管理*

Roundpeg 是一家网上教育机构，主要提供在线学习服务。公司业务是向顾客提供 Macromedia 系列产品的培训服务，包括利用电子明信片、电子邮件等方式向 Macromedia 公司提供的众多联系人发送培训课程信息。通过 Web 挖掘，Roundpeg 可以有效地追踪到顾客是否注册参加了培训，是否对推荐的内容感兴趣，是否搜索了关于培训的更多信息等。

---

* http://www.roundpeg.com。

Roundpeg 分析表明,在电子明信片发送后推荐的特定 URL 网址的访问记录中,发现 2500 个访客中有 91％是电子明信片的顾客,他们不仅接受了培训推荐,还在登录网址后进行了更深入的了解。此外,Roundpeg 还发现,90％的顾客关心的重点是该课程由哪位教授授课,并直接通过网站的公共邮箱提问而并非通过单击网站页面顶端的讲师链接。为此 Roundpeg 调整讲师链接,使其处在页面的最显眼的位置。经过进一步的实验分析,新位置效果明显,点击率增加了 50％。同时,为了方便用户了解讲师的信息并能和网站进行及时交流,Roundpeg 在电子明信片或培训相关页面中增加了培训经理的 E-mail 地址和联系信息。测试表明,发送培训问题到网站公用邮箱的数量明显减少,顾客对网站的服务更加满意。对于网站的潜在用户,即在培训区徘徊却未曾注册过任何课程的人群,Roundpeg 预测其放弃服务的可能原因是电子明信片上缺少培训信息和链接,多层的信息查询导致顾客浪费了大量的时间,从而失去了寻找目标位置的耐心。通过改善电子明信片,把所有培训课程和培训经理信息都添加在电子明信片上后,更多的潜在用户成为了 Roundpeg 的注册消费者。

对网站的设计者来说,为了从众多同类网站中脱颖而出,如何制作出最有吸引力的网站,如何把相关的信息高效地传达给顾客,都是至关重要的问题。一个网站的有效性并不仅仅包括所有网页的内容本身,还应该包括网站的结构。一个设计合理的网站,不仅能带给顾客便捷的访问体验,加深顾客对该网站的印象,还可以指导网站设计人员根据顾客的访问时间、访问地点、访问兴趣和访问频率等信息动态地调整网站的页面结构,优化页面链接,改进现有的搜索引擎,修改网站的结构,实现资源优化,从而有针对性地向顾客提供更全面的、更便捷的服务。

由于受到网络带宽等条件的限制,顾客在访问网站时需要经过一段时间的等待。在这种情况下,如果网站不能及时响应顾客的请求,那么就可能流失大量的潜在顾客甚至包括老用户。Zona Research 在研究中发现,如果浏览者等待下载网页的时间超过 8s,将有 30％的使用者选择停止浏览网页。另一方面,由于网站在最初设计时,网站的结构、页面的布局等设计都是基于设计者的主观感受和推测的,而不一定能够代表顾客的客观需求。因而,在网站运行一段时间之后,网站的设计者可以通过对网络日志的分析,挖掘出页面间的关联规则,从而对网站结构做出符合用户实际需求的改进,提高网站的访问流量和点击率。此外,网站的设计者通过分析顾客访问网站的路径,还可以得到不同顾客群的访问模式,进而优化网站结构,提供更有个性化的服务。例如,顾客在某些页面上停留的时间较长,就可以考虑把其设成主页,因为这些页面可能包含了网站的重要信息。再举个例子,一些经常被访问的 Web 页面,相对就比较重要,所以应适当缩短这些页面间的访问路径或提前缓冲(Web caching)等。

【例 10.6】 某公司的网站优化

某公司在其电子商务网站上发布了公司简介、公司历史、联系方式和产品介绍等内容,供顾客阅读。网站运行了一段时间之后,该公司通过分析网站日志中顾客的访问路径等数据,得到以下重要信息。

(1) 80％的顾客从/company/products 开始访问。这说明普通顾客对网站的访问通常并不是从主页开始的。而顾客在 products 页面上所查看到的信息,可能会有所缺失。因而,网站设计者可以在 products 页面上增设一些主页的相关链接。

(2) 65％的顾客会在浏览 4 个或更少的页面后就离开。可以看出,一旦顾客在 4 个页面内无法找到所需信息,就会放弃该网站。因此,Web 网站的设计者应该把重要的信息放置在少数页面中。

(3) 70%的顾客在访问/company/product2 时是从/company 开始,经过/company/new 或/company/products,或经过/company/product1,表明网站的设计者需要使页面间的链接更直接、更简洁,使顾客可以在最短的时间内,以最快的速度到达想要访问的页面。

10.4　智能搜索引擎

搜索引擎是用户在访问互联网时不可缺少的辅助工具,它可以帮助用户更快、更准确地找到所需的信息。目前的主流搜索引擎大多是基于关键词的查询,如 Google、Baidu 和 Yahoo! 等,但这种方式却受到网页更新频率的限制。如果有关网页信息无法及时更新,就会不可避免地影响搜索结果,这就要求搜索引擎定期地更新。此外,更新得不及时还会造成链接失效等问题,引起用户的困扰。目前搜索引擎存在的另一个主要问题是智能化程度还不足以满足用户的精确度需求(语义难以理解)。用户在搜索信息时,经常会得到大量与所需信息无关的干扰信息,而且这些信息按照相关度从大到小的顺序排列,致使用户需要人工过滤搜索引擎的结果。这对于普通用户来说,需要耗费相当多的时间。而通过 Web 挖掘技术,不仅可以提高搜索结果的准确率,而且能够提高搜索效率。

1. 文档自动分类

为了方便管理,提高顾客的搜索效率,大多数搜索引擎都采用了对抓取网页进行分类管理的策略。面对数量巨大的网页文件,使用人工分类不仅要消耗大量的人力、物力,而且效率低下,即使结合专家参考意见作为分类依据,仍不可避免地会使分类失去客观性而带有主观色彩。因此,现有的网页分类技术主要是基于特征向量,也就是提取网页中的几个关键词——网页特征关键词,并以此作为分类的标准。虽然这种分类的方法不需要人工完成,高效而客观,但其最大的缺陷在于分类的准确性比较低。为了有效地解决这个问题,许多搜索引擎采用了半人工、半自动化的方式。例如,著名的搜索引擎 Yahoo! 在处理的后续阶段,还需依靠人工方式进行最终归类。但 Web 挖掘技术实现了文档自动分类,不仅能够避免人工分类带来的人力、物力的消耗和主观问题,而且能够保证分类的高准确率。

一个网页在整个网站中所处的位置以及其他网页对该网页的链接,都包含了网站的管理者对于这个网页的内容与类别的定位。充分利用这些信息,有助于更准确、更高效地分析该网页。分析整体网站并去除冗余信息之后,可以得到该网站的树状结构,其本身就具有一定的分类标准。通过分析单个网页在这个树状结构的位置,就能够对该网页的类别有大致的认识。例如,SOHU 网站有新闻、体育和娱乐等栏目,而体育栏目又细分为篮球、足球等栏目。一方面,如果对同一网站的分类模式进行验证和筛选,有利于对单一网页更准确地分类。另一方面,网页一般不是独立存在的,而是与其他网页链接。超文本包含了网页的作者对链接网页的概要说明,分析所有在该网页链接上的链接文本,同样可作为该网页分类的参考。实验表明,把超链接文本和网页内容结合作为分类的标准,比使用单一的标准拥有更高的准确率[15]。使用以上方法,对网页的内容和结构进行 Web 挖掘,可以更准确地对网页进行分类。

2. 自动文摘的形成

目前的搜索引擎对于用户的搜索请求，返回的结果都是在满足条件的网站中，加强显示符合关键词的句子，然后按照相关度进行排列。这种方式比较简单、直观，但同样存在问题。例如，包含关键词的句子可能并不是网页的主要内容，对于用户来说，即使该网页包含了其所查询的关键词，但网页上的信息可能仍然是没有帮助的。因此，从搜索结果本身，事实上用户无法判断某一个网页是否就是自己所需要的网页。但如果采用自动文摘，就可以很好地解决这个问题。计算机自动文摘作为自然语言处理的一个重要问题，已经成为 Internet 信息时代的必然需求[16]。

自动文摘是在搜索引擎抓取网页之后，自动从原始的文档中提取的能够反映该网页内容的摘要信息。当用户进行查询时，把该摘要信息显示之后，用户就能够对网页的主题有比较清晰的了解，从而节省了打开多个无用网页所耗费的时间。使用数据挖掘就能够更进一步准确地实现此功能。

【例 10.7】 某网上书城的自动文摘

某网站是一家网上书城，通过使用具有自动文摘的搜索引擎，能够更快、更精确地搜索到网站内相关产品的信息。在书籍登记入库时，网站要求记录有关该图书的相关基本信息，如作者、主题内容等。利用自动文摘技术，提取输入信息的关键词，网站立刻可以得到该书是属于哪一类作品（古典小说、英语原版教材等），该书属于哪一个知识领域（例如经济、管理、工程技术）以及该书的内容摘要等。然后，在顾客搜索需要的书籍时，只需简单地输入书籍内容，就可以在搜索结果中找到有关该书籍的有关信息。同时，在结果中还列出了该顾客可能感兴趣的其他书籍信息，即个性化推荐，帮助顾客更快地找到所需书籍。

3. 检索结果的联机聚类

当前的搜索结果大多采用了列表的形式，排列所有包含用户查询的关键词网页，然后由用户手动进行筛选。这种方式既单调又冗长，导致用户无论选择什么样的关键词，都会返回大量的结果，而用户真正需要的信息往往只是返回信息中的部分信息。甚至同样的内容，由于出现在不同的网页上而导致了多次出现，使用户不得不花费大量的时间对结果重新进行人工筛选。如果使用聚类技术，通过把检索的结果中有意义的、主题相关的不同文档聚集成一个组别，用户就能够更有效而全面地查看所需要的信息。

搜索引擎首先响应用户的请求，检索到满足用户要求的网页，然后使用聚类技术，把结果集分为若干个簇。这样的聚类技术，通过各项特征，例如，满足条件的网页的 URL、标题和相关的包含关键词的文档片段等，对这些网页进行快速地聚类分析，从而得到一系列表示了各种主题的簇。如果某一个簇的网页个数过多，还可以根据实际情况进一步细分，因此簇间可能包含了某种层次，但簇内的文档都是紧密相关的。当响应用户的请求时，提供的是簇，而不是简单的网页列举。用户可以根据具体需求，选择在感兴趣的簇中查看结果。由于表达相同内容的网页被聚合在了一起，用户可以快速筛选无用的信息，而且出现在不同网站的相同内容的文档也不会产生过多的冗余，大大减少了用户需要浏览的结果数量，缩短了用户查询所需要的时间。

在一个交易网站上，如淘宝网，可能出现多个商家同时代理同一品牌、同一规格的产品，唯一的差别就是价格、顾客的评价和购买情况。某著名交易网站就按照上述方法,把各个销售同种商品的商家聚集成特定的类别,并按各商家提供的价格升序排列。当顾客输入想要购买的某种特定商品后,该网站即可列出簇中的所有商家,使顾客能够更快捷地找到价廉物美的商品。

4. 查询结果的相关度排序

相关性是指搜索引擎对用户的查询,返回的网页与顾客查询之间的一种匹配关系。搜索引擎的根本目的是在海量的网页中,为顾客检索出符合要求的子集,让顾客更便捷地得到所需信息。因此查询结果的相关度是判断搜索引擎效率的一个重要标准。通过数据挖掘的相关方法,对于结果网页和用户群之间的相关度做出准确的判断,能够使顾客得到最满意的查询回应,从而提高顾客对品牌的忠诚度。

无论是中文、英文还是其他语言,都存在着大量的同义词和多义词,加上语言的其他复杂因素,导致现在的搜索引擎在响应顾客请求时,根据相关度排序返回的结果往往并不准确,并不一定符合用户的预期,甚至有很大一部分搜索结果和顾客的查询并无直接关系。如果搜索引擎能够利用数据挖掘方法,对网页的相关度进行准确的判断,那么把最有价值的网页排列在最前面,将会减轻顾客的浏览和筛选的不便,改善搜索的效果。使用 Web 结构挖掘的方法,基于超链接对相关度进行分析排序是其中的一种方式。最具代表性的就是第 8 章提到的 PageRank 算法和 HITS 算法。此外,使用其他的标准同样可以对查询结果的相关度进行排序,以达到更高的查询效率,更好地为顾客服务。

【例 10.8】 推荐型搜索引擎

随着信息的飞速增长,搜索引擎成为使用 Internet 资源的重要基础,用来帮助用户从大量的信息中筛选所要的结果。但传统的搜索引擎简单地通过关键字查询,并不一定能返回用户需要的结果。因此如何获知用户的意图,为他们提供比较精确的信息,成为新一代搜索引擎的目标,其中具有推荐功能的搜索引擎引起了人们的关注[17]。这种搜索引擎通过分析用户过去的搜索行为以及对搜索结果的反馈,利用语义推理(semantic inference)了解用户的偏好(借助领域的本体库),预测用户的意图,还可以帮助用户获得新的相关信息。例如当用户输入"营销战略"时,搜索引擎可提供一些与网络营销、品牌战略或者目标营销等语义相关的词汇结果。此外,也可以利用挖掘用户输入关键字的关联词,组合起来缩小搜索的范围,其原理类似例 5.12。

10.5　异常事件确定

异常数据(离群点)揭示了日常活动中的异常规律,具有显著的商业价值,例如,防止顾客流失、检测银行的信用卡欺诈、检测电信企业移动话费拖欠以及发现医学中特殊病情的征兆等。离群点不可轻易丢弃,因为在一些特殊的数据挖掘应用中,通过罕见的事件更容易高效地发现问题。离群点分析已经是信用卡欺诈、网络非法入侵等领域很有价值的安全检测手段,例如,一个顾客的账单上突然出现一笔大额交易,该消费极有可能是信用卡的欺骗性使用。此外,异常事件中还包括序列异常以及特异规则。异常序列分析是指在一系列行为或事件对应的序列中发现明显不符合一般规律的特异型知识。特异规则虽然支持度低,但对其他应用很有价值。通常,关联规则挖掘把注意力集中在高支持度和高置信度的规则,对那些特异规则无法做出正确的评价。

【例 10.9】 Mellon 银行的离群点分析[18]

"如果您的业务策略依赖于现有的数据进行决策,并且您想要自己建立一个支持此决策的模型,那么 Intelligent Miner 就是您所需要的工具。"Mellon 银行高级技术集团副总裁 Peter Johnson 如是说。

Mellon 银行是一家大型金融服务公司,是把数据挖掘从市场营销的测试和规划扩展到其他业务领域的第一批银行之一,其数据挖掘的主要应用领域包括市场营销、顾客关系管理、风险管理(如欺诈检测和失职检测)。Mellon 银行通过利用现有信用卡顾客的消费数据,可以得到普通顾客的使用习惯和模式,并预测顾客的下一步行动,从而管理零售信用卡市场。一般而言,在顾客即将放弃 Mellon 的信用卡服务而转向其他竞争对手的时候,顾客的信用卡使用情况会出现与以往不同的特征——异常事件,例如,消费数额突然为 0 等。利用这些异常事件,Mellon 银行可以预测在未来几个月中,哪些顾客可能停止使用 Mellon 信用卡,并采取有效的补救措施挽留住这些顾客,同时建立其他数据挖掘模型来确定对于各类顾客哪些措施最有效,例如提供新的该类顾客所需的优惠政策。

【例 10.10】 顾客服务中心的推送服务[19]

知识推送是指通过获取用户的需求,使用推送技术,把个性化的知识提供给用户,以便做出恰当的决策。因为知识具有隐性的特点,所以知识推送与信息推送在内容、手段上难免不同。一方面,在顾客服务中心,可以利用知识推送向企业研发、维修、生产等部门推送顾客对产品和服务的需求、顾客的特征和爱好、顾客对产品和服务的意见等知识,辅助这些部门的日常业务决策。另一方面,利用知识推送可以向顾客推送产品使用说明、问题解答和广告等,有助于激发顾客的潜在需求,提升顾客满意度,提高顾客忠诚度。

本章参考文献

[1] Yahoo! Executive,Garners technical award for data mining,knowledge discovery[EB/OL]. http://www.thehostingnews. com/news-yahoo-executive-garners-technical-award-for-data-mining-knowledge-discovery-3554. html.

[2] Usama Fayyad Interview. On Yahoo data mining successes [EB/OL]. http://www.kdnuggets.com/news/2005/n21/3i. html,2005.

[3] Chidanand Apte, Bing Liu, Edwin P D Pednault, et al. Business applications of data mining[J]. Communications of the ACM, 2002, 45(8): 49-53.

[4] Patti Freeman Evans, David Daniels. Dynamic merchandising: targeting merchandising through segmentation[R]. Concept Report,2005.

[5] 金融业交叉销售:经验与启示[EB/OL]. http://www.p5w.net/bank/ynjj/200604/t302659.htm.

[6] Ben J S,Joseph A K,John R. e-Commerce recommendation applications[R]. GroupLens Research Project,2002.

[7] Sang-Min Choi, Yo-Sub Han. Representative reviewers for internet social media[J]. Expert Systems with Applications. 2013,40(4):1274-1282.

[8] Francesca Carmagnola, Fabiana Vernero, Pierluigi Grillo. SoNARS: a social networks-based algorithm for social recommender systems[C]. G. -J. Houben et al. (Eds),LNCS 5535, 2009:223-234.

[9] 赵卫东,黄丽华. 电子商务模式[M]. 2 版. 上海:复旦大学出版社,2012.

[10]　Francesco Ricci, Lior Rokach, Bracha Shapira, et al. Recommender Systems Handbook[M]. Springer New York Dordecht heidelberg London, 2011.

[11]　麦路推荐引擎——基于浏览行为的个性化推荐引擎[EB/OL]. http：//tuijian. mailu. cn/index. aspx.

[12]　Shao lun Lee. Commodity recommendations of retail business based on decision tree induction[J]. Expert Systems with Applications, 2010, 37(5)：3685-3694.

[13]　E W T Ngai, Li Xiu, D C K Chau. Application of data mining techniques in customer relationship management：a literature review and classification[J]. Expert Systems with Applications, 2009, 36(2)：2592-2602.

[14]　赵卫东. 客户智能[M]. 北京：清华大学出版社, 2013.

[15]　Blum A, Mitchell T. Comining labeled and unlabeled data with co-training[C]. Proceedings of the Workshop on Computational Learning Theory. Madison, Wisconsin, United States, 1998：92-100.

[16]　Califf M E, Mooney R J. Relational Learning of pattern-match rules for information extraction[C]. Proceedings of the 19th National Conference on Artifical Intelligence. 2004, San Jose, California, 2003：87-90.

[17]　The Rise of Recommendation-Type Search Engines[EB/OL]. http://www. asiaing. com/the-rise-of-recommendation-type-search-engines. html.

[18]　Mellon 银行预测数据挖掘前景光明[EB/OL]. http://wenku. it168. com/d_000655800. shtml.

[19]　冯勇, 樊治平, 冯博, 等. 企业顾客服务中心知识推送系统构建研究[J]. 计算机集成制造系统, 2007, 13(5)：1015-1020.

思考题

1. 商务智能技术对电子商务有什么影响？

2. 举例说明数据挖掘在电子商务中的应用。

3. 讨论本章参考文献 19 知识推送系统中顾客知识发现、推送引擎等模块的功能。

4. 阅读本章参考文献 13、14，总结数据挖掘在顾客关系管理中的应用，并举例说明。可以从寻找潜在顾客、寻找正确的广告渠道、定向市场营销活动、了解潜在顾客以及顾客保持和流失等方面讨论。

5. 研讨题

(1) 阅读下面论文，讨论聚类、关联分析等数据挖掘方法组合在电子推荐中的应用。

I-Fan Wang, Yu-Liang Chuang, Mei-Hua Hsu, et al. A personalized recommender system for the cosmetic business[J]. Expert Systems with Applications, 2004, 26(3)：427-434.

(2) 阅读本章参考文献 7，讨论社会网络(关系)如何影响个人的偏好和兴趣，分析综合用户实际偏好和社会网络影响关系获得用户兴趣的方法。

(3) 阅读下面论文，讨论如何使用关联分析等方法辅助改进 e-Learning 的效果。

Chih-Ming Chen, Ying-Ling Hsieh, Shih-Hsun Hsu. Mining learner profile utilizing association rule for web-based learning diagnosis[J]. Expert Systems with Applications, 2007, 33 (3)：6-22.

(4) 阅读下面论文，讨论如何利用关联分析为用户推荐手机。

Yiyang Zhang, Jianxin Jiao. An associative classification-based recommendation system for personalization in B2C e-Commerce applications[J]. Expert Systems with

Applications，2007，33（2）：357-367.

（5）阅读下面论文，讨论关联分类在旅游推荐中的应用。

Joel P. Lucas，Nuno Luz，María N. Moreno，et al. A hybrid recommendation approach for a tourism system［J］. Expert Systems with Applications，2013，40（9）：3532-3550.

（6）阅读下面论文，讨论如何通过分析电子零售网站的顾客评论与评分的关联，了解顾客的偏好。

Wingyan Chung，Tzu Liang Tseng. Discovering business intelligence from online product reviews：a rule-induction framework［J］. Expert Systems with Applications，2012，39（15）：11870-11879.

6. 请举例说明，如何综合交易数据以及社会化网络的用户数据，全面地了解顾客的偏好，以便提高营销的投资回报率，优化顾客的转化率，改善产品创新。

7. 请阅读案例"Target 攻心术：用户数据分析的魔力"（http://wenku. baidu. com/view/b0c5f4c189eb172ded63b7f0. html），分析 Target 如何利用数据挖掘预测顾客的需求。

8. 讨论在给顾客推荐商品时，如何保护顾客的隐私数据。

9. 阅读下面案例，讨论如何做新闻摘要。

一位 17 岁的英国高中生尼克·阿洛伊西奥以千万美元的价格卖掉了自主开发的程序，这款称为 Summly 的应用能将网页上芜杂的内容简化，无论是参考材料、新闻还是问答，均可浓缩为一些要点。它将文本自动缩减 1000 个字符、500 个字符，或者是适用于 Twitter 的 140 个字符。这个创意源自阿洛伊西奥阅读整篇新闻的烦恼，他当时发现难以在数千字的信息中找出内容，因而最好对此进行压缩。2011 年时，已有逾百万用户下载了这个应用。用户包括《赫芬顿邮报》创始人阿里安娜·赫芬顿，她对该应用印象极为深刻，为此专门发了条 Twitter 消息："年轻人都喜欢泛读。他们并非拒绝深阅读，但在读之前权衡时间。特别是在手机上，他们会考虑没有足够的数据流量或者足够大的屏幕。"为了抓住不断增长的手机新闻市场，Summly 契合了雅虎的市场目标，因而被雅虎高价收购。

10. 阅读本章参考文献 14，讨论多维分析和数据挖掘在客户关系管理中的应用。

11. 讨论下面的推荐分析使用了什么推荐方法，给出简单推荐的过程。

（1）在某网络小说网站，根据用户的浏览记录，为其推荐新的小说。

（2）根据网购客户购物篮以及评论的数据，为其推荐商品。

（3）在某微博平台为新注册的用户或者用户推荐信息。

12. 阅读下面文献，讨论常见的电子推荐方法及其应用：Francesco Ricci，Lior Rokach，Bracha Shapira，et al. Recommender Systems Handbook. Springer New York Dordrecht Heidelberg London，2011.

13. 阅读文献，综述电子推荐技术的应用进展。

14. 请以京东平台上某品牌产品为对象，使用爬虫抓取相关数据，应用分类、聚类、关联、回归分析以及情感分析等方法，对该品牌产品的客户偏好进行分析，讨论该品牌的某产品在同类产品的竞争力，并预测其中某产品在未来的销售量。

15. 阅读下面书籍，了解电子推荐系统的设计：项亮. 推荐系统实践. 北京：人民邮电出版社，2012.

第11章 工作流挖掘

商务智能与流程管理的结合能帮助企业分析和优化流程,发现流程的瓶颈,把分析结果嵌入流程中,并对各种事件进行及时反应。在基于事件的商务智能中,根据事件的不同可以把相应的信息主动提供给业务用户。最近几年流程智能引起了人们的关注。

工作流挖掘(workflow mining),也叫流程挖掘(process mining),是数据挖掘在工作流管理领域的应用,主要思想是利用数据挖掘技术从工作流日志中重构工作流模型,达到流程分析和流程优化的目的。本章首先介绍工作流挖掘的起源和发展,然后讨论工作流挖掘的概念和内容,最后总结工作流挖掘的主要应用。

11.1 工作流挖掘的发展

在传统的流程管理中,流程分析往往是由管理者根据经验手工完成的,这种方式准确度较低且不全面[1]。工作流(流程的自动化或半自动化)日志可以精确地记录工作流执行过程中的各种信息,包括活动、参与者、时间、资源等,利用工作流日志可以实现更智能化的流程分析。随着企业信息化的发展,各种应用系统得到了广泛的应用。目前,大多数流程驱动的企业管理软件,例如,ERP、CRM、SCM 和 WFMS 等都可以自动生成日志,代替早期的手工记录。分析这些日志数据,可以充分利用数据资产,从中找出工作流运行的模式,对工作流的绩效进行评价,引起了人们的关注。工作流挖掘正是在此背景下产生的。

工作流挖掘最早应用于软件工程领域,早期的软件设计者对软件需求和软件分析阶段涉及的业务认知主要来自业务分析师和管理人员,使得他们对业务流程的理解存在片面、主观的因素。同时,他们对实际运行中可能出现的意外无法进行有效处理,从而直接影响了应用软件的效率。在有些情况下,工作流的精确建模比较困难,某些要素在工作流运行时才能确定,工作流在运行过程中也会发生变化。因此不必在工作流建模时过分强调工作流模型的完美,而应使工作流先运行起来,然后在运行过程中积累数据,使流程不断地优化。其中工作流挖掘起到十分重要的作用,如何确定业务流程的真正执行过程就成为软件设计者们追求的目标。例如,Cook 和 Wolf 发现工作流日志基于许多完整的事件,只要找到一种对工作流日志分析的算法,在软件设计时就可以直接利用工作流运行的真实记录,客观地重现工作流,从而避免业务顾问和管理者的主观原因导致的软件设计失败。因此他们提出从纯理论、纯算法到理论与算法相结合的流程发现的方法,利用记录的活动属性自动发现活动之间的关联,以此来分析软件的运行过程[2]。

目前,工作流挖掘的研究主要包括工作流模型重构、工作流监控与评价和组织视图挖掘等方面,其中工作流模型重构研究成果较多。1998 年,Agrawal 基于有向图较早提出了工作流挖掘模型,并提出了模型挖掘的目标。此后 Agrawal 还进行了一系列扩展性的研究[3]。2003 年,Aalst 提出了基于 Petri 网的 α 算法,他的研究小组在此基础上不断对 α 算法进行了许多改进[4]。2003 年以后产生了许多新的工作流挖掘算法,这些算法增加了对日志的预处理和流程模型的评价,从而克服了原有算法中的不足。总的来说,对工作流挖掘方法的研究是一个不断完善的过程,总的趋势是提高处理复杂结构的能力,使挖掘出的模型更加精确,更加有意义,且使算法的复杂度更低。除了工作流模型重构外,其他方面也有一定的研究成果。例如,关于流程监控的研究很早就出现了,但用于工作流挖掘研究流程监控是最近才产生的,流程监控方面的研究主要集中在流程频繁模式挖掘和流程性能实时监控等方面[5,6]。在组织视图挖掘方面,使用工作流挖掘处理流程中的角色关系或挖掘社会网络图的研究也相对较多,但这类工作中还存在许多需要进一步研究的问题,如角色间的深层协作模式等,组织视图挖掘的发展趋势是能够挖掘流程中更加复杂的参与者之间的协作关系。

工作流挖掘的应用也取得了一定的进展。很多学者和公司都试图开发带有工作流挖掘功能的软件,Aalst 教授带领的研究小组研发出了比较完善的工作流挖掘 ProM 系统(http://www.promtools.org/prom6),并成功地将该系统与其他公司的流程管理产品进行了整合。

11.2 工作流挖掘的概念与作用

11.2.1 工作流挖掘的概念

工作流挖掘是一个结合流程管理和数据挖掘的研究领域,它的初衷是通过对工作流(业务流程)运行产生的日志进行分析,重现业务流程的真实过程[1]。目前还没有一个针对工作流挖掘的统一定义。Cook 认为工作流挖掘是数据挖掘技术在工作流管理领域的一种较新的应用。Aalst 则认为工作流挖掘是数据挖掘技术在流程中的应用,通过在流程运行过程中收集数据支持流程的设计[4]。此外,Agrawal 认为工作流挖掘是对流程模型的重构过程[3]。可以看出,这些定义都概括了工作流挖掘的一部分内容,因此需要从参与者、活动、资源和信息等多个角度进行综合分析。工作流挖掘的内容不仅包括流程模型的重构,还包括对流程的监控、评价以及组织视图的挖掘。工作流挖掘的意义不仅在于流程管理,也是企业知识管理的重要手段。

11.2.2 工作流挖掘的作用

工作流挖掘的主要作用包括工作流柔性管理、工作流模型的优化和工作流的智能管理等方面。

1. 工作流柔性管理

工作流挖掘可以用于工作流模型设计与运行时的差异分析,业务变化以及异常处理的需要使工作流正朝着柔性的方式发展[7]。业务人员在处理实际事务时可能会偏离设计阶段的工作流模型,管理者希望能够对此偏差进行监控,使工作流适应变化的环境,纠正工作流模型设计的不足。通过工作流日志的挖掘可以检测设计的工作流模型与实际运行过程之间的差异,为工作流管理提供反馈。传统的工作流建模方法通过对活动间的逻辑关系等层面进行抽象建立工作流模型,一般是由业务分析师或管理人员确定的,使大多数工作流模型仅对可预先定义的流程进行管理,对流程动态变化因素缺乏支持,同时也难以反映活动间逻辑关系的强弱。为了应对业务的多变性,需要实时地对工作流进行监控。而工作流管理系统日志中包含了活动实际执行的信息,可以利用这些信息挖掘活动间的逻辑关系。工作流挖掘从工作流执行阶段提取日志,通过把重构的工作流模型与原模型进行对比,从而实现工作流的柔性管理。

2. 工作流模型的优化

工作流的生命周期分为工作流设计、工作流部署、工作流运行和工作流改进等阶段。WFMS、ERP、CRM 和 SCM 等应用系统都需要一定的工作流模型驱动,但完整、正确的工作流模型很难在设计阶段(流程建模)中获得,因此工作流挖掘对工作流的管理十分重要。传统的工作流管理主要集中于前两个阶段,即工作流设计和部署,但对工作流运行和改进阶段相对关注较少,也很少有应用系统把运行时的数据进行整理、分析,以用于工作流模型的优化。与传统的工作流管理不同,工作流挖掘的日志来源于工作流运行阶段,而工作流挖掘主要关注于生命周期中的后两个阶段,通过对工作流模型的监控和重构弥补了传统工作流管理的不足。

3. 工作流的智能管理

流程管理系统可以对业务流程执行信息进行记录,因为工作流的执行过程也伴随着知识流,所以在工作流中分析并发现重要的知识,可以帮助企业分析流程的失效和缺陷。流程中存在着大量的隐含知识,有些隐含在流程中的知识相对来说比较难以挖掘却十分重要,流程在不同的组织中运转往往效果不同,关键就在于对流程中隐含知识的把握程度。工作流挖掘的结果以创新知识的形式表现出来,通过知识流管理系统把这些创新知识增加到知识库,在工作流管理系统中,这些创新知识可以被运用到工作流管理的各个阶段,帮助管理者更好地构建、监控工作流模型,所以说工作流挖掘也是工作流与知识流集成的重要方法。工作流挖掘是商务智能在流程管理中的一种手段,它可以作为企业监控自身运营的手段,在流程运行过程中实时地获取流程运行的关键绩效指标,对流程性能进行分析和预测,从而为工作流管理提供支持,及时通过工作流的变化情况来了解市场需求的转变,或者及时安排企业今后的业务计划,为企业创造更多的盈利空间[5]。

11.3　工作流挖掘的内容

按照工作流挖掘的目的,目前的研究成果主要包括工作流模型重构、工作流监控与评价以及组织视图挖掘等方面。

11.3.1 工作流模型的重构

工作流挖掘中大部分成果都集中在工作流模型重构方面,即从工作流日志中重构工作流模型,许多学者从不同的角度先后讨论了一些代表性的方法。工作流模型的重建按照挖掘过程可以分为单步重构和多步重构。

1. 单步重构

单步重构是简单快速的工作流挖掘方法,单步重构一般利用工作流日志中活动依赖关系直接挖掘出工作流模型,但对工作流模型的评价改进、噪声的处理能力不足。常见的单步重构方法有基于有向图的挖掘方法和基于 Petri 网的 α 算法。Agrawal 等人在 1998 年最早提出了基于有向图的工作流挖掘模型,并提出了模型挖掘的目标:满足完整性、正确性和最小性,但算法把每个活动作为一个原子事件,没有考虑每个活动从开始事件到结束事件之间的时间间隔,导致活动间的并行关系难以确定[3]。基于有向图的挖掘方法是较早出现的工作流挖掘方法,用有向图表示工作流模型比较简单直观,但难以分析工作流模型的动态行为。

与基于有向图的挖掘方法不同,Aalst 采用了 Petri 网的一个子类:工作流网(Work Flow Net,WFN)表示工作流模型,提出了著名的 α 算法,该算法把工作流日志中活动之间的时序关系分为顺序关系、循环关系、选择关系和并发关系等类,在此基础上挖掘活动之间的关系,得到最终的工作流模型[8]。

下面通过一个实例来介绍 ProM 系统中的流程模型重构。首先在 ProM 系统中导入以 XML 文件形式存在的工作流日志,该日志中共包括 5 个实例、9 个活动,如表 11.1 所示。当日志导入 ProM 系统后,可以在系统中查看日志的详细情况,包括活动、参与者和执行时间等。

表 11.1 某流程日志

实例 ID	活 动	实例 ID	活 动
0	A、B、D、E、I	3	A、C、H、D、F、I
1	A、C、D、G、H、F、I	4	A、C、D、H、F、I
2	A、C、G、D、H、F、I		

在 Process Miner 系统中单击"开始分析"按钮后,可以对挖掘算法进行选择,使用 α 算法进行流程模型重构可以得到图 11.1 所示的结果,在此流程模型的基础上可以进一步对流程进行优化。

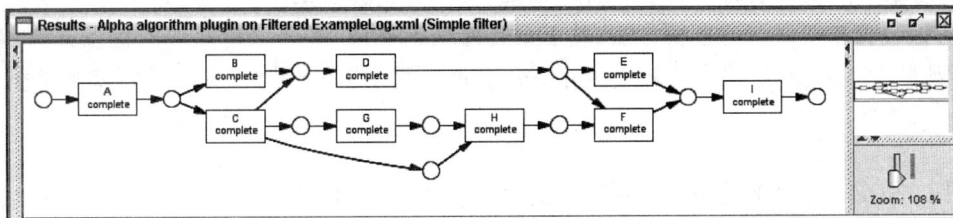

图 11.1 重构出的流程模型

【例 11.1】 流程日志的降维

流程挖掘旨在通过分析历史数据记录,发现与业务流程相关的信息。然而,现实生活中的记录数据量大,且一般是无结构的,极其复杂的。这就需要通过路径聚类(Trace Clustering)对数据进行聚类。

尽管聚类能够降低数据的复杂度,但聚类过程需要大量的时间和计算资源,因此先对历史记录进行降维,减少计算量,再对降维后的数据进行分析。

文献 9 结合降维和聚类对 AMC 医院的结账系统在 2005 年和 2006 年的历史数据(包含 1143 个实例,150 291 个事件)进行流程挖掘:首先对结账系统的历史数据按照每个实例包含总事件的比例分成 5 类,如表 11.2 所示。如 PL2 的过滤参数为 0.8,这表示 PL2 不包含占所有记录中出现比例少于 80% 的事件。分类的过滤值越低,记录就越多,挖掘得到的流程越复杂。

表 11.2　日志分类

LogName	Filtering	# of events per case			# of types of events
		Min	Average	Max	
PL1	1.0	3	18	25	25
PL2	0.8	3	22	32	3
PL3	0.5	3	28	48	49
PL4	0.3	3	31	63	65
PL5	0.0	1	33	113	624

对每个分类的历史记录进行降维(包括主成分分析和奇异值分解),然后利用聚类算法(包括 k-means 聚类等)对历史记录进行分析。为了比较降维的效果,还对历史记录进行了直接的聚类。降维后比较平均适应度、处理时间等方面。平均适应度是指日志对流程模型的适合程度,被流程模型拟合的日志越多,则适应度越高。对于 k-means 聚类算法,SVD 比较适合记录较少的聚类分析,PCA 比较适合记录较多的聚类分析。处理时间是指路径聚类时间。不同降维算法对不同的记录的处理时间效果不同,SVD 算法对降低 PL1 的路径聚类时间有较明显的效果。

2. 多步重构

相对于单步重构方法,多步重构方法增加了对工作流日志的预处理和对工作流模型的评价,挖掘出的工作流模型精确度更高,也更有意义,但算法的执行时间更长。常见的多步重构方法包括基于区域的挖掘方法、基于聚类的挖掘方法、基于遗传算法的挖掘方法、基于频率/依赖关系的挖掘方法、多模型挖掘方法和增量式挖掘方法等。有兴趣的读者可参阅相关文献。

11.3.2　工作流的监控与工作流挖掘的评价

工作流的监控不涉及工作流模型的重构,但通过监控可以帮助流程管理者了解工作流的运行情况,使现有工作流得到进一步的优化。

1. 工作流的监控

工作流监控的目的之一是发现并分析非正常工作流,对工作流运行过程进行控制和预测。工作流监控可以通过频繁模式挖掘实现,频繁模式挖掘可以发现工作流中经常出现的活动及其关系,帮助管理者及时了解工作流的变化情况。例如,Agrawal 等人早先提出的序列模式挖掘方法,该方法事先定义阈值,利用第 5 章中介绍过的算法挖掘工作流实例中不小于阈值的极大序列作为序列模式,并且对算法进行了优化[10],这种方法把活动看作项目,把活动集看作项集,通过统计多个活动同时出现的频率得出频繁模式。但是流程中活动之间的关系比零售数据库中的项目复杂得多,Agrawal 提出的挖掘方法只把每个活动作为一个原子事件,并没有考虑每个活动从开始事件到结束事件之间的时间间隔,所以只能处理顺序的工作流模式序列,对于流程中并行、循环等复杂关系不能处理。

工作流的监控还包括对工作流性能的实时监控。工作流性能包括时间、资源等评价指标,通过工作流性能的分析可以计算工作流的整体效率,分析流程的运行瓶颈等。工作流的实时监控是流程智能的重要内容,可以通过工作流挖掘来实现。在流程运行的同时获取流程运行指标,实时地对流程性能进行分析,对流程结果进行预测。工作流的实时监控还需要参考以往的流程日志、分析结果等历史信息,从而得出更加精确的结论[5]。HP 实验室提出了一种流程智能系统,如图 11.2 所示,工作流的实时监控是其中的一个核心功能。在整个系统中,流程引擎产生的工作流日志通过 PDW Loader 中间件装载进日志数据仓库,流程挖掘引擎可以对这些日志数据进行实时挖掘,此引擎并非对工作流模型进行重构,而是应用数据挖掘平台 SAS Enterprise Miner 等对存储工作流日志数据仓库进行决策树分类等分析,可以分析流程的运行状况或对流程趋势做出预测[11]。

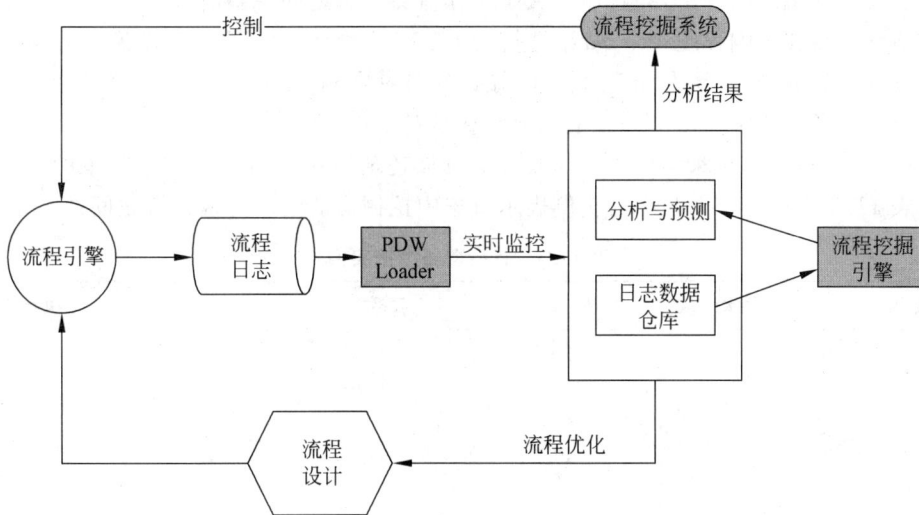

图 11.2 HP 流程智能系统

2. 工作流挖掘的评价

对于一个已构建的工作流模型,需要一些评价标准衡量它的准确度,伴随着众多挖掘方法的出现,许多学者都提出了不同的评价标准。例如,Roziant 提出了 fitness 和 appropriateness 的概念,不仅关注于从结构上评价工作流,更注重从行为上评估工作流模型的简洁实用性[12]。对工作流模型的评价可以帮助研究者找出重构的工作流模型在结构上的不足,从而进一步改进现有的挖掘算法。

11.3.3 组织视图挖掘

目前大多数挖掘方法都是基于活动的,对活动主体之间的关系涉及较少,但其方法为挖掘活动主体之间的关系(组织视图挖掘)提供了基础。目前只有少数成果探讨工作流角色识别、工作流角色(参与者)协作[13,14]。如何实现工作流角色间的有效协作是面向角色工作流研究的核心。整体上,目前学术界对角色关系挖掘的研究还处在起步阶段,主要集中在社会关系网络图、角色工程(role engineering)等领域。主要的组织视图挖掘研究包括活动分配规则挖掘、社会关系网络图挖掘和角色识别等方面。

1. 活动分配规则挖掘

由于传统的工作流日志中包含了有限的参与者信息,因此从中挖掘参与者相关模型有一定的难度。例如,Thao Linh Ly 等在工作流日志的基础上,结合组织模型,利用决策树方法分析了员工任务分派规则(staff assignment rules),以便为工作流的部署指派合适的执行者,但并未涉及员工之间的关系[15]。

2. 社会关系网络图挖掘

Aalst 等基于社会网络分析(Social Network Analysis,SNA),讨论了从工作流日志中构建社会关系网络图的方法,并具体定义了工作流参与者之间关系的多种度量,以分析他们之间的活动关系和影响程度[16]。Aalst 则在文献 17 中介绍了一种从工作流日志中挖掘社会网络图的工具 MiSoN,利用此工具可以寻找参与者之间的交互模式,评价一个角色在流程中的作用或者挖掘组织结构等。上述分析尽管对工作流的参与者及其关系强弱等问题进行了讨论,但在角色之间深层次的协作模式等方面还值得深入探讨。一个简单的社会网络挖掘如表 11.3 所示,表 11.3 中的实例表示日志中挖掘出的活动与执行者之间的关系。

表 11.3　社会网络挖掘实例

实例	活动	执行者	实例	活动	执行者
1	A	P1	5	A	P2
2	A	P1	4	C	P3
3	A	P2	1	D	P5
3	B	P3	3	C	P2
1	B	P4	3	D	P5
1	C	P1	4	B	P2
2	C	P4	5	E	P6
4	A	P2	5	D	P6
2	B	P1	4	D	P5
2	D	P5			

在挖掘过程中,可以认为如果在同一个实例中,第 i 个活动的执行者 P_i 和第 $i+1$ 个活动的执行者 P_{i+1} 之间有活动的移交关系,把这样的移交关系用连线表示,就可以形成图 11.3 所示的社会网络图。

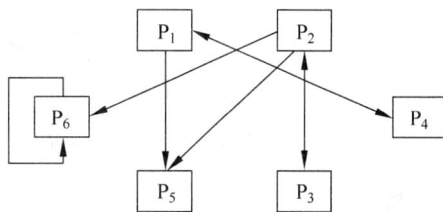

3. 角色工程

工作流的角色识别是很困难的问题,也比较主观。这个问题已得到角色工程领域的关注,其中数据挖掘方法用于角色识别,也称为角色挖掘

图 11.3　社会网络挖掘实例

(role mining)。例如,Jurgen Schlegelmilch 等人在文献 18 中利用从下而上的聚类分析来确定应用系统的角色模式(patterns of roles):任何参与者都有权限存取某些应用,这些权限(permission)的组合暗示参与者承担的角色。给定一组参与者及其权限集,通过逐步组合这些权限,就可以得到一个初步的角色层次图。其中当一定数量的参与者都有某些权限的组合时,可以把这些权限组合视为一个候选角色。由于授权多样和噪声等影响,角色最终的确定还需要借助该领域的专业知识。

【例 11.2】　半自动工作流人员分配[19]

工作流中的活动由操作人员执行,把最合适的操作人员分配给相应的活动可以提高流程效率,减少工作流发生错误的可能。但在实际应用中,人员分配大多凭借经验由人工进行分配,分配的准确度值得商榷。这里介绍一种半自动操作人员分配方法。

把每个执行完成的流程作为训练样本,并把与目标活动在同一个工作流活动的操作人员作为样本属性,同时把目标活动的操作人员作为样本标签。在样本预处理符合挖掘要求后,使用数据挖掘工具 Weka 中的支持向量机产生分类器。然后把需要分配人员的活动输入分类器,分类器会给出人员建议,具体的过程如下。

1) 日志预处理

日志预处理主要是剔除未完成的事件,确保每个事件都是有意义的。同时,还删除了操作人员分配出现偏差的事件。

2) 选择目标活动

目标活动的选择遵循两个原则:该活动有必要在运行阶段分配操作人员,以及执行该活动的操作人员不止一个。这里讨论的半自动人员分配方法主要适用于运行阶段,但并不是所有的活动都在运行阶段动态分配。例如,有些岗位只有一名员工,那么就没必要作为目标活动。

3) 找出目标活动前的所有活动

如图 11.4 所示,流程模型可以表示为 4 种节点和两种线组成的图形,4 种节点分别是起始节点(start)、结束节点(end)、活动节点(A、B、C、D)和路径节点(or-split、or-join、decision),两种线分别为正常的连接线(实线)和异常的连接线(虚线)。

以 D 点作为目标活动,寻找它前面发生的所有活动序列。首先,需要简化流程模型,不考虑异常连接线的工作流分支。然后找到活动节点 D 前的所有节点(start、A、or-split、C、or-join)或者(start、A、or-split、B、or-join)。在找到节点序列后,移除所有的路径节点,就形成了目标活动 D 之前发生的活动序列(start、A、C)或(start、A、B)。

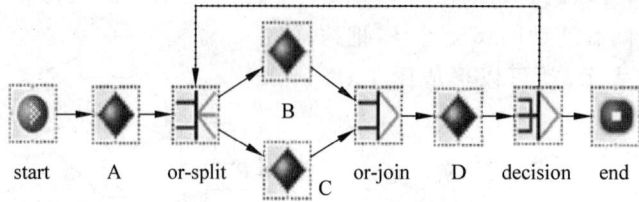

图 11.4 工作流模型

4）构建训练集

用 P_i 代表活动的操作人员，用 C_i 代表工作流的实例，e_i 代表事件，如表 11.4 所示。

表 11.4 训练集

	e_1	e_2	e_3	e_4	e_5	e_6
C_1	(start, P_1)	(A, P_2)	(B, P_3)	(D, P_4)		
C_2	(start, P_1)	(A, P_3)	(C, P_2)	(D, P_4)		
C_3	(start, P_1)	(A, P_5)	(C, P_2)	(D, P_6)	(C, P_3)	(D, P_6)
C_4	(start, P_1)	(A, P_5)	(B, P_2)	(D, P_6)	(B, P_2)	(D, P_6)

因为工作流模型包含循环分支，有些工作流实例中同一个活动执行了多次。为了降低复杂度，移去了循环的过程，日志也做了相应的变化。例如表 11.4 中的 C_3 可以将日志分成两条：(start, P_1)→(A, P_5)→(C, P_2)→ (D, P_6)和(start, P_1)→(A, P_5)→(C, P_3)→(D, P_6)。

目标活动 D 训练集中的每个样本由（属性，标签）表示，定义 D 前面的活动操作者作为属性，目标活动的操作人员作为标签，则目标活动 D 的训练集如表 11.5 所示。

表 11.5 目标活动 D 的训练集

S	A	B	C	D
P_1	P_2	P_3	NULL	P_4
P_1	P_3	NULL	P_2	P_4
P_1	P_5	NULL	P_2	P_6
P_1	P_5	NULL	P_2	P_6
P_1	P_5	P_3	NULL	P_6
P_1	P_5	P_2	NULL	P_6

表 11.5 中 S、A、B、C 代表属性，D 代表标签。调用 Weka 的支持向量机算法，得到分类器，即可预测活动的最佳操作人员。

【例 11.3】 基于关联分析的资源分配

资源分配是业务流程管理的重要问题，合理、高效使用流程的资源可以提高流程的效率，并直接影响流程的执行时间和成本。通常，我们希望流程的执行在规定的时间内，耗费尽可能少的成本。资源包括流程活动的执行者(performer)、软件和机器等，这里只关注执行者。在业务流程管理系统中，通常使用一些资源分配规则来管理资源的使用，并存在多种资源优化分配的方法。在流程设计时，很难保证资源的分配能得到最低的流程执行时间和成本,因此有必要在流程运行时动态调整资源的分配。流程日志中包含大量的资源使用相关数据,从中可以找出资源使用中存在的模式,发现资源使用存在的问题[20,21]。

(1) 资源依赖规则

设 ACT＝$\{a_1,a_2,\cdots,a_m\}$是活动集,PER＝$\{per_1,per_2,\cdots,per_n\}$是执行者的集合。从流程的日志 L 中,利用关联规则挖掘算法,可以发现满足最小支持度和最小置信度的资源依赖规则:

$$\tau(a_1)=per_1,\tau(a_2)=per_2,\cdots,\tau(a_s)=per_s \rightarrow \tau(a_{s+1})=per_{s+1}$$

式中 $\tau(a_i)=per_i$ 指活动 a_i 的执行者是 per_i。资源依赖规则说明一些活动的执行者之间在业务上存在一定的关联。因此利用一些活动的执行者信息,可以预测其他活动的执行者。例如可以从表 11.6 流程日志中挖掘资源的依赖规则(最小支持度和最小置信度分别为 0.5 和 0.7):

$$\tau(b)=\text{Mike} \rightarrow \tau(c)=\text{Sue}(0.667,1.0)$$
$$\tau(a)=\text{John and } \tau(b)=\text{Mike} \rightarrow \tau(c)=\text{Sue}(0.667,1.0)$$

表 11.6 流程日志

流程实例	活动	资源	应用数据	开始时间	结束时间
1	a	John	{(Type, Normal), (Cost,High)}	9-3-2009:15.01	9-3-2009:15.05
2	a	John	{(Type, Normal), (Cost,Low)}	9-3-2009:15.12	9-3-2009:15.17
3	a	John	{(Type, Emergency), (Cost,Low)}	9-3-2009:16.03	9-3-2009:16.07
3	b	Carol	{(Type, Emergency), (Cost,Low)}	9-3-2009:17.01	9-3-2009:17.20
1	b	Mike	{(Type, Normal), (Cost,High)}	9-3-2009:18.20	9-3-2009:18.40
1	c	Sue	{(Type, Normal), (Cost,High)}	9-4-2009:09.00	9-4-2009:09.10
3	c	Will	{(Type, Emergency), (Cost,Low)}	9-4-2009:09.00	9-4-2009:09.10
2	b	Mike	{(Type, Normal), (Cost,Low)}	9-4-2009:10.30	9-4-2009:11.20
2	c	Sue	{(Type, Normal), (Cost,Low)}	9-4-2009:11.30	9-4-2009:11.50

(2) 资源分配规则

利用关联规则也可以挖掘活动属性与活动执行者之间的关联,因此可以根据某些活动的属性为其分配特定的参与者。例如从表 11.6 的流程日志可以得到下面的一些资源分配规则(最小支持度和最小置信度分别为 0.3 和 0.5):

$$(\text{Type,Normal}) \rightarrow \text{per}(c)=\text{Sue}(0.667,1.0)$$
$$(\text{Cost,Low}) \rightarrow \text{per}(c)=\text{Sue}(0.333,0.5)$$
$$(\text{Type,Normal})\text{and}(\text{Cost,High}) \rightarrow \text{per}(c)=\text{Sue}(0.333,1.0)$$

其中 Type、Cost 等是活动的属性。

11.4　工作流挖掘的应用

工作流挖掘已在多个领域得到了广泛应用,主要体现在以下方面。

11.4.1　流程监控

流程管理软件可以对业务流程的执行过程进行记录,传统的流程管理软件主要侧重于流程的自动化而缺乏对流程信息的分析,利用工作流挖掘技术可以分析发现重要的知识,帮助企业分析流程的失效和缺陷信息,改进业务流程的质量[22]。工作流挖掘可以发现非正常流程,是流程监控的重要手段。HP 公司的流程管理软件(HP Process Manager)的核心是流程挖掘引擎(process mining engine),此引擎可以对存储工作流日志数据仓库进行挖掘,分析流程的运行状况或对流程趋势做预测[11]。此外,商业化的工具 ARIS Process Performance Manager(PPM)、Staffware Process Monitor (SPM)等具有从工作流日志中提取工作流绩效指标的功能。Aalst 在文献 23 中介绍了 α 算法在审计安全中的应用,通过对审计流程日志的挖掘可以建立相应的工作流模型,把挖掘出的模型和其他模型进行对比可以发现一些不正常行为。

目前学术界也提出了一些工作流挖掘框架,并在此基础上实现了原型,最具代表性的是 Aalst 研究小组设计的 ProM 系统[24]。ProM 系统集成了目前主要的工作流挖掘算法,作为一个框架可以方便地以插件的形式添加新的成果。Aalst 研究小组通过与荷兰 STW、NWO 等公司的合作,使 ProM 系统已经投入了商用,具有流程监控、重构、评价和知识管理等多种功能,无论在学术界或者工业界都是比较完善的工作流挖掘系统之一[4]。

11.4.2　流程优化

IBM 公司的 FlowMark 软件早先把工作流挖掘与流程管理软件结合起来,该软件从工作流日志中直接进行模型挖掘,把挖掘的模型应用到工作流管理系统中。此外,陈亮等提出了一种基于图结构的频繁序列挖掘方法,把工作流挖掘的技术应用于质量管理流程中,使用工作流挖掘研究质量管理流程控制图的重构,以便为质量管理流程提供改进方案[25]。

【例 11.4】　利用流程挖掘缓解企业交易欺诈[26]

最近几年,内部欺诈受到越来越多机构的重视,其中包括一些政府、非营利机构和企事业单位。据美国 ACFE 调查,2010 年因为内部欺诈,美国公司的损失平均达到收入的 7%。而 2008 的报告显示该值只为 5%。由此可以看出,内部欺诈威胁着公司财务的安全稳定。一般情况下,内部欺诈分为两类:财务报表欺诈和交易欺诈。其中交易欺诈就是大众所熟知的窃取挪用企业资产、贪污、假加班和滥用个人权利等行为。目前学术界对交易欺诈的研究还很不成熟。

流程挖掘技术可以很好地解决这个问题:可以检测到发生在业务单元的真实流程,而不只是与设计流程进行比较;流程挖掘技术有能力检测到真实的数据是否流向了假设的内部工作流,而不仅仅面向系统;人的固定思维容易产生盲点,但透明的真实流程可以帮助执行人员客观地发现特殊的欺诈行为。采购流程是最容易出现交易欺诈的环节,这里以采购流程为例,分析流程挖掘如何帮助企业减少交易欺诈。

采购流程的活动包括创建采购、变更、同意采购、实施采购、收到货物、收到发票和付款。这里把管理系统中存储的数据转换成特定格式的事件日志,这些日志不仅包括活动,还包含其他有用的信息,例如活动执行者、供应商和采购金额等。在整理事件日志后,为了从62531条流程实例中得到可能包含业务欺诈行为的实例,对事件日志进行了过滤:随机抽取流程实例,如果实例是以付款结束,那么过滤掉,否则保留。因为大部分标准的采购流程都是以付款结束的,所以过滤掉这些实例后,剩下的流程实例中包含交易欺诈的可能性会变大。最终形成10 000条事件日志作为流程模型挖掘的输入。

利用关联规则方法挖掘上述预处理后的数据得到161种模式,其中7种是频繁模式,如表11.7所示,覆盖了事件日志记录的90%。同时这些频繁模式符合公司流程,并与设计的流程保持一致。为了找到不符合规定的欺诈流程,可以找出那些不频繁的采购流程模式,其中的6种不频繁模式是创建采购→实施采购、同意采购→收到货物、创建采购→收到货物、实施采购→付款、同意采购→收到发票、收到货物→变更。通过专家鉴定,创建采购→实施采购、收到货物→变更等模式符合公司规定。因为在供应商和企业合作关系正常,并且交易额小于一定数目的情况下,可以省略同意采购步骤,直接从创建采购跳到实施采购步骤。同时变更活动可以发生在任何时候,所以收到货物→变更模式也符合规定。而其余4个模式则可能存在问题。

表 11.7　频繁模式

序号	采购流程模式	发生次数	发生概率/%
1	创建采购→同意采购→实施采购→收到发票→付款	3066	30.7
2	创建采购→同意采购→实施采购→收到货物→收到发票→付款	2528	25.3
3	创建采购→变更→同意采购→实施采购→收到货物→收到发票→付款	1393	13.9
4	创建采购→变更→同意采购→实施采购→收到发票→付款	633	6.3
5	创建采购→实施采购→变更→收到发票→付款	599	6.0
6	创建采购→同意采购→实施采购→变更→收到发票→付款	546	5.5
7	创建采购→实施采购→收到发票→付款	232	2.3

以实施采购→付款模式为例,该模式应该依据以下两种情况分别讨论:当路径中收到发票活动发生在实施采购活动之前,该模式视为可行;如果路径中实施采购活动前没有发生收到发票活动,该模式则是一种交易欺诈。因此,系统找出所有符合实施采购→付款模式的流程实例,共32例。经过人工审查发现,有30个流程实例在实施采购活动前就已经出现接收发票活动,那么剩下2例可能是由交易欺诈行为导致。

除了从采购模式中发现欺诈行为外,分析活动执行者数据也可以找出哪些行为有欺诈的可能。采购流程强调分权,目的是避免潜在的欺诈行为,例如原则上同意采购和实施采购不能由同一个人执行,收到货物和收到发票也不能由同一人执行,实施采购和收到货物也类似。通过分析事件日志得到的人员-活动矩阵,该矩阵存储了每个操作人员对每个活动的执行次数。例如,发现一个员工执行了 1733 次实施采购活动,同时执行了 1512 次同意采购活动,但检测这两个活动发生在同一个采购流程中,则认定为欺诈行为。通过系统审查发现,事件日志中没有同一个人在同一流程中既执行同意采购活动,又执行实施采购活动的情况。

11.4.3　社会关系分析

Aalst 介绍了流程挖掘系统在荷兰某省公共事务局的应用,这家单位负责该省的道路和水利建设,具有比较复杂的流程,流程中涉及施工单位、环境局、居民等[25]。除了可以监控该单位流程变换、优化流程外,还可以进行社会关系分析。例如,检查流程日志,通过计算流程中执行者把一项活动移交给下一个执行者的频繁程度来确定执行者之间的关系,从而构建社会网络图,在社会网络图中还可以进一步发现其他活动执行者之间的关系,最终根据这些关系确定该单位组织结构图。Aalst 还介绍了挖掘 Outlook 邮件的思想,通过确定邮件中发信人和收信人的关系构建社会网络图,称为 E-mail 挖掘[28]。

11.4.4　工作流挖掘在其他领域中的应用

工作流挖掘的应用并不局限于流程管理,把工作流挖掘的思想与其他领域的技术进行结合,可以产生很多新的应用。随着工作流挖掘技术的发展,工作流挖掘将会在更多的领域得到广泛的应用。

【例 11.5】　使用流程挖掘分析软件开发流程[29]

为了检查软件开发公司实际执行的流程与先前预定的开发流程是否一致,这里使用流程挖掘技术。流程挖掘处理的日志来自巴西一个年收入 5000 万美元的软件公司,该公司 5 年来数据库中存储了 2000 多条流程实例日志,每个日志包括活动 ID、事件类型、时间戳和执行者。其中活动 ID 用于区分流程中的不同任务,而时间戳和事件类型可以确定任务执行的顺序。

观察发现,原始流程日志中使用的时间戳为日、月和年,并没有具体的时间数据,因此首先利用预设定的正式流程模型重新定义了时间戳。还有 2% 的流程实例日志有残缺,例如有些日志缺少起始和结束事件,这样的日志可以移除。

下面比较预定的软件开发流程与挖掘出的实际软件开发流程是否一致。预定的软件开发流程模型如图 11.5 所示,首先执行提议与编制产品预算(PPB),然后分别为功能说明书分析(FSDA)、把产品计划与预算提交给客户(SPPB)和客户提议分析(CPA)。如果客户同意产品计划和编制的预算,就进入了技术说明(VTE)和开发(DEV)阶段。软件开发的后期主要是代码证实(CODV)、测试(TEST)和文档编辑(DOC)等活动。

利用流程挖掘软件 ProM 挖掘实际的软件开发流程模型,如图 11.6 所示,图中的数字表示路由概率。

比较上面两个模型,可以发现 25.2% 的实例跳过计划阶段,直接从开发阶段开始。同时,几乎所有的实例都未执行技术说明(VTE)步骤。最突出的不一致问题发生在软件开发的后期,43.6% 的软件开发过程忽视了代码认证、测试和编辑文档步骤,而这些步骤在软件开发中都十分重要。

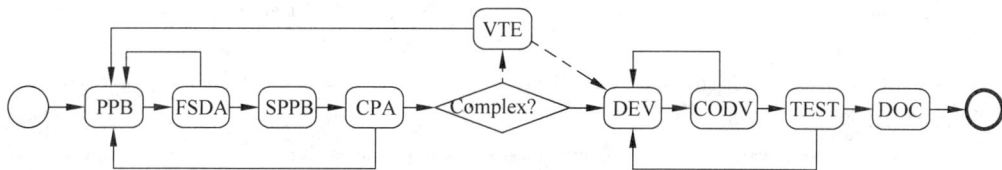

图 11.5 预定的软件开发流程模型

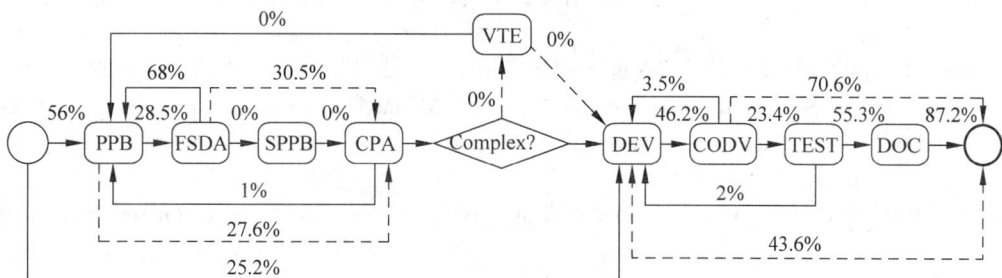

图 11.6 实际软件开发流程模型

有关商务智能技术在流程管理的应用,读者可参考文献 30。

本章参考文献

[1] J E Cook,A L Wolf. Discovering models of software process from event-based data[J]. ACM Transactions on Software Engineering and Methodology,1998,7(3): 215-249.

[2] Thayer R H,Dorfman M. Tutorial: system and software requirements engineering [M]. Los Alamitos: IEEE Computer Society Press,1990.

[3] R Agrawal,D Gunopulos,F Leymann. Mining process models from workflow logs[R]. IBM Research Report RJ 10100,IBM German Software Development Lab,IBM Almaden Research Center,http: // www. almaden. ibm. com/cs/quest,1998.

[4] W M P van der Aalst,A J M M Weijters. Process mining-a research agenda[J]. Computers in Industry,2004,53(3): 231-244.

[5] 赵卫东,俞东慧. 流程管理[M].北京:知识产权出版社,2007.

[6] Greco G,Guzzo A,Manco G,et al. Mining and reasoning on workflows[J]. IEEE Transaction on Knowledge and Data Engineering,2005,17(4): 519-534.

[7] A Agostini,G De Michelis. Improving flexibility of workflow management systems, in: W M P van der Aalst, J Desel, A Oberweis (Eds.)[C]. Business Process Management: Models, Techniques, and Empirical Studies, Lecture Notes in Computer Science. Berlin: Springer-Verlag, 2000(1806): 218-234.

[8] Aalst W M P,Weijters A J M M,Maruster L. Workflow mining: discovering process models from event logs[J]. IEEE Transactions on Knowledge and Data Engineering,2004,9 (12): 369-378.

[9] M. Song, H. Yang, S. H. Siadat, M. Pechenizkiy. A comparative study of dimensionality reduction techniques to enhance trace clustering performances[J]. Expert Systems with Applications. 2013, 40(9): 3722-3737.

[10] Srikant R,Agrawal R. Mining sequential patterns: generalizations and performance improvements

[C]. Proceedings of the 5th International Conference on Extending Database Technology. Avignon, France,1996：113-117.

[11] Daniela Grigori,Fabio Casati,Malu Castellanos,et al. Business process intelligence[J]. Computers in Industry,2004,53(3)：321-343.

[12] A Rozinat,W M P van der Aalst. Conformance testing：measuring the fit and appropriateness of event logs and process models[C]. Proceedings of First International Workshop on Business Process Intelligence, Nancy, France, 2005：1-12.

[13] 赵静,赵卫东. 基于工作流日志挖掘的流程角色识别[J].计算机集成制造系统,2006,12(11)：1916-1920.

[14] 赵卫东,赵静. 基于知识流的流程角色协作[J].计算机集成制造系统,2007,11(3)：390-397.

[15] Thao Linh Ly,Stefanie Rinderle,Peter Dadam,et al. Mining staff assignment rules from event-based data[C]. Proceedings of the Third International Conference on Business Process Management, Nancy,France,2005：11-24.

[16] W M P van der Aalst,M Song. Mining Social Networks：uncovering interaction patterns in business processes[C]. Proceedings of International Conference on Business Process Management, Potsdam, Germany, 2004：244-260.

[17] W M P van der Aalst, H A Reijers, M Song. Discovering social networks from event logs[J]. Computer Supported Cooperative work,2005,14(6)：549-593.

[18] Jürgen Schlegelmilch,Ulrike Steffens. Role mining with ORCA[C]. Proceedings of the Tenth ACM Symposium on Access Control Models and Technologies,Stockholm,Sweden,2005：168-176.

[19] Yingbo Liu, Jianmin Wang, Yun Yang, et al. A semi-automatic approach for workflow staff assignment[J]. Computers in Industry,2008,59(5):463-476.

[20] Jiajie Xu, Chengfei Liu, Xiaohui Zhao. Resource allocation vs. business process improvement：how they impact on each other. M. Dumas, M. Reichert, M. —C Shan(eds.)：BPM 2008, LNCS 5240, 2008：228-243.

[21] Zhengxing Huang, Xudong Lu, Huilong Duan. Mining association rules to support resource allocation in business process management. Expert Systems with Applications, 2011,38：9483-9490.

[22] W M P van der Aalst,B F van Dongen. Discovering workflow performance models from timed logs [C]. Proceedings of the International Conference on Engineering and Deployment of Cooperative Information Systems. Berlin：Springer-Verlag,2002.

[23] W M P van der Aalst,A K A de Medeiros. Process mining and security：detecting anomalous process executions and checking process conformance[C]. Second International Workshop on Security Issues with Petri Nets and other Computational Models. Servizio Tipografico Area della Ricerca,CNR Pisa, Italy,2004：69-84.

[24] Wil M. P. van der Aalst. Process Mining：Discovery,Conformance and Enhancement of Business Processes[M]. Springer-Verlag Berlin Heidelberg,2011.

[25] 陈亮,高建民,陈富民,等. 基于工作流挖掘的质量管理过程改进研究[J].计算机集成制造系统,2006,12(4)：603-608.

[26] MiekeJans,Jan Martijn van der Werf, Nadine Lybaert, et al. A business process mining application for internal transaction fraud mitigation[J]. Expert Systems with Applications, 2011,38(10)：13351-13359.

[27] W M P van der Aalst,H A Reijers,A J M M Weijters,et al. Business process mining：an industrial application[J]. Information Systems,2007,32(5)：711-732.

[28] W M P van der Aalst. Process mining in CSCW systems[C]. Proceedings of the 9th IEEE International Conference on Computer Supported Cooperative Work in Design. Coventry,UK,2005：1-8.

[29] Artini M. Lemos，Caio C. Sabino，Ricardo M. F. Lima，et al. Using process mining in software development process management：a case study[C]. IEEE International Conference on Systems，Man，and Cybernetics，Anchorage，AK，2011：1181-1186.

[30] 赵卫东. 流程智能[M]. 北京：清华大学出版社，2012.

思考题

1. 工作流挖掘的基本思想是什么？
2. 工作流挖掘对流程管理有什么价值？
3. 举例说明工作流挖掘的应用。
4. 研讨题：阅读本章参考文献 8、10、14、15、16、19 等，讨论在流程（工作流）日志分析中使用了哪些数据挖掘方法，分析其具体的思路。
5. 举例说明如何使用流程挖掘方法优化业务流程。
6. 阅读本章参考文献 28，讨论数据挖掘在业务流程优化中的应用。
7. 查阅文献，讨论如何从工作流日志分析流程参与者之间的关系。

第12章

RFID数据挖掘

　　无线射频识别（RFID）挖掘是数据挖掘在海量数据管理领域的应用，主要思想是利用数据挖掘技术对 RFID 数据进行分析，找出其中存在的规律。本章首先介绍 RFID 数据挖掘的发展，然后讨论 RFID 数据挖掘的作用，最后总结 RFID 数据挖掘的主要应用。

12.1　RFID 数据挖掘的发展

　　随着信息技术的快速发展，超大规模集成电路技术的成熟，各种业务领域需要更高的效能，非接触的自动识别技术——射频识别（RFID）逐渐受到了人们的关注[1]。RFID 技术是基于电磁信号检测的无线传感技术，利用无线射频方式进行非接触的双向通信，以达到识别移动物体的目的。射频识别技术与传统识别技术相比，具有无接触、能穿透非金属介质、识别距离大、精度高以及信息收集处理快捷等优点[2]。

　　RFID 技术并不是一个新鲜事物，早在第二次世界大战期间就已用于军事领域的飞机识别、士兵定位和军用物资的跟踪等方面。20 世纪 80 年代开始进军服务业，并逐步应用在供应链管理方面，使产品的生产、运输和销售实现智能化，为供应链分析工作提供快捷准确的数据采集。近几年，许多大型企业和组织如沃尔玛、家乐福、特易购、麦德龙和美国国防部等，都开始在日常工作中使用 RFID[3]。

　　RFID 的应用提高了效率，但也给数据分析工作带来了许多新的难题。首先，RFID 的应用产生了海量的数据。Wal-Mart 3 天所产生的数据量就等于整个美国国会电子图书馆的数据量。如此庞大的数据还必须在短时间内进行分析、管理和应用[4,5]。其次，从应用中获取的 RFID 数据和传统条形码数据有所不同，它不但包含物品编号，还包含获取的时间和位置。如果有效地把时间和位置结合起来，将会使 RFID 数据分析的深度超越传统意义的数据挖掘[6]。但由于 RFID 具有特殊的数据结构，传统的数据挖掘工具很难直接对其进行处理，如何进行有效的分析是当前 RFID 数据挖掘的难题。最后，RFID 应用要求获取的数据必须及时进行传输，而传统数据仓库大多是采用定期计算、脱机计算的方法，难以满足 RFID 数据使用和存储的实时性要求，因此有必要研究适合挖掘 RFID 复杂数据的技术和方法，提高分析的速度和效率，这对 RFID 数据挖掘提出了许多新的挑战。

12.2 RFID 数据挖掘的作用

使用 RFID 可以节省大量的劳动力,企业不再需要使用很多员工进行机械、低效的物品扫描工作。使用 RFID 数据分析工具对这些实时信息进行处理,就能找出内在规律,进一步帮助企业提高管理效率,调整或完善业务流程。

1. 管理柔性供应链

近年来供应链管理开始向着柔性的方向发展,也就是自动根据业务需求,动态调整管理方法。RFID 数据分析可以有效地比较理论数据与实际数据的差异,根据实际需要动态修正模型,实现供应链的柔性管理[7]。以零售行业为例,货架库存管理是至关重要的业务。通常商店里每个货架对应一些备用库存。若能有效地降低库存量,将直接提高商店盈利。利用 RFID 数据分析技术,可以实现货架存货的自动追踪。一旦货架上的货物数量低于某个值,就自动提供进货订单。通过 RFID 数据分析,可以捕获实际情况与设计的差异,为供应链的管理者提供反馈,从而实现供应链的柔性管理。

2. 优化数据模型

合适的数据模型可以提高数据分析的效率。RFID 应用的关键在于动态观测和记录数据状态的变化[8]。因此,对 RFID 数据进行管理,需要建立适应变化的数据模型。由于 RFID 数据记录时,是直接从货物读取信息的,而研究人员所需要使用的是经过抽象后的信息。在数据分析的过程中,需要在记录基本数据的 RFID 数据仓库和运行应用的抽象层之间进行频繁的数据交互。因此,提高分析性能的关键就在于运用合适的路径选择和位置记录方法,对这个交互过程进行优化。通过 RFID 数据挖掘,可以找到更好的方法来优化模型。

3. 自动化管理

RFID 可以使整个供应链中物流可见,也就是自动监控每一个物流节点,甚至每一件货物的运送情况,这样能减少人力成本。而利用 RFID 数据分析可以在供应链可见的基础上进一步实现部分自动管理,为企业赢得竞争优势。例如,在传统的仓库管理流程中,由于盘点误差或库存损失,库存系统计数与实际存货往往不一致,使得零售商难以决定是否补货,只得耗费大量人力进行盘点。Wal-Mart 采用 RFID 技术后,大幅度降低了流程的成本,使定期清点库存容易完成。此外,Wal-Mart 对获取的 RFID 数据进行分析,以便对常规库存量、补货频率、存放位置等供应链系统中的参数进行自动修正或优化,帮助企业提高供应链管理的效率。

12.3 RFID 数据分析的典型应用

在 RFID 的实际应用中,人们已经不满足于单纯地读取标签信息,如何有效地使用分析工具,从 RFID 数据集中挖掘出内在的关联和规律,成为人们关注的热点。目前 RFID 的各种数据分析已在多个行业中得到了初步应用。

12.3.1 零售仓储

零售业是当前 RFID 应用最为广泛的行业之一,它出现的难题也最多。通过建立数字化仓库管理系统,可以实现仓储管理信息自动化,促进生产过程的规范化、标准化和数字化,提高生产效率,降低库存和资金占用,增强市场竞争力。

数字化仓库就是利用计算机网络和 RFID 技术对仓库产品进行管理,将货物以托盘或包装箱为基本数字化管理单位,实现大批量货物的精确数字化管理。仓储管理信息系统完成货物的收货处理、货物托盘入库处理、仓库管理、物流调度、货物托盘出库处理、接口服务等,再将 RFID 系统与原有仓库管理系统结合起来,具有数据采集、过滤、排序、封闭和转发等功能,并提供多种数据交换方式,使各种不同的数据流能在整个系统内有效地进行传输、处理,以供各种层面进行决策。

1. 货物管理

在生产线上采用 RFID 技术,并不是完全新建一套基于 RFID 的生产管理系统,而是与原来基于条码的生产管理系统进行整合。对于在仓库内经常移动的货物,因为难以确定合适的读取范围,导致货物经常被重复读取。这个问题就需要对 RFID 数据进行深入挖掘来解决,具体可以使用统计性平滑的思想,减少重复读取。但这种方法还存在一个问题——难以确定同一时间需要读取的数量。这时又可以运用数据挖掘中的预测方法,先采用抽样的方法找到合适的时间窗口大小,然后再对清理后的 RFID 数据流进行比较,剔除重复读取的数据。与传统方法不同,这种方法并不是固定读取数量,而是不断根据观测的读数,持续动态地进行调整,从而保持高效。当然,在实际应用中,物品并不是单独存放的,而是以整体形式出现在托盘上或包装箱里,利用读取容器位置的方式来确定物品位置也是一种变通的做法,可以提高 RFID 应用的可靠性[9]。

2. 盗窃检测

盗窃检测是复杂事件处理的典型问题。以货架实验为例,假设小偷从商店的货架上拿走了货物,将其带出商店,却没有被检测出来,这说明现有事件处理方法的不足。为了解决这类问题,有人提出了支持复杂事件处理查询的表述语言[10]。

为解决实时的复杂事件处理查询,可以使用独立有穷状态机(Finite State Machine,FSM)的方法,类似于关系查询优化,将取走货物、离柜扫描、登记放行和捕获报警这些事件按照处理的先后顺序形成文档,然后作为系统的输入,在操作时按计划顺序执行,这样可以有效地减少中间结果[11]。随后又有学者对这种方法进行了优化,将所有的 FSM 合并成一个非确定有穷自动机(NFA),提高了内存利用率[12]。

在复杂事件处理中,最容易被忽视的关键概念就是时间。许多 RFID 应用只有在时限之内发生,才被视为有效。假定所有的事件都使用一个统一的时钟是不合适的。在实际应用中,各个 RFID 节点的情况都有所不同,很难为所有节点维持一个统一的时钟。为了解决上述问题,文献 13 建议使用一个专门的时间自动机,定时自动分配计时器,使每个自动机从一种状态过渡到另一种状态时,都需要先检验时钟是否一致。如果不一致,也可以定时自动重新分配一个新的时间值。但在基于时间的自动机应用中，RFID应用需要调动大量的时钟，因此显得非常复杂，系统应该控制时钟，避免进行过于频繁的变动[14]。

12.3.2 通关检查

当前对 RFID 数据进行分析的方法有很多，在安全管理领域、边境管制和国土安全应用方面都需要对有效数据进行获取和使用。香港"驾易通"采用的就是 RFID，其实我国许多地区的高速公路都已经采用了 RFID。应用 RFID 实现高速公路的不停车自动收费系统是发展的趋势。

1. 异常捕获

目前，英国已经采用了电子车牌来管理机动车。在这种情况下，可以在固定路段安装阅读器，以监视每一个主要路段的交通状况，或者检测每一辆通过的车辆的车速等信息，一旦出现交通拥堵或者车辆事故，就能把前方路段的交通情况及时告知驾驶人员，有效地防止交通拥挤，更高效地进行交通管理。在上述过程中，如何识别拥堵或者事故，就需要使用数据挖掘工具。在海量数据中，通过聚类方法获得一些离群点，再根据相关规则或应用经验对这些离群点做出判断，归纳这些异常的属性，最后比照事件处理等级并提供相应的反馈。

联机分析处理（OLAP）和决策树分析也会在 RFID 数据分析中起到重要作用，通过查询异构数据源，旨在为信息决策者提供数据的提取和融合，是通用的决策辅助方法[15]。基于"智能边境"的概念，利用来自不同机构，例如，港口和海关部门的数据，检测各种与申报标志不相符的到港货物或异常行为，对捕获的异常进行针对性分析，并利用决策树分析设定警报的组合，实现不同政府机构之间的安全互操作[16]。

2. 数据回溯

在边检、海关等日常检查中，都会捕获大量异常或查获大量问题物品，要处理这些问题物品就必须找到它们的来源。基于口岸工作的特点，这个过程需要迅速且准确，这样的分析称为数据回溯。在传统应用中，数据追踪是数据挖掘的难点之一，因为数据源可能无法访问，或者需要付出巨大的代价才能访问，所以回溯信息的来源是非常困难的。RFID 数据记载了物品的时间和位置等数据，通过使用辅助信息（auxiliary information）表示某些中间结果，可以减少或完全避免数据源访问的跟踪查询。除了边检、海关等应用，在其他 RFID 数据仓库中，也存在大量跟踪和追踪个别项目的查询需求，并且需要在合理的反馈时间内处理这些底层数据查询。因此，相对于传统数据仓库，RFID 的数据追踪问题更为重要。然而到目前为止，这个问题还没有很好的解决办法。一种可能的解决方法是使用辅助信息数据集，采用 OLAP 方法，寻找被查询个体的信息源，这样就可以绕过对海量路径信息的挖掘[17]。

12.3.3 运输管理

在现代物流应用中，RFID 技术发挥的作用日益显著。当货物抵达配送中心时，阅读器自动获取 RFID 标签中的信息,自动传给系统更新存货清单,并根据货物分类要求自动送往正确的地点。如果有阅读器发现货物堆放位置有误,则系统会报警,管理中心要求运送车将货物重新放置到正确位置,货物出库的过程与入库的过程类似。应用 RFID 技术能实现货物运输、分拣的高度自动化,从而节约了人力成本、降低货物损耗,由此提高了管理效能。

在物流应用中,当前最为关心的是如何优化运输路径和交通预测。有学者提出了一种道路动态模型,在观察到的路径或速度最优的基础上,结合历史交通数据库,提供适合当前交通条件下的路径建议[18]。

1. 路径挖掘

在传统道路模型中,往往先获取所有的路径,再对这些路径信息进行挖掘得出频繁路径,用这种方法来寻找最优路径。有人先从所有的路径中挑选一些短路径开始分析,得出小范围内的频繁路径,然后逐渐增加路径长度,挖掘每个阶段的频繁路径,直至遍历整个数据集内全部路径,从而获得频繁路径。这样可以降低算法的复杂度,提高算法的效率[19]。此外,利用数据挖掘所得到的结果,还可以判断物流的路线情况是否合理,一旦发现异常路线,也就是偏离平均值太多的路线,就需要结合经验进行路径优化。进一步地把路径挖掘应用到公共道路交通设计和监控中,就可以减少交通堵塞,提高安全性,并提供更好的交通预测和道路运输信息网络。

2. 规则衍生

如上文所述,物品追踪方法正在逐渐得到重视。但推理规则仍然存在不确定性问题,假定在物流中心,货物甲存放于集装箱乙中,由货轮丙运送。如果阅读器在收货时未从集装箱乙中读取货物甲的 RFID 数据,那么就可能有若干种解释。一种可能是阅读器故障,原因是通过聚类等算法得出甲仍然在乙中。另一种可能是甲在途中某地丢失或被盗。在这种情况下,需要分析运输所经过的路径以及具体的推理规则,以便发现问题。

【例 12.1】 RFID 数据模型和查询

RFID 在物流中的应用会产生海量的数据,如何对这些数据进行分析,面临着一些挑战。

(1) 数据量庞大。RFID 在物流系统中的应用会产生大量的数据,一般以(产品代码,地点,时间)形式存储,其中物品代码(EPC)为物品的唯一识别码。假设某个零售商有 2000 家卖场,每个卖场日均销售 10000 件物品,每个货品从生产到购买平均周转 10 次,那么该商家每天产生的 RFID 相关数据量有 2 亿条之多。

(2) 数据查询需求复杂。RFID 数据需满足较复杂的查询,例如计算"××年××月各啤酒供应商从生产到售出的平均时间"。

传统的数据库技术很难有效应对上述挑战,设计新的数据模型是必要的,这里给出了一种 RFID 数据存储模型——RFID-CUBOID 模型,主要由 Stay、Map 和 Info 3 个关键结构组成,如表 12.1 所示[20]。

表 12.1 RFID-CUBOID 模型

结构名	数据类型	说明
Info	$\langle(\text{EPC\_list}),(d_1,\cdots,d_m):(m_1,\cdots,m_i)\rangle$，EPC_list 包含具有相同信息的产品列表，$d$ 表示信息字段，m 表示度量值	记录了物品的静态属性，例如产品名、制造商和产品类目等
Stay	$\langle(\text{gids},\text{location},\text{time\_in},\text{time\_out}):(m_1,\cdots,m_k)\rangle$，gids 指向对应的 RFID 代码或下一级的 gids，物品之前批次的 gid 是随后 gid 的前缀；location 表示物品停留的地点。假设一个含有 1000 个 EPC 的物品集合，分发至 10 个不同的地点，gid 指向 10 个标记新地点的 gids，而不是指向 1000 个具体的 EPC。这样，可以去除冗余数据	记录物品停留的时间和地点信息，例如读取地点、到达时间、离开时间和 gids 等
Map	$\langle\text{gid},(\text{gid}_1,\cdots,\text{gid}_n)\rangle$，gid 通过下一级的 gids 指向物品的物品代码，最低级的 gid 直接指向单个的物品，gid 之间前后缀关系的连接也易于后期的数据查询	记录物品不同批次的地点信息之间的关系，即 gid 数据间的前缀关系

RFID-CUBOID 模型的数据查询并不局限于物品基本信息的查询，还包括物品路径的查询，例如"在××地区，啤酒从配送中心到门店的平均时间"。一般情况下，RFID-CUBOID 模型的数据查询的形式为 $\langle\sigma_c\text{info},(\sigma_{c_1}\text{stage}_1,\cdots,\sigma_{c_k}\text{stage}_k)\rangle$，其中 $\sigma_c\text{info}$ 表示对 Info 数据的查询条件，$\sigma_{c_i}\text{stage}_i$ 表示对 Stay 数据的查询条件。例如，$\langle\text{product}=\text{milk},(\text{location}="\text{farm}")\rangle$。数据查询过程中会计算测量值，例如"在××地区，啤酒从物流配送中心到门店的平均时间"中的测量值为"平均时间"。

12.3.4 医疗管理

医疗和医药器械管理近年来逐步开始采用 RFID。RFID 标签能够准确定位有跟踪需求的特殊病人。采用 RFID 标签的药品以及血液制品都可以由系统自动管理与分发，以减少人为错误。此外，还可以将医生的身份识别卡改为 RFID 标签，收集医生的工作流数据来分析其工作效率等。目前医药行业的 RFID 应用还较为有限，主要局限于药物和器材的管理，这都需要建立相应的数据仓库。但传统数据立方体会导致 RFID 路径信息丢失，为了建立海量 RFID 数据集的基础数据仓库，并在数据仓库中进行初步的数据分析，可以通过为商品流建立数据仓库，使用路径信息作为度量，处理移动物品[21]。

12.3.5 其他应用

在建筑行业中，应用 RFID 能自动追踪管线桥，有效地查找到施工过程中所需要型号的管线桥在仓库中的位置。也可以应用 RFID 技术在建筑场地上自动跟踪钢铁构件，并对隐藏资产进行定位。

近年来，公共区域的自动识别逐渐开始使用 RFID，其核心在于利用 RFID 数据的实时性，通过不断挖掘关联规则，采用 OLAP 对 RFID 的基础数据进行异常处理。2004 年，美国亚利桑那州实行了基于 RFID 的居民报警管理系统，处理包括公路交通事故拥堵、燃气输送管道泄漏以及公共道路行人死亡等诸多事件[15]。

RFID 可以在食品安全保障上发挥作用，近年来涌现的大量的食品安全问题主要集中在肉类和肉类加工食品上。由于牲畜的流行病时有发生，如疯牛病、口蹄疫以及禽流感等，在养殖场用 RFID 标签为每个动物建立电子档案，所有的数据都被存储在动物的 RFID 标签内。因此在超市、餐馆等销售渠道中，任何肉类食品的来源都被追踪，从而更有效地保证食品的安全。

在汽车防盗方面，可以将 RFID 系统装在汽车的引擎控制装置上，这样就要用同一 ID 码的钥匙才能启动汽车。虽然 RFID 并不能完全杜绝盗窃，但可提高窃车的难度。欧洲汽车制造商从 1997 年起，就普遍在新车上采用了应用 RFID 的防盗措施，使汽车失窃率明显降低。'Toyota 在 2001 年后，全车系陆续引进 RFID。

RFID 还可以用于其他领域。在废物处理方面主要用于垃圾的合理回收处理、废弃物的管控，而在货物管理方面主要用于航空运输的行李识别等。

RFID 是一项新兴的自动识别技术，被公认为 21 世纪最有发展前途的信息技术之一，在生产、交通、物流、安全、医疗和国防等领域都有着广阔的应用前景。尽管目前由于成本和标准问题，RFID 还没有广泛地应用，但随着信息网络化以及基于 EPC 和 RFID 所产生的"物联网"的发展，RFID 将对人类未来的生产和生活方式产生深远的影响。

本章参考文献

[1] B Sheng, C C Tan, Q Li, et al. Finding popular categories for RFID tags[C]. Proceedings of the 9th ACM international symposium on Mobile ad hoc networking and computing. Hong Kong, China：ACM, 2008：159-168.

[2] A Sarac, N Absi, S Dauzère-Pérès. A simulation approach to evaluate the impact of introducing RFID technologies in a three-level supply chain[C]. Proceedings of the 40th Conference on Winter Simulation. Miami, Florida：Winter Simulation Conference, 2008：2741-2749.

[3] J. Collins. DOD Tries Tags That Phone Home[EB/OL]. http://www.rfidjournal.com/article/view/1458/1/1.

[4] R Derakhshan, M E Orlowska, X Li. RFID data management：Challenges and opportunities[C]. Proceedings of the 2007 IEEE International Conference on RFID. Grapevine, TX, USA：IEEE, 2007：175-182.

[5] S Chawathe, V Krishnamurthy, S Ramachandran, et al. Managing RFID data[C]. Proceedings of the 13th international conference on Very large data bases. Toronto, Canada：VLDB Endowment, 2004：1189-1195.

[6] Hector Gonzalez, Jiawei Han, Xiaolei Li, et al. Warehousing and Analyzing Massive RFID Data Sets[C]. Proceedings of the 22nd International Conference on Data Engineering. Atlanta, Georgia, USA：IEEE Computer Society, 2006：83-92.

[7] Hector Gonzalez, Jiawei Han, Xiaolei Li. Mining compressed commodity workflows from massive RFID data sets[C]. Proceedings of the 15th ACM international conference on Information and knowledge management. Arlington, Virginia, USA：ACM Press, 2006：162-171.

[8] F Wang, P Liu. Temporal management of RFID data[C]. Proceedings of the 31st international conference on Very large data bases (VLDB). Trondheim, Norway：VLDB Endowment, 2005：1128-1139.

[9] S Jeffery, M Garofalakis, M Franklin. Adaptive cleaning for RFID data streams[C]. Proceedings of the 32nd international conference on Very large data bases (VLDB). Seoul, Korea：VLDB Endowment, 2006：163-174.

[10]　E Wu，Y Diao，S Rizvi. High-Performance Complex Event Processing Over Streams［C］. ACM SIGMOD. Chicago，IL，USA：ACM，2006：407-418.

[11]　SAX Project Organization. SAX：Simple API for XML［EB/OL］. http://www.saxproject.org.

[12]　Y Diao，M Altinel，M Franklin，et al. Path Sharing and Predicate Evaluation for High-Performance XML Filtering［J］. ACM Transactions on Database Systems，2003，28（4）：467-516.

[13]　R Alur,D Dill. A Theory of timed automata［J］. Theoretical Computer Science,1994，126（2）：183-235.

[14]　R Alur，L Fix，T A Henzinger. Event-Clock Automata：A Determinizable Class of Timed Automata［J］. Theoretical Computer Science,1999，211（1-2）：253-273.

[15]　NR Adam，V Atluri，R Koslowski,et al. Agency Interoperation for Effective Data Mining in Border Control and Homeland Security Applications［C］. Proceedings of the 2005 national conference on Digital government research. Atlanta，Georgia：Digital Government Society of North America，2005：285-286.

[16]　Li Xu. Advances in intelligent information processing［J］. Expert Systems,2006，23（5）：249-250.

[17]　Y CUI,J WIDOM. Lineage tracing for general data warehouse transformations［J］. The VLDB Journal,2003,12（1）：41-58.

[18]　Hector Gonzalez. Mining massive moving object datasets from RFID flow analysis to traffic mining［J］. Dissertation Abstracts International,2008，69（5）：152-163.

[19]　胡孔法，陈竹西. 现代物流系统中路径编码及频繁路径挖掘技术研究［J］. 计算机集成制造系统，2008,14（12）：2441-2446.

[20]　Hector Gonzalez,Jiawei Han,Xiaolei Li,et al. Warehousing and Analyzing Massive RFID Data Sets［C］. Atlanta,GA：ICDE,2005：83-93.

[21]　Hector Gonzalez，Jiawei Han，Xiaolei Li. Flowcube：constructing RFID flowcubes for multi-dimensional analysis of commodity flows［C］. Proceedings of the 22nd International Conference on Data Engineering. Atlanta，Georgia，USA：IEEE Computer Society，2006：834-845.

思考题

1. 举例说明 RFID 数据挖掘在某一行业的应用。

2. 研讨题：阅读本章参考文献 6、18、19、20 等论文,讨论 RFID 数据预处理和分析的方法。

3. 讨论 RFID 数据可以做哪些方面的分析。

4. 查阅文献,讨论物联网中的数据挖掘问题。

5. 结合第 13 章内容,阅读下面论文,讨论 MapReduce 计算框架在流程挖掘中的应用：Joerg Evermann，Ghazal Assadipour. Big data meets process mining：implementing the Alpha algorithm with Map－Reduce. Proceedings of SAC'14，Gyeongju，Korea，2014：1413-1416

6. 阅读下列书籍,讨论流程数据分析（process analytics）在流程管理中的应用。

（1）Wil van der Aalst. Process mining-data science in action（Second Edition）. Springer-Verlag Berlin Heidelberg，2016

（2）Seyed-Mehdi-Reza Beheshti，Boualem Benatallah，Sherif Sakr，et al. Process analytics-concepts and techniques for querying and analyzing process data. Springer International Publishing Switzerland，2016

第13章

大数据分析

随着以社交网络、基于位置的服务(LBS)为代表的新型信息交流渠道的不断涌现,以及物联网、云计算等技术的蓬勃发展,人类产生的数据量正在以前所未有的速度增加。每天,遍布世界的传感器、移动设备、在线交易和社交网络生成上百万兆字节的数据。据统计,全球 90% 的数据都是在过去两年产生的。大数据(big data)时代已经到来。统计显示,从 2012—2015 年,在美国,应用了大数据的公司从 5% 增长到 63%,其中体验到大数据极为重要的公司比例由 21% 上升到 70%,而拥有首席数据官的公司从 0% 上升到 54%。数据科学家正成为 21 世纪最吸引人的职业。

最早提出"大数据"的机构是麦肯锡公司,这引起了全球广泛的反响。2011 年,EMC、IBM 和麦肯锡等众多国外企业发布了大数据的研究报告,阐述了大数据的特征。大数据将成为继云计算和物联网之后,信息技术产业又一次颠覆性的技术变革。在学术界,国际顶级期刊 *Nature* 和 *Science* 近期针对大数据分别出版了专刊 *Big Data* 和 *Dealing with Data*,从互联网技术、互联网经济学、超级计算、环境科学、生物医药等多个方面讨论了大数据处理面临的各种问题[1,2]。目前微软、谷歌、亚马逊和 IBM 等一批知名的企业纷纷掘金大数据市场,其中亚马逊分析大量的销售数据,基于商品的协同过滤方法为用户推荐可能喜欢的商品,扩大了销售额。IBM 公司自 2005 年以来,进行了多次与大数据有关的收购,先后收购了 Congnos、SPSS 和 Netezza 等公司。2013 年 IBM 在大数据与分析高峰论坛发布了一系列业界最新的大数据及分析技术,包括 PureData System for Hadoop H1001、BLU Acceleration、PureData,其中 BLU Acceleration 利用了内存计算等技术,对大数据进行压缩,提升大数据分析性能。还有 IBM 大数据平台 BigInsights、Streams、DB2 以及 Informix 等升级版本。

目前 IBM 在大数据领域的客户覆盖金融、电信、零售、医疗、制造、能源和政府等众多行业,已突破 3 万家。2011 年 11 月,中国计算机学会(CCF)成立了大数据专家委员会,推动了大数据学科的发展。奥巴马高度重视大数据的战略意义,2012 年 3 月发布了大数据研究与发展倡议,正式启动大数据发展计划[3]。

目前大数据尚无统一的定义,通常被认为是数据量很大、数据形式多样化的非结构化数据[4,5,6]。EMC 公司认为"大"是指大型数据集,规模一般在 10TB 左右。同时这些数据来自多种数据源,以实时、迭代的方式实现。IBM 把大数据概括为 4 个 V——大量化(volume)、多样化(variety)、快速化(velocity)和真实性(verity),强调大数据呈现价值稀疏性的特点。维基百科认为:大数据是指利用常用软件工具捕获、管理和处理数据所耗时间超过可忍时间的数据集。总体上,大数据具有以下特征。

(1) 数据量巨大。通过各种设备产生的海量数据,数据规模庞大。数据量从 TB 级别,跃升到 PB 级别。IDC 的研究报告称,未来 10 年全球大数据将增加 50 倍,管理数据仓库的服务器数量将增加 10 倍[6]。

(2) 数据种类繁多。大数据种类繁多,在编码方式、数据格式和应用特征等多个方面存在差异性,多信息源并发形成大量的异构数据。相对于以往便于存储和分析的结构化数据,如今的数据类型不再是单一的文本形式,网络日志、音频、视频、图片、地理位置信息等多类型的数据对数据的存储和处理能力提出了更高的要求。据统计,企业中 80% 的数据是非结构化或半结构化的。到 2012 年,非结构化数据占有比例达到互联网整个数据量的 75% 以上。

(3) 处理速度快。大数据对实时处理有着较高的要求,在海量数据面前,处理数据的效率就是企业的竞争力。

(4) 价值密度低。价值密度的高低与数据总量的大小成反比。在现实应用中,数据量大的数据并不一定有很大的价值,不能被及时有效处理分析的数据也没有很大的应用价值。因此大数据的本质并非在于大,而在于价值含量,在于对管理模式创新的支持。美国曾经有家叫 Decide.com 的大数据创新公司,在全球各大网站收集几十亿条商品数据,利用大数据分析预测商品的价格走势,辅助消费者在合适时间下单,节省了成本。

大数据的这些特征对现有的数据分析方法和软件提出了新的挑战,目前大部分数据分析软件不具备 TB 级以上大数据的复杂分析和建模能力。

13.1 大数据核心技术基础

大数据核心技术可从存储、处理和应用等方面展开讨论。首先,分布式存储技术为大数据的分析和应用提供底层数据架构支撑,是大数据处理和应用的基础。具体包括底层的分布式文件系统、在此基础上建立的各种分布式数据库、NoSQL 存储方案、内存数据库等。其次,对数据的分析是大数据处理流程中关键的部分,并行计算架构得到了广泛的支持和应用。基于存储和计算的并行化结构基础,可以开展社会网络分析、自然语言理解、个性化推荐、媒体分析检索等应用,并通过可视化技术显示给数据用户,满足不同的商业需求。

13.1.1 大数据存储

依靠集中式的物理服务器存储规模巨大的数据,无论是从容量、数据传输速度还是稳定性等方面考虑都是不现实的。通常情况下,大数据的存储可能需要几十台、上百台甚至更多的服务器节点进行分布式存储。一种特殊的文件系统应运而生,即分布式文件系统,用于统一管理这些服务器节点上存储的数据,典型案例是 Hadoop 开源架构下的分布式文件系统(Hadoop distributed file system,HDFS)。

HDFS 与常规文件系统不同的是,它以大粒度数据块的方式存储文件,从而减少了元数据的数量,这些数据块则通过随机方式选择不同的节点并存储在各个地方。HDFS 的分布存储方式使其具有良好的可扩展性,不仅支持在一个文件系统中存储千万量级的文件,还为上层的大数据处理应用提供了透明的数据访问和存储功能,也就是说应用程序并不会感受

到物理上分布存储在不同机器上数据的差异性。除了大规模存储数据和高并发访问能力,
HDFS还具有强大的容错能力,通过多副本数据块的存储方式保障系统从故障中快速恢复。

云计算和大数据等技术的发展催生了许多云环境下的新型应用,同时也产生了海量来
自社交网络、移动服务、协作编辑等应用的数据,因此数据存储管理系统也面临着新的挑战。
NoSQL是非关系型的数据库,最近几年得到了快速发展和应用。非关系型数据库大致分为
键值存储数据库、列存储数据库、文档型数据库和图形数据库等类别。这些数据库有的模型
简单易于部署,有的能够应对分布式存储的海量数据,支持非结构化数据和高容错性,可以
有效地降低成本。例如,HBase、OceanBase等数据库支持在数千亿条记录、数百 TB 数据的
跨行跨表事务等。

13.1.2　大数据处理

大数据处理体现在数据挖掘、统计分析、语义引擎、数据质量和数据管理、结果的可视化
分析等方面。数据挖掘包括分类、估计、预测、相关性分析或关联规则、聚类、描述和可视化、
复杂数据类型挖掘等技术。统计分析技术涵盖假设检验、显著性检验、差异分析、相关分析、
t 检验、简单回归分析、多元回归分析等多个方面。由于非结构化数据的多样性带来了数据
分析的新挑战,语义引擎被设计成能够从"文档"中智能提取信息的工具。数据质量和数据
管理起到了不可忽视的作用。最后,通过可视化技术直观展示数据分析结果,这些技术方法
允许利用图形、图像处理、计算机视觉以及动画的显示,对数据蕴含的规律加以可视化解释。

13.1.3　大数据应用

在医疗、能源、通信、零售、制造业等各个行业,大数据技术都有广泛的应用场景,其影响
力也逐渐变得深远。例如在零售业,梅西百货基于 SAS 的系统,根据需求和库存的情况对
多达 7300 万种货品进行实时调价。网站 Walmart.com 基于文本分析、机器学习和同义词
挖掘等自行设计了搜索引擎 Polaris。语义搜索技术的使用使在线购物的完成率提升了
10%~15%。在通信方面,中国移动通过大数据分析,对企业运营业务进行针对性的监控、
预警、跟踪。系统以快捷的方式将市场变化情况推送给指定负责人,以便在最短时间内获知
市场行情。在医疗保健方面,出现了利用社交网络来收集数据的健康类 APP。不仅如此,
大数据分析应用的计算能力可以在几分钟内解码整个 DNA,从而更好地去理解和预测疾
病。大数据的应用也可以让设备更加智能化和自主化,例如由谷歌公司自主研发的自驾汽
车等。大数据的应用领域会越来越广。

13.1.4　Hadoop 开源架构

Hadoop 是一种对大数据进行分布式处理的软件框架,具有可靠性、高效性、容错性、可
扩展性和低成本等特点,早期由 Google 公司的 MapReduce 和 Google 文件系统等技术实
现,后被纳入 Hadoop 的开源项目。Hadoop 是目前大数据领域最受欢迎的技术之一,据市
场研究机构 IDC 预测,到 2016 年 Hadoop 的市场销售额将达到 8.128 亿美元,88%的企业
视其为促进业务发展的新机遇,尤其对已经积累了海量数据资产的企业尤其如此。

Hadoop 重要的基础是 MapReduce 编程框架和分布式文件系统 HDFS。HDFS 将大数

据分区成多个子块，而每个子块都能存储在集群中的节点上。利用 MapReduce 编程框架，计算程序可以推送到这些节点运行。这种分布式架构能自动处理节点故障，使用成千上万的经济型计算机系统，处理 PB 级以上的数据。Hadoop 开源项目的组成如图 13.1 所示，下面介绍常用的几个项目。

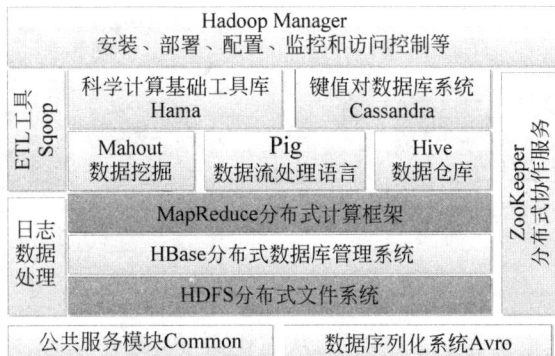

图 13.1　Hadoop 的组成

（1）HBase 是高可靠性和高性能的面向列、可伸缩的分布式存储系统。HBase 是一个分布式可扩展的非关系型数据库，利用 HDFS 作为其文件存储系统，能够对结构化、半结构化甚至非结构化的海量数据进行实时读写。

（2）Hive 是基于 Hadoop 的数据仓库，用于管理存储在 HDFS 和 HBase 中的数据，提供数据抽取、转换、存储和查询分析等功能，使用类似 SQL 的 HiveQL 查询语言，HiveQL 语句在底层实现时会被转换成相应的 MapReduce 程序执行。

（3）Pig 是 Yahoo 提供的开源项目，一个数据流处理工具。通过高层抽象语言 Pig Latin，复杂的数据分析任务被转化为 Pig 操作上的数据流脚本，并在执行时被自动转化为 MapReduce 任务链。

（4）Mahout 是基于 Hadoop 的数据挖掘工具库。提供经典的机器学习和数据挖掘的并行化算法类库，包含聚类、分类、关联、推荐引擎等常见的机器学习和数据挖掘算法。除此之外，Mahout 还提供数据输入输出、数据集成等工具。

（5）Sqoop 是 SQL-to-Hadoop 的缩写，一个关系数据交换工具，可以实现关系数据库与 HDFS、HBase 和 Hive 中的数据转换和批量导入。Sqoop 充分利用了 MapReduce 的并行化优点，快速处理数据交换过程。

（6）ZooKeeper 是分布式协调服务框架，用于解决分布式环境中的一致性问题。Zookeeper 提供系统可靠性维护、数据状态同步、统一命名服务、分布式应用配置项管理等功能，从而实现分布式环境下系统可靠性管理和数据状态的维护。

HDFS 具有海量数据存储、高并发高容错、顺序文件访问、一次写多次读、数据块模式存储等特征。为了提高大规模数据的访问效率，HDFS 支持大量数据的快速顺序读出，而随机访问则负载较高。一次写多次读的方式支持大量数据的一次写入、多次读取。数据块模式也允许大粒度的数据块以随机方式选择节点，分布存储在不同的位置。HDFS 的基本架构如图 13.2 所示。

（1）数据块（block）：大文件被分割存储在多个数据块中，数据块的默认大小为 64MB。

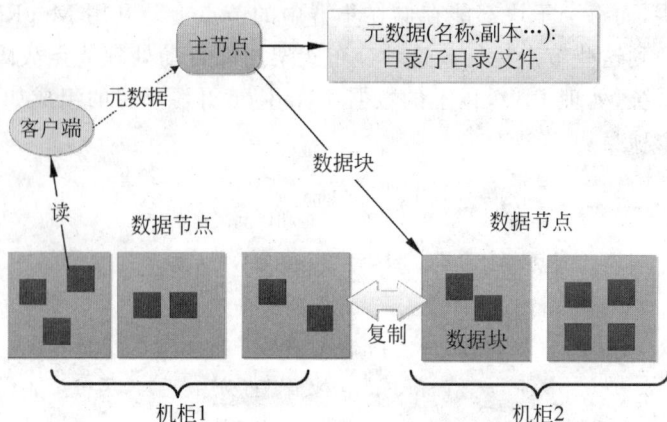

图 13.2　HDFS 基本架构

每个数据块会在多个数据节点上存储副本,从而快速从故障中恢复,确保数据不丢失。

(2) 主节点(namenode):主节点的作用是管理文件目录、文件与数据块的映射关系以及数据块和数据节点的映射关系。

(3) 数据节点(datanode):数据节点存储数据,大部分容错机制都是在数据节点上实现的。

(4) 元数据(metadata):元数据存储文件的基本信息。HDFS 中的元数据存储在主节点的内存中,因此 HDFS 中存储大量小文件会增加主节点的负载。

(5) 机柜(rack):数据块的副本(通常 3 个副本)在一般情况下会保存到两个或两个以上的机柜中,进一步提升防灾容错的能力。

一个 HDFS 文件系统通常包含一个主节点、一个次级主节点(secondary namenode)和多个数据节点。主节点中存储了文件系统的元数据:命名空间(分布式文件系统的目录结构)、数据块与文件名的映射表、数据块副本的位置信息。用户可以在 HDFS 上配置数据块的副本数量。客户端是 HDFS 与用户通信渠道,包括命令行客户端、客户端编程接口等。HDFS 采用 TCP 协议保证传输的可靠性,应用程序可以向主节点发起 TCP 连接。用户和数据节点的交互需要发起远程过程调用请求并由主节点完成响应。

从 HDFS 的基本架构可以看出,采用多个数据块副本保障了系统的可靠性:多副本模式可以让用户从多个数据块中读取数据,在某个数据节点失效的时候,数据也不会丢失。HDFS 的可靠性还通过安全模式、次级主节点、心跳包和副本重建、租约、回滚等机制来实现,同时保证了数据一致性。在安全模式下,主节点不能进行任何文件操作,需要先与各个数据节点通信并获得数据块信息,确认数据块是否安全。次级主节点的作用是周期性备份主节点的元数据,以便在主节点失效时进行恢复操作。心跳包机制用于保证主节点和各个数据节点的联系,主节点定时地向各个数据节点发送心跳包,收到心跳包的节点则需要回复。如果检测到某个数据节点失效,那么存储在失效数据节点上的副本会被重新创建,这就是副本重建机制。租约(lease)与 Linux 中的文件加锁机制类似,客户端必须获得数据节点发放的租约才能写入文件。

Hadoop 在大数据的处理速度、灵活性和易用性等方面还有一些问题,最近几年 Spark 技术作为 Hadoop 架构的补充引起产业界和学术界的关注。与使用批处理方式,在磁盘运行的 Hadoop 相比,Spark 是一种集群计算框架,使用内存处理数据,易用性也较强,经常用于实时性要求较高的流处理场合。

Spark 借助于内存计算技术,使系统的计算效率比 Hadoop 快 100 倍,甚至在磁盘上运行也能快 10 倍。Spark 通过减少数据处理过程中磁盘的读写次数,处理过程的中间结果也存储在内存中,只在需要时才持久化到磁盘,使系统性能得到大幅提升。

Spark 的核心机制是 RDD(resilient distributed datasets)。RDD 是 Spark 以类似操作本地数据的方式来处理分布式内存中的数据集的抽象实现,可并行操作的数据集以及处理后的中间结果都缓存到内存中,以便后续的操作继续处理,省去了 MapReduce 框架中数据的大量磁盘反复读写。因此,Spark 对于迭代频繁的机器学习算法而言,效率明显提高。Spark 的生态圈包括 Spark Streaming、GraphX、MLBase、Spark SQL、MLlib 以及 BlinkDB 等。

Hadoop 和 Spark 两种架构并非简单替代的关系,两者相互兼容,可组合构成功能更强大的解决方案。例如 Spark 成本较高,没有自己的分布式文件系统,但可以使用 HDFS。

大数据的处理模式可分为流处理和批处理两种[7],批处理是先存储后处理,而流处理则是直接处理。流处理把数据视为源源不断的数据流,当新的数据到来时立即处理并返回结果。能够较好地应对实时数据处理的需求,主要应用于网页点击数的实时统计、传感器网络、金融中的高频交易等实时性较高的场景。数据流本身的持续到达、规模巨大等特点对流处理模式产生了很大挑战。流处理的典型开源系统有 Twitter 的 Storm[8]、Linkedin 的 KafKa[9] 等。

批处理利用 MapReduce 方法把问题分而治之,有效地避免数据传输过程中产生的大量通信开销,可以解决许多现实问题,在生物信息学、文本挖掘等领域得到了广泛应用。

MapReduce 是一个高性能并行化的计算平台,可以将成百上千的普通商用服务器组成分布式并行计算集群。MapReduce 还是一个能自动完成计算任务的并行计算框架,自动给集群节点分配任务,并统计计算结果。其中函数 Map 和 Reduce 实现了基本的并行计算任务。

(1)数据划分和任务调度

系统为每个数据块分配相应的计算节点,数据块与计算任务对应。根据具体情况分配和调度计算节点(Map 程序或 Reduce 程序),同时系统还会监控这些节点的执行状态。

(2)计算与数据靠近

数据分析放在数据块上处理可以在很大程度上减少大量的数据通信(将计算推送给数据),当数据块不可用时,尽可能从数据块所在的机柜寻找其他备份可用节点,就可以有效地减少通信延迟。

(3)系统优化

数据处理的大量中间结果直接由 Reduce 程序处理会增加数据通信压力,因此在 Map 阶段会进行一定的合并处理,对 Map 程序输出的中间结果使用适当的策略进行键值对归并处理,相关的数据被发送到同一个 Reduce 程序。

(4)出错检测和恢复

出于成本考虑,实际运行环境常以低端商用服务器构成大规模 MapReduce 计算集群,数据节点硬件(主机、磁盘、内存等)出错和软件出错是常态。检测并隔离出错节点,调度分配新的任务节点执行的计算任务也是 MapReduce 的基本功能。同时,为了保证数据存储可靠性,系统采用多备份冗余存储机制,及时检测和恢复出错数据。

下面利用 MapReduce 计算框架,说明如何改造传统的数据挖掘算法处理大数据。

首先介绍分布并行 Apriori 算法,其大致的过程如下[10]:

(1)生成局部的频繁项集。将大事务数据库 D 切分成相同大小的 n 个数据块,然后将这些数据块发送到 m 个工作节点($m \leqslant n$),对每个数据块并行使用 Apriori 算法,分别产生局部频繁项集。

(2)生成全局频繁项集。把所有局部频繁项集进行合并,组合成全局候选的频繁项集合。局部频繁项集可能不是 D 的频繁项集,对 D 进行再次扫描,计算每一个全局候选频繁项集的支持度,最终得到 D 的频繁项集。

多元线性回归分析在处理大样本时需要大量的资源,因此也可以使用 MapReduce 计算框架进行改进,如图 13.3 所示。

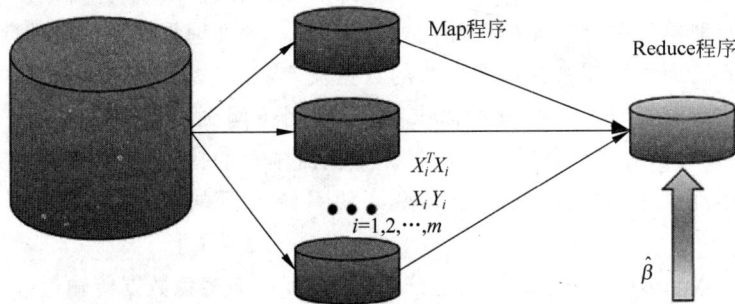

图 13.3　基于 MapReduce 框架的多元线性回归分析

在 5.8.2 节的基础上,可以实现并行化的多元线性回归分析,基本的过程如下:把 n 个样本分成 m 组($m \ll n$),即

$$\boldsymbol{X} = \begin{bmatrix} X_1 \\ X_2 \\ \vdots \\ X_m \end{bmatrix}, \quad \boldsymbol{Y} = \begin{bmatrix} Y_1 \\ Y_2 \\ \vdots \\ Y_m \end{bmatrix}$$

$$\boldsymbol{X}^{\mathrm{T}}\boldsymbol{X} = [X_1^{\mathrm{T}}, X_2^{\mathrm{T}}, \cdots, X_m^{\mathrm{T}}] \begin{bmatrix} X_1 \\ X_2 \\ \vdots \\ X_m \end{bmatrix} = \sum_{i=1}^{m} X_i^{\mathrm{T}} X_i$$

$$\boldsymbol{X}^{\mathrm{T}}\boldsymbol{Y} = [X_1^{\mathrm{T}}, X_2^{\mathrm{T}}, \cdots, X_m^{\mathrm{T}}] \begin{bmatrix} Y_1 \\ Y_2 \\ \vdots \\ Y_m \end{bmatrix}$$

$$\hat{\boldsymbol{\beta}} = (\boldsymbol{X}^{\mathrm{T}}\boldsymbol{X})^{-1}\boldsymbol{X}^{\mathrm{T}}\boldsymbol{Y} = \Big(\sum_{i=1}^{m} X_i^{\mathrm{T}} X_i\Big)^{-1} \Big(\sum_{i=1}^{m} X_i Y_i\Big)$$

在进行大样本的多元线性回归时,只要把样本分块,然后使用 Map 程序并行计算每组

的 $X_i^T X_i$ 和 $X_i Y_i$，最后使用 Reduce 程序带入上述公式即可计算回归系数 $\hat{\boldsymbol{\beta}}$。

【例 13.1】 企业用电大数据预测[11]

某制造企业工厂、车间众多，耗电量比较大。为了合理规划用电，需要对整个企业的用电量进行预测。企业用电能耗情况通常受多种因素影响，包括企业建筑面积、员工人数、当天气温、降雨量、电价、空气质量、产品产量、日均用电时间等多个因素的影响。在数据预处理阶段，采用相关分析选择影响电能消耗的主要因素，确定最高气温(x_1)、最低气温(x_2)、产品产量(x_3)、日均用电时间(x_4)等主要因素作为预测用电量的自变量。对于给定的焦化厂、炼铁厂、石灰厂等多个工厂的样本，使用多元线性回归预测整个制造企业用电量(y)：$y=a+bx_1+cx_2+dx_3+ex_4$。对数据样本按照工厂分成若干块，使用 MapReduce 计算框架并行地对这些样本数据进行预测，具体的计算流程如图 13.4 所示。读者可以思考图中的 Map 和 Reduce 函数的功能。

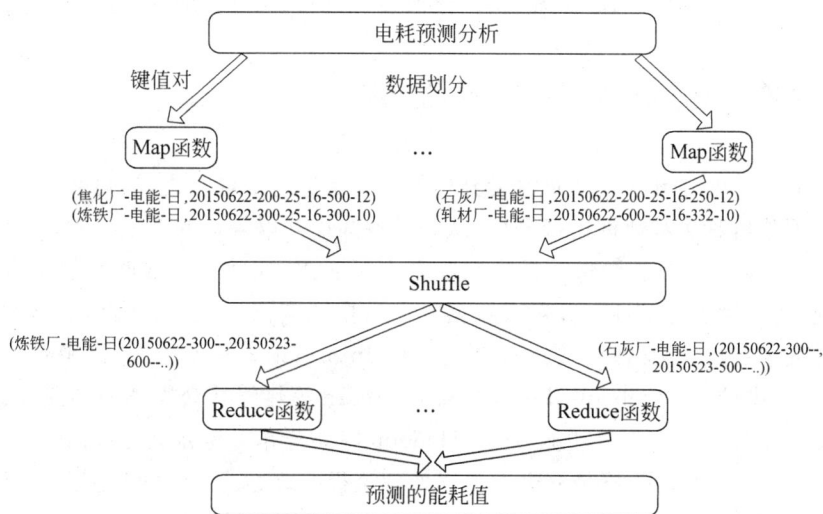

图 13.4　使用 MapReduce 预测能耗

【例 13.2】 电子警察疑似套牌车自动识别

某交警部门在近 12 亿电子警察(卡口视频抓拍系统)抓拍车牌数据中查出套牌车辆，并建立了疑似套牌车模型，利用大数据分析对疑似套牌车进行自动识别和监控。具体的步骤如下：

(1) 制定疑似套牌车的业务规则，涉及时间、车牌、电子警察的地理位置三个变量。在 5 分钟之内，如果在距离大于 10 公里的电子警察同时抓拍到同一个车牌，这个车牌可能就是套牌。因为车速一般不能超过 120 公里/小时，以电子警察位置经纬度测算其直线距离，比一般道路实际距离要短。

(2) 数据准备。采用 Hadoop＋Oracle 的方式进行数据预处理和存储。使用 Hadoop 直接处理非结构化的车辆抓拍数据，然后再依托传统的 Oracle 进行数据存储、查询等操作。电子警察的地理位置数据可以从 PGIS 取得全市电子警察的经纬度信息。同时记录每个卡口的经纬度，以计算不同卡口之间的距离。为保证时间的一致性，全市电子警察抓拍设备统一授时。

（3）对分块数据并行运算，使用 Map 程序对每个车在卡口的时间进行分组，Map 程序执行结束后，使用 Reduce 程序对各个块的数据按照车牌号进行汇总。再次使用 Map 程序对每个车在卡口出现的时间与不同卡口之间的距离进行运算，对于时间在 5 分钟内，距离大于 10 公里的卡口同时出现的车辆，认定为疑似套牌车，并用 Reduce 程序将统计结果汇总。

（4）人工辅助阶段，由相关技术部门和交警部门对分析结果进行验证，排除自动识别系统的误判造成的错误信息。

在实际应用中，通常根据处理时间的要求选择对应的一种或两种数据处理模式。例如著名职业社交网站 Linkedin，根据数据处理的实时性要求将业务分为在线和离线[10]。在线处理时间一般在秒级甚至毫秒级，通常采用流处理，用以处理实时查询、实时推荐、热门职位排名等实时性较高的业务。离线的处理时间可以以天为基本单位，基本采用批处理方式，主要用于用户职业能力分析、兴趣发现、用户特征分析、相关职位匹配等。

13.2　大数据分析的基本流程

大数据的基本处理流程包括对海量异构的数据源进行抽取与集成，对数据进行存储，采用合理的数据分析算法对数据进行分析，从中提取知识并以合适的方法展示。

（1）数据抽取与集成。海量数据中存在着大量噪声，在数据集成时需要对数据进行清洗，保证数据的质量和可信性。针对大数据时代数据源丰富、繁杂的特点，大数据集成软件增加了海量数据集成、社交数据接入等功能。以 Informatica 9.1 为例，该平台支持海量交易数据集成，提供访问 Facebook、Twitter 和 LinkedIn 等热门社交媒体中的交互数据连接。Informatica 9.1 提供了新连接功能，通过 Hadoop 内外合并交易和交互数据[13]。

（2）数据分析。数据分析是整个大数据处理流程的核心。传统的数据分析技术在大数据时代遇到了一些挑战，在很多应用中算法需要在处理的实时性和准确率之间取舍。大数据分析已被广泛应用于推荐系统、商业智能以及社交网络情感分析等。

（3）数据解释。数据分析的结果需要采用可视化、交互等技术进行合理呈现，引导用户逐步地进行分析，使用户在得到结果的同时更好地理解分析结果的由来。大数据公司 Origami Logic 通过数据可视化、自助分析的方式，帮助营销人员把客户关系管理系统（CRM）、社交媒体、邮件营销和调查报告等不同平台的数据集成，并做出相应的分析，指导他们做有效的营销活动[14]。

13.3　大数据分析方法

大数据的特征决定了其不同于传统的数据分析方法。

大数据分析的数据量通常在 TB 级以上，难以使用传统的基于迭代或递归的分类和聚类挖掘算法。解决海量数据处理的可行方法是借助云计算平台，利用 Map/Reduce 等技术，把数据分成大量的子数据块并分布到多个服务器节点上进行计算，然后汇总得到结果。同时对数据挖掘算法进行并行分布式改造，实现对大数据的"分而治之"。例如，2011 年 5 月，

IBM 推出了 InfoSphere BigInsights 软件,包括 Apache Hadoop、面向 MapReduce 编程的 Pig 编程语言、针对 IBM 的 DB2 数据库的连接件以及 IBM BigSheets,通过整合企业的 IT 资源,有效地应对大数据的存储、分析问题,充分利用规模经济向用户提供虚拟化的云服务,帮助用户分析海量的业务数据。

大数据种类繁多,传统的关系型数据库在处理非结构化数据方面可用性较差。NoSQL 等非关系型数据库在处理地理信息、社交网络等非结构化数据方面有较大优势。拥有 10 亿多用户的 Facebook 每天产生海量的用户评论、图片、音乐等非结构化数据,其中蕴含着很大价值。通过利用高性能列式数据库 Cassandra 为基础的大数据平台,Facebook 对各种类型的数据进行了分析,挖掘用户的消费倾向、行为习惯等商业价值。eBay 定义了超过 500 种类型的数据,对顾客的行为进行跟踪分析,每天处理的数据量高达 100PB,通过准确分析用户的购物行为,达到了减少广告投入,稳定高端卖家的目的。

大数据分析通常要求较高的时效性,例如,2011 年日本大地震发生后仅 9 分钟,美国国家海洋和大气管理局就分析出准确的海啸活动趋势并在 YouTube 等网站上发布,有效地指导人们规避自然灾害。采用流处理等实时处理技术可以保证分析结果在较短时间内获得。例如 Yahoo! 的 S4 分布式流计算云平台,该平台是 Yahoo! 为提高搜索广告有效点击率的问题而设立。通过不断地分析用户的点击反馈,捕获用户的行为模式,实时地利用数据挖掘进行相关性计算,达到提升广告的点击率,提高收入的目的。

【例 13.3】　农夫山泉的销售数据分析

农夫山泉在全国有十多个水源地,把水灌装、配送、上架,每瓶饮用水的成本中物流约占到 15%。在没有数据实时支撑时,农夫山泉在物流领域有许多不必要的支出。例如在某个城市的销量预测不到位时,公司通常的做法是通过大区间的调运,来弥补终端货源的不足。但由于预期销量不明确和一些突发事件,往往无法合理地调度。

如何利用数据分析方法,根据不同的变量科学控制物流成本? 2011 年 6 月 SAP 公司和农夫山泉团队开发了运输环境的数据场景,他们收集了很多数据:高速公路的收费、道路等级、天气、配送中心辐射半径、季节性变化、不同市场的售价、不同渠道的费用、各地的人力成本、甚至突发性的需求。在采购、仓储、配送等方面,农夫山泉利用大数据解决了三大问题。首先是生产和销售的不平衡,通过统计每周、每月、每季度的销售数据,企业准确获知市场需求、区域销量等信息,基本实现了按需生产、配送的目标。其次,通过让 400 家办事处、30 个配送中心能够纳入到体系中来,形成一个动态网状结构,增强了灵活性和应对突发事件的能力。最后,让退货、残次等问题与生产基地能够实时连接起来,提高问题解决速度和客户服务效率。

以往企业日常运营中产生的销售、市场费用、物流、生产和财务等数据,通过定时抽取到 SAP BW 或 Oracle DM,再通过 Business Object 展现,过程需要长达 24h。导致农夫山泉每个月财务结算都要推迟一天,无法及时地把物流、资金流和信息流汇聚到一起,形成有价值的统计报告。决策者只能依靠数据验证以往的决策是否正确,无法预测未来。2011 年,农夫山泉通过与 SAP 的数据库平台 SAP HANA 对接,使计算速度从过去的 24h 缩短到了 0.67s,大大提升了企业的数据分析能力。以往要经过长期的考察、论证,才能形成一份缺乏科学性的报告。现在,通过操作平板电脑,就可方便地查阅建立一个物流配送中心的成本,实现了对物流成本的精准管控。有了强大的数据分析能力做支持后,农夫山泉近年以

30%～40%的年增长率,在饮用水领域占据了较高的市场份额。

【例 13.4】　Farecast 公司的票价预测[15]

华盛顿大学的奥伦·埃齐奥尼(Oren Etzioni)在一次乘机中发现邻座乘客较晚预定的机票比自己较早预定的机票还便宜,便萌生了利用以往机票价格数据预测未来票价走势的想法。通过分析所有特定航线机票的销售价格,并确定票价与提前购买天数的关系,预测当前的机票价格在未来一段时间内会上涨还是下降。如果一张机票的平均价格呈下降趋势,系统就会建议用户稍后再购票。反过来,如果一张机票的平均价格呈上涨趋势,系统就会提醒用户立刻购买该机票。通过对一个旅游网站搜集的数据进行分析,预测系统建立了 41 天内价格波动产生的 12 000 个价格样本,根据这些样本数据预测未来机票价格的走势。

为了提高预测的准确性,奥伦·埃齐奥尼成立了一家服务公司 Farecast,使用了行业机票预订数据库,获得了海量数据的支持。预测的结果基于美国商业航空产业中每一条航线上每一架次飞机的每个座位一年内的综合票价记录得出,使票价预测的准确度提高到75%。为了保障系统的透明度,奥伦·埃齐奥尼把对机票价格走势预测的可信度标示出来,供消费者参考。2008 年微软以 1.1 亿美元的价格收购了 Farecast,并入必应搜索引擎,向用户提供天气预报、机票打折、宾馆预订等旅游信息,并为用户制定最为合理的旅游方案。到2012 年为止,Farecast 系统使用了近 100 000 亿条价格记录帮助预测美国国内航班的票价。通过预测机票价格的走势以及增降幅度,Farecast 票价预测工具帮助用户抓住最佳购买时机,每张机票为用户平均节省了 50 美元。

【例 13.5】　Netflix 利用大数据捧火《纸牌屋》[16]

Netflix 通过利用大数据分析,自制且依靠网络发行了热播电视剧《纸牌屋》。该剧改编于英国政治惊悚小说,曾被 BBC 于 1990 年搬上银幕,入选"100 部最佳英国电视剧"。Netflix 的数据分析团队通过分析,发现这部 20 多年前的剧点击率依然非常高,喜欢观看1990 版纸牌屋的影迷们也喜欢观赏导演大卫·芬奇的作品。结合男演员凯文·斯派西的高人气因素,Netflix 做出了投资 1 亿美元,重新拍摄《纸牌屋》的决定。此外,Netflix 发现越来越多的美国电视观众不喜欢在固定时刻收看电视剧,而是整部剧情全部播放完后,才选一个方便的时间段一次性观看。因此,Netflix 在网上一次性推出 13 集,为观众提供了全新的体验。

《纸牌屋》的走红并非偶然,Netflix 在开拍前就利用大数据预测到该剧的热播。Netflix在全球拥有 3300 万用户,每天用户在 Netflix 上产生 3000 万多个评分、搜索和视频操作等行为。用户的每一次单击、播放、暂停甚至看了多长时间就关闭视频,都会被搜集。例如视频暂停操作较多的场景往往代表用户的兴趣点;用户集中快进则显示剧情沉闷,应该适量删减;回看通常意味着剧情十分精彩,可以酌量增加。大数据分析给 Netflix 提供了深刻的用户洞察力,观众喜欢的题材、观剧的地点、时间、设备以及观众对电影的评价等信息都了如指掌。利用大数据分析,精确定位观众的偏好,Netflix 的首部原创剧集可以精确命中大量的潜在观众,获得了可观的市场份额。

13.4 基于新浪微博的情感分析

在线社交网络近几年发展迅猛,例如国内的新浪微博(Weibo.com)在不到 3 年的时间已积累了近 3 亿用户,平均每秒有超过 1000 条的新微博产生,越来越多的用户通过微博等网络平台表达自己的观点,从而产生了海量的数据。微博大数据不仅反映了一些事件信息,同时也附加了用户对事件的情感表达。通过对这些大数据的分析,可以挖掘用户的情感趋势,在社会舆情分析、有害信息过滤、产品推荐等领域有着广阔的应用前景。

北航软件开发环境国家重点实验室的先进网络分析研究小组(GANA)开发了MoodLens 系统对新浪微博进行情感分类和波动分析,实现物理世界异常或突发事件的监测。该小组把微博的情感分为愤怒、厌恶、高兴和低落 4 类,有利于事件性质的区分和判断。通过调用新浪提供的 API 收集并处理超过 350 万条具有情感标注的微博为语料,利用朴素贝叶斯分类法实现了一个快速分类器,且通过增量学习等策略解决了诸如新词产生、词汇感情色彩演化等问题[17]。

研究小组对发布于 2011 年的近 7000 万条微博进行情感分析,根据各类情绪的波动比例,给出一个快速的异常点发掘方法,并发现 2011 年全年发生的一些典型异常或突发事件。如图 13.5 所示,其中以 A~I 标记了检测出的 top-10 异常点。如 F 对应新年,以高兴的情绪为主;G、I 对应春节,也以高兴的情绪为主;A、D 和 E 对应动车事故,用户以低落悲伤的情感为主,同时愤怒的情绪比例也明显上长升至全年最高;C、B 和 J 对应日本 3 月份的地震,以低落的情绪为主,但对 J 点(2011 年 03 月 17 日),愤怒的情感比例突然增加,这与当时的盛传碘盐被污染、盐荒等谣言有关;H 对应苹果创始人乔布斯逝世,以低落的情绪为主,同时愤怒的情绪比例极低,与前面的动车事件和碘盐谣言有明显的区别。

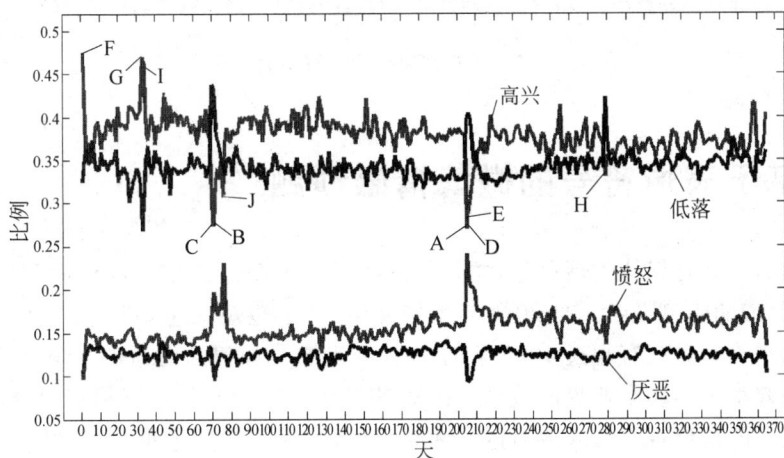

图 13.5 新浪微博的用户情感检测

研究小组还对新浪微博用户的一天情感波动进行了分析,如图 13.6 所示。可以看到,早上 6 点到 8 点之间用户情绪最为低落,主要原因是"不愿起床""不想上班""睡眠质量较差"。而从上午 10 点以后,微博情绪也变得逐渐愉快,并在晚上 8 点达到顶峰。

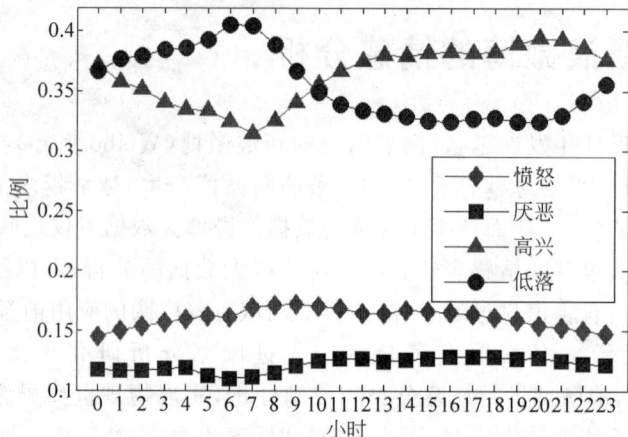

图 13.6　用户情感波动模式

　　此外,研究小组还以 30min 为周期,不间断地对新浪微博情感变化进行实时跟踪和监测,如图 13.7 所示,为 2012 年起始至今的波动曲线以及一些异常点对应的事件。读者可以通过 http://gana. nlsde. buaa. edu. cn/hourly_happy/moodlens. html 访问 MoodLens。

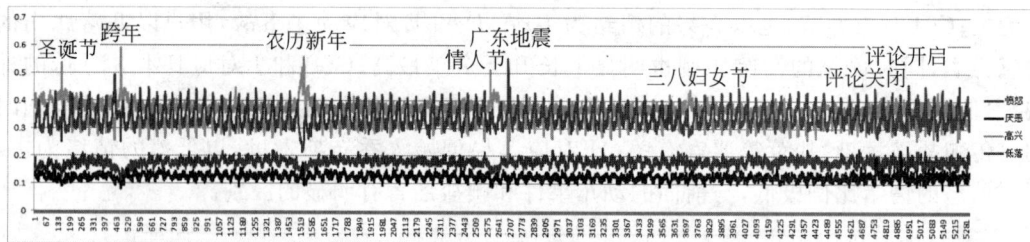

图 13.7　用户情感变化进行实时跟踪

13.5　基于表情符号的微博情感预测[17]

　　近些年来,社会化媒体发展迅猛,尤其是以微博为代表的在线社交网络工具已经成为了互联网信息交流的主流平台。自 2009 年微博开始出现,短短三年,新浪微博国内的用户已经突破 3 亿,平均每秒就有超过 1000 条的 tweets 发布。如何从海量的 tweets 中挖掘用户的情感,已引起学术界和企业界的关注。IBM 艾曼登研究中心帮助营销部门分析用户的微博,判断发文者的价值观和需求。通过对 9000 万名微博用户的数据分析,结果表明只需利用 50 条微博发文,就能准确地挖掘用户的人格特征。而人格特征可以用来预测用户的购买需求。

　　Tweets 中的图形表情符号是表达情感最直接的形式,微博用户使用的表情符号数量很多,频繁使用的符号大约有 90 多个。把这些表情符号作为用户的情感标签,可以分为如表 13.1 所示的 4 类。

表 13.1　微博用户表情符号分类

情感	代表性的符号
愤怒	
厌恶	
愉悦	
悲伤	

通过新浪微博平台开放的 API 获取 tweets 数据,利用统计模型或数据挖掘的方法处理这些数据,进行用户情感走势分析、反常事件检测和实时情感监控。这里选择朴素贝叶斯分类器预测用户的情感。

假设 E 表示上述表情符号的集合,T 表示抓取到的包含 E 中表情符号的 tweets 集合。对于任意的 $t \in T$,用集合 $\{word_i\}$ 表示,$word_i$ 表示 t 中单个词语,i 表示其在 t 中的位置。c_j 为表情符号所属情感的类别。情感分类 c_j 中 $word_i$ 出现的概率 $p(word_i | c_j)$ 可以用属于 c_j 中的所有 t 的 $word_i$ 出现的次数估计。对于一个未知情感的 t,根据词语集合 $\{word_i\}$,利用朴素贝叶斯分类方法,预测所属的情感类 $c^*(t)$ 为:

$$c^*(t) = \arg \max_j \quad p(c_j) \prod_i p(word_i | c_j)$$

为了检验朴素贝叶斯分类器的精度,把抓取到的 tweets 数据分为训练集合 T_{train} 和测试集合 T_{test}。f_t 表示训练数据的比例,$f_t = \dfrac{|T_{train}|}{|T|}$。训练和测试样本集情感分类为 c_j 的样本子集用 $T_{train}^{c_j}$ 和 $T_{test}^{c_j}$ 分别标记。在测试集 T_{test} 中,正确预测出情感分类 c_j 的 tweets 定义为 P^{c_j},并用表 13.2 所示的指标评价预测的结果。

表 13.2　预测评价指标

指　　标	公　　式
正确率(precision)	$p = \dfrac{\sum_{j=1}^{4} |P^{c_j}|}{|T_{test}|}$
召回率(recall)	$r = \dfrac{1}{4} \sum_{j=1}^{4} \dfrac{|P^{c_j}|}{|T_{test}^{c_j}|}$
F-度量(F-measure)	$f = 2p * r/(p+r)$

通过微博平台开放的 API,每隔一定时间(例如 30 分钟)抓取最近一定数量的 tweets,并在很短的时间内完成用户情感分类,进行实时情感监控。

本章参考文献

[1] Big data：How do your data grow？［J］．Nature，2008，455(7209)：28-29.

[2] http：//www.sciencemag.org/site/special/data.

[3] Big data across the federal government［EB/OL］．http：//www.whitehouse.gov/sites/default/files/microsites/ostp/big_data_fact_sheet_final_1.pdf.

[4] What is big data？［EB/OL］．http：//www-01.ibm.com/software/data/bigdata.

[5] Big data［EB/OL］．http：//en.wikipedia.org/wiki/Big_data.

[6] The 2011 digital universe study：extracting value from chaos［C］．International Data Corporation and EMC，2011.

[7] Kumar R. Two computational paradigm for big data［EB/OL］．KDD summer school，2012.http：//kdd2012.sigkdd.org/sites/images/summerschool/Ravi—Kumar.pdf.

[8] Storm［EB/OL］．https：//github.com/nathanmarz/storm，2012.

[9] Goodhope K. Koshy J，Kreps J，et al. Building Linkedin's real-time activity data pipeline［J］．Data Engineering，2012，35(2)：33-45.

[10] D. W. Cheung. Efficient mining of association rules in distributed databases. IEEE Transactions on Knowledge and Data Engineering，1996，8(6)：910-921.

[11] 叶天琦.基于大数据技术的能源云平台的设计与实现.上海：复旦大学硕士论文，2015.

[12] Das S. Data infrastructure at LinkedIn［EB/OL］．Proceedings of the 5th Extremely Large DatabaseConf. http：//www-conf.slac.standford.edu/xldb2011/talks/xldb2011_tue_1005_LinkedIn.pdf，2011.

[13] 将大数据的挑战转化为大机遇［EB/OL］．http：//www.vsharing.com/k/storage/2011-8/648270.html，2011.

[14] Origami Logic：数据分析可视化［J］.互联网周刊，2012.

[15] Viktor Mayer-Schonberger，Kenneth Niel Cukier. Big data：a revolution that will transform how we live，work，and think［M］．Eamon Dolan/Houghton Mifflin Harcourt，2013.

[16] 纸牌屋背后的数据玄机.商业价值［EB/OL］．http：//content.businessvalue.com.cn/post/9739.html，2013.

[17] Jichang Zhao，Li Dong，Junjie Wu，et al. MoodLens：an emoticon-based sentiment analysis system for Chinese tweets［C］．Proceedings of KDD'12，2012：1528-1531.

思考题

1. 分析淘宝的大数据处理。

2. 如何理解大数据及其商业价值？

3. 阅读"徘徊的大数据门前：5个真实的数据挖掘故事"（http：//tech.sina.com.cn/i/2013-04-09/12098221635.shtml），讨论说明大数据分析的商业价值。

4. 分析 Amazon 公司如何利用大数据分析获得竞争优势。

5. 阅读资料"如何使用大数据来阻止客户流失"，讨论如何应用大数据分析对客户进行管理。

你的客服代表回答一个生气的顾客的电话。"我买的这该死的东西根本不管用！"他叫道。"我一遍遍地想从你们的服务人员那里得到帮助,但是他们总是迟到,而且他们也不能修复它。我真是受够了你们。我要退款!"你的客服沉默地平静聆听这位显然很不高兴的客户的电话,并且调出一系列有关他的信息,从几年的交易数据价值和服务呼叫信息到呼叫历史以及他在微博、Facebook和博客圈上有关你公司的评论。或许还有之前的在线聊天或从记录中得到他搜索你的网站时所在地的列表。所有这些信息客服代表可以通过一个可视化工具看到,实际上这是位今天很不顺利的好顾客:他过去并不是什么麻烦,他经常刷微博,因此具有很高的 Klout 分值(这使他成为社交媒体有影响者,大概有大量的追随者),他给了你一个 Facebook 的"喜欢",而且他在你公司花了大把的钱。这让客服代表为这个客户退款开了绿灯,还有一个免费的返回出货标签和下次购物的 20% 打折优惠券。客户高兴了,更好的是,他认定你并不是很糟糕。案子得到解决。

6. 阅读 Netflix 公司的大数据分析案例,讨论《纸牌屋》成功的原因(http://www.salon.com/2013/02/01/how_netflix_is_turning_viewers_into_puppets)。

7. 阅读下面论文,讨论如何利用文本挖掘分析 twitter 用户对知名品牌的情感。Mohamed M. Mostafa. More than words: social networks' text mining for consumer brand sentiments[J]. Expert Systems with Applications,2013,40(10):4241-4251.

8. 讨论如何挖掘社会化网络的意见领袖。Sang-Min Choi, Yo-Sub Han. Representative reviewers for Internet social media[J]. Expert Systems with Applications,2013,40(4):1274-1282.

9. 阅读下面论文,讨论大数据在阿里巴巴欺诈风险管理中的应用:Chen J, Tao Y, Wang H, Big data based fraud risk management at Alibaba, The Journal of Finance and Data Science ,2015, doi: 10.1016/j.jfds.2015.03.001.

10. 阅读下面论文,讨论如何在微博中进行美国世界杯球迷情感大数据分析:Yang Yu, Xiao Wang. World Cup 2014 in the Twitter World: a big data analysis of sentiments in U. S. sports fans' tweets. Computers in Human Behavior,2015(48):392-400.

11. 阅读下面书籍讨论大数据在金融、环境与农业、工程与科学以及客户关系管理等领域的应用:Shui Yu,Song Guo(ed.). Big data concepts, theories, and applications. New York:Springer Cham Heidelberg,2016.

12. 阅读下面文献,讨论并行关联算法如何对大数据进行高效关联分析,并查文献综述并行关联算法及其应用:Dang Nguyena, Bay Vob, Bac Le. Efficient strategies for parallel mining class association rules. Expert Systems with Applications. 2014, 41 (10): 4716-4729.

13. 讨论大数据的数据挖掘面临哪些挑战。

14. 讨论 Netflix 赌赢《纸牌屋》背后的秘密武器(http://www.csdn.net/article/2013-04-24/2815026-Netflix-House-of-Cards-Bigdata)。

15. 举例分析数据挖掘在社交网络分析中的应用。

16. 讨论微博数据分析的商业价值。

17. 讨论农夫山泉如何借助大数据的分析提升管理水平。

18. 举例说明大数据在商业模式创新中的应用。

19. 讨论大数据和商务智能的关系?

20. 讨论在大数据分析中如何处理用户隐私问题。

21. 如何认识大数据的开放性和多数据源融合性。

22. 举例说明 MapReduce 计算框架的应用。

23. 举例说明 Hadoop 架构的应用。

24. 以 Baidu 搜索引擎某段时间热词的统计分析为例,讨论采用 Hadoop 架构的组成及其功能。

25. 讨论如何使用 MapReduce 计算框架计算 PandRank 算法(https://en.wikipedia.org/wiki/PageRank)的网页重要性 PageRank 值。

26. 查阅资料,讨论 MapReduce 计算框架在求解最短路径的并行 Dijkstra 算法中的应用。

27. 讨论如何分析某商城的客户浏览日志、评论和交易数据,并融合客户在其他电商、社交平台、手机 APP 上的外部数据,分析更准确的客户画像,从而为用户做个性化的推荐。

28. 讨论大数据分析在机器翻译中的应用。

29. 讨论大数据分析在 MOOC 课平台中的应用。

30. 以某医院为例,讨论大数据的特征以及大数据分析的价值。在经历了十几年的 HIS 建设后,某医院应用系统已经建成一定规模,临床信息系统陆续建设了包括门诊和住院医生工作站、检验系统、护理系统、手术麻醉、影像系统等等,以电子病历为核心的临床数据积累达到了一定数量级。面对临床的数据利用需求,探索以临床运营指标、临床质量监控及临床科研分析为主要研究方向的临床智能应用。医疗大数据应用快速受到医疗机构的欢迎。大医院基本上都有上百个系统在线运行,这些系统可能来自几十个厂商,由于缺乏信息表达、交换、处理方面的统一标准,医院数据体量庞大,类型复杂,传输速度快且价值大,完全符合大数据的特征。所以,大数据技术同样适用于医院数据应用,为挖掘医院数据价值提供可能。

第四部分

商务智能发展

第14章

商务智能进展

　　金融和电信等信息化基础较好的企业完成数据大集中之后,必然会求助于商务智能分析数据的价值,以应对日益激烈的竞争。最近,国外商务智能厂商加速并购,完善了自身产品线,中小商务智能厂商借机融入应用软件巨头的解决方案,增强了整体的市场竞争力。前几年 Oracle 收购 Hyperion,SAP 收购 Business Objects,IBM 收购 Cognos 和 SPSS,整个业界都看好商务智能的前景。500 强企业中 90％以上的企业利用商务智能软件帮助管理者做出决策。IBM 商业价值研究院在 2009 年对全球 2500 多位 CIO 的调查表明,83％的 CIO 把商务智能作为增强企业竞争力规划的第一选择。

　　Gartner 公司的调查表明,2000—2004 年之间,安全是排在企业 IT 投资第一位的主题,而商务智能项目的投资在 2000 年时仅排在第 14 位,2007 年却突飞猛进,排到了第一位。2007 年一系列并购改变了纯 BI 厂商主导市场的格局,未来 BI 市场将出现由 IBM、Oracle、SAP 等企业主导,专业 BI 厂商 SAS、Informatica、Microstrategy 等引领的趋势。图 14.1 分别是 Gartner 公司在 2014 年和 2015 年 2 月给出的商务智能市场分析态势[1]。按照市场份额,SAP 居市场领先位置,其次是 Oracle、IBM、SAS 和 Microsoft 等公司。因为经济形势的影响,2012 年商务智能还是获得了 7％的增长速度。商务智能成为企业管理软件热点的原因是它帮助企业从现有的数据中提炼出更多价值,为企业创造更多盈利,而这些价值在很长一段时间里都隐藏在一堆让企业非常头疼的海量数据里。从全球范围来看,商务智能已成为辅助企业决策的高端系统,单纯依赖直觉进行业务决策会导致企业管理水平落后。

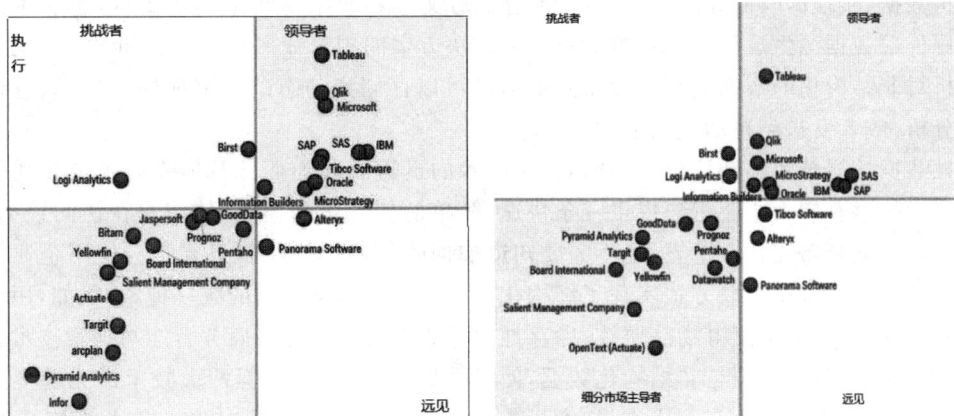

图 14.1　商务智能市场态势

14.1 商务智能应用趋势

商务智能在不同时期的热点都有不同程度的变化,从中可以看出商务智能的变化趋势。商务智能不仅仅是数据仓库、查询、报表、多维分析和数据挖掘等技术的集合。企业界对商务智能的认识由感性逐渐走向理性,注意力从数据驱动转向业务驱动,从关注技术转向关注应用,从关注工具转向关注工具产生的绩效。

1. 技术

数据库技术、统计分析、模式识别和机器学习等技术的发展为商务智能提供了手段。随着竞争的加剧,企业对数据资产分析的需求反过来也不断对这些技术提出了新的要求。新兴技术,如企业搜索、社会性软件、交互式可视化技术和内存内分析技术等先后被纳入商务智能当中。商务智能的用户群将扩展到一线员工、顾客和合作伙伴等。

一直以来,商务智能主要关注结构化和有序的数据。而决策者需要的数据不仅存储在业务数据库中,也来自顾客投诉的 E-mail、顾客的语音评论等非结构化数据源。IDC 的调查表明,领先企业会较多地把非结构化数据整合到决策中去。最近 Business Objects(SAP)、IBM 等公司通过收购一些搜索厂商,把非结构化的数据导入到数据仓库中,并为商务智能增加文本分析能力,提供数据分析的统一视图,使系统简洁和易于使用。

Meta Group 公司估计,平均 70% 的企业数据是非结构化的,这些非结构化的数据和结构化的数据很难集成,导致非结构化数据的价值受到限制。目前一些商务智能产品能够有效处理非结构化的数据。IBM 通过几年的时间收购了一系列商务智能公司的产品,如分析软件 Alphablox、数据转换和整合软件 Ascential Software 和制造分析软件 SRD 等,逐步完善了 IBM 的商务智能中间件产品线。IBM 发布了以 Dynamic 为核心的下一代商务智能战略,提供了超越传统商务智能和数据仓库的交付能力。商务智能的未来将包含非结构化的信息、实时的数据分析以及语义搜索功能。IBM 公司强调对非结构数据的处理,包括内容管理软件中的文本、语音和图像等,推出了支持纯 XML 的混合型数据库 DB2 9,帮助用户管理异构数据,实现即时商业决策。SAP 新增了对文本和非结构化数据的支持,企业用户可以利用外部数据源生成报表。负责商务智能解决方案的副总裁 Karen Parrish 指出,运用文本分析对非结构化的数据进行处理得到的信息可以存储到动态的数据库中,也可以进行实时的分析,或者发送到移动设备上。

在数据挖掘技术不断演进的同时,搜索技术的迅速崛起为商务智能带来了革命性的变化。搜索技术有望为企业用户提供一条快速、简单的信息访问通道,使用户在访问数据时,无须了解数据分布在什么地方,也不需要知道如何收集、过滤数据,只要学会使用企业搜索引擎即可。这种数据获取方式实现了结构化数据与非结构化数据的统一搜索,例如,用户在访问库存数据时,可以获得物品照片、库存地图等非结构化信息。商务智能与搜索技术相融合,可以整合结构化数据与非结构化数据,使得数据更易于访问,但两大技术的无缝集成还存在许多困难,需要解决实施成本、技术标准化和权限控制等问题。2006 年上半年 Google 推出的 Google OneBox for Enterprise 不仅可以搜索数据库和数据仓库中的结构化数据,还可以搜索文本。Oracle、SAS、SAP 和 Information Builders 等商务智能厂商已推出了链接

Google OneBox 的企业级搜索方案,IBM 和 Microsoft 等也不甘示弱。

随着企业资源规划(ERP)、客户关系管理(CRM)和供应链管理系统(SCM)等企业管理软件与社交媒体结合起来,可以为企业的业务分析增加了各种非结构化的数据源,从而可以综合分析经营数据、外部竞争数据、社会媒体数据以及其他企业与客户交互的数据(例如客户访问网站的数据等),从而更全面地把握业务情况和客户需求,如图 14.2 所示。例如通过分析网站上的评价获取消费者对商品的评价和满意度,企业也能够给消费者提供更好的服务。

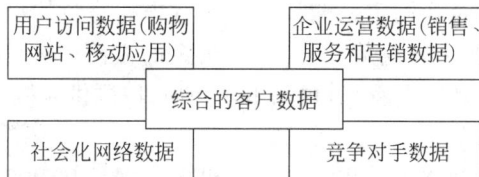

图 14.2　企业运营的综合数据

目前,SAP、IBM 等公司都推出了具有文本分析功能的商务智能产品。例如 IBM SPSS Text Analytics for Surveys 能够使用文本分析技术获取用户的偏好和情感,从而可以掌握客户的需求,更好地为客户推荐商品。CRM 系统与 Facebook、Twitter 等社会媒体平台结合起来,对公司全面了解客户的需求也有所帮助。

2. 业务

商务智能与业务的结合越来越深入。商务智能项目由技术部门牵头,对业务需求把握不准确,技术与业务的脱离是商务智能项目失败的主要原因之一。有些企业把商务智能看作一套技术,构建的系统越来越复杂,却满足不了用户的需求。IDC 分析师 Dan Vesset 认为,商务智能的投资不确定问题并非技术本身,而是技术与业务的脱节。对 IT 人员而言,商务智能意味着报表制作、查询工具、在线分析处理工具以及数据挖掘等。而对最终用户而言,却意味着决策支持。

商务智能逐渐转向业务驱动,业务人员开始主导商业策略和业务规则设计。企业对商务智能的应用开始反思,认识到以业务为导向的商务智能的作用,商务智能已嵌入 ERP、CRM 和 SCM 等应用系统,为用户提供分析支持。目前领先的商务智能厂商基于 ERP、CRM 和 SCM 等软件拓展商务智能市场,向顾客提供整合的解决方案。商务智能的发展在关注业务方面主要体现在加强对业务系统的智能分析,如顾客智能、供应链智能和财务智能等,企业管理软件正从商务智能扩展至管理智能。

1)供应链管理智能

商务智能从流程分析、决策支持、绩效管理以及关系管理等方面改善了供应链管理:改善了供应链数据的可见度,使供应链中的库存水平降低;改善了供应链关系,加强了与供应链伙伴的合作,提高了供应链的竞争力[2]。供应链智能包括采购分析、补货分析、供应商信用分析、库存分析、生产成本分析、应付与应收款分析以及总账分析等供应链各个环节的运营情况的分析。

(1)商务智能能够贯穿供应链的始终,对供应链管理的各个流程进行分析,以优化供应链,提高供应链管理效率。根据供应链运营参考模型(Supply Chain Operations Reference model,SCOR 模型),供应链管理可以分为计划、供应商选择、制造、配送和退货等流程。商务智能通过分析供应链周期、供应链成本等关键因素,选择合适的供应商,管理生产成本并改善资源与设备利用,优化产品库存管理,有效退货管理等影响整个供应链绩效的因素,提高供应链的效率,改善资源的优化配置,降低供应链运营成本,提高顾客满意度。

(2) 决策支持。商务智能通过对供应链管理系统的运营数据进行分析,探究采购、销售过程中出现的问题;帮助企业制定采购计划以及对采购物料的价格趋势进行分析,确定合理的采购提前期,辅助采购主管决策,找到节约资金的方法;掌握库存情况,降低库存。也可以把握顾客的消费习惯和消费特征,预测市场动向,协同供应链上游合适的供应商实时满足顾客的需求。

(3) 绩效衡量。商务智能工具以可视化的绩效衡量手段和实时分析的方法,全面、准确地反映了整个供应链的运营状况与绩效水平。与以往仅仅反映单个企业的运营绩效不同,供应链绩效衡量把供应链绩效指标分为内部和外部两个方面:内部是指单个企业的生产计划、产品成本与质量、顾客服务质量以及库存水平等,外部则是针对供应链合作伙伴的绩效。

(4) 关系管理。供应链关系管理既可以发现顾客需求,又可以加强与供应链伙伴之间的合作,保持整个供应链的优势。企业使用商务智能工具对销售终端的数据进行多维分析或者数据挖掘,把此信息反馈到供应链上游共享,指导产品开发和改进,并从中发现顾客需求,为顾客定制个性化的服务,提高顾客的忠诚度。

2) 顾客智能

面对激烈的市场竞争,企业开始建立以顾客为中心的经营理念。谁是企业潜在的顾客? 何时获取顾客? 企业有价值的顾客特征是什么? 如何增加顾客的价值? 如何预测顾客的流失? 如何赢回顾客等问题已成为顾客关系管理(CRM)的关键所在。数据挖掘可贯穿于顾客生命周期的各个阶段,在不同的阶段可建立不同的数据挖掘模型。首先是企业开展有针对性的市场营销活动,对潜在的用户群施加一定的影响。在市场调查方面,可以从消费者调研数据中抽取有价值的信息,获取市场的洞察力。其中总会有部分用户响应,成为企业的新顾客,开始购买企业的产品或服务。为了提升顾客的价值,企业需要有针对性地开展满意度调查、交叉销售、提升销售和刺激消费。过了一段时间以后,由于竞争者和替代品的威胁,部分顾客会逐渐流失。企业需要了解顾客保有期的生存分析和盈利性分析,对顾客的流失进行预测(哪些顾客可能流失? 何时流失? 为什么流失? 流失的影响怎样?)。此外,针对顾客流失,企业可能还需要采用赢回策略来挽回。数据挖掘能帮助企业改善这些商业活动。

SPSS(IBM)公司针对通信行业的顾客管理,在顾客维可提供顾客市场细分、顾客价值提升、营销活动响应、顾客关怀、顾客交际圈、顾客信用分析、顾客流失预警、顾客策反和顾客满意度等专题分析。在产品维可提供新业务营销、套餐设计优化、顾客套餐匹配和 3G 业务发展等专题分析。而在渠道维可提供新增市场占有率、顾客渠道偏好、业务测量和收入预测等专题分析。表 14.1 所示为 SPSS(IBM)通信行业顾客分析模型[3]。

表 14.1 SPSS Modeler 通信行业顾客分析模型

业务模型	SPSS Modeler 模型	业务模型	SPSS Modeler 模型
顾客生命周期模型	Cox 回归	顾客流程预警	CHAID、QUEST
顾客细分	k-means、Kohonen、两步聚类	顾客渠道响应	KNN、神经网络
交叉销售	GRI、Apriori、CARMA	主动营销	SVM、贝叶斯网络
核心顾客识别	C5.0、C&R、Logistic 回归		

顾客的需求存在于与顾客交往的记录中，如交易记录、点击流和 E-mail 反馈等，即顾客数据库。通过对顾客相关的数据进行分析可以 360 度理解顾客及其行为，缩短企业与顾客之间的距离，改善企业的营销、销售和服务水平，提升顾客满意度。顾客智能也称为 CRM 系统中的商务智能，内容涉及顾客知识的生成、分发和使用，其中，顾客知识包括顾客的消费偏好、喜欢选用的接触渠道、消费行为特征等许多描述顾客的知识。它提供全方位的顾客数据查询、分析和监控功能。顾客智能还可以对顾客满意度、忠诚度以及顾客生命周期进行分析，通过绩效管理对顾客利润贡献进行评估，从而制定顾客细分策略，针对不同的消费群体，采用不同的促销策略，提高销售成功率。

顾客智能也是 CRM 的智慧所在。商务智能通过顾客行为分类、关联分析、顾客行为序列分析和群体行为分析等进行顾客识别、顾客分类、顾客差异分析以及顾客满意度与忠诚度评价，有效实施顾客接触点跟踪，对顾客价值进行细分，分析顾客的需求，甚至创造需求，对顾客的消费进行引导，对顾客的行为进行预测[4]。

【例 14.1】 Gaylord 饭店借助商务智能提高顾客满意度

旅馆需要重视顾客体验，因为顾客满意度是企业经营之本。这需要及时了解顾客如何看待旅馆的硬件配置以及服务的水平，从中找到旅馆内部需要改进的地方，减少住房率以及会议项目业绩的下滑。位于田纳西州 Nashville 的知名连锁旅馆 Gaylord 改变过去人工调查顾客想法、意见的低效做法，从 2008 年开始采用 Clarabridge 公司提供的内容分析技术，通过对调查访问、电子邮件、电话访谈（转化为文本）以及时下流行的文字信息、在线实时对话等内容进行分析，很快就可以精确地发现顾客不满意的来源，找出服务弱项或者表现欠佳的服务人员。同时也可以找出服务强项在整个企业内推广。此外，内容分析软件也加强了 Travelocity 公司与合作伙伴的关系，例如在收到特定供货商的意见后，就可以反映给他们，这样有价值的顾客信息就能够共同分享。

3. 关注绩效

企业在实施商务智能选型时不仅看服务商的品牌、产品价格、功能的全面性等因素，而且更关注商务智能解决方案是否能真正解决企业问题。

自 2006 年开始，商务智能的应用已经从传统的报表、多维分析转向企业绩效管理。目前国内企业兴起了绩效管理的热潮。据调查显示，目前国内最常用的绩效管理类型是目标管理和关键绩效指标。高层管理者使用关键绩效指标能够非常直观地了解当前企业的运营状况。据 ChinaBI 预计，在未来几年里，关键绩效管理将成为商务系统必备的前端展示工具[5]。绩效管理是商务智能新的发展阶段，也是一个新兴信息系统，绩效管理显示出了强劲的发展势头。绩效管理是帮助企业控制、管理经营表现的工具。

4. 关注价值

商务智能的价值在于提高决策的质量,增加企业的收入,降低成本并改善顾客满意度。具体来说,商务智能分析哪些产品能带来最大的利润,直观地反映哪些用户付款不及时,哪个部门的差旅费最高,哪些因素影响了员工的保有率,哪些供应商的原料质量最好等信息。而这些关注点表明了商务智能价值驱动的发展方向。Harada 等开发出决策者需要的商务事件的分析器,该工具集成了分类变量和排序变量划分规则,有效地搜寻事件顺序模式,发现商业环境的变化和趋势[6]。

5. 关注数据质量

数据质量问题已成为阻碍商务智能广泛使用的主要原因。低劣数据对数据分析结果影响甚大,数据质量控制也是决定商务智能项目成败的关键因素。数据质量差已经成为商务智能应用的瓶颈之一,Gartner 公司估计财富排名在前 1000 名以内的企业 25% 以上的关键数据都是有缺陷的。高质量的数据决定了分析的高效性和准确性,也为决策的正确性提供了保证。在 2006 年,《商业周刊》的一项调查表明,43% 的商业人士不能确信企业内部的数据是否准确,77% 的被访者表示因为缺乏可信的信息而做出过失败的决策。为了提高数据的准确性,需要对数据的整个生命周期进行管理,尤其是数据源质量的控制。此外,元数据管理也需要重视,数据的血缘分析和影响分析等技术将细化。2006 年人们开始重视数据质量的问题,但仍然缺少有效的工具来解决这个问题,所以不得不利用数据抽取工具,通过获得数据的特征和数据完整性分析实现数据质量的控制,但大部分的项目由于时间较紧,为了赶工期而没有真正把数据质量的控制放在重要的位置上。

随着企业对数据质量的要求越来越高,商务智能技术开始重视选择使用专门的套件工具,包括实时的数据抽取工具、数据质量防火墙等,例外分析工具也开始占据主导。

除以上主要的趋势外,商务智能也可以促进应用主体向中层、业务操作层延伸,使商务智能融入日常业务,即流程型商务智能(在流程关键节点之中内嵌智能或操作型商务智能)将得到一定程度的推广。

总之,商务智能正处于全面发展的新阶段。借助商务智能的核心技术,企业无论是在数据利用、分析决策方面,还是在流程优化、绩效管理等方面,都将比以往更加智能化。

14.2 商务智能在中国的发展

在国内,商务智能已经被越来越多的企业管理者所接受,其中包括金融、电信、保险、能源、零售、政府等行业的决策者,商务智能将成为这些行业信息化建设的重中之重。最近接连几起的收购案例使几家国际软件巨头在商务智能领域实力的差距缩小,目前在市场份额上还不存在占有绝对领导地位的商务智能厂商。一些规模较小的、具有一定创新能力的公司利用软件巨头收购整合、无暇创新的机会,在商务智能领域也将占一席之地。在市场需求、技术创新和竞争压力的综合作用下,商务智能市场将由低端应用向高端应用拓展,由大企业的应用向中小企业的应用拓展,由单独应用转向各种应用系统的融合。

近几年来,国内一些企业管理软件厂商在其 ERP、CRM、SCM 等产品中集成了商业智能的部分功能,例如,用友、金蝶、博科等公司的产品都集成了多维分析的功能。此外,国内商务智能企业通过代理国际商务智能企业的产品。面临国际巨头的威胁,菲奈特、尚南科技等小商务智能公司凭借着本地化、价格低的优势,也在不断加强创新能力,在 2006 年后也开始盈利。从 2006 年下半年开始,电信、金融等行业对商务智能的需求明显增加,而众多商务智能厂商正是靠这些行业生存的。据智研数据研究中心发布的《2014—2019 年中国商业智能(BI)市场研究及投资潜力研究报告》统计,2010 年、2011 年和 2012 年我国 BI 软件市场规模分别为 36.61 亿元、43.34 亿元和 51 亿元。商务智能市场需求旺盛,市场规模将迅速增长。

国内商务智能市场发展迅速,竞争日益激烈,高端市场被少数国际大厂商占据,比较成熟的商务智能软件产品和解决方案大多也来自国际厂商。国内多数企业对商务智能的利用仍停留在报表等低端应用上。低端市场由国内的商务智能提供商、独立软件开发商和集成商控制。国内外商务智能软件企业的实施和应用水平有很大的差距,目前国外有一些企业已进入多维分析和数据挖掘阶段,而国内商务智能的发展只是近几年的事情,商务智能应用的范围和程度都与国外企业有很大差距。绝大多数实施商务智能企业的应用水平停留在基本的数据整合阶段和简单的统计分析阶段,真正实现深度数据分析的项目很少。商务智能在国内应用的主要问题如下。

1. 起步较晚

商务智能在国外,尤其是欧美发达国家,已有一段较长的发展历史。但在国内,大多数管理者很长时间以来都不是以真实的数据为依据做出科学决策的。但随着市场经济的发展,这种缺乏有效信息支持决策的管理模式和操作准则越来越体现出缺乏理性的缺点。因此国内企业管理者试图通过商务智能解决上述问题,但这种需求比国外发达国家滞后了。工商银行、民生银行、广东发展银行、乐百氏和双汇等企业都在使用商务智能系统,但目前应用的效果还需要时间检验。商务智能正处于起步的阶段,国外商务智能产品逐渐深入数据的挖掘与分析,但成功率不高。而国内商务智能市场还没有形成高中低端搭配、渠道健全、功能完整的局面。

随着国内企业信息化趋向成熟,有接近 50% 的企业已经进行了整体信息化系统的搭建[8]。但所谓整体信息化的建设还只是理论上的,信息化比较完善的部门依然是以财务管理为核心的信息化建设。而对于信息化比较成熟的企业来说,目前最突出的问题是大量业务数据的分析,以及知识在企业内和供应链上下游企业之间的共享。同时,商务智能将不再是简单的查询和报表,而成为集数据整合、分析和应用于一体的平台,它需要分析数据背后的规律,把数据转化成真正有价值的信息和知识。可以预见,商务智能将成为国内企业信息化建设不可或缺的一部分,帮助企业积极应对日益激烈的市场竞争。

2. 差距拉大

目前国内各行业商务智能的发展水平仍是参差不齐,不同规模的企业应用商务智能的差距也在拉大。商务智能在国内的发展呈现区域以及行业的分布不均。在区域上,华北、华东和华南地区,商务智能软件占据了绝大部分的市场份额。而在行业上,电信业、金融、服务业等领域的企业,由于资金雄厚,信息化起步早,一些大型信息系统,如 ERP、

CRM 和 SCM 的使用已经为商务智能的应用提供了丰富的数据源。这些企业很多都建立了部门级数据集市以及简单的前端展示系统，正继续向企业级的商务智能应用发展。此外，目前国内市场应用商务智能的企业并不多，应用深入的企业更少，成熟、专业的商务智能实施顾问短缺。

商务智能在行业内也存在差距，中小企业的规模小，信息化起步较晚，因而历史数据积累较少，它们更加关注的是企业当前运营的数据，因此商务智能的普及率仍然不高。面对行业的竞争加剧，中小企业比大企业更需要商务智能提供市场分析、战略定位等关键信息。所以，中小企业对商务智能的需求已经引起了商务智能供应商的关注，IBM、SAP、Oracle 和 Microsoft 等行业领先者相继推出为中小企业量身打造的解决方案，适应该类用户的特殊要求。例如，IBM 公司于 2009 年 9 月推出了 IBM Cognos Express，这个解决方案具有部署快速、使用方便、成本低、风险小等优点，提供了中小企业业务管理需要的基本功能。

3. 普及仍有待时日

随着国内商务智能市场的逐步发展，用户日趋理性，传统行业中精通商务智能的人才越来越多，商务智能的发展已经变得更加务实、稳定。商务智能已被认为是把数据转化为知识并服务于企业决策的工具，而这种认识的加深，将促进商务智能的发展。但因为技术、观念和管理水平的相对落后，商务智能的普及还需要较长时间。

4. 供应商有待成长

越来越多的企业进入商务智能市场，这与商务智能领域潜在的市场增长是分不开的。国际商务智能厂商较早认识到商务智能的潜力，占据了先入者的优势。最近几年这些厂商通过并购不断完善自身产品线，实现业务的快速扩张，面向各种行业不断推出新的解决方案，在商务智能市场上占据大多数的份额。这些国际商务智能提供商在过去的几年里，纷纷进入中国，不断加强了国内市场的投入。例如，Cognos(IBM) 公司在 2006 年 7 月宣布在中国发布 Cognos 8 BI 解决方案，Business Objects(SAP) 在 2005 年年初推出了由 Crystal Enterprise X 和 Business Objects 6.5 两个产品整合后的 9I 平台等。相对而言，国内厂商通过与国际商务智能提供商合作，代理其产品，积累了商务智能领域产品研发、实施方面的经验，目前一些国内厂商已开始独立的商务智能产品开发，虽然在功能上还需要不断完善，但已经迈出了坚实的一步。有些国内小的商务智能企业，例如用友 BQ、尚南科技的 BlueQuery 产品可以制作各种类型的报表，在处理海量数据、二次开发等方面也有一席之地。因此面对差距，国内企业不能照搬国外的产品，而是适时找到中外企业的差异，发挥本土化的优势才是未来的发展之路。

总之，随着商务智能应用范围的不断扩大和用户认知度的提升，为商务智能软件的推广和应用带来新的发展机遇。此外，虽然大型企业依然是商务智能的应用主体，但中小企业的商务智能应用需求也开始释放。中小企业已经意识到信息化的重要性和迫切性，对商务智能系统的期望也远远不是止步于了解阶段，它们必将成为中国商务智能市场的生力军。因此，各大商务智能厂商已经开发出适合中小企业应用的商务智能解决方案。

14.3　商务智能动态

商务智能的未来颇受关注。从 2007 年开始,商务智能将在企业信息化中占有重要地位。同时将与 ERP、CRM、SCM 和企业门户等相融合,形成集成化的解决方案。

有关商务智能的发展,并不是只有业界关心,学术界也是众说纷纭。商务智能将会在企业管理应用市场中得到迅速发展,同时针对企业效益增长的服务会有大幅提升。目前以业务为驱动的商务智能应用还欠成熟,仍然有很长的路要走。总体上来看,商务智能的发展有以下几个特点:实时、操作型、移动、与业务流程的集成、跨越企业边界、云计算、大数据以及社会协作等[9]。其中移动商务智能、大数据的分析请读者分别参考第 6 章和第 13 章。

1. 实时

传统的商务智能专注于分析历史数据,但随着竞争的激化,企业需要对面临的问题和机遇做出快速的反应。为了满足快速变化的顾客需求,企业需要实时或准实时管理,以满足业务的需要[10]。在这种情况下,操作型商务智能(operational BI)也称为事务型商务智能、动态企业智能等,已成为商务智能发展的一个方向。第 6 章讨论的移动商务智能更多的应用属于操作型商务智能。这种战术性应用往往要求有比较高的响应速度,对数据仓库的数据更新和可用性提出了更高的要求。例如,某厂家促销活动举行半天后,需要了解促销效果。当实时绩效指标与企业目标差距过大时,就需要管理者采取适当对策。又如,客服人员在处理顾客问题时,不仅需要了解顾客的最新交易情况,也需要该顾客的历史交易、信用和积分等信息,为顾客提供个性化的服务,有针对性地推荐产品。

传统的商务智能需要对数据仓库进行大量的数据处理才能获得每周或每月的报表等非实时的信息,而决策的实时性要求商务智能系统能提供满足业务操作需求的信息。针对动态商务智能,许多商务智能软件商都提供了相应的解决方案。例如,IBM 的动态数据仓库策略着眼于企业的信息随需应变(on demand),使商务智能成为企业日常运营的一部分,例如,动态数据仓库使企业应用商务智能实时监控流程执行,而不是事后评价。基于 SAP HANA 的 SAP® Business Suite、SAP NetWeaver® Business Warehouse。云平台协助客户实时、快速地洞察、分析业务变化,并实现持续创新。

实时商务智能的出现不是偶然的。首先,企业生存在竞争日益激烈的环境中,供应商经常改变送货计划和价格,顾客变得更加苛刻,所有的变化促使商务智能变得更加灵活、实时。IT 的发展为实时商务智能提供了技术基础。企业关注的重点从发生了什么转移到什么正在发生,即实时商务信息处理的能力。IDC 的调查表明,在商务智能方面领先的企业要比一般公司更善于运用实时信息。

目前的商务智能系统,一般无法让用户在短时间内得到数据分析结果。面向服务架构(SOA)提供了不同应用集成的接口,使得分布、异构数据源的整合变得相对简单。iWay 软件开发公司已经开发了一套基于 SOA 的适配器,可以集成多种数据源。该适配器已经在 Google 的 OneBox 搜索工具中得到应用,实现了搜索工具实时地跟踪多种类型的数据库。

Informatica 公司也推出了基于 Web Services 的商务智能工具,其数据集成平台使用了 PowerConnects 组件与不同的后端系统交互。正是凭借强大的数据收集功能,SAS 等商务智能软件供应商在其商务智能系统中选择 OneBox 搜索工具。商务智能的实时特性可以让公司与顾客拉近距离,而实时商务智能可以迅速地处理数据,并给出及时、有效的决策。例如,Travelocity 公司用商务智能系统处理顾客的订单,分析顾客输入的信息,然后根据这些信息为顾客推荐适合的服务,包括酒店、租车及其他服务项目等。

在传统的商务智能系统中,数据存储在机械硬盘,读取速度是有限的,当数据量过大时会大大降低计算速度。随着内存成本的降低和性能的提升,把数据存储在内存中进行计算成为可能。Gartner 公司的统计表明,2012 年有 10% 的大型和中型企业采取了内存计算。企业利用内存应用程序能够提高业务效率和竞争力,强大的内存计算能力使企业决策者能实时地查看企业的运营状况,帮助企业更快、更好地决策。目前,内存计算已经成为各大商务智能提供商竞争的新领域。SAP 在 2011 年 6 月就推出了基于内存计算的 HANA 技术,Oracle 随后在 10 月发布了内存计算产品 Exa 系列,包括 Exadata、ExaLogic 和 ExaLytics。此外,IBM 在 2012 年推出了 PureSystems 等。

SAP HANA 是一个软硬件结合体,把数据库迁移到了内存中,在进行数据处理时,CPU 直接可以从速度更快的内存中读写数据,而不需要访问硬盘里的数据。通过 SAP HANA,企业可以直接访问运营数据,同时实时地把主要数据同步到内存中,可以对大量业务数据进行实时查询和分析,并通过灵活的视图迅速地展示信息,帮助企业对快速变化的业务环境做出迅速的响应。在数据展现方面,HANA 比传统的方式快 25~30 倍,过去需要花费几个小时生成的报表利用 HANA 在一分钟之内就可以生成。在计算能力上比以前快了 200~300 倍。

【例 14.2】 SAP HANA 助力农夫山泉

作为中国领先的饮料生产商,农夫山泉始终关注信息化建设。早在 2003 年,农夫山泉就和 SAP 在企业管理软件 ERP 方面展开了合作。依靠信息系统,日常运营中产生销售、市场费用、物流、生产、财务等数据通过工具可以定时抽取到 SAP BW 或 Oracle DM,再通过 Business Object 产生报表,从而帮助企业进行决策。

近两年来,农夫山泉在信息化建设过程中遭遇到了挑战。目前农夫山泉的大部分业务人员每天都要收集大量的客户信息,但随着数据规模的扩大,每次生成一张销售报表都需要花费相当长的时间。但业务部门主管亟须实时更新的信息作为决策依据,现有的信息系统不能满足实时的要求。公司如果能对业务状况进行实时追踪,就能在市场中占得先机。

农夫山泉选择了SAP HANA 作为企业新一代的平台,提高企业的快速决策能力。2011 年,作为全球第三个、亚洲第一个实施 HANA 技术的企业,HANA 在农夫山泉顺利上线,同等数据量的计算速度从过去的 24 小时缩短为 0.67 秒,几乎可以实时计算结果。产生报表的时间也从过去的 24 小时缩短到 37 秒。农夫山泉正计划进一步全面地部署 HANA 技术,实现基于移动设备的商务智能解决方案。

实施 SAP HANA 以来,农夫山泉实现了 30%~40% 的销售年增长率,在饮用水方面快速超越了娃哈哈、乐百氏和可口可乐。根据国家统计局公布的数据,饮用水领域的市场份额,农夫山泉以 34.8% 排名首位。

2. 标准化

标准化是 Business Objects(SAP)等公司关心的商务智能概念。随着企业信息化水平的不断提升,对商务智能的要求也在不断提高,单一的商务智能产品很难满足用户的所有需求。多年来,企业大多都是以部门为单位开展商务智能应用的,商务智能往往嵌入在 ERP、CRM 和 SCM 等项目中,缺乏企业级的整体应用。每个部门都有局部的分析工具,有独特的用户范例、专用格式和元数据以及不同的数据提取与转换方法,但没有统一的平台,产品功能交叉,分析的结果不一致,因此不同的商务智能产品之间很难做到界面统一、信息共享、互融互通。这种不统一的商务智能应用带来的成本是很大的,导致软件许可证和维护等额外的成本。此外,还有为多种产品提供支持相关的间接成本,例如,耗时的内部支持、变化控制和用户的培训等。最后,得到的是对于业务的不利影响,包括经营低效、对待顾客的不平等、内部战略的竞争和企业方向的偏离。

一些软件巨头收购商务智能企业后,在它们的生产线中同时保留多个商务智能组件,例如,Oracle 拥有原有品牌、原 Hyperion 和 Siebel 品牌的商务智能产品,SAP 把原 Business Objects 的产品添加到原有的商务智能产品中,IBM 收购的 Cognos 产品与原有的 Alphablox 和 Omnifind 整合。解决这些问题要求商务智能工具和技术的标准化。标准化不是简单地选择一家商务智能提供商的产品,而是减少分离的报表、分析工具的数量和重复购买,建立一个尽量少的重叠产品组合,以减少商务智能解决方案评估、产品购买、维护和用户培训等成本。因此要开发一套用于选择标准的准则。这些准则必须范围宽广而且内容平衡,还要兼顾技术和体系结构以及商务智能提供商的实际状况等。另一方面,商务智能工具的合并是为了减少工具的冗余,使之合并成为几个功能合理且独特的工具,这也是标准化的一个优点。

3. 嵌入式商务智能

所谓嵌入式商务智能,顾名思义是在企业现有的业务处理系统中嵌入商务智能组件,使之集成商务智能的功能。这些事务处理系统涵盖了企业的各个方面,包括销售、财务和人力资源管理等。例如,Microsoft 为了能让用户方便地访问其商务智能产品 PerformancePoint 2007,便把一些商务智能功能加入 Office 2007 中。IBM 也将 Data Warehouse 的接口嵌入其数据管理系统中,使用户容易访问 IBM 数据集市中的数据。在保险理赔等应用中,使用 IBM SPSS Decision Management 可以辅助业务人员实时处理理赔,通过仿真推荐合适的处理方案。其中可能调用 IBM SPSS Statistics 或 IBM SPSS Modeler 中的业务模型和规则,通过 IBM Collaboration and Deployment Services 可以把决策分析集成到业务系统中。

4. 大众化趋势

商务智能的发展正向大众化的方向演进。商务智能不再是"老板工程",它也可以帮助一线人员解决业务中出现的各种问题。让企业不同层次的员工使用商务智能,并扩展到顾客、供应商和合作伙伴等外部用户正成为业界努力的目标。这种大众化趋势主要体现在以下几个方面。首先,使每个员工受益,即为每个员工提供相关的、完整的、适合于角色定位的信息。此外,商务智能也可以提供实时的智能,嵌入到业务流程,帮助一线员工更快、更好地制定决策。例如,全球最大的隐形眼镜邮购商 1-800 Contacts 为应对眼科医师开出的隐形眼镜处方对公司的业务构成的竞争压力,部署了商务智能,支持公司呼叫中心人员的业务处理。通过仪表盘呼叫中心人员可以了解顾客以往的购买记录,根据这些记录向顾客推荐相关的产品,并预测顾客何时弃旧换新,提升了服务质量。此外,呼叫中心人员也可通过系统实时跟踪自己的业绩。现在,公司 60% 以上的员工都用了商务智能系统[11]。

2007 年 Oracle 公司收购了 Hyperion 后,率先提供给用户完整的解决方案。增加了绩效管理优势后,Oracle 公司意气风发。除了把绩效管理作为商务智能发展核心外,还提出了通用型商务智能发展方向。通用型商务智能的观点接近 Business Objects(SAP)公司的用户革命的观点,让高层管理者以外的更多用户运用商务智能工具。而 Oracle 公司认为要普及商务智能,必须改善用户体验,推出可让更多用户轻松使用的商务智能产品,同时,还应该提高部署和管理商务智能的整体效率以减少成本。对于许多企业,解决上述两个迫切的问题是把商务智能工具合并为一体化和标准化的解决方案。

5. 易用性[12]

易用性是新技术被接受的重要因素。《信息周刊》调查表明:在商务智能领域,针对非技术用户的易用性问题是妨碍商务智能部署的主要障碍。商务智能工具的复杂性也会带来高的培训和推广成本。近年来,业界很多人认为真正的商务智能工具应能支持业务部门人员自助式地对掌握的数据进行分析,揭示有价值的业务规律。

真正意义上的易用性产品必须同时满足易用性的几个要素:简便易用的用户界面,适用性好的产品特性以及实施与管理的便利性。在用户界面方面,一些厂商已做出了智能化交互工具,允许用户拖拽多个区域创建出复杂的报表、图表,进行直观的分析,把数据分析无缝地整合到业务人员的日常操作中,支持"操作型商务智能"。一些商务智能软件厂商还把其软件与一般用户熟悉的 flash、Excel 和 PowerPoint 集成起来。例如 Crystal Reports 2008 中可以嵌入 Xcelsius Flash 文件,使 Business Objects(SAP)公司的报表用户可以借助动态图表来形象地展示预期的影响。IBM Watson Analytics 是 IBM 公司基于 Watson 认知计算技术构建的一个云分析平台,它基于自然语言的数据自助式分析,包括数据准备、数据探索、预测以及设计分析仪表盘等,简单易用,使得人人都能不依赖 IT 人员做分析。

6. 云计算

实施与管理的便利性要求产品在越来越复杂的情况下,系统安装的时间要尽可能短,维护简单且成本尽可能低。为此,一些新的技术和系统管理模式,例如软件作为服务(Software as a Service,SaaS)等已成为应用软件市场趋势。租赁模式也将继续成长。作为提高市场洞察力和商务决策能力的工具,SaaS 会被越来越多高速发展的亚洲地区企业重视,其中主要用户是中小企业,SaaS 将成为它们的选择。这是因为目前的商务智能解决方案价格不菲,实施过程比较复杂。未来市场上会出现更多的商务智能应用服务提供商(Application Service Provider,ASP)。最近几年,运用云计算(cloud computing)强大的计算能力部署商务智能,也成为一些企业的选择,SAP、MicroStrategy 和 Informatica 等公司已经进行了云端数据集成服务。

7. 社会化协作

商务智能和社交网络相结合,利用社交网络中用户之间的协同制定更优的决策,提高了决策的质量、透明度和可审计性。

【例 14.3】 社会化网络用户之间的协同行为演化[13]

实践证明,无论在现实世界还是在虚拟的互联网世界,人们更愿意接受来自亲朋好友的推荐。协同推荐是一种基本的电子推荐方法,越来越多的研究者开始致力于研究基于协同推荐的电子推荐系统(collaborative recommender systems),而揭示网络用户之间的协同行为如何产生和演化的分析较少。

这里把推荐系统中用户的协同关系表示为一种社会化网络结构,即把用户视为网络结构中的参与者,他们之间若有协同关系则用有向线条连接,线条的指向表示信任与被信任(A 指向 B 表示 A 信任 B 或 B 被 A 信任,双向箭头则表示 A、B 互相信任),同时定义协同关系不具备传递性,即若 A 信任 B 且 B 信任 C 不能推出 A 信任 C。推荐系统中所有参与者之间的有向线段构成了一个社交网络。表 14.2 的度量用于社交网络用户之间的协同分析。

表 14.2 度量体系介绍

度量(Measure)	具体说明
规模(Size)	社交网络中的用户总数
密集度(Density)	实际存在连接线占所有可能连接线数的比例
度数(Degree)	连接参与者的线总数
入度(In-degree)	由外部指向参与者的连接线数量
出度(Out-degree)	由参与者指向外部的连接线数量
参与者中心度(Degree-Centrality)	计算指标为入度、出度
Clique Membership	包含参与者的 Clique 数量

网络的规模度量是最基本的属性。假设一个网络 N 的规模为 10,那么该网络有 10 个参与者,参与者之间可能存在的最大连接数为 9。网络的密集度是指参与者之间实际存在的连接数占最大连接数的比例。参与者中心度有两个指标计算:入度越高,表示其拥有更高的声望,推荐意见会被更多的人信任;出度越高,表示其寻求推荐的机会就越多。小群体(Clique)和派系(Faction)的概念是把网络中具有相同特点或连接紧密的参与者划分在同一集合中。若有 4 个或 4 个以上参与者之间两两相连,则可视为一个小群体。Clique Membership 是表示参与者隶属的 Clique 的数量。构成 Faction 的条件要比 Clique 低,只要符合特定的条件,参与者间即使没有满足两两相连的条件也可视为一个 Faction。

下面以一个餐饮推荐系统 GenialChef 为例,分析用户之间的协同推荐。GenialChef 系统共有 40 位用户,运行 60 天,分别提取第 1 天和第 60 天的数据绘制网络结构如图 14.3 和图 14.4 所示。

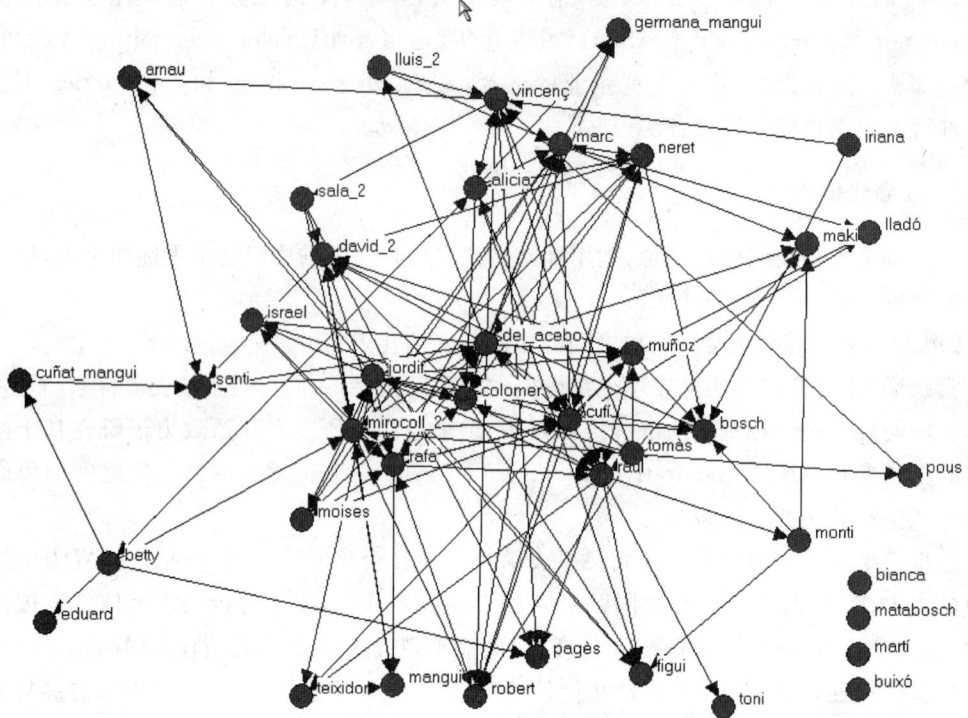

图 14.3 初始阶段网络关系状态

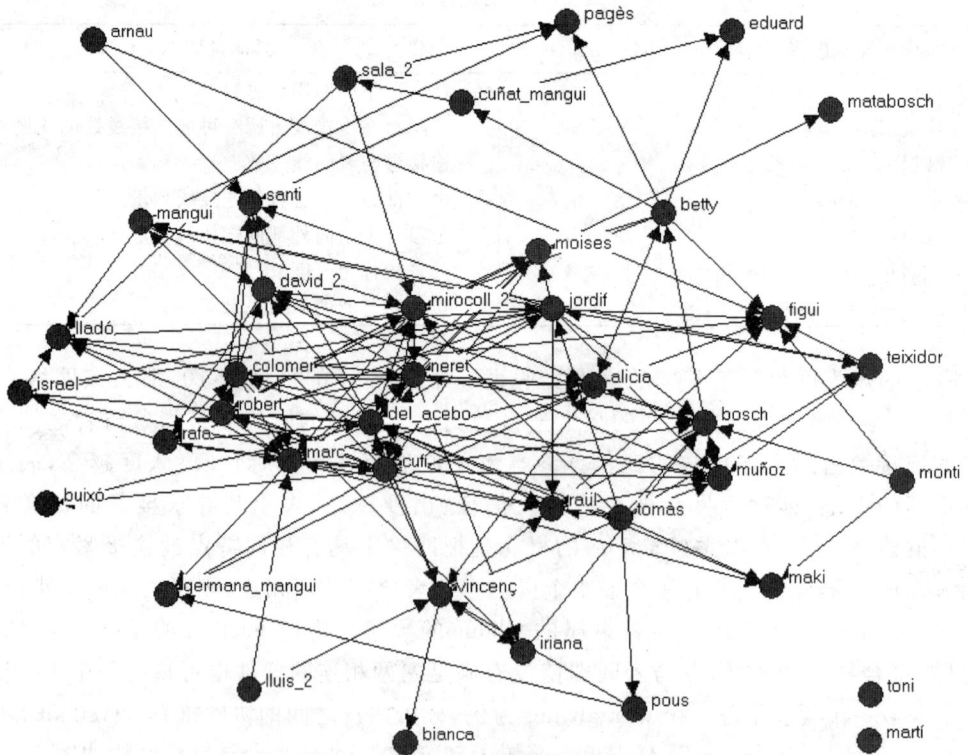

图 14.4 实验结束阶段网络关系状态

通过分析实验过程中推荐系统网络结构的一系列度量值变化研究用户协同关系的演化。图14.1和图14.2的数据如表14.3所示,社交网络的规模为40,参与者间可能存在的连接线数为40*(40-1)=1560,初始网络实际存在的有向连接为150,实验结束时网络实际存在的有向连接数为170,密集度都不高,反映了系统中参与者可信赖的同伴普遍不多,随着实验中协同行为出现,这个情况有所好转。

表14.3 规模和密集度分析

度 量	初始网络	结束网络	比 较
规模	40	40	仿真设定值,无变化
有向连接数	150	170	数量都不大,实验过程中有新连接产生
密集度	9.6%	10.9%	密集度都不高,实验结束时有显著增长

(1) 入度/出度度数(参与者集中度):表14.4统计了40个参与者(actor)在两个时期各自的入度和出度,S代表初始时期,E代表结束时期,In代表入度,Out代表出度。

表14.4 入度/出度度数分析

Actor	In-S	Out-S	In-E	Out-E	Actor	In-S	Out-S	In-E	Out-E
sala_2	1	3	1	3	germana_ma	3	0	4	0
mirocoll_2	7	11	7	12	cunat_mangui	1	1	1	3
lluis_2	1	2	0	2	matabosch	0	0	1	0
david_2	9	2	7	3	toni	1	0	0	0
marti	0	0	0	0	betty	1	5	2	7
jordif	5	12	4	14	maki	4	0	4	0
buixo	0	0	2	0	pous	1	1	1	2
arnau	2	2	0	2	raul	8	5	7	2
vincenc	6	5	7	4	bosch	7	2	7	5
eduard	1	0	2	0	santi	5	0	7	0
rafa	8	10	8	8	marc	10	4	12	5
tomas	0	11	0	11	figui	6	0	8	0
teixidor	3	3	3	4	israel	5	0	5	1
neret	6	8	7	11	pages	4	0	3	0
alicia	4	8	6	8	llado	2	0	8	0
del_acebo	7	18	7	17	munoz	5	5	6	5
colomer	6	5	6	7	robert	5	2	6	4
cufi	6	12	7	16	mangui	3	2	4	4
iriana	0	2	3	2	bianca	0	0	1	0
moises	4	5	6	5	monti	1	3	0	3

由统计数据可以看出,marc拥有最高的入度,表示拥有最高的声望;cufi,del_acebo和jordif拥有较高的出度;初始网络和结束网络分别有13个和12个参与者的出度为0,即没有可信赖的同伴;初始网络和结束网络分别有6个和7个参与者的入度为0,即没有被任何参与者信任。

分析参与者入度/出度的变化可以揭示哪些参与者的协同效用最高,协同行为对网络关系的影响。例如,cufi在初始网络中信赖12个参与者,实验结束时出度达到了16,协同行为使其增加了4个新同伴;llado也由初期的2名信赖者发展为8名信赖者。

(2) Clique Membership:图14.5以Clique的定义为标准,对每个参与者的Clique Membership做了统计。

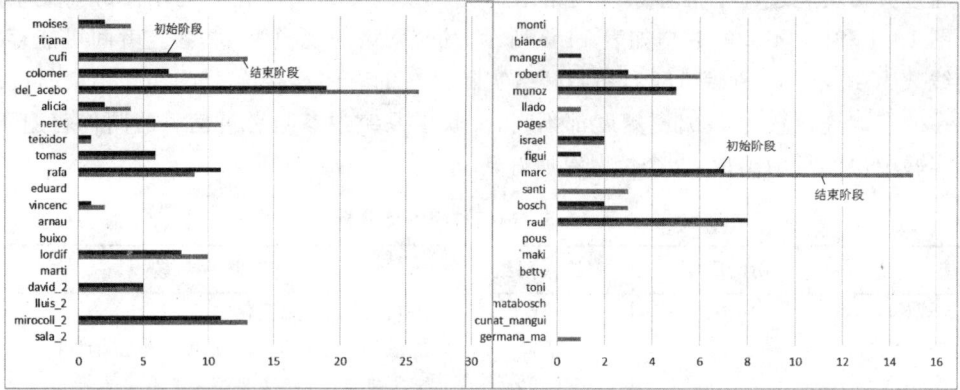

图 14.5　参与者对应的 Clique Membership 统计

不难发现,虽然有若干参与者的 Clique Membership 值很高,仍有近一半的参与者不属于任何 Clique,实验开始阶段有 19 个,结束阶段有 18 个,基本没有变化。对于 Clique Membership 值较高的参与者,其入度/出度数也较高。

Business Objects(SAP)公司作为商务智能市场的先驱者,一直占据着商务智能市场的较大份额。Bernard Liautaud 提出的 BI 2.0 的概念和五大革命的发展趋势的预见,具有一定的前瞻性。BI 2.0 的概念是从 Web 2.0 的概念演绎而来的,这场革命风暴的关键词是面向消费者。

基于 Web 2.0 的群体智能(collective intelligence)将整合员工、顾客、合作伙伴和供应商提供的所有信息,帮助决策者了解问题的全貌,做出更好的决策。商务智能也将进入 2.0 时代。

本章参考文献

[1]　Magic Quadrant for Business Intelligence and Analytics Platforms. https://www. gartner. com/doc/2668318/magic-quadrant-business-intelligence-analytics,2014.

[2]　李振国,朱杰. 商务智能在供应链管理中的应用[J]. 物流技术,2007,26(2):145-147.

[3]　http://www. spss. com. cn/Industry/Industry_List. aspx? MC_ID=24.

[4]　Michael J A Berry, Gordon S Linoff. Data mining techniques for marketing, sales, and customer relationship management. 2nd ed[M]. John Wiley & Sons, 2004.

[5]　http://www. chinabi. net.

[6]　Harada L, Hotta Yohmori. Detection of seqnenti patterns of events for supporting business intelligence solutions[C]. Database Engineering and Applications Symposium,2004:475-479.

[7]　2014—2019 年中国商业智能(BI)市场研究及投资潜力研究报告,http://www. abaogao. com/b/qita/P28941MF7U. html,2014

[8]　Marcus Dill, Achim Kraiss, Stefan Sigg, et al. Service-oriented BI: towards tight integration of business intelligence into operational applications [C]. Proceedings of the 2004 ACM SIGMOD international conference on Management of data,France,Paris,2004:900.

[9]　Neil Raden. Business intelligence 2.0: simpler, more accessible, inevitable[EB/OL]. http://www. intelligententerprise. com/showArticle. jhtml? articleID=197002610,2007.

[10]　Azvine B, Z Cui, D D Nauck,et al. Real time business intelligence for the adaptive enterprise[C].

Proceedings of the 8th IEEE International Conference on e-Commerce Technology and The 3rd IEEE International Conference on Enterprise Computing, e-Commerce, and Eservices, Los Alamitos, CA, 2006: 29-39.

[11]　BI 的普及之道[EB/OL]. http://www. vsharing. com/k/BI/2008-7/612655. html.

[12]　鲁百年. 简易性领跑 BI 未来[EB/OL]. http://www. chinabi. net/Article/binews/200708/651. html.

[13]　J. Palau, M. Montaner, and B. Lopez. Collaboration analysis in recommender systems using social networks[C]. Proceedings of the Eighth International Workshop on Cooperative info. Agents (CIA'04), Lecture Notes in Computer Science, 2004:137-151.

思考题

1. 商务智能的发展有哪些趋势？请从技术、应用领域和市场态势等多个方面分析。

2. 2007 年商务智能市场的几起并购事件对商务智能发展有什么影响？

3. 概括商务智能在国内发展的状况和存在的问题。

4. 案例分析[*]：分析 A 公司商务智能项目失败的原因，并给出解决方法。

A 公司是一家规模较大的工业企业，经过多年的发展，其生产的几十种产品不仅覆盖全国，而且远销国外，经济效益可观。为了提高企业管理水平，满足集团管理的要求，A 公司于 2003 年底正式启动了 ERP 项目，并于 2004 年成功上线，半年后实现单轨运行，并一直保持平稳运行的状态。但 A 公司信息中心人员发现，由于 ERP 系统主要是对日常运营基础数据进行管理，公司领导很少用这个系统，很多领导需要的报表还是需要在系统外进行编制和流转。基于这个原因，他们决定在 ERP 系统上拓展一个新项目——BI 系统，意在抽取 ERP 中的数据，并形成供管理人员查看的报表系统。A 公司在 ERP 系统单轨运行后很快就进行了 BI 软件选型，并组织相应的实施人员进场开始工作。可未曾料到的是，原本预定 4 个月就能结束的项目，过了 7 个月还是一拖再拖。是领导提出的需求不够确切，还是其他的因素阻碍了项目的进展？原来，经过几个月的项目实施，无论是信息中心的 IT 人员，还是软件公司的实施人员，他们都发现，系统无论从内容上、形式上，或者是操作上，都与最初项目启动时的设想出现了较大的偏差，完全无法满足领导的要求。

5. 举例说明数据挖掘在顾客生命周期有哪些应用。

6. 讨论商务智能在物流和供应链管理中的应用。

7. 阅读本章参考文献 1，从商务智能主要解决方案提供商的市场竞争态势讨论商务智能的发展趋势。

8. 分析经济危机对商务智能发展的影响。

9. 讨论云计算、内存计算、移动计算和大数据分析等技术对商务智能应用的影响。

10. 阅读下面文献，讨论商务智能未来的发展方向：Ee－peng Lim, Hsinchun Chen, Guoqing Chen. Business intelligence and analytics: research directions. ACM Transactions on Management Information Systems, 2013, 3(4):1701-1710

11. 举例说明实现商务智能的实时性。

12. 讨论社交网络与商务智能如何结合？

---

　* 案例来源 http://www. amteam. org。

13. 参阅资料,举例说明 IBM Watson Analytics 的主要功能。

14. 讨论商务智能对企业经营管理的影响。

15. 查阅文献,讨论内存计算与基于分布式计算处理大数据的不同之处。

16. 阅读下面书籍,讨论商务智能的发展趋势:Jorg H. Mayer,Reiner Quick. Business intelligence for new-generation managers:current avenues of development. New York:Springer Cham Heidelberg,2015.

第五部分

实验

第15章

商务智能实验

本章在前面内容的基础上,介绍报表制作以及数据挖掘实验,使读者对其有一定的感性认识。

15.1 使用 SAP Crystal Reports 创建报表

SAP Crystal Reports 是 SAP Business Intelligence 提供的报表工具,可以辅助用户制定决策。SAP Crystal Reports 既可方便快捷地创建简单报表,又提供了一系列的工具开发复杂化、专业化的报表。这个软件可到 http://scn.sap.com/docs/DOC-25830 下载。

作为世界级的自行车公司,GBI 服务于专业自行车行业和业余自行车行业两个领域,产品包括各种自行车及其配件。GBI 因工艺优良获得许多设计奖,在十多个国家畅销。GBI 以其牢固、轻巧、易修的产品理念享誉全球。

GBI 生产的自行车分为旅行车和越野车(两种)两类,旅行车又分为豪华版(三种)和专业版(三种)两类,配件包括防具(4 种)和通用(5 种)。GBI 总部位于美国的达拉斯,其欧洲分公司位于德国的 Heidelberg。在美国和德国公司分别有两个销售机构,即美国东部、美国西部和德国北部、德国南部。公司在两个国家都提供零售和在线销售服务。

下面以自行车制造公司 Global Bike International (GBI)的销售数据分析为例,简单介绍使用 SAP Crystal Reports 开发报表的一般步骤。

(1) 导入 GBI 销售数据。"开始"→"所有程序"→Crystal Reports→Crystal Reports 2011→"文件"→"新建"→"空白报表",在弹出的"数据库专家"面板上,选择"创建新连接"下的 Access/Excel,如图 15.1 所示。

在弹出的 Access/Excel 面板上单击"数据库名称:"一行右侧的"浏览"按钮,选择 GBI 的数据库文件,完成后回到"数据库专家"面板,选择刚才新建的"GBI 连接",单击 >> 按钮,将数据库的所有表导入报表,如图 15.2 所示。单击"确定"按钮完成数据导入。

(2) 建立数据连接。此时会弹出"连接"选项卡,在"自动连接"组选"按名称"单选按钮,单击"连接"按钮,此时各表之间根据名称自动建立起了连接,如图 15.3 所示。

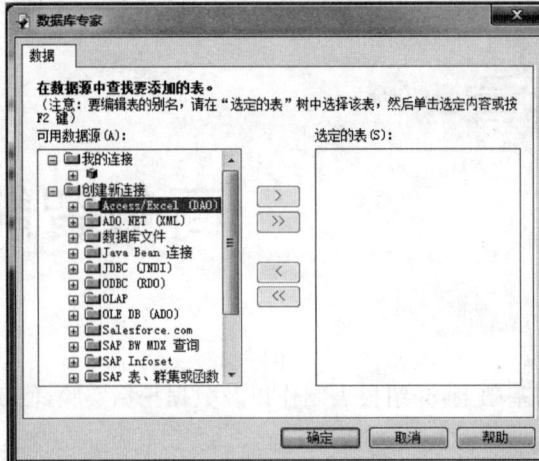

图 15.1　创建新的数据连接

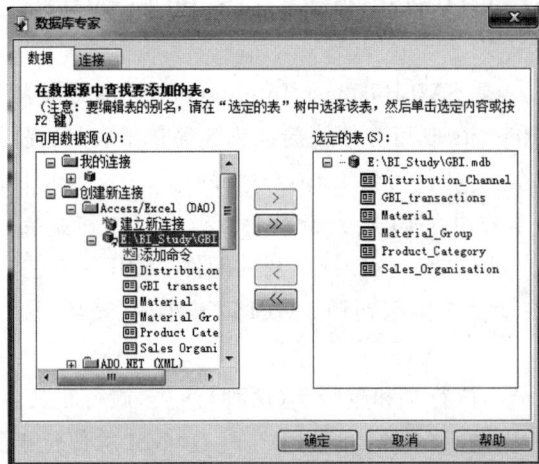

图 15.2　导入数据

图 15.3　建立连接

（3）设计 GBI 所有地区 2010 年以来 T-shirt 的销售报表。SAP Crystal Reports 的工作界面如图 15.4 所示，上侧为菜单栏和工具栏，右侧为字段资源管理器，包括数据库字段、公式字段、表达式字段和特殊字段等。左侧为工作区，包括设计面板和预览面板，可以在设计面板中进行报表的设计，在预览面板中进行效果的预览，从而反复调整报表至最佳。设计面板中，可以看到一份报表分为报表头、页眉、详细资料、报表尾和页脚等部分。把要显示的主要信息放置于"详细设计"，说明信息放置于其他部位，可以设计出一份符合要求的报表。

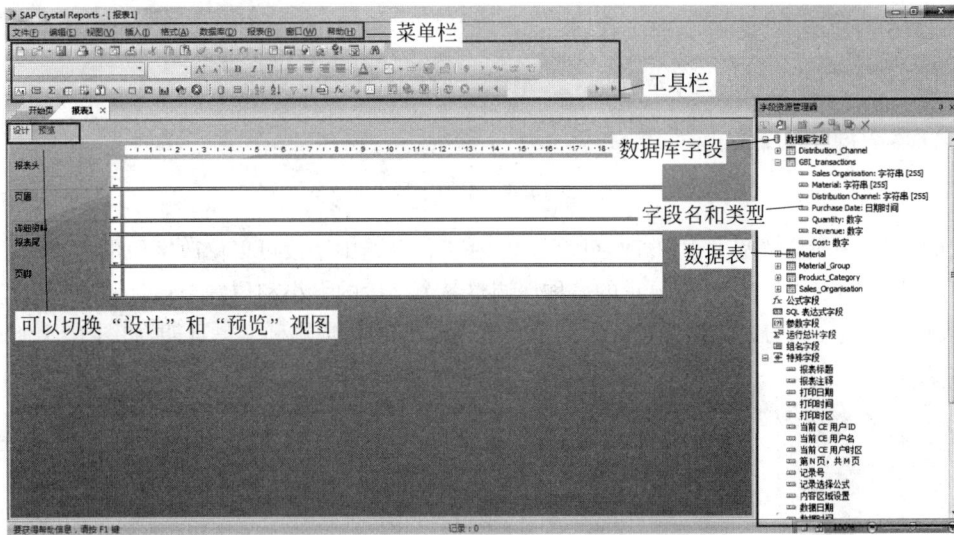

图 15.4　Crystal Reports 的工作界面

（4）修改报表摘要信息。打开"文件"→"摘要信息"，在"文档属性"面板中输入标题、关键字和主题等信息，如图 15.5 所示。

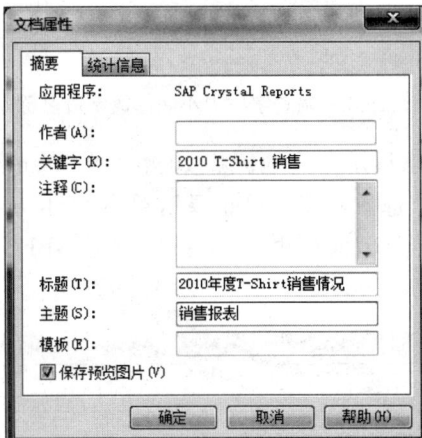

图 15.5　修改报表摘要信息

（5）添加字段。在视图中打开"字段资源管理器"视图，分别把 Sales_Organisation 表中的 Location 字段、Distribution_Channel 表中的 Distribution Channel Description 字段、GBI_transactions 中的 Material、Quantity、Revenue、Cost 和 Purchase Date 字段拖曳放置到"详细

资料"区域,如图 15.6 所示。此时添加到报表中进行显示的字段前面出现了绿色的小对勾,页眉中也出现了对应字段的名称。切换到"预览"视图可以预览报表效果。

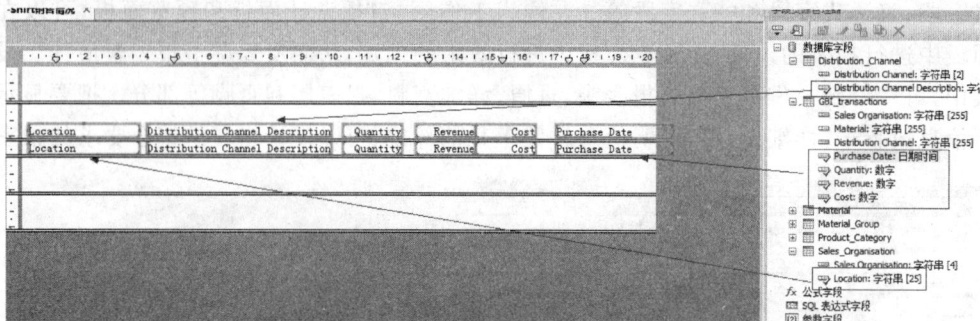

图 15.6　添加字段

(6)调整字段位置和大小,修改字段名称。在工作区选中字段可以修改字段的大小和位置。双击"页眉"中的字段,可以修改显示的名称。调整各个字段的大小和位置至最优,并修改对应的各字段在页眉的名称分别为地区、产品、销售渠道、数量、收入、成本和交易日期,如图 15.7 所示。

图 15.7　调整字段大小和修改字段名称

(7)筛选数据。报表要求展示所有地区 2010 年以来 T-shirt 的销售情况,因此要对数据进行筛选。打开"报表"→"选择专家"→"记录",单击 GBI_transactions 表中的 Purchase Date 字段。在弹出的"选择专家"面板中,筛选条件改为 GBI_transactions. Purchase Date 字段"大于或等于""2010/01/01 00：00：00",如图 15.8 所示。

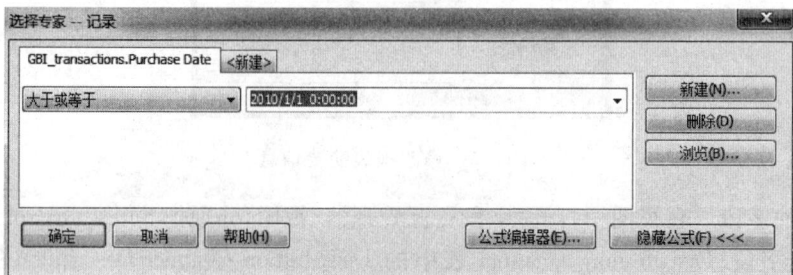

图 15.8　筛选日期

添加商品种类选择条件,新建 GBI_transactions. Materia 字段＝"SHRT 1000"选择条件。下侧的文本框中显示了所添加的选择条件,如图 15.9 所示。

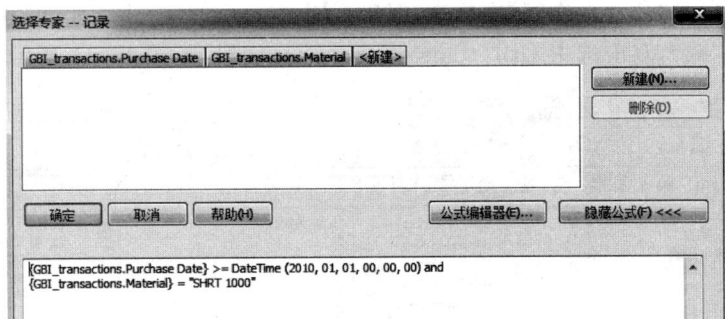

图 15.9 添加选择条件

在预览视图中可以看到,报表中的数据被刷新,如图 15.10 所示。

图 15.10 刷新后的数据

(8) 分组。对销售数据按照地区和销售渠道进行分组,可以使报表结构更清晰。单击菜单栏的"组专家" ≣ 按钮,在弹出的"组专家"面板中依次添加 Sales_Organisation. Location、Distribution_Channel. Distribution Channel Description 字段到"分组依据",如图 15.11 所示。单击"确定"按钮。切换到预览窗口,左侧出现了分组,如图 15.12 所示。

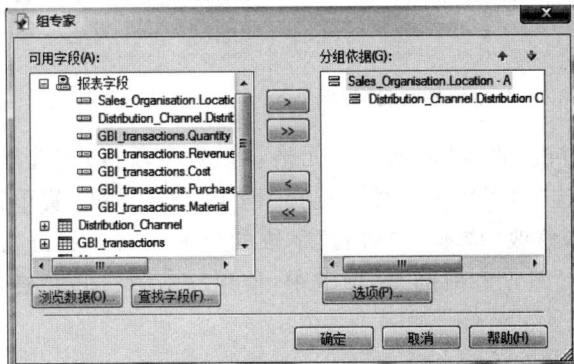

图 15.11 分组操作

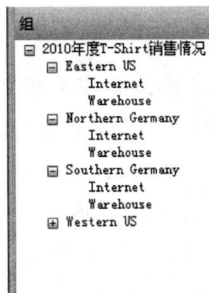

图 15.12 分组效果

(9) 自定义计算利润。数据中只显示了收入和成本,利润信息并不明确。可以通过用户自定义的方式添加上利润数据。右击"字段资源管理器"面板中的"公式字段",新建"利润"公式。在弹出的"公式工作室"面板中,双击 GBI_transactions.Revenue 字段,选择"运算符"→"算数"→"减",双击选中 GBI_transactions.Cost 字段,如图 15.13 所示。

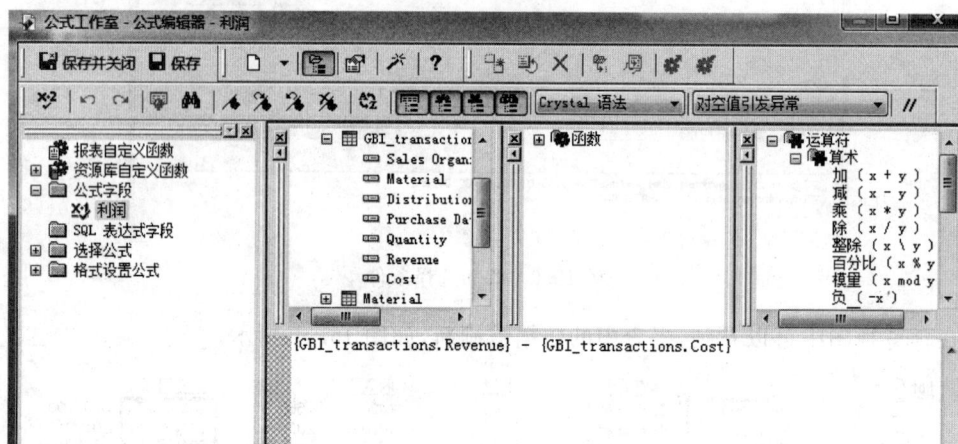

图 15.13　自定义计算利润

把新建的"利润"字段添加工作区至"成本"字段右侧,调整大小和位置,如图 15.14 所示。

图 15.14　添加利润字段

(10) 修改字段数据的格式。右击"收入"数据的单元格,"设置字段格式"选择"自定义",在弹出的"自定义"面板中,勾选"启用货币符号",选择"固定"单选按钮,货币符号选择" $ ",如图 15.15 所示。类似地,修改"成本"、"利润"字段的金额格式。右击"交易日期"数据的字段,"设置字段格式"在"日期和时间"选项卡中,使用"03/01/1999"格式的时间显示,如图 15.16 示。

修改后的报表如图 15.17 所示。

图 15.15 修改金额格式

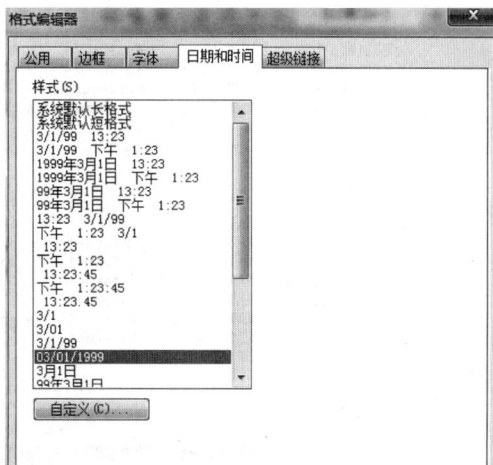

图 15.16 日期格式

地区	产品	销售渠道	数量	收入	成本	利润	交易日期
Eastern US							
Internet							
Eastern US	SHRT 1000	Internet	44	$ 1320	$ 660.00	$ 660.00	01/07/2010
Eastern US	SHRT 1000	Internet	54	$ 1620	$ 810.00	$ 810.00	01/14/2010
Eastern US	SHRT 1000	Internet	30	$ 900	$ 450.00	$ 450.00	01/21/2010
Eastern US	SHRT 1000	Internet	26	$ 780	$ 390.00	$ 390.00	01/28/2010
Eastern US	SHRT 1000	Internet	15	$ 450	$ 225.00	$ 225.00	02/04/2010
Eastern US	SHRT 1000	Internet	11	$ 330	$ 165.00	$ 165.00	02/11/2010
Eastern US	SHRT 1000	Internet	8	$ 240	$ 120.00	$ 120.00	02/18/2010
Eastern US	SHRT 1000	Internet	8	$ 240	$ 120.00	$ 120.00	02/25/2010
Eastern US	SHRT 1000	Internet	41	$ 1230	$ 615.00	$ 615.00	03/04/2010
Eastern US	SHRT 1000	Internet	42	$ 1260	$ 630.00	$ 630.00	03/11/2010
Eastern US	SHRT 1000	Internet	43	$ 1290	$ 645.00	$ 645.00	03/18/2010
Eastern US	SHRT 1000	Internet	21	$ 630	$ 315.00	$ 315.00	03/25/2010
Eastern US	SHRT 1000	Internet	31	$ 930	$ 465.00	$ 465.00	04/01/2010
Eastern US	SHRT 1000	Internet	15	$ 450	$ 225.00	$ 225.00	04/08/2010
Eastern US	SHRT 1000	Internet	9	$ 270	$ 135.00	$ 135.00	04/15/2010
Eastern US	SHRT 1000	Internet	5	$ 150	$ 75.00	$ 75.00	04/22/2010
Eastern US	SHRT 1000	Internet	12	$ 360	$ 180.00	$ 180.00	04/29/2010

图 15.17 修改金额和时间格式后的报表

（11）添加汇总。单击菜单栏的"插入汇总" Σ 按钮，统计总收入和总利润。在"插入汇总"面板上，选择汇总字段 GBI_transactions.Revenue，"计算此汇总"选择"和"，选中"添加到所有组级别"可以按地区、销售渠道分组为收入汇总，如图 15.18 所示。类似地，可以为"利润"字段添加求和汇总。

汇总结果后的报表如图 15.19 所示。

（12）插入标题并修改样式。选择"字段资源管理器"中的"特殊字段"、"报表标题"，拖曳至报表头。右击"设置字段格式"→"字体"选项卡，设置成图 15.20 所示。调整各字段位置，修改样式，调整至理想状态，最终效果如图 15.21 所示。

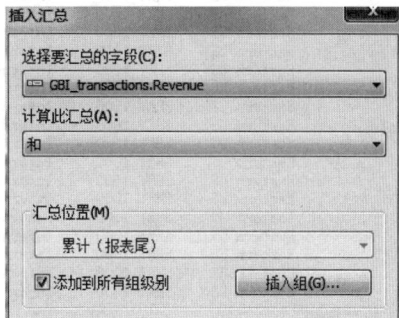

图 15.18 添加汇总

Eastern US	SHRT 1000	Warehouse	7	$ 210	$ 105.00	$ 105.00	11/18/2010
Eastern US	SHRT 1000	Warehouse	7	$ 210	$ 105.00	$ 105.00	11/25/2010
Eastern US	SHRT 1000	Warehouse	10	$ 300	$ 150.00	$ 150.00	12/02/2010
Eastern US	SHRT 1000	Warehouse	12	$ 360	$ 180.00	$ 180.00	12/09/2010
Eastern US	SHRT 1000	Warehouse	24	$ 720	$ 360.00	$ 360.00	12/16/2010
Eastern US	SHRT 1000	Warehouse	57	$ 1710	$ 855.00	$ 855.00	12/23/2010

按不同组进行汇总 →

$ 36 030.00 $18 015.00
$ 73 950.00 $36 975.00

收入   利润

Northern Germany
Internet

orthern German	SHRT 1000	Internet	44	$ 1320	$ 660.00	$ 660.00	01/07/2010
orthern German	SHRT 1000	Internet	54	$ 1620	$ 810.00	$ 810.00	01/14/2010
orthern German	SHRT 1000	Internet	30	$ 900	$ 450.00	$ 450.00	01/21/2010
orthern German	SHRT 1000	Internet	26	$ 780	$ 390.00	$ 390.00	01/28/2010
orthern German	SHRT 1000	Internet	15	$ 450	$ 225.00	$ 225.00	02/04/2010
orthern German	SHRT 1000	Internet	11	$ 330	$ 165.00	$ 165.00	02/11/2010
orthern German	SHRT 1000	Internet	8	$ 240	$ 120.00	$ 120.00	02/18/2010
orthern German	SHRT 1000	Internet	8	$ 240	$ 120.00	$ 120.00	02/25/2010

图 15.19　汇总结果

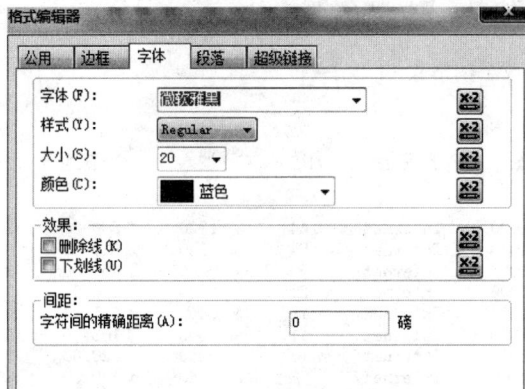

图 15.20　设置标题样式

2010年度T-Shirt销售情况

报表标题 (字符串)

地区	产品	销售渠道	数量	收入	成本	利润	交易日期
Eastern US							
Internet							
Eastern US	SHRT 1000	Internet	44	$ 1320	$ 660.00	$ 660.00	01/07/2010
Eastern US	SHRT 1000	Internet	54	$ 1620	$ 810.00	$ 810.00	01/14/2010
Eastern US	SHRT 1000	Internet	30	$ 900	$ 450.00	$ 450.00	01/21/2010
Eastern US	SHRT 1000	Internet	26	$ 780	$ 390.00	$ 390.00	01/28/2010
Eastern US	SHRT 1000	Internet	15	$ 450	$ 225.00	$ 225.00	02/04/2010
Eastern US	SHRT 1000	Internet	11	$ 330	$ 165.00	$ 165.00	02/11/2010
Eastern US	SHRT 1000	Internet	8	$ 240	$ 120.00	$ 120.00	02/18/2010
Eastern US	SHRT 1000	Internet	8	$ 240	$ 120.00	$ 120.00	02/25/2010
Eastern US	SHRT 1000	Internet	41	$ 1230	$ 615.00	$ 615.00	03/04/2010
Eastern US	SHRT 1000	Internet	42	$ 1260	$ 630.00	$ 630.00	03/11/2010
Eastern US	SHRT 1000	Internet	43	$ 1290	$ 645.00	$ 645.00	03/18/2010
Eastern US	SHRT 1000	Internet	21	$ 630	$ 315.00	$ 315.00	03/25/2010
Eastern US	SHRT 1000	Internet	31	$ 930	$ 465.00	$ 465.00	04/01/2010
Eastern US	SHRT 1000	Internet	15	$ 450	$ 225.00	$ 225.00	04/08/2010
Eastern US	SHRT 1000	Internet	9	$ 270	$ 135.00	$ 135.00	04/15/2010
Eastern US	SHRT 1000	Internet	5	$ 150	$ 75.00	$ 75.00	04/22/2010
Eastern US	SHRT 1000	Internet	12	$ 360	$ 180.00	$ 180.00	04/29/2010
Eastern US	SHRT 1000	Internet	11	$ 330	$ 165.00	$ 165.00	05/06/2010
Eastern US	SHRT 1000	Internet	56	$ 1680	$ 840.00	$ 840.00	05/13/2010
Eastern US	SHRT 1000	Internet	51	$ 1530	$ 765.00	$ 765.00	05/20/2010
Eastern US	SHRT 1000	Internet	53	$ 1590	$ 795.00	$ 795.00	05/27/2010
Eastern US	SHRT 1000	Internet	39	$ 1170	$ 585.00	$ 585.00	06/03/2010
Eastern US	SHRT 1000	Internet	16	$ 480	$ 240.00	$ 240.00	06/10/2010

图 15.21　报表最终效果

15.2　SAP Lumira 实验

SAP Lumira 是一款数据操作和可视化工具。用户可以连接到一个或多个数据源以创建数据集,从而使用多种图形统计图和表格在数据集中操作、清理和可视化数据。SAP Lumira 安装在本地计算机上,可以操作远程或本地数据。用户可以保存基于数据集构建的统计图,并且可以通过电子邮件将其发送出去。用户可以将数据集发布到 SAP HANA、SAP Explorer、SAP Lumira Cloud 以及 SAP Jam。

本实验利用 SAP Lumira Personal Edition 对 GBI 公司的销售情况进行分析,简单介绍使用 SAP Lumira 操作、可视化数据的一般步骤。

1. 准备数据

(1) 导入 GBI 销售数据。选择"文件"→"新建",在弹出的"新建数据集"面板上选择 Microsoft Excel 作为数据源,如图 15.22 所示。同时可以从最近使用过的文件中进行快速选择。

单击"下一步"按钮,在弹出的面板上单击"文件"一行右侧的"浏览"按钮,选择 GBI 的 Excel 文件,接着选择需要导入的工作表 GBI sales,如图 15.23 所示。编辑数据集名称,同时可单击"高级选项"按钮来设置"显示隐藏行"和"显示隐藏列"。单击"创建"按钮完成数据导入。

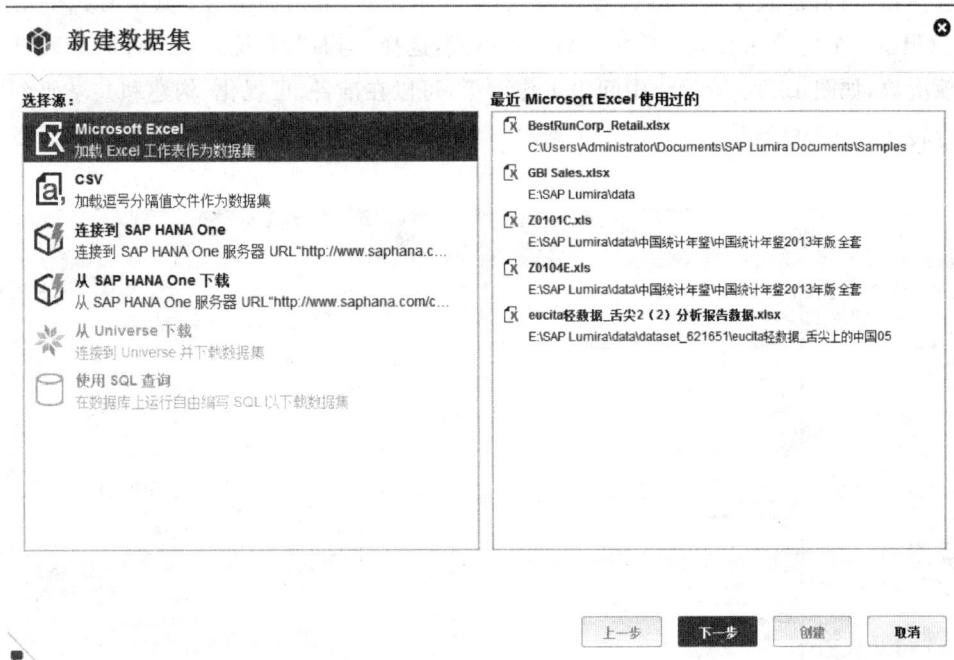

图 15.22　创建新的数据集

图 15.23 导入数据

(2) 编辑数据集。单击系统界面正上方的"准备"按钮,查看之前导入的数据。左侧为对象选择器,可以设置度量和维的各种属性,如显示格式、数据类型等;其中有三个矩形小图标 ▮▮▮,在此设置工作面板数据的显示格式,选择"构面",系统自动统计各个列不同值的出现次数,如图 15.24 所示。中间为工作面板,可以在准备、可视化、构建和共享四个操作间进行转换;单击刷新按钮 ↻,同步更新数据集。右侧为操作工具栏,可对列和单元格进行一系列操作。

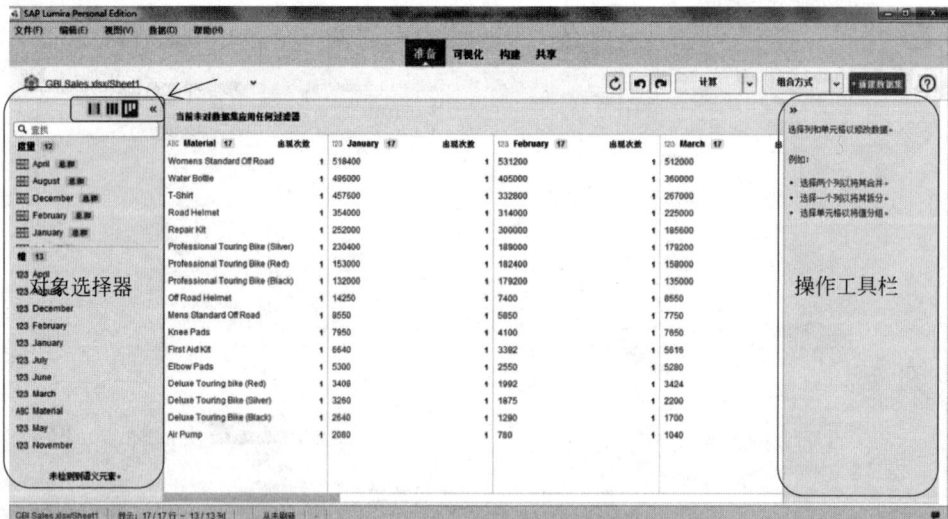

图 15.24 准备界面

（3）选择 GBI sales 数据集，添加全局过滤器。在“准备”选项下添加的过滤器对所有可视化对象均有过滤效果，以维 Material 为例。将鼠标移至该列，单击“出现次数”右侧出现的设置按钮 ⚙，选择“过滤”，弹出如图 15.25 所示的面板。在查找框中输入特定值随之显示搜索结果，单击记录 Elbow Pads 并选择“排除值”，单击“确定”按钮，新增图 15.26 所示的全局过滤器。单击该过滤器的图标返回编辑面板，删除此图标即撤销此次过滤操作。

图 15.25 编辑过滤器

ABC Material 16	出现次数	123 January 16	出现次数	123 February 16
Womens Standard Off Road	1	518400	1	531200
Water Bottle	1	496000	1	405000
T-Shirt	1	457600	1	332800
Road Helmet	1	354000	1	314000
Repair Kit	1	252000	1	300000
Professional Touring Bike (Silver)	1	230400	1	189000
Professional Touring Bike (Red)	1	153000	1	182400
Professional Touring Bike (Black)	1	132000	1	179200
Off Road Helmet	1	14250	1	7400
Mens Standard Off Road	1	7950	1	4100
Knee Pads	1	6640	1	3392
First Aid Kit	1	5300	1	2550
Deluxe Touring bike (Red)	1	3408	1	1992
Deluxe Touring Bike (Silver)	1	3260	1	1875
Deluxe Touring Bike (Black)	1	2640	1	1290
Air Pump	1	2080	1	780

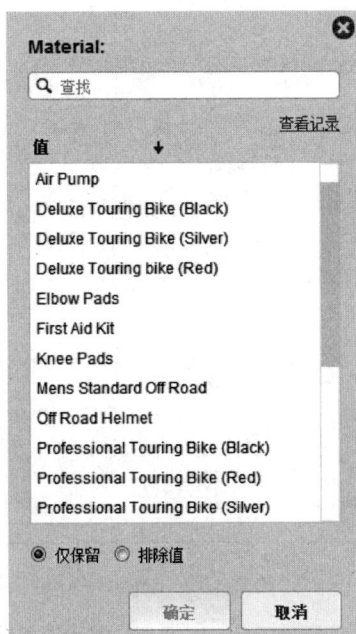

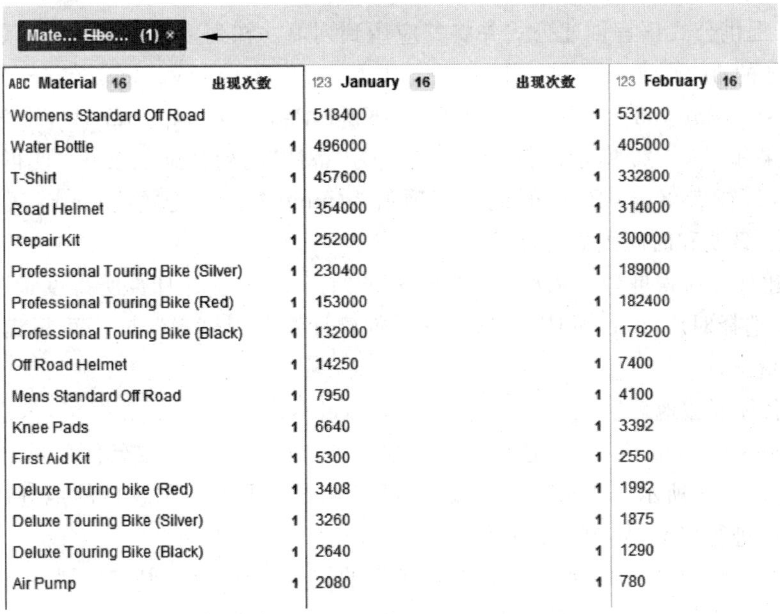

图 15.26 排除属性 Elbow Pads

（4）添加新的数据。选择工具栏"数据"→"添加"，或者单击"新建数据集"按钮，导入GBI transactions 工作表，如图 15.27 所示。重复操作，导入该文件的其他几个表格数据。

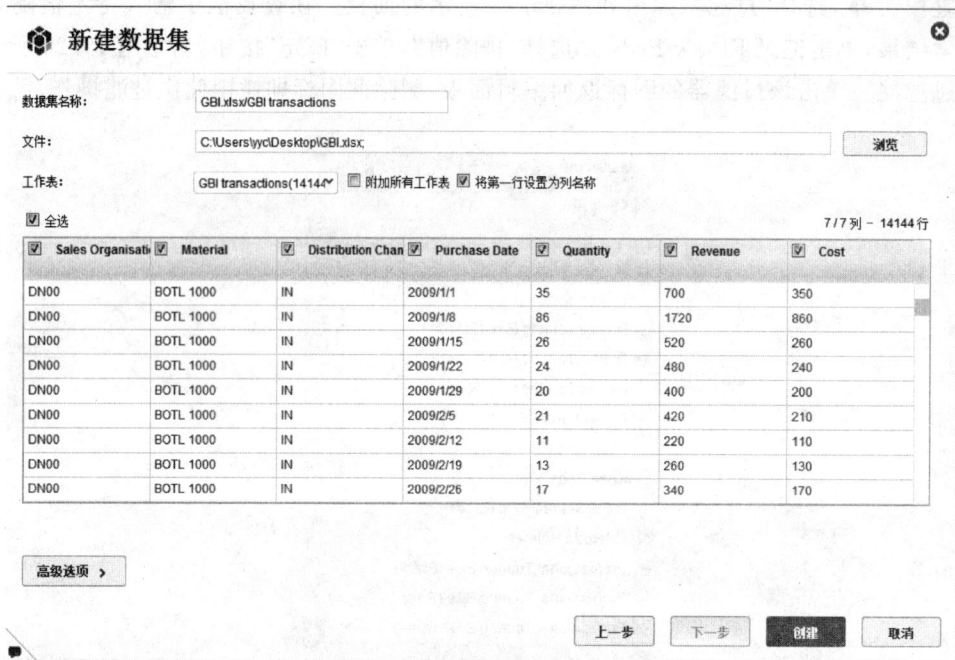

图 15.27　添加 GBI transactions 数据集

（5）新建计算所得维。选择 GBI sales 数据集，依次选择"准备"→"计算"→"新建计算所得维"，或者在"对象选择器"中选择对应维，再选择"选项"→"创建计算所得维"，弹出新建计算所得维面板如图 15.28 所示。

Lumira 提供公式语言创建公式并将其应用到列值。在列上创建公式时，系统将利用受该公式影响的值创建一个新列。在此选择函数 GroupValues，在公式框中输入GroupValues（｛Material｝，["Elbow Pads","Knee Pads"]，"important"），维名称输入"备注"，操作结果如图 15.29 所示。新建了一个名为"备注"的列并满足条件：使得 Material 值为 Elbow Pads 或者 Knee Pads 的记录该项值为 important。此外，Lumira 还支持聚合函数、字符函数、日期和时间函数等操作。

（6）新建计算所得度量。依次选择"准备"→"计算"→"新建计算所得度量"，或者在"对象选择器"中选择对应度量，再选择"选项"→"创建计算所得度量"，同理可得满足相应函数条件的新度量。

（7）按名称创建地理层次结构。选择 GBI xcelsius workshop 数据集，依次选择"对象选择器"→Sales Organisation→"选项"→"创建地理层次结构"→"按名称"，弹出地理区域数据面板，如图 15.30 所示。单击"确认"按钮，可以看到按国家名称解析的地理层次结构，单击"编辑"按钮进行修改，如图 15.31 所示。

可以在"过滤依据"一栏对"已解析""未解析的歧义"和"未找到"三个属性进行筛选再编辑。单击"确定"按钮返回之前的界面，地理层次结构创建成功。

图 15.28 新建计算所得维

图 15.29 使用 GroupValues 新建列

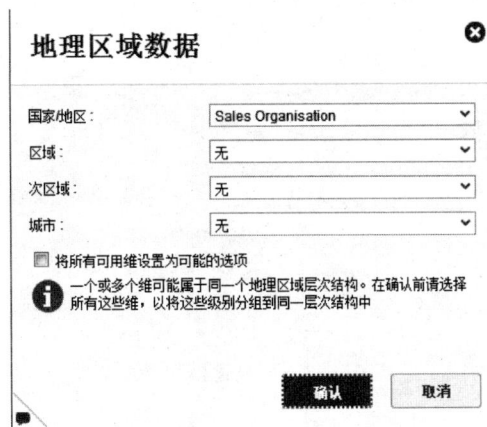

图 15.30 创建地理层次结构

图 15.31　分析地理区域数据

（8）创建时间层次结构。与地理层次结构类似，单击"对象选择器"→"对应时间的维"→"选项"→"创建时间层次结构"即可。在此选择 GBI transactions 数据集的 Purchase Date 创建时间层次结构。

2. 可视化数据

可视化界面如图 15.32 所示，左侧为对象选择器，中间为工作面板。"可视化"选项下，右侧为图的属性控制区域，可以选择创建图表的类型、X 轴和 Y 轴的属性等。

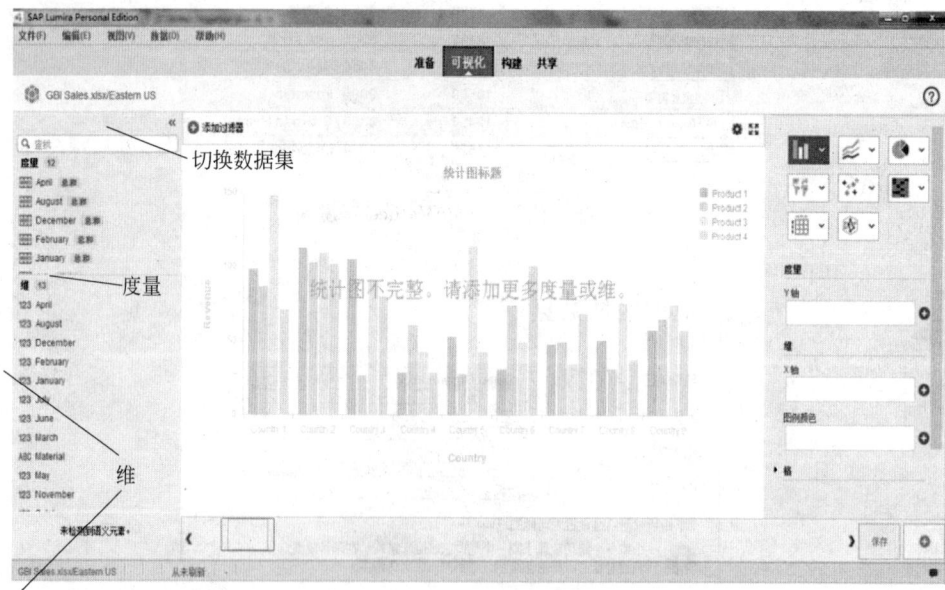

图 15.32　可视化操作界面

（1）查看各个值之间的差别以及度量的分类比较。选择 GBI sales 数据集，为了在第二季度及时补货并做出正确的销售策略，使用柱形图比较分析第一季度各类商品的销售情况。单击界面右侧按钮 ，选择"柱形图"。在此图标下方的面板中，单击 Y 轴属性框选择度量 January February 和 March；单击 X 轴属性框选择维 Material，或者将操作界面左侧相对应的度量和维直接拖入 X、Y 轴的属性框中，最后单击界面右下角的"保存"按钮。

由图 15.33 可知，Deluxe Touring Bike 系列、Professional Touring Bike 系列、Standard Off Road 系列在第一季度的销量远远超出其他商品，因此需要保证这几类商品货源充足，防止因缺货导致销售机会的流失。

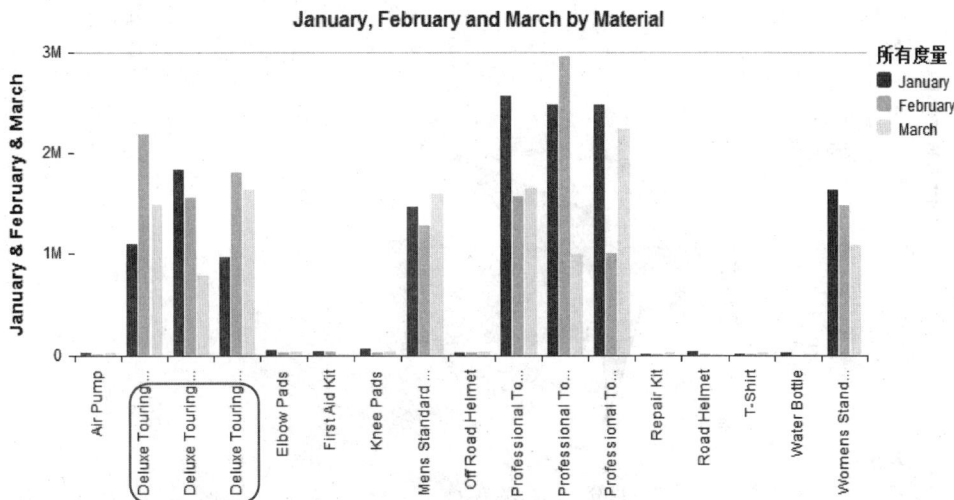

图 15.33　柱形图(1)

通过数据过滤，抽取信息后再进行比较。单击图 15.33 中矩形框所示的维，选中后出现浮标 ，单击"过滤器"得到抽取后的信息，如图 15.34 所示。注意此过滤器只用于筛选该柱形图的数据，不影响其他可视化对象。由图可知 Silver 款的 Deluxe Touring Bike 销量处于下滑状态，需要加强 Silver 的营销策略并在存货方面做出相应调整。

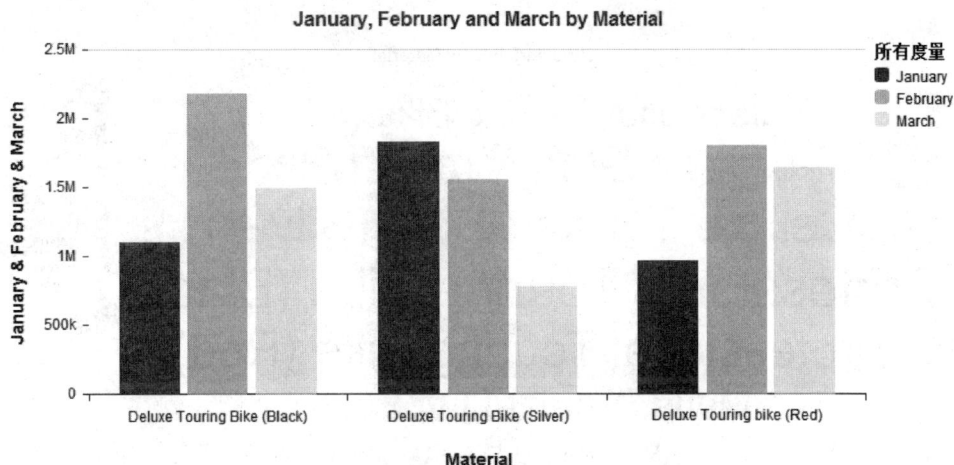

图 15.34　柱形图(2)

雷达图同样用于各个维和度量间的比较。选择 GBI sales(EUS)数据集,即 Eastern US 的销售数据,单击按钮 ⚙ ～,选择"雷达图",Y 轴设为 T-Shirt 和 Water Bottom,雷达图分支设为"月份",结果如图 15.35 所示。一般来说,同心圆中最小的圆代表同行业平均水平的 1/2 值或最差的情况;中心圆代表同行业的平均水平或特定比较对象的水平,称为标准线(区);大圆表示同行业平均水平的 1.5 倍或最佳状态。由图可知,T-Shirt 全年的销售情况中三月、七月和九月销量是最好的,高于平均水平;而 Water Bottom 的销量则明显不及 T-Shirt,尤其是二月和八月销售情况很不理想,需要引起相关人员的重视。

T-Shirt and Water Bottle by 月份

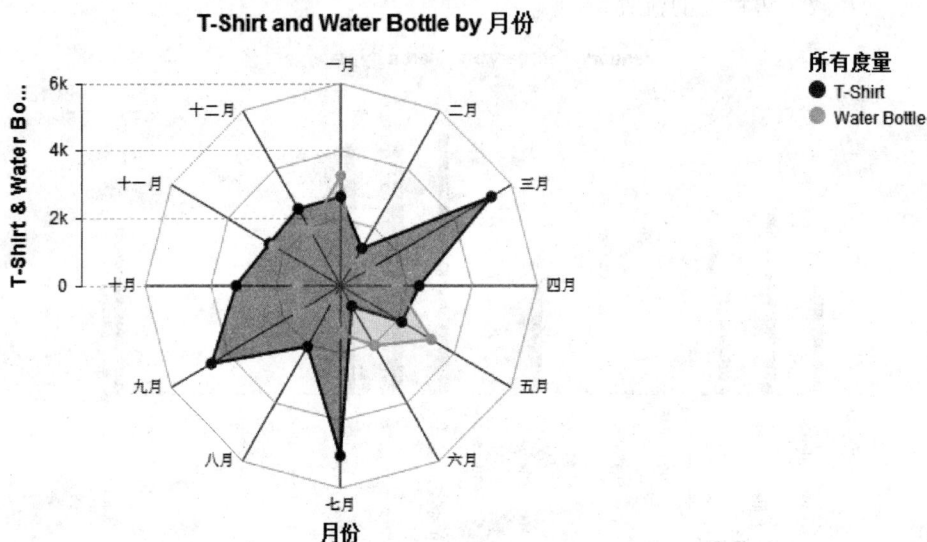

图 15.35　雷达图

另外,标签云图可直观比较数据间的差异,如图 15.36 所示。选择 GBI sales 数据集,单词权重设为 June,即单词大小代表六月各类商品销量的多寡;单词颜色设为 July,即颜色深浅表示七月销量的高低。由图可知在六、七两个月份 Professional Touring Bike 系列红色和黑色款销量最好。

June and July by Material

图 15.36　标签云图

（2）显示数据值的趋势（尤其是基于时间的维），查看数据的级数以及可能具有的模式。选择 GBI sales(EUS)数据集，使用折线图可视化 Eastern US 地区 Standard Off Road 系列产品近一年的销售走势。选中数据集，单击右侧的按钮 ⫶ 并选择"具有双 Y 轴的折线图"。Y 轴 1 设为 Mens Standard Off Road，Y 轴 2 设为 Womens Standard Off Road，X 轴选择"月份"，结果如图 15.37 所示。

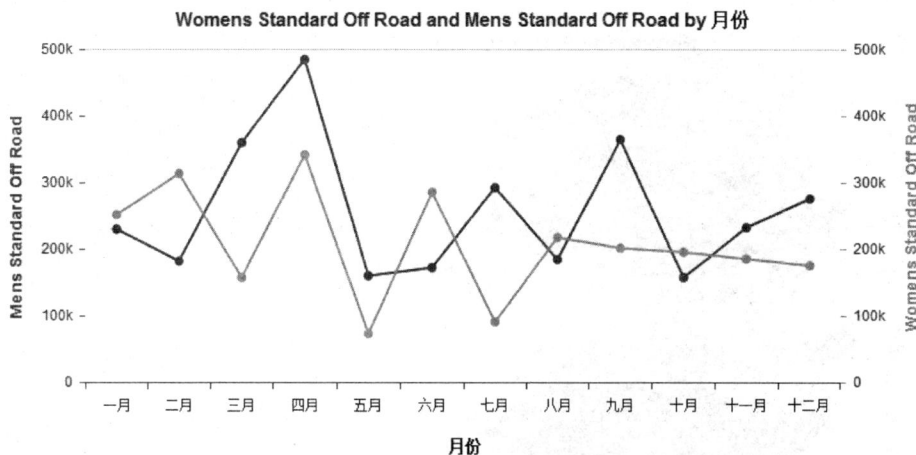

图 15.37　具有双 Y 轴的折线图

由图 15.37 可知 Mens 款二、三、四月销量持续较大幅度的上升，然而四月至五月 Mens 款和 Womens 款销量皆急剧下跌，尤其是 Womens 在五月销量跌至谷底，到了九月 Mens 款销量明显反弹。就整体而言，上半年两款商品的销量起伏波动较大，下半年相对来说更为平稳。

柱形折线组合图同样用于显示数据值的趋势。选取 GBI transactions 数据集，新建一个可视化对象，在之前折线图的选项下选取"具有双 Y 轴的柱形折线组合图"。Y 轴 1 设为 Quantity，Y 轴 2 设为 Revenue，X 轴设为"月份"，并对 Material 添加过滤器。最终 Standard Off Road 系列产品的销量和收益发展趋势如图 15.38 所示。

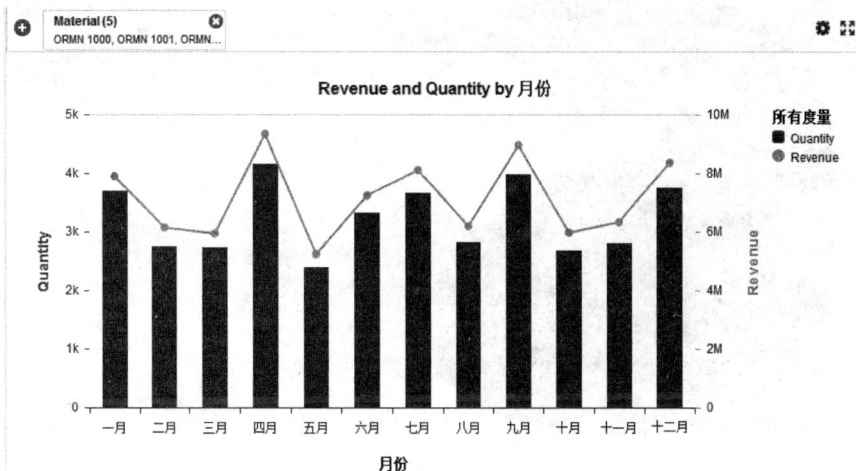

图 15.38　具有双 Y 轴的柱形折线组合图

（3）使用图例显示百分比和总值。探究 2010 年不同类型单车收益所占比重情况，采用饼图做可视化分析。选取 GBI xcelsius workshop 数据集，单击右侧的 ⬤ ⌄ 按钮，选择"饼图"。饼图扇区选择 Revenue，并设置"升序排序"，图例颜色选择 Product Group，结果如图 15.39 所示。该图按照收益的大小依次显示了 2010 年 GBI 公司各类单车的销售收入及百分比，可以看出 Mountain bike 和 Racing bike 的销售收入占了总收入的 2/3 左右，Kids bike 的收益最少。

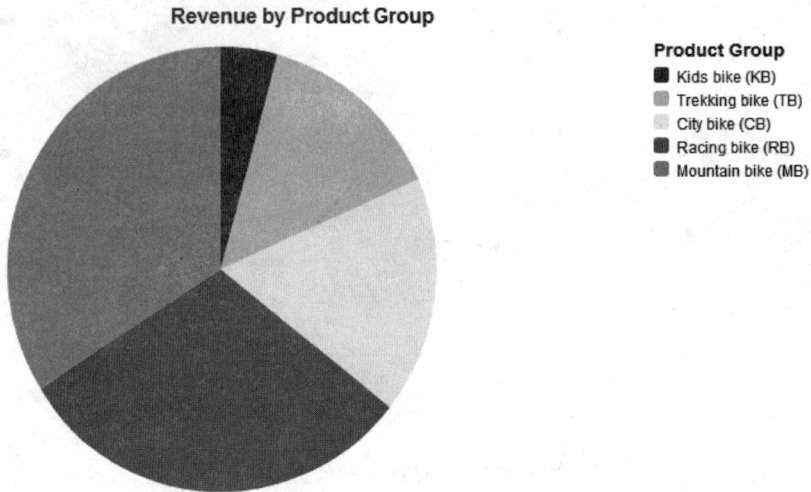

图 15.39　普通饼图

为了更全面地反映各类单车的销售情况，新建一个"带纵深效果的饼图"。饼图扇区和图例颜色保持不变，新增的属性"饼图深度"选择 Quantity，如图 15.40。由图可知各扇形区域的高度差异非常小，观察数据可以发现收益相对于销量而言非常巨大，因此不同类型商品销售数量上的差异在该图中体现得并不明显。

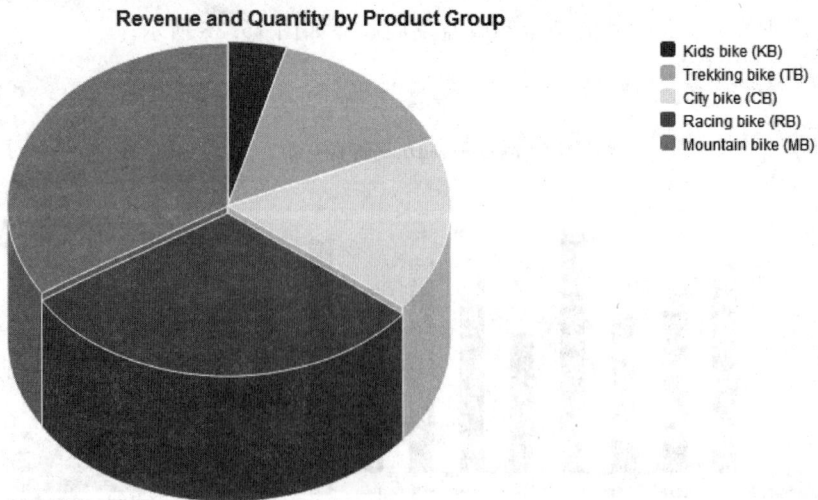

图 15.40　带纵深效果的饼图

　　显示百分比和总值的可视化对象还有堆积柱形图，如图 15.41 所示。在此 Y 轴设为 Revenue，X 轴设为 Month，图例颜色设为 Product Group。由图可知各类单车在不同月份的收益分布情况，作为图 15.39 和图 15.40 的细节信息补充。

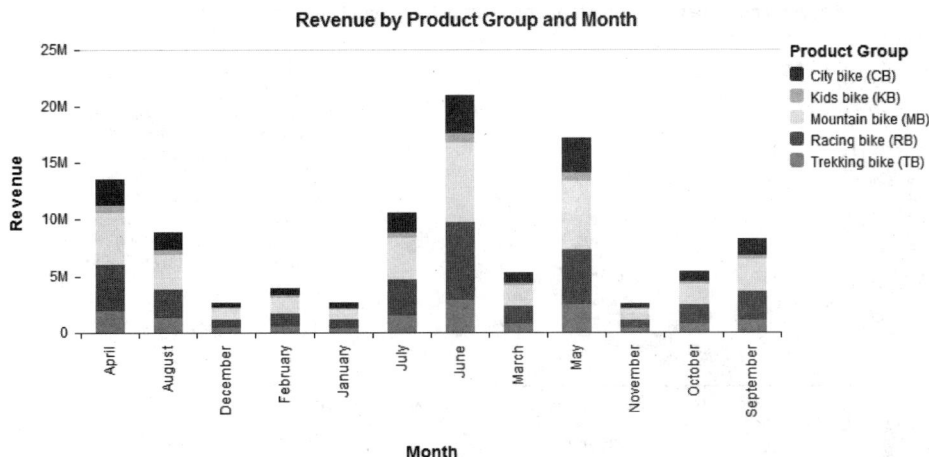

图 15.41　堆积柱形图

　　树图不仅可以展示部分相对于整体的比重，还能很好展示不同关键词的热度。单击面板右侧 ▦ ˅ 按钮，选择"树图"，"区域颜色"设为 Quantity，即颜色越深销量越大；"区域权重"设为 Revenue，即面积越大收益越高；"区域名称"设为 MONTH。由图 15.42 可知，三、四、六、七月是销售旺季，尤其是六月占有非常大的市场份额。

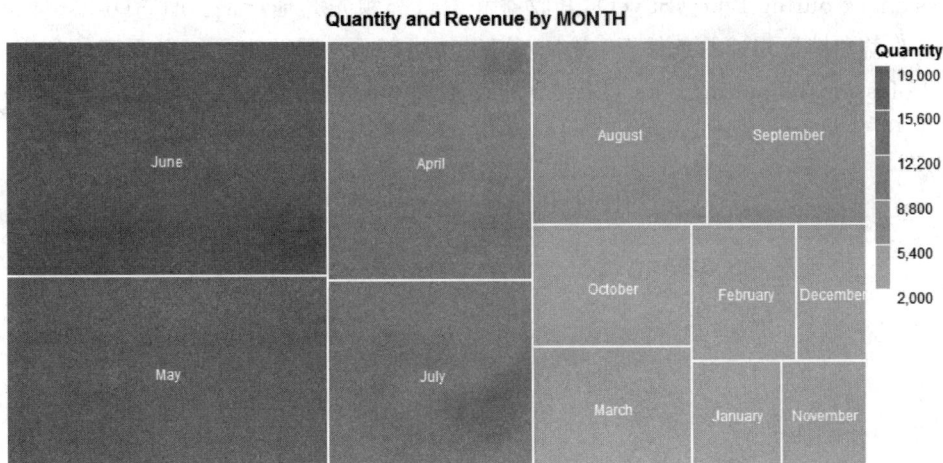

图 15.42　树图

　　（4）查看两个度量之间的相关性，了解第一个度量对第二个度量的影响或者比较多个度量值。使用散点图探究收益与其他影响因素之间的关系：单击右侧按钮 ⁛ ˅，选择"散点图"。Y 轴 1 设为 Revenue，表示营业额；Y 轴 2 设为 Quantity，表示数量；图例颜色选择 Product Group 和 Sales Organisation，其中 Product Group 表示所销售的单车类型，Sales

Organisation 表示各个销售组织;图例形状选择 Distribution Channel,有 Wholesale 和 Retail 两种类型,在图中分别用圆形和矩形标出。图 15.43 展示了随着销售数量的增加,不同类型的商品在各个销售区域的营业额分布情况。

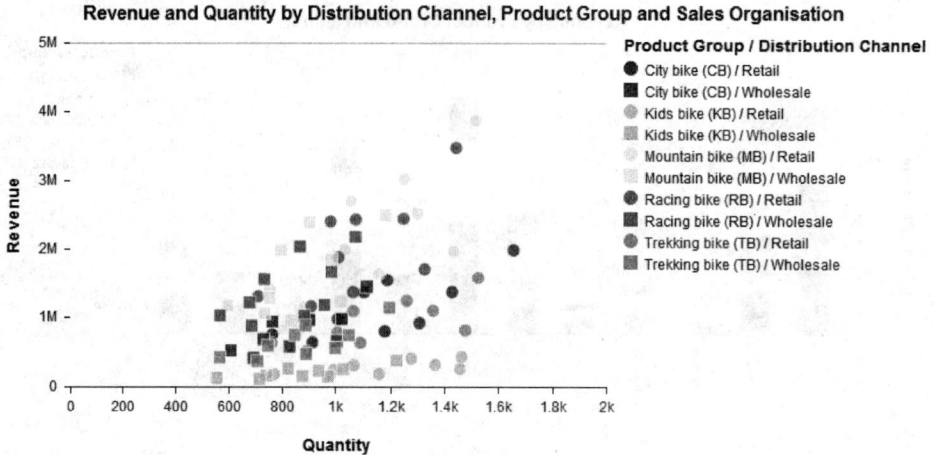

图 15.43　散点图

使用气泡图观察不同商品间收益、销量与成本之间的关系。选择数据集 GBI transactions,单击之前选择散点图的按钮,在出现的下拉选项中选择"气泡图"。X 轴设为 Quantity,Y 轴设为 Revenue,气泡宽度设为 Cost,图例颜色设为 Material,图 15.44 展示了各类商品的销量、收益与成本之间的关系。由图可知在相近的成本条件下 PRTR2000 即 Professional Touring Bike(Silver),其收益和销量都领先其他产品;EPAD1000 即 Elbow Pads 在收益和销量相近的条件下,成本远高于其他产品。因此为了获得更高的利润,建议增加 Professional Touring Bike(Silver)的存货量和促销力度,降低 Elbow Pads 的市场份额。

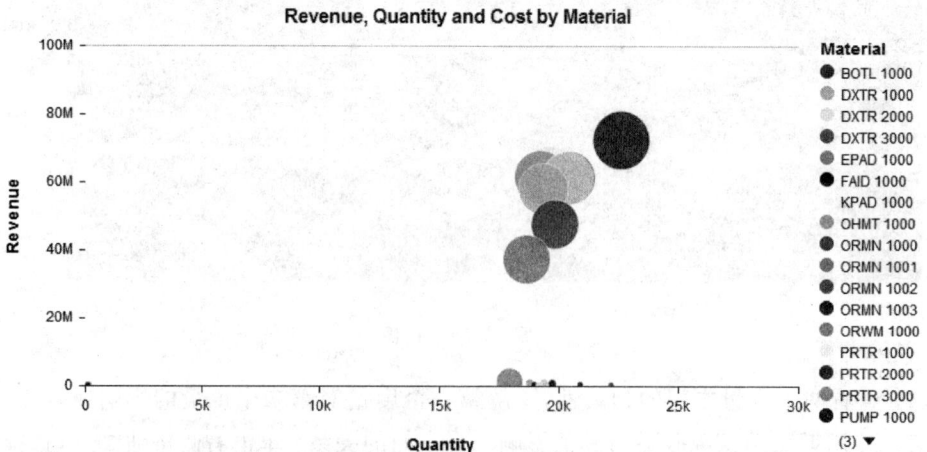

图 15.44　气泡图 a

为了观察更细致的数据,使用切片和切块操作。切片与切块是指选定一部分维度后,关心度量数据在剩余维度上的分布。切片与切块的目的是通过对数据的过滤,使用户关注局部信息,Lumira 通过对不同维度的数据添加过滤器实现多维数据的切片和切块。

对购买日期添加过滤器。单击"添加过滤器"按钮,选择维 Purchase Date 后弹出如图 15.45 所示面板,滑动操纵杆或者在日历中选择日期设定过滤区间,完成对购买日期的切块。在此选择下半年的销售区间以了解近期的销售状况。

图 15.45　对 Purchase Date 添加过滤器

由图 15.46 可知,DXTR2000 和 DXTR3000,即 Deluxe Touring Bike 的 Silver 款和 Red 款在下半年的销售中销量和收益都高于相近成本下的其他商品,仅次于 Professional Touring Bike (Silver);而 ORWM1000 即 Womens Standard Off Road 的销量和收益明显落后了,因此需要加大对该商品的促销力度,并查看存货和产品质量是否存在问题。

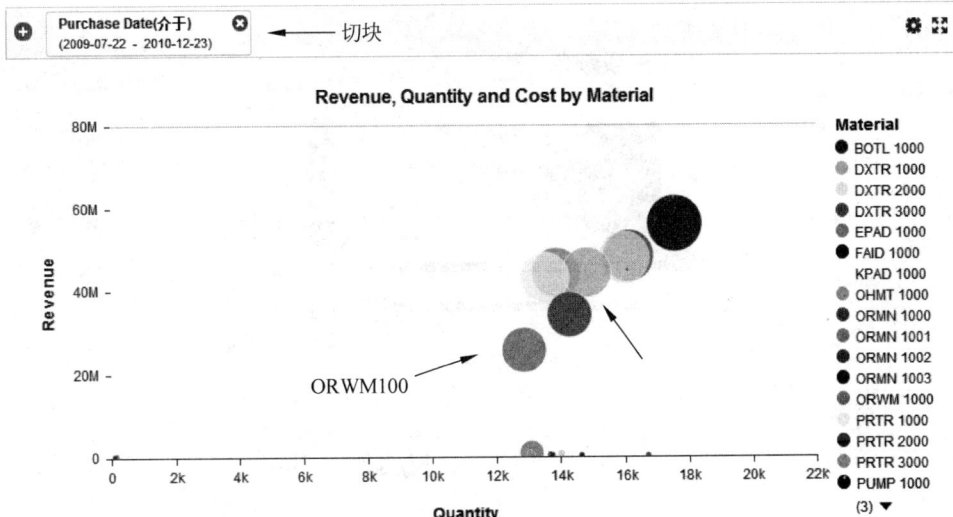

图 15.46　气泡图 b

对数据进一步过滤。单击"+"按钮,选择维 Cost,筛选出成本介于 83 000~148 500 的商品,滑动操纵杆到这个范围的成本区间并单击"确定"按钮,从而实现对数据的切片操作。结果如图 15.47 所示。

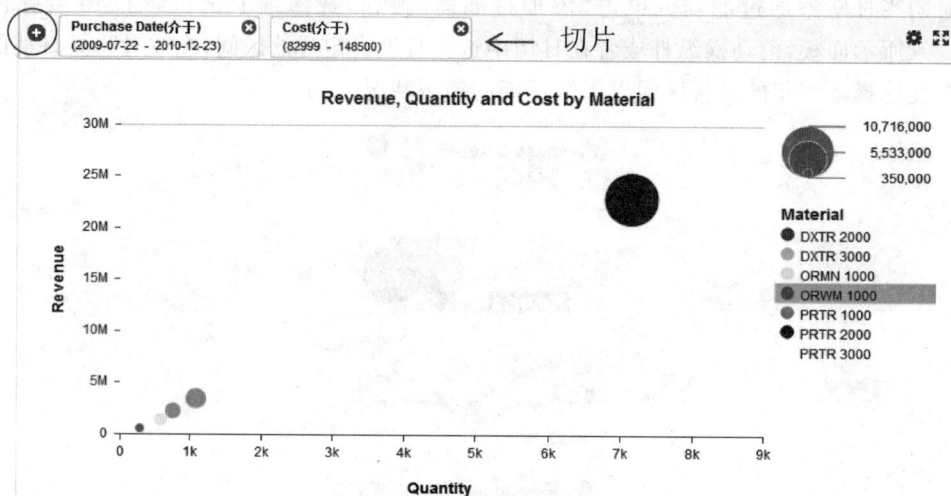

图 15.47 气泡图 c

(5) 使用地理区域图直观展示数据与地理信息之间的关系,我们已经提前创建好了地理层次结构。选择数据集 GBI xcelsius workshop,单击右侧 按钮,选择"地理区域分级统计图",值选择 Quantity,地理区域选择"国家/地区",并且添加过滤器 Product Group,仅保留 City bike 的值。单击 City bike 近一年销量的地理分布,图中的按钮"+""一"或者滚动鼠标滚轮可以放大、缩小显示区域。

选择"添加过滤器"右侧的"设置"→"选择图例项颜色",设置某一特定图例项的颜色,如图 15.48 所示。

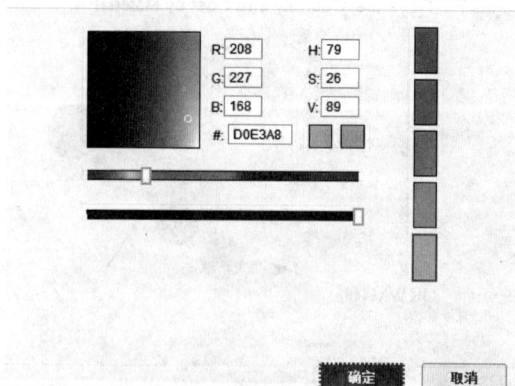

图 15.48 选择图例项颜色

3．创建故事板

单击"构建"按钮,故事板的工作界面如图 15.49 所示。将想要展示的维和已经创建好的统计图直接拖入指定区域即可构建故事,在界面右侧的选项面板中设置故事名称、故事板标题、自定义字体、颜色和背景图片。

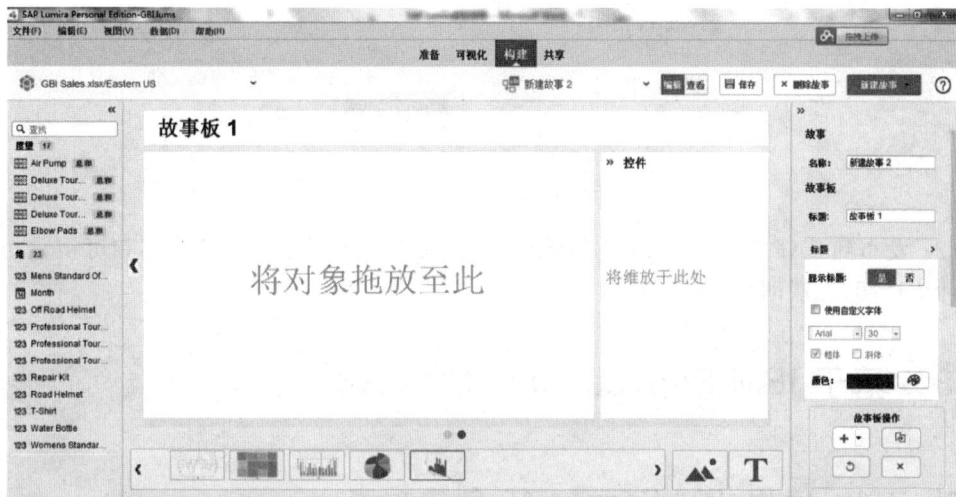

图 15.49　创建故事板工作界面

在"控件"一栏中,对展示在故事板中的数据进行筛选。如图 15.50 线框所示部分,单击具体数值即可选择或者取消选择。

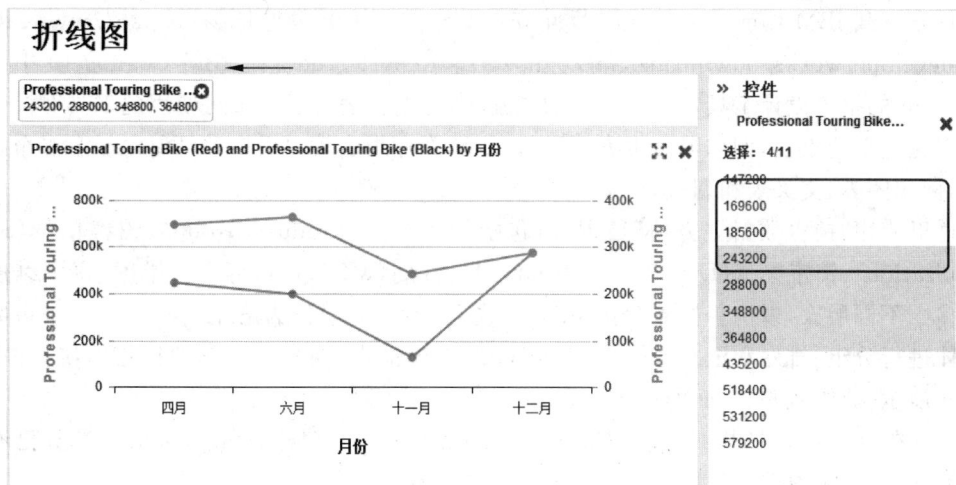

图 15.50　筛选故事板中的数据

4．共享

(1) 选择 Lumira 中的数据集导出为 CSV/Excel 格式的文件。进入"共享"的操作界面,选择一个数据集,单击"导出为文件"按钮后弹出如图 15.51 所示的面板。根据需要选择对应的选项,单击"导出"按钮,输入文件名和选择保存类型保存即可。

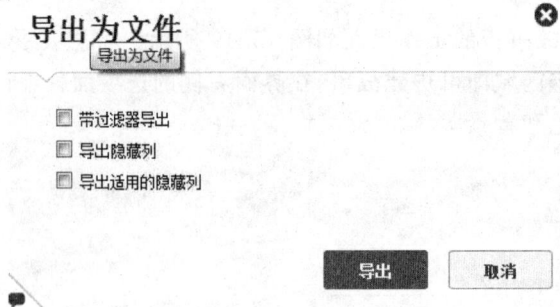

图 15.51　导出文件面板

(2) 发布到 SAP Lumira Cloud 和 SAP Lumira Server。项目中的故事和可视化对象,如各种统计图,在联网的条件下可以发布到 Cloud 或者 Server 中保存。

15.3　基于 IBM Cognos 10 的数据分析

15.3.1　使用 IBM Cognos 10 创建报表

作为一个全面、灵活的商务智能产品,IBM Cognos 10 可以提供完整的报表、多维分析、记分卡和仪表盘等解决方案。下面介绍如何利用 IBM Cognos 10 对 GBI 自行车制造公司的销售数据进行报表设计和展示。

首先下载 IBM Cognos 10 试用版并安装(安装文件下载地址为 https://www.ibm.com/developerworks/downloads/im/cognosbi)。Report Studio 是 IBM Cognos 10 中一个基于 Web 的报表设计工具,简单易用,功能强大,专业报表开发人员可使用此工具对多个数据库创建复杂的报表,例如财务报表、每周销售和库存报表等。报表中可包含任意多个报表对象,例如图表、交叉表和列表。

这里使用"销售数据立方体"数据源,包括销售产品(Product Group)、销售单位(Sales Organization)、销售渠道(Distribution Channel)、日期(MONTH)等多个维度,每个维度又包含多个不同层次,以销售数量(Quantity)、收入(Revenue)作为度量。实验使用销售数据立方体进行分组、排序和汇总等操作,制作 GBI 销售报表,观察自行车的销售情况,并以多种形式展示,获取直观、全面的销售信息。

(1) 在浏览器中打开 Cognos Connection 管理页面,启动 Report Studio。选择已有的数据源"GBI 销售数据",如图 15.52 所示。

(2) 在打开的 Report Studio 的界面中,单击"新建"对话框中的"列表",如图 15.53 所示。

Report Studio 的窗口布局如图 15.54 所示,上侧为菜单栏和工具栏,左侧为"可插入对象"窗格和"属性"窗格,右侧为工作区。通过把维度插入工作区,在"属性"窗格中调整维度的属性,使用工具栏调整样式添加过滤等操作完成报表的设计。

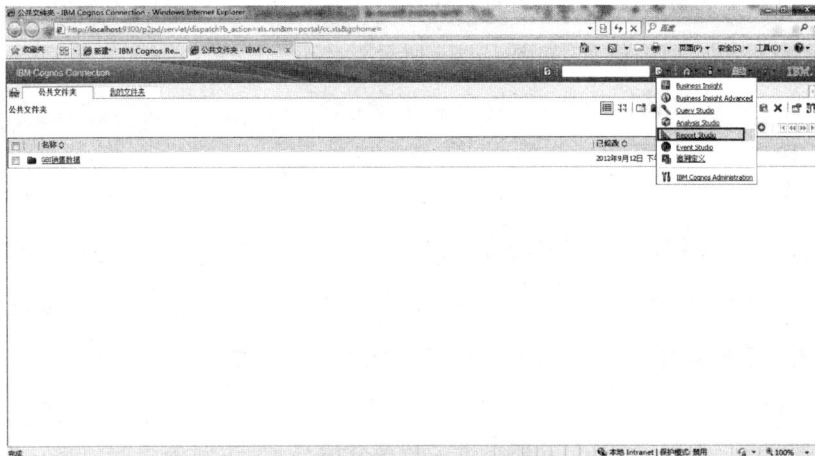

图 15.52 Cognos Connection 管理页面

图 15.53 新建列表

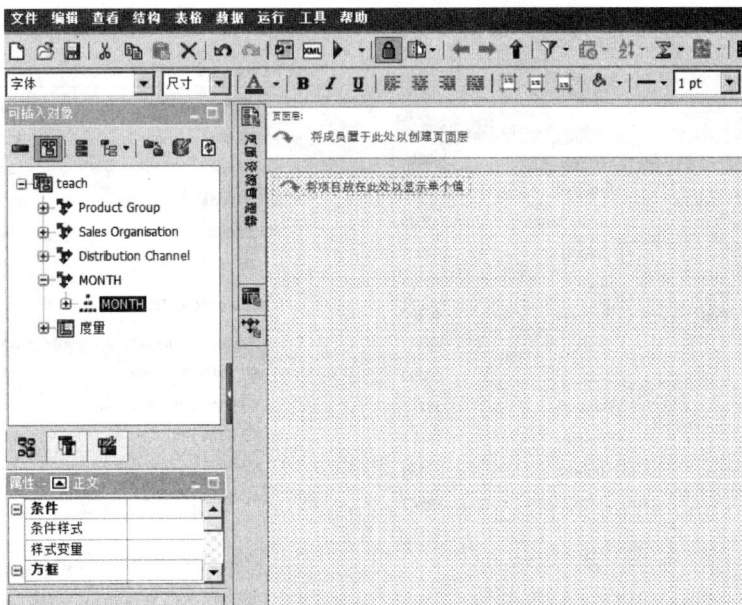

图 15.54 Report Studio 窗口

（3）把"可插入对象"窗格中相关的属性拖至工作区,构成报表的各个列。在工作区拖曳各个属性,可以改变列的位置,如图 15.55 所示。

（4）单击工具栏的 ▶ ▾ 按钮,可以预览报表,回到工作区可以调整各个列的位置,如图 15.56 所示。

Product	Product Group1	Sales Organisation1	Revenue
<Product>	<Product Group1>	<Sales Organisation1>	<Revenue>
<Product>	<Product Group1>	<Sales Organisation1>	<Revenue>
<Product>	<Product Group1>	<Sales Organisation1>	<Revenue>

图 15.55　改变列的位置

（5）设置分组。通过对指定列设置分组,可以使数据按照对应的维度分组显示。选中产品类别列,单击工具栏的 ▦ 按钮,选中产品列,单击工具栏的 ▦ 按钮,如图 15.57 所示。对销售数据按照产品类型和产品进行二级分组显示,结果如图 15.58 所示。

（6）分段显示。Report Studio 还提供了数据分段显示,达到分组的效果。选中产品类别列,单击 ▦ 按钮,取消分组。单击 ▦ 按钮按照产品类别进行分类,如图 15.59 所示。

IBM Cognos Viewer

Product	Product Group1	Sales Organisation1	Revenue
CB-0010	City bike (CB)	Australia	483351
CB-0010	City bike (CB)	Singapore	629436
CB-0010	City bike (CB)	India	769285
CB-0010	City bike (CB)	Germany	268175
CB-0010	City bike (CB)	France	211875
CB-0010	City bike (CB)	England	346321
CB-0010	City bike (CB)	United States	281914

图 15.56　预览报表

Product	Product Group1	Sales Organisation1	Revenue
<Product>	<Product Group1>	<Sales Organisation1>	<Revenue>
<Product>	<Product Group1>	<Sales Organisation1>	<Revenue>
<Product>	<Product Group1>	<Sales Organisation1>	<Revenue>

图 15.57　创建分组

Product	Product Group1	Sales Organisation1	Revenue
CB-0014	City bike (CB)	France	323802
CB-0014		England	543252
CB-0014		United States	373529
CB-0014		Canada	594025
CB-0014		Brazil	810524
KB-0010	Kids bike (KB)	Australia	49293
KB-0010		Singapore	76303
KB-0010		India	80069
KB-0010		Germany	30743
KB-0010		France	23684
KB-0010		England	37669
KB-0010		United States	26921

图 15.58　分组显示

City bike (CB)

Product	Sales Organisation1	Revenue
CB-0014	France	323802
CB-0014	England	543252
CB-0014	United States	373529
CB-0014	Canada	594025
CB-0014	Brazil	810524

Kids bike (KB)

Product	Sales Organisation1	Revenue
KB-0010	Australia	49293
KB-0010	Singapore	76303
KB-0010	India	80069
KB-0010	Germany	30743
KB-0010	France	23684

图 15.59　分段显示

（7）更改标题。右击 Material 列，选择"显示文本"，在弹出的对话框中输入"产品"，把列名改为"产品"，如图 15.60 所示。同理依次修改其他列的列名为"销售区域"、"收入"。双击标题，更改标题为"GBI 销售数据"，如图 15.61 所示。

（8）修改字体与格式。选中标题，在"属性"窗格选择"字体和文本"，设置字体，如图 15.62 所示。并在工具栏中设置报表为"居中对齐" ．

（9）设置货币格式。右击"收入"列，选择"样式"中的"数据格式"，在弹出的"数据格式"面板中，设置格式类型为"货币"，选择货币为"＄（USD）——美国，美元"，如图 15.63 所示。

（10）添加汇总。选中"收入"列，单击工具栏的"汇总"，选择"总计"，如图 15.64 所示，汇总结果如图 15.65 所示。

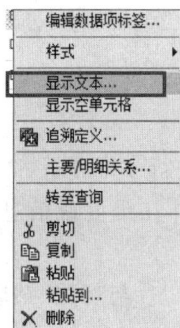

图 15.60　显示文本　　　　图 15.61　更改标题　　　　图 15.62　设置字体

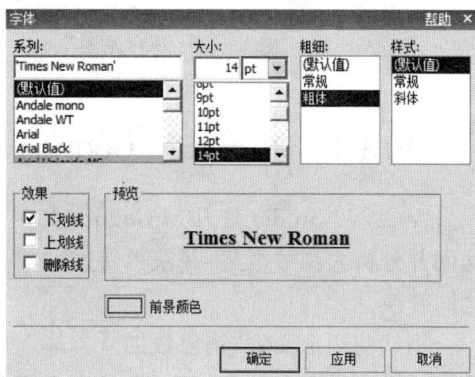

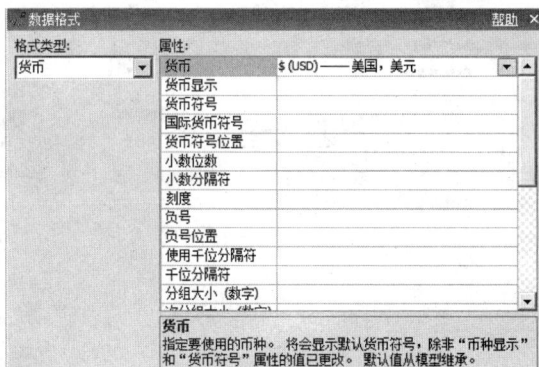

图 15.63　设置数据格式　　　图 15.64　添加汇总　　　图 15.65　汇总结果

（11）排序。选中"收入"列，单击工具栏的"排序" 按钮，选择"升序"，按照销售收入升序对数据进行排序，如图 15.66 所示。

（12）生成的报表如图 15.67 所示。

	类型	
产品	销售区域	收入
CB-0011	France	$89 703.00
CB-0011	Germany	$101 078.00
CB-0011	United States	$107 774.00
CB-0011	England	$120 494.00
CB-0011	Canada	$132 571.00
CB-0012	France	$139 110.00
CB-0012	Germany	$149 268.00
CB-0012	United States	$158 685.00
CB-0011	Brazil	$159 506.00
CB-0011	Australia	$163 965.00
CB-0012	England	$173 847.00
CB-0011	Singapore	$191 123.00
CB-0012	Canada	$199 387.00

升序

图 15.66 排序结果

	类型	
产品	销售区域	收入
CB-0011	France	$89 703.00
CB-0011	Germany	$101 078.00
CB-0011	United States	$107 774.00
CB-0011	England	$120 494.00
CB-0011	Canada	$132 571.00
CB-0012	France	$139 110.00
CB-0012	Germany	$149 268.00
CB-0012	United States	$158 685.00
CB-0011	Brazil	$159 506.00
CB-0011	Australia	$163 965.00
CB-0012	England	$173 847.00
CB-0011	Singapore	$191 123.00
CB-0012	Canada	$199 387.00

图 15.67 生成的报表

15.3.2 基于 IBM Cognos 10 的多维分析

Analysis Studio 是 IBM Cognos 10 中的多维分析软件,可以轻松地进行多维分析,高效访问并分析大型数据集,并获得快速的响应,查看长期趋势,钻取到细节并在维度或信息层之间转换。

仍然使用上面的"销售数据立方体"。实验通过对该数据立方体进行切片与切块、钻取、旋转、过滤、排序和汇总等操作,从多个视角观察自行车的销售情况。

(1)在浏览器中打开 Cognos Connection 管理页面,启动 Analysis Studio。选择已有的数据源"销售数据立方体",如图 15.68 所示。

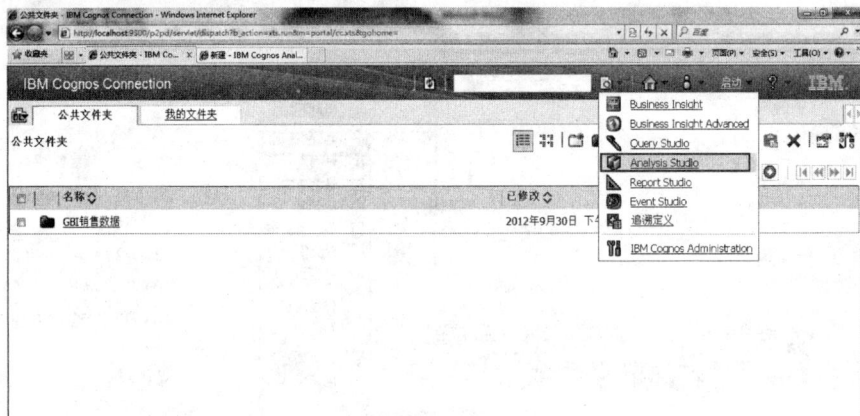

图 15.68 Cognos Connection 管理页面

(2)在打开的 Analysis Studio 界面中,左侧是可插入对象区,右侧是工作区,上面是菜单栏,如图 15.69 所示。

在可插入对象区域可以看到销售数据立方体的维度和度量等信息,其中维度包括 Product Group、Sales Organization、Distribution Channel 和 MONTH,这些维度都可以细分,例如

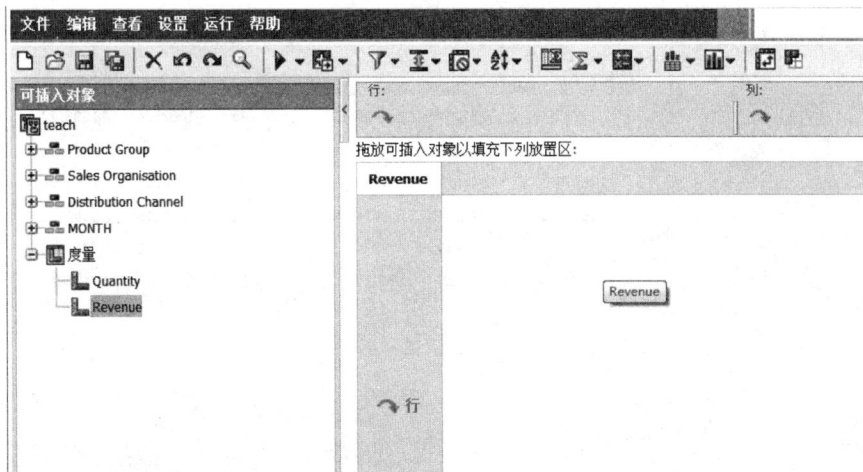

图 15.69　Analysis Studio 的界面

Product Group 维度可分为 Racing bike(旅行车)、Trekking bike(越野车)和 Kids bike (儿童车)等种类。度量值用于监测和评价销售的绩效,包括 Quantity 和 Revenue,如图 15.70 所示。

　　分别把 Product Group 和 Sales Organization 对象拖至工作区的行和列位置,把 Revenue 拖至度量,在工作区可以看到销售数据按照 Product Group 和 Sales Organization 维度进行展示,如图 15.71 所示。

　　(3) 上钻和下钻。下钻帮助用户获取更多的细节性数据,例如为发现某一年较差销售业绩的原因可通过下钻操作发现具体销售业绩较差的产品、季度等信息。

　　把鼠标放置在行单元格 CB 上,出现下钻操作提示后单击,可以对自行车产品进行向下钻取操作,可观察到 CB—0010 和 CB—0011 等型号的 City bike 销售数据,获取销售数据细节,从而进一步分析各型号自行车的销售情况。把鼠标放在行单元格 CB—0012 上,出现上钻操作提示后单击,可以对各个型号的旅行车销售数据进行汇总,从而得到 CB 车整体的销售数据,了解全局的销售状况。钻取操作如图 15.72 所示。

图 15.70　销售多维数据

　　(4) 切片与切块。切片与切块是指选定一部分维度后,关心度量数据在剩余维度上的分布。切片与切块的目的是通过对数据进行过滤,使用户关注局部信息。Analysis Studio 通过加入上下文过滤实现对多维数据的切片和切块操作。

　　把 MONTH 维度拖至上下文过滤区,依次选择 1 月、2 月和 3 月,实现按不同月份切块。图 15.73 展示了该公司在前三个月的销售情况。

　　(5) 旋转。通过更改行和列对象的位置可以实现对多维数据立方体的旋转操作,从而

Revenue	Australia	Singapore	India	Germany	France	England
City bike (CB)	2322514	2522495	3445207	1392295	1062504	1586174
Kids bike (KB)	582805	647488	817896	342585	279801	414419
Mountain bike (MB)	4687001	5410493	6371743	2605157	2226711	3203206
Racing bike (RB)	3966817	4472043	5654086	2405513	2055614	2901104
Trekking bike (TB)	1856897	2139531	2734722	1115650	892678	1383320
Product Group	13416034	15192050	19023654	7861200	6517308	9488223

图 15.71　产品-销售视图

Revenue	Australia	Singapore	India	Germany	France
City bike (CB)	2322514	2522495	3445207	1392295	106250
Kids bike (KB)	582805	647488	817896	342585	27980
Mountain bike (MB)	4687001	5410493	6371743	2605157	222671
Racing bike (RB)	3966817	4472043	5654086	2405513	205561
Trekking bike (TB)	1856897	2139531	2734722	1115650	89267

下钻

Revenue	Australia	Singapore	India	Germany	France
CB——0010	483351	629436	769285	268175	211875
CB——0011	163965	191123	224608	101078	89703
CB——0012	269201	311058	415261	149268	139110
CB——0013	625857	606433	992632	453487	298014
CB——0014	780140	784445	1043421	420287	323802
City bike (CB)	2322514	2522495	3445207	1392295	1062504

上钻

Revenue	Australia	Singapore	India	Germany	France
City bike (CB)	2322514	2522495	3445207	1392295	106250
Kids bike (KB)	582805	647488	817896	342585	27980

图 15.72　钻取操作

得到不同视角的观察数据。图 15.74 是把 Product Group 和 Sales Organization 对换后得到的结果。

（6）过滤。过滤操作可以筛选出满足业务要求的数据，使用户把注意力集中到指定的区域中。单击菜单栏的"过滤"按钮（），选择 Product Group，添加过滤器：收入＞2 000 000，筛选出销售额大于 2 000 000 的商品，如图 15.75 所示。

（7）最高、最低过滤。Analysis Studio 还提供了最高、最低过滤用于筛选出最高或最低的数据，方便用户的使用。

在菜单栏单击按钮，打开"最高或最低过滤器"，选择"最高"，数量为 5，从而筛选出销售收入最高的 5 种产品，如图 15.76 所示。通过使用该过滤器可以便捷地找到给企业带来核心利润的产品、销售人员以及客户群，同时也能快速地找到企业的主要成本、亏损和业绩较差的员工，从而辅助管理层做出合理的决策。

图 15.73 不同销售月份的切块

图 15.74 多维数据的旋转

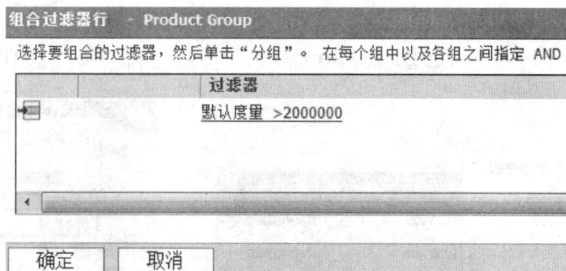

图 15.75 自定义过滤器

（8）计算。通过对数据进行计算可以得到有用的信息。

通过"最高、最低过滤"可以得到带来销售额最多的 4 种产品，但不能获得各自对总销售额的贡献百分比。通过"计算"操作可以得到相关的信息。选择 MONTH 列，右击选择"计算"中的"占合计的百分比"命令，加入百分比计算，同理加入"排名"计算，如图 15.77 所示。

选择 1 月和 2 月列，右击选择"计算"中的"％差值"命令。计算 1 月和 2 月各种产品的销售数量变化情况，如图 15.78 所示。可以清楚地看到各个产品的销售增幅。通过比较不同年度的差值可以发现各种产品在各个部门、各类用户群中的销售变化情况以及市场的浮

Revenue	Australia	Singapore	India	Germany	France	England
MB-0012	2201166	2407355	2774553	1111981	933350	1146298
MB-0011	1284636	1575054	1721234	709961	735347	1098526
RB-0011	1134097	1277354	1778758	751820	723747	1008808
RB-0012	1408616	1371354	1560956	631581	570757	707494
CB-0014	780140	784445	1043421	420287	323802	543252
小计（包括）	6808655	7415562	8878922	3630712	3289871	4537604
合计	10976332	14544562	18205758	5010670	4282325	6104310

图 15.76　最高或最低过滤

动状况,从而掌握足够的信息做出决策。

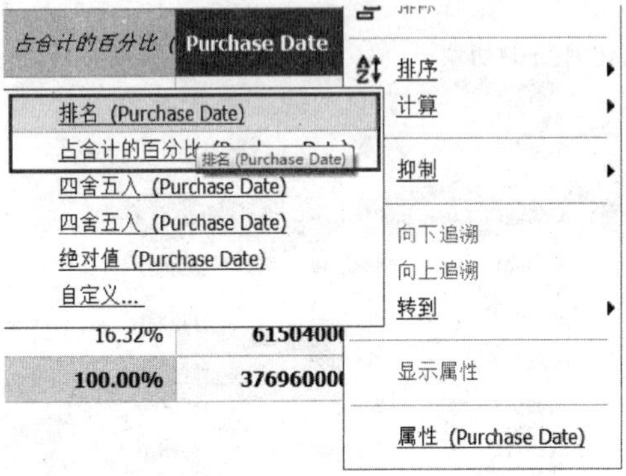

Revenue	January	增幅	February
MB—0012	368061	73.41%	638264
MB—0011	279155	59.54%	445364
RB—0011	270644	41.54%	383078
RB—0012	231146	50.40%	347647
CB—0014	138012	51.72%	209388

图 15.77　计算百分比　　　　　图 15.78　计算 1 月和 2 月产品的销量变化

(9) 汇总与排序。Analysis Studio 提供了多种对数据进行汇总的运算,方便用户对数据求和、求平均数和求中位数等操作,同时还可以按照需求对数据进行排序。

右击工作区的 Sales Organization,选择“汇总”中的“求平均值”命令,如图 15.79 所示。同理,添加“总和”汇总和“最大值”汇总。右击“总和”,选择“排序”中的“升序”命令,对销售数据按照收入的升序进行排序,如图 15.80 所示。汇总与排序结果如图 15.81 所示。

图 15.79　数据汇总 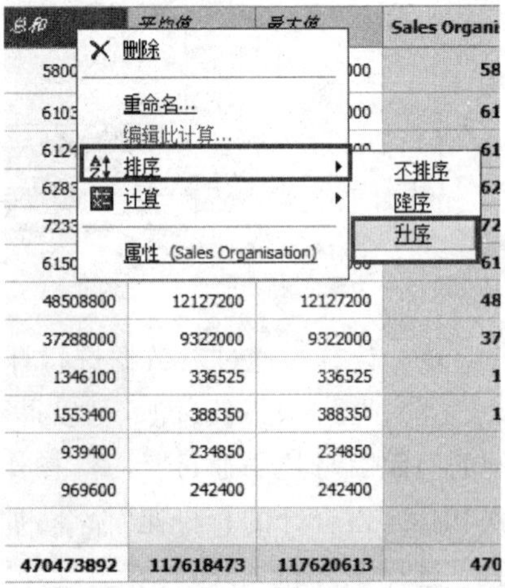　　　　　图 15.80　按销售收入总和排序

Revenue	Germany	Fran	Enc	Uni	Car	Bra:	总和(Sales Org	平均值 (SalesC	最大值(Sale
City bike (CB)	1392295	##	#	#	#	#	17652930	1961437	3445207
Kids bike (KB)	342585	##	#	#	#	#	4385973	487330	817896
Mountain bike (MB)	2605157	##	#	#	#	#	34763154	3862573	6371743
Racing bike (RB)	2405513	##	#	#	#	#	31025159	3447240	5654086
Trekking bike (TB)	1115650	##	#	#	#	#	14425496	1602833	2734722

图 15.81　汇总与排序结果

（10）显示图表。Cognos 10 还提供了丰富的图表生成、显示和分析功能，分析结果有多种图形化形式，例如饼状图、柱状图、条形图、折线图和散点图等，并以 PDF、Excel、CVS 和 XML 等多种格式输出。

单击菜单栏的 按钮，选择"柱形图"，生成以 Sales Organization 和 Product Group 为维度，以 Revenue 为度量的柱形图，如图 15.82 所示。从图中可以清楚看到 Mountain Bike（山地车）带来的销售收入最多，与 Racing Bike（赛车）一起构成了企业的主要销售收入来源。其中 Australia（澳大利亚）、Singapore（新加坡）和 India（印度）等地区销售业绩较好，可能与这些地区的市场需求和销售水平有关。

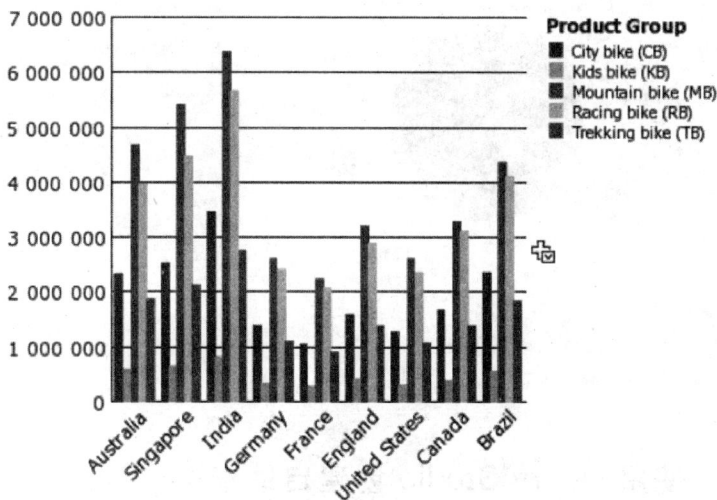

图 15.82　销售地区-产品类型-收入销售柱形图

调整行和列，分别为 Sales Organization 和 MONTH 在图表菜单中选"折线图"，生成如图 15.83 所示的折线图，从中可以观察到各个地区本年度山地车的销售走势，可以看到各地区的走势大致一致，但具体细节稍有差异，可以结合其他的数据发现其中隐藏的规律，从而对未来销售趋势做出预测。

调整行和列，分别为 Sales Organization、Quantity 在图表菜单中选"饼形图"、"以百分比的形式显示值"，得到如图 15.84 所示的饼形图。图中显示了各地区的销售业绩在总收益中的比例。可以根据这些信息对各个地区进行效绩考评。

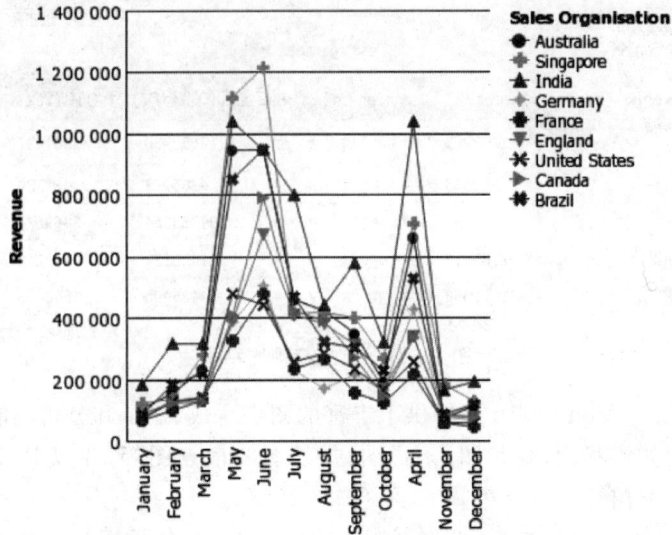

图 15.83　收入-时间销售折线图

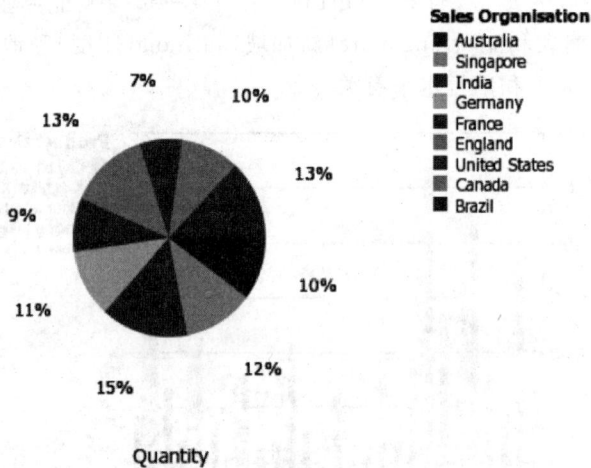

图 15.84　地区-收入饼形图

15.3.3　使用 Query Studio 创建自助查询

　　Query Studio 是针对业务人员的即席查询工具,用户不需要专业的知识,通过简单的操作就可以实现数据查询、浏览和交互分析。自助查询的结果可以保存到个人的文件夹中,当数据更新时可以根据查询得到最新的报表。

　　下面介绍如何使用 Query Studio 对 GBI 自行车制造公司的销售数据进行自助式查询。基本的需求是辅助美国区的销售经理对 GBI 的销售情况进行了解,为其动态地生成重点突出、层次分明的报表,同时进行多维分析,总结销售规律,从而对下一阶段的销售策略进行调整。

　　(1)在浏览器中打开 Cognos Connection 管理页面启动 Query Studio,选择数据立方体"GBI 销售数据",如图 15.85 所示。

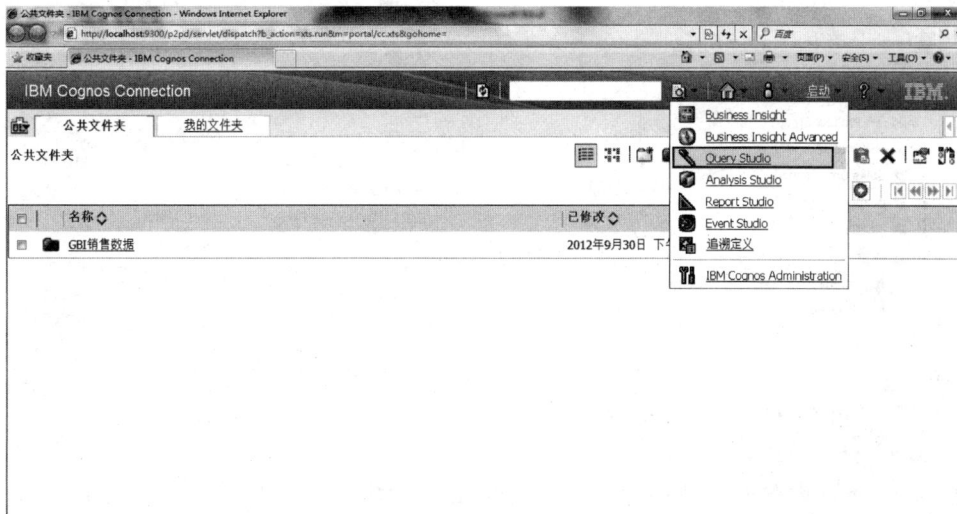

图 15.85　启动 Query Studio

（2）Query Studio 的界面如图 15.86 所示，左侧为"菜单"面板包括"插入数据"、"编辑数据"、"更改布局"等选项，右侧上部为标准工具栏，下侧为工作区，用于数据的显示。

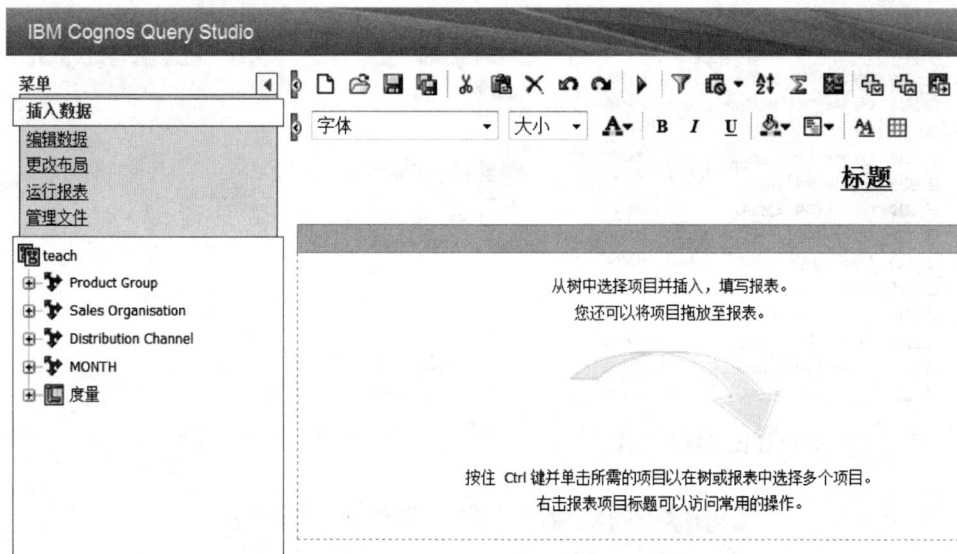

图 15.86　Query Studio 界面

选中菜单栏的"插入数据"选项，可以看到 GBI 的销售数据，如图 15.87 所示。

（3）选中需要的查询项，单击"插入"按钮，构建需要的查询，如图 15.88 所示。

（4）选中工作区的某个查询项，使用工具栏的"剪切" 按钮和"粘贴" 按钮，改变查询项在报表中的位置。双击工作区的查询项，可以修改查询项的名称。调整查询项位置，修改查询项的名称，如图 15.89 所示。

（5）过滤数据。过滤操作可以排除掉不相关的数据，使查询更加精准。假设只关注 Singapore 且销售额在 100 000 以上的产品。选中销售组织，单击工具栏的"过滤器" 。在过

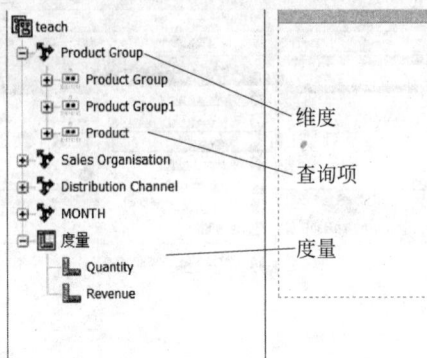

图 15.87　GBI 销售数据

图 15.88　插入查询项

滤器窗口中,条件设置为"仅显示下列各项",单击"显示明细"按钮,可以清楚地看到各个选项的含义,选中 Singapore。选中右侧的"每次运行报表时显示",每次运行报表时可根据具体需求实时地修改过滤条件,如图 15.90 所示。

选中"收入",单击"过滤器"按钮,在弹出的"过滤器"面板中,修改数据如图 15.91 所示,筛选出收入>100 000 的产品。

图 15.89　调整位置与修改名称

图 15.90　选项过滤器

图 15.91　过滤收入

此时会弹出“组合过滤器”窗口，选择组合关系为 AND，过滤结果如图 15.92 所示。Query Studio 提供了保留过滤器功能，方便以后使用，如图 15.93 所示。此外，Query Studio 还支持用户使用提前准备好的过滤器等相关功能。

销售区域：Singapore AND 收入：大于或等于 100 000

Product	产品种类	销售区域	收入
CB—0010	City bike (CB)	Singapore	629436
CB—0011	City bike (CB)	Singapore	191123
CB—0012	City bike (CB)	Singapore	311058
CB—0013	City bike (CB)	Singapore	606433
CB—0014	City bike (CB)	Singapore	784445
KB—0012	Kids bike (KB)	Singapore	136098
KB—0013	Kids bike (KB)	Singapore	191717
KB—0014	Kids bike (KB)	Singapore	198910

图 15.92 过滤结果

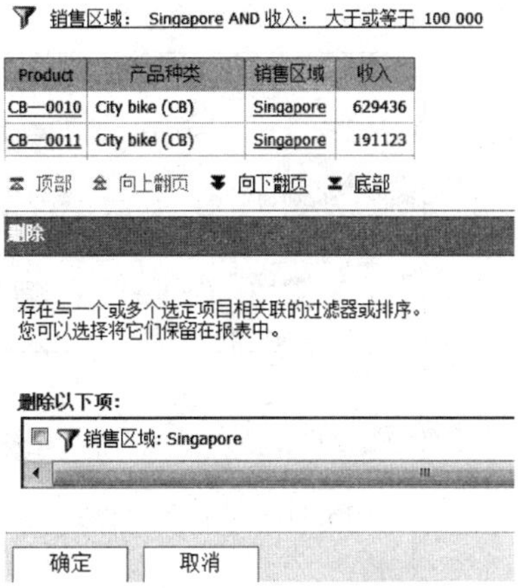

图 15.93 保留过滤器

(6) 排序。选中“收入”查询项，单击工具栏的“排序”按钮，选择默认的排序顺序，按收入升序排序，如图 15.94 所示。

(7) 分组。选中产品种类，单击工具栏的“分组”按钮，对产品类别进行分组，如图 15.95 所示。分组后的数据，Query Studio 进行了自动汇总，方便业务人员进行计算。

销售区域：Singapore AND 收入：大于或等于 100 00(

收入：升序

Product	产品种类	销售区域	收入▲
KB—0012	Kids bike (KB)	Singapore	136098
CB—0011	City bike (CB)	Singapore	191123
KB—0013	Kids bike (KB)	Singapore	191717
KB—0014	Kids bike (KB)	Singapore	198910
MB—001:	Mountain bike (MB)	Singapore	255207
TB—0014	Trekking bike (TB)	Singapore	259196
CB—0012	City bike (CB)	Singapore	311058
TB—0012	Trekking bike (TB)	Singapore	338458
TB—0013	Trekking bike (TB)	Singapore	339708
RB—0013	Racing bike (RB)	Singapore	355661
TB—0011	Trekking bike (TB)	Singapore	497850

图 15.94 排序

产品种类	Product	销售区域	收入▲
City bike (CB)	CB—0011	Singapore	191123
	CB—0012	Singapore	311058
	CB—0013	Singapore	606433
	CB—0010	Singapore	629436
	CB—0014	Singapore	784445
City bike (CB)			**2522495**
Kids bike (KB)	KB—0012	Singapore	136098
	KB—0013	Singapore	191717
	KB—0014	Singapore	198910
Kids bike (KB)			**526725**
Mountain bike (MB)	MB—0013	Singapore	255207
	MB—0010	Singapore	526615
	MB—0014	Singapore	646262

图 15.95 分组显示

(8) 添加条件样式。Query Studio 提供了“条件样式”功能。用户可以根据具体需求按照不同的条件设置不同的样式，达到重点突出，层次分明的效果。右击“收入”，选择“定义条件样式”命令，在弹出的“定义条件样式”窗口中，依次插入阈值 60 000 000 和 600 000 作为销售“良好”产品和销售“较差”产品的界限，分别设置两个区间的样式为“背景绿色”和“背景红色”，如图 15.96 所示。

添加条件样式后的结果如图 15.97 所示。

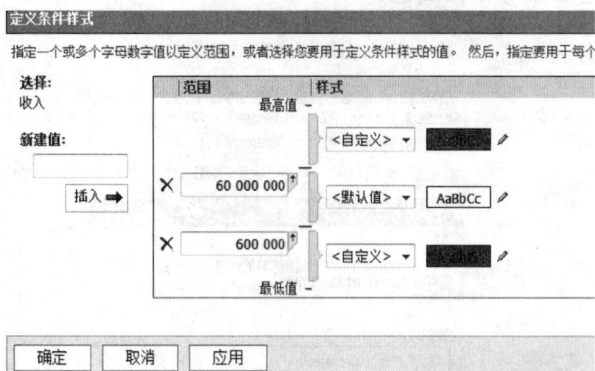

图 15.96 设置条件样式

图 15.97 条件样式结果

(9) 格式化数据。通过格式化数据可以给度量添加单位,调整时间、货币的单位和显示样式,使数据更完善、更合理。右击"收入",选择"格式化数据"命令,在弹出的"格式化数据"窗口中,选择"货币"中的"美元",如图 15.98 所示。同理,可对成本添加货币单位,结果如图 15.99 所示。

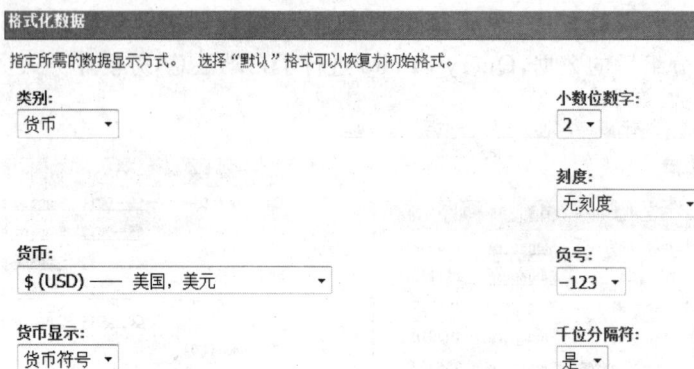

图 15.98 格式化货币单位

图 15.99 添加货币单位

（10）转换为交叉表。Query Studio 提供了灵活的转换为交叉表的功能。保留"地区"、"产品"、"收入"等查询项，删除其他查询项。选中"地区"，单击工具栏的"创建交叉表"按钮，如图 15.100 所示。

收入	Australia	Singapore	India	Germany	France
CB-0010	$483,351.00	$629,436.00	$769,285.00	$260,176.00	$211,875.00
CB-0011	$183,965.00	$191,123.00	$224,698.00	$101,978.00	
CB-0012	$269,201.00	$311,058.00	$416,261.00	$149,260.00	$139,110.00
CB-0013	$625,857.00	$606,433.00	$992,627.00	$453,487.00	$298,014.00
CB-0014	$780,140.00	$794,445.00	$1,043,421.00	$420,287.00	$323,802.00
KB-0012	$127,310.00	$136,098.00	$147,453.00		
KB-0013	$175,288.00	$191,717.00	$261,285.00		
KB-0014	$191,876.00	$198,910.00	$273,135.00	$116,941.00	$100,686.00
MB-0010	$386,104.00	$526,615.00	$673,355.00	$295,861.00	$227,871.00
MB-0011	$1,204,636.00	$1,575,094.00	$1,721,234.00	$709,961.00	$735,347.00

图 15.100 交叉表

15.4 基于 IBM SPSS Modeler 14.2 的数据挖掘

1996 年提出的行业无关、应用无关的数据挖掘过程标准 CRISP-DM 把挖掘过程分为 6 个阶段：定义业务问题（business understanding）、数据理解（data understanding）、数据预处理（data preparation）、数据建模（data modeling）、模型评估（evaluation）和部署（deployment），如图 15.101 所示。这几个阶段的具体工作已在第 5 章详细讨论过。本章使用的 IBM SPSS Modeler 14.2 遵循 CRISP-DM 标准。

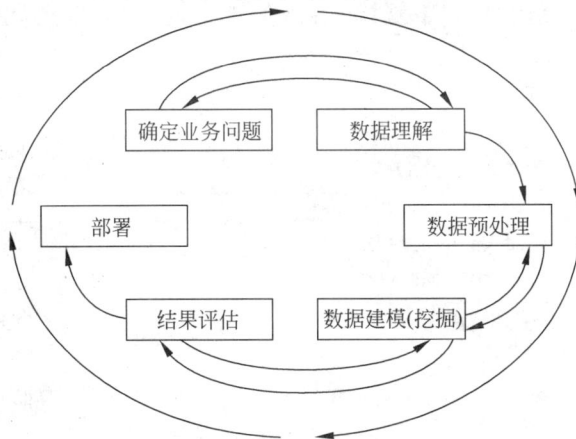

图 15.101 数据挖掘的几个阶段

对某公司销售记录进行分析。该公司在 2012.7.13—2010.8.17 进行了发放优惠券活动，产生了 1291 条记录，9 个字段，每个字段的意义如表 15.1 所示。

表 15.1　记录中字段的意义

字段名	字段类型	字段意义
cmpgn_name	标志	活动名,均为 Coupon campaign name
control_yn	标志	购买者类型:控制-'c',测试-'t'
redeemer_yn	标志	是否为重复购买者:是-'y',否-'n'
user_id	连续	购买者 ID
gender	名义	购买者性别:女-'F',男-'M',未知-'U'
age	连续	购买者年龄,age=-99 意味着信息丢失
CK_DATE	连续	购买日期
BUY_QTY	连续	购买商品数量
GMB	连续	购买金额(美元)

下面利用 IBM SPSS Modeler 14.2 进行决策树分析、聚类分析、关联分析和回归分析。

1. 决策树分析

启动 IBM SPSS Modeler 14.2,导入文件。在工作平台上,添加一个 Excel 源节点。双击该节点,文件类型设为 Excel 2007,2010(∗.xlsx),导入文件为源 Excel 文件的路径,按名称 DATA 选择工作表,其他默认设置,如图 15.102 所示。

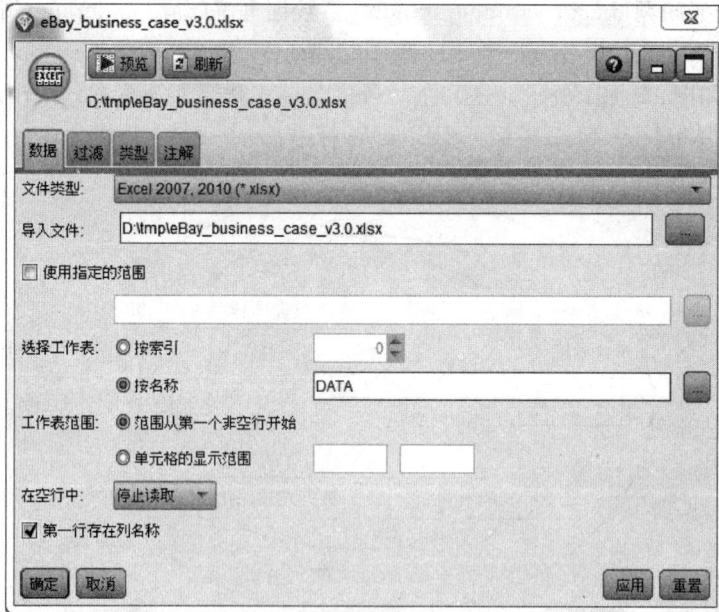

图 15.102　导入文件

查看源数据。添加一个"表"节点,运行该表节点。如图 15.103 所示,共有 9 个字段,1291 条记录。

下面首先利用 C5.0 算法进行决策树分析,探讨客户的年龄、性别、单次购买量、单次购买金额与购买者是否重复购物的关系。

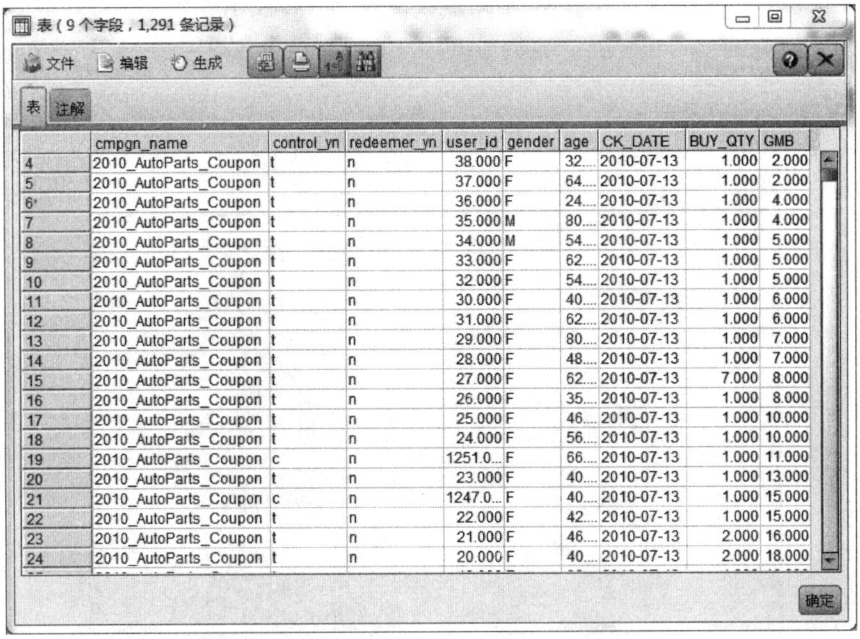

表（9个字段，1,291 条记录）

	cmpgn_name	control_yn	redeemer_yn	user_id	gender	age	CK_DATE	BUY_QTY	GMB
4	2010_AutoParts_Coupon	t	n	38.000	F	32....	2010-07-13	1.000	2.000
5	2010_AutoParts_Coupon	t	n	37.000	F	64....	2010-07-13	1.000	2.000
6	2010_AutoParts_Coupon	t	n	36.000	F	24....	2010-07-13	1.000	4.000
7	2010_AutoParts_Coupon	t	n	35.000	M	80....	2010-07-13	1.000	4.000
8	2010_AutoParts_Coupon	t	n	34.000	M	54....	2010-07-13	1.000	5.000
9	2010_AutoParts_Coupon	t	n	33.000	F	62....	2010-07-13	1.000	5.000
10	2010_AutoParts_Coupon	t	n	32.000	F	54....	2010-07-13	1.000	5.000
11	2010_AutoParts_Coupon	t	n	30.000	F	40....	2010-07-13	1.000	6.000
12	2010_AutoParts_Coupon	t	n	31.000	F	62....	2010-07-13	1.000	6.000
13	2010_AutoParts_Coupon	t	n	29.000	F	80....	2010-07-13	1.000	7.000
14	2010_AutoParts_Coupon	t	n	28.000	F	48....	2010-07-13	1.000	7.000
15	2010_AutoParts_Coupon	t	n	27.000	F	62....	2010-07-13	7.000	8.000
16	2010_AutoParts_Coupon	t	n	26.000	F	35....	2010-07-13	1.000	8.000
17	2010_AutoParts_Coupon	t	n	25.000	F	46....	2010-07-13	1.000	10.000
18	2010_AutoParts_Coupon	t	n	24.000	F	56....	2010-07-13	1.000	10.000
19	2010_AutoParts_Coupon	c	n	1251.0...	F	66....	2010-07-13	1.000	11.000
20	2010_AutoParts_Coupon	t	n	23.000	F	40....	2010-07-13	1.000	13.000
21	2010_AutoParts_Coupon	c	n	1247.0...	F	40....	2010-07-13	1.000	15.000
22	2010_AutoParts_Coupon	t	n	22.000	F	42....	2010-07-13	1.000	15.000
23	2010_AutoParts_Coupon	t	n	21.000	F	46....	2010-07-13	2.000	16.000
24	2010_AutoParts_Coupon	t	n	20.000	F	40....	2010-07-13	2.000	18.000

图 15.103 源数据

添加“类型”节点。在数据源节点后添加一个类型节点，把 gender、age、BUY_QTY 和 GMB 的角色设为数据流的“输入”，redeemer_yn 的角色设为“目标”，其他的角色设为“无”，如图 15.104 所示。

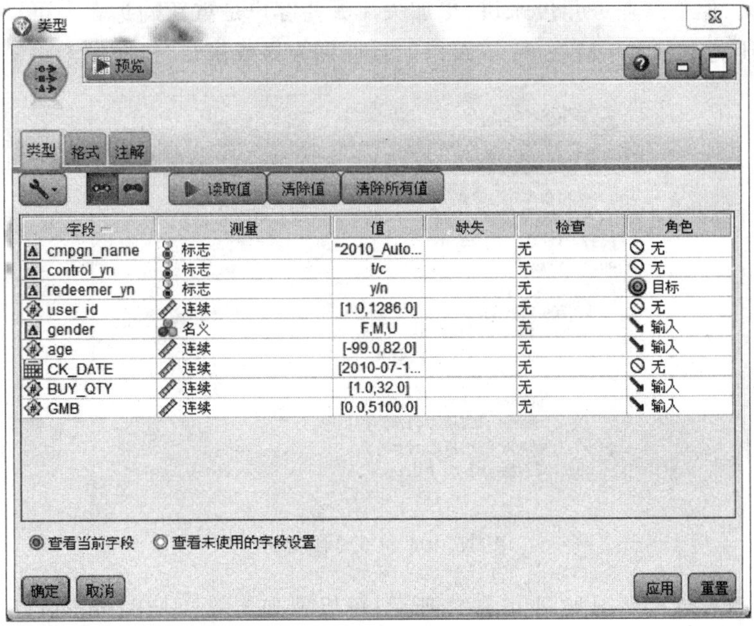

字段	测量	值	缺失	检查	角色
cmpgn_name	标志	"2010_Auto...		无	无
control_yn	标志	t/c		无	无
redeemer_yn	标志	y/n		无	目标
user_id	连续	[1.0,1286.0]		无	无
gender	名义	F,M,U		无	输入
age	连续	[-99.0,82.0]		无	输入
CK_DATE	连续	[2010-07-1...		无	无
BUY_QTY	连续	[1.0,32.0]		无	输入
GMB	连续	[0.0,5100.0]		无	输入

图 15.104 字段类型设置

添加 C5.0 节点,双击 C5.0 节点,采用默认设置,如图 15.105 所示。

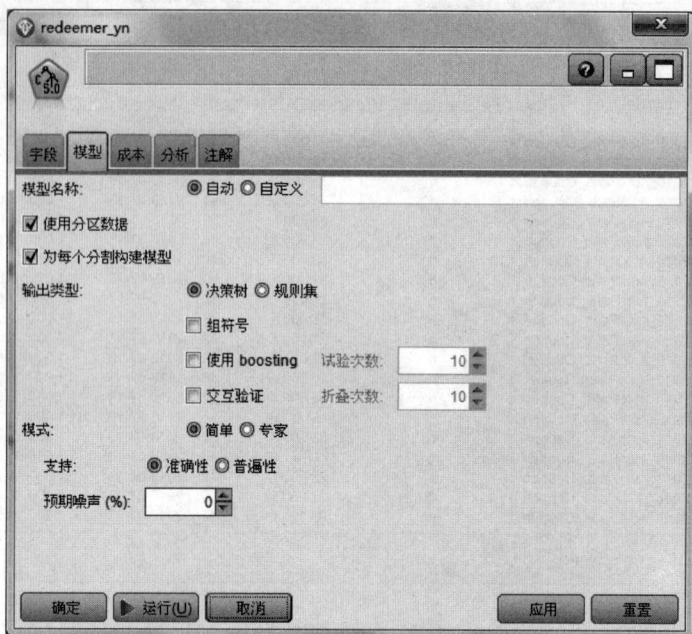

图 15.105　C5.0 节点设置

单击图 15.105 中的"运行"按钮,生成 C5.0 模型,右击选择"浏览"命令,效果如图 15.106 所示。可以看到生成的决策树,从中可以转化为一些规则,例如当 GMB≤19 时,购买者不是重复购买者。但是从业务角度来讲,更加关注哪些客户是重新购买者。可以看出,当每次购买金额 GMB 超过 19,年龄在 61 岁及以上且性别为男或未知时,顾客为重复购买者。

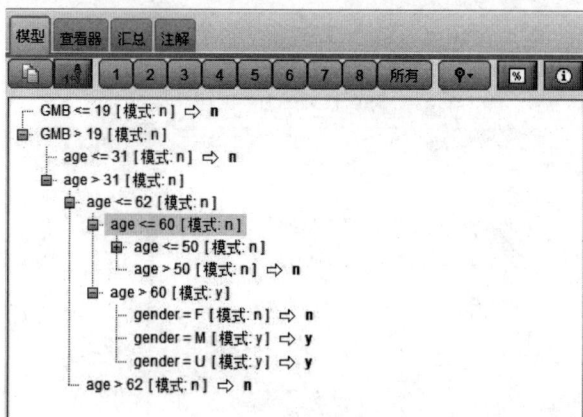

图 15.106　C5.0 决策树

预测变量重要性的情况如图 15.107 所示,可以看到年龄、GMB、gender、BUY_QTY 对建模的影响是逐渐降低的。

在生成模型之后添加一个分析节点,运行可以得到图 15.108 所示的结果。可以看出,决策树的正确率为 95.35%。

预测变量重要性

目标: **redeemer_yn**

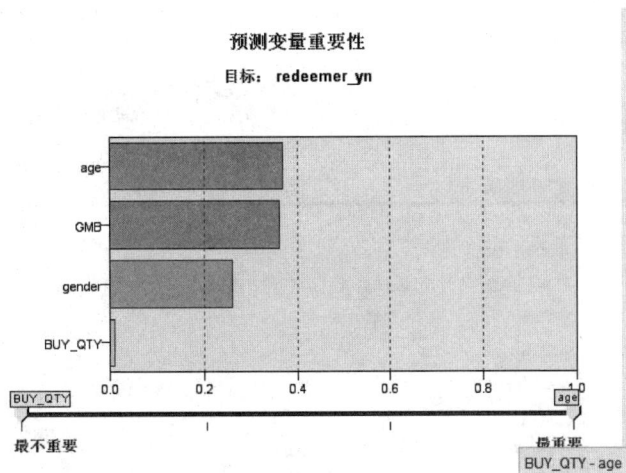

图 15.107 预测变量重要性

2. 聚类分析

下面再利用两步聚类算法对源数据进行分析,选择购买者的 age(年龄)、gender(性别)、BUY_QTY(单次购买量)、GMB(购买金额)、redeemer_yn(是否为重复购买者)等字段作为聚类的属性。

在数据源节点后添加一个类型节点,把 redeemer_yn、gender、age、BUY_QTY 和 GMB 的角色设置为"输入",其他字段的角色设为"无",如图 15.109所示。

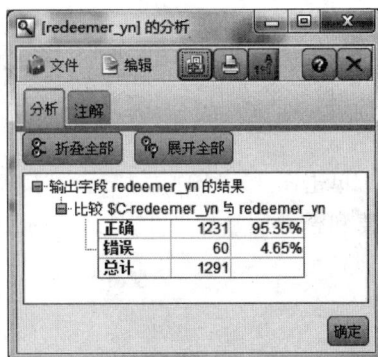

正确	1231	95.35%
错误	60	4.65%
总计	1291	

图 15.108 分析决策树模型的质量

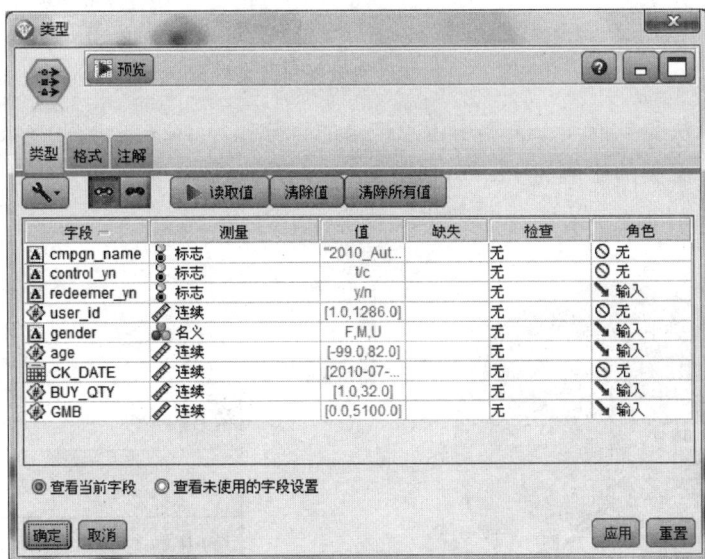

图 15.109 类型节点设置

在类型节点后添加一个"两步"节点,双击该节点,如图 15.110 所示,采用默认设置。

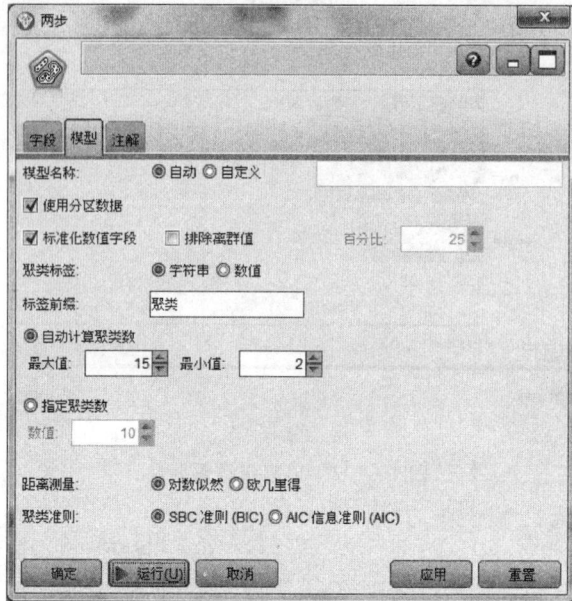

图 15.110　两步节点设置

单击图 15.110 中的"运行"按钮,生成两步模型,右击选择"浏览"该模型。两步模型的概要和聚类质量如图 15.111 所示,聚类质量比较好(值为 0.7)。

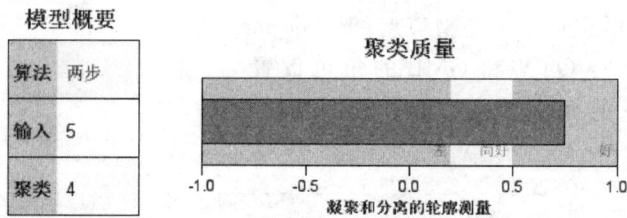

图 15.111　模型概要和聚类质量

两步聚类算法得到的 4 个聚类所占总记录的百分比为 44.0%、43.0%、9.3% 和 3.7%,最大聚类与最小聚类的比值为 11.83,如图 15.112 所示。

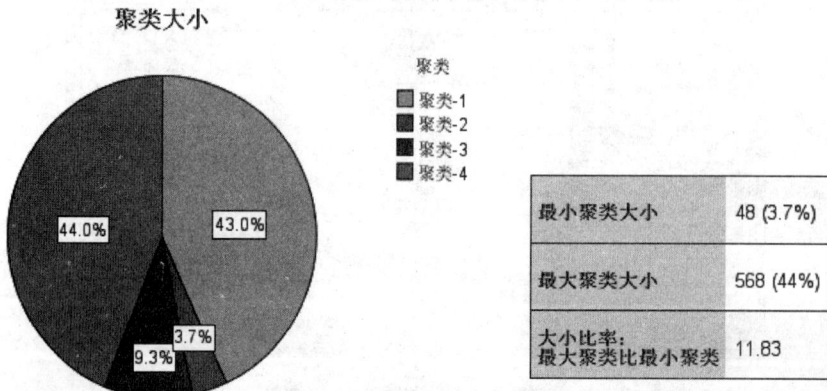

图 15.112　两步模型聚类大小

两步模型各个字段的重要性如图 15.113 所示,其中每个字段重要性如下:redeemer_yn(1.0)、gender(0.96)、BUY_QTY(0.54)、GMB(0.09)和 age(0.02)。

图 15.114 显示了聚类结果的详细信息,不仅可以看到每个聚类的大小,也能够看到每个字段对聚类的作用。

预测变量重要性

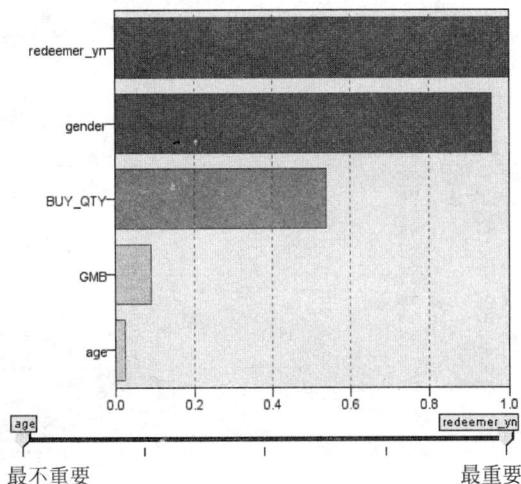

最不重要　　　　　　　　　　　　　　最重要

图 15.113　预测变量重要性

输入(预测变量)重要性
1.0 0.8 0.6 0.4 0.2 0.0

聚类	聚类-4	聚类-1	聚类-3	聚类-2
标签				
说明				
大小	44.0% (568)	43.0% (555)	9.3% (120)	3.7% (48)
输入	redeemer_yn n (100.0%)	redeemer_yn n (100.0%)	redeemer_yn y (100.0%)	redeemer_yn n (97.9%)
	gender M (100.0%)	gender F (100.0%)	gender M (63.3%)	gender F (54.2%)
	BUY_QTY 1.40	BUY_QTY 1.54	BUY_QTY 1.75	BUY_QTY 8.00
	GMB 44.56	GMB 26.12	GMB 48.51	GMB 396.60
	age 44.10	age 44.78	age 47.06	age 33.08

图 15.114　聚类结果

3. 关联分析

下面利用 Apriori 算法对购买者的 age(年龄)、gender(性别)以及 redeemer_yn(是否为重复购买者)进行关联分析。

在数据源节点之后,添加一个"类型"节点,把 redeemer_yn、gender 和 age 的角色设置为"两者",其他字段设为"无",如图 15.115 所示。

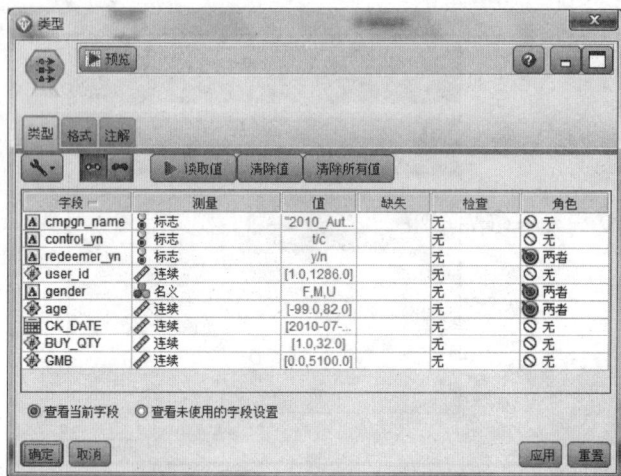

图 15.115　字段类型角色设置

在源数据中,存在着性别不确定的记录,对 gender 取值不确定的记录进行清除。在字段节点后添加一个"选择"节点,双击该节点,选择模式为"丢弃",条件设置为 gender = 'U',如图 15.116 所示。

添加一个 Apriori 节点,双击该节点,设置最低支持度为 5.0,最小规则置信度为 10.0,最大前项数为 5,其他采用默认设置,如图 15.117。

图 15.116　选择节点设置

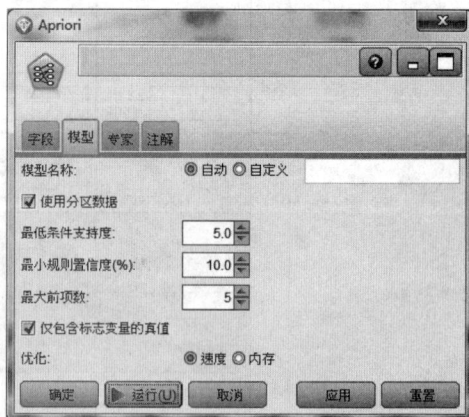

图 15.117　Apriori 节点设置

单击图 15.117 中的"运行"按钮,生成 Apriori 模型,右击选择"浏览"命令,效果如图 15.118 所示。可以看到,当 redeemer_yn 为 y 时,gender＝M 的支持度为 9.373％,置信度为 63. 636%。当 redeemer_yn 为 y 时,gender = F 的支持度为 9. 373%,置信度为
36. 364%。当 gender = M 时,redeemer_yn 为 y 的支持度为 51. 278%,置信度为 11. 631%。

图 15.118　生成关联规则

4. 回归分析

回归分析使用的数据为某企业销售数据,共 1168 个记录,包含 BUY_QTY_Sum、BUY_
QTY_Mean、GMB_Sum、GMB_Mean、Record_Count、redeemer_yn、gender、age 等字段,分
别表示客户购买商品总数量、客户单次购买商品平均数量、客户购买商品总金额、客户单次
购买商品平均金额、客户购买次数、客户是否为重复购买者、客户性别和客户年龄。

下面利用 IBM SPSS Modeler 14. 2 分别进行线性回归和 Logistic 回归分析。回归分析
主要挖掘客户相关数据与 GMB_Sum(客户购买商品总金额)之间的关系。客户相关数据包
括 age(客户的年龄)、gender(性别)、BUY_QTY_Sum(客户购买商品总数量)、BUY_
QTY_Mean(客户单次购买商品平均数量)、GMB_Mean(客户单次购买商品平均金额),如
图 15. 119 所示。

回归分析的数据流如图 15. 120 所示。

图 15.119　回归分析字段角色设置

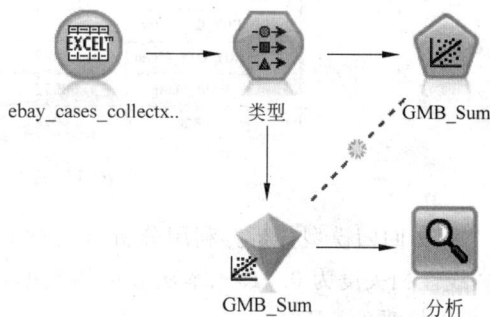

图 15.120　回归分析的数据流

(1) 预测变量重要性。回归分析模型预测变量的重要性如图 15. 121 所示,其中 GMB_
Mean 重要性的值为 0. 86,BUY_QTY_Sum 重要性值为 0. 14,其余变量对 GMB_Sum 影响不大。

(2) 回归方程如图 15. 122 所示。

(3) 模型概要。从图 15. 123 中可以看出,R 方检验值为 0. 845,调整后的 R 方检验值为
0. 845,标准误差为 101. 426689。回归分析建立的模型质量可以接受。

预测变量重要性

目标: GMB_Sum

最不重要　　　　　　　　　　最重要

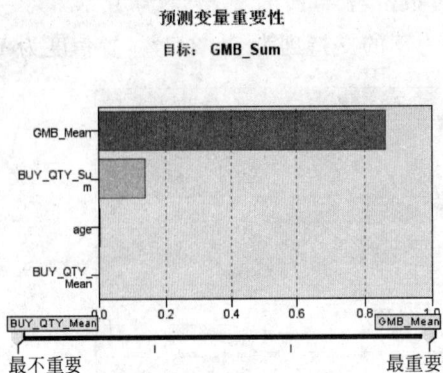

图 15.121　预测变量重要性

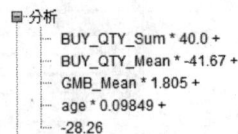

☐ 分析
- BUY_QTY_Sum * 40.0 +
- BUY_QTY_Mean * -41.67 +
- GMB_Mean * 1.805 +
- age * 0.09849 +
- -28.26

图 15.122　回归方程

Model Summary

Model	R	R Square	Adjusted R Square	Std. Error of the Estimate
1	.919(a)	.845	.845	101.426689

a. Predictors: (Constant), age, GMB_Mean, BUY_QTY_Mean, BUY_QTY_Sum

图 15.123　模型概要

（4）系数分析。图 15.124 为模型的系数分析,根据显著性可以知道,除 age 变量没通过显著性检验外,其他自变量均符合要求,且 age 变量对模型重要性较低。因此,可以得出结论,回归分析得到的模型质量是较好的。

Coefficients(a)

Model		Unstandardized Coefficients		Standardized Coefficients	t	Sig.
		B	Std. Error	Beta		
1	(Constant)	−28.260	11.363		−2.487	.013
	BUY_QTY_Sum	40.002	1.714	.410	23.337	.000
	BUY_QTY_Mean	−41.669	2.286	−.320	−18.231	.000
	GMB_Mean	1.805	.024	.860	74.245	.000
	age	.098	.240	.005	.410	.682

图 15.124　模型系数分析

（5）回归模型分析。利用分析节点对回归模型分析的结果如图 15.125 所示。可以看出,线性相关度为 0.919。本次分析的数据量较大,误差值域为 $[-678.294, 2817.485]$,也是可以接受的。

Logistic 回归分析主要分析客户是否重复购买 redeemer_yn 与客户相关数据的关系。客户的相关数据包括 gender、age、BUY_QTY_Sum 和 GMB_Sum,如图 15.126 所示。

Logistics 回归分析的数据流与回归分析相似,如图 15.127 所示。

Logistic 回归分析预测变量重要性如图 15.128 所示。变量的重要性由 BUY_QTY_Sum、GMB_Sum、gender 和 age 逐渐递减,重要性的值为分别为 0.56、0.17、0.16 和 0.11。

得到的 Logistic 回归方程如图 15.129 所示。

图 15.125 回归模型分析

图 15.126 Logistic 回归分析变量角色设置

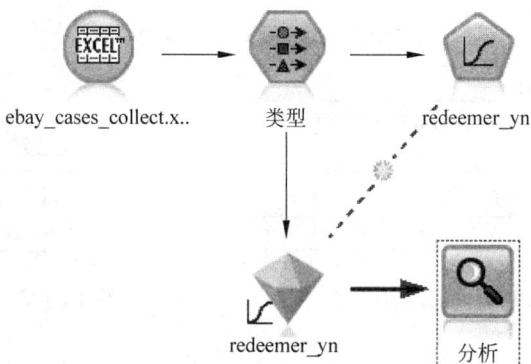

图 15.127 Logistics 回归分析数据流程

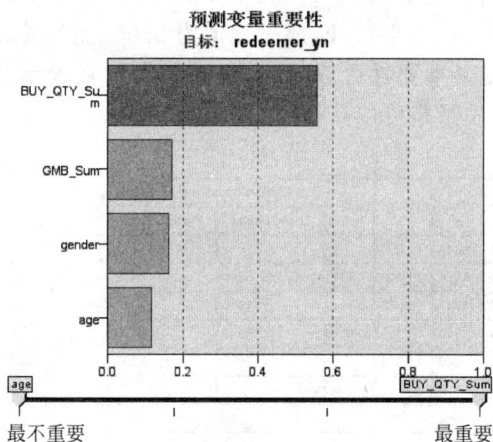

图 15.128 预测变量重要性

图 15.129 Logistic 回归方程

图 15.130 为 Logistic 回归模型的记录处理汇总信息。可以看到,记录中的重复购买者数量为 11,占总数的 0.9%,非重复购买者数量为 1157,男客户数量为 585,占总数 50.1%等信息。

从图 15.131 所示的模型拟合信息可见,模型的显著性值为 0.000＜0.005,通过显著性检验。

准判定系数是因变量变异的比例,Cox and Snell、Nagelkerke 和 Mcfadden 等参数分别为 0.078、0.775、0.765,如图 15.132 所示。可见除 Cox and Snell 外,其他两个参数值是较大的,即 Logistic 回归分析的模型质量较好。

Case Processing Summary

		N	Marginal Percentage
redeemer_yn	n	1157	99.1%
	y	11	.9%
gender	F	583	49.9%
	M	585	50.1%
Valid		1168	100.0%
Missing		0	
Total		1168	
Subpopulation		981(a)	

a. The dependent variable has only one value observed in 981 (100.0%) subpopulations.

图 15.130　记录处理汇总

Model Fitting Information

	Model Fitting Criteria	Likelihood Ratio Tests		
Model	-2 Log Likelihood	Chi-Square	df	Sig.
Intercept Only	124.529			
Final	29.234	95.296	4	.000

Pseudo R-Square

Cox and Snell	.078
Nagelkerke	.775
McFadden	.765

图 15.131　模型拟合信息　　　　　　图 15.132　准判定系数

　　参数分析主要分析各个参数的质量,如图 15.133。其中 B 是指回归系数 β 的假设检验,Std. Error 是各个字段的标准差,Wald 是参数的 Wald 检验值,主要是检验方程显著性水平,Sig 为显著性水平。可以看到,Intercept(常量)、BUY_QTY_Sum 和 GMB_Sum 的显著性值均小于 0.05,age 的显著性值为 0.170,[gender=F]显著性值为 0.358。尽管以上两个参数的显著性大于 0.05,但是根据预测变量重要性可以看出,这两个参数在模型建模中较为不重要。因此,Logistic 回归模型模拟质量是可以接受的。

Parameter Estimates

redeemer_yn(a)		B	Std. Error	Wald	df	Sig.	Exp(B)	95% Confidence Interval for Exp(B)	
								Lower Bound	Upper Bound
y	Intercept	-11.763	3.524	11.144	1	.001			
	BUY_QTY_Sum	.480	.094	26.074	1	.000	1.616	1.344	1.942
	GMB_Sum	.001	.000	4.647	1	.031	1.001	1.000	1.002
	age	.074	.054	1.880	1	.170	1.076	.969	1.196
	[gender=F]	-1.061	1.154	.846	1	.358	.346	.036	3.320
	[gender=M]	0(b)			0				

a. The reference category is: n.

b. This parameter is set to zero because it is redundant.

图 15.133　参数分析

　　利用分析节点对模型分析得到的结果如图 15.134 所示。可以看出,Logistic 回归分析模型与能够准确预测 1163 条记录,预测错误的记录有 5 条,准确率达 99.57%。

　　最后,再利用 RFM 模型分析用户购买的情况,为目标营销提供决策支持。

　　RFM 模型是一种根据顾客在某段时间内购买情况,确定顾客价值的方法。其中 R(recency)表示顾客最近一次购买的时间(距某个时间点),F(frequency)表示顾客在最近一段时间内购物的频率,M(monetary)表示顾客在最近一段时间内购物的金额。下面采用

IBM SPSS Modeler 14.2 中的 RFM 模型,对顾客数据进行分析,找出目标营销顾客。在此基础上,采用 k-means 方法进行聚类,分析每类顾客的特点。

首先读入数据,选择 user_id(用户标签)、CK_DATE(购买日期)和 GMB(购买额)作为分析字段。转换日期格式,添加一个填充节点,把 CK_DATE 字段转为 date 类型,如图 15.135 所示。

图 15.134 模型分析

图 15.135 转换日期类型

添加一个 RFM 汇总节点,如图 15.136 所示进行设置。

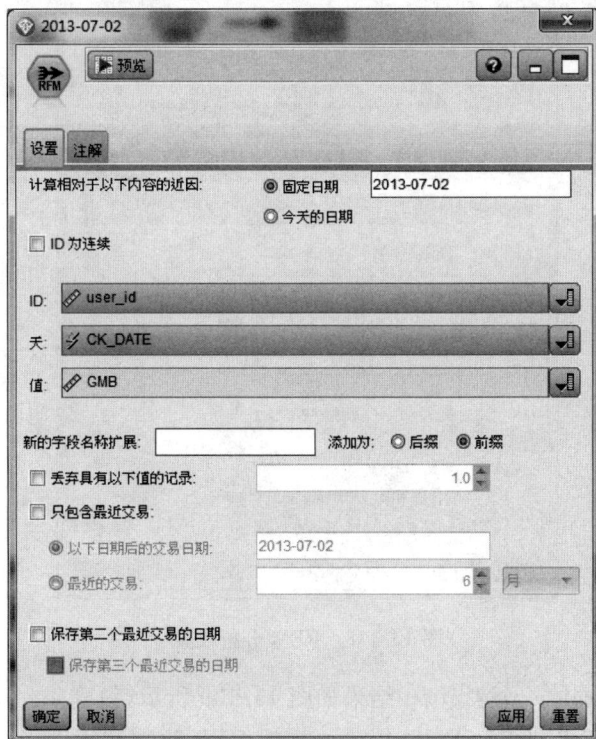

图 15.136 RFM 汇总节点

在 RFM 汇总节点后添加一个表节点,如图 15.137 所示。

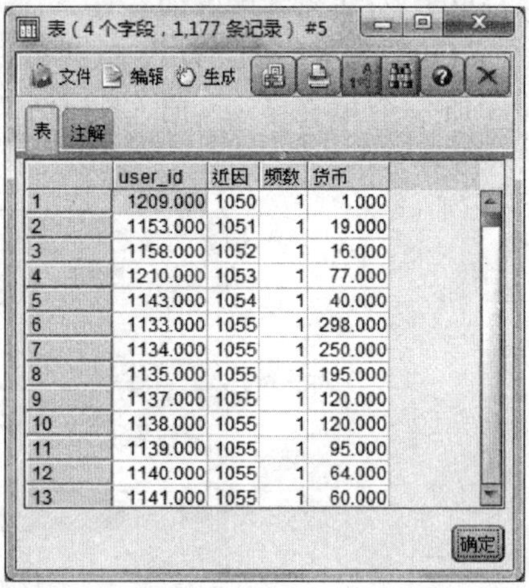

图 15.137　查看 RFM 汇总信息

选择 RFM 分析节点。本次分析的数据时间间隔较短,这里把频数、顾客的消费金额的权重设置大些:近因、频数和货币的权重分别设置为 10.0,40.0 和 20.0,如图 15.138 所示。

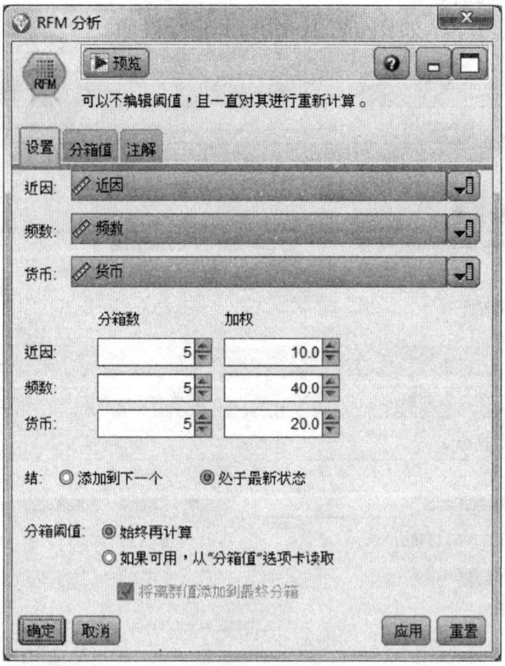

图 15.138　RFM 分析设置

在 RFM 节点后添加一个表节点,结果如图 15.139 所示,得到每一个顾客的近因、频数和货币得分,计算加权求和得到 RFM 得分。根据近因、频数和货币得分的情况,可以看出当客户在分析时间范围内重复购买时,顾客的频数得分较高;近因得分和货币得分与顾客最近一次购买时间和购买金额相关。根据 RFM 得分情况,可以把得分比较高的一些顾客作为目标营销的对象。

图 15.139 RFM 分析结果

进一步地,把顾客的基本信息(年龄、性别等)以及由 RFM 分析得到的近因得分、频数得分、货币得分等作为 k-means 聚类算法的输入,如图 15.140 所示。

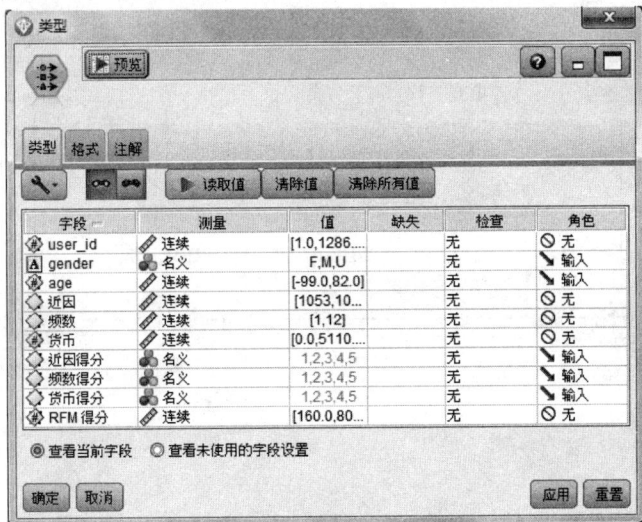

图 15.140 设置 k-means 聚类角色

k-means 聚类的结果如图 15.141 所示。可以看出,对于聚类 1,货币得分为 5、性别为 M(男)、频数得分为 1 和近因得分为 5,分别占该聚类总数的 61.3%、100%、77.9% 和 35.7%,年龄均值为 44.21。其他类别也可以进行类似的分析。可以对不同类别的顾客进行不同的促销活动。

上述数据挖掘的数据流如图 15.142 所示。

图 15.141　k-means 聚类分析

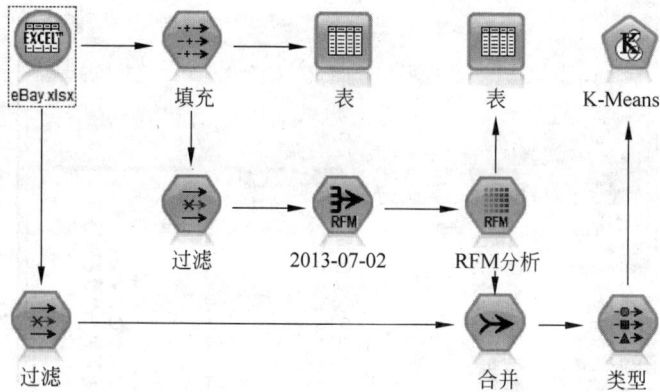

图 15.142　数据流

15.5　基于 IBM Inforsphere BigInsights 的用户行为分析

　　IBM Inforsphere BigInsights 是一个可以帮助企业发现和分析隐藏在大量、多种多样数据下的商机软件平台。而这些数据却经常难以使用传统方法分析而被忽略或丢弃。

　　为了帮助企业有效地挖掘这些数据的价值,BigInsights Enterprise 版本包括了一些像 Apache Hadoop,BigSheets 在内的一系列开发技术。Hadoop 及其相关项目为数据密集型应用提供了一个有效的软件框架,利用分布式计算环境实现更高的可伸缩性。

IBM 技术通过分析软件、企业软件集成、平台扩展和工具等丰富了此开源框架。BigSheets 是一个最初由 IBM 公司开发的基于浏览器的分析工具。如今，BigSheets 使业务用户和非程序员用户同样能够在分布式文件系统下探索和分析数据。BigSheets 提供了一个电子表格的接口，使用户可以建模、筛选、结合、探索从各种来源收集的数据和图表。BigInsights Web 控制台有访问 BigSheets 的选项。BigSheets 主要有以下功能特性：

（1）对非结构化、半结构化数据的分析处理能力。

（2）以表格的形式展示分析结果，并提供图形化展示，结果一目了然。

（3）提供了过滤、连接、分组查询、加载、复制等多种公式以及条件、选择、数学计算、文本操作等丰富的函数库，能满足大部分场景中的数据分析需求。

（4）支持多种文件格式，包括 CSV、TSV、JSON、网络爬虫数据、自定义字符分割文件等。

（5）基于 Apache Hadoop，因此比传统的商业分析工具拥有更快速、强大的海量数据处理能力。

（6）支持分析结果以多种格式导出。

（7）提供了扩展性：用户可以自定义阅读器、宏、图形化工具甚至自定义 MapReduce 程序来导入数据。

（8）使用数据集合来代表一个数据集（可以是原始数据或者分析数据），它是用户操作的主要对象。数据集合的形式类似于 Excel 中的数据表，行代表数据集中的值，列代表数据集的各个属性。BigSheets 利用阅读器来对导入的文件进行解析与显示，支持 7 种默认的阅读器以及用户自定义阅读器。

在定义一个 BigSheets 工作簿后，用户可以过滤或转换数据。在幕后，BigSheets 转换用户命令，并通过图形界面来表达。通过这种方式，用户可以迭代地探索各种转换效率。当满意后，用户可以保存并运行工作簿，BigSheets 即发起 MapReduce 的全套工作数据，将结果写入分布式操作系统，并显示新工作簿的内容。

通过本章实验，读者将能够操控 BigSheets，使用其图标和制图功能，并按照自己的需要分析、操作、完善数据。下面先启动所有的 Hadoop 组件。

（1）启动虚拟机，并使用如下信息登录：用户名：biadmin，密码：biadmin。在桌面上右击选择 Start BigInsights 进入终端控制台自动启动组件。

（2）将目录转到 $BIGINSIGHTS_HOME 下（默认为/opt/ibm/biginsights）：

```
cd $BIGINSIGHTS_HOME/bin 或者 cd /opt/ibm/biginsights/bin
```

如在启动中出现 Linux 的权限问题，如图 15.143 所示，可以通过进入其 root 控制权限解决。密码依旧为 password。

待所有组件都成功启动后，就可以进入下一步的实验。

（3）使用如下命令行把本次实验所需要用到的文件从本地磁盘复制到 HDFS，并查看复制结果。

```
hadoop fs - put /home/biadmin/kdURL.txt kdURL1.txt
hadoop fs - ls /user/biadmin
```

同理，使用如下命令行将 sjURL.txt 和 sjAPP.txt 文件分别复制到 HDFS，并查看复制

```
biadmin@bivm:/opt/ibm/biginsights/bigsql/bin> ./bigsql status
BigSQL server is not running and was not shut down cleanly. Run (bigsql clean) t
o perform cleanup
biadmin@bivm:/opt/ibm/biginsights/bigsql/bin> ./bigsql clean
BigSQL server is not running
biadmin@bivm:/opt/ibm/biginsights/bigsql/bin> ./bigsql start
./bigsql: line 234: /var/ibm/biginsights/bigsql/logs/bigsql-stderr.log: Permissi
on denied
BigSQL failed to start. See /var/ibm/biginsights/bigsql/logs/bigsql-stderr.log f
or details.
biadmin@bivm:/opt/ibm/biginsights/bigsql/bin> []
```

图 15.143　启动时出现权限问题

结果：

```
hadoop fs - put /home/biadmin/sjURL.txt sjURL.txt
hadoop fs - ls /user/biadmin
hadoop fs - put /home/biadmin/sjAPP.txt sjAPP.txt
hadoop fs - ls /user/biadmin
```

下面讨论如何建立 BigSheets 工作簿。

在使用 BigSheets 分析数据前，需要在分布式文件系统中创建工作簿－电子表格样式的结构。在本实验中，这些文件即为先前复制到 HDFS 的 kdURL.txt、sjURL.txt 和 sjAPP.txt。

下面通过如下步骤创建工作簿：

(1) 双击图标 █ 打开 BigInsights Web 控制台。

(2) 单击进入 Files 页面，在 path 一栏中输入 user/biadmin/kdURL1.txt。在右侧窗格中，选择 Sheets 单选按钮，使文件格式由文本改变为表格。接着单击铅笔图标，将文件转换为合适的数据格式。BigSheets 提供多种用于常见数据格式的内置阅读器。如图 15.144 所示，此例中，选择 Tab Separated Value(TSV) Data 阅读器比较合适。单击选择图标 ☑ 确定接受。

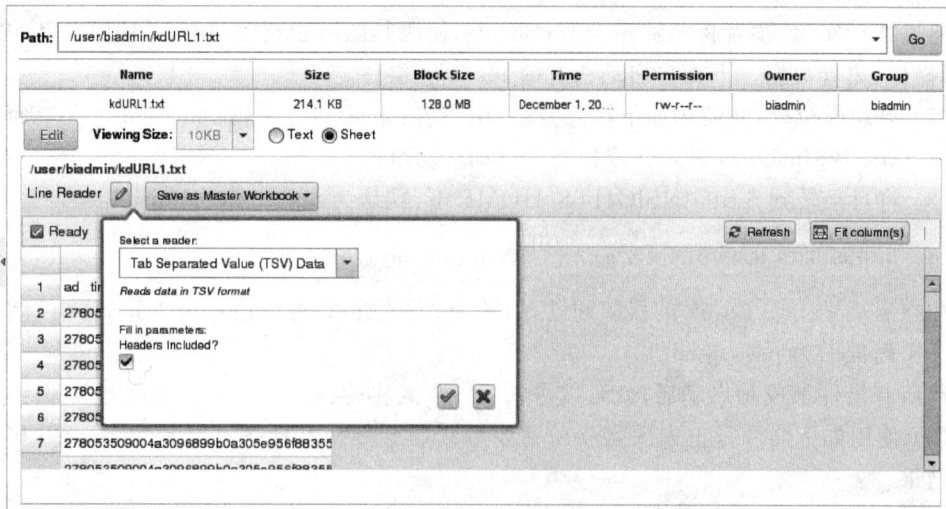

图 15.144　选择 Tab Separated Value(TSV) Data 阅读器

（3）单击 Save AS Master Workbook，使用 KD 命名其工作簿，单击 Save 按钮保存，如图 15.145 所示。

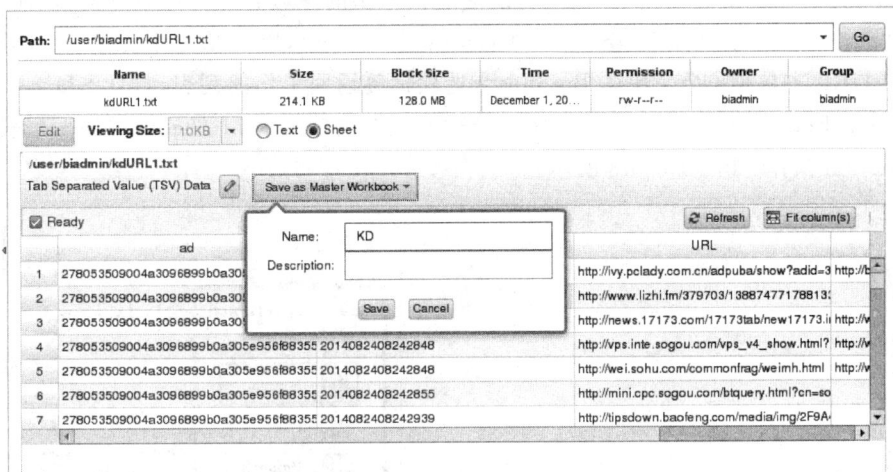

图 15.145　创建新工作簿

使用相同的步骤为 sjAPP.txt 文件创建一个工作簿。

（4）回到 Files 页面，选择文件/user/biadmin/sjAPP.txt。

（5）当 sjAPP.txt 在右边窗格中打开时，选择 Sheet 作为其格式。

（6）更改其阅读器为 Tab Separated Value(TSV) Data。

（7）单击 Save aS Master Workbook，使用 APP 命名其工作簿。单击 Save 按钮保存。

下面再介绍如何处理工作簿。首先对宽带上网 URL 案例数据（APP 工作簿）进行分析，从而了解用户使用宽带上网的主要网页访问覆盖情况。

在本实验中 ad 等试验数据对目标数据分析是无用的，即只需这些列的其中一部分，因此一个重要的早期步骤即创建只保留需要列的新工作簿：单击 BigSheets 标签，打开为 kdURL1.txt 文件创建的 KD 工作簿，然后单击 Build New Workbook。如图 15.146 所示，将光标指向 ad 列。在列的标头单击 down arrow 并选择 Remove。

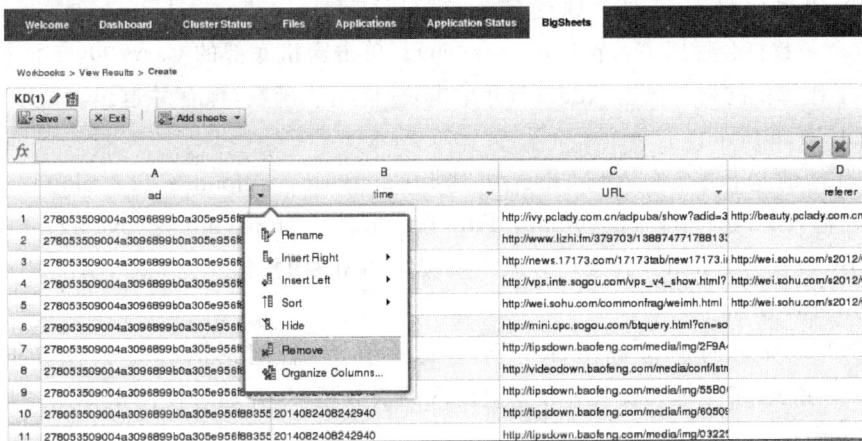

图 15.146　从工作簿中移除一列

重复上述步骤只在该工作簿中保留 URL 列,选择 Save&Exit,如图 15.147 所示。

将该新工作簿命名为 KD_revised,单击 Save 保存。完成后,单击 Run 运行该工作簿。

下面对先前筛选出的数据进一步研究,通过截取出的主域名进行计数分析,从而得出网页覆盖情况。首先需要使用 BigSheets 过滤运算符(Filter),以及从一个完整的 URL 字符串中提取 URL 主数据的宏:单击 BigSheets 选项标签返回工作簿列表,打开 KD_revised 工作簿,并单击 Build New Workbook。在工作簿的左下角单击 Add Sheets 添加一个表格,并选择 Function 操作,如图 15.148 所示。

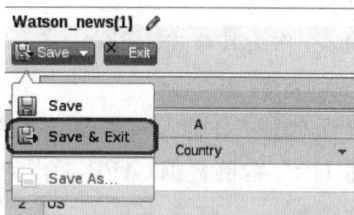

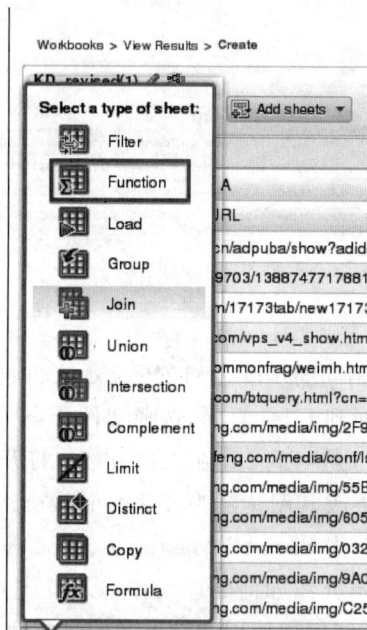

图 15.147　保存工作簿　　　　图 15.148　使用 Function 操作创建一个新表格

选择 Categories→url→URLHOST。从下拉菜单中选择工作簿中的 URL 列作为包含 URL 值的目标列。将表格命名为 URLHOST(这个函数将会读取 URL 一列的值并从中提取出 URL 的主要域名信息。如给定一个 URL:http://ivy. pclady. com. cn/adpuba/show?,这个函数将会返回 ivy. pclady. com. cn)。单击窗格底部的 Carry Over 标签。确保保留现有工作簿里的列。单击 Add all,并单击 ✅ 应用该函数,保存并退出。截取 URL 工作簿如图 15.149 所示。

在工作簿的左下方单击 Add Chart,并选择 Categories→ cloud→ Text cloud。在 Chart Name 一栏输入 kd url site's coverage, Title 设为 top 10 kd url site's coverage,Limit 设为 10, Sort By 设置为 Count。其余均有原先默认值,单击 ✅ 按钮。完成后,单击 Run 运行图表,如图 15.150 所示。

图 15.151 所示的屏幕截图即为所生成的前 10 名网站的标签云图。正如任何 BigSheets 标签云,字体越大表明其数据值出现的次数越多,并通过使用鼠标划过该数据值来查看它发生在工作簿中的次数。

从图 15.151 中可以看出,在使用宽带上网的情况下百度的访问量远高出其他网站。除

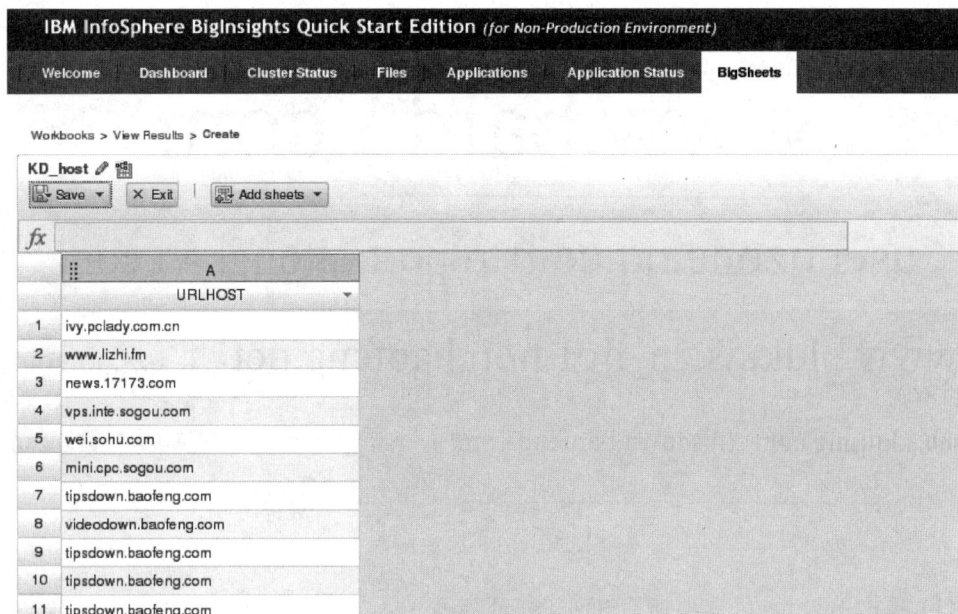

图 15.149 筛选后的 KD_host 工作簿

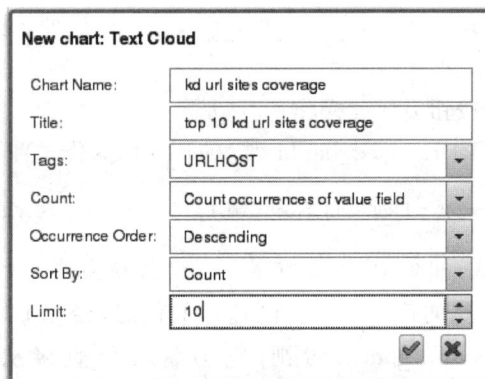

图 15.150 设置 Tag cloud 图表

此之外,腾讯的相关网站(如空间等)也占有相当大的比例。

下面再讨论如何清理数据值。

可以发现 user.qzone.qq.com 和 ctc.qzs.qq.com 均属于 qq.com。同理 fjc1.pop.baofeng.net 和 w1.houyi.baofeng.net 均属于 baofeng.net。这表明了从多种不同数据源收集数据所带来的一个常见问题,即原本希望归为同一类的数据值有时在数据表达上有所不同,从而被软件认定为两个不同类别。

在更高版本的 BigInsights 中,可以直接使用 Add sheets 中的 Pivot 功能。在当前使用版本中,需要使用 FX(特殊公式)。查看数据集后发现,有类似问题的站点主要为 baidu.com、baofeng.con、qq.com、sogou.com。可以选择使用嵌套公式一步实现,也可以逐步实现。

为了使展示清晰,本例中选用逐步实现,具体操作步骤如下:

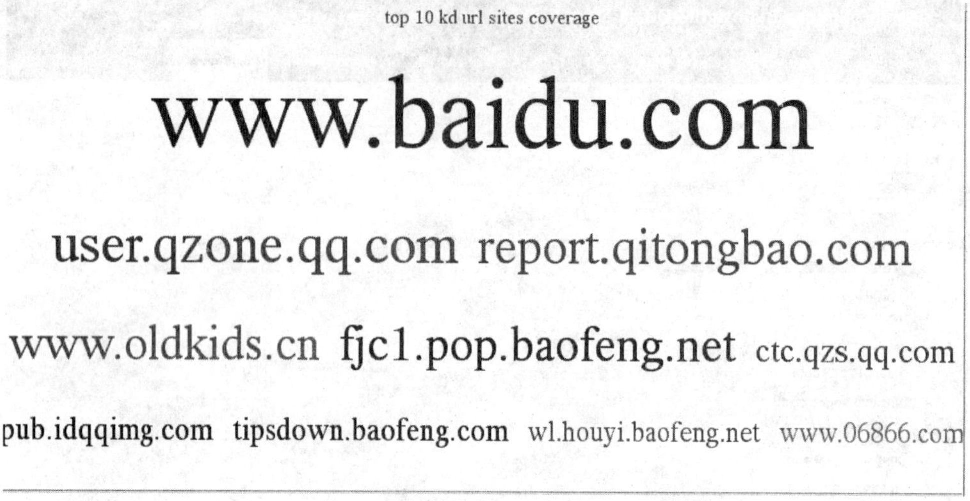
top 10 kd url sites coverage
www.baidu.com
user.qzone.qq.com report.qitongbao.com
www.oldkids.cn fjc1.pop.baofeng.net ctc.qzs.qq.com
pub.idqqimg.com tipsdown.baofeng.com wl.houyi.baofeng.net www.06866.com

图 15.151 标签云图

(1) 单击 BigSheets 选项标签返回工作簿列表。

(2) 打开 kd_host 工作簿并单击 Edit 按钮。导航到 URLHOST 一栏,在列的头部单击向下箭头▼。

(3) 选择 InsertRight→New Column 来创建一个新列。完成后,将新列命名为 URLRevised_baidu。

(4) 单击绿色的选择按钮完成此操作。

(5) 将光标定位在 URLRevised_baidu 列,在 FX(特殊公式)框中输入下列公式。

```
IF(SEARCH('*.baidu.com', #URLHOST) > 0,'www.baidu.com', #URLHOST)
```

(6) 单击✓应用公式,如图 15.152 所示。这个公式会使 BigSheets 在 URLHOST 列中搜索以“.baidu.com”结尾的值。当它找到这样的值时,会在 URLRevised_baidu 列同一位置将其写为“www.baidu.com”;否则,它会将此值直接从 URLHOST 列复制到 URLRevised_baidu 列,如图 15.153 所示。

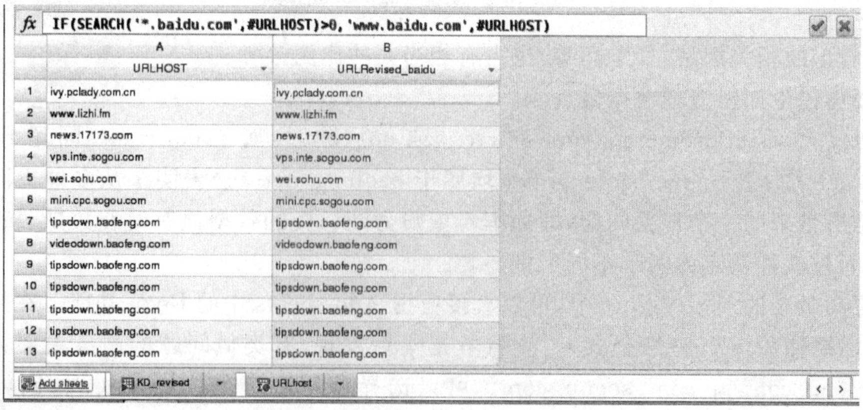
fx IF(SEARCH('*.baidu.com',#URLHOST)>0,'www.baidu.com',#URLHOST)
A
B
URLHOST
URLRevised_baidu
1 ivy.pclady.com.cn ivy.pclady.com.cn
2 www.lizhi.fm www.lizhi.fm
3 news.17173.com news.17173.com
4 vps.inte.sogou.com vps.inte.sogou.com
5 wei.sohu.com wei.sohu.com
6 mini.cpc.sogou.com mini.cpc.sogou.com
7 tipsdown.baofeng.com tipsdown.baofeng.com
8 videodown.baofeng.com videodown.baofeng.com
9 tipsdown.baofeng.com tipsdown.baofeng.com
10 tipsdown.baofeng.com tipsdown.baofeng.com
11 tipsdown.baofeng.com tipsdown.baofeng.com
12 tipsdown.baofeng.com tipsdown.baofeng.com
13 tipsdown.baofeng.com tipsdown.baofeng.com
Add sheets
KD_revised
URLhost

图 15.152 使用公式生成新列

（7）保存并退出。如果出现有关数据不同步的警告，运行此工作簿修订定义。

重复上述步骤在每一个新列的基础上使用相应公式生成下一列。

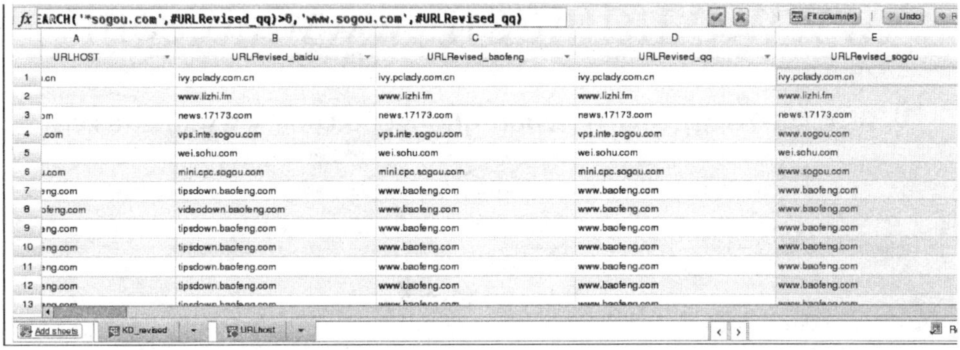

图 15.153　完成数据改造

保存上述工作簿，如图 15.154 所示。

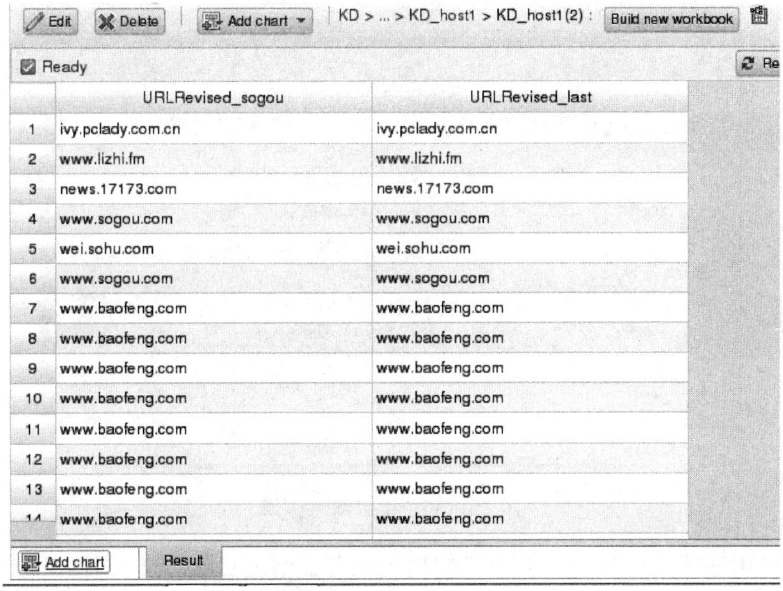

图 15.154　保存新工作簿

单击 Add Chart，并选择 Categories→cloud→Text cloud，完成相关信息后单击 。完成后，单击 Run 运行图表。得到的标签云图如图 15.155 所示。

通过新生成的标签云图可以看到，虽然百度还是访问量最高的网站，但是 qq、暴风网站的访问量经过整理后已跃居二、三位。其中 qq 网站的访问量已基本和百度持平，可见国内最大的搜索平台百度和网络通信平台 qq 依旧在用户访问中占主导地位。其次对手机上网App 识别样例数据（工作簿）进行分析，从而了解用户使用手机上网的主要应用覆盖情况。

在本实验中 phonenumber 等实验数据对目标数据分析是无用的，即只需要 bqz_id 和 bqz_name 两列数据。删除无关列后将该新工作簿命名为 APP_reviscd(1)，单击 Save 保存，单击 Run 运行。生成的新工作簿如图 15.156 所示。

图 15.155 标签云图

图 15.156 生成新工作簿

下面再使用柱状图可视化分析手机应用上网覆盖情况：单击进入 BigSheets 页面，打开 APP_revised(1)工作簿并单击 Add chart→ Chart→ Bar。在 Chart Name 一栏输入 app coverage，在 Title 一栏输入 top 10 app coverage。将 X 轴设为 bqz_id，Y 轴为默认值。将 Limit 设置为 10，如图 15.157 所示。单击☑完成设置，单击 Run 运行。

生成的柱状图如图 15.158 所示。

由图 15.158 所对应的 bqz_id 可以看出，360 手机卫士的使用量高出第二位两倍之多。第二位为 360 刷机助手，可见 360 的相关手机助手软件的人群普遍认同度很高。排在三到六位的分别为 189 邮箱、126 邮箱、1 号店和 360 安全快递。

在某些情况下，下游应用或同事可能需要用到 BigSheets 分析的结果，但是他们没有权限直接访问 BigInsights。BigSheets 可以方便地导出一个或多个工作簿到相应的数据格式。打开目标工作簿，使用 Export As 功能，选择用户需要的形式。结果将会展现在浏览器中，可以将其保存在本地文件系统中。

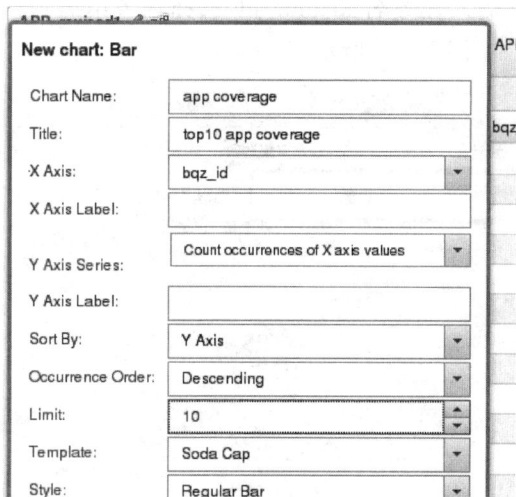

图 15.157 设置柱状图

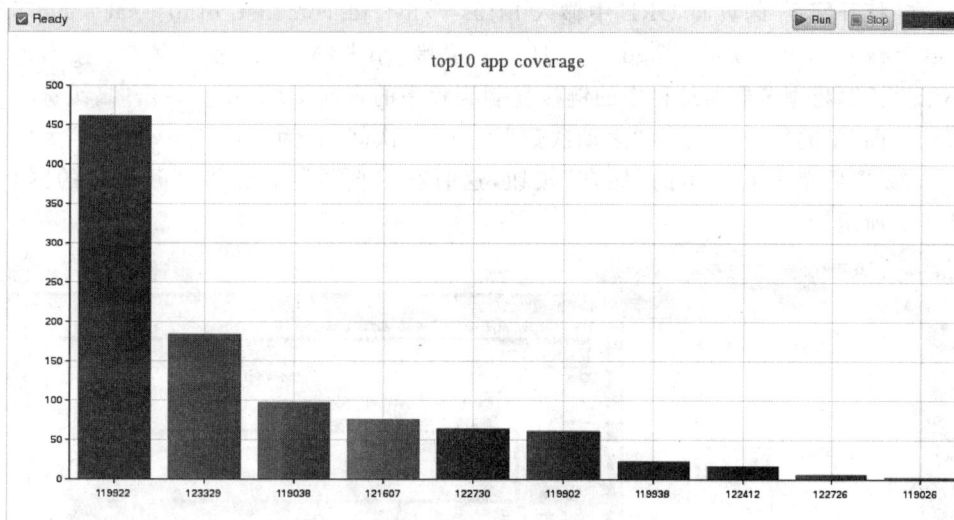

图 15.158 top 10 app coverage 柱状图

15.6 电商评论的情感分析

情感分析通过分析用户对某些主题的情感倾向,被广泛应用于市场营销、客户服务等领域。目前大部分的电商网站在用户购买商品后都有大量的评价,商家对用户的这些文本评价及时地进行分析,可以了解用户对商品的看法。文本评价挖掘的过程包括抓取评论数据,然后进行分词,对正面、中性和负面等评论进行聚类,最后将分析结果进行可视化展示。

(1) 评论数据抓取

首先下载、安装八爪鱼软件(http://www.bazhuayu.com/download),注册账号登录软件。创建一个采集数据任务,在软件主界面右上方,单击高级模式中的"开始采集"按钮。在设置任务基本信息界面,输入任务名 xiaomi_jd,选择任务组为示例,然后单击"下一步"按钮,进入设计流程界面,如图 15.159 所示。

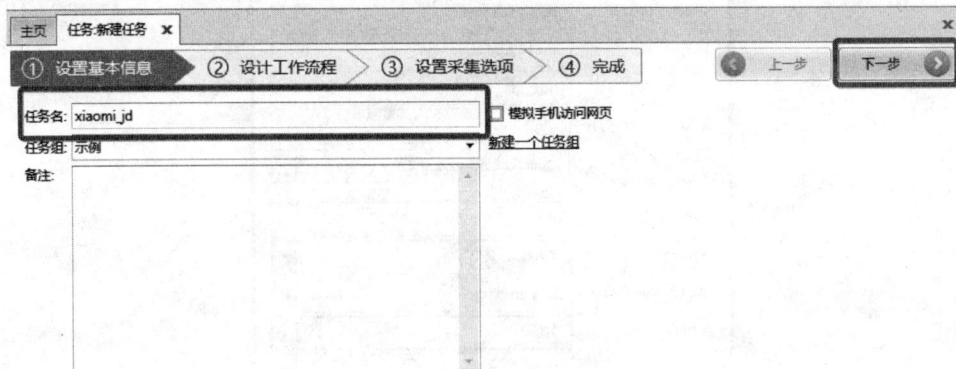

图 15.159　录入任务名称

在设计工作流程页面左侧的流程设计器中,拖放一个"打开网页"操作到编辑器中指定位置。在"打开网页"的页面 URL 中输入 https://list.jd.com/list.html? cat＝9987,653,655＆ev＝exbrand%5F18374＆go＝0＆JL＝3_品牌_小米(MI),或者在京东的搜索框中输入"小米手机",将浏览器地址栏中的链接复制到程序的页面 URL 中。单击"高级选项",选中"滚动页面"中的复选框,输入"滚动次数"为 3,"每次间隔"为 1 秒,"滚动方式"为向下滚动一屏。设置后单击右下角的"保存"按钮,这时在网页预览界面将打开京东的网页,如图 15.160 所示。

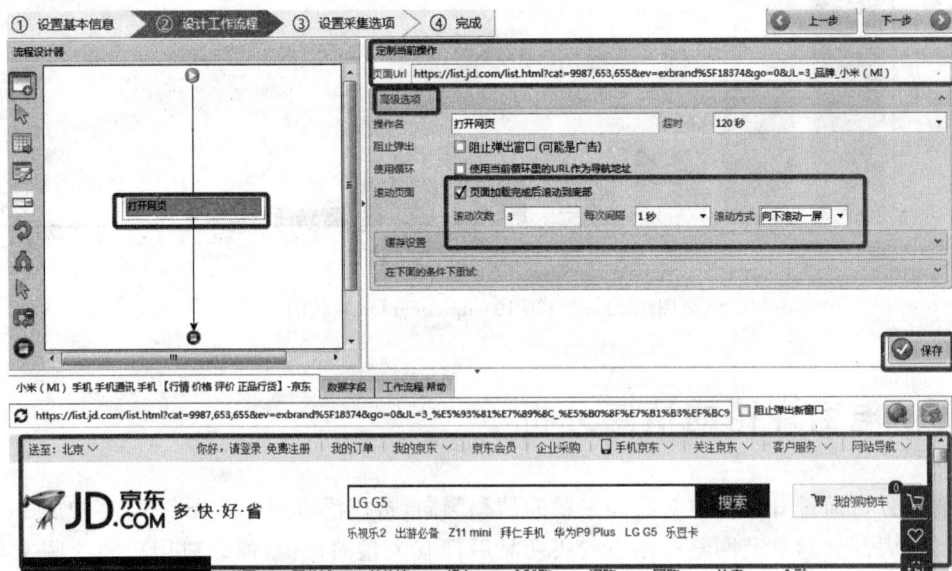

图 15.160　配置打开网页

在网页预览页面,等待网页加载完成时,鼠标悬停在网页元素上,会有选中状态指示。拖动右侧的滚动条,将网页滚动至页码分页位置,单击"下一页",将有动作选择界面弹出。在弹出的动作选择窗口中,选择"循环单击下一页"。在流程设计器中选中循环翻页控件,在

右侧打开"高级选项",选中"Ajax 加载数据"复选框,超时时间设为 2 秒,设置完成后单击
"保存"按钮保存。如图 15.161 所示。

图 15.161　编辑翻页属性

在网页预览页面中,滚动至页面上方手机商品部分,单击第一个手机商品的名称,例如
"小米(MI)红米 2 银色联通增强版…",在弹出的窗口中选择"创建一个元素列表以处理一
组元素",如图 15.162 所示。

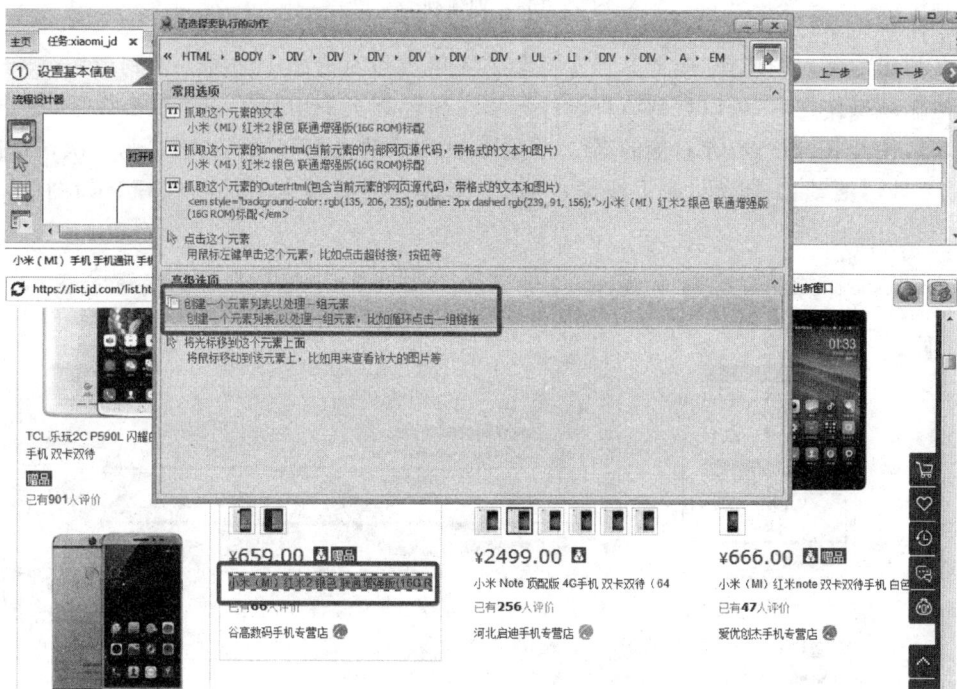

图 15.162　创建元素列表

在弹出的窗口中选择"添加到列表"。由于循环列表编辑需要两件商品才能确定循环规
则,在弹出的动作选择界面中,选择"继续编辑列表"。继续单击网页预览页面中的第二件商
品的名称,在弹出的窗口中选择"添加到列表",将第二件手机加入到列表中。

如果添加成功,可以看到动作选择窗口中,系统已经可以识别出当前页面下 59 条手机

商品的标题,这时单击"创建列表完成",如图 15.163 所示。

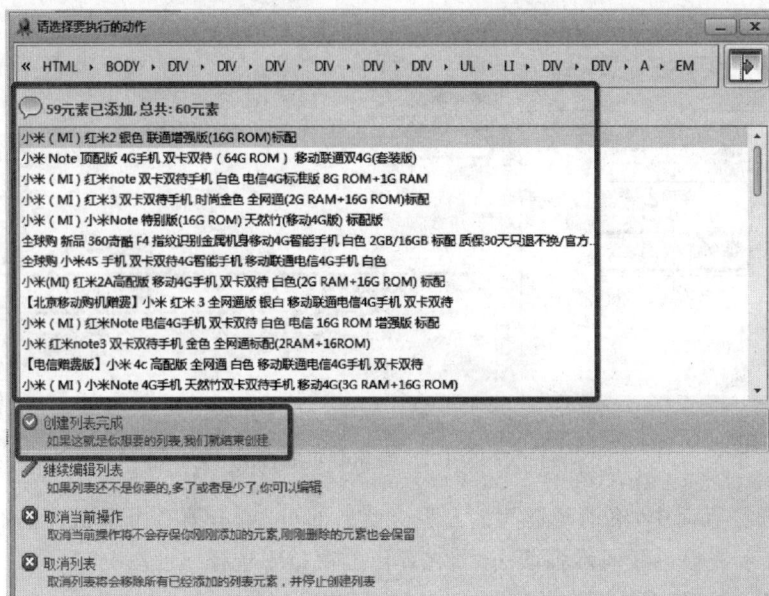

图 15.163　创建列表完成

在弹出的窗口中选择"循环",程序将会循环单击当前页面中的第一条到最后一条。完成创建循环操作之后,可以看到流程设计器中在循环翻页中增加了一个单击循环,单击"点击元素",使其获得焦点,在右侧的高级选项中选中"滚动页面","滚动次数"为 4 次,"每次间隔"是 1 秒,"滚动方式"是"向下滚动一屏"。修改完毕后单击"保存"按钮。如图 15.164 所示。

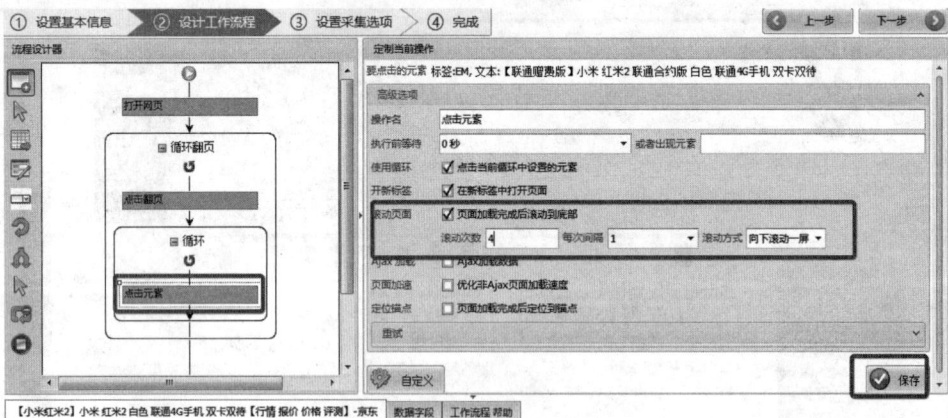

图 15.164　修改点击元素属性

在网页预览页面,单击网页上的"商品评价",在弹出动作选择窗口中选择"点击这个元素",如图 15.165 所示。网页中可以直接转到商品评论部分而不需要加载商品详情。

在左侧的流程编辑器中选中刚刚添加的"点击元素"动作,修改其右侧的高级选项,选中"在页面加载完成时滚动页面"复选框,滚动次数为 5 次,滚动方式是"向下滚动一屏"。选中

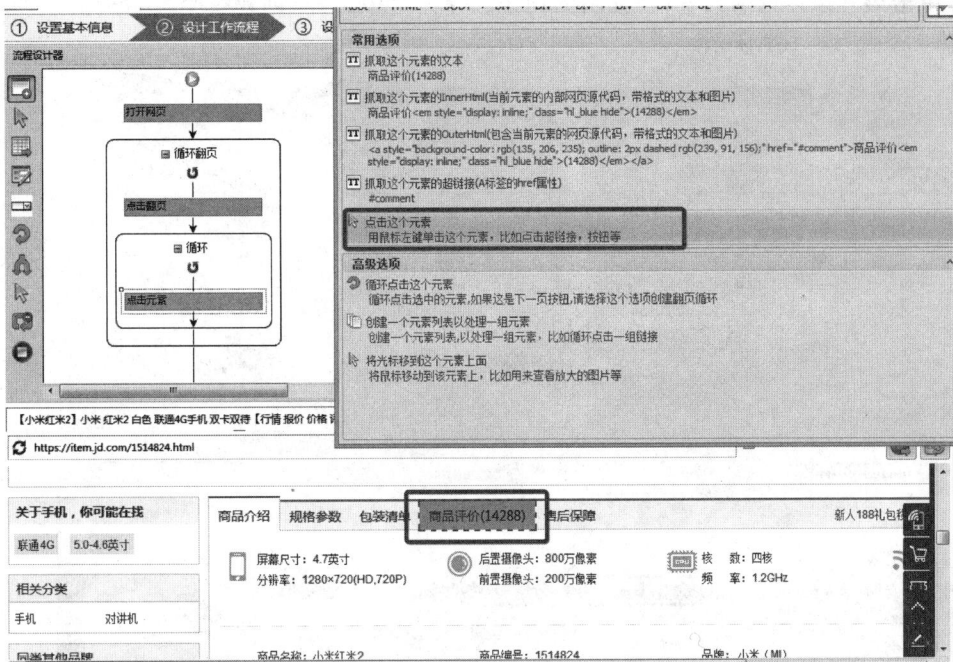

图 15.165　添加评论点击元素

"Ajax 加载数据"复选框，超时时间设为 2～5 秒之间。设置完成后单击"保存"按钮，如图 15.166 所示。

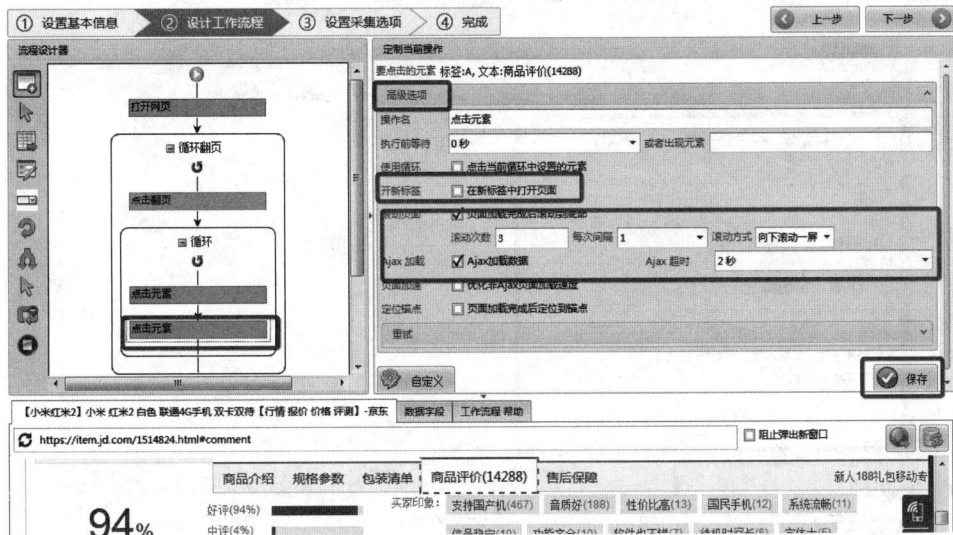

图 15.166　修改点击动作属性

在网页预览页面，滚到页面下方的评论分页位置，单击"下一页"，在弹出的动作选择窗口中选择"循环点击下一页"。在左侧的流程设计器中选中"点击翻页"，修改其右侧的高级选项，取消选中"在新标签中打开页面"，选中"页面加载完成时滚动到底部"，单击次数为 3，每隔 1 秒，滚动方式是"向下滚动一屏"，修改完毕后单击右下角的"保存"按钮。在网页预览页面,单击第一条评论的内容,在弹出的动作选择窗口中选择"创建一个元素列表以处理一组元素",如图 15.167 所示。

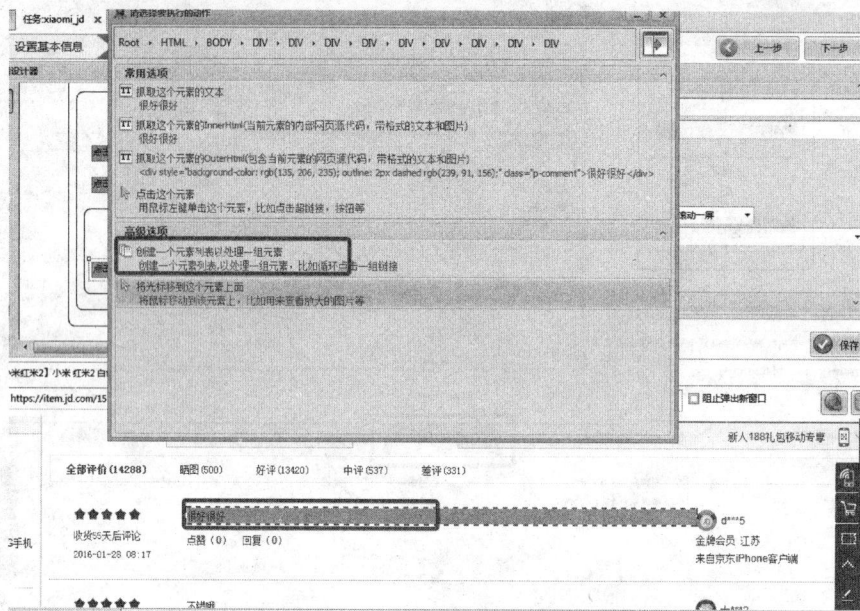

图 15.167　创建评论组循环处理

选择"继续编辑列表"并在网页上点击第二条评论的文字内容,将其添加到列表中,添加成功后如图 15.168 所示,单击"创建列表完成",并选择"循环"。

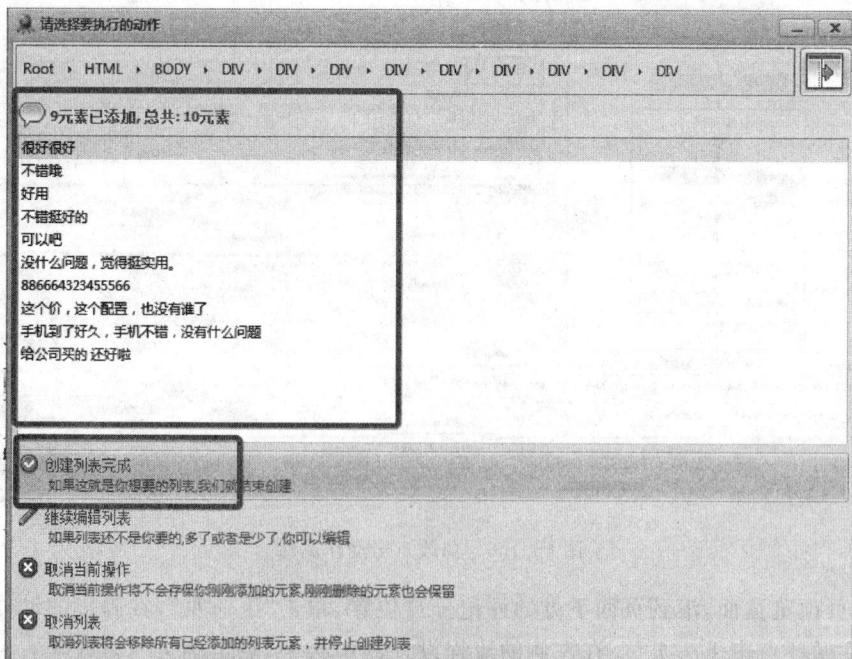

图 15.168　创建循环评论列表

再次单击第一条评论的文字内容,在弹出的窗口中选择"抓取这个元素的文本"。如果操作成功,可以在屏幕右侧看到字段1中显示网页上评论的内容。在左侧的流程设计器中点击评论的循环翻页红色圆圈位置,就可以查看到循环的属性信息,修改循环次数为20次,即最多抓取20页评论内容。设置完成之后单击"保存"按钮。

此时,左侧流程设计器可以看到有4个循环框,分别是商品列表分页、商品循环点击进入详情、评论内容分页、循环抓取评论内容。其中点击分页按钮的操作需要放在循环之后,否则将会使用第一个页面内容忽略,需要拖动其位置来调整它们的顺序。调整过程中可能会有出错提示自动修复,选择"确定"即可。调整结束之后,流程设计器中将如图15.169所示。

调整成功之后单击右上方的"下一步"按钮,不必改动红框中的选项,再次单击"下一步"按钮。成功完成任务定义之后,单击"启动单机采集"按钮,开始从本机访问京东网站采集评论内容。

如图15.170所示,采集任务正常运行的情况下,可以看到任务界面的网页内容在发生变化,当网页跳转到商品评论页面时,可以看到提取的数据。每次分页会采集10条数据,总的数据量和重复数据量在窗口标题处可以看到,当发现已采集数量增加10条,同时重复数量也增加10条时,说明网页中评论的分页出现问题,需要设置前面提到的翻页Ajax的超时间或分页循环的循环次数。如果需要重新修改配置,关闭任务运行窗口即可停止运行,或者在采集到数据超过500条时即可点击停止。

任务运行结束或数据量超过1000条时,可以单击右下角的红包停止按钮以停止单机采集,单击"导出"按钮导出为txt格式文本。导出成功后即可退出任务和程序。

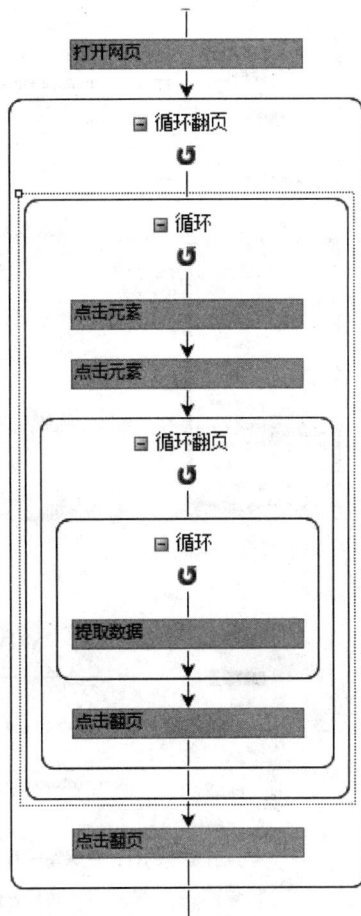

图15.169 目标抓取流程

(2) 用户情感分析

下面再采用ROSTCM 6来处理商品的评论去重、情感分析。ROSTCM 6是武汉大学研发的社会计算平台,可以实现微博分析、聊天分析、浏览分析、分词、词频统计、英文词频统计、流量分析、聚类分析等一系列文本分析。

前面抓取的数据文件xiaomi_jd.txt在抓取过程中因为用户评论内容重复或者是程序抓取的问题导致有较多重复评论,需要在情感分析之前去除重复评论:选择"文本处理"菜单中的"一般化处理",在待处理文件输入框中,选择C:\Senser\jd\xiaomi_jd.txt,在处理条件处选择"凡有重复的行,只保留一行",如图15.171所示。

执行完成后,软件自动弹出处理后的文档,可以看到重复的行已经去除,如图15.172所示。

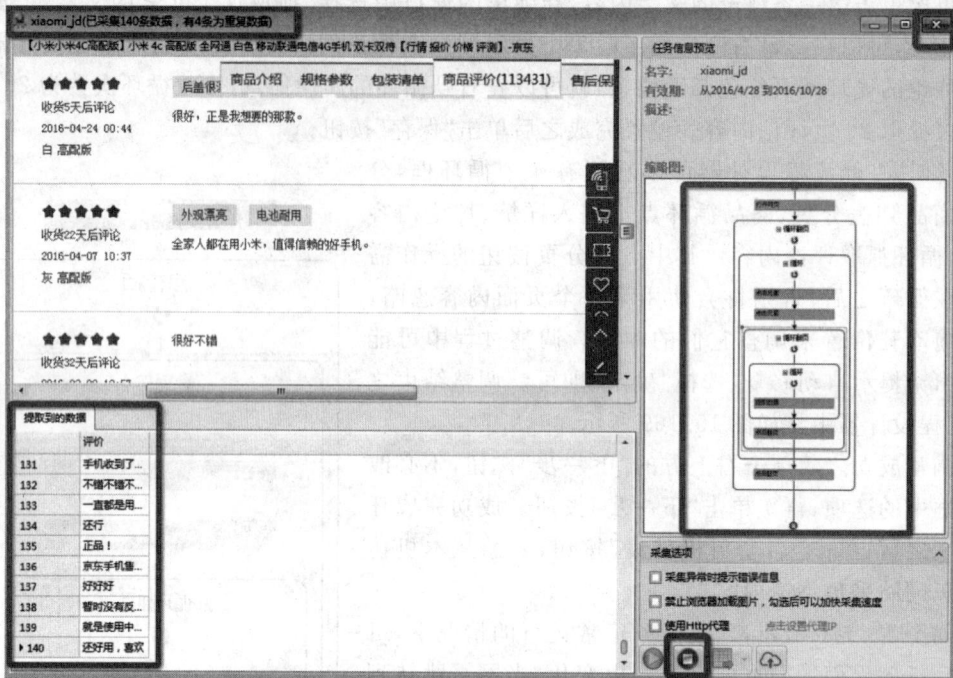

图 15.170　任务运行

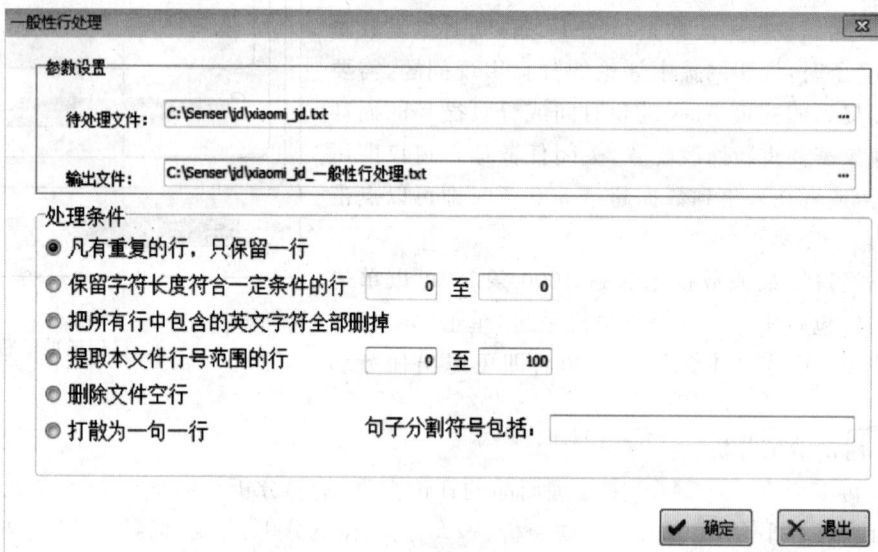

图 15.171　去除重复的行

　　将处理后的去重结果文件关闭,然后在前面打开的一般化处理界面中选择上一步去重处理后的结果文件"xiaomi_jd——一般性行处理-去重.txt"作为待处理文件,在处理条件处选择"把所有行中包含的英文字符全部删掉",其他选项不变,然后单击"确定"执行操作。处理结束后可以显示处理后的结果,可以看到所有的英文字符已经去掉。如图 15.173 所示。

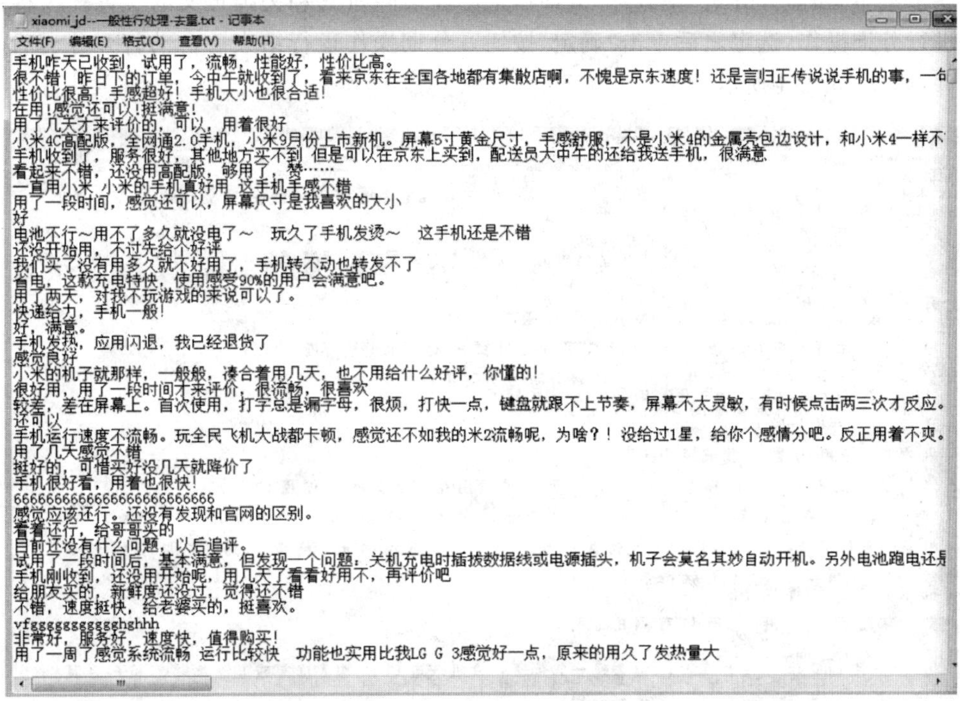

xiaomi_jd--一般性行处理-去重.txt - 记事本

文件(F) 编辑(E) 格式(O) 查看(V) 帮助(H)

手机昨天已收到，试用了，流畅，性能好，性价比高。
很不错！昨日下的订单，今中午就收到了，看来京东在全国各地都有集散店啊，不愧是京东速度！还是言归正传说说手机的事，一台
性价比很高！手感超好！手机大小也很合适！
在用！感觉还可以！挺满意！
用了几天才来评价的，可以，用着很好
小米4C高配版，全网通2.0手机，小米9月份上市新机。屏幕5寸黄金尺寸，手感舒服，不是小米4的金属壳包边设计，和小米4一样不
手机收到了，服务很好，其他地方买不到 但是可以在京东上买到，配送员大中午的还给我送手机，很满意
看起来不错，还没用高配版，够用了，赞……
一直用小米 小米的手机真好用 这手机手感不错
用了一段时间，感觉还可以，屏幕尺寸是我喜欢的大小
好
电池不行～用不了多久就没电了～ 玩久了手机发烫～ 这手机还是不错
还没开始用，不过先给个好评
我们买了没有用多久就不好用了，手机转不动也转发不了
省电，这款充电特快，使用感受90%的用户会满意吧。
用了两天，对我不玩游戏的来说可以了。
快递给力，手机一般！
好，满意。
手机发热，应用闪退，我已经退货了
感觉良好
小米的机子就那样，一般般，凑合着用几天，也不用给什么好评，你懂的！
很好用，用了一段时间才来评价，很流畅，很喜欢
较差，差在屏幕上。首次使用，打字总是漏字母，很烦，打快一点，键盘就跟不上节奏，屏幕不太灵敏，有时候点击两三次才反应。
还可以
手机运行速度不流畅。玩全民飞机大战都卡顿，感觉还不如我的米2流畅呢，为啥？！没给过1星，给你个感情分吧。反正用着不爽。
用了几天感觉不错
挺好的，可惜买好没几天就降价了
手机很好看，用着也很快！
6666666666666666666666666
感觉应该还行。还没有发现和官网的区别。
看着还行，给哥哥买的
目前还没有什么问题，以后追评。
试用了一段时间后，基本满意，但发现一个问题：关机充电时插拔数据线或电源插头，机子会莫名其妙自动开机。另外电池跑电还是
手机刚收到，还没用开始呢，用几天了看看好用不，再评价吧
给朋友买的，新鲜度还没过，觉得还不错
不错，速度挺快，给老婆买的，挺喜欢。
vfgggggggggggghghhh
非常好，服务好，速度快，值得购买！
用了一周了感觉系统流畅 运行比较快 功能也实用比我LG G 3感觉好一点，原来的用久了发热量大

图 15.172 去除重复行结果

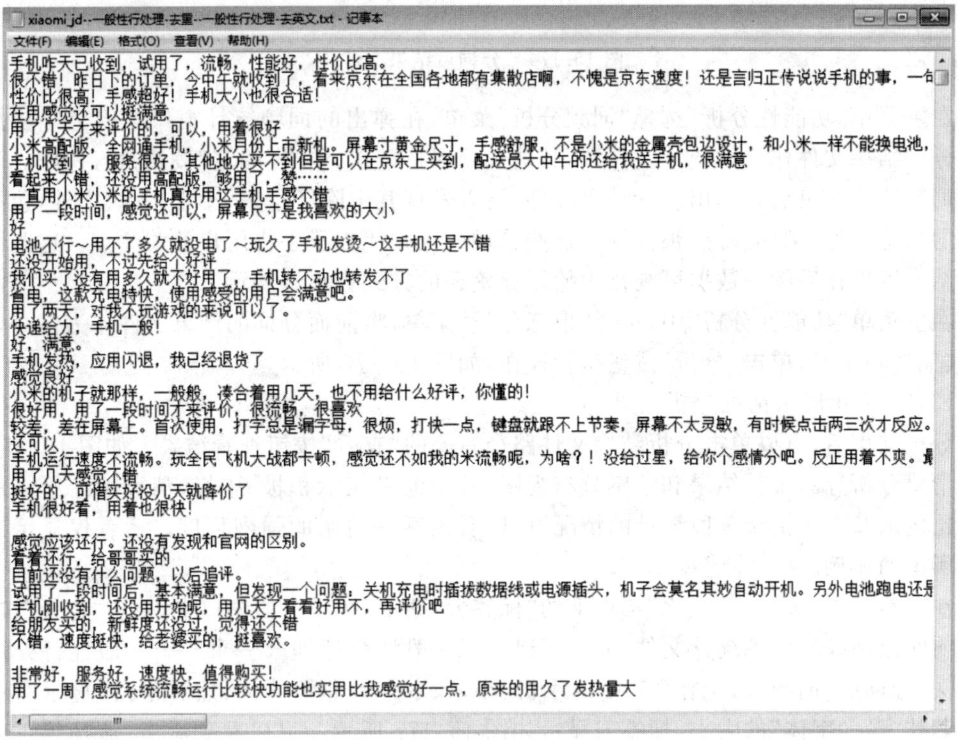

xiaomi_jd--一般性行处理-去重--一般性行处理-去英文.txt - 记事本

文件(F) 编辑(E) 格式(O) 查看(V) 帮助(H)

手机昨天已收到，试用了，流畅，性能好，性价比高。
很不错！昨日下的订单，今中午就收到了，看来京东在全国各地都有集散店啊，不愧是京东速度！还是言归正传说说手机的事，一台
性价比很高！手感超好！手机大小也很合适！
在用感觉还可以挺满意
用了几天才来评价的，可以，用着很好
小米高配版，全网通手机，小米月份上市新机。屏幕寸黄金尺寸，手感舒服，不是小米的金属壳包边设计，和小米一样不能换电池，
手机收到了，服务很好，其他地方买不到但是可以在京东上买到，配送员大中午的还给我送手机，很满意
看起来不错，还没用高配版，够用了，赞……
一直用小米小米的手机真好用这手机手感不错
用了一段时间，感觉还可以，屏幕尺寸是我喜欢的大小
好
电池不行～用不了多久就没电了～玩久了手机发烫～这手机还是不错
还没开始用，不过先给个好评
我们买了没有用多久就不好用了，手机转不动也转发不了
省电，这款充电特快，使用感受的用户会满意吧。
用了两天，对我不玩游戏的来说可以了。
快递给力，手机一般！
好，满意。
手机发热，应用闪退，我已经退货了
感觉良好
小米的机子就那样，一般般，凑合着用几天，也不用给什么好评，你懂的！
很好用，用了一段时间才来评价，很流畅，很喜欢
较差，差在屏幕上。首次使用，打字总是漏字母，很烦，打快一点，键盘就跟不上节奏，屏幕不太灵敏，有时候点击两三次才反应。
还可以
手机运行速度不流畅。玩全民飞机大战都卡顿，感觉还不如我的米流畅呢，为啥？！没给过星，给你个感情分吧。反正用着不爽。最
用了几天感觉不错
挺好的，可惜买好没几天就降价了
手机很好看，用着也很快！

感觉应该还行。还没有发现和官网的区别。
看着还行，给哥哥买的
目前还没有什么问题，以后追评。
试用了一段时间后，基本满意，但发现一个问题：关机充电时插拔数据线或电源插头，机子会莫名其妙自动开机。另外电池跑电还是
手机刚收到，还没用开始呢，用几天了看看好用不，再评价吧
给朋友买的，新鲜度还没过，觉得还不错
不错，速度挺快，给老婆买的，挺喜欢。

非常好，服务好，速度快，值得购买！
用了一周了感觉系统流畅运行比较快功能也实用比我感觉好一点，原来的用久了发热量大

图 15.173 去除英文字符后的结果

在主菜单"功能性分析"中选择"分词",把已经去除重复和去掉英文的文件作为待处理文件进行分词操作,选定之后单击"确定"按钮。分词操作运行结束后自动打开分词后的结果文件,如图 15.174 所示。

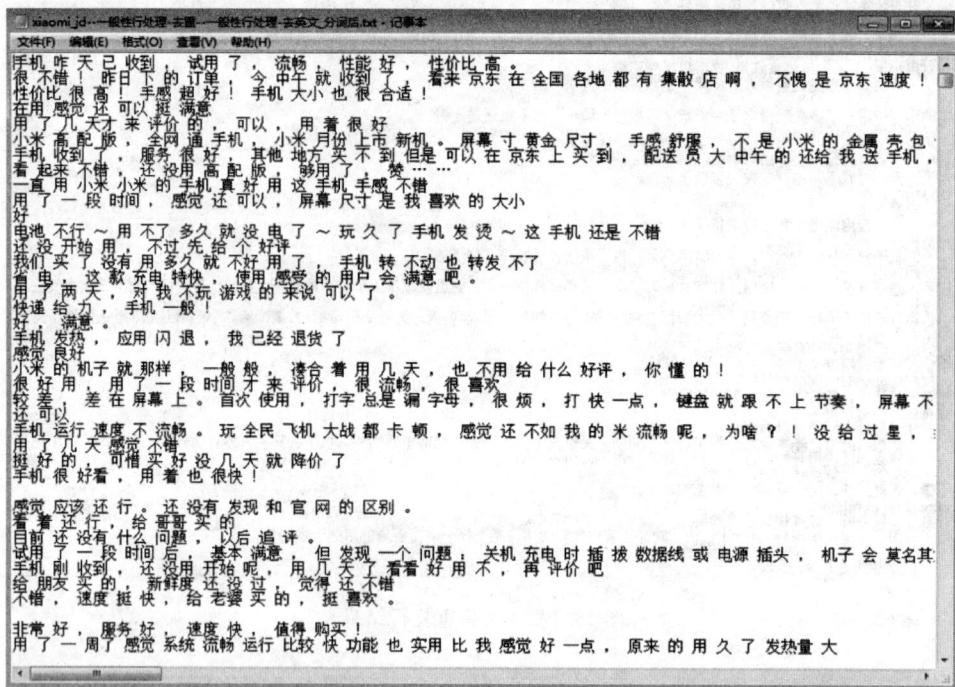

图 15.174　分词后结果文件

在主菜单"功能性分析"选择"词频分析"菜单,在弹出的词频统计窗口中将上一步操作中的分词结果文件作为待统计文件源,其他选项保持默认,单击"确定"按钮执行操作。

词频统计结束后将弹出统计结果文件,可以发现其中除了京东、小米、手机之外,包括了更多的情感词汇,例如满意、很快等。这些分词的词频代表了手机用户的关注点。这些统计后的结果可以在后续的数据可视化中使用标签云的方式直观地展示。

在主菜单"功能性分析"中,选择"情感分析"菜单,将前面分词的结果文件作为待分析文件,其他选项不变,单击"分析"按钮执行操作,如图 15.175 所示。

(3) 可视化展示情感分析结果

分析结束后,可以单击分析结果文件路径右侧的"查看"按钮查看结果。如图 15.176 所示是情感分析分断统计结果和情感分布视图,其中前者表示积极、中极、消极情绪所占的个数和比例以及这些情绪分段统计的情况,可以看出某一情绪的强烈程度。后者仅显示三种情绪所占的比例。

在主菜单中,选择"可视化"菜单下的"标签云"菜单,在弹出的窗口中,单击"打开"按钮,打开前面处理好的词频统计文件 xiaomi_jd－－般性行处理－去重－－般性行处理－去英文_分词后_词频.txt,删除其中的手机、小米、京东等非情感词,然后单击"显示"按钮,并且调整"最大字体"的大小,标签云显示如图 15.177 所示。可以看到满意、流畅等正面词汇,也可以看到反应发热等负面词汇,说明了用户的关注焦点。

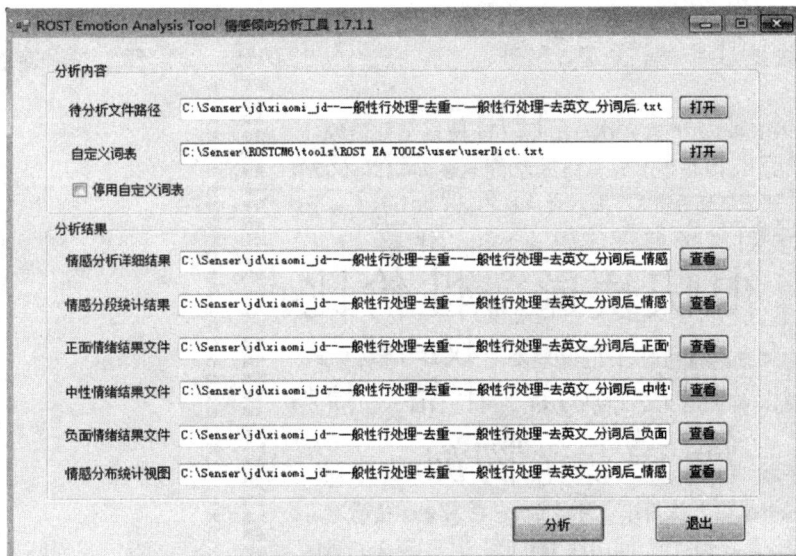

图 15.175 情感分析

图 15.176 情感分析分段统计结果

从情感分析和词频统计的结果可以看到,大部分用户对于小米手机还是积极的情绪,说明小米手机对于用户来说还是认可的,从标签云中可以看出手机用户喜欢的是性价比高,主要是用于购买给父母、朋友等。但因为积极情绪的比例未能超过 80%,说明小米手机的用户认可度还需要改善,特别是标签云图中所显示出来较大的负面关键词,希望小米手机能够在电池发热等方面进行加强。

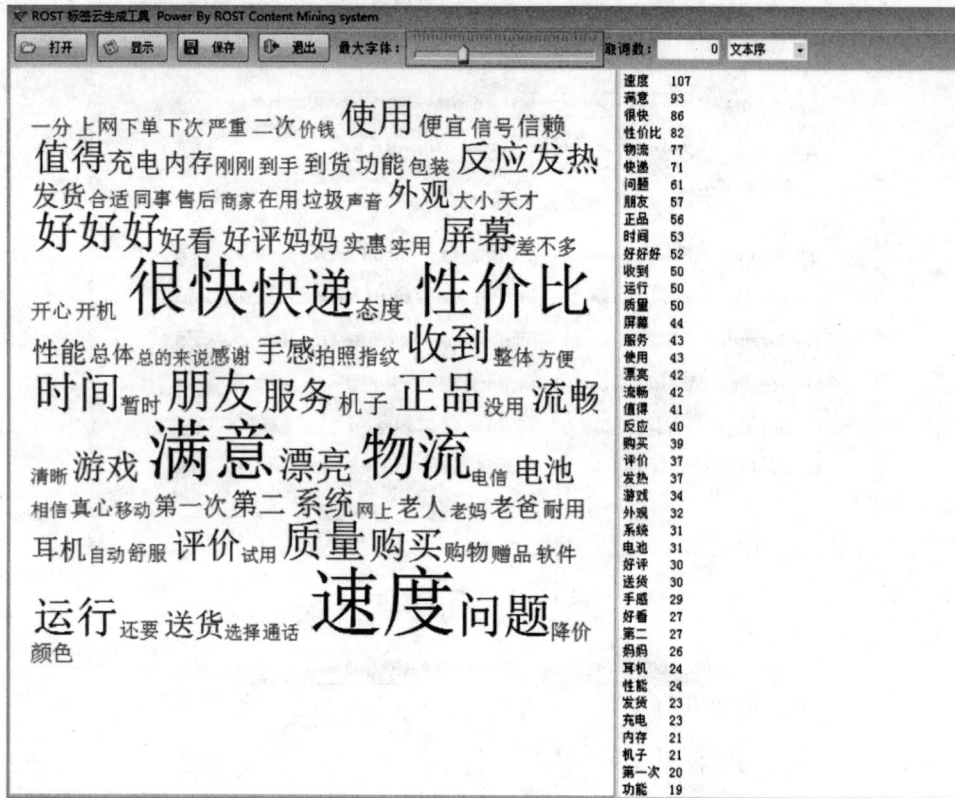

图 15.177　标签云视图

思考题

1. 以某公司的运营数据为例，讨论如何利用 SAP Crystal Reports、SAP Lumira 制作报表和仪表盘，从而发现业务运行的状况和趋势。

2. 利用 IBM Cognos Express 或 IBM Cognos 10，以某公司的销售数据为例，练习如何使用 Report Studio 创建报表，如何使用 Analysis Studio 做多维分析以及如何使用 Query Studio 创建自主查询。

3. 以某一具体的数据挖掘项目为背景，讨论数据挖掘各个阶段的工作，说明其中要注意哪些问题？

4. 应用 IBM SPSS Statistics 20（下 载 地 址 http://www-01. ibm. com/software/analytics/spss/downloads. html）中的回归分析方法对本章最后的销售数据回归分析结果进行验证。

5. 讨论 IBM Cognos 10 如何助力安联全球救援（http://soft. zdnet. com. cn/software_zone/2011/0714/2046818. shtml）。

6. 请到大众点评网 http://www. dianping. com/抓取（可以编程）至少 100 家健身中心的店名、位置、点评条数、人均消费额、设施评分（均分）、环境评分（均分）、服务评分（均分）、点评的均分、有无团购、有无停车位等数据(还可以采集标签等数据),采用数据挖掘中的分类、聚类、关联或回归等方法(算法),可以使用 IBM SPSS Statistics、IBM SPSS Modeler 等工具对健身中心进行分析。通过分析从大众点评网上抓取的健身中心的数据,对如下的问题做出深入分析:

(1) 以某家健身中心 Fitplus&Denny House 为例,讨论如何帮忙其做市场推广。

(2) 如果要在陆家嘴开设一家新的健身中心,讨论如何提高销售额。

(3) 某客户住在中山公园附近,对设施、环境和服务要求很高,且希望建设中心能提供团购服务,请为其推荐适合的健身中心。

(4) 参考客户的文本评论数据,讨论健身中心 Fitplu&Denny House 如何改进其商务模式,以便取得竞争优势。

图 书 资 源 支 持

感谢您一直以来对清华版图书的支持和爱护。为了配合本书的使用，本书提供配套的资源，有需求的读者请扫描下方的"书圈"微信公众号二维码，在图书专区下载，也可以拨打电话或发送电子邮件咨询。

如果您在使用本书的过程中遇到了什么问题，或者有相关图书出版计划，也请您发邮件告诉我们，以便我们更好地为您服务。

我们的联系方式：

地　　址：北京海淀区双清路学研大厦 A 座 707

邮　　编：100084

电　　话：010－62770175－4604

资源下载：http://www.tup.com.cn

电子邮件：weijj@tup.tsinghua.edu.cn

QQ：883604(请写明您的单位和姓名)

资源下载、样书申请

书圈

用微信扫一扫右边的二维码，即可关注清华大学出版社公众号"书圈"。